Rolf-Dieter Müller

Der letzte deutsche Krieg
1939–1945

Klett-Cotta

Klett-Cotta
© J. G. Cotta'sche Buchhandlung Nachfolger GmbH, gegr. 1659,
Stuttgart 2005
Alle Rechte vorbehalten
Fotomechanische Wiedergabe nur mit Genehmigung des Verlags
Printed in Germany
Schutzumschlag: Finken & Bumiller, Stuttgart
unter Verwendung eines Fotos des MGFA
Gesetzt aus der Stempel Garamond von Kösel, Krugzell
Auf säure- und holzfreiem Werkdruckpapier gedruckt
und gebunden von Kösel, Krugzell
ISBN 3-608-94133-9

Bibliographische Information Der Deutschen Bibliothek
Die Deutsche Bibliothek verzeichnet diese Publikation in der
Deutschen Nationalbibliographie; detaillierte bibliographische
Daten sind im Internet über <http://dnb.ddb.de> abrufbar.

Inhalt

Verzeichnis der Abkürzungen

A 4	Aggregat 4
AOK	Armee-Oberkommando
BA-MA	Bundesarchiv-Militärarchiv, Freiburg i. Br.
BRT	Bruttoregistertonne
CIA	Central Intelligence Agency
DAF	Deutsche Arbeitsfront
DDR	Deutsche Demokratische Republik
EAC	European Advisory Commission
Enigma	Code-Bezeichnung für eine deutsche Verschlüsselungsmaschine
Flak	Flugabwehrkanone
Frhr.	Freiherr
FüSt	Führungsstab
Gestapo	Geheime Staatspolizei
GULag	Glavnoje Upravlenyije Lagerej (Zwangsarbeitslager-System des NKVD)
GWU	Geschichte in Wissenschaft und Unterricht
HZ	Historische Zeitschrift
i. G.	im Generalstab
JSMS	Journal of Soviet Military Studies
KdF	Kraft-durch-Freude (NS-Organisation)
KTB	Kriegstagebuch
KZ	Konzentrationslager
MAGIC	Code-Bezeichnung für die amerikanische Entzifferung der Verschlüsselung des japanischen diplomatischen Funkverkehrs
MGFA	Militärgeschichtliches Forschungsamt
MGM/ MGZ	Militärgeschichtliche Mitteilungen/Militärgeschichtliche Zeitschrift
NKVD	Narodny Kommissariat Vnutrennych (Volkskommissariat des Innern)
NPL	Neue Politische Literatur
NS	Nationalsozialismus
NSBDT	Nationalsozialistischer Bund Deutscher Technik
NSDAP	Nationalsozialistische Deutsche Arbeiterpartei
NSV	Nationalsozialistische Volkswohlfahrt
OKH	Oberkommando des Heeres
OKL	Oberkommando der Luftwaffe

OKW	Oberkommando der Wehrmacht
Pak	Panzerabwehrkanone
RAD	Reichsarbeitsdienst
RAF	Royal Air Force
ROA	Russkaja Osvoboditel'naja Armija (Russische Befreiungsarmee)
SD	Sicherheitsdienst
SED	Sozialistische Einheitspartei Deutschlands
SPD	Sozialdemokratische Partei Deutschlands
SS	Schutzstaffel
Stavka	Hauptquartier des obersten Kommandos der Roten Armee
Stuka	Sturzkampfbomber
UdSSR	Union der Sozialistischen Sowjetrepubliken
uk	unabkömmlich
ULTRA	Code-Bezeichnung für die britische Entzifferung des höchsten deutschen Funkverschlüssungssystems mit der Enigma-Maschine
UNO	United Nations Organization
UPA	Ukrajinska Povstans'ka Armija (Ukrainische Aufständischenarmee)
US	United States
USAF	United States Air Force
V 1, V 2	Vergeltungswaffen
VfZ	Vierteljahrshefte für Zeitgeschichte
WFSt	Wehrmachtführungsstab
WWR	Wehrwissenschaftliche Rundschau

Verzeichnis der Abbildungen

Verzeichnis der Tabellen

Verzeichnis der Karten

1 | Die Deutschen und der Zweite Weltkrieg: Fragen an die Geschichte

Das Zwanzigste Jahrhundert wird in die Geschichtsbücher als das Jahrhundert der deutschen Kriege eingehen. In zwei Weltkriegen versuchte das von Bismarck geschaffene Reich seinen Status als europäische Großmacht auch mit kriegerischen Mitteln zu erweitern – und scheiterte. Nach dem Waffenstillstand 1918 marschierte die deutsche Armee nach Hause, von vielen Mitbürgern als »im Felde unbesiegt« gefeiert. In ihren Reihen ein damals unbekannter Gefreiter, der angesichts der Niederlage beschloß Politiker zu werden. Seine Vorgesetzten waren – wie die meisten Deutschen – nicht bereit, die Niederlage zu akzeptieren. Die Offiziere bereiteten sich auf den nächsten Krieg vor, und die Nation stöhnte unter den Belastungen des Versailler Friedens. Durch ihn wurde das Reich geschwächt, aber bereits ein Jahrzehnt später begann der Marsch in den nächsten Weltkrieg. Der Gefreite wurde in einer beispiellosen politischen Karriere zum »Führer« und Oberbefehlshaber, fest entschlossen, den Kampf um die Weltmacht aufzunehmen, angetrieben von einem mörderischen Fanatismus und entschlossen, angeblich minderwertige Völker zu versklaven oder auszurotten. Und die Deutschen in ihrer Mehrheit waren bereit ihm zu folgen, teils zögernd und gezwungen, teils begeistert und verführt.

Das Ergebnis war der blutigste Krieg der Weltgeschichte, der mehr als 50 Millionen Menschenleben kostete und das »alte Europa« zerstörte. Am Ende des Zweiten Weltkriegs war nun auch das Reich verspielt, niedergeworfen, besetzt und zerstückelt. Europa brauchte mehr als vier Jahrzehnte, bis die Wunden geschlossen und die Folgen des Kriegs überwunden waren. Auch wenn die Antriebe zum Krieg nicht allein aus der deutschen Politik resultierten und das Ausmaß deutscher Kriegsschuld in beiden Fällen unterschiedlich gewesen ist: Beide Weltkriege gingen von deutschem Boden aus und hatten hier ihren stärksten Motor. Erst die militärischen Niederlagen der deutschen Armee öffneten den Weg zurück in den Frieden. Daher wurde nach zwei Katastrophen vor allem eine Erfahrung für die Deutschen wegweisend in die Zukunft, festgeschrieben im Grundgesetz der Bundesrepublik: Niemals wieder in der Geschichte wird es einen »deutschen Krieg« geben. Jeder

Einsatz militärischer Gewalt ist als Ultima ratio nur innerhalb von Bündnissystemen und im Rahmen der UNO möglich.

Nur wenige Nationen haben in ihrer Geschichte einen derartigen Wandel vollzogen. Der deutsche Weg ist nur mit dem japanischen vergleichbar. Die beiden Bundesgenossen des Zweiten Weltkriegs hatten jeweils auf ihrer Hälfte des Globus den Rest der Welt fast sechs Jahre in Angst versetzt und militärisch in Schach gehalten. Ihre vernichtende Niederlage machte die Welt nicht friedlicher, befriedete aber zumindest ihre Regionen. Auch ein »japanischer Krieg« ist heute und in aller Zukunft ausgeschlossen. Bei einer Gesamtbetrachtung des letzten Jahrhunderts wird man zu der Feststellung kommen können, daß es ein Jahrhundert der deutschen Kriege gewesen ist. Dem letzten deutschen Krieg folgte immerhin ein vierzigjähriger »Kalter Krieg«, bei dem beide Blöcke ihre größten Militärpotentiale auf deutschem Boden stationiert hatten.

Der militärgeschichtliche Blick auf den Zweiten Weltkrieg hat also seine besondere Berechtigung. Er ist aber in Deutschland getrübt worden, weil sich die Nachkriegsgeneration aus Scham über die Sünden der Väter mehr für die zivilen Opfer der NS-Diktatur und ihrer verbrecherischen Kriegführung interessierte als für die ehemaligen Schlachtfelder. Als Ergebnis ist festzustellen, daß noch heute der Frontbereich, in dem sich die meisten deutschen Soldaten aufhielten, das mit Abstand am schlechtesten erforschte Gebiet des Zweiten Weltkriegs ist. Das in den achtziger und neunziger Jahren aufflammende politisch-historische Interesse an der Geschichte des Völkermords an den Juden, des Schicksals der Zwangsarbeiter und Kriegsgefangenen sowie anderer Opfergruppen deutscher Kriegsverbrechen drängte die militärische Geschichte des Kriegs fast völlig in den Hintergrund.

In den letzten drei Jahrzehnten ist jedenfalls keine größere wissenschaftliche Gesamtdarstellung der Geschichte des Zweiten Weltkriegs in der Bundesrepublik verfaßt worden. Um diese Aufgabe hat sich seit Mitte der siebziger Jahre das Militärgeschichtliche Forschungsamt der Bundeswehr bemüht. Das auf zehn Bände angelegte Werk einer modernen Militärgeschichte ist jetzt weitgehend abgeschlossen. Auf seine Ergebnisse wird sich der vorliegende Band stützen und dabei die neuere Entwicklung des Forschungsstands miteinbeziehen. Die Darstellung rückt die militärischen und politischen Ereignisse stärker in den Vordergrund, ohne den Kontext der ökonomischen, sozialen, ideologischen und anderer Implikationen zu übersehen, wie sie in den anderen Bänden zur Geschichte des Dritten Reiches ausführlicher analysiert werden.

Zunächst stellt sich die Frage nach den Ursachen und Voraussetzungen des Zweiten Weltkriegs. Ist es berechtigt, die Rolle Hitlers und seiner Ziele wieder neu in den Mittelpunkt zu stellen und die Mitwirkung oder den Einfluß der Führungseliten eher zu relativieren? Was trieb Hitler im Sommer 1939, mit dem Überfall auf Polen einen europäischen Krieg zu riskieren? Dachte er an einen »Weltkrieg«? Dann ist die Frage nach der Bedeutung des europäischen Kriegs und der Planmäßigkeit der deutschen Kriegspolitik bis zum Sommer 1941 zu stellen. Gab es eine Blitzkriegsstrategie oder war Hitlers Kriegführung eine Folge von Improvisationen? Muß nicht der Wendepunkt der Luftschlacht über England sehr viel stärker gegenüber dem Entschluß Hitlers zum Überfall auf die UdSSR akzentuiert werden, oder anders gefragt: War nicht eigentlich Churchill der härteste Gegner Hitlers, und haben nicht das Durchhalten und die erfolgreiche Strategie Großbritanniens den Verlauf des Kriegs stärker beeinflußt als die perfide Politik Stalins? Der britische Premierminister setzte jedenfalls im Sommer 1940 in scheinbar aussichtsloser Lage auf Sieg, verstand seine Regierung als Zentralagentur einer entstehenden »Grand Alliance« gegen das NS-Regime, und er hatte entscheidenden Anteil daran, den europäischen Krieg zum Weltkrieg auszuweiten, die Brücke zwischen der UdSSR und den USA zu bauen und damit die Niederlage der deutschen Wehrmacht vorzuprogrammieren.

Auch wenn die USA die größten materiellen Ressourcen für den Sieg aufbrachten und die UdSSR die größte Armee in Bewegung setzte, der Beitrag Großbritanniens – neben seiner militärischen Leistung und ökonomischen Mobilisierung – lag vor allem beim stärksten moralischen Widerstandswillen und der Fähigkeit, eine erfolgreiche Allianzdiplomatie aufzubauen. Vertreter des »neuen britischen Revisionismus« haben dagegen das Bild Churchills als eines Hasardeurs gezeichnet, der in einem unnötigen Krieg die nationale Größe seines Landes verspielte. Hätte er sich 1940 mit gleicher Kaltblütigkeit wie ein Jahr zuvor Stalin zu einem Verständigungsfrieden mit Hitler durchgerungen, dann hätten sich Wehrmacht und Rote Armee wahrscheinlich bis zur Erschöpfung aufgerieben, aber der Niedergang des britischen Empire wäre verhindert worden.

Zweifellos bedeutete der Überfall auf die UdSSR den Durchbruch zu Hitlers »eigentlichem« Krieg, seinen verbrecherischen Mitteln und Zielen. Warum scheiterte der erste geplante »Blitzkrieg«? Wie sicher war das Überleben des Sowjetregimes 1941/42 im Lichte neuer Quellen? Welche Rolle spielte die Überlegenheit der deutschen »Führungskunst« auf dem Schlachtfeld? Wurde sie durch Hitlers Eingriffe oder durch eine mangelhafte deutsche Mobilisierung verspielt, durch die Arroganz und Selbstüberschätzung des deutschen Generalstabs oder durch die Opferbereitschaft der Roten Armee?

Eine Analyse der Instrumente des Kriegs lenkt den Blick auf die Wehrmacht, ihre politische Indoktrination und organisatorische Expansion sowie die Ursachen ihres Scheiterns, auf die Bedeutung der Kriegswirtschaft und Technik sowie der Besatzungspolitik. Weshalb scheiterte das Dritte Reich daran, seine Ressourcen und politischen Möglichkeiten optimal zu nutzen? War der Weltkrieg nach dem Kriegseintritt der USA tatsächlich für Deutschland unabwendbar verloren?

Der Charakter des Weltkriegs als Totaler Krieg verdient eine eigenständige Betrachtung, weil hier Entwicklungen ihren Höhepunkt erreichten, die sich bereits im Ersten Weltkrieg anbahnten. Wie veränderte der Krieg die Deutschen, wie total waren die deutschen Kriegsanstrengungen und wie wirkte sich der totale Krieg der Anti-Hitler-Koalition aus? Wurde der Krieg auf dem Schlachtfeld entschieden, oder vollzog sich dort nur die Entscheidung, die längst im »Krieg der Fabriken« gefallen war? Die Bedeutung der militärischen Ereignisse im Luft- und Seekrieg sowie bei der Verteidigung der »Festung Europa« wirft die Frage nach der Wende des Kriegs auf. War es bereits das deutsche Scheitern vor Moskau 1941, die Katastrophe von Stalingrad 1942, oder brachte erst die alliierte Invasion in der Normandie 1944 die Wende des Zweiten Weltkriegs? Muß das Bild von der angeblich überlegenen sowjetischen Führungskunst bei den Offensiven 1943/44 neu gezeichnet werden?

Wie inszenierte Hitler den Untergang seines Regimes, warum scheiterte der militärische Widerstand, und wie konnte die Wehrmacht den Kampf bis zum 8. Mai 1945 fortsetzen? Warum bedeutete die Kapitulation das Ende des Deutschen Reiches? Welche Rolle spielte der Krieg im Pazifik, und gibt es tatsächlich Anlaß, die Europa-Zentrik der Weltkriegsgeschichte zugunsten einer diffusen Globalisierung der Betrachtungsweise aufzugeben? Wo liegt der Stellenwert des Zweiten Weltkriegs für die deutsche Geschichte? Deutsche und Russen werden ihre Geschichte ebenso überdenken wie Polen und andere Völker Ostmitteleuropas, deren Heimat im Zweiten Weltkrieg zum Schlachtfeld wurde und die erst 1989/90 ihre Freiheit wiedererringen konnten. Daraus wird europäische Gemeinsamkeit wachsen, die sich auf die Anerkennung wissenschaftlicher Standards und des offenen Dialogs über die mörderischste Epoche der gemeinsamen Geschichte gründet. Die Historisierung des Zweiten Weltkriegs wird nach dem absehbaren Ende der Ära des Gedenkens und der kultivierten Geschichtsvermarktung zweifellos auch der wissenschaftlichen Arbeit neue Chancen eröffnen.

2 | Der zweite Griff nach der Weltmacht

»Hitler bedeutet Krieg«: Aufrüstung und Expansion

Daß die Entfesselung des Zweiten Weltkriegs auf den deutschen Diktator zurückgeführt werden muß, wurde auch in der wissenschaftlichen Forschung nach 1945 niemals ernsthaft in Zweifel gezogen. Der Krieg war die zentrale Kategorie in Hitlers Programm seit den frühen zwanziger Jahren. Sie war in seinen Schriften und Reden deutlich erkennbar gewesen, auch wenn die Aussagen undeutlicher wurden, je mehr Hitler und seine Partei in die Nähe der Machtübernahme rückten. Unstrittig ist ebenfalls, daß die Nationalsozialisten mit ihrem Willen zum Krieg in Deutschland auf positive Resonanz stießen. Die furchtbaren Blutopfer und Leiden des Ersten Weltkriegs hatten zwar in der Bevölkerung ein hohes Maß an Friedenssehnsucht erzeugt. Doch zugleich war keine der politischen Parteien, einschließlich der radikalen Linken und Rechten, bereit, die Ergebnisse des Ersten Weltkriegs anzuerkennen. Der Revisionismus war die stärkste und einigende Kraft in Deutschland. Natürlich gab es Abstufungen in den Zielsetzungen und in der Bereitschaft, einen neuen militärischen Konflikt zu riskieren. Aber die Pazifisten blieben eine kleine, einflußlose Minderheit.

Die Stimmen, die einen baldigen »Befreiungskrieg« forderten, waren seit Mitte der zwanziger Jahre leiser geworden. Auch die Reichswehrführung hatte sich inzwischen darauf eingestellt, daß die geheime Aufrüstung langfristig und systematisch angelegt werden mußte. Das erste Rüstungsprogramm von 1928 wurde von den demokratischen Regierungsparteien im Interesse der Landesverteidigung mitgetragen, zielte aber aus militärischer Sicht über eine begrenzte Erweiterung des 100 000-Mann-Heeres im Kriegsfall weit hinaus. Mit der Weltwirtschaftskrise und ihren verheerenden Auswirkungen auch in Deutschland geriet das nationalkonservative Konzept einer Revisionspolitik, die auf die Wiederherstellung der deutschen Großmachtposition in den Grenzen von 1914 ausgerichtet war, in Gefahr. Die Formierung der Nationalen Opposition und eine zunehmende Militarisierung des öffentlichen Lebens sowie der Kultur bereiteten den Boden für einen raschen Aufstieg der NSDAP.

Als Reichskanzler bot sich Hitler seit dem 30. Januar 1933 die Chance, Deutschland schrittweise auf den nächsten Weltkrieg vorzubereiten. Er konnte sich dabei auf eine zunächst noch schwache Mehrheit in der Bevölkerung stützen, die von seinem Koalitionskabinett vor allem Brot und Arbeit erwartete. Eine ungeheure Terrorwelle führte bis Ende 1933 zu mehr als 100 000 Verhaftungen und 600 Toten. Sie erstickte jeden offenen Widerspruch. Die offizielle Politik der Arbeitsbeschaffung wurde zu einem wichtigen Instrument, um die geheime Kriegsvorbereitung innenpolitisch und wirtschaftlich abzusichern und zu verbreitern. Die mit ihm verbündeten nationalkonservativen Kräfte gaben sich der Illusion hin, Hitler und seine radikalen Kräfte lenken zu können. Die »Wiederwehrhaftmachung« der Nation gehörte zu den Formeln, mit denen die vorhandenen Gegensätze verwischt werden konnten. Gleich nach seinem Regierungsantritt hatte Hitler die Reichswehrführung darüber informiert, daß der begonnene Umbau von Staat und Gesellschaft nur Mittel zum Zweck der Kriegsvorbereitung sei.[1]

Das stieß um so mehr auf interne Zustimmung, als er sich über den Zeitpunkt und die Zielsetzung eines künftigen Kriegs nur in vagen Umrissen äußerte. Öffentlich verleugnete er in den nächsten Jahren stets den aggressiven Charakter seiner Pläne. Die Forderungen nach »Gleichberechtigung« und nach Sprengung der Versailler Fesseln fanden auch im Ausland durchaus Verständnis. Der konsequente Ausbau des autoritären Führerstaates, die Formierung einer militarisierten »Volksgemeinschaft«, die wirtschaftliche Autarkisierung und ein militanter Antikommunismus wurden zunächst nur von wenigen kritischen Beobachtern des In- und Auslandes als Bestätigung für die Befürchtung angesehen, daß Hitler Krieg bedeutete.

Die Planung und konkrete Umsetzung der noch bis 1935 weitgehend geheimen Aufrüstung überließ der »Führer und Reichskanzler« den Militärs, die sich als zweite Säule der NS-Herrschaft – neben der Partei – verstanden. Unter den konservativen Führungseliten widerstanden sie der Nazifizierung am längsten, um nach dem Tod des monarchistischen Feldmarschall-Reichspräsidenten Paul von Hindenburg und nach der Übernahme des Oberbefehls durch Hitler die weltanschauliche Gleichschaltung in immer stärkerem Maße selbst zu übernehmen. Konflikte mit der Partei und eine wachsende Rivalität mit SA und SS blieben, womit Hitler die Rolle des Schiedsrichters zufiel. Die Reichswehrführung zog sich aus dem innenpolitischen Machtkampf weitgehend zurück, als Hitler 1934 beim sogenannten Röhm-Putsch die Rolle der Reichswehr als einzigem Waffenträger bestätigte.

Um den Rüstungsstand von 1914 wieder zu erreichen, waren erste vorsichtige Schritte erforderlich. Es war aus militärischer Sicht die gefährlichste Phase, weil das Reich noch zu schwach war, um einem möglichen französischen Präventivschlag zu begegnen. Mit der Lösung aus den internationalen Bindungen und der Ausnutzung günstiger außenpolitischer Bedingungen stellten sich erste Erfolge ein, die zu einer wachsenden Beschleunigung des Aufrüstungsprozesses ermutigten. Bis 1936 wurde dieser Kurs zugleich durch die Überwindung der wirtschaftlichen Krise und die innenpolitische Formierung gefördert.

Richtungweisende strategische und politische Direktiven erhielt die mit der Einführung der allgemeinen Wehrpflicht als Wehrmacht bezeichnete Armee in dieser Phase nicht. Das förderte ein ausgeprägtes Teilstreitkraftdenken, das die Effektivität der Rüstungsmaßnahmen wesentlich minderte. Die Heeresführung bereitete sich im Rahmen der Reichsverteidigung auf einen Mehrfrontenkrieg vor, konnte sich nach

Abbildung 1: Drei Offiziere im Manöver (1935), die unterschiedliche Richtungen der deutschen Armee symbolisieren.
Sepp Dietrich (1892–1966), Kommandeur der »Leibstandarte Adolf Hitler«, wird im Zweiten Weltkrieg der bekannteste Haudegen der Waffen-SS, ein Landknechtstyp, bereit über Leichen zu gehen; Werner von Blomberg (1878–1946), Reichskriegsminister, als »Modernisierer« der alten Reichswehr entschlossen, Armee und NSDAP als die zwei Säulen des neuen Staates zusammenzuführen, muß 1938 wegen einer unstandesgemäßen Heirat zurücktreten, im Zweiten Weltkrieg hofft er vergeblich darauf, von Hitler zurückgerufen zu werden; Adolf Heusinger (1897–1982), Hauptmann, führt im Zweiten Weltkrieg als Chef der Operationsabteilung Hitlers Krieg im Osten, maßgeblicher Inspirator der deutschen Wiederbewaffnung nach Kriegsende, erster Generalinspekteur der Bundeswehr, dann Vorsitzender des ständigen Militärausschusses der NATO.

Abschluß des deutsch-polnischen Nichtangriffspakts von 1934 aber zunehmend auf den Hauptgegner Frankreich einstellen. Seit 1936 entwickelten die Kriegsplanungen allmählich ihren offensiven Charakter. Die Marineführung glaubte nach dem Abschluß des deutsch-britischen Flottenabkommens von 1935, ihre langfristigen Baupläne ungestört realisieren zu können. Die Wendung gegen die übermächtige britische Seemacht war langwierig, gewann aber unter dem Druck Hitlers seit 1937 an Konturen.

Erwies sich die Koordinierung der Rüstungsanstrengungen von Heer und Marine als nahezu unmöglich, so verschärfte die notwendige Abstimmung mit der neugeschaffenen Luftwaffe die Probleme. Ihr Oberbefehlshaber Hermann Göring galt als zweitmächtigster Mann im Staat, der sich zugleich auf die Partei und die Wirtschaft stützen konnte. Zunehmende rüstungswirtschaftliche Zwänge veranlaßten die Luftwaffenführung, sich auf die Unterstützung der Landkriegführung zu konzentrieren und Ansätze zum Aufbau einer strategischen Bomberflotte zu vernachlässigen. Diese Weichenstellung sollte für den künftigen Krieg erhebliche Auswirkungen haben, die aber in der Hektik des rasanten Aufbaus einer Luftstreitmacht unbeachtet blieben. Innerhalb kürzester Zeit wurde eine moderne Flugzeugindustrie aus dem Boden gestampft. Trotz vielfältiger ungelöster Probleme spielte dieser neue Wehrmachtteil eine wichtige Rolle, weil er ein Abschreckungs- und

Abbildung 2: Die Militärführung zeigte sich beim »Heldengedenktag« 1937 noch einmütig.

Drohpotential bot, das durch die deutsche Propaganda noch erfolgreich überhöht werden konnte.

Wachsende wirtschaftliche Schwierigkeiten einer überhitzten Rüstungskonjunktur zwangen Hitler seit 1936/37 zu ständigen Eingriffen, die keinem strategischen Gesamtplan folgten. Möglichst schnell sollten möglichst viele Rüstungsgüter produziert werden. Auftretende finanzielle Probleme und rohstoffwirtschaftliche Engpässe wurden durch Ad-hoc-Entscheidungen und Kompromisse vorübergehend gelöst, dann durch neugeschaffene Planungs- und Steuerungsinstanzen sowie Sonderbeauftragte in Angriff genommen. Die dennoch weitgehend zügellose Aufrüstung der Wehrmacht forderte einen hohen Preis: Eine »stille« Verschuldungspolitik gefährdete die Währungsstabilität und die rücksichtslose Ausdehnung der Rüstungsindustrie das gesamtwirtschaftliche Gleichgewicht. Reichswirtschaftsminister Hjalmar Schacht versuchte vergeblich, mit Devisenbewirtschaftung und »Neuem Plan« die Probleme in den Griff zu bekommen und die Rüstungskonjunktur zu bremsen.

Er mußte gehen, und mit Görings »Vierjahresplan« entstand eine neue Administration, die der Direktive aus Hitlers geheimer Denkschrift von 1936 folgte, die deutsche Wirtschaft innerhalb von vier Jahren »kriegsbereit« zu machen. Weitgehend autark und blockadefest sollte das Reich werden, aber dieses Ziel war trotz

Abbildung 3: Die Übernahme der tschechischen Luftwaffe.

erheblicher Investitionen letztlich nur durch die Eroberung von »Ergänzungsräumen« zu erreichen. Bei seinen internen Ansprachen, mit denen Hitler den atemberaubenden Kriegskurs anzuheizen verstand, berief er sich immer wieder auf den Mangel an Nahrungsmitteln und Rohstoffen, der letztlich nur mit Hilfe des »Schwertes« überwunden werden könne. Wurde in der Öffentlichkeit mit der geforderten Rückgabe der ehemaligen deutschen Kolonien argumentiert, sprach der Diktator intern vage vom »Lebensraum im Osten«.

Bei seiner Rede vor den Oberbefehlshabern am 5. November 1937 ließ Hitler zum ersten Mal deutlich erkennen, daß er entschlossen war, den außenpolitischen Expansionskurs und die Aufrüstung zu beschleunigen, bereit, dazu jedes Risiko einzugehen.[2] Zögern und Bedenken nationalkonservativer Entscheidungsträger beeindruckten ihn nicht. Mit einem umfassenden Revirement in Regierung und Wehrmachtspitze festigte er seine Autorität. In immer kürzeren Abständen inszenierte er außenpolitische Krisen, um zunächst Österreich, dann die Tschechoslowakei annektieren zu können. Die Ressourcen dieser Nachbarländer wurden sofort für die weitere Aufrüstung nutzbar gemacht.

Die britische Appeasement-Politik spielte der Diktatur durchaus in die Hände, zögerte den von Hitler gesuchten Kriegsbeginn aber hinaus und engte seinen Spielraum ein. Der langjährige Streit der Historiker um die Bewertung dieser Politik, die nicht nur von der früheren marxistischen Historiographie als Ausdruck von Schwäche, Feigheit und geheimer Sympathie mit Hitler als »Bollwerk« gegen den Kommunismus gesehen worden ist, führt heute zu einem differenzierteren Bild. Auch wenn Appeasement immer noch als politisches Schimpfwort gilt, wird das Verhalten der Westmächte 1937/38 an den damaligen Alternativen und ihren Folgen gemessen werden müssen. Die Angst vor einem neuen Weltkrieg und seinen Folgen hat die Bevölkerung in den demokratischen Staaten geprägt, und die Regierungen mußten darauf Rücksicht nehmen. Mit seinen Friedensparolen, mit Improvisationen und skrupellosen Kombinationen nutzte Hitler jede Chance, den Expansionskurs fortzusetzen und die Basis für eine künftige Kriegführung zu vergrößern. Im Frühjahr 1939 entschloß sich Hitler zum »Schlagen«. Er wollte keine diplomatischen Kompromisse mehr erdulden müssen und fühlte sich ermutigt, jetzt auch kriegerische Erfolge anzustreben. Es war nicht der Entschluß zu einem Weltkrieg, aber Hitler war bereit, das Risiko bei diesem ersten Überfall zu tragen.

Sommer 1939: Potentiale, Bedingungen und Ziele

Die im Aufbau befindliche Wehrmacht war am Vorabend des Zweiten Weltkriegs weit davon entfernt, einen größeren europäischen Krieg führen zu können. Auf allen personellen und materiellen Gebieten gab es zwar beachtliche Fortschritte zu verzeichnen, doch verglichen mit den Potentialen der anderen Großmächte befand sich das Deutsche Reich in einer unterlegenen Position, insbesondere bei einem möglichen Mehrfrontenkrieg. Man betrieb deshalb einen fieberhaften Festungsbau im Osten wie im Westen Deutschlands. Die geringe Zahl gepanzerter Angriffsverbände war mit leichten Fahrzeugen ausgerüstet, es mangelte an Munitionsvorräten, Ausrüstung und anderem Kriegsmaterial zur Aufstellung einer »Kriegswehrmacht«. Schon in ihrem Friedensumfang fehlte es an ausgebildetem Führungspersonal und Spezialisten. Für die Auffüllung im Kriegsfall konnte man auf lediglich drei Jahrgänge modern ausgebildeter Reservisten zurückgreifen. Die mittleren »ungedienten« Jahrgänge mußten in Kurzlehrgängen ausgebildet werden. In der Masse würde die Wehrmacht aus älteren Reservisten mit dem Kenntnisstand des Ersten Weltkriegs bestehen. Ausrüstung und Waffentechnik waren nicht sehr viel jünger.

Auch die Luftwaffe als modernste und jüngste Teilstreitkraft mußte noch vielfach älteres Fluggerät benutzen. Der hauptsächlich von ehemaligen Heeresoffizieren geführte neue Wehrmachtteil war gezwungen, sich überhaupt erst einmal eine materielle und personelle Basis zu schaffen. Ein umfangreiches Bauprogramm für Kasernen, Flugplätze, Depots und Schulen war noch längst nicht abgeschlossen, und aus der im Ausbau befindlichen Flugzeugindustrie kamen moderne Sturzkampfbomber (»Stukas«), Jagdflugzeuge und mittlere Kampfflugzeuge wie die Junkers Ju 88 und die Heinkel He 111 erst in langsam steigenden Stückzahlen. Die kleine Zahl ausgebildeter Piloten verfügte wenigstens über Einsatzerfahrungen im Spanischen Bürgerkrieg.

Die deutsche »Legion Condor« kehrte mit ihrem Personal im Frühjahr 1939 von diesem Kriegsschauplatz zurück. Der größte Anteil an Personal und Material war in der Luftverteidigung (Flak) gebunden, weil man auch in Deutschland die wahrscheinlich verheerenden Folgen eines künftigen Bombenkriegs auf Zivilbevölkerung und Rüstungsindustrie fürchtete. Bei der Entwicklung moderner Einsatzverfahren und im Bereich der Luftnachrichtentechnik waren große Fortschritte gemacht worden. Die geheime Vorführung ihrer modernsten Technik im Juli 1939, unter anderem mit dem ersten Strahlflugzeug, vermittelte selbst Göring ein falsches Bild. Es waren größtenteils technische Entwürfe und Projektionen.

Abbildung 4: Die »Legion Condor« paradiert vor dem spanischen Diktator Francisco Franco. Vor allem die Luftwaffe konnte im Spanischen Bürgerkrieg wichtige Erfahrungen sammeln.

Abbildung 5: Japanische Infanterie bei Kämpfen in China 1937/38.

Die Marine befand sich ohnehin erst am Beginn eines intensiveren Flottenbaus. Die vorhandenen Kräfte reichten aus, die Aufgaben im Ostseebereich zu erfüllen. In einem möglichen Kampf gegen die überlegene britische Flotte oder gar gegen das vereinte angelsächsische Potential konnte die deutsche Marine bestenfalls »in Ehren« untergehen. Eine rückwärtsgewandte Rüstungspolitik der Marineführung setzte auf den Bau einer Schlachtflotte, während der Bau von U-Booten, mit denen die Kontinentalmacht Deutschland die von ihren Seeverbindungen abhängige britische Insel am stärksten treffen konnte, nur schleppend voranging. Die Planungs- und Zeitfenster sowohl der Luftwaffenführung als auch der Admiralität wiesen deutlich auf eine strategische Lage hin, wie sie sich nach der Ausschaltung aller anderen europäischen Großmächte und im Zusammengehen mit Italien und Japan bieten würde. Die von Stalins »Säuberungen« geschwächte östliche Großmacht blieb bei den Betrachtungen zumeist außen vor.

In der Heeresführung war man schon in der Krise 1938 zutiefst besorgt über den möglicherweise vorzeitigen Ausbruch eines größeren Landkriegs gewesen. Die im Bau befindlichen Festungsanlagen an den Reichsgrenzen versprachen keineswegs genügend Sicherheit, um massive »Ausfälle« in die eine oder andere Richtung vornehmen zu können. Ein langjähriger Abnutzungskrieg an mehreren Fronten nach dem Beispiel des Ersten Weltkriegs mußte aus dieser Sicht unbedingt vermieden werden.

Dafür sprachen auch die wirtschaftlichen Experten, die im Oberkommando der Wehrmacht (OKW) im Hinblick auf eine mögliche Kriegswirtschaft ausgewer-

tet wurden. Trotz aller Anstrengungen war die deutsche Abhängigkeit von kriegswichtigen Einfuhren nicht wesentlich verringert worden. Es gab keine »Tiefen-
rüstung«, die ein längeres Durchhalten des Reiches ermöglichen konnte. Die
geschaffene »Breitenrüstung« reichte allenfalls für einen kurzen Krieg, mit dem
aber niemand ernsthaft rechnete.

Die ehrgeizigen und auf das Jahr 1944 terminierten Rüstungspläne mußten
wegen der zunehmenden wirtschaftlichen Schwierigkeiten im Frühjahr 1939
durch eine Dringlichkeitsliste gedrosselt werden. In dieser Situation waren die
Besetzung der »Rest-Tschechei« im März 1939 und die Übernahme des Potentials
der tschechischen Armee von großer Bedeutung. Mit dem erbeuteten Rüstungs-
material konnten mehrere neue Divisionen ausgestattet werden, die leistungsfähige
Industrie wurde sofort für die deutschen Programme eingespannt. Die beträchtlichen Gold- und Devisenvorräte füllten die leeren deutschen Kassen wieder auf
und erweiterten den außenwirtschaftlichen Spielraum.

Der »Prager Coup« war für die Westmächte der deutliche Beweis dafür, daß sich
der deutsche Diktator auf Kriegskurs befand und die Appeasement-Politik gescheitert war. Hitler wollte die Veränderung der westlichen Haltung nicht wahrhaben und vertraute darauf, mit Erpressungsmanövern und Kriegsdrohungen weitere
Vorteile erringen zu können. Am 22. März 1939 wurde Litauen gezwungen, das
Memelgebiet zurückzugeben, und mit dem Abschluß eines deutsch-slowakischen
»Schutzvertrags« erweiterte sich die deutsche Basis im Südosten. Polen geriet
damit unter Druck, fürchtete um seine Existenz und verweigerte daher deutsche
Forderungen nach einer Rückgabe von Danzig und entsprechenden Verbindungs-
wegen. Die britische Garantieerklärung für Polen vom 31. März 1939 hielt Hitler
nur für einen Bluff. Wenig beeindruckt war auch Mussolini, der am 7. April Albanien überfiel, worauf die Briten am 13. April ihre Garantie auf Rumänien und Griechenland ausdehnten. London versuchte zu retten, was zu retten war, und erweiterte die antifaschistische Defensivallianz um die Türkei, forcierte die Einführung
der allgemeinen Wehrpflicht und die Aufrüstung des eigenen Landes.

Bereits am 10. Februar 1939 hatte Hitler in einer wegweisenden Rede vor Trup-
penkommandeuren in Berlin die ideologischen Grundlagen seiner Politik darge-
legt und die planmäßige Umsetzung einer lange vorbereiteten Expansionspolitik
erläutert.[3] In dem bevorstehenden »Weltanschauungs- und Rassekrieg« sollten die
höchsten Militärs über die allgemeinen Zielsetzungen ihres Oberbefehlshabers
informiert sein. Dazu gehörte auch die wenige Tage zuvor (30. Januar 1939) in einer
Reichstagsrede angekündigte »Vernichtung der jüdischen Rasse in Europa« bei
Ausbruch eines neuen Weltkriegs. Intern sprach er jetzt davon, daß man genügend
Zeit habe, »um unsere Instrumente ganz in Ordnung zu bringen«. Man könne aber

die Hände nicht in den Schoß legen, sondern müsse »dem Feinde fortgesetzt ganz eng an der Klinge bleiben«.

Der polnische Widerstand reizte Hitler dazu, am 3. April Weisungen für den Fall »Weiß« zu erteilen. Die Wehrmacht hatte sich darauf vorzubereiten, Polen »mit überraschend starken Schlägen« niederzuwerfen. Der deutsch-polnische Nichtangriffsvertrag und das deutsch-britische Flottenabkommen wurden gekündigt. Hitler schloß mit Mussolini am 22. Mai 1939 theatralisch einen »Stahlpakt«. Einen Tag später erklärte er den Spitzen der Wehrmacht, daß Danzig »nicht das Objekt sei«.[4] Es gehe vielmehr um die »Erweiterung des Lebensraumes im Osten«. Dafür sei er bereit, notfalls die Herausforderung durch Frankreich und England anzunehmen, hoffe aber, deren Intervention verhindern zu können. Polen stehe jedenfalls auf der anderen Seite und müsse deshalb beseitigt werden. Wenn Hitler erneut auch den wirtschaftlichen Gewinn vor Augen hatte, den ein Überfall versprach, dann war dies nicht sein Hauptmotiv.

In der älteren wissenschaftlichen Literatur, insbesondere der marxistisch orientierten, hatte man Hitler in einer starken ökonomischen Zwangslage gesehen, die ihn zur »Flucht in den Krieg« veranlaßt habe.[5] Das bezog sich auf die erheblichen innen- und wirtschaftspolitischen Krisenerscheinungen, die Hitlers Expansionskurs 1938/39 ausgelöst hatte. Es gab aber anders als vor Ausbruch des Ersten Weltkriegs weder in der politischen, militärischen noch wirtschaftlichen Führungselite starke Kräfte, die auf die Unausweichlichkeit oder Notwendigkeit einer baldigen Kriegseröffnung verwiesen hätten. Auch in der deutschen Bevölkerung war im Sommer 1939, trotz der angespannten Lage und der Besorgnis vieler, die Zuversicht verbreitet, daß es dem »Führer« wie in der Vergangenheit gelingen werde, seine Forderungen ohne Krieg durchzusetzen. Während in den Regierungsbüros die Pläne für eine Mobilmachung überstürzt überarbeitet und abgeschlossen wurden, hofften die Menschen auf eine baldige »Abkühlung« der Lage – eine Friedenssehnsucht, die überall in Europa, auch in Deutschland spürbar gewesen ist.

Aber selbst die Warnungen des amerikanischen Präsidenten Franklin D. Roosevelt an die aggressiven Achsenmächte verhallten ungehört. Es war Hitler, der hemmungslos zum Krieg trieb und in einer irrationalen Reaktion auf seinen 50. Geburtstag am 20. April 1939 wohl in eine Art von persönlicher Torschlußpanik geriet. Er glaubte, daß ihm nicht mehr viel Zeit verblieb, um sein »großes Werk« zu vollenden. Die Entfesselung des Kriegs würde ihm dazu die Gelegenheit geben.

Das Deutsche Reich befand sich 1939 in selbstverschuldeten Turbulenzen. Es war eine Hektik vor dem beschlossenen Angriff, unter dem Eindruck der mutmaßlichen Risiken. Es gab keine militärische Macht auf dem Kontinent, die für das Reich bedrohlich war, und es wäre ein leichtes gewesen, die Wirtschaft effektiver zu steuern, ohne die Rüstung wesentlich zu bremsen. Die deutsche Wirtschaft strotzte vor Kraft und verfügte über enorme Rationalisierungsreserven. Sie brauchte den Krieg nicht, aber wenn es dazu kam, mußte die Staatsführung dafür sorgen, daß der Ausfall wichtiger Einfuhren notfalls durch militärische Eroberungen ausgeglichen werden konnte.

Die kleineren europäischen Länder konnten nur darauf hoffen, daß es Frankreich und Großbritannien gelingen würde, die Kriegsgefahr einzudämmen und die Achsenmächte in die Schranken zu weisen. Mit ihrer bisherigen Appeasement-Politik hatten die Westmächte aber an Glaubwürdigkeit verloren, und sie verfügten kaum über die militärischen Mittel, um in einer Offensive eine schnelle Entscheidung gegen Hitler herbeiführen zu können. Die Franzosen mochten auf den trügerischen Schutz ihrer Maginot-Linie vertrauen und die Briten ihre Hoffnung auf einen langwierigen Blockadekrieg setzen, bis Deutschland wie 1918 einen inneren Zusammenbruch erleben würde. Für die anderen europäischen Staaten, wie etwa die Schweiz oder Dänemark, waren das keine günstigen Aussichten. Sie mußten einen Weg finden, um zwischen den Koalitionen überleben oder sich im Schatten einer Seite arrangieren zu können.

Polens Situation war am schwierigsten. Die Deutschen versuchten, die Warschauer Regierung einzuschüchtern und von den Westmächten zu isolieren. Eine fieberhafte Diplomatie entfaltete sich auf vielen Kanälen. Geheime deutsche Unterhändler versuchten über britische Wirtschaftskreise, London nachgiebig zu machen und zur Anerkennung einer deutschen Vorherrschaft in Ost- und Südosteuropa zu veranlassen. Stalin signalisierte, daß er nicht wieder – wie 1938 beim Münchener Abkommen – abseits stehen wollte. Er wollte aber auch nicht für andere »die Kastanien aus dem Feuer holen«. Welches Gewicht konnte er auf die machtpolitische Waagschale legen, und welchen Preis würde er verlangen? Die anderen europäischen Mächte gewannen kein klares Bild.

Moskau sandte auch an Berlin seine Signale. In der Mongolei war es gerade erst zu einem Zusammenprall japanischer und sowjetischer Truppen gekommen. Trotz der erfolgreichen Operationen, die am 20. August zu einer Niederlage der japanischen Kwantung-Armee bei Nomonhan-Haruha führten, mußte Stalin eine deutsch-japanische Einkreisung fürchten, die den Westmächten Zeit verschaffen würde, ihre Verteidigungsfähigkeit zu verbessern. Anderseits war auch die UdSSR weit davon entfernt, sich militärisch mit den Achsenmächten messen zu können. Der neuernannte Volkskommissar für Auswärtige Angelegenheiten Vjaceslav M. Molotov sollte für den sowjetischen Diktator herausfinden, welchen Preis die Westmächte für eine Kooperation zur Eindämmung Deutschlands bereit waren zu zahlen. In Paris und London war man realistisch genug, die militärische

Stärke der Roten Armee nicht allzu hoch einzuschätzen. Aber schon der Abschluß eines Defensivbündnisses konnte sich womöglich als nützlich erweisen, Hitler von kriegerischen Schritten abzuhalten.

In einem Beistandspakt vom 24. Juni 1939 machten die Westmächte Stalin deshalb das Zugeständnis einer »Interessensphäre« der UdSSR in Ostmitteleuropa. Die anschließenden Militärverhandlungen in Moskau führten aber zu keinem einvernehmlichen Ergebnis. Von britischer Seite war man nicht bereit, die Beistandsverpflichtung gegenüber diesen Staaten, insbesondere Polen, so weit auszulegen, daß die Rote Armee befugt gewesen wäre, auch ohne Zustimmung der jeweiligen Regierung in diese Länder einzumarschieren. In dieser Hinsicht zeigten sich die Briten gegenüber Moskau ebenso unnachgiebig wie in den parallelen Gesprächen mit der deutschen Seite.

Unterdessen hatte man auch in Berlin die Chance erkannt, diese sich abzeichnende Koalition zu spalten, die Kontrahenten zu entmutigen und bei Durchführung der geplanten militärischen Aktion gegen Polen die Westmächte zum Stillhalten zu veranlassen. Während man noch mit französischen und britischen Militärs verhandelte, drängte Molotov die Deutschen zur Aufnahme von Verhandlungen. Man verständigte sich am 19. August auf ein neues Handels- und Kreditabkommen, das die UdSSR zu erheblichen Rohstofflieferungen verpflichtete. Moskau verlangte im Gegenzug die bedingungslose Anerkennung seiner »Interessensphäre«. Ein Verzicht auf seine eigenen Ambitionen in Ostmitteleuropa fiel Hitler nicht leicht. Aber an eine ernsthafte und langfristige Verständigung mit seinem Konkurrenten Stalin dachte er ohnehin nicht.

Die Zeit für eine militärische Aktion gegen Polen drängte. Der als Manöver getarnte Aufmarsch der Wehrmacht ließ sich im August 1939 kaum noch bremsen. Hitler brauchte einen spektakulären diplomatischen Erfolg, um die Westmächte zu lähmen. Ribbentrop reiste am 23. August 1939 nach Moskau und wurde von Stalin persönlich und ungewöhnlich herzlich begrüßt. Über den Text eines Nichtangriffsvertrags verständigte man sich schnell und unterzeichnete noch in derselben Nacht. Entscheidend war ein geheimes Zusatzprotokoll, in dem Finnland, Estland und das östliche Polen der sowjetischen »Interessensphäre« zugeschlagen wurden. Dieser Kuhhandel wurde von der Sowjetunion fünf Jahrzehnte lang geleugnet. Generationen von marxistischen Historikern haben sich mit der verordneten Leugnung dieses Geheimprotokolls um ihren Ruf gebracht. Erst mit der Auflösung der UdSSR erkannte Moskau die Existenz der Vereinbarung an.

Die spektakuläre Unterzeichnung des Nichtangriffsvertrags löste bei den Westmächten aber nicht den von Hitler erhofften Schock aus. Großbritannien reagierte mit dem Abschluß eines förmlichen Beistandspakts mit Polen und verstärkte seine

Kriegsvorbereitungen. Auch in Frankreich stellte man sich auf die unausweichlich gewordene Konfrontation ein. Die Wehrmacht hatte bereits für den 26. August einen Angriffsbefehl gegen Polen erhalten, der noch einmal zurückgezogen wurde. Besorgnisse in der militärischen Führungsspitze über das Risiko eines möglichen europäischen Kriegs konnte Hitler mit Hinweis auf den Vertrag zerstreuen. Die Gefahr eines Zweifrontenkriegs schien gebannt, und auch einen Blockadekrieg brauchte man nicht mehr fürchten, weil die Russen alles liefern würden, was Deutschland benötigte.[6]

Hitler war bereit, die Wirkungen seines Moskauer Coups zu testen. Immerhin waren auch seine eigenen Bundesgenossen irritiert. In Japan trat das Kabinett zurück, weil man bislang auf den Antikominternpakt mit Deutschland gesetzt hatte. Mit dem Waffenstillstand vom 15. September 1939 beendeten die japanischen Generale ihre strategische Option für eine Expansion in Richtung Sibirien. In Tokio gewann die Marineführung das Übergewicht, die das Ausgreifen nach Süden gegen die Westmächte favorisierte. Italien, das in Hitlers Strategie als Gegengewicht zu den Westmächten im Mittelmeerraum eine wichtige Rolle spielen sollte, fühlte sich übergangen und getäuscht. Mussolini, der nicht vor 1943 mit einem Krieg gerechnet hatte, gestand die Schwäche seines Landes ein, das nicht kriegsbereit sei.

Paris und London drängten die polnische Seite, einen letzten Versuch zu unternehmen, um die deutsche Verhandlungsbereitschaft zu testen, ein sinnloses Unternehmen, zu dem der polnische Außenminister Jósef Beck nicht bereit war. Am 31. August 1939 erteilte Hitler nunmehr unwiderruflich den Angriffsbefehl für den nächsten Tag.

War der Zweite Weltkrieg vermeidbar? Eine Antwort auf diese Frage muß in Rechnung stellen, daß der Zerfall des internationalen Systems in der ersten Hälfte der dreißiger Jahre Hitler mit seinem Dritten Reich Chancen eröffnete, unerwartete außenpolitische Erfolge zu erzielen und seine Machtposition für die Entfesselung eines europäischen Kriegs zu vergrößern. Bis 1936 hätten die Westmächte ihn wohl auch ohne das Risiko eines größeren Kriegs aufhalten können. Doch sie unterschätzten den deutschen Diktator ebenso wie es die alten Führungseliten im Reich taten, die sich mit dem »Trommler« aus Braunau verbündet hatten, um Deutschland aus dem vermeintlichen Abgrund wieder zu alter Größe aufsteigen zu lassen.

In der kritischen Phase 1938/39 hätte vermutlich nur eine entschiedene Kooperation der Westmächte mit der UdSSR Hitler in die Schranken weisen und den Frieden bewahren können. Die Militäropposition im Reich wartete nur auf ein entsprechendes Signal. Doch Stalin unterzog in dieser Zeit sein eigenes Reich dem

Abbildung 6: Ludwig Beck (1880–1944), Generaloberst, widersetzte sich als einziger konsequent dem waghalsigen Kriegskurs Hitlers. Er trat als Chef des Generalstabs des Heeres am 18. September 1938 zurück. Stauffenberg sah in ihm das künftige Staatsoberhaupt. Becks Engagement für den militärischen Widerstand endete am 20. Juli 1944 mit seinem erzwungenen Freitod im Bendler-Block.

mörderischen Feuer der »Säuberungen«, Frankreich befand sich durch die Volksfront-Regierung in der Nähe eines Bürgerkriegs, und Großbritannien scheute in Sorge um sein Empire vor dem wachsenden Kriegsrisiko zurück. Im Lager der westlichen Demokratien blieb der Platz einer starken Vormacht unbesetzt, weil die USA im Zustand des Isolationismus verharrten. So blieb nur die Wahl zwischen zwei totalitären Bündnispartnern, die in gleicher Weise gehaßt wurden, von denen Hitler aber bis zum März 1939 als weniger bedrohlich eingeschätzt wurde. Die überraschende Verständigung beider Diktatoren machte den Krieg unausweichlich.

3 | Die Durchsetzung der deutschen Vorherrschaft in Europa

Der deutsch-sowjetische Überfall auf Polen

Im Morgengrauen des 1. September 1939 überfiel die deutsche Wehrmacht das Nachbarland Polen. Anders als bei der Kriegseröffnung 1914 bediente man sich keiner Kriegserklärung. Statt dessen wurde das Schmierentheater eines angeblichen polnischen Überfalls auf den deutschen Sender Gleiwitz inszeniert. Dahinter verbarg sich das Bemühen, die Entfesselung des Kriegs als Akt der Notwehr zu tarnen und so die eigene Bevölkerung wie die Weltöffentlichkeit zu täuschen. Der Eindruck, daß es sich eigentlich nur um eine Art von Polizeiaktion handelte, sollte den Tabubruch, zwanzig Jahre nach dem Ende des Ersten Weltkriegs wieder einen Krieg in Europa zu beginnen, verdecken und den Westmächten einen Vorwand liefern, ihre Verpflichtungen zum Schutz Polens zu suspendieren. Hitler war es letztlich gleichgültig, ob man ihm den propagandistischen Vorwand glaubte oder nicht. Der Sieger, so hatte er am 22. August 1939 vor den Oberbefehlshabern ausgeführt, werde später nicht nach der Wahrheit gefragt.[1] Man hatte zudem seit Monaten eine propagandistische Kampagne durchgeführt, in der Übergriffe gegen Volksdeutsche in Polen behauptet wurden – ein durchsichtiges Manöver, das im Vorjahr gegen die Tschechoslowakei durchaus Wirkung gezeigt hatte. Die Lage der deutschen Minderheit war durch diese Propaganda nicht leichter geworden. Bei Kriegsbeginn entluden sich tatsächlich vorhandene Spannungen z. B. in Bromberg, wo Morde an Volksdeutschen Anlaß für Vergeltungsaktionen deutscher Milizen und der SS gaben.

Die französische und die britische Regierung ließen sich nicht täuschen. Sie verkündeten die Mobilmachung und richteten ein Ultimatum an Berlin. Dort dachte man freilich nicht an einen Rückzug der deutschen Truppen, die sich in schnellem Vormarsch befanden. Hitler glaubte fest daran, mit seinem Vabanquespiel wieder einmal davonkommen zu können. So traf ihn die angekündigte Kriegserklärung der Westmächte am 3. September mit voller Wucht. Doch er glaubte nicht an ein aktives militärisches Eingreifen und vertraute seinem »teuer« erkauften Rückhalt bei Stalin. Um so mehr kam es darauf an, die Kampfhandlungen auf polnischem

Gebiet rasch zu beenden und durch einen deutschen Aufmarsch an der Westgrenze die an sich kritische Zweifronten-Situation zu entschärfen. Es hatte ein europäischer Krieg begonnen, der sofort globale Konsequenzen zeigte (Kriegserklärung der britischen Dominions und Kolonien). Da aber die amerikanische Weltmacht neutral blieb, gewann dieser Krieg militärisch noch keine weltweiten Dimensionen. So hatte es Hitler immer gewollt, und er war zuversichtlich, die Initiative auch bei den nächsten Schritten in der Hand behalten zu können.

In der deutschen Historiographie hat sich die Auffassung festgesetzt, daß angesichts des Kräfteverhältnisses in der späteren globalen Konfrontation Hitler den Zweiten Weltkrieg eigentlich schon am 3. September 1939 verloren hat. Dem stimmte die frühere sowjetische Geschichtspropaganda durchaus zu, wenn sie auf die »Gesetzmäßigkeit« der deutschen Niederlage verwies, eine heuchlerische Position, weil die stalinistische Propaganda in der Phase der Zusammenarbeit mit Hitler-Deutschland in den Westmächten die Aggressoren und Kriegstreiber hatte sehen wollen. Jedenfalls bestimmt der quantitative Vergleich von Potentialen nicht automatisch den Ausgang eines Kriegs. Der deutschen Führung ist die langfristige eigene Unterlegenheit in materieller und personeller Hinsicht durchaus bewußt gewesen. Eine militärische Entscheidung auf dem Kontinent schien dennoch zu ihren Gunsten nicht unmöglich zu sein, wenn es gelang, den erreichten Rüstungsvorsprung zu nutzen und die feindlichen Potentiale zu zerschlagen.

Abbildung 7: Die Fahrt in den Krieg: Polen im September 1939.

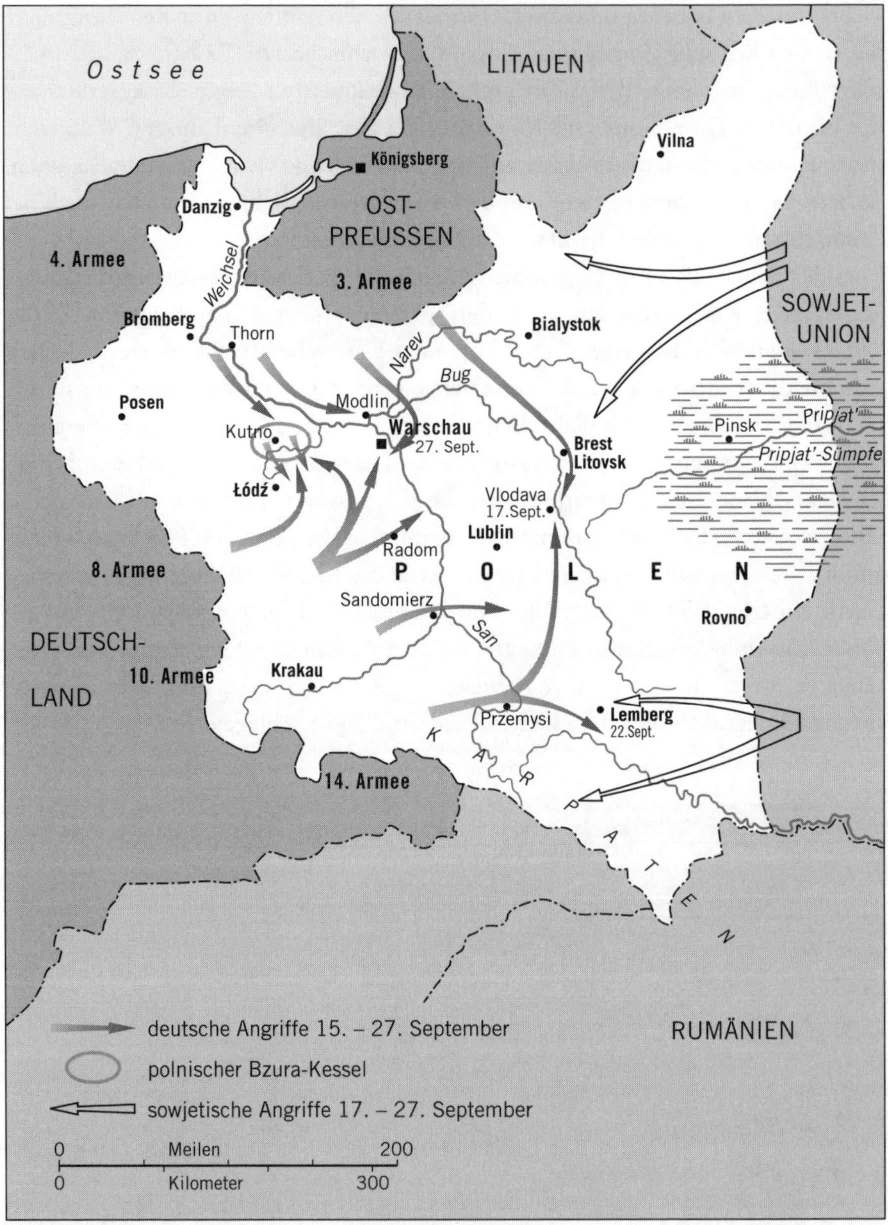

Karte 1: Der deutsch-sowjetische Überfall auf Polen.

Deutschland hatte 4,6 Millionen Mann mobilisiert. Von den 103 Divisionen des Feldheeres sicherte knapp die Hälfte (43 Infanteriedivisionen) die Westgrenze, gestützt auf den notdürftig vollendeten Westwall mit seinen Bunkerlinien, die vom Saargebiet bis zur Schweizer Grenze reichten. Für die Risikophase von etwa vier Wochen waren 55 Großverbände im Osten gebunden. Eine »Blitzkriegsarmee« war die Wehrmacht zu diesem Zeitpunkt nicht. Während rund zwei Millionen Mann für den beweglichen Kampfeinsatz vorgesehen waren, wurden 650000 Mann in den Befestigungen sowie bei den Bautruppen veranschlagt. Die französische Armee hatte etwa gleichstarke Kräfte mobilisiert (fünf Millionen Mann mit 94 Divisionen), die in der Deckung der gigantischen Maginot-Linie aufmarschierten. Ihre Schlagkraft war nicht geringer als die deutsche, doch fehlte es in Paris an der Entschlossenheit, der Wehrmacht entgegenzutreten. Mit dem Eintreffen des britischen Expeditionskorps wurden weitere 400000 Mann gegen die Deutschen in Stellung gebracht, ein Drittel der in Großbritannien 1939 mobilisierten Kräfte (1,3 Millionen Mann). Polen schickte ebenfalls 1,3 Millionen Mann ins Feld.

Die britische Stärke lag in der Flotte. Sie umfaßte 15 Schlachtschiffe, sieben Flugzeugträger, 15 Schwere und 49 Leichte Kreuzer, 192 Zerstörer sowie 62 U-Boote. Hinzu kam die französische Marine mit sieben Schlachtschiffen, einem Flugzeugträger, sieben Schweren und elf Leichten Kreuzern, 61 Zerstörern und 79 U-Booten. Dem hatte die deutsche Kriegsmarine unter der Führung des Großadmirals Erich Raeder lediglich zwei Schlachtschiffe, drei Panzerschiffe, einen Schweren und sechs Leichte Kreuzer, 21 Zerstörer und 57 U-Boote entgegenzustellen. Selbst auf dem Sektor der U-Boote bestand also auf seiten der Alliierten ein erhebliches Übergewicht.

Diese hatten vor allem vor Görings Luftwaffe einen übertriebenen Respekt, der vom Zahlenverhältnis her nicht gerechtfertigt war. Die Deutschen konnten 4093 Frontflugzeuge einsetzen (darunter 1542 Bomber, 771 Jäger und 408 Zerstörer) gegenüber 1735 französischen (darunter 643 Bomber und 590 Jäger) und 1460 Frontflugzeugen der Royal Air Force (darunter 536 Bomber und 608 Jäger). Angesichts der fieberhaften Rüstungsbemühungen der Westmächte, die von amerikanischer Seite unterstützt wurden, war in diesem Bereich eine rasche Verbesserung zu erwarten. Die Alliierten sahen im Augenblick jedenfalls keine Chance zu einem erfolgversprechenden Vorstoß gegen den deutschen Westwall, um die tapfer kämpfende, aber hoffnungslos veraltete polnische Armee zu entlasten. Die deutschen Linien im Norden zu umgehen, hätte die Verletzung der Neutralität der Benelux-Staaten bedeutet. Im Gegensatz zu den Deutschen, die acht Monate später diesen Weg gingen, scheuten die Westmächte einen solchen Bruch des Völkerrechts. Der Oberbefehlshaber der alliierten Landstreitkräfte, General Maurice-Gustave Gamelin, vertraute auf die Überlegenheit im Rüstungswettlauf und wollte die eigenen Kräfte keinem unnötigen Risiko aussetzen. Seine veralteten taktisch-operativen Vorstellungen waren an die Erfahrungen des Ersten Weltkriegs gefesselt und sahen die Vorteile im Stellungskrieg.

Die Wehrmacht setzte gegen Polen ihre sechs Panzerdivisionen ein, die 48 Infanterie-Divisionen den Weg bahnten. Von Ostpreußen bis zur slowakischen Grenze waren die Angriffskräfte der zwei Heeresgruppen aufmarschiert, um konzentriert auf die polnische Hauptstadt vorzustoßen. Trotz teilweise heftiger Gegenwehr konnte sich die polnische Armee nicht der Einkesselung und Vernichtung entziehen. Sie konnte ihre eigenen Operationspläne nicht umsetzen und befand sich in einer hoffnungslosen Lage. Im Süden erleichterte der Kriegseintritt der Slowakei den deutschen Vormarsch. Warschau kapitulierte am 27. September, nachdem schwere Luftangriffe den Widerstandswillen der Bevölkerung gebrochen hatten. Am 6. Oktober ergaben sich die letzten Truppenteile. Nur ein kleiner Rest von 90 000 Mann konnte über Rumänien ausweichen und schloß sich den französischen Streitkräften an. Sie bildeten den Kern einer neuen Armee, die von der polnischen Exilregierung unter General Wladyslaw Sikorski in London aufgestellt wurde.

Ein großer Teil der in Ostpolen dislozierten Reservearmeen fiel nach kurzem Kampf in die Hände der Roten Armee. Lange hatten die Deutschen Stalin zum Eingreifen gedrängt, um eigene Truppen für die Verlegung nach Westen freizubekommen. Am 17. September 1939 – am Vortag hatte Molotov ein Waffenstillstandsabkommen mit Japan paraphieren können – begann Stalin mit dem Einmarsch in jene Gebiete, die ihm Hitler zugesichert hatte. Die Flucht der polnischen Regierung lieferte ihm den Vorwand, um angeblich den Schutz der weißrussischen und ukrainischen Bevölkerungsmehrheit in Ostpolen zu übernehmen. Frankreich und Großbritannien tolerierten diesen Schritt, um sich die Tür zu einer möglichen Wiederaufnahme der Verhandlungen mit der Sowjetunion offenzuhalten.

Die polnischen Verluste werden auf 66 300 Tote, 133 700 Verwundete und 694 000 Gefangene geschätzt. Die Wehrmacht hatte 10 572 Gefallene, 30 322 Verwundete und 3404 Vermißte zu verzeichnen. Von der Roten Armee wurden 737 Tote und 1859 Verwundete gemeldet. Sie »entwaffnete« offiziell 230 670 polnische Soldaten.

Stalin zögerte nicht lange, um Schritt für Schritt auch jene Staaten der UdSSR einzuverleiben, die ihm Hitler überlassen hatte. Neben massivem diplomatischem Druck, mit dem die Einrichtung von Stützpunkten in den baltischen Staaten erzwungen wurde, wandte er gegen Finnland, das sich seinen Gebietsforderungen in Karelien verweigerte, am 30. November 1939 auch das Mittel des militärischen Überfalls an. Im finnisch-sowjetischen Winterkrieg erlitt die weit überlegene Rote Armee, die hier 1,2 Millionen Mann mit 3000 Panzern einsetzte, schwere Verluste gegen die rund 200 000 finnischen Soldaten. Nur mit Mühe konnte der finnischen Regierung unter Marschall Mannerheim am 13. März 1940 ein Annexionsfrieden aufgezwungen werden. Finnland verlor zehn Prozent seines Territoriums und mußte 400 000 Flüchtlinge aus Karelien aufnehmen.

Das Schicksal Polens blieb nicht lange unklar. Erneute Verhandlungen Ribbentrops in Moskau führten am 28. September 1939 zu einem deutsch-sowjetischen Grenz- und Freundschaftsvertrag. In verschiedenen Zusatzprotokollen, Briefen und Erklärungen wurden weitere Gebietsfragen und politische Probleme behandelt. So erhielt Hitler z. B. den Suvalki-Zipfel im Austausch gegen Litauen, das vor dem Krieg der »Interessensphäre« Deutschlands zugesprochen worden war. Die Diktatoren teilten Polen gleichmäßig untereinander auf.

Das härteste Schicksal erlebten zunächst die Menschen im sowjetischen Besatzungsgebiet. Die Sowjetisierung wurde als Klassenkampf organisiert, dem die bürgerlichen Eliten, vorwiegend polnischer Nationalität, zum Opfer fielen. Weil auch Stalin keine offizielle Kriegserklärung ausgesprochen hatte, wurden die entwaffneten polnischen Soldaten als Verbrecher behandelt und in Straflager deportiert. Offiziere, Geistliche, Gutsherren und andere »Klassenfeinde« ermordete der NKVD. Katyn wurde später zum symbolischen Ort für diesen Massenmord, den die sowjetische Propaganda 50 Jahre lang leugnete. Die Gräber waren bereits 1943 von den Deutschen entdeckt und für ihre Propaganda genutzt worden. Erst das Ende des Sowjetimperiums machte den Weg für die Wahrheit frei.

Das Gewaltregime der sowjetischen Geheimpolizei unter Lawrentij P. Berija wird seit den neunziger Jahren durch die neue polnische Historiographie gründlich erforscht. So ist heute deutlich erkennbar, daß es sich in seinen Auswirkungen kaum von der mörderischen Politik unterschied, die auf der Gegenseite Heinrich Himmler mit seinem SS- und Polizeiapparat durchführte. Als neuernannter »Reichskommissar für die Festigung deutschen Volkstums« organisierte er im deutschen Besatzungsgebiet den »Rassenkampf«, der sich in erster Linie gegen die jüdische Minderheit richtete, die anderen Polen als angeblich »minderwertige Rasse« aber nicht verschonte und aus dem Land eine »blonde Provinz« machen sollte.[2]

Im Zuge der territorialen Umgestaltung wurden die 1919 abgetrennten preußischen Gebietsteile dem Reich wieder einverleibt. Zusammen mit weiteren polnischen Westprovinzen bildeten sie die »eingegliederten Ostgebiete«. Den größten Zusammenschluß bildete der neue Gau Wartheland, der als Vorreiter für die geplante Germanisierung galt. Aus diesen annektierten Gebieten wurde die polnische Bevölkerung in verschiedenen Wellen zwangsweise vertrieben. Teile wurden »eingedeutscht« und durch volksdeutsche Umsiedler verstärkt, die nach den Absprachen mit Stalin aus dessen Einflußbereich auswandern durften. Es war der

Beginn einer planmäßigen Siedlungspolitik, für die das besetzte Polen zum Experimentierfeld wurde. Obwohl die Besatzungspolitik der Nationalsozialisten klaren ideologischen Vorgaben folgte, blieb sie stets widersprüchlich und wurde in den unterschiedlichen Territorien mit teils erheblichen internen Konflikten verschieden umgesetzt.

Zentralpolen wurde als »Beuteland« betrachtet und als »Generalgouvernement« dem Reich angegliedert. Die deutsche Regierung unter Hans Frank mit Sitz in Krakau übernahm die Aufgabe, die polnische Kultur und Nationalität zu verdrängen, die durch die Deportationen aus den annektierten Gebieten rasch wachsende Bevölkerung auf einem unteren Lebensstandard zu halten und als Sklavenarbeiter dem Reich zur Verfügung zu stellen. Gleich nach Beginn des deutschen Überfalls hatte die SS begonnen, polnische Führungskräfte und Aktivisten zu ermorden sowie unsystematische Pogrome und Massentötungen an der jüdischen Bevölkerung durchzuführen. Solange es eine starke Militärverwaltung im Lande gab, kam es wiederholt zu Protesten von Befehlshabern und Soldaten.[3] Die Heeresführung ließ sich von Hitler abweisen und hielt sich auffällig zurück.

Als die Vorbereitung des Feldzugs im Westen zu einer Verminderung der Besatzungstruppen führte und damit der polnische Widerstand ermutigt wurde, nutzte dem Oberbefehlshaber Ost, Generaloberst Johannes Blaskowitz, selbst das Sicherheitsargument nicht, um das schrankenlose Treiben von SS und Polizei zu beenden. Auch Hermann Göring, der als Beauftragter für den Vierjahresplan für die Ausbeutung der polnischen Gebiete zuständig war, gelang es nicht, das aus seiner Sicht oft störende Treiben seines Konkurrenten Himmler einzudämmen. Wie im Reich duldete Hitler im besetzten Polen die Rivalität der verschiedenen Instanzen und Machtgruppen, was die zunehmende Radikalisierung der deutschen Besatzungspolitik förderte. Für die deutsche Kriegführung wurde Polen zu einer wichtigen Drehscheibe, zunächst für den Aufmarsch gegen Frankreich, dann ein Jahr später gegen die UdSSR, so wie es Hitler in mehreren Ansprachen der Wehrmachtführung angekündigt hatte.

Eine fast gescheiterte »Weserübung«: Die Besetzung von Dänemark und Norwegen

Im Winter 1939/40 trafen die ersten sowjetischen Hilfslieferungen an der Reichsgrenze ein. Stalin war bereit, mit großen Mengen an Getreide, Mineralöl und anderen kriegswichtigen Waren und Rohstoffen die deutsche Kriegführung zu unterstützen. Großzügige Kredite wurden im Rahmen eines neuen Handelsvertrags gewährt, der Deutschland im Gegenzug dazu verpflichtete, durch die Lieferung modernster Rüstungstechnologie und Anlagen die sowjetische Aufrüstung zu fördern. Auch auf vielfältige andere Weise intensivierte die UdSSR die Allianz mit dem Reich, obwohl sie offiziell neutral blieb.

Die Westmächte richteten sich derweil auf einen deutschen Angriff ein. Sie vertrauten auf die Sicherheit hinter der Maginot-Linie und wollten vor allem an der Peripherie aktiv werden. Die Unterstützung Finnlands im Kampf gegen die Rote Armee lenkte den Blick auf die Bedeutung Skandinaviens für die deutsche Kriegführung. Die Neutralität dieser Region hatte den Deutschen schon im Ersten Weltkrieg genützt. Auch jetzt waren besonders die schwedischen Lieferungen an hochwertigem Eisenerz für Hitler unentbehrlich. Die Alliierten waren bereit, ein Hilfskorps für die Finnen, notfalls auch ohne Zustimmung der betroffenen Regierungen, in Norwegen landen und durch Nordschweden marschieren zu lassen. Damit wäre zugleich Hitler von dieser lebenswichtigen Rohstoffregion abgeschnitten und der Blockadering enger gezogen worden. Parallel dazu wurden auch Luftangriffe auf die Ölquellen des Kaukasus erwogen, um eine Offensive der Wehrmacht zu erschweren. Den Alliierten blieben die deutschen Angriffsvorbereitungen nicht verborgen. Am 10. Januar 1940 waren zwei deutsche Luftwaffenoffiziere im holländischen Maasmechelen notgelandet. Ihre Geheimpapiere für die Offensive lagen dem Supreme War Council vor. Aus alliierter Sicht konnte das auch als Finte bewertet werden, zumal die Deutschen ihre Angriffspläne und -termine ständig änderten. Jedenfalls kam es darauf an, die Deutschen zu starken Reaktionen an der Peripherie zu veranlassen und so von der Maginot-Linie abzulenken.

Im Fall Norwegens spitzte sich die Situation zu. Das deutsche Versorgungsschiff »Altmark« wurde von britischen Zerstörern in einen Fjord abgedrängt und geentert, um gefangene britische Matrosen zu befreien. Die Regierung in Oslo protestierte vergeblich, in der berechtigten Sorge, daß die Deutschen ihrerseits die norwegische Neutralität in Frage stellen konnten. Um so mehr drängte Stockholm den finnischen Nachbarn zu einem Waffenstillstand mit der UdSSR. Wenige Tage nach dem Moskauer Frieden stürzte in Frankreich Ministerpräsident Edouard Daladier, weil ihm das Parlament Versagen vorwarf. Sein Nachfolger wurde Paul Reynaud. Tags zuvor, am 18. März 1940, hatten sich Hitler und Mussolini am Brenner getroffen und ihre Differenzen beigelegt. Der »Duce« verstand nicht Hitlers Anlehnung an Stalin und hatte die Finnen im Kampf gegen den Bolschewismus unterstützen wollen. Er blieb bei der abwartenden Haltung gegenüber den Westmächten. Die italienischen Streitkräfte seien noch nicht für den Kampf gerüstet; er versprach aber einen baldigen Kriegsbeitritt. Wie in Paris verschärften sich auch in London die Gegensätze. Churchill forderte als Erster Lord der Admiralität mehr Kompetenzen und eine aktivere Kriegführung gegen Deutschland. Sein Plan, vor Narvik Minensperren zu legen und damit die deutschen Frachter zu treffen, die über den eisfreien Hafen im Winter schwedisches Eisenerz abholten, fand Zustimmung.

In Berlin beobachtete die Marineführung die Entwicklung mit Besorgnis. Sie war selbst daran interessiert, ihre Operationsbasis nach Norden auszudehnen und damit die Nord- und Ostsee besser kontrollieren zu können. Das konnte der Beginn einer Gegenblockade sein, mit der die wirtschaftlichen Kräfte Skandinaviens stärker zugunsten des Reiches auszunutzen wären. Nordeuropa zählte in den Planungen für eine deutsche »Großraumwirtschaft« ohnehin zu den unverzichtbaren Positionen, so wie auch Hitlers Visionen eines »Großgermanischen Reiches« wie selbstverständlich die »wertvollen« nordgermanischen »Blutsquellen« umfaßten. Mit Vidkun Quisling stand der Führer einer kleinen rechtsradikalen Partei in Oslo zur Verfügung, der einen solchen »Anschluß« suchte.

Hitler setzte General Nikolaus von Falkenhorst ein, um mit einem Sonderstab ein mögliches Eingreifen vorzubereiten. Die britische Kaperung des deutschen Versorgungschiffs »Altmark« vor der norwegischen Küste beschleunigte die Arbeiten der drei Wehrmachtteile. Das Unternehmen erhielt den Decknamen »Weserübung«. Die schwierigen geographischen und klimatischen Verhältnisse erzwangen eine sorgfältige Planung. Die Hauptkräfte stellte die Kriegsmarine, die alle verfügbaren Einheiten einzusetzen bereit war. Heer und Luftwaffe blieben auf die bevorstehende Offensive gegen Westeuropa konzentriert. So mußten acht Divisionen, eine Brigade und eine Panzerabteilung ausreichen, um neben Norwegen auch gleich Dänemark besetzen zu können. Die Luftwaffe stellte neben drei Kampfgeschwadern und drei Jagdgruppen zum Schutz gegen die britische Flotte ihre gesamte Kapazität an Lufttransportraum zur Verfügung.

Am 7. April begann der deutsche Flottenaufmarsch, der ein hohes Risiko barg. Die britische Homefleet konnte durch einen Flankenstoß und das Abschneiden des Nachschubs die geplanten Landungen in Oslo, Kristiansand, Stavanger, Bergen, Drontheim und Narvik vereiteln. Der von der Sowjetunion begrüßte Coup gelang im ersten Teil. Mit Beginn der Landungen am 9. April in Norwegen und angesichts drohender Luftangriffe beschloß die dänische Regierung, keinen Widerstand zu leisten. Die Besetzung des Landes und die Demobilisierung seiner Armee vollzogen sich ohne Reibungen. Hitler entsandte einen »Reichsbevollmächtigten« nach Kopenhagen, der, von einem Wehrmachtbefehlshaber unterstützt, dafür sorgte, daß sich Dänemark in den deutschen Machtbereich einfügte und seine Ressourcen dem Reich zur Verfügung stellte.

Auf eine ähnliche Entwicklung hoffte man in Berlin auch im Hinblick auf Norwegen. Doch Regierung, Parlament und König zogen sich ins Landesinnere zurück und organisierten den militärischen Widerstand. Die Briten besetzten unterdessen die dänischen Färöer-Inseln, später auch Island, gewannen so eine bessere Kontrolle des Nordatlantiks, verpaßten aber mit ihrer Homefleet den deutschen Hauptverband. Sie landeten ihrerseits Truppen in der Nähe von Drontheim, in Namsos und Andalsnes. Die Deutschen stießen auf schnell wachsende Schwierigkeiten. Der Vormarsch im Landesinneren verlangsamte sich, und die Kriegsmarine erlitt in Seegefechten schwere Verluste. Sie verlor vor Narvik fast alle ihre Zerstörer (10 von 14), außerdem sanken drei Kreuzer und neun Transporter.

Immerhin war es gelungen, 107581 Soldaten mit 20339 Fahrzeugen, 16102 Pferden und über 100000 Tonnen Material nach Norwegen zu transportieren. Görings Luftwaffe brachte weitere 29280 Mann und 2375 Tonnen Nachschub heran. Von ihren neuen Stützpunkten in Oslo und Drontheim flogen Kampfverbände massive Angriffe gegen die alliierte Flotte. Briten und Franzosen sahen sich gezwungen, Namsos und Andalsnes wieder aufzugeben, konzentrierten dann aber ihre Kräfte gegen Narvik. Dort war eine deutsche Kampfgruppe von Gebirgsjägern unter General Eduard Dietl, verstärkt durch schiffbrüchige Matrosen, isoliert worden. Britischen, französischen, polnischen und norwegischen Soldaten gelang die Rückeroberung von Stadt und Hafen (28. Mai 1940). In einer erbitterten Schlacht standen die Deutschen kurz vor einer dramatischen Niederlage. Wegen der Entwicklung der Kämpfe in Frankreich waren die Alliierten aber gezwungen, am 8. Juni ihre Kräfte abzuziehen. Die norwegische Armee kapitulierte zwei Tage später. Die Regierung und König Haakon VII. gingen ins britische Exil.

Die Wehrmacht hatte mit viel Glück die wirtschaftlich wie strategisch wichtigen Positionen in Skandinavien gewonnen. Trotz schmerzlicher Verluste konnte die Kriegsmarine damit das »nasse Loch« der Nordsee verlassen und zu einer atlantischen Kriegführung übergehen. Auch die Luftwaffe verbesserte ihre Angriffsposition gegenüber Großbritannien. Das neutrale Schweden geriet nun in eine weitgehende Abhängigkeit vom Reich, das sich der wertvollen Ressourcen bedienen konnte, ohne das Land erobern zu müssen. Während des ganzen Kriegs blieben allerdings starke Kräfte zur Sicherung der langen norwegischen Küste gebunden (350000 Mann). Der Quisling-Regierung gelang es nicht, die Kollaboration der Bevölkerung zu gewährleisten. SS und Polizei sorgten in Zusammenarbeit mit dem Wehrmachtbefehlshaber durch Einschüchterung und Terror dafür, daß der Widerstand nur langsam erstarken konnte. Norwegen und Dänemark waren Anfang Mai 1945 die letzten Faustpfänder des OKW.

Die Niederwerfung Frankreichs und die Entwicklung des »Blitzkriegs«

Die bisherigen militärischen Unternehmungen waren für die Wehrmacht keine ernsthaften Herausforderungen gewesen. Es waren Blitzaktionen mit kurzen Kampfhandlungen gegen einen weit unterlegenen Gegner, weithin sogar kampflose Besetzungen. Als Hitler im Oktober 1939 die Vorbereitungen für einen Angriff im Westen in Auftrag gab, mußte er zu seiner Überraschung feststellen, daß der deutsche Generalstab – anders als 1914 – keinen Schubladenplan besaß. Ein massiver Angriff gegen die französische Festungsfront schien von vornherein aussichtslos zu sein; ein mühsames Durchboxen gegen den gleichwertigen, abwehrbereiten Gegner konnte sich schnell zu einem Stellungskrieg wie 1914/15 entwickeln. Aber Hitler sah die Notwendigkeit, sich mit ganzer Kraft gegen den Westen zu wenden, weil die Zeit für den Gegner arbeitete. Die sowjetische Neutralität sei nicht zuverlässig, und schließlich müsse auch mit den USA gerechnet werden.[4]

Die Generalität hatte nach den Erfahrungen des Ersten Weltkriegs großen Respekt vor den Briten und den Franzosen. Von einem schnellen Sieg waren sie nicht so leicht zu überzeugen. Hitler mußte sich den Bedenken gegen ein Antreten noch im Herbst und Winter beugen. Immer wieder wurden mögliche Angriffstermine für den Fall »Gelb« verschoben, insgesamt 29mal. In der schwelenden Vertrauenskrise war ein möglicher militärischer Staatsstreich nicht ausgeschlossen. Dem Widerstand fehlte freilich die treibende Kraft, und die Heeresspitze hielt sich bedeckt. Die Verschiebung des Angriffs auf das Frühjahr 1940 ließ Zeit für zusätzliche Rüstungen, mit denen sich die Aussichten verbessern konnten. Es war – neben den erkannten Mängeln in der Ausbildung und Ausrüstung – der geringe Vorrat an Munition, der bedenklich schien. Jetzt rächte sich die zögerliche wirtschaftliche Mobilmachung, mit der die Partei den Besorgnissen in der eigenen Bevölkerung entgegenkam. Zwischen Westwall und Maginot-Linie herrschte ein »Sitzkrieg«, der die Angst vor blutigen Materialschlachten verdrängte.

Mit der Ernennung von Fritz Todt zum Munitionsminister unterlief Hitler die Mahnungen und Bedenken der Militärs. Ein Hochlauf der Rüstung schien gesichert.[5] Das Oberkommando des Heeres (OKH) machte sich an ernsthafte Planungen und gewann so an Zuversicht. Allerdings waren es nicht mehr als Variationen des alten Schlieffen-Plans von 1914. General Erich von Manstein kritisierte am schärfsten diesen Ansatz und hatte im Januar 1940 eine scheinbar »verrückte« Idee präsentiert, die ihm flugs die Versetzung auf einen unbedeutenden Posten einbrachte. Er wollte mit dem rechten Flügel Holland besetzen und den Gegner dadurch verleiten,

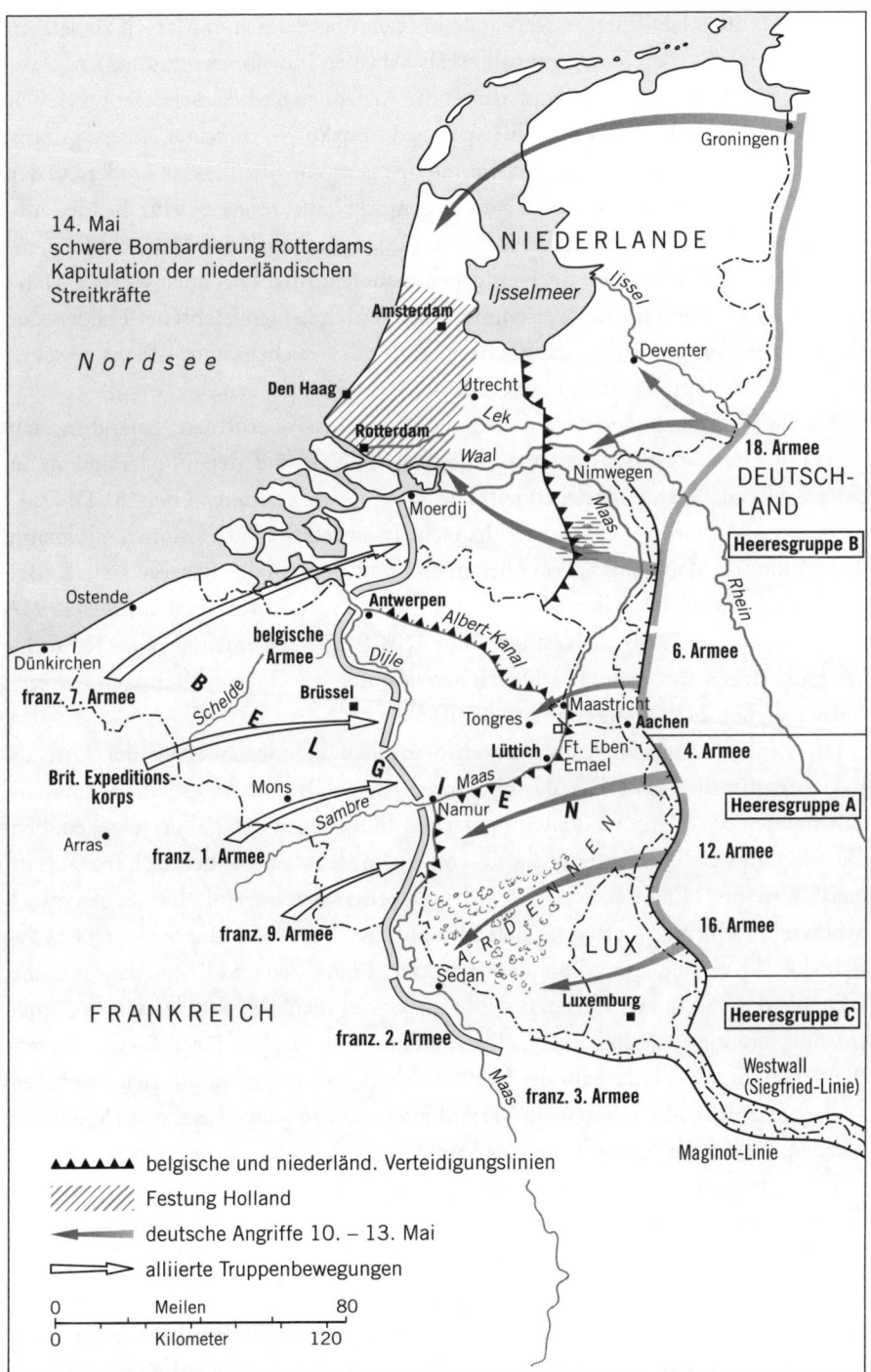

Karte 2: Der deutsche Angriff im Westen am 10. Mai 1940.

seine wertvollen beweglichen Verbände in Richtung Belgien in Marsch zu setzen. Die eigenen schnellen Verbände sollten als »starker Sturmbock« zusammengefaßt werden, durch einen kühnen Stoß durch die Ardennen und das schnelle Erreichen des Raums Arras-Boulogne das alliierte Expeditionskorps von seiner Ausgangsbasis abschneiden. Das würde die Entscheidung bringen. Vor allem Heinz Guderian, der sich als Panzerführer bereits einen Namen gemacht hatte, zeigte sich für die Idee aufgeschlossen. Manstein erhielt Gelegenheit, Hitler persönlich den Plan vorzutragen. Dieser fand Gefallen daran, doch entgegen manchen alten Legenden wurden Mansteins Vorstellungen nur teilweise umgesetzt.[6] Auch Generalstabschef Halder, der sich nach 1945 rühmte, der eigentliche Schöpfer des »Sichelschnitt«-Plans zu sein,[7] war zunächst ein strikter Gegner der Ideen Mansteins gewesen.

Als die Wehrmacht am 10. Mai 1940 die Westoffensive eröffnete, befand sie sich gegenüber den Westmächten (einschließlich Belgien und den Niederlanden) in einer zahlenmäßigen Unterlegenheit. Die Westmächte verfügten über 151 Divisionen mit 3,5 Millionen Soldaten, das deutsche Heer setzte 135 Divisionen mit knapp drei Millionen Mann ein; davon blieben 45 Divisionen in der Reserve zurück. Bei der Artillerie war die alliierte Seite fast doppelt so stark wie die deutsche (13 947 Rohre gegenüber 7378). Sie verfügte über 4204 Panzer, zu einem großen Teil technisch überlegene Modelle. Die Deutschen konnten mit ihrer noch jungen Panzerwaffe lediglich 2439 Fahrzeuge einsetzen.

Die Legende von einer angeblichen deutschen Überlegenheit in der Luft als Erklärung für die Niederlage der Franzosen hat sich hartnäckig gehalten. Tatsächlich standen 3578 einsatzbereiten deutschen Flugzeugen 4469 alliierte gegenüber, die allerdings aus berechtigter Sorge vor einem deutschen Überraschungsangriff meist weit ins Hinterland zurückverlegt worden waren. Auf dem Schlachtfeld beherrschte Görings Luftwaffe den Himmel, weil die deutsche Seite stets rücksichtslos alle verfügbaren Maschinen einsetzte, Franzosen und Briten dagegen eine Strategie des sparsamen Einsatzes verfolgten, weil man sich auf eine längere Auseinandersetzung eingestellt hatte. Die modernen deutschen Jäger Messerschmitt Bf 109 konnten auch deshalb die Luftherrschaft erringen, weil die gleichwertigen britischen Spitfire-Maschinen zur Verteidigung der britischen Insel zurückgehalten wurden. So war das Verhältnis in der Luft 12 : 1 zugunsten der Deutschen.

Die Luftwaffe hatte den ersten Schlag geführt. Rund 350 feindliche Maschinen wurden am Boden zerstört. Lastensegler landeten lautlos eine Sturmabteilung auf dem Plateau des wichtigen belgischen Forts Eben-Emael. Die Niederlande, Belgien und Luxemburg wurden aufgefordert, keinen Widerstand zu leisten. Ihre Neutralität werde von der Wehrmacht gesichert werden. Tatsächlich wurden nun die westlichen Nachbarländer militärisch angegriffen. Daß der erneute Bruch des Völkerrechts wie – 1914 – dem deutschen Ansehen in der Weltöffentlichkeit schaden würde, schätzte man in Berlin geringer ein als die politisch-strategischen sowie ökonomischen Vorteile.

Die Alliierten hatten vorsorglich ihre Kräfte bis zur Kanalküste vorgestaffelt und verstärkt, weil sie eine Umgehung der Maginot-Linie befürchten mußten. Eine Abstimmung mit den belgischen und niederländischen Streitkräften war bis zum Beginn der deutschen Offensive nicht möglich gewesen. Im Augenblick der höchsten Gefahr verfügte die größte Militärmacht infolge der Regierungskrise in Paris über keine starke Führung. In London war Premierminister Chamberlain wegen des Rückschlags in Norwegen zurückgetreten. Winston S. Churchill bildete eine Allparteien-Regierung und nahm das Heft fest in die Hand. Am 11. Mai 1940 beschloß das Kabinett die Eröffnung des strategischen Bombenkriegs gegen das deutsche Hinterland.

Der deutsche Vorstoß gegen die »Festung Holland« kam rasch voran, obwohl die Luftlandungen hohe Materialverluste forderten. Der schnelle Zugriff auf Den Haag scheiterte. Fallschirmjägern war es aber gelungen, wichtige Brücken einzunehmen. Die 9. Panzerdivision stieß zu deren Stützpunkten vor und schob sich dabei in den Rücken der holländischen Verteidigungslinie. Verzögerungen bei der Übergabe von Rotterdam führten zu einem schweren Luftangriff. Die historische Altstadt brannte nieder. 814 Einwohner verloren ihr Leben. Die Regierung und Königin Wilhelmina wichen nach England aus. Die Streitkräfte kapitulierten am 15. Mai 1940. Luxemburg war bereits am 10. Mai innerhalb weniger Stunden besetzt worden.

Unterdessen waren die britisch-französischen Truppen des linken Flügels in Belgien einmarschiert. Fort Eben-Emael war gefallen, die Belgier wichen zurück. Französische Aufklärungsflieger hatten zwar den deutschen Aufmarsch in den scheinbar undurchdringlichen Ardennen entdeckt, konnten jedoch über die Stoßrichtung der »Panzergruppe Kleist« keine Erkenntnisse gewinnen. Hier bewegten sich 41130 Panzer und Kraftfahrzeuge in einem schlauchartigen Korridor. Über eine Länge von 250 Kilometern bildete sich der größte Verkehrsstau der europäischen Geschichte. Das Ende befand sich 80 Kilometer ostwärts des Rheins. Die Chance, mit einem Schlag die gesamte deutsche Panzerwaffe in dieser Falle zu zerschlagen, wurde von den Alliierten nicht erkannt.

Plötzlich stand deutsche Infanterie bei Sedan an der Maas, konnte den Fluß überwinden und den nachfolgenden Panzern den Weg bahnen. Die überrumpelte französische Verteidigung brach wie ein Kartenhaus zusammen. Panik breitete sich aus. In einer Massenpsychose wurden überall deutsche Panzer gesehen. Der Schockeffekt der neuen Angriffsmethode eines Masseneinsatzes von Panzern und Flugzeugen wurde durch die Sirenen der Stuka Junkers Ju 87 verstärkt.

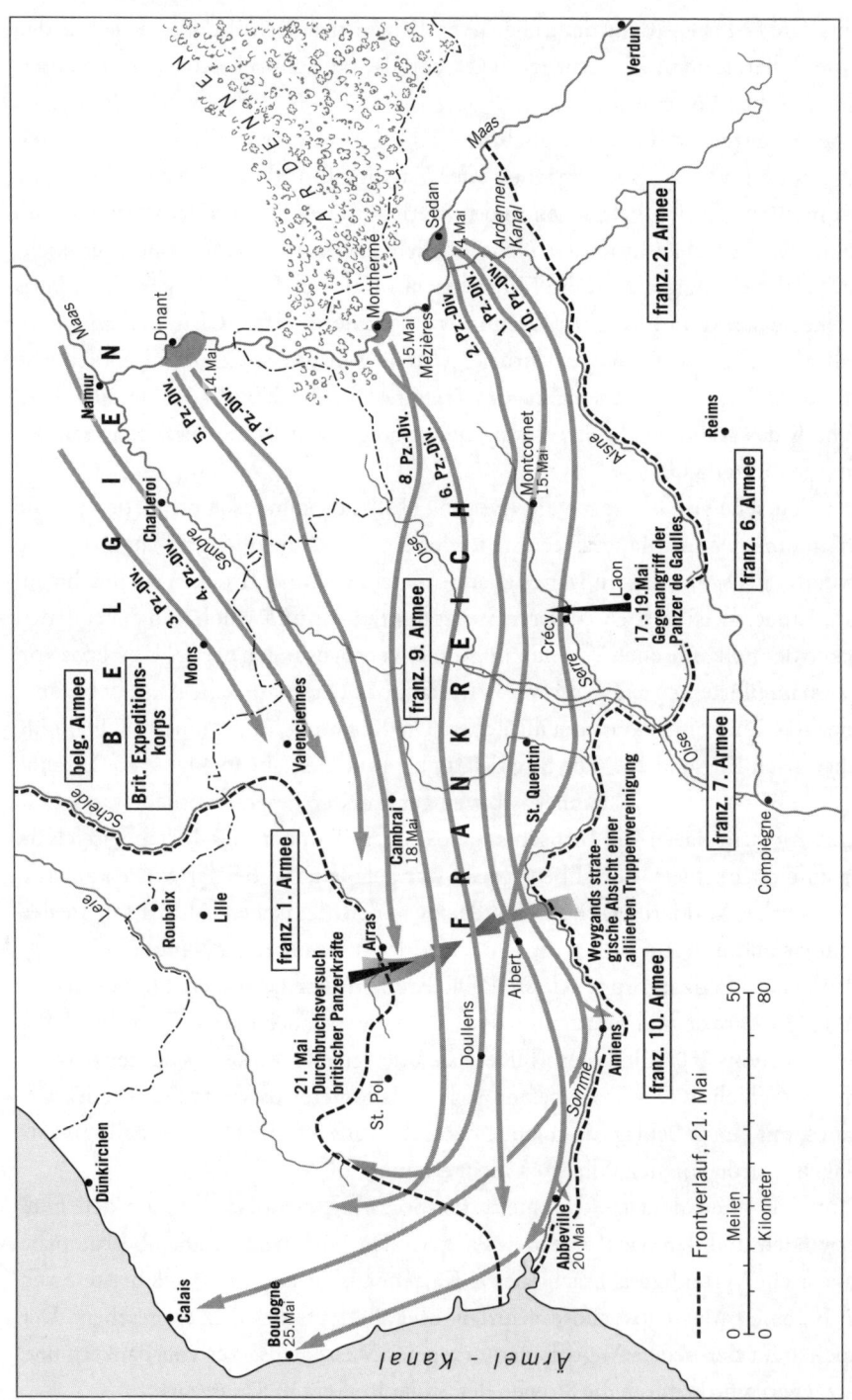

Karte 3: Der deutsche »Sichelschnitt«.

Manstein hatte einen schnellen Vorstoß zur Kanalküste vorgeschlagen, um einen Rückzug der Alliierten aus der belgischen Falle zu verhindern. Doch Hitler und die Generalität schreckten vor den Risiken zurück. Guderians Panzer sollten das Aufrücken starker Infanterieverbände abwarten. Doch dieser zögerte nicht und stieß unverzüglich aus dem Brückenkopf von Sedan mit seinen Panzern in Richtung Küste vor. Die lawinenartige Dynamik riß alle Panzerdivisionen mit, die ohne Flankenschutz rücksichtslos losfuhren, eine Bewegung wie eine schnelle »Sichel« (Churchill: »Sichelschnitt«). Hitler verlor zeitweise den Überblick und versuchte entnervt, die Panzer zu stoppen.[8] Aber es gelang wider Erwarten, die vereinzelten Gegenangriffe vor allem durch den Einsatz der Luftwaffe zu stoppen und den Korridor, der 1,7 Millionen alliierte Soldaten einschloß, zu verstärken. Erstaunlicherweise kamen die drei französischen Panzerdivisionen, die als einzige zur Verfügung standen, niemals geschlossen zum Einsatz.

Am 20. Mai erreichten die deutschen Panzer den Kanal. Die alliierten Truppen zogen sich in den Raum Dünkirchen zurück. Generaloberst Gerd von Rundstedt scheute als Oberbefehlshaber der Heeresgruppe A den Kampf in dem schwierigen Gelände und ließ die Panzer sofort stoppen. Sie sollten das Aufschließen der Infanterie abwarten. Der nach dem Krieg vieldiskutierte Haltebefehl von Dünkirchen wurde von Hitler bestätigt. Es blieb Rundstedt überlassen, wieder antreten zu lassen. Am 27. Mai war es zu spät, um das zur Festung ausgebaute Terrain zu überrennen. Göring hatte angeboten, mit seiner Luftwaffe die beginnende Evakuierung des britischen Expeditionskorps über See zu verhindern. In einer einmaligen Rettungsaktion mit Hunderten von Kleinfahrzeugen (Operation »Dynamo«) unter Leitung von Admiral Sir Bertram Ramsay wurden – wenngleich unter großen Verlusten – 198 315 Briten und 123 000 Franzosen nach England transportiert. Sie ließen ihr gesamtes Gerät am Strand zurück, darunter 2472 Geschütze und 63 879 Fahrzeuge. Rund 40 000 Franzosen gerieten in Gefangenschaft. Am 28. Mai kapitulierte die belgische Armee. König Leopold III. blieb im Lande, das Kabinett ging ins britische Exil und stellte – ebenso wie die niederländische Regierung – die Ressourcen ihres Kolonialreiches für den Kampf gegen Hitler zur Verfügung. Das »Wunder von Dünkirchen« schuf die Voraussetzung dafür, daß Großbritannien den Kampf schließlich auch allein fortsetzen konnte, zweifellos ein Wendepunkt des europäischen Kriegs, der gar nicht überschätzt werden kann.

Nach der Vernichtung des größten Teils der britisch-französischen Kräfte barg die nun beginnende »Schlacht um Frankreich« (Fall »Rot«) für die Wehrmacht keine großen Risiken mehr. Aus Syrien war General Louis Maxime Weygand von der französischen Regierung herbeigerufen worden, um eine neue Verteidigungslinie quer durch Nordfrankreich zu halten. Ihm standen dafür 49 schwache Divi-

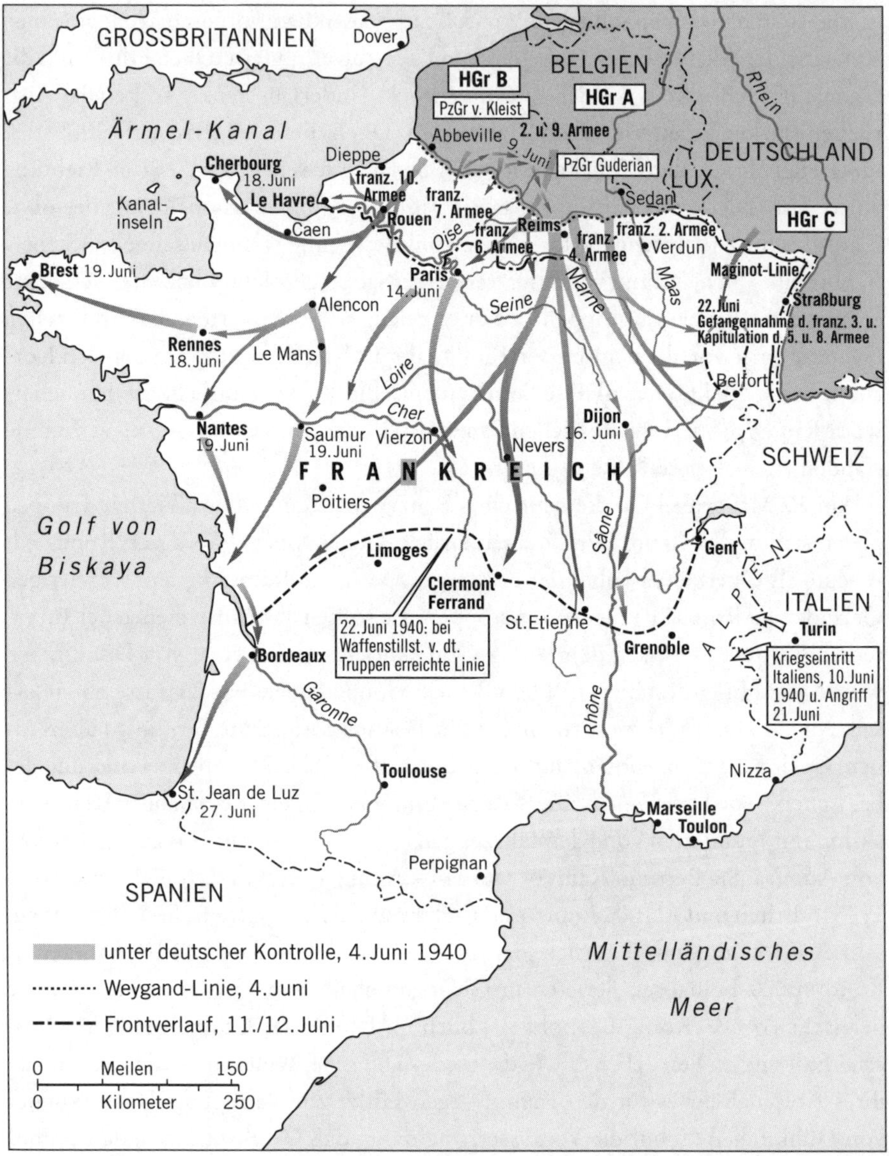

GROSSBRITANNIEN   Dover

Ärmel-Kanal

BELGIEN

HGr B

PzGr v. Kleist   **2. u. 9. Armee**   **HGr A**

Abbeville   9. Juni   PzGr Guderian

Rhein

DEUTSCHLAND

LUX.

Dieppe

Cherbourg   franz. 10.   Sedan
18. Juni   Armee   franz.

Kanal-   **Le Havre**   **7. Armee**
inseln   **Rouen**

HGr C

Caen   Oise   franz   Reims   franz.   franz. 2. Armee
Brest 19. Juni   **6. Armee**   **4. Armee**   Verdun

Maginot-Linie

Paris   Marne   Straßburg
14. Juni   22. Juni

Alençon   Seine   **Gefangennahme d. franz. 3. u.**
Kapitulation d. 5. u. 8. Armee

Rennes   Le Mans   Belfort
18. Juni

Loire

Nantes   Saumur   Cher   **Dijon**
19. Juni   Vierzon   16. Juni
Saumur   Nevers
19. Juni

F R A N K R E I C H   SCHWEIZ

Poitiers

Golf von
Biskaya

Limoges   Genf

Clermont
Ferrand   St. Etienne

22. Juni 1940: bei   **Grenoble**
Waffenstillst. v. dt.
Truppen erreichte Linie

ITALIEN

Turin

Bordeaux   Garonne   Rhône

A L P E N

Kriegseintritt
Italiens, 10. Juni
1940 u. Angriff
21. Juni

Toulouse   Nizza

St. Jean de Luz   **Marseille**
27. Juni   **Toulon**

Perpignan

SPANIEN

▬▬   unter deutscher Kontrolle, 4. Juni 1940

··········   Weygand-Linie, 4. Juni

—·—·—   Frontverlauf, 11./12. Juni

Mittelländisches

Meer

0   Meilen   150
0   Kilometer   250

Karte 4: Die Schlacht um Frankreich im Juni 1940.

sionen zur Verfügung, die an der Somme und Aisne den deutschen Ansturm so lange aufhalten sollten, bis die nach England evakuierten Einheiten wieder zur Verfügung stehen würden. Am 5. Juni 1940 begann die von starken Luftstreitkräften unterstützte Heeresgruppe B den Angriff gegen die Weygand-Linie in Richtung auf die untere Seine. Nach anfänglich zähem Widerstand der Franzosen konnten die Panzergruppen Kleist und Guderian erneut ihre Sturmfahrt aufnehmen. Sie stießen in Richtung Südwesten in den Rücken der Maginot-Linie vor. Die dort stationierten starken Kräfte wurden durch Fesselungsangriffe der Heeresgruppe C gebunden. Der Zusammenbruch der französischen Front war nur noch eine Frage der Zeit. Weygand empfahl die Aufnahme von Waffenstillstandsverhandlungen und stieß auf scharfen Widerspruch von Brigadegeneral Charles de Gaulle, dem neuen Staatssekretär im Verteidigungsministerium, der seine modernen Vorstellungen über den Einsatz der Panzertruppe nicht durchzusetzen vermocht hatte.

Am 10. Juni kapitulierten die norwegischen Truppen. Die Evakuierung des britisch-französischen Expeditionskorps war trotz einiger Verluste gelungen. Die deutsche Kriegsmarine (Operation »Juno«) hatte durch einen Vorstoß ihrer schweren Einheiten lediglich einen Truppentransporter, aber immerhin auch einen britischen Flugzeugträger (»Glorious«) versenken können. Am Tag der norwegischen Kapitulation erklärte Mussolini den Kriegseintritt Italiens. Er mußte sich darum sorgen, bei der sich abzeichnenden Niederlage der Westmächte zu spät zu kommen. Zahlenmäßig bedeutete die Entscheidung des »Duce« eine wesentliche Verstärkung für die deutsche Kriegführung, allerdings nicht in der Kampfkraft. In Italien und in Libyen standen 59 schwache Divisionen mit 250000 Mann zur Verfügung, in Ostafrika noch einmal 350000 Mann, vorwiegend Eingeborene. Am schlagkräftigsten war die Luftwaffe mit 3296 Maschinen. Die italienische Kriegsmarine mit sechs Schlachtschiffen, sieben Schweren und zwölf Leichten Kreuzern, 59 Zerstörern, 67 Torpedo-Booten und 116 U-Booten war nur zum Teil einsatzbereit und überwiegend veraltet. Sie konnte sich den etwa gleichstarken französisch-britischen Seestreitkräften im Mittelmeer nicht zum Kampf stellen. Schwache Angriffe des italienischen Heeres in den letzten zwei Kriegstagen an der südfranzösischen Grenze hatten keine strategische Bedeutung.

Auch Stalin hatte es plötzlich eilig und besetzte nach einem Ultimatum die drei baltischen Staaten. Präsident Roosevelt versprach der französischen Regierung jede Form von materieller Hilfe, konnte einen Kriegseintritt der größten Demokratie aber nicht in Aussicht stellen. Am 11. Juni kam Churchill zu einem letzten Besuch nach Frankreich. Er beschwor die Franzosen, den Krieg um jeden Preis weiterzuführen, notfalls von Nordafrika aus. Selbst eine staatliche Union mit Großbritannien wurde erwogen. Die Mehrheit des Kabinetts lehnte schließlich diese Pläne ab und entschied sich, während die Briten ihre letzten Kräfte aus Cherbourg abzogen, für einen Waffenstillstand. Aus ihrer Sicht schienen die USA lediglich an den französischen Goldreserven interessiert und die Briten an der französischen Flotte. Ministerpräsident Reynaud trat zurück und benannte seinen Stellvertreter Pétain als seinen Nachfolger. General de Gaulle ging nach London und erklärte sich zum »Führer der Freien Franzosen«.

Innerhalb von Tagen hatte sich die militärische Lage dramatisch verschlechtert. Am 12. Juni war die Wehrmacht durch die Pariser Schutzstellung gebrochen. Am 14. Juni zogen Einheiten der 87. Infanterie-Division durch die zur »offenen Stadt« erklärte Hauptstadt. Das symbolträchtige Verdun wurde am 15. Juni erobert. Rommels 7. Panzerdivision (»Gespenster-Division«) hatte Operationsfreiheit gewonnen und stieß unaufhaltsam in Richtung Cherbourg, dann zur spanischen Grenze vor. Im Osten Frankreichs waren die französischen Kräfte durch den deutschen Vorstoß an der Rhône abgeschnitten. Durch die Briten konnten in der letzten Phase der Kampfhandlungen noch einmal 191 870 Mann evakuiert werden (Engländer, Franzosen, Polen, Tschechen und Belgier).

Am 20. Juni 1940 bat die französische Regierung um einen Waffenstillstandsvertrag, der zwei Tage später im historischen Salonwagen von Compiègne unterzeichnet wurde. Die französische Kanal- und Atlantikküste sowie der nördliche Teil Frankreichs blieben von deutschen Truppen besetzt. Die Streitkräfte wurden bis auf 100 000 Mann abgerüstet. Im unbesetzten Teil residierte die Regierung in Vichy. Neuer leitender Minister unter Pétain wurde Pierre Laval. Er verfolgte das Ziel, gestützt auf die Kolonien und die Flotte die weitere Erosion der französischen Machtposition zu verhindern und in der Kollaboration mit dem Dritten Reich das Land zu »erneuern«. Am 24. Juni 1940 wurde der italienisch-französische Waffenstillstand geschlossen. Italien erhielt nur einen geringen Einfluß in den Kontrollkommissionen, die über die Abrüstung in Nordafrika und Syrien wachen sollten.

Die Sensation war perfekt. Was im Ersten Weltkrieg in vier Jahren nicht gelungen war, hatte Hitlers Wehrmacht in vier Wochen erreicht. Frankreich, stärkste Militärmacht des Kontinents in den zwanziger und dreißiger Jahren, lag am Boden. Wie ist dieses Ergebnis zu erklären? Die Legende von der personellen, materiellen und technischen Überlegenheit der deutschen Truppen ist längst widerlegt. Bei einer leichten zahlenmäßigen Übermacht von Briten und Franzosen war das militärische Kräfteverhältnis in etwa gleich. Der Angriff kam auch nicht überraschend, wie ein Jahr später gegen die UdSSR. In der Historiographie hat sich über Jahrzehnte die Meinung festgesetzt, daß die Ursache für die Niederlage in der mangelhaften Moral der französischen Armee zu sehen sei. Hatten nicht die Kommunisten auf Geheiß Moskaus die Verteidigungsanstrengungen der Pariser Regierung gegeißelt und boykottiert, war das Land nicht durch die vorangegangene Zeit einer Volksfront-Regierung innerlich zerrüttet und gelähmt? Mit Blick auf den Elan der deutschen Soldaten war in zeitgenössischen britischen Pressemeldungen sogar über den Einsatz von Drogen spekuliert worden.[9] Historiker vermuteten später nicht die Wirkung von Tabletten, sondern die »Droge« des Nationalsozialismus, die politische Indoktrination der Soldaten.

Mit der Zerstörung der »Blitzkrieg-Legende« durch die bahnbrechende Arbeit von Karl-Heinz Frieser ist deutlich geworden, daß die Entscheidung – wie 1870 – auf dem Schlachtfeld von Sedan gefallen ist. Hier war die »zufällige« Geburtsstunde der deutschen Blitzkriegstaktik, aus der Improvisation heraus entstanden und hauptsächlich von dem Panzergeneral Heinz Guderian forciert. Sie verschaffte der Wehrmacht für die nächsten zwei Kriegsjahre jenes Instrument, das Hitlers gepanzerte Stoßarmeen scheinbar unschlagbar werden ließ, zu »Wunderwaffen«, die den deutschen Diktator zum Herrn Europas machten. Diese Revolution in der Kriegskunst verleitete den deutschen Generalstab aber auch zu einer Selbstüberschätzung, die vor den Toren Moskaus zum Scheitern führte.

Im Kampf gegen die französische Armee konnte die Wehrmacht den befürchteten Rückfall in den Stellungskrieg vermeiden und durch waghalsige Operationen den Sieg erringen, weil die französische Militärführung im statischen Denken des Ersten Weltkriegs befangen gewesen ist und im Strudel des unerwarteten Bewegungskriegs unterging. Zwar waren die deutschen Offiziere ebenfalls von der Ent-

Abbildung 8: Französische Kriegsgefangene.

Abbildung 9: Deutsche Soldaten in England 1940.
Die Wehrmacht besetzt die britischen Kanalinseln – hier Guernsey – und baut sie zu Festungen aus.

Sehr geehrte Leserin,
sehr geehrter Leser,

mit dem Kauf dieses Buches haben Sie
Interesse an unserem Programm gezeigt.
Wenn Sie auch in Zukunft unverbindlich
über unsere Neuerscheinungen informiert
werden möchten, dann senden Sie uns
diese Karte ausgefüllt zurück.

Wenn Sie regelmäßig E-Mail-Nachrichten
zu unseren Novitäten wünschen:
www.klett-cotta.de/newsletter

www.klett-cotta.de

Antwort

**Klett-Cotta
Leserservice
Postfach 10 60 16**

70049 Stuttgart

Absender

Vorname, Name

Straße

PLZ/Ort

E-Mail-Adresse

Ich habe dieses Name Irgendem Buch entnommen:

Mit der Rücksendung dieser Karte erkläre ich mich einverstan-
den, dass meine Informationskarte aufgenommen wird.
Meine Daten dürfen nicht an Dritte weitergegeben werden.

wicklung überrascht, doch zeigten sie sich aufgrund ihrer Schulung und Führungstechnik imstande, sich der neuen Lage sehr viel schneller anzupassen.

Der klassische operative Bewegungskrieg wurde wieder ermöglicht und verband sich mit der modernen Technik. Das führte zu einer rasanten Beschleunigung der Führungsentscheidungen, auf die das Offizierkorps der Wehrmacht am besten vorbereitet gewesen ist. Militärisch bedeutete der »Blitzkrieg« den »konzentrierten Einsatz« von Panzerwaffe und Luftwaffe, um den Gegner durch Überraschung und Schnelligkeit zu verwirren und ihn nach erfolgtem Durchbruch mit weiträumigen Vorstößen zu umfassen. Ziel ist die rasche Niederwerfung des Gegners in einer »entscheidungssuchenden Operation«.[10] Die Keimzelle dieser Idee ist bereits im Ersten Weltkrieg erkennbar, bei der das deutsche Heer 1918 eine spezielle »Stoßtrupptaktik« für den Durchbruch und den Stoß in die Tiefe entwickelt hatte. Guderian hatte gegen massive Widerstände in der Generalität diese Taktik übernommen und mit der modernen Technik kombiniert. Die atemberaubende Steigerung der Angriffsgeschwindigkeit rief einen psychologischen Schockeffekt beim Gegner hervor, von dem er sich nicht wieder erholte. Der Überraschungseffekt war allerdings niemals wieder so vollkommen wie im Westfeldzug 1940. Er gilt deshalb als der perfekte »Blitzkrieg«. Doch als solcher war er keineswegs geplant und konnte angesichts der begrenzten deutschen Rüstung gegen einen starken Gegner nur auf eine Distanz von 300 Kilometern, innerhalb eines Monats und begünstigt durch den Frühsommer sowie die verkehrsgeographischen Verhältnisse in Westeuropa zum Sieg führen. Als vermeintliches Siegesrezept gegen die UdSSR führte er die Wehrmacht ein Jahr später zwar zu den gewaltigsten Schlachtensiegen, am Ende aber in die Niederlage.

4 | Der Kampf gegen Großbritannien und die Sicherung des europäischen Vorfeldes

Die Luftschlacht um England: Hitlers erste und wichtigste Niederlage

Mit dem Abschluß des deutsch-französischen Waffenstillstands am 22. Juni 1940 stand Großbritannien allein der gesamten Kriegsmaschinerie Hitlers gegenüber. Wenn Churchill in dieser Situation bereit gewesen wäre, sich auf jene Art von Partnerschaft mit Hitler einzulassen, zu der Stalin bereit gewesen war, hätte der Zweite Weltkrieg vermutlich einen völlig anderen Verlauf genommen, und das Gesicht der Welt wäre heute ein anderes. Die Entschlossenheit des britischen Premierministers, den Kampf gegen die faschistische Tyrannei um jeden Preis fortzusetzen, war ein entscheidender Wendepunkt in der Geschichte des 20. Jahrhunderts. Es gelang ihm, den Widerstandswillen der britischen Bevölkerung und des Empire so zu stärken, daß Blut, Schweiß und Tränen geopfert wurden, um das Überleben der westlichen Demokratie zu erreichen.

Und Churchill schlug sofort zu, um seinen Kampfeswillen nach innen wie nach außen zu demonstrieren. Zunächst machte er Hitler die Beute streitig. Er ließ französische Schiffe in britischen Häfen beschlagnahmen, verhinderte das Auslaufen der französischen Flotte. In Alexandria einigte man sich auf eine Demobilmachung der Kriegsschiffe, in Mers-el-Kebir wurde schließlich das Feuer eröffnet. Mehr als 1200 französische Seeleute fanden den Tod. Das brutale Vorgehen des ehemaligen Verbündeten erbitterte die französische Führung. Nach dem Abbruch der diplomatischen Beziehungen stieß ein britischer Angriff auf Dakar (Operation »Menace«), der die Landung freifranzösischer Verbände von General de Gaulle vorbereiten sollte, auf heftigen Widerstand der Vichy-Truppen. Zur Vergeltung griffen französische Luftstreitkräfte am 24. September 1940 sogar Gibraltar an. Die Deutschen belohnten diese Entschlossenheit mit Erleichterungen bei den Waffenstillstandsbedingungen. Zu einem Frontwechsel auf die Seite Hitlers war die Pétain-Regierung allerdings nicht bereit.

Um den eröffneten Kampf an der Peripherie zu verstärken, suchte Churchill eine

Verbesserung der Beziehungen zur UdSSR. Hoffnungen auf eine baldige Schließung des Blockaderings mochten als verfrüht erscheinen, doch der neue britische Botschafter in Moskau, Stafford Cripps, bemühte sich hartnäckig, eine langfristige Änderung der sowjetischen Politik zu erreichen. Die wichtigste Trumpfkarte Churchills war jedoch das Vertrauen auf eine künftige Allianz mit den USA, die bereits den Ersten Weltkrieg entschieden hatte. Mit Franklin D. Roosevelt hatte er auf der anderen Seite des Atlantiks einen Partner, der als Präsident seine zum Isolationismus neigenden Wähler erst noch von der Notwendigkeit eines Kriegseintritts überzeugen mußte, aber nicht zögerte, die Ressourcen seines Landes schon jetzt als Arsenal der Demokratie zur Verfügung zu stellen und eine gigantische Aufrüstung zu beginnen. Die Siegesstrategie hatte der britische Generalstab so skizziert: Um mit Hilfe der Amerikaner die Deutschen niederringen zu können, mußte zunächst das Reich durch koordinierte Bombenangriffe sowie eine verschärfte Blockade geschwächt und sodann die deutsche Herrschaft in den besetzten Gebieten durch Aufstände erschüttert werden.[1]

Sofort nach der Katastrophe von Dünkirchen hatte Churchill dafür Sorge getragen, daß auch mit primitivsten Mitteln die britische Insel gegen eine mögliche deutsche Invasion verteidigt werden konnte. Er war bereit, im schlimmsten Fall sogar Giftgas gegen deutsche Landungstruppen einzusetzen und mit der Regierung nach Übersee auszuweichen. Die überlegene britische Flotte konnte allein die Heimat nicht schützen. Im Kampf gegen Görings mächtige Luftwaffe würden sich das Schicksal Großbritanniens und damit der Ausgang des Zweiten Weltkriegs entscheiden.

Mit seinem »Friedensappell« im Reichstag am 19. Juli 1940 unternahm Hitler nach seinem Verständnis einen »letzten« Versuch, England zur Anerkennung einer deutschen Vorherrschaft auf dem Kontinent zu veranlassen.[2] Neben den bereits anlaufenden Planungen für einen Überfall auf die UdSSR hatte er mit der Weisung Nr. 16 aber drei Tage zuvor auch die Vorbereitung einer Landungsoperation gegen Großbritannien (Unternehmen »Seelöwe«) angeordnet.[3] Nach der klaren Ablehnung in London legte Hitler Ende Juli 1940 fest, daß zunächst die Royal Air Force niedergekämpft werden sollte, um die Luftherrschaft zu sichern. Nur unter dieser Voraussetzung war die Seekriegsleitung bereit, an eine eventuelle Invasion zu denken. Erich Raeder als Oberbefehlshaber der Kriegsmarine hielt die Durchführung für »höchst zweifelhaft« und sah darin nur das »letzte Mittel«. Starke Luftangriffe sollten statt dessen die britische Regierung zur Aufgabe zwingen.

Die von Hitler befohlenen Landungsvorbereitungen konnten nicht vor dem 15. September abgeschlossen werden. Inzwischen hatte Göring den »Kanalkampf« eröffnet. Seine Luftwaffe attackierte Häfen und Seeziele. Obwohl ihr für eine strategische Luftoffensive alle Mittel und Erfahrungen fehlten, war die Luftwaffen-führung optimistisch. Gegen die rund 700 britischen Jagdflugzeuge glaubten sich die Deutschen »klar überlegen«. Erheblich unterschätzt wurde allerdings die Leistungsfähigkeit der britischen Flugzeugproduktion, die damals mit monatlich 470 Jägern doppelt so hoch lag wie die deutsche. Zum Verhängnis sollte vor allem die Geringschätzung der britischen Luftverteidigung werden.

Am 13. August begann der Kampf um die Luftherrschaft über Südengland. Görings Piloten trafen dort auf eine seit Wochen fieberhaft ausgebaute Luftverteidigungszone. Eine Kette von 52 Radarstationen konnte die angreifenden Flugzeuge rechtzeitig erfassen, deren Daten dann durch Luftraumbeobachter präzisiert und an die Gefechtsstände des Fighter Command gemeldet wurden. Die schnelle Reaktionsfähigkeit des Jägereinsatzes wurde ergänzt durch 2000 Flakgeschütze und 1500 Sperrballone, die präzise Angriffe für die Deutschen erschwerten. Erst vier Jahrzehnte später wurde durch die Öffnung der Geheimakten bekannt, daß die Briten seit April 1940 die deutschen Funkbefehle entschlüsseln und so wertvolle Hinweise auf den Aufmarsch der Luftwaffe gewinnen konnten. Die größte Schwachstelle der Briten war der Mangel an Piloten, weil die in Frankreich erlittenen Verluste nicht schnell genug ersetzt werden konnten. Auch Personalersatz aus dem Empire und von Exilgruppen reichte nicht aus. Für die über dem eigenen Territorium bevorstehende Luftschlacht hatten die Briten allerdings einen wichtigen Vorteil. Abgeschossene und überlebende eigene Flugzeugbesatzungen konnten sofort wieder eingesetzt werden, während die Deutschen jede über Südengland und dem Kanal abgeschossene oder notlandende Maschine als Totalverlust abbuchen mußten.

Bei Beginn der Großeinsätze (Unternehmen »Adlertag«) ab 13. August 1940 konnte die Luftwaffe über insgesamt 2355 Flugzeuge an der Kanal-Front verfügen und auch von Norwegen aus einsetzen. Die britischen Jäger wichen dem Luftkampf zumeist aus und stürzten sich auf die langsamen Bomber und Zerstörer. Die deutschen Jäger waren im Begleitschutz nicht hinreichend geübt und verfügten nur über eine geringe Reichweite. Die zweimotorigen Zerstörer erfüllten im Luftkampf nicht die Erwartungen Görings und bedurften schließlich selbst des Jagdschutzes, den die Messerschmitt Me-109-Maschinen gegen die technisch hochentwickelten Spitfires nicht ausreichend gewährleisten konnten. Die deutschen Verluste lagen regelmäßig höher als die britischen und konnten bald nicht mehr ersetzt werden. Durch den Wechsel der Angriffsrichtungen und -ziele, durch Tag- und Nachtangriffe konnten die sieggewohnten Geschwader dem Aderlaß nicht entgehen. Der Gegner solle »mürbe« gemacht werden, befahl Göring. Doch es waren schließlich seine eigenen Verbände, die verzweifelten, weil es nicht gelang, die englischen Jäger zu stellen und zu vernichten.

Abbildung 10: Luftkampf über dem Kanal.
Eine britische Spitfire greift einen deut-
schen Heinkel-Bomber an und gerät ins Vi-
sier der Bordwaffen eines anderen Bom-
bers. In diesem Fall verlor der Jäger den
Kampf.

Die Zerstörung der südenglischen Flugbasen und Verteidigungsstellungen erreichte ein solches Ausmaß, daß die Luftwaffe wohl nahe daran war, in diesem Bereich die Luftüberlegenheit zu gewinnen. Eine Erweiterung der Angriffe auf das Stadtgebiet von London war der Entscheidung Hitlers vorbehalten worden. Warum am 24. August ein starker deutscher Kampfverband die Hauptstadt angriff, ist ungeklärt. Doch mit den sofortigen Vergeltungsangriffen britischer Bomber auf Berlin, die zunächst nur geringe Wirkung hatten, setzte sich eine Spirale in Gang, die zu Hitlers erster und vielleicht wichtigster Niederlage führte.

Sein erster Vergeltungsangriff auf London am 7. September richtete mit fast 500 Toten nach damaligen Maßstäben ein erschreckendes Blutbad an. 65 Tage lang folgten ununterbrochen schwere Nachtangriffe auf die Stadt. Noch wurde die Terrorwirkung gegen die Zivilbevölkerung als erwünschte Nebenwirkung eines Luftkriegs angesehen, dessen Hauptziele weiterhin die britischen Luftstreitkräfte und die Flugzeugindustrie bildeten. Am »Battle of Britain«-Tag (15. September 1940) konnte die Luftwaffe die britische Abwehr nicht überwinden. Sie verlor allein an diesem Tag 56 Maschinen gegenüber 26 englischen Verlusten. Mit der Ausdehnung der deutschen Angriffe auf London sah sich die britische Luftverteidigung im Südosten entlastet. Durch die längeren Anflugwege waren die deutschen Bomber noch stärkeren Angriffen durch die Spitfires ausgesetzt, während sich die deutschen Begleitjäger eher vom Gegner lösen mußten.

Als Hitler die Landung am 17. September 1940 »bis auf weiteres« verschob, war das eine unsichtbare Niederlage. Es war ihm nicht gelungen, England in einem raschen Ansturm niederzuwerfen oder zumindest zu entmutigen und so den Krieg zu beenden. Die Rückenfreiheit – auch im Hinblick auf einen möglichen Kriegseintritt der USA – für sein eigentliches Ziel, den Angriff auf die UdSSR, war nicht erreicht. Mit den bereits angelaufenen Planungen für einen Ostfeldzug mochte er darauf setzen, auf diesem Wege am Ende auch England in die Knie zwingen zu können. Doch die erzwungene Fortsetzung eines intensiven See- und Luftkriegs gegen Großbritannien schmälerte schon jetzt seine Kräfte für den Eroberungszug nach Osten.

Der Entschluß, die Kriegsentscheidung im Osten zu suchen, hinderte Hitler offenbar auch daran, dem Rat von Hans Jeschonnek zu folgen. Der Generalstabschef der Luftwaffe forderte die Freigabe der Luftangriffe auf Wohngebiete in England.[4] Nachdem für den Diktator »Barbarossa« jetzt Vorrang hatte, machte es derzeit wenig Sinn, durch systematische Terrorangriffe – wie manche deutsche Führungsgremien hofften – einen moralischen Zusammenbruch der britischen Bevölkerung herbeizuführen, der dann womöglich doch die deutschen Kräfte zunächst stärker im Westen gebunden hätte. Auch den gleichgerichteten Vorschlägen der Seekriegsleitung, den Kampf gegen Großbritannien im Mittelmeerraum zu forcieren, konnte Hitler im Herbst 1940 nur zögerlich folgen. Luftangriffe auf die britische Zivilbevölkerung sollten jedenfalls vorerst nur eine letzte »furchtbare Drohung« bleiben.[5]

Für seinen »Zermürbungskrieg« gegen Churchill griff Hitler auch auf diplomatische Initiativen zurück, um durch eine mögliche Einbeziehung Spaniens und anderer Länder in die deutsche Kriegführung Englands Einfluß auf dem Kontinent zu verdrängen. Der Molotov-Besuch in Berlin war als anti-britischer Bluff ebenso nützlich, wie die Fortführung der Luftangriffe auf England und die Vorbereitungen für das Unternehmen »Seelöwe« Stalin glauben machen konnten, daß sich der Aufmarsch der Wehrmacht an der Ostgrenze gar nicht gegen ihn richtete.

Ohne vom Schwerpunkt London mit seinen lebenswichtigen Zielen wie Bahnhöfen, Versorgungsbetrieben und Hafenanlagen völlig abzusehen, stellte sich die Luftwaffenführung im Oktober 1940 darauf ein, die Angriffe auf die mittelenglischen Industriezentren auszudehnen. Ständig wechselnde Angriffe gegen eine Vielzahl unterschiedlicher Ziele sollten »das Leben der Bevölkerung empfindlich« stören und die Abwehr zermürben. Die Verminung von Seehäfen, Nachtangriffe auf die Städte, Störangriffe gegen den Schiffsverkehr, die Zerstörung der Luftrüstungsindustrie – alles sollte die Briten unter Druck halten. Vom Kampf um die Luftüberlegenheit entwickelte sich der Luftkrieg auf diese Weise auch immer stärker in Richtung Terrorisierung der Zivilbevölkerung. Das zeigte z.B. der Angriff auf Coventry am 14. November 1940, bei dem neben der kriegswichtigen Industrie im Stadtzentrum auch 75 Prozent aller Gebäude, einschließlich der mittelalterlichen Kathedrale, zerstört und 568 Einwohner getötet wurden. Was die Deutschen aber nicht registrierten, war der wachsende Widerstandswille der Bevölkerung, der durch den Bombenkrieg noch gefördert wurde.

Auf ihre Weise trug die Luftwaffe dazu bei, die Blockade der britischen Insel zu verschärfen, ohne freilich weder die Luftherrschaft noch eine »Aushungerung« erreichen zu können. Hitler glaubte aber am 18. Dezember 1940, als er die Weisung Nr. 21 (Fall »Barbarossa«) erließ, daß England so weit geschwächt worden sei, um ihm bei einem Marsch nach Osten nicht gefährlich werden zu können. Aus eigener Kraft könne es seine Verluste nicht ersetzen, und mit größeren Hilfslieferungen aus den USA sei bis zum Sommer 1941 nicht zu rechnen. Tatsächlich drohte Großbritannien bei seinen Käufen Zahlungsunfähigkeit. Nachdem Roosevelt am 5. November 1940 wiedergewählt worden war und Churchill ihm die dramatische Versorgungslage seines Landes geschildert hatte, wurden Gespräche aufgenommen, die zum Leih-Pacht-Gesetz (11. März 1941) führten. Der US-Präsident wurde darin ermächtigt, allen Ländern, deren Verteidigung aus amerikanischer Sicht wichtig war, unbeschränkt Kriegsmaterial, Rohstoffe und Industriegüter zur Verfügung zu stellen. Großbritannien profitierte davon am stärksten, zumal die Amerikaner in Vorleistung traten und die im Gegenzug gemachten handelspolitischen Zugeständnisse sowie Gegenlieferungen die Briten vorerst noch nicht belasteten.

Mit der Luftschlacht um England hatte Hitler diese für seine Pläne ungünstige Entwicklung verhindern wollen. Als er sie endgültig verloren geben mußte, setzte er auf einen Zweifrontenkrieg, bei dem die Entscheidung zu Lande erzwungen werden sollte.

Das faschistische Italien als unberechenbarer Bundesgenosse

Der Überfall auf die UdSSR sollte aus Hitlers Sicht den Krieg entscheiden. In der Vorbereitungsphase konnten Landstreitkräfte immerhin in Süd- und Südosteuropa eingesetzt werden, um die britische Position zu schwächen und den deutschen Aufmarsch im Osten abzusichern. Diesen Bereich reklamierte jedoch Deutschlands wichtigster Verbündeter für seine eigene »Parallelkriegführung«. Das faschistische Italien des »Duce« Benito Mussolini war in den dreißiger Jahren Hitlers wichtigste Trumpfkarte gegen die Westmächte gewesen. Das im Mai 1939 abgeschlossene Bündnis hatte aber keine intensive militärische Zusammenarbeit eröffnet. In dieser Koalition fehlte es an einer Koordination der Zielsetzungen ebenso wie an gegenseitigem Vertrauen. Mussolini hatte Hitlers Drängen widerstanden und war bei Kriegsbeginn neutral geblieben. Die wohl auch bewußt überzeichneten Defizite der italienischen Rüstung und Kriegswirtschaft konnten von Deutschland bei weitem nicht abgedeckt werden, spielten aber plötzlich keine Rolle mehr, als sich der Sieg über Frankreich abzeichnete. Mussolini beeilte sich, seine Streitkräfte in den Kampf zu schicken, um das »Impero« zu vollenden. Es sollte das Mittelmeer, Nord- und Ostafrika sowie den Nahen Osten umfassen. Hitler selbst betrachtete diese Ambitionen durchaus wohlwollend, weil sie ihn bei seinem Zug nach Osten entlasten konnten, wenngleich in manchen deutschen Führungskreisen konkurrierende Ansprüche formuliert wurden.

Hatte das faschistische Italien aber tatsächlich das Potential, Großbritannien in diesem Teil der Welt zu beerben und sich zu einer eigenständigen Weltmacht zu entwickeln? Die Führung der königlich-italienischen Streitkräfte hatte sich entgegen dem machtpolitischen Geltungsanspruch des »Duce« nicht auf eine langwierige Auseinandersetzung zwischen den Großmächten, insbesondere gegen Großbritannien eingerichtet. Das nur gering industrialisierte Land konnte die Bedürfnisse moderner motorisierter Streitkräfte nicht ausreichend erfüllen und war zudem bei nahezu sämtlichen kriegswichtigen Rohstoffen von Einfuhren abhängig. Zahlenmäßig durchaus imposant genügten Ausrüstung und Nachschub von Armee, Luftwaffe und Marine nicht, um den Großmachtanspruch Mussolinis erfüllen zu können. Die Mehrzahl der Offiziere bewies wenig Dynamik, ein Ergebnis nicht nur der deprimierenden materiellen Situation und ressortspezifischer Unzulänglichkeiten, sondern auch wegen der grundsätzlichen Vorbehalte gegen die Kriegsteilnahme. Das schloß allerdings den tapferen Einsatz vieler Soldaten, Piloten und Matrosen nicht aus, wie etwa der spektakuläre Einsatz von Torpedoreitern am 19. Dezember 1941 bewies. Sie drangen in den Hafen von Alexandria ein und versenkten die britischen Schlachtschiffe »Valiant« und »Queen Elizabeth«.

Bei allen Kampfhandlungen und Operationen traten gravierende Fehler auf, Halbherzigkeit und Improvisationen, die durch die Ungunst der geographischen und klimatischen Verhältnisse in ihren Auswirkungen auf die Kampfkraft der Truppen noch verstärkt wurden. Bereits im Herbst 1940 wurde erkennbar, daß Italien nicht imstande war, die militärische Vorherrschaft im Mittelmeerraum zu erringen. Hitler sah sich gezwungen, einen stetig anschwellenden Strom von Hilfsgütern und Truppen nach Süden zu lenken, um seinen wichtigsten Verbündeten vor dem Kollaps zu retten. Es war bezeichnend für die strukturellen Defizite dieser Allianz, daß Mussolinis sprunghafte Entscheidungen immer wieder Krisen heraufbeschworen, die Hitlers Pläne durchkreuzten und das gegenseitige Mißtrauen schürten. Der italienische Angriff gegen Griechenland entwickelte sich genauso verheerend wie die eigenständigen Offensiven in Nord- und Ostafrika. Ebensowenig wie den Landstreitkräften gelang es auch der italienischen Luftwaffe und

Marine, gegen die Briten die Oberhand zu gewinnen. Zugleich blockierten Mussolinis territoriale Ansprüche die deutschen Bemühungen, Spanien und Frankreich in die Kriegsallianz einzubeziehen.

Um das Propagandabild einer gemeinsamen Kriegführung zu verstärken und seine schleichende Degradierung zum Juniorpartner des »Führers« zu verdecken, setzte sich Mussolini schließlich über seine nationalen Interessen und die Stimmung seiner Bevölkerung hinweg. Im Sommer 1941 bot er Hitler ein italienisches Hilfskorps für die Ostfront an. Im nächsten Jahr, als sich die Entscheidung in Nordafrika zuspitzte, sandte er seine besten Truppen an den Don, wo sie im Strudel der Katastrophe von Stalingrad untergingen. Diese Opfer des »Duce« zahlten sich für Italien und das faschistische Regime nicht aus.

Alternativstrategie im Mittelmeerraum?
Deutsche Soldaten auf dem Balkan und in Nordafrika

Gänzlich unberührt war Hitler von den anfänglichen Hinweisen auf die Schwäche Großbritanniens im Mittelmeerraum nicht. Schließlich hatte man in der Euphorie nach dem Frankreich-Feldzug im Regierungsapparat, in der Partei, in der Wirtschaft und in der Wehrmacht mit ausgreifenden Plänen für den künftigen deutschen Herrschaftsbereich begonnen. Traditionelle konservative Vorstellungen über eine mitteleuropäische Zentralmacht vermengten sich mit weiterreichenden rassenideologischen, wirtschaftsimperialistischen und militärischen Ambitionen. Visionen eines autarken »Großgermanischen Reiches«, das sich vom Atlantik bis zum Ural und vom Nordkap bis weit nach Afrika hinein erstrecken sollte, wurden teilweise in aller Öffentlichkeit erörtert.

Hitler scheute frühzeitige Festlegungen. Aber der bröckelnde Sieg im Westen zwang ihn dazu, mehrere Probleme zu lösen, bevor er sich dem Osten zuwenden konnte. Der Mittelmeerraum und der Balkan bildeten nach der Niederlage der anglo-französischen Allianz ein Machtvakuum. Neu entfachte nationale Rivalitäten und Konflikte forderten das schlichtende Eingreifen einer Großmacht. Italien hatte solche Ambitionen, konnte mit seinen militärischen und ökonomischen Ressourcen aber nicht dieses Schwergewicht bilden. Auch in Deutschland drängten Interessengruppen und Kräfte, die kleineren neutralen Staaten und teils mit dem Reich sympathisierenden autoritären Regime stärker in den deutschen Einflußbereich zu holen. Aus strategischer Sicht sprach alles dafür, in diesen Gärungsprozeß einzugreifen, militärische Basen zu schaffen sowie die ökonomischen und militärischen Kräfte für die deutsche Kriegführung nutzbar zu machen. Dabei waren allerdings mehr diplomatisches Geschick und Kompromißbereitschaft gefragt, als Hitler sie aufzubringen vermochte.

Ein starkes Signal sollte vom Abschluß eines Dreimächtepakts ausgehen, mit dem Deutschland, Italien und Japan am 27. September 1940 gegenseitig die »Neue Ordnung« in Europa und Asien bestätigten. Mit dem Pakt sollte Roosevelt von einem Kriegseintritt abgehalten werden. Er war im Prinzip sogar offen für einen Beitritt Stalins, wodurch sich die Idee eines »Kontinentalblocks«, wie er vor allem vom deutschen Außenminister Ribbentrop propagiert wurde, realisieren lassen würde. Eurasien als weltbeherrschender Machtblock erwies sich jedoch als Phantom, weil die internen Rivalitäten nicht im geringsten zu überbrücken waren.

Japan behielt sich eine Entscheidung über den Bündnisfall vor und war vor allem an den europäischen Kolonien in Asien interessiert. Indien hätte bei einem Viermächtepakt der UdSSR zufallen können. Aus deutscher Sicht war der Interessenausgleich im Süden und Südosten Europas am schwierigsten. Den ungarisch-rumänisch-bulgarischen Konflikt zu lösen, gelang Hitler relativ rasch. Rumänien, bisher nach Frankreich orientiert, verlor im Wiener Schiedsspruch (30. August 1940) große Teile seiner nach dem Ersten Weltkrieg gewonnenen Territorien. Es mußte nach einem sowjetischen Ultimatum bereits Ende Juni 1940 Bessarabien und die Nordbukowina abtreten und hatte um die Entsendung einer deutschen Militärmission gebeten. Auf diese Weise konnte Hitler den territorialen Wünschen Ungarns und Bulgariens nachkommen und Rumänien unter seinen »Schutz« stellen. Er erhielt Zugriff auf das lebenswichtige rumänische Öl und sicherte seine Flanke für den Aufmarsch gegen die UdSSR. Der rumänische König Carol ernannte am 4. September 1940 General Antonescu zum Ministerpräsidenten und Conducatorul (Staatsführer). Damit wurde der außenpolitische Kurswechsel innenpolitisch abgesichert. Die kleine faschistische Partei der »Eisernen Garde« Horia Simas wurde zunächst an der Regierung beteiligt, nach einem Putschversuch aber selbst von Hitler fallengelassen. Sima ging nach Deutschland ins Exil.

Das italienische Interesse am Balkan mußte berücksichtigt werden. Über die Beteiligung als Garantiemacht des Wiener Schiedsspruchs richtete sich Mussolinis Interesse auf Jugoslawien und Griechenland, neutrale Staaten, die ebenfalls eher deutschfreundlich orientiert waren. Auch Stalin ließ keinen Zweifel daran, daß er an einem Mitspracherecht auf dem Balkan und im östlichen Mittelmeer interessiert war. Hitler versuchte, die Initiative in der Hand zu behalten, doch sein engster Verbündeter verfolgte seine eigenen Interessen im Mittelmeerraum. Die Italiener begannen am 13. September 1940 eine Offensive gegen die britischen Positionen in Ägypten, sicherten ihren Einfluß auf die französischen Kolonien in Nordafrika und in Syrien und eroberten Britisch-Somaliland. Am 15. Oktober 1940 beschloß der Kriegsrat in Rom ohne Rücksprache mit den Deutschen den Angriff auf Griechenland. Als Ausdruck der gemeinsamen Kriegführung übernahmen dafür italienische U-Boote einen Stützpunkt in Bordeaux, und von Belgien aus unterstützte das Corpo Aereo Italiano mit 75 Bombern, fünf Fernaufklärern und 98 Jägern die deutschen Angriffe auf England.

In Berlin wiederum war bereits ein Operationsentwurf für das Unternehmen »Felix« vorbereitet worden, der möglichen Eroberung von Gibraltar. Die Gespräche mit der spanischen Führung erwiesen sich allerdings rasch als Fehlschlag. Hitlers einzige große Auslandsreise führte nach Frankreich, zunächst zu einem Gespräch mit dem Vizepräsidenten des französischen Ministerrats, Pierre Laval, am 22. Oktober 1940. An der spanischen Grenze bei Hendaye traf er einen Tag später mit dem spanischen Staatschef Francisco Franco y Bahamonde zusammen, der für einen Kriegseintritt gegen die Briten unerfüllbare Forderungen stellte. Auch die am nächsten Tag folgende Besprechung mit Marschall Pétain in Montoire blieb ohne konkretes Ergebnis. Die geschlagenen Franzosen zeigten wenig Neigung, Hitlers Aufforderung nachzukommen, in eine »europäische Koalition« gegen England einzutreten und in ihrem Rahmen militärische Beiträge in Afrika zu leisten. Der »Führer« hatte offenbar nicht das Talent eines Napoleon. Einen Interessenausgleich zwischen Spaniern, Franzosen und Italienern herzustellen und gleichzeitig den deutschen Einfluß auszubauen erwies sich als schier unmögliches Unterfangen.

Bei seinem Krieg an der Peripherie erzielte Hitler in der Zeit zwischen Juli und Dezember 1940 keinen greifbaren Erfolg. Dieser Stillstand seiner Expansion war eine weitere verlorene Schlacht, zu der seine Verbündeten Mussolini und Franco mit ihrer Weigerung, der Wehrmacht den Weg nach Süden zu öffnen, erheblich beitrugen. Gibraltar blieb britisch, Nordafrika bildete einen Unsicherheitsfaktor, und im Osten des Mittelmeeres ergriffen die Italiener unter denkbar ungünstigen Voraussetzungen die Initiative. Ihr Erfolg in Ostafrika war nur von kurzer Dauer, denn der abgelegene Kriegsschauplatz ließ sich von Italien aus nicht hinreichend versorgen. In Nordafrika kam die Offensive gegen Ägypten ebenfalls rasch zum Erliegen. In dieser angespannten Situation eröffnete die italienische Armee am 28. Oktober 1940 von Albanien aus den Angriff auf Griechenland mit rund 155 000 Mann. Nach der Mobilmachung konnten die Griechen 430 000 Mann ins Feld stellen. Sie erhielten Unterstützung durch britische Luftwaffen- und Heeresverbände, die am 29. Oktober in Kreta und am 3. November im Raum Athen in Erscheinung traten.

Die tapfer kämpfenden Griechen warfen die Italiener im Gegenstoß noch im November 1940 auf ihre Ausgangsstellungen zurück, um dann selbst erschöpft in einem Stellungskrieg auf albanischem Gebiet zu verharren. In Berlin mußte ein erster Operationsplan gegen Griechenland entworfen werden, um den »Duce« notfalls vor einer blamablen Niederlage zu schützen. Erkundungen für den möglichen Einsatz eines deutschen Panzerverbandes in Nordafrika stießen bei Hitler zunächst auf Zurückhaltung. Für einen Sprung über das Mittelmeer fehlten der Wehrmacht alle Voraussetzungen. Der Beginn der britischen Gegenoffensive am 9. Dezember 1940 brachte die Italiener auch in der Cyrenaika in schwere Bedrängnis. Sie verloren mehr als 38 000 Mann bei nur 133 Toten auf britischer Seite. Mit der Einnahme von Bardia am 5. Januar 1941 brachten die Briten noch einmal 45 000 italienische Gefangene ein. Diese bedrohliche Entwicklung zwang das OKW zur Verlegung deutscher Fliegerverbände nach Sizilien und Süditalien.

Mussolini, der seine geschlagene Armee und die wenig schlagkräftige Marine reorganisieren ließ, kam nicht umhin, Hitler um die Entsendung einer deutschen Panzerdivision nach Tripolis zu bitten, um den Verlust seiner wichtigsten Kolonie zu verhindern. Deutsche Hilfe in Albanien blieb ihm allerdings verwehrt. Der »Führer« zog es vor, mit der Weisung Nr. 20 (»Marita«) am 13. Dezember 1940 einen selbständigen Feldzug gegen Griechenland zu organisieren. Auf diese Weise sollte die Flanke für den Aufmarsch Ost (Weisung Nr. 21 »Barbarossa« vom 18. Dezember 1940) gesichert, die kriegswichtigen rumänischen Ölfelder gegen mögliche britische Angriffe geschützt und die deutsche Position auf dem Balkan, im östlichen Mittelmeer und nicht zuletzt gegenüber der Türkei gestärkt werden.

Hitler hatte zwar den Vorschlag von Großadmiral Erich Raeder abgelehnt, Großbritannien im Mittelmeer niederzuringen und durch ein Ausgreifen in den Nahen Osten den »weichen Unterleib« der UdSSR zu bedrohen, somit ein Stillhalten Stalins zu erzwingen. Doch trotz seines Entschlusses, statt dessen den Frontalangriff gegen die Rote Armee vorzubereiten, zogen ihn die Kriegsereignisse in Richtung Süden. Mit der Verlegung einer deutschen »Lehrtruppe« nach Rumänien hatte sich bereits der Aufmarsch gegen die Sowjetunion verbreitert. Das Eingreifen in Griechenland und der mögliche Einsatz im östlichen Mittelmeer konnten leicht zu einer Überdehnung der deutschen Kräfte führen. Die relative Schwäche von Griechen und Briten wurde durch die geostrategische Ungunst des Raums ausgeglichen, der vor allem die logistischen Fähigkeiten der Wehrmacht überfordern konnte.

Hitler war deshalb darauf bedacht, die Lage zumindest auf dem Balkan noch vor Beginn des Überfalls auf die UdSSR zu klären und dafür möglichst geringe Kräfte einzusetzen. Um eine schnelle Entscheidung zu erreichen, erwartete er von den Ungarn, Rumänen und Bulgaren lediglich eine Unterstützung beim Durchmarsch deutscher Truppen. Die Italiener konnten zumindest die rechte Flanke sichern. Am 19. Januar 1941 traf Hitler in seiner Residenz auf dem Berghof bei Berchtesgaden mit Mussolini zusammen und beendete damit den italienischen »Parallelkrieg«. Er teilte dem »Duce« mit, daß er sich entschlossen habe, einen Panzersperrverband nach Nordafrika zu entsenden (Weisung Nr. 22) und die sich in Rumänien sammelnde deutsche 12. Armee über Bulgarien auf Griechenland vorstoßen zu lassen. Drei Tage später kapitulierte in Nordafrika die wichtige Festung Tobruk. Weitere 25000 Italiener gingen in Gefangenschaft und überließen den britischen Siegern 208 Geschütze und 87 Panzer. Auch in Ostafrika gerieten die italienischen Kräfte in Bedrängnis.

Nachdem Churchill durch entschlüsselte Funksprüche (ULTRA) erfahren hatte, daß sich der deutsche Truppenaufmarsch in Rumänien gegen Griechenland richtete, ordnete er den Aufbau einer strategischen Reserve für die zu erwartende Auseinandersetzung um den Balkan an. Zugleich begannen die Briten geheime Generalstabsgespräche in Washington über eine gemeinsame Kriegführung nach einem späteren Kriegseintritt der USA. Doch mit dem Eintreffen von Generalleutnant Erich Rommel in Libyen am 12. Februar 1941 und dem sofortigen Angriff deutscher Panzerverbände begann sich in Nordafrika das Blatt zu wenden. Erneut versuchte Hitler die Initiative zu ergreifen. Seine Verhandlungen mit der jugoslawischen Regierung über einen Beitritt des Landes zum Dreimächtepakt blieben Mitte Februar ergebnislos. Auch der Versuch, in letzter Minute die Griechen auf die deutsche Seite zu ziehen und damit »Marita« überflüssig zu machen, scheiterte am 21. Februar. Drei Tage später billigte das britische Kabinett die »Griechenland-Expedition«. Churchill nahm die Herausforderung an und zwang Hitler also eine neue Front auf. Bis zum 24. April wurden rund 58000 britische Soldaten nach Griechenland transportiert.

Mit dem Beitritt Bulgariens zum Dreimächtepakt am 1. März 1941 begann der Einmarsch deutscher Truppen. Am 4. März gelang es Hitler, auch den jugoslawischen Prinzregenten Paul bei einem Besuch auf dem Berghof dazu zu drängen, seine Bereitschaft zur Unterzeichnung des Pakts zu erklären. Mit einer Botschaft an den türkischen Staatspräsidenten Ismet Inönü versuchte Hitler, den Einmarsch in Bulgarien zu rechtfertigen und die neutrale Türkei auf seine Seite zu ziehen. Als vier Wochen später durch einen Staatsstreich im Irak der antibritische Politiker Raschid Ali el Gailani an die Macht kam, sollte sich sogar für kurze Zeit die Chance für ein direktes deutsches Eingreifen im Mittleren Osten ergeben. Die Entsendung eines deutschen Luftwaffenkommandos und anlaufende Hilfe über das französisch besetzte Syrien konnte jedoch den schnellen und erfolgreichen Gegenzug der Briten nicht verhindern.

Am 5. März rundete Hitler seine strategische Offensive gegen Großbritannien durch die Weisung Nr. 24 ab, mit der die deutsch-japanische Zusammenarbeit geregelt wurde. Japan sollte so bald wie möglich Singapur angreifen, die wichtigste britische Festung im Fernen Osten. Über den bevorstehenden deutschen Angriff auf die Sowjetunion wurde der mächtigste deutsche Verbündete allerdings nicht informiert.

Mit der Versammlung der 12. deutschen Armee im bulgarisch-griechischen Grenzgebiet Mitte März 1941 zeichneten sich erste wichtige Eingriffe in den Operationsplan »Barbarossa« ab. Es war nicht mehr daran zu denken, gegen die Masse der Roten Armee in der Ukraine zwei Zangenbewegungen zu planen. Auf einen Vorstoß aus Rumänien mußte verzichtet werden. Es war diese Entscheidung, die erhebliche Auswirkungen auf den Rußland-Feldzug hatte, während Hitlers Entschluß, wegen des Balkan-Feldzugs den Angriff auf die UdSSR um vier Wochen zu verschieben, von geringerer Bedeutung gewesen ist.

Am 25. März trat Jugoslawien dem Dreimächtepakt offiziell bei, verweigerte aber einen Durchmarsch deutscher Truppen. Die Hintergründe für den Staatsstreich in Belgrad am 27. März sind nicht ganz durchsichtig. Stalin war zweifellos daran gelegen, Hitlers Expansion auf dem Balkan einen Riegel vorzuschieben und seine eigenen Interessen stärker durchzusetzen. Auch für Churchill bot der Stimmungsumschwung in den jugoslawischen Führungszirkeln die Chance, für den drohenden deutschen Aufmarsch gegen Griechenland eine Entlastung zu schaffen. Am 26. März war die italienische Flotte in Richtung Ägäis ausgelaufen, um auf deutschen Druck hin die britischen Griechenland-Konvois anzugreifen. In der Seeschlacht bei Matapan verloren die Italiener bei einem Nachtgefecht gegen die mit Unterstützung von Radar kämpfenden Briten zwei Schwere Kreuzer und zwei Zerstörer. Ihr modernstes Schlachtschiff, die »Vittorio Veneto«, erhielt schwerste Treffer, ebenso ein Schwerer Kreuzer, der später sank.

Vor diesem Hintergrund ist die Besprechung zu sehen, die Hitler wenige Stunden nach der Meldung aus Belgrad mit den Führungsspitzen der Wehrmacht durchführte.[6] Noch am selben Abend unterzeichnete er die Weisung Nr. 25 für einen Blitzangriff auf Jugoslawien. Italien, Ungarn und Bulgarien sollten sich daran beteiligen. Dieser Entschluß hatte zwei wichtige Folgen. Militärisch bedeutsam war die Festlegung von Reservekräften, die, statt gegen Rußland zu marschieren, künftig auf dem Balkan gebunden sein würden. Den wichtigsten Stoß sollte die Panzergruppe 1 führen. Sie war eigentlich vorgesehen, als einziger Stoßkeil der Heeresgruppe Süd in die Ukraine vorzudringen und die Ölquellen des Kaukasus zu erreichen. Diese schwächste deutsche Panzerarmee sollte also gegen die stärkste Gruppierung der Roten Armee antreten, den weitesten Vorstoß gegen die UdSSR unternehmen und zuvor noch den Balkan über Hunderte von Kilometern »säubern«.

Außerdem legte Hitler fest, daß Jugoslawien als »Staatsgebilde zu zerschlagen« sei. Es bedeutete – wie zuvor im Fall Polens –, daß die Wehrmacht mit härtester

Gewalt zuschlagen konnte und die Polizeitruppen völlig freie Hand haben würden. Der Vielvölkerstaat konnte nach Belieben zerteilt, die Volksgruppen gegeneinander aufgehetzt und das Land rücksichtslos für die deutsche Kriegswirtschaft ausgebeutet werden.

Im Augenblick war Hitler nur daran interessiert, Rache für den Staatsstreich in Belgrad zu üben, das Regierungsviertel durch massives Bombardement dem Erdboden gleichzumachen und die jugoslawische Armee mit einem Schockangriff niederzuschmettern. Sein brutales, überfallartiges Vorgehen gegen einen Staat, dessen neue Machthaber vergeblich Gespräche mit Berlin suchten, sollte offenbar ein abschreckendes Beispiel liefern, mit dem der nervös gewordene deutsche Diktator den unruhigen Balkan zu pazifizieren gedachte. Am 30. März 1941 unterzeichnete Hitler den Angriffsbefehl gegen Jugoslawien und versammelte am selben Tag die höheren Befehlshaber des Ostheeres, denen er die Grundzüge seines verbrecherischen Vernichtungskriegs gegen die UdSSR verkündete.[7]

Daß er nicht die Briten, sondern Stalin hinter der für ihn ärgerlichen Entwicklung in Belgrad vermutete, dürfte seinen Haßausbruch noch gesteigert haben. Stalin setzte allem Anschein nach darauf, mit Hitler zu einem neuen Arrangement über die Aufteilung der »Interessensphären« zu gelangen, wie sie Molotov bei seinem Besuch in Berlin angeboten hatte. Auf der Basis des neuen deutsch-sowjetischen Handelsvertrags vom 10. Januar 1941 rollten jetzt nach der Winterperiode die Züge mit lebenswichtigen Rohstoffen, Getreide und Erdöl ins Reich.[8] Stalin war zwar daran interessiert, Hitler im Kampf gegen Großbritannien zu unterstützen, wollte sich aber an der Beute auf dem Balkan rechtzeitig beteiligen. An solchen Schachzügen hatte der deutsche Diktator kein Interesse mehr. Er hätte z. B. nüchtern kalkulieren können, daß ein Umlenken der antibritischen Ambitionen Stalins gegen die Dardanellen den geplanten Angriff der deutschen Hauptkräfte bei der Heeresgruppe Mitte im polnischen Raum erleichtern und die Sowjetunion völlig isolieren konnte. Doch so suchte er sich mit einem Befreiungsschlag von den komplizierten strategischen Problemen der Balkan-Front zu lösen und verschob dafür den Angriff auf die UdSSR um vier Wochen. Sein Engagement in Südosteuropa brachte ihm zwar einen gewissen Machtzuwachs, beschwor aber zugleich große Risiken und Belastungen herauf.

Schon für den Aufmarsch an der jugoslawischen Nordgrenze fehlte es an deutschen Kräften. Aber das technisch unterlegene und noch nicht mobilisierte Land war kein ernsthafter Gegner. Vor allem der Schock deutscher Bombenangriffe und die Stoßkraft motorisierter Verbände führten zum raschen Zusammenbruch der jugoslawischen Armee, die durch die Abspaltung der Kroaten noch zusätzlich geschwächt wurde. Der Überfall begann am 6. April 1941. Am selben Tag wurde in Moskau noch ein sowjetisch-jugoslawischer Freundschaftsvertrag abgeschlossen. 484 Stukas und Bomber stürzten sich auf Belgrad. Aus allen Richtungen marschierten die Achsenkräfte in Jugoslawien ein. Gleichzeitig eröffneten sie die Offensive gegen Griechenland. Die Wehrmacht setzte drei Armeen mit 1200 Panzern und 780 Flugzeugen ein, die Ungarn eine Armee mit zehn Brigaden und die Italiener drei Armeen mit insgesamt 38 Divisionen und 320 Flugzeugen.

Auf jugoslawischer Seite traten nominell 32 Divisionen und neun Brigaden sowie 400 Flugzeuge in Erscheinung. Die Griechen verfügten über 21 Divisionen und vier Brigaden sowie über 80 Flugzeuge. Unterstützt wurden sie durch zwei britische Infanterie-Divisionen und eine Panzerbrigade sowie 84 Maschinen der Royal Air Force. An Mannschaftsstärke konnten es Griechen und Jugoslawen zwar mit den Angreifern aufnehmen, aber infolge der technischen und operativen Unterlegenheit gelang es ihnen nicht, eine erfolgreiche Verteidigung zu organisieren.

Während gleichzeitig Rommel mit seinem Afrikakorps die Briten weit zurückdrängte, mußten sich diese auch in Griechenland bald auf die Räumung vorbereiten. Am 18. April 1941 kapitulierte die jugoslawische Wehrmacht. 344 000 Mann gerieten in Gefangenschaft. Die Regierung Simović begab sich nach London ins Exil. Das Land wurde aufgeteilt. Italien erhielt die dalmatinische Küste, auch Ungarn und Bulgarien durften sich bedienen. Die Deutschen sicherten sich eine Militärverwaltung in Serbien. Sie hatten einige Mühe, den neuen kroatischen Satellitenstaat der faschistischen Ustascha des Ante Pavelić unter Kontrolle zu halten. Dessen mörderisches Treiben richtete sich gegen die Serben. Statt die Region ruhig zu halten und wirtschaftlich ausbeuten zu können, hatten die Deutschen unbeabsichtigt einen Bürgerkrieg ausgelöst, den sie auf längere Sicht nicht einzudämmen vermochten und in dem sie sich selbst mit brutalsten Methoden kaum zu behaupten verstanden. Der Partisanenkrieg mit seinen komplizierten Fronten entwickelte sich ab 1942/43 unter der Führung von Josip Broz Tito zum Befreiungskrieg, der schließlich eine ganze deutsche Heeresgruppe verschlang.

Die griechischen Verteidiger an der Metaxas-Linie kämpften tapfer, wurden aber von motorisierten deutschen Truppen umzingelt. Die 2. griechische Armee sah sich zur Kapitulation gezwungen. Durch einen deutschen Vorstoß an der westgriechischen Küste drohte auch die Einschließung der britischen »W Force« und der gegen die Italiener eingesetzten Kräfte. Im Angesicht der drohenden Niederlage wählte der griechische Ministerpräsident Koryzis am 18. April den Freitod. Am 21. April kapitulierte die griechische Armee. Das Land wurde zwischen Deutschen und Italienern aufgeteilt. Bulgarien besetzte einen nördlichen Teil. Auch hier entstand, wie in Jugoslawien, mit britischer Unterstützung bald ein grausamer Partisanenkrieg, der das vom Hunger bedrohte Land ins Elend stürzte.

Den Briten war es in einer meisterhaften Operation gelungen, den größten Teil ihres Expeditionskorps zu retten. Insgesamt 50672 Briten und Griechen wurden ohne schwere Waffen und Gerät nach Ägypten bzw. Kreta evakuiert. Nach Abschluß der Besetzung des griechischen Festlandes befanden sich 21900 britische Gefangene in deutscher Hand, dazu 223000 griechische Kriegsgefangene, die aber entlassen wurden. Die deutschen Verluste im Balkan-Feldzug blieben mit 2550 Toten und 5820 Verwundeten gering.

Sehr viel verlustreicher war das triphibische Unternehmen »Merkur« vom 20. Mai bis zum 1. Juni 1941. Starke deutsche Luftstreitkräfte bahnten der Landung von Fallschirmjägern auf Kreta sowie der Invasion von Gebirgsjägern, die mit Motorseglern herangeführt wurden, den Weg. Über ULTRA genau über die deutschen Vorbereitungen informiert, konnten die Briten aber keinen Nutzen ziehen. Um das Geheimnis der Entschlüsselung des deutschen Funkcodes nicht zu enthüllen, verzichtete man darauf, die Besatzung des wichtigen Flugplatzes Maleme auffällig zu verstärken. Die strategisch wichtige Insel wurde von 42640 Briten und Griechen unter Generalleutnant Bernard Freyberg verteidigt. Sie hatten die Chance, den 14000 Mann deutscher Luftlandetruppen, darunter 8000 Fallschirmjäger der 7. Fliegerdivision, eine schwere Niederlage beizubringen. Doch Freyberg überschätzte die Gefahr einer Invasion über See und verlor angesichts der deutschen Luftherrschaft rasch den Mut. Es standen ihm lediglich sechs moderne Jagdflugzeuge auf der Insel zur Verfügung.

Aus der schlecht vorbereiteten Aktion hätte sich für die Deutschen dennoch fast eine Katastrophe entwickelt. Zu ihrem Glück erwiesen sich die Verteidiger Kretas als noch inkompetenter als die Feindaufklärung von Generalleutnant Kurt Student, der das Unternehmen leitete. Trotz schwerer Verluste bei der Luftlandung am 20. Mai 1941 gelang es den Deutschen, den wichtigen Flugplatz Maleme zu erobern. Die Landungen bei Heraklion und Réthimnon scheiterten. Mehrere hundert Fallschirmjäger wurden von kretischen Partisanen, bewaffneten Zivilisten und Polizisten getötet. Durch pausenlose Heranführung von Verstärkungen gewannen die Angreifer das Übergewicht und konnten die schlecht geführten Briten und Griechen zurückwerfen.

Von entscheidender Bedeutung war der Schlag, den die sichernde britische Mittelmeerflotte erlitt. Sie hatte zunächst erfolgreich die leichten Invasionsflottillen zersprengt, wurde dann aber im Morgengrauen entdeckt. Deutsche Bomber fügten ihr schwere Verluste zu: drei Kreuzer und sechs Zerstörer wurden versenkt, 13 weitere Schiffe schwer beschädigt, darunter der einzige Flugzeugträger im Mittelmeer. Von britischer Seite konnten insgesamt 17000 Mann über See gerettet werden, 12000 Gefangene blieben zurück, 1700 Briten waren bei den Kämpfen gefallen, 1800 Marinesoldaten hatten ihr Leben verloren. Trotz der demütigenden Niederlage hatten die Briten doch einen indirekten Erfolg erzielt. Eine Luftlandung auf Malta trauten sich die Deutschen nicht mehr zu. Mit rund 4000 Toten und dem Totalverlust von 151 Transportflugzeugen war Kreta zum Grab der deutschen Fallschirmtruppe geworden. Diese rächte sich im Kampf gegen griechische Freischärler mit unbarmherziger Härte.

Der Kampf gegen die Briten im östlichen Mittelmeerraum blieb ein halber Erfolg Hitlers. Die britische Seeherrschaft war ungebrochen, und trotz des deutschen Vormarsches in Libyen war die britische Nahost-Bastion – zumal nach der Wiederbesetzung des Irak am 30. Mai 1941 – nicht ernsthaft gefährdet. Als Hitler Ende Mai 1941 seine eingesetzten Kräfte reduzieren mußte, um den Aufmarsch im Osten zu vollenden, hinterließ er im Süden eine Front, die entgegen seinen Erwartungen immer stärkere Kräfte band.

Aus dem ursprünglich geplanten »Sperrverband« zum Schutz von Tripolis hatte Rommel inzwischen eine schlagkräftige Truppe geformt, die am 27. Mai 1941 den Halfaya-Paß an der ägyptischen Grenze zurückerobern konnte. Wegen der verlustreichen Seetransporte nach Libyen setzte das OKW auf das Einvernehmen mit

Abbildung 11: Fallschirmjäger nach der Landung auf Kreta.

Vichy-Frankreich, das bereit war, den Nachschub für das Afrikakorps über Tunesien zu sichern und die deutsche Seekriegführung im mittleren Atlantik von Dakar aus zu unterstützen. Hitler lehnte es jedoch ab, den Franzosen im Gegenzug einen Vorfriedensvertrag zu gewähren. Das Engagement in Nordafrika hatte längst vielfältige Machtphantasien geweckt. In deutschen Führungskreisen sahen manche den Zeitpunkt für eine Neuaufteilung der Welt für gekommen, für einen europäisch-afrikanischen Großwirtschaftsraum, erweitert bis zum Persischen Golf und ergänzt um ein deutsches Kolonialreich in Mittelafrika.

Der Kampf des Deutschen Afrikakorps und die Figur des späteren Generalfeldmarschalls Erwin Rommel haben schon während des Kriegs eine ungewöhnliche Beachtung gefunden. Vom ehemaligen Gegner als »Wüstenfuchs« geschätzt und als Angehöriger des militärischen Widerstands gegen Hitler geehrt, ist nach 1945 geradezu ein Heldenkult entstanden. Natürlich war der Krieg in Nordafrika ebenso blutig wie andere Feldzüge, doch unterschied er sich erheblich vom Vernichtungskrieg, den die Wehrmacht in Osteuropa führte. Er beschränkte sich im wesentlichen auf einen schmalen Küstenstreifen und traf kaum auf Zivilbevölkerung. Der italienische Anteil an den Erfolgen Rommels ist in deutschen Darstellungen oft ebenso übergangen worden wie die Sonderrolle, die der General als »Liebling des Führers« und NS-Propaganda-Held für sich in Anspruch nehmen konnte. Neuere Biographien sehen seine schwierige Persönlichkeit, sein Verhalten als Oberbefehlshaber und Führer im Gefecht ebenso kritisch wie manche seiner Entscheidungen.

Sein überraschender Vorstoß mit geringen deutschen Kräften (5. leichte und 15. Panzerdivision) blieb an der ägyptischen Grenze liegen, als der Beginn des Rußland-Feldzugs alle Kräfte der Wehrmacht band. Generalstabschef Halder hatte deshalb die weiträumigen Vorstöße Rommels mit Sorge betrachtet, die Kräfteverzettelung aber nicht verhindern können.[9] Den Briten gelang es, mehrere Geleitzüge mit Nachschub für ihre Ägypten-Armee durch das Mittelmeer zu bringen, während der deutsch-italienische Versorgungsverkehr ständig schwere Verluste erlitt. Die Eroberung von Malta als wichtigstem britischen Stützpunkt unterblieb nach den Erfahrungen von Kreta. Deutsche Luftangriffe auf die Insel, auf Kairo und den Suez-Kanal blieben ohne größere Auswirkungen.

Am 26. August 1941 entschied Hitler, die Operationen gegen die nach der Besetzung Syriens und des Irans erheblich gestärkten britischen Positionen in Nahost sowie die Sicherung von Nordwestafrika gegen eine transatlantische Bedrohung auf das nächste Jahr zu verschieben. Am 18. November begannen die Briten ihre Gegenoffensive, um die Belagerung ihrer Festung Tobruk aufzubrechen und Rommels Afrikakorps zu vernichten. Die Kämpfe blieben unentschieden. Der 8. britischen Armee unter Generalleutnant Cunningham standen insgesamt Kräfte von sieben Divisionen mit 724 Panzern und 1072 Flugzeugen zur Verfügung. Die als »Panzergruppe Afrika« verstärkten deutsch-italienischen Verbände unter Rommel bestanden aus zehn Divisionen mit 558 Panzern und 320 Flugzeugen, litten aber unter erheblichen Nachschubschwierigkeiten. Bei dem Versuch, mehrere große Geleitzüge durchzubringen, mußte die italienische Flotte erneut erhebliche Verluste hinnehmen. Daraufhin wurden deutsche U-Boote ins Mittelmeer verlegt, denen es aber nicht gelang, die britische Seeherrschaft zu brechen.

Bei Beginn der sowjetischen Gegenoffensive vor Moskau am 7. Dezember 1941 sah sich Rommel gezwungen, den Kampf um Tobruk aufzugeben und sich auf die Gazala-Linie zurückzuziehen. In Bardia und im Raum Sollum mußten größere deutsch-italienische Truppenteile kapitulieren. Innerhalb von zwei Monaten waren 13 000 Deutsche, 20 000 Italiener und 17 000 Briten als Verluste zu verzeichnen. Durch neue Geleittransporte gestärkt, ging Rommel am 21. Januar 1942 sofort zur Gegenoffensive über, überrannte die erschöpften Briten in der Cyrenaika, blieb dann aber nach zwei Wochen wieder bei El Gazala westlich von Tobruk stecken. Die gleichzeitige japanische Offensive im Fernen Osten zwang die Briten in Nordafrika in die Defensive. Ende April 1942 vereinbarten Hitler und Mussolini daher auf dem Berghof, Ende Mai die Offensive in Nordafrika wieder aufzunehmen und die Wüstenfestung Tobruk zu erobern. Nach einer Luftlandung in Malta (Unternehmen »Herkules«), die Hitler dann aber wieder absagte, sollte der Vorstoß nach

Abbildung 12: Das zerstörte italienische Fort Capuzzi an der ägyptischen Grenze wurde zurückerobert.

Ägypten erfolgen. So konnte womöglich in einer gigantischen Zangenbewegung über den Suez-Kanal und über den Kaukasus die britische Nahost-Bastion gesprengt werden.

Am 26. Mai 1942 eröffnete die deutsch-italienische Panzerarmee ihre Offensive mit etwa gleichstarken Kräften gegenüber den Briten, mußte aber zunächst das hart umkämpfte Wüstenfort Bir Hacheim erobern, das als Eckpfeiler der britischen Verteidigung von einer freifranzösischen Brigade gehalten wurde. Die 8. britische Armee wurde zerrissen und auf Tobruk bzw. in Richtung ägyptische Grenze zurückgedrängt. Am 21. Juni 1942 gelang Rommel der größte Erfolg. Die Festung Tobruk wurde eingenommen, 32 200 britische Soldaten gingen in Gefangenschaft. Rommel, der sofort zum Generalfeldmarschall befördert wurde, entschloß sich zur Fortsetzung der Offensive gegen den Suez-Kanal, mußte aber den Angriff auf die letzte Verteidigungsstellung der Briten bei El Alamein am 3. Juli 1942 aus Kräftemangel einstellen. Es entwickelte sich ein monatelanger Stellungskrieg, bei dem auch der letzte Versuch Rommels am 31. August 1942 scheiterte, die Initiative wiederzugewinnen. Durch ULTRA über die Absichten Rommels unterrichtet, gelang es dem Oberbefehlshaber der 8. britischen Armee, General Bernard Law Montgomery, den deutschen Angriff abzuwehren. Die Achsenmächte verloren damit das Gesetz des Handelns im Mittelmeerraum, während sich der Aufmarsch der Anglo-Amerikaner unaufhaltsam vollzog, um Hitlers Südflanke aufrollen zu können.

5 | Hitlers »Lebensraumkrieg« im Osten

Die Wendung nach Osten

Der deutsch-sowjetische Krieg stand im Zentrum des Zweiten Weltkriegs. Hier prallten die größten Massenarmeen aufeinander und lieferten sich die blutigsten Schlachten der Weltgeschichte. In Osteuropa erstritt die Wehrmacht ihre größten Siege und erlitt ihre verheerendsten Niederlagen. Hitlers Militärpotential wurde größtenteils in diesem vierjährigen Ringen mit der Roten Armee »verbraucht«. Hier im Osten verlor die Wehrmacht ihren kurzen Ruhm, den sie in den Blitzfeldzügen 1939/40 erworben hatte, und sie verlor Ehre und Ansehen einer mehr als zweihundertjährigen preußisch-deutschen Militärtradition. Die Mitverantwortung für Massenmord und Vernichtungskrieg ist auf dem Boden der besetzten sowjetischen Gebiete am deutlichsten erkennbar. Warum und wann sich der deutsche Diktator entschlossen hat, sein vorteilhaftes Bündnis mit Stalin zu brechen und die UdSSR zu überfallen, ist deshalb immer wieder diskutiert worden.

Die Deutschen wurden von Hitlers Entschluß erst am Tag des Überfalls, am 22. Juni 1941, unterrichtet. Mit seiner öffentlichen, ungewöhnlich langatmigen Begründung eines angeblich notwendigen Präventivkriegs konnte er zwar die Mehrheit der Bevölkerung und seiner Soldaten täuschen,[1] und noch vor dem Nürnberger Hauptkriegsverbrecher-Tribunal 1945/46 versuchten die angeklagten Nazi-Größen, diese Lüge zu untermauern. Spätestens seit der bahnbrechenden Studie von Andreas Hillgruber über Hitlers Politik und Strategie aus dem Jahr 1961 ist jedoch auch wissenschaftlich der Nachweis erbracht, daß Hitlers Entschluß keine Reaktion auf Stalins Kriegspolitik war und auch nicht erst im Frühjahr 1941 fiel. Gleichwohl haben viele Zeitgenossen in Erinnerung an die fast friedensmäßigen Verhältnisse nach dem Frankreich-Feldzug und die damalige Erwartung eines kurz bevorstehenden Kriegsendes später geglaubt, Hitler habe hier seinen größten Fehler begangen. Er hätte sich mit dem triumphalen Sieg über Frankreich und der Vorherrschaft über Europa begnügen sollen.

Welchen Entscheidungsspielraum hatte Hitler also bei seinem Entschluß, und welche Motive trieben ihn zur Wendung nach Osten? Die wissenschaftliche Forschung ist sich darin einig, daß es letztlich eine einsame Entscheidung des »Führers« war. Von keiner Seite wurde er zu diesem Schritt gedrängt, im Gegenteil: Nicht wenige seiner Berater und engsten Mitarbeiter äußerten wiederholt Zweifel oder plädierten für Alternativen. Hitler war die treibende Kraft für den ungewöhnlich langen und widersprüchlichen Prozeß der Planung und Vorbereitung. Jede Diskussion über den Zeitpunkt seines Entschlusses, die diesen Entscheidungsprozeß und die einzelnen Initiativen mitbedenkt, wird auf ein Bündel von miteinander verschränkten Motiven stoßen. Sie bewegen sich im Spannungsbogen von militärisch-strategischen und ideologisch-dogmatischen Aspekten, ohne daß die erhaltenen Quellen eindeutige Auskünfte geben. Eine klare Unterscheidung zwischen Pragmatismus und Ideologie ist auch in diesem Fall nicht einfach.

Für die meisten Historiker steht fest, daß Hitler im Gegensatz zu anderen Feldzügen keine ausschließlich nüchterne, sachliche Entscheidung traf. Es war vielmehr die Umsetzung eines seit zwei Jahrzehnten gehegten politischen Traums, sein persönlicher »großer Krieg«, der stets das Ziel seiner politischen Laufbahn war. Wie er in seinen programmatischen Schriften und Erklärungen, seit seinem Regierungsantritt 1933 manchmal abgeschwächt oder nur im inneren Zirkel bestätigt, immer wieder betont hatte: Es ging ihm um die Eroberung von »Lebensraum im Osten«, wozu Polen allein nicht ausreichte. Osteuropa bis zum Ural sollte als Ergänzungs- und Siedlungsraum für das »Großgermanische Reich« vom Nationalsozialismus beherrscht und erschlossen werden.

Das war Hitlers Antwort auf die Erfahrungen des Ersten Weltkriegs, die er bereits in seiner Schrift »Mein Kampf« erörtert hatte. Die »Kornkammer« Ukraine, die landwirtschaftlich reichen Gebiete im Baltikum und im Süden Rußlands, die Bodenschätze des Donec-Gebiets und des Kaukasus sollten das Reich mit lebenswichtigen Rohstoffen und Nahrungsmitteln versorgen. Auf diese Weise würde der von Deutschland beherrschte europäische Kontinent, ergänzt um afrikanische Kolonien, wirtschaftlich autark und militärisch unangreifbar werden – mehr als nur eine Weltmacht in Konkurrenz zu anderen: die dominierende globale Vormacht.

Solche geostrategischen und machtpolitischen Ambitionen, die wilhelminisches Kriegszieldenken des Ersten Weltkriegs aufnahmen und weiterentwickelten, hatten sich in Hitlers Programm mit Rassenideologie, Antisemitismus und Antibolschewismus verbunden.[2] Ältere Wurzeln weisen auch der Sozialdarwinismus und die Theorie der germanischen Herrenrasse auf, die Hitler im Gegensatz zu anderen völkischen und rechtsextremen Propagandisten stets zielgerichtet auf die Eroberung Osteuropas angewendet hatte. Ihm ging es um den »Raum« und nicht um die dort lebenden Menschen. Daß es sich um angeblich minderwertige Slawen handelte, beflügelte lediglich den Eroberungsdrang. Sie sollten als Sklaven und

Heloten der künftigen Herrenrasse dienen, zurückgedrängt und dezimiert werden.

Zu diesem älteren rassenideologischen Konzept gehörte für Hitler auch die Entschlossenheit, die jüdische Bevölkerung völlig aus dem deutschen Herrschaftsgebiet zu eliminieren. Mit seiner Spielart des Antibolschewismus wußte Hitler all diese ideologischen Elemente zu verbinden, doch sein zeitweiliges Paktieren mit Stalin hatte bewiesen, daß der politische Antibolschewismus für Hitler nur von nachrangiger Bedeutung war. Gleichwohl war der Antikommunismus für ihn stets die größte Trumpfkarte gewesen. Es brachte ihm weltweit Sympathien, europäische Bundesgenossen und sicherte ihm die Loyalität der alten Führungseliten im Reich sowie die Zustimmung der deutschen Bevölkerung. Doch der Plan, »Lebensraum im Osten« zu erobern, galt für Hitler unabhängig von den politischen Herrschaftsverhältnissen in Rußland.

Während des gesamten Entscheidungsprozesses, der schließlich zum Überfall führte, und sogar noch während des Kriegs blieben Vorstellungen eines deutsch-russischen Zusammengehens in nationalkonservativen Führungskreisen, ja sogar bei führenden Nationalsozialisten virulent. So unterschiedliche Männer wie der deutsche Botschafter in Moskau, Graf von der Schulenburg, und Hitlers Außenminister Joachim von Ribbentrop blieben bis zum Frühjahr 1941 davon überzeugt, daß eine Fortsetzung der Zusammenarbeit mit der bolschewistischen Sowjetunion für Deutschland von größtem Nutzen sein konnte. Das Konzept eines euro-asiatischen Machtblocks, der die Welt beherrschen sollte, strahlte manche Faszination aus. Andere lehnten zwar den Bolschewismus vehement ab, konnten sich aber eine Zusammenarbeit mit einem nach-revolutionären Rußland, mit einzelnen Nationalitäten des russischen Imperiums sehr gut vorstellen. Ob nun die Brest-Litovsk- oder die Rapallo-Variante bevorzugt wurde, das Rußland-Bild im Dritten Reich war ebensowenig einheitlich wie die Erwartungen im Sommer 1940.

Nur für Hitler ist offensichtlich klar gewesen: Sein zeitweiliges Bündnis mit Stalin hatte mit dem Sieg im Westen seinen Zweck erfüllt. Wenn dieser nun, erschrocken über die unerwartet schnelle Entscheidung, den versprochenen Preis einforderte und die im Geheimen Zusatzabkommen vom Herbst 1939 festgelegten Territorien in Osteuropa besetzte, dann war das für Hitler sicher mehr als ärgerlich, nämlich ein Zeichen dafür, daß jetzt wohl der Zeitpunkt gekommen war, um sich nach Osten zu wenden.

Die wissenschaftliche Forschung hat sich darauf seit langem verständigt, den 31. Juli 1940 als den Tag anzusehen, an dem Hitler seinen »bestimmten Entschluß« mitteilte, die UdSSR zu überfallen, und seinen obersten Militärs als Termin für den Abschluß der Vorbereitungen den Mai 1941 setzte.[3] Wer nun aber erwartet hätte,

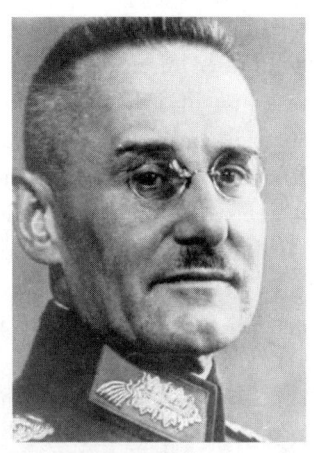

Abbildung 13: Franz Halder (1884–1972).
Der Generaloberst war Generalstabsoffizier im Ersten Welt-
krieg und in der Reichswehr, 1938–1942 Chef des General-
stabs des Heeres. Der nervlich nicht belastbare Offizier
wird zeitweilig zum Gegenspieler Hitlers bei der Planung
und Führung des Kriegs, Kontakte zum militärischen Wi-
derstand. Im September 1942 von Hitler entlassen. Nach
dem 20. Juli 1944 verhaftet, obwohl er sich nicht am
Staatsstreichversuch beteiligt hatte. Nach Kriegsende von
der US-Armee als Berater geschätzt, übt er einen großen
Einfluß auf die Geschichtsschreibung aus.

daß der Diktator zumindest in diesem kleinen Kreis deutlich und umfassend seine Pläne erläuterte und begründete, wird von den Quellen enttäuscht. Die »Wendung« nach Osten kam nicht über Nacht, und Hitler hatte natürlich keinen konkreten Feldzugsplan in der Schublade. In der ersten Entscheidungsphase zwischen der Unterzeichnung des Waffenstillstands in Frankreich und der Lagebesprechung am 31. Juli 1940 ließ er lediglich beiläufige Bemerkungen fallen, die von seiner Umgebung so gedeutet wurden, daß jetzt Hitlers »Augen stark auf den Osten gerichtet« seien.[4] Das allein reichte aus, um seine engsten militärischen Mitarbeiter zu veranlassen, sich mit einer möglichen kriegerischen Auseinandersetzung mit der UdSSR gedanklich auseinanderzusetzen und Vorbereitungen für diese eventuell eintretende Situation zu treffen. Der Diktator »spielte« vielleicht lediglich mit dem Gedanken, daß jetzt der Zeitpunkt des geplanten Kriegs gegen Rußland gekommen sein könnte, nicht mehr und nicht weniger.[5]

Die wichtigste und nahezu einzige Quelle für dieses Stadium ist das Tagebuch von Generaloberst Franz Halder, den Chef des Generalstabs des Heeres. Er hatte nach Kriegsende allen Grund, seine Notizen so zu deuten, daß die Initiative von Hitler ausging und auf strategischen Überlegungen beruhte. Über ideologische Motive und Absichten findet sich in den militärischen Quellen tatsächlich kaum ein klarer Hinweis. Darüber sprach Hitler mit der militärischen Führungsspitze erst Monate später, auch dann eher in Andeutungen. Ob er in langen Gesprächen mit Hermann Göring, seinem »Kronprinzen«, den er als einzigen in jener Zeit zu Rate zog, wenn es um schwerwiegende Entscheidungen ging, offener und entschlossener war, wissen wir nicht. Auch Göring hätte nach Kriegsende als Angeklagter in Nürnberg allen Grund gehabt, über diese Seite seines »Führers« zu schweigen.

Hitler mochte im Juni/Juli 1940 den Eindruck gewinnen, Großbritannien würde wohl über kurz oder lang aufgeben. Das wäre dann genau die Situation, von der er schon in »Mein Kampf« geschrieben hatte: Deutschland als unangefochtene europäische Vormacht würde nach einer Verständigung mit England seine ganze Kraft nach Osten werfen und »Lebensraum im Osten« erobern können. Der verhängnisvolle Fehler des Kaiserreichs, der Zweifrontenkrieg, wäre vermieden, die Niederwerfung der UdSSR ein »Sandkastenspiel«, wie Hitler gegenüber dem Chef des OKW Wilhelm Keitel erklärte.[6] Als London dann sein »Friedensangebot« in der Reichstagsrede vom 19. Juli 1940 ablehnte, geriet der »Führer« in Zugzwang. Seinen Oberbefehlshabern erklärte er am 21. Juli, England setze wohl auf den »Umschwung in Amerika« und hoffe auf Rußland.

Daraus zog Hitler zwei Schlußfolgerungen. Eine militärische Niederwerfung Großbritanniens durch ein Landungsunternehmen mußte möglichst noch im Herbst durchgeführt und das »russische Problem« durch »gedankliche Vorbereitungen« in Angriff genommen werden. Das Tagebuch Halders vermerkt nicht das Erstaunen, das Hitler vermutlich ergriff, als sein Generalstabschef einen scheinbar fertigen Kriegsplan vortrug – auch ein »Gedankenspiel«, nur eben aus dem Blickwinkel der nationalkonservativen Heeresführung.

Im Zuge der Rückführung der Masse des Feldheeres ins Reichsgebiet hatten im Juni 1940 routinemäßige Planungen für die Grenzsicherung im Osten begonnen. Das in Ostpreußen stationierte Armee-Oberkommando (AOK) 18 bereitete sich darauf vor, im Bedrohungsfall eine offensive Kampfführung gegen die Rote Armee betreiben zu können. Eine Schlagkraft sollte geschaffen werden, damit die in den annektierten ostpolnischen und baltischen Gebieten stationierten Kräfte Stalins notfalls ausgeschaltet werden konnten. Diese Überlegungen hatten Halder bereits am 3. Juli zu der Erkenntnis geführt, daß ein Schlag gegen die Sowjetunion auch dazu dienen könnte, der britischen Führung die Hoffnung auf eine Fortsetzung des Kriegs zu nehmen.[7]

In dieser Atmosphäre des Siegestaumels, von dem besonders Hitlers Generale ergriffen waren, die als junge Offiziere im Ersten Weltkrieg ein jahreslanges blutiges Ringen in Frankreich erlebt hatten, kannte die Phantasie keine Grenzen. Selbst in der nüchternen Alltagsroutine des Generalstabs war es deshalb nur ein kleiner Schritt, um sich gedanklich von der Reichsverteidigung auf den Angriffskrieg einzustellen. So konnte am 21. Juli dem vermutlich überraschten Hitler »gemeldet« werden, daß man im OKH bereits einen fertigen Kriegsplan entworfen hatte. Es wäre – als Alternative zur Landung in England – ein kurzer Krieg mit begrenzten militärischen Zielen ähnlich dem Polen-Feldzug gewesen: Ohne Vorbereitungen nach kurzem Aufmarsch im September in grenznahen Schlachten die Entscheidung zu suchen, das Baltikum, Weißrußland und die Ukraine zu besetzen, Stalin also zu schwächen und nach Osten abzudrängen. Die politischen Ziele erinnerten an das deutsche Programm im Friedensvertrag von Brest-Litovsk 1918.

Hitler widersprach zunächst nicht. Bei der Konferenz mit den Oberbefehlshabern über die Gesamtkriegslage zehn Tage später teilte er dann nicht nur seinen »bestimmten« Entschluß zum Krieg gegen die UdSSR mit, sondern auch die Absicht einer größeren Lösung. Bedachte er den »Umschwung in Amerika«, der Churchill eine viel stärkere Ermutigung zur Fortsetzung des Kriegs verschaffte als das vergebliche Werben um Moskau, konnte mit Hilfe eines Ostkriegs nicht nur der mögliche »Festlanddegen« Englands beseitigt, sondern eine Gesamtlösung des Kriegs erreicht werden: ein großer Feldzug im Osten zur Zerschlagung der UdSSR, zehn Monate lang vorbereitet, dann rasch und in einem Zuge die »lebendigen Kräfte« des Sowjetregimes vernichtet, das Reich damit militärisch unangreifbar auf dem Kontinent, wirtschaftlich autark und blockadefest. Damit wäre eine Verbindung zu Japan und dessen Stärkung erreichbar, was die USA womöglich von einem Kriegseintritt abschrecken könnte.

Ähnliche Überlegungen hatte man in Vorbereitung der Konferenz auch in der Seekriegsleitung angestellt und mit der »Gefahr des Bolschewismus« begründet, die »in Bälde so oder so beseitigt« werden müßte.[8] So drehte sich die deutsche Kriegführung Schritt für Schritt in Richtung Osten, nicht unaufhaltsam, hinter verschlossenen Türen und unter größter Geheimhaltung, mit zunächst noch vagen strategischen und politischen Vorstellungen. Aus dem gedanklichen Spiel war die Idee eines Weltblitzkriegs entstanden, von Hitler aufgegriffen und als »bestimmter Entschluß« verkündet, eine Realisierungschance seiner alten Visionen zur Schaffung von »Lebensraum im Osten«. Alles Weitere würde sich dann finden, wenn es soweit war.

Vorbereitung des Unternehmens »Barbarossa«

Bereits mit den ersten operativen Überlegungen für einen Überfall auf die UdSSR entstand ein leichtfertiger Optimismus bei den Beteiligten, der die weiteren Vorbereitungen nicht wieder verlassen sollte. Die überaus glücklich erscheinenden Kriegsaussichten im Sommer 1940 können allein nicht erklären, weshalb insbesondere der Generalstab des Heeres Traditionen nüchterner und verantwortungsbewußter Stabsarbeit fallen ließ, die erst Wochen zuvor noch bei der Vorbereitung des Frankreich-Feldzugs beachtet worden waren. Dessen unerwartet schneller Erfolg hat – so Andreas Hillgruber[9] – ein Denken beflügelt, das schon im Kaiserreich angelegt war: der Primat des operativen Gedankens. Losgelöst von politischer Verantwortung und den materiellen Bedingungen der Kriegführung war offensichtlich auch für Franz Halder ein Sieg über die UdSSR vor allem eine Frage des »richtigen« operativen Ansatzes.

Die Entwürfe mehrerer Sachbearbeiter, die unterschiedliche Schwerpunkte und Stoßrichtungen untersuchten, beruhten ausnahmslos auf Halders Grundgedanken: in Grenzschlachten die feindlichen Hauptarmeen einkesseln und vernichten, dann rasch in die Tiefe und direkt auf die feindliche Hauptstadt vorstoßen, deren Einnahme den Krieg beenden würde. Im weiteren Verlauf der Planung des Unternehmens, das den Decknamen »Barbarossa« erhielt, wurden alle erkannten Probleme diesem Ansatz untergeordnet, mögliche Friktionen ausgeblendet oder durch optimistische Annahmen überspielt. Die Planungsgrößen veränderten sich mit dem Fortgang der Arbeiten ständig. Die Operationsbreite umfaßte schließlich die gesamte Westgrenze der UdSSR, von der Ostsee bis zum Schwarzen Meer. Die Operationstiefe wurde von den Westgebieten über Moskau und das Volga-Gebiet bis zu einer Linie von Astrachan bis Archangelsk ausgedehnt. Je mehr man sich mit der Roten Armee beschäftigte, desto höher mußte die Zahl der zu erwartenden Feindverbände angesetzt werden. Hatte Halder noch am 21. Juli 1940 mit bis zu 75 »guten« Divisionen auf der Gegenseite gerechnet, sprach Hitler am 31. Juli bereits von 120 Divisionen, später vermutete man über 200 Divisionen.

Dagegen blieb der eigene Kräfteansatz zurück. Was als Gedankenspiel begonnen hatte, schien erst allmählich ernst zu werden. Der neue Chef der Operationsabteilung im Generalstab des Heeres, Oberst i. G. (im Generalstab) Adolf Heusinger, glaubte wie viele andere Offiziere noch Anfang 1941 nicht daran, daß man den Plan tatsächlich realisieren werde. Neben »Barbarossa« liefen zahlreiche andere Planungen und Unternehmungen über seinen Tisch. Sein Chef Halder zweifelte noch im Januar am Sinn der »großen« Lösung, freilich nicht an deren Erfolgsaussichten. Nach 1945 hat Heusinger, dann ebenso wie Halder einer der wichtigsten deutschen militärischen Berater der Amerikaner, schließlich erster Generalinspekteur der Bundeswehr, in zahlreichen Schriften und Ausarbeitungen behauptet, der Ostfeldzug sei Hitlers persönlicher Krieg gewesen, dessen Vorbereitungen er sich auf allen Gebieten mit größter Energie gewidmet habe.[10] Die neuere historische Forschung hat zumindest für die ersten sechs Monate der Vorbereitungen keine eindeutigen Belege gefunden.

Die Einschätzung der Heeresführung vom Juli 1940, daß ein Feldzug gegen die Sowjetunion quasi ein Kinderspiel sein würde, verhinderte auch eine umfassende Mobilisierung und Bereitstellung eigener Kräfte. Nach dem Frankreich-Feldzug war die Rüstung auf den Schwerpunkt See- und Luftkrieg gegen England umgesteuert worden. Daran wagten der Oberbefehlshaber des Heeres, Generalfeldmarschall Walther von Brauchitsch, und der zuständige Befehlshaber des Ersatzheeres und Chef der Heeresrüstung, Generaloberst Fritz Fromm, nicht zu rütteln. Womöglich hätte der im März 1940 gegen den Widerstand der Militärs eingesetzte zivile Rüstungsminister, Hitlers Baumeister Fritz Todt, neue Lenkungskompetenzen fordern können. Im OKH blieb man davon überzeugt, mit dem vorhandenen, siegreichen Heer auch mögliche Aufgaben im russischen Raum lösen zu können.

Die Heeresführung legte innerhalb ihres Rüstungsvolumens lediglich einige neue Schwerpunkte fest und stoppte die bereits eingeleitete Demobilisierung von rund 30 Divisionen. Da sich für weiträumige Operationen die Panzerwaffe bewährt hatte, sollte hier der Vorrang liegen. Auch andere Modernisierungsvorhaben wurden fortgeführt. Dafür drosselte man die Munitionserzeugung. Das neue »Rüstungsprogramm B« listete auf, was bei gleichbleibender Leistungsfähigkeit bis zum Mai 1941 produziert werden konnte. Um dem üblichen Streit um Arbeitskräfte auszuweichen, sollten 400 000 »Rüstungsurlauber« in die Fabriken entsandt werden. Die Soldaten sollten also selbst die Waffen produzieren, mit denen sie dann den Überfall auf die UdSSR durchführen würden. Das künftige Ostheer würde dem Umfang nach (rund 150 Divisionen) etwa dem entsprechen, was man gegen Frankreich ins Feld geschickt hatte. Weil aber die inzwischen besetzten europäischen Gebiete gegen England abgesichert werden mußten, waren zusätzliche Besatzungsdivisionen aufzustellen. Ingesamt sollte das Heer im nächsten Frühjahr also 180 Divisionen umfassen.

Von besonderer Bedeutung für einen Blitzfeldzug in den russischen Weiten würden die gepanzerten und motorisierten Kräfte sein. Hitler hatte deshalb befohlen, die Zahl der Panzerdivisionen zu verdoppeln. Weil aber weder die laufende Produktion von Fahrzeugen in den Fabriken noch die Ausbildung von Spezialisten und Soldaten in der Truppe dafür ausreichten, griff man zu mehreren Aushilfen. Die vorhandenen Einheiten mußten einen Teil ihres Stammpersonals abgeben und erhielten dafür »frische« Rekruten. Aus den abgezogenen Stämmen wurden neue Divisionen geformt und ebenfalls mit Rekruten aufgefüllt. Die Divisionen wurden insgesamt verkleinert und umfaßten nicht mehr drei Regimenter, sondern nur noch zwei. Da über mehr als sechs Monate im Heer keine Verluste auftraten und fast friedensmäßige Bedingungen herrschten, konnten die Bestände an Waffen und Gerät aufgestockt werden. Aus den Fabriken kamen aber immer noch hauptsächlich leichte und mittlere Kampffahrzeuge, die für west- und mitteleuropäische Verhältnisse konstruiert waren.

Auf nahezu allen Gebieten von Ausrüstung und Bewaffnung mußte improvisiert werden. Ein großer Teil des Ostheeres wurde mit der Beute ausgestattet, die man bei den bisherigen Feldzügen gemacht hatte, was die Ausbildung und den Nachschub erschwerte. Hitlers Ostarmeen glichen am Ende einem Flickenteppich, ja teilweise sogar einem europäischen Militärmuseum. Die Zahl von modern ausgestatteten, voll ausgerüsteten und gut ausgebildeten Einheiten blieb gering. Diese Elitedivisionen würden die Stoßkeile bilden, mit denen die Wehrmacht die Verteidigung der Roten Armee aufreißen wollte. Die Masse der Heeresverbände, die im Frühjahr 1941 verdeckt an der Ostgrenze aufmarschierten, unterschied sich kaum von den Armeen Ludendorffs im Ersten Weltkrieg. Sie entsprach keinesfalls dem Bild der Wochenschau von der Wehrmacht als motorisierter Blitzkriegsarmee. Die Mehrzahl der Soldaten marschierte wie weiland Napoleons Grande Armée zu Fuß, begleitet von Pferd und Wagen, nach Osten.

Als sich im März 1941 der verdeckte Aufmarsch verstärkte, mußten gravierende Mängel in der Ausbildung und Ausrüstung immer wieder notdürftig beseitigt werden. Die Reserven waren schon vor Feldzugsbeginn weitgehend erschöpft. Im Dezember 1940 hatte das OKW noch einmal den Vorrang des Luft- und Seekriegs gegen England bestätigt. Als im Mai 1941 das »Rüstungsprogramm B« des Heeres auslief, waren viele Ziele noch nicht erreicht. Dennoch waren die meisten Fabriken mit Heeresaufträgen nicht einmal voll ausgelastet und liefen mit nur einer friedensmäßigen Schicht. Doch die Heeresführung zeigte sich überhaupt nicht besorgt. Man war sogar bereit, mit den anderen Wehrmachtteilen über eine weitere Neuverteilung der Rüstung zu Lasten des Heeres zu verhandeln. Noch vor Beginn des

Abbildung 14: Aufbruch in den Blitzkrieg: Kein fröhlicher Ausflug nach Osten.

Feldzugs wurde die deutsche Rüstung auf die Zeit nach »Barbarossa« umgestellt. Die Kriegsmarine plante weiterhin eine gigantische Hochseeflotte, um die Weltmeere beherrschen zu können. Die Luftwaffe strebte eine Vervierfachung ihres Umfangs an; und auch im Heer gab es Planungen, auf lange Sicht die Zahl der Panzerwagen zu verzehnfachen – alles von der Realität losgelöste Planungseuphorien, die darauf bauten, daß es möglich sei, mit den mühsam zusammengekratzten Osttruppen einen schnellen Sieg gegen die UdSSR zu erzielen. Im Herbst 1941 wollte man dann eine Million Soldaten demobilisieren und erneut in die Rüstungsindustrie stecken, um sich für den Kampf gegen die Angelsachsen zu rüsten. Manche Planungsstäbe rechneten auch bereits mit der Ausnutzung der riesigen sowjetischen Rüstungsindustrie für deutsche Zwecke.

Der spektakuläre Besuch des sowjetischen Außenministers Molotov am 12./13. November 1940 in Berlin bedeutete für die Vorbereitungen zu einem möglichen Überfall auf die UdSSR keine grundlegende Wendung. In der politischen Bewertung und vor allem im Hinblick auf den Entschluß Hitlers ist dieser Besuch unterschiedlich interpretiert worden. Die Interessen Stalins sind nach neuen Quellenpublikationen deutlicher zu erkennen.[11] Ein Jahr zuvor hatte er mit Stalin eine vorteilhafte Einigung erzielen können. Jetzt befand sich die deutsche Kriegführung erneut in einer Sackgasse, nachdem die Luftschlacht um England und der italienische Angriff auf Griechenland gescheitert waren. Am Ankunftstag Molotovs hatte Hitler deshalb die Weisung Nr. 18 unterschrieben, die einen möglichen deutschen Angriff aus Bulgarien heraus gegen Griechenland und die britischen Positionen im Ostmittelmeer vorsah. Stalin sah daher wohl die Möglichkeit, von Hitlers Aktionismus ohne eigene militärische Risiken erneut profitieren zu können. Deshalb verband er seine Bereitschaft, dem Dreimächtepakt beizutreten, mit konkreten Forderungen über die Aufteilung Südosteuropas.

Hitlers Angebot war natürlich ein Manöver, um Stalin über die gegen ihn gerichteten deutschen Angriffsabsichten zu täuschen, zugleich auch ein Test, um die sowjetischen Ambitionen von der europäischen Grenze auf die britischen Positionen im Fernen Osten zu lenken. Insofern bedeutete sein gescheitertes Werben keine Wendung in seiner Entscheidungsfindung. Der »bestimmte Entschluß« zum Überfall auf die UdSSR war längst gefaßt, Zeit und Umstände aber noch nicht genau festgelegt. So ließ sich Hitler nach der Abreise Molotovs, der auf seine offenen Fragen auch später keine Antworten mehr bekam, die operativen Planungen des OKH vortragen. Sie wurden in der Weisung Nr. 21 »Fall Barbarossa« am 18. Dezember umgesetzt. Wie bei den Rüstungsplanungen akzeptierte er im wesentlichen die Vorschläge der Militärs. Unterschiedliche Vorstellungen für die zweite Operationsphase deuteten sich zumindest an, weil Hitler – im Gegensatz zu Halder, aber in

Übereinstimmung mit früheren Planungsansätzen – den Schwerpunkt stärker in Richtung Leningrad und Ukraine sehen wollte. Halder, der sich immer stärker in der Rolle eines »Reichsgeneralstabschefs« sah, war davon überzeugt, die Operationen so in der Hand behalten zu können, daß sich schließlich sein Schwerpunkt Moskau durchsetzte.

Die Wehrmacht erhielt weitere fünf Monate Zeit, um sich darauf vorzubereiten, »auch vor Beendigung des Kriegs gegen England Sowjetrußland in einem schnellen Feldzug niederzuwerfen«. Hitler wollte acht Wochen vor Beginn der Operationen den Aufmarsch befehlen. Der Zeitpunkt für die Durchführung war noch offen. Alle Anordnungen seien so abzustimmen, daß es sich um »Vorsichtsmaßnahmen« handelt für den Fall, daß Rußland seine bisherige Haltung gegen uns ändern sollte«. Auch das diente der Tarnung, obwohl die Zahl der eingeweihten Bearbeiter so klein wie möglich gehalten wurde. Der »Zug« für einen Ostfeldzug setzte sich langsam in Bewegung, konnte aber jederzeit angehalten oder umgelenkt werden.

Der Schwerpunkt des Einsatzes sollte beim Heer liegen, das an der ganzen Front zum Angriff antreten sollte. Das künftige Schlachtfeld wurde durch die Pripjat'-Sümpfe geteilt. Nördlich der Sumpfgebiete sollten die Heeresgruppen Mitte und Nord die »lebendigen Kräfte« der Roten Armee westlich des Dnepr vernichten und dann das Baltikum erobern. Leningrad war das vorrangige Ziel, wofür, unterstützend von Norwegen aus, deutsche Kräfte Murmansk angreifen sollten und die finnische Armee in Karelien feindliche Kräfte binden sollte. Erst nach der Ausschaltung des wichtigen Rüstungszentrums Leningrad sollte der Angriff auf Moskau fortgesetzt werden. Südlich der Sumpfgebiete würde eine Heeresgruppe nach dem Durchbruch bei der Verfolgung in Richtung Kiev vorstoßen und die sowjetischen Hauptkräfte im Zuge des Dnepr aufrollen. Waren die Schlachten im Norden und Süden geschlagen und der Abzug kampfkräftiger Teile der Roten Armee nach Osten verhindert, sollten im Süden das wirtschaftlich wichtige Donec-Becken und im Norden die Hauptstadt Moskau besetzt werden.

Als Endziel wurde eine Linie Volga-Archangelsk bezeichnet, um eine Abschirmung gegen das asiatische Rußland zu erreichen. Das letzte verbleibende Industriegebiet am Ural sollte dann durch die Luftwaffe in einer späteren Phase vernichtet werden. Die neue Industrieregion im Fernen Osten konnte man noch nicht recht bewerten. Alle weiteren Einzelheiten sollten die Oberkommandos ausarbeiten. Der Plan »Barbarossa« wurde später noch modifiziert und erweitert, aber die wesentlichen Elemente der Weisung Nr. 21 blieben erhalten. Dazu gehörte auch die Festlegung, daß starke Kräfte der Wehrmacht gleichzeitig den Kampf bzw. die Sicherung gegen England betreiben sollten. Für die Kriegsmarine blieb hier ohnehin der Schwerpunkt, abgesehen von einzelnen Unterstützungsaufgaben in der

Ostsee. Auch die Luftwaffe sollte genügend Kräfte zurückhalten, um das Bombardement Englands nicht unterbrechen zu müssen. Sie befand sich schon in der Vorbereitungsphase zu einem verlustreichen Abnutzungskampf an der Kanal-Front und im Mittelmeer, und deshalb konnte sie keine Reserven für die neue Front bereitstellen. Ihr fiel im Rahmen der Blitzkriegsstrategie gleichwohl eine wichtige Aufgabe im Osten zu. Durch Erringung der Luftherrschaft gegen die zahlenmäßig weit überlegene Sowjetluftwaffe und durch ständige Unterstützung der Bodentruppen sollten Görings Luftflotten den Panzerkräften den Weg bahnen. Da man mit einem schnellen Vormarsch rechnete, sorgte man sich auch nicht um die eventuelle Evakuierung der Industrie in den Westgebieten der UdSSR. Deren Zerstörung sollte auch deshalb unterbleiben, weil man bereits mit ihrer Ausnutzung für die deutsche Rüstung rechnete.

Auf allen Problemgebieten des Plans »Barbarossa« ging man von der Annahme aus, daß Stalin und die Führung der Roten Armee nicht imstande seien, dem deutschen Ansturm standzuhalten und einen wirkungsvollen Widerstand zu organisieren. Deshalb hatte man fast das ganze Ostheer an der Grenze für diesen alles entscheidenden Schlag aufgestellt. Das OKH verfügte lediglich über eine Reserve von 14 Divisionen, im Gegensatz zum Frankreich-Feldzug, bei dem man 42 Divisionen zurückgehalten hatte. Alte Klischees über die organisatorische Unfähigkeit des kommunistischen Systems, die slawische Rasse und die Ineffizienz der Roten Armee waren stets schnell zur Hand, um das Szenario zugunsten der deutschen Erwartungen zu gestalten. So stellte man z.B. ohne weiteres in Rechnung, daß es gelingen werde, die russische Eisenbahn im wesentlichen unzerstört in die Hand zu bekommen und für den deutschen Vormarsch zu nutzen. Kein Gedanke daran, daß Stalin über die Zeit und Fähigkeit verfügen könnte, die Ressourcen des riesigen Landes zu mobilisieren und zum Gegenschlag auszuholen. Hitler wie auch sein Generalstab waren davon überzeugt, daß man es mit einem »tönernen Koloß« zu tun hatte, der nur eines Anstoßes bedurfte, um innerhalb weniger Tage und Wochen in tausend Teile auseinanderzufallen. Die scheinbar unbesiegbare Wehrmacht stand vor dem wahrscheinlich größten Triumph ihrer Geschichte – was wogen da kleinliche Bedenken und Probleme? Akute Engpässe in der Treibstoffversorgung, die im Frühjahr 1941 sogar zur Einschränkung der Ausbildung von Kraftfahrern zwang – nach der Eroberung der kaukasischen Quellen würde die Wehrmacht auf einer »Woge von Öl« schwimmen und die Engländer aus Afrika, dem Nahen Osten und Indien verjagen können.

Wer in solchen Dimensionen dachte, und das waren im Frühjahr 1941 nicht wenige Deutsche, die – auch wenn sie nicht in Hitlers Absichten eingeweiht waren – in politischen, wirtschaftlichen und intellektuellen Zirkeln über die »Neuordnung«

der Welt nachdachten, verhandelten und publizierten, schob das russische »Problem« gern beiseite. Auch wenn nach 1945 gern behauptet wurde, man habe zu wenig über die Fähigkeiten und Strukturen der UdSSR gewußt, über die Stalin einen undurchsichtigen Schleier gelegt habe – kein Geheimdienst der Welt war besser über die östliche Großmacht informiert als der deutsche, und stets hatten sich die Deutschen gerühmt, die besten Rußlandkenner zu sein. Viele Wehrmachtoffiziere hatten zwanzig Jahre zuvor bereits Kriegserfahrungen im Osten gesammelt, und ein Jahrzehnt lang hatte man mit der Roten Armee eine geheime, aber höchst wirkungsvolle Zusammenarbeit gepflegt.

Die Selbstüberschätzung der Wehrmachtelite war neu und die Frucht des Triumphes über Frankreich im Mai 1940; die damit korrespondierende Unterschätzung der Sowjetunion hatte ältere, hauptsächlich ideologische Wurzeln. Die moderne Geschichtswissenschaft, gelöst von den Fesseln des Kalten Kriegs und einer deutschen Nabelschau, erkennt heute deutlicher, daß die deutschen Vorurteile im Zweiten Weltkrieg nicht allein aus nationalsozialistischer Verblendung resultierten, sondern von allen Generalstäben und Expertengruppen der westlichen Welt geteilt wurden.[12] Und es gab, von der antikommunistischen Grundeinstellung abgesehen, gute Gründe für die Annahme, daß es Hitlers siegreicher Wehrmacht ohne Schwierigkeiten gelingen werde, die Sowjetunion niederzuwerfen.

Am Zahlenvergleich lag es nicht. Der sprach für eine quantitative Überlegenheit der Roten Armee. Früher als Hitler hatte Stalin in den dreißiger Jahren eine gigantische Hochrüstung begonnen. 1935/36 verfügte er über die größte und modernste Armee der Welt, in vielem nach deutschem Vorbild ausgerichtet und höchst innovationsfreudig. Dann entschied sich der sowjetische Diktator, auch die Armee einer politischen »Säuberung« zu unterziehen. Die Ausschaltung und Ermordung zehntausender Offiziere und Spezialisten, selbst unter den Politkommissaren, führte zu einer regelrechten Enthauptung der Roten Armee. 1939/40 hatte man in aller Eile mit der Reorganisation begonnen. Doch im Winterkrieg gegen das kleine Finnland hatten sich gravierende Mängel in Ausbildung, Ausrüstung und Führungsqualitäten gezeigt, die man im Ausland, auch in Deutschland aufmerksam registriert hatte. Wenn Hitler die Rote Armee also als »Witz« betrachtete, stand er damit nicht allein.

Der deutsche Militärattaché in Moskau, General Köstring, gehörte allerdings wie auch die zuständige Abteilung Fremde Heere Ost im OKH zu denen, die davor warnten, die soldatische Qualität der Rotarmisten zu unterschätzen.[13] Zudem hatte man in Moskau nach dem deutschen Sieg im Westen die Bemühungen zur Leistungssteigerung von Truppen und Führung intensiviert. Moderne Waffen wie der Kampfpanzer T 34, die der deutschen Technik überlegen waren, gingen in Serienproduktion, blieben trotz großer Stückzahlen militärisch zunächst ohne

Gewicht. Die Masse des Kriegsmaterials war veraltet, viele Einheiten waren nur bedingt einsatzbereit, mangelhaft bewaffnet und ausgebildet. Eine neue Felddienst-ordnung legte moderne Kampfverfahren fest, blieb aber der alten Theorie des offensiven Gegenschlags verhaftet, die eine operative Führungskunst voraussetzte, die auf deutscher Seite hochentwickelt, in der Roten Armee aber von den unerfah-renen jungen Kommandeuren nicht praktiziert werden konnte.

Zur falschen Strategie, Ausrüstung und Ausbildung kam noch eine falsche Auf-stellung. Stalin ließ sich nicht davon abbringen, daß die Deutschen den Schwer-punkt des Angriffs im Süden zur Eroberung der wirtschaftlich wichtigsten Gebiete setzen würden. Hier waren daher auch seine stärksten Kräfte massiert. Weitere motorisierte Truppen standen in exponierten Frontvorsprüngen bei Lemberg und Bialystok, jederzeit bereit für einen operativen Gegenschlag. Aus deutscher Sicht waren das alles Maßnahmen, die den eigenen Angriff erleichterten, ebenso wie das Vorrücken der Roten Armee in grenznahe Räume im Frühjahr 1941. Was Stalin als Demonstration seiner Abwehrbereitschaft verstanden haben mochte, brachte seine Truppen in höchste Gefahr.

Der sowjetische Diktator wollte nicht glauben, was so offenkundig war. Er hatte schon im Dezember 1940 den Text der Weisung Nr. 21 »Barbarossa« in Händen gehalten. Sein Geheimdienst informierte ihn über den deutschen Aufmarsch seit März, sein Agent in Tokio, Richard Sorge, erfuhr sogar den geplanten Angriffster-min der Deutschen. Der Generalstab in Moskau plädierte in einer Studie im Mai 1941 dafür, durch einen Präventivschlag den deutschen Aufmarsch zu kontern und so die Wehrmacht von den Grenzen der UdSSR fernzuhalten. Stalin ließ das alles unbeeindruckt. Wahrscheinlich hat ihn die Affäre Heß – Hitlers Stellvertreter Rudolf Heß war heimlich zu Verhandlungen nach England gereist, dort allerdings verhaftet worden – in der Annahme bestärkt, daß der deutsche Aufmarsch nur ein Erpressungsmanöver sei. Gerüchte liefen um, daß Hitler ein Durchmarschrecht durch die Ukraine oder gar deren Annexion fordern könnte.

Nach dem Zweiten Weltkrieg und im Zuge der Entstalinisierung der sechziger Jahre haben Militärhistoriker und sowjetische Marschälle in ihren Memoiren auf die fatalen Fehler Stalins im Frühjahr 1941 hingewiesen, die es Hitler ermöglichten, Rußland in die größte militärische Katastrophe seiner Geschichte zu stürzen. In der geschichtspolitischen Diskussion des modernen post-kommunistischen Ruß-lands haben dennoch die alten Präventivkriegsthesen, wie sie in Deutschland nur noch im rechtsradikalen Lager und von akademischen Außenseitern verfochten werden, ein erstaunliches Echo gefunden. Überzeugende neue Belege für die Annahme, daß Stalin selbst einen Überfall auf das Reich plante und Hitler ihm nur um Tage zuvorgekommen sei, sind dabei nicht aufgetaucht.

Tatsache bleibt, daß seit Juni 1940 in Berlin kein Präventivkrieg gegen eine akute Bedrohung durch die UdSSR geplant wurde, sondern ein verbrecherischer Raub- und Eroberungskrieg, für den strategische Erwägungen nur Hilfsargumente lieferten. Man wollte den günstig erscheinenden Zeitpunkt nach dem Frankreich-Feldzug nutzen, um durch die ohnehin beabsichtigte Eroberung der russischen Reichtümer die deutsche Weltmachtposition endgültig abzusichern und den »Kampf gegen Kontinente« führen zu können. Übermut, nicht Sorge vor den Risiken prägte die militärischen Vorbereitungen. Ihr Ergebnis war eine Wehrmacht, die aus der größten militärischen Kraftentfaltung der deutschen Geschichte geformt war. Mit vielen zweifelhaften Improvisationen, ohne größere Reserven und mit einem waghalsigen Operationsplan stellte sich Hitlers Armee zum kühnsten Unternehmen der Militärgeschichte bereit.

Vernichtungskrieg und Kriegsverbrechen

Es gibt einen inneren Zusammenhang zwischen der fast freischwebenden operativen Idee des Unternehmens »Barbarossa« und der Diskrepanz zu den bereitgestellten Mitteln sowie den ideologischen Obsessionen des Diktators. Die Wehrmacht konnte und wollte nur eine zeitlich begrenzte Kraftanstrengung im Osten leisten. Bei jeder Abweichung vom Kriegsplan und seinen optimistischen Annahmen drohte ein Dilemma, über das – entgegen bisheriger Generalstabstradition – niemand weiter nachdenken wollte. Daraus ergaben sich mehrere fatale Konsequenzen. Erstens konnte und wollte man größere Reserven zur »Nährung« und eventuellen Verlängerung des Kriegs – anders als beim Angriff auf Frankreich – nicht bereitstellen.

Aus dieser Sicht kam es also darauf an, das Ostheer weitgehend aus dem Lande zu ernähren und ohne Rücksicht auf die Bevölkerung alle erbeuteten Ressourcen für die eigene Kriegführung nutzbar zu machen. Zweitens würden während der Kampfphase nicht genügend Kräfte zur Verfügung stehen, um die riesigen eroberten Räume zu sichern. Es blieb die Wahl zwischen einer Mobilisierung einheimischer Kräfte oder einer brutalen Einschüchterungspolitik. Drittens sollte und konnte nur ein Teil der UdSSR besetzt werden. Das bedeutete unter Umständen eine endlose Fortführung der Kämpfe an einer Art von Militärgrenze. Um dieses Risiko einzugrenzen, kam es darauf an, das Sowjetregime möglichst zu zerschlagen und das Land führungslos zu machen. In Umkehrung der Ostpolitik während des Ersten Weltkriegs hätten die Einsetzung einer kollaborationswilligen antibolschewistischen Gegenregierung bzw. die Förderung der Unabhängigkeitsbestrebungen einzelner Nationalitäten ein geeigneter Weg sein können, sofern man bereit war, die angestrebte Vorherrschaft im Osten zu zügeln.

Die vom OKH im Januar 1941 ausgearbeiteten Vorschläge zur Besatzungspolitik enthielten zwar solche traditionellen Elemente, spiegelten zugleich aber auch vermeintliche Kriegsnotwendigkeiten, die eine Bereitschaft andeuteten, das Kriegsvölkerrecht nicht allzu engherzig auszulegen.[14] Der Generalquartiermeister des Heeres, Generalmajor Eduard Wagner, war zuständig für den Nachschub, die Sicherung des Hinterlandes und die Militärverwaltung. Nach den beträchtlichen Konflikten in Polen und Frankreich legte er von sich aus keinen großen Wert auf die Fragen der polizeilichen Sicherung und der Wirtschaftspolitik. Da der Generalstabschef von einem kurzen Einsatz und schnellen Sieg ausging, war die Heeresführung nicht bereit, sich in den »politischen« Fragen allzusehr festzulegen.

Auch die vom OKW bearbeiteten Fragen wurden selbstverständlich nach den bisherigen Verfahren bearbeitet. So wurden im Februar/März dem Diktator mehrere Entwürfe zu den »Sondergebieten« der Weisung Nr. 21 vorgelegt,[15] die ihn zwangen, sich nun erstmals intensiv mit der Frage zu beschäftigen, wie dieser Feldzug im Hinterland zu führen sei. Die Vorlagen des OKH und des OKW haben ihm offenbar den Eindruck vermittelt, daß die geplante »herkömmliche« Kriegführung zu noch größeren Friktionen führen würde als in Polen und daß es besser sei, die politischen Fragen von Anfang an klar zu regeln. Auch wenn der Feldzug von kurzer Dauer sein würde, wäre es besser, alle beteiligten Dienststellen vorher auf eine gemeinsame Linie festzulegen und die Umsetzung der ideologischen Ziele nicht auf die Zeit nach Beendigung der Kampfhandlungen zu verschieben.

Den ersten Anstoß gab eine Ausarbeitung von General Georg Thomas, Chef des Wehrwirtschafts- und Rüstungsamtes im OKW, über die ökonomischen Folgen eines Feldzugs im Osten.[16] Thomas stand zeitweise in Verbindung mit dem militärischen Widerstand, war aber zugleich ein Verfechter der totalen Mobilmachung. In seinem Bemühen, die Kriegswirtschaft unter dem einheitlichen Kommando der Wehrmacht zu dirigieren, war er immer wieder gescheitert. Erneut versuchte er, mit einer warnenden Denkschrift über die möglichen Konsequenzen des Kriegs Einfluß zu gewinnen. Hitler war lediglich an einer Karte interessiert, auf der die Schwerpunkte der sowjetischen Wirtschaft eingezeichnet waren.[17] Sie wurde für ihn in den nächsten Monaten zu einer wichtigen Führungsgrundlage.

Hitler beauftragte Göring als seinen »Wirtschaftsdiktator«, zusammen mit General Thomas und dessen militärischem Wirtschaftsstab für den Osten eine neue Wirtschaftsorganisation aufzustellen. OKW und Vierjahresplan-Behörde sollten unter der Regie des »Reichsmarschalls« und durch »Einschaltung« der Industrie eine einheitliche Wirtschaftsverwaltung errichten, die bereits während der Kampfhandlungen installiert auch als Teil eines künftigen zivilen Besatzungsregimes fungieren sollte. Während des Kriegs würden die Militärs den »Wirtschaftsstab Ost« leiten. Ihre Aufgabe sollte die rücksichtslose Ausbeutung des Landes zunächst zur »Nährung« der Operationen und zur Versorgung der Heimat sein. Um weitere Einschränkungen für die deutsche Bevölkerung zu verhindern, mußten möglichst rasch Nahrungsmittel aus dem Osten herangefahren werden.

Die Frage eines wirtschaftlichen Wiederaufbaus sah zweifellos auch Hitler im Zusammenhang mit der künftigen Siedlungspolitik, für die Himmler bereits einen »Generalplan Ost« entwickeln ließ. Während man sich im OKW einen solchen partiellen Wiederaufbau zur Förderung der eigenen Rüstungsprogramme durchaus vorstellen konnte, ließ Hitler bei seinen späteren Festlegungen keinen Zweifel daran, daß für ihn der Osten nur ein koloniales Ausbeutungsgebiet war, in dem man auf die einheimische Bevölkerung nicht die geringste Rücksicht zu nehmen brauchte. Wohl auch deshalb ließ Göring bereits am 26. Februar 1941 im Gespräch mit General Thomas durchblicken, daß es lediglich auf die »Ausrottung« der Führungselite des Landes und der politischen Kommissare ankomme.[18]

Die Umsetzung dieser vagen Direktiven der politischen Führung bereitete den Fachmilitärs keinerlei Schwierigkeiten. In ihren Vorstellungen eines totalen Kriegs war selbst die »Ausrottung von Teilen des Gegners«[19] aus wirtschaftlichen Gründen legitim. Deshalb kann der Tenor der berüchtigten Staatssekretärs-Besprechung am 5. Mai 1941 nicht überraschen. Das Ergebnis der Aussprache mit den Wirtschaftsgeneralen legte die scheinbar zwingende Erkenntnis fest, daß der Krieg nur weitergeführt werden konnte, wenn die gesamte Wehrmacht im nächsten Kriegsjahr aus Rußland ernährt wurde. Weil nach Expertisen feststand, daß man im Land kaum größere Vorräte vorfinden würde, kam man zu dem Schluß, daß »zweifellos zig Millionen Menschen verhungern, wenn von uns das für uns Notwendige aus dem Lande herausgeholt wird«.[20]

Stärkster Motor für eine radikale Hungerpolitik war Herbert Backe, der als Staatssekretär des Reichsernährungsministeriums dieses Ressort auch im »Wirtschaftsführungsstab Ost« vertrat. Als Fachmann und alter Parteigenosse hatte er Hitlers Vertrauen und sein Ohr. Backe wußte in seinen Richtlinien für den Osten ein scheinbar schlüssiges Konzept zu entwickeln, um das vermeintlich ökonomisch Notwendige mit dem ideologisch Wünschbaren zu verbinden. Er lieferte die Argumente, um die Hungerpolitik als Instrument des rassenideologischen Vernichtungskriegs sachlich zu rechtfertigen.

Neuere Forschungen untermauern die Schlüsselrolle der Hungerpolitik für die NS-Besatzungs- und Vernichtungspolitik. Ihre Bedeutung wurde in der militärischen Memoiren-Literatur nach dem Krieg meist ignoriert. Doch heute ist deutlicher als noch im Nürnberger Prozeß zu erkennen, daß die Wehrmacht als Institution über die Ernährungsfrage tief in den Massenmord und Holocaust verstrickt wurde. Ob man allerdings von einem regelrechten »Hungerplan« ausgehen kann, der die vielfältigen Überlegungen und Aktivitäten verschiedener Dienststellen stringent verknüpfte, kann bezweifelt werden. Das Prinzip, auf das sich Wehrmacht und Ministerialbürokratie verständigt hatten, die eigenen Bedürfnisse bei der Ausbeutungspolitik im Osten an die erste Stelle zu setzen, blieb während des ganzen Kriegs unberührt, aber auslegungsfähig. Zielkonflikte und Rivalitäten bewirkten ebenso eine unterschiedliche Handhabung wie der ungünstige Kriegsverlauf, der zu Modifikationen dieser »parasitären Wirtschaftspolitik«[21] zugunsten der Zivilbevölkerung und selbst der Kriegsgefangenen Veranlassung gab.

Die größte Hungerkatastrophe im Kriegsgebiet unter der Zivilbevölkerung brach im Herbst und Winter 1941/42 herein. Sie betraf Nordrußland und insbesondere das belagerte Leningrad. Im OKW war man schon bei Kriegsbeginn davon ausgegangen, daß es allergrößte Schwierigkeiten bereiten würde, die Millionenstadt nach einer Besetzung zu versorgen. Hitler hatte deshalb verboten, eine Kapitulation der Verteidiger anzunehmen, und dafür auch ideologische Gründe genannt. Für ihn war Leningrad mit seiner Industrie keine wertvolle Kriegsbeute, sondern die Geburtsstätte des Bolschewismus – ein Nest mit politisch verseuchter, rassisch minderwertiger Arbeiterbevölkerung.[22]

Ein Ausbruch der hungernden Bevölkerung sollte mit Waffengewalt verhindert, die Massen als »überflüssige Esser« später nach Osten abgeschoben werden. Die Großstadt sollte vom Erdboden verschwinden und durch die Newa überflutet werden. Der unerwartet ausdauernde Widerstand der Verteidiger konnte aber in einer Belagerung von mehr als tausend Tagen nicht gebrochen werden, so daß man im OKH sogar an den Einsatz von Giftgas dachte. Das wäre die radikalste Variante des Vernichtungskriegs gewesen, der im Fall Leningrads schon durch Hunger bis zu einer Million Menschen das Leben kostete. Die kritische Aufarbeitung der sowjetischen Geschichtslegenden, die aus Leningrad eine »Heldenstadt« gemacht hatten, förderte auch erschütternde Zeugnisse über eine Parteiführung zutage, die sich während der Belagerung an Delikatessen und Konfekt labte.

Auf der anderen Seite der Front hatte die deutsche Armeeführung nach anfänglichem Zögern und unter dem Druck vermeintlicher Sachzwänge, die vor allem von den Wirtschaftsoffizieren behauptet wurden, viele tausend Zivilisten, die sich im Kampfgebiet befanden, in isolierte Hungerzonen und Todeslager getrieben. Die von Berlin aus vorgezeichnete und auch vom OKH letztlich mitgetragene Politik, »unnütze Esser« verhungern zu lassen, wurde in den kargen Landstrichen Mittel- und Nordrußlands, den sogenannten »Zuschußgebieten« weithin praktiziert. Sie blieben unter Militärverwaltung, wo sich aber insbesondere in Estland im Laufe der Zeit das Zusammenleben von Soldaten und Einwohnern verbesserte. In den »Überschußgebieten« des Baltikums und der Ukraine begründeten rassenideologische, politische und ökonomische Aspekte ein rücksichtsvolleres Vorgehen.

Konnte die Bevölkerung in der Blitzkriegsphase des Jahres 1941 notfalls für sich selbst sorgen, waren mehr als drei Millionen sowjetische Kriegsgefangene gänzlich auf die Gnade ihrer Bewacher angewiesen. Noch im Januar 1941 hatte man Kriegsgefangenen, die im Zeichen des geplanten Blitzkriegs in großen Massen zu erwarten waren, teils für den Arbeitseinsatz, teils zur raschen Entlassung vorgesehen. So sollte die Truppe entlastet und die Mitarbeit der Bevölkerung gewonnen werden, insbesondere was die unterdrückten Nationen im ostmitteleuropäischen Besatzungsgebiet Stalins und die Ukraine betraf.

Die Verantwortung für die Kriegsgefangenen blieb auch danach im militärischen Bereich. Aber angesichts späterer politischer Direktiven und vor allem wegen der restriktiven Ernährungspolitik zogen sich viele Militärs, manche nicht ohne Zögern und Bedenken, aus der Verantwortung zurück. Die Heeresführung trug jedenfalls bis zum Scheitern des Blitzkriegs Ende 1941 die radikale Hungerpolitik gegenüber den Kriegsgefangenen mit. Infolge mangelnder Fürsorge und unzureichender Vorschriften begann das Massensterben schon sehr schnell. Es blieb auch keineswegs auf das Operationsgebiet beschränkt. Die Kommandeure und Befehlshaber machten sich meist keine Gedanken über das Schicksal der Elendszüge und Lager.[23] Der Vormarsch hatte Vorrang, um jeden Preis, selbst wenn eigentlich dringend benötigte und verfügbare Arbeitskräfte an Entkräftung und Seuchen starben.

Der Chef des OKW Keitel wies die Kritik an der völkerrechtswidrigen Behandlung mit dem Argument des Weltanschauungskriegs zurück. Hitler hatte in seiner Rede am 30. März 1941 vor den Oberbefehlshabern der Ostarmeen und ihren Stabschefs die Parole ausgegeben, die Rotarmisten seien »keine Kameraden«. Die althergebrachten Regeln einer »ritterlichen Kriegführung« sollten ebensowenig gelten wie das Kriegsvölkerrecht. Als Stalin nach Beginn des Überfalls Angebote machte, sich über die Einhaltung dieser Regeln zu verständigen, unterband Hitler jede Diskussion. Ob es Stalin ernst meinte, wurde nicht überprüft. Deutsche Kriegsgefangene im sowjetischen Gewahrsam wurden jedenfalls 1941 zum größten Teil ermordet.

Angesichts der oft chaotischen Verhältnisse läßt sich das Massensterben sowjetischer Kriegsgefangener zahlenmäßig nicht mit letzter Genauigkeit feststellen. Die zeitgenössischen deutschen Angaben sind von der Wissenschaft im wesentlichen bestätigt worden. Demnach kann man davon ausgehen, daß bis zu 3,3 Millionen Kriegsgefangene ums Leben kamen. Die Mehrzahl von ihnen ist 1941 durch Entkräftung und dadurch geförderte Krankheiten gestorben, zahllose andere wurden durch brutale Behandlung und Exekutionen ermordet. Es war 1941 das größte Massensterben im deutschen Machtbereich, das weder mit einer generellen Tötungsabsicht noch vermeintlichen Sachzwängen allein zu erklären ist. Auch die Geringschätzung und Verachtung der slawischen Rasse und das Propaganda-Bild vom »Untermenschen« trugen dazu bei.

Die Wehrmacht als Institution trägt hierfür die größte Verantwortung. Innerhalb der Heeresführung hat immerhin nach dem Scheitern des Blitzkriegs ein Umdenken begonnen, das den Nutzen erkannte, der aus dem Überleben der Gefangenen gezogen werden konnte. Gegen vielfältige Widerstände innerhalb des Regimes wurden ganz allmählich Verbesserungen eingeführt, die allerdings nie den Unterschied zwischen westlichen Kriegsgefangenen und gefangenen Rotarmisten gänzlich aufhoben. Die Lage der Kriegsgefangenen, unter denen das Leiden und Sterben weiterging, wurde auch dadurch nicht entscheidend gebessert, daß man sich seit 1942 verstärkt darum bemühte, »Hilfswillige« für den Einsatz in der Wehrmacht zu rekrutieren. Dennoch fanden sich dafür Hunderttausende – manche sicher nur, um so zu überleben, aber selbst in SS- und Polizeiverbänden sowie in eigens aufgestellten Freiwilligen-Einheiten wie der sogenannten Vlasov-Armee waren viele sogar bereit, auf deutscher Seite mitzukämpfen.

Die Rückkehr zu einer politischen Kriegführung und zur Modifizierung des rassenideologischen Vernichtungskriegs fand stets in Hitler ihren stärksten Widerpart. Mit ihren späten Bedenken und Initiativen haben die Befürworter einer »vernünftigen« Ostpolitik die Entfesselung des Vernichtungskriegs von 1941 nicht rückgängig machen können. Neben der Hungerpolitik und der verbrecherischen Behandlung der Kriegsgefangenen hatte die Wehrmachtführung im März/April 1941 weitere Direktiven entworfen bzw. mitgetragen. Die in Nürnberg gebrandmarkten »verbrecherischen Befehle« beziehen sich auf zwei Anordnungen, die unter formalen Gesichtspunkten eindeutige Verstöße gegen das Kriegsvölkerrecht darstellen und zur allgemeinen Enthemmung unter den Soldaten entscheidend beigetragen haben dürften.

Der »Erlaß über die Ausübung der Kriegsgerichtsbarkeit« vom 24. Mai 1941 hob den Verfolgungszwang von Kriegsverbrechen auf, die deutsche Soldaten begehen würden.[24] Den Vorgesetzten wurde damit ein Ermessensspielraum eingeräumt, um z. B. zur Aufrechterhaltung der Disziplin Soldaten dennoch zu bestrafen. Nach den Erfahrungen im Polen-Feldzug, als entsprechende Kriegsgerichtsverfahren die Heeresführung in einen Konflikt mit Hitler und Himmler hineingetrieben hatten, und nach Hitlers allgemeinen Äußerungen vom 30. März 1941 über den Charakter des Rußland-Feldzugs beeilten sich Brauchitsch und Halder, Regeln zu finden, um das Problem zu entschärfen.

Die Heeresführung akzeptierte die Auffassung, daß man der SS im Osten bei der »Ausrottung« des Bolschewismus und zur Förderung eines schnellen Vormarsches weitgehend freie Hand geben mußte. Sie vertraute darauf, durch eine Arbeitsteilung mit Himmler die »Schmutzarbeit« vor allem von der SS durchführen zu lassen, mußte aber letztlich auch die eigenen Truppen den »Weltanschauungskrieg« mit »durchfechten« lassen. Es war der Beginn einer Kette von Befehlen und Anordnungen, mit denen die Wehrmacht im Verlauf des Kriegs immer stärker in eine verbrecherische Kriegführung verstrickt wurde.

Nach dem Krieg wurde um die Legende von der »sauberen« Wehrmacht immer wieder heftig gestritten. Viele Veteranen wollten nicht glauben, daß diese Befehle ausgeführt wurden. Das galt vor allem für die »Richtlinien für die Behandlung politischer Kommissare« vom 6. Juni 1941.[25] Mit diesem eindeutigen Verstoß gegen das Kriegsvölkerrecht wurde die Ermordung kriegsgefangener Rotarmisten befohlen, die als politische Kommissare in der Truppe tätig gewesen waren. Nach eingehenden Studien muß man davon ausgehen, daß bis zur Aufhebung der Richtlinien 1942 mehrere hundert Gefangene auf Befehl einzelner Offiziere erschossen wurden.[26] In der großen Masse der in deutschem Gewahrsam getöteten Gefangenen geht diese Zahl wohl unter, doch der »Kommissar-Befehl« demonstriert in aller Klarheit die Bereitschaft der Heeresführung, das Unternehmen »Barbarossa« als rassenideologischen Vernichtungskrieg zu akzeptieren. Dieser Charakter des Kriegs wurde auch von Armee-Oberbefehlshabern und anderen militärischen Verantwortlichen immer wieder betont. Sie konnten sich zumeist auf Anordnungen des »Führers« berufen, was interne Kritik und Widerspruch einzelner selbstverständlich erschwerte.

Von weitreichender Bedeutung ist auch die auf Befehl von Brauchitsch geregelte Zusammenarbeit mit Sicherheitspolizei und Sicherheitsdienst (SD) gewesen. Dabei handelte es sich zunächst um das Problem, für die Absicherung der Hungerpolitik und zur Sicherung der riesigen Gebiete »besondere Truppen« bereitzustellen. Da das OKH alle verfügbaren Kräfte des Heeres für die Front brauchte, mußte man wohl in größerem Stil auf die Kräfte von SS und Polizei zurückgreifen. Himmler nutzte ohnehin die Chance des Ostfeldzugs, um seine Waffen-SS in Konkurrenz zur Wehrmacht als eigenständige Teilstreitkraft auszubauen. Um so mehr mußte die Heeresführung daran interessiert sein, die SS auf die polizeilichen Aufgaben zu lenken. Hitlers Andeutungen vom März über »Sonderaufgaben« Himmlers griff Halder auf, um seinen Generalquartiermeister zu intensiven Absprachen mit Reinhard Heydrich, Himmlers Chef der Sicherheitspolizei, zu veranlassen.

Nach den Erfahrungen in Polen konnte kein Zweifel daran bestehen, daß sich die geplanten »Einsatzgruppen« nicht mit der Verfolgung politischer Gegner und anderen polizeilichen Aufgaben begnügen würden. Tatsächlich hatte Himmler hinter den Kulissen bereits begonnen, Hitlers Auftrag zur Ermordung der jüdischen Bevölkerung zu organisieren. Seine Einsatzgruppen sollten die erste Welle des Massenmords auslösen und konnten nach den Absprachen jetzt darauf vertrauen, logistische Unterstützung durch die Wehrmacht zu erhalten.

Mochte Wagner, der wie Thomas ebenfalls zeitweise dem militärischen Widerstand zuzurechnen war, vielleicht auch glauben, auf diese Weise die Armee von der Mordarbeit der SS weitgehend fernhalten zu können – er sollte sich täuschen. Einmal dem Massenmörder die Hand gereicht, bedeutete es die unentrinnbare und zunehmende Mitwirkung bei Kriegsverbrechen und Völkermord. Im militärischen Operationsgebiet entwickelte sich die Zusammenarbeit nicht immer reibungslos, aus der Sicht Heydrichs jedoch höchst erfolgreich. Bis April 1942 erschossen die Einsatzgruppen A, B, C und D mehr als 500 000 Menschen jüdischer Abstammung in den besetzten sowjetischen Gebieten. Es war ein Prozeß, der sich stufenweise radikalisierte und auf die »Endlösung der Judenfrage« zielte. Immer deutlicher ist in der neueren Forschung auch der enge Zusammenhang mit den militärischen Ereignissen und dem Kriegsverlauf geworden.

Ein Beispiel dafür ist das größte Einzelmassaker im Ostkrieg. Im Oktober 1941 wurden nach der Einnahme von Kiev innerhalb von drei Tagen mehr als 33 000 jüdische Bürger, Männer, Frauen und Kinder, in Babyi Yar erschossen. Aus der Sicht der Wehrmacht war es eine Vergeltungsaktion für Sprengstoffanschläge und Sabotage. Man hatte sich längst daran gewöhnt, in solchen Fällen vorzugsweise auf die jüdische Bevölkerung zurückzugreifen, nicht zuletzt auch um andere nationale Gruppen, um deren Mitarbeit man sich bemühte, zu schonen. In Jugoslawien waren es zu dieser Zeit z.B. die Serben, hier also die Ukrainer. Die Zuständigkeiten und Handlungsspielräume von Verantwortlichen sind auch in diesem Fall nicht einfach zu klären.[27] Das Ergebnis ist jedenfalls klar: Die Wehrmacht forderte an und unterstützte, die Sicherheitspolizei führte die Exekutionen durch.

Es sind nur wenige Fälle bekannt geworden, in denen einzelne Wehrmachtoffiziere und Soldaten versuchten, das Morden aufzuhalten oder die Mitwirkung zu verweigern.[28] Oft wurden sie dann von ihren Vorgesetzten im Stich gelassen. Doch es ist kein Fall bekannt, in dem ein Soldat, der sich weigerte, an Erschießungsaktionen teilzunehmen, dafür selbst mit dem Leben büßen mußte. Häufig haben sich Soldaten sogar freiwillig gemeldet oder als interessierte Zuschauer an den Erschießungen teilgenommen. Manche Truppenführer sahen sich veranlaßt, dieses Treiben durch entsprechende Befehle zu unterbinden.

Sicher ist beim Vormarsch 1941 einem großen Teil der Soldaten an der Front der unmittelbare Kontakt zu solchen Greueltaten erspart geblieben. Doch die Truppen gerieten spätestens dann in den Sog des Verbrechens, wenn es um die Bekämpfung von Partisanen ging. Nach damaligem Kriegsbrauch war der Umgang mit bewaffnetem Widerstand im Hinterland äußerst hart. Wie alle anderen Armeen reagierte auch die Wehrmacht mit Geiselnahmen und Vergeltungen. Bereits im Ersten Weltkrieg hatte man z.B. in Belgien übernervös reagiert, zumal es keine klaren völkerrechtlichen Regeln gab. Der ideologisierte und totale Krieg förderte die Enthemmung, selbst wenn es vernünftig erschien, Gefangene zu machen und zu verhören, anstatt sie gleich zu erschießen.

Unterstützt durch Hitlers wiederholte Anweisungen war die Heeresführung 1941 bereit, von vornherein mit größter Härte jeden Widerstand auch im Hinterland zu brechen. Zuständig dafür waren zunächst die Geheime Feldpolizei des Heeres und die Sicherungsdivisionen mit ihren Orts- und Feldkommandanturen. Doch diese konnten nur zahlenmäßig schwach in Erscheinung treten und wurden im Zuge der Operationen immer weiter nach Osten verlegt. Ohne Himmlers Polizei und die Aufstellung von einheimischer Hilfspolizei wäre eine auch nur notdürftige Kontrolle des Landes nicht möglich gewesen. Diese Verbände betrieben aber nicht nur die Verfolgung politischer Gegner, sondern – in Himmlers Logik sinnfällig verbunden – auch die Massentötung von Juden. So verständigte man sich bei der Zusammenarbeit von Heer und SS im Hinterland bald auf die Formel: »Wo der Partisan ist, ist der Jude, und wo der Jude ist, ist der Partisan.«[29] Die Mehrzahl der Aktionen gegen Partisanen verfolgte aber eindeutig den Zweck, ein Mindestmaß an Sicherheit im rückwärtigen Raum zu gewährleisten und nicht das Ziel, »harmlose Bauern« zu ermorden.

Soweit die Heeresstellen Wert darauf legten, z.B. die kollaborationswillige ukrainische Bevölkerung nicht in die Arme des Gegners zurückzutreiben, zogen sie selbst es vor, bei Vergeltungsmaßnahmen vorzugsweise Kommunisten und Juden als Opfer auszuwählen. Die verbrecherischen Befehle und Anordnungen förderten aber eine Haltung, die Hitler so auf den Begriff brachte, daß man »jeden, der nur schief schaue, totschieße«. Stalins Aufruf zum Partisanenkrieg, so meinte er, gebe die Möglichkeit, »auszurotten, was sich gegen uns stellt«.

Das war bei der ersten grundlegenden Besprechung über die künftige Ostpolitik, die am 16.Juli 1941 stattfand, also vier Wochen nach Beginn des Feldzugs, als alles noch so aussah, als sei der Sieg nur eine Frage von ein oder zwei Monaten. Erst jetzt hatte Hitler die Zeit gefunden, die Entwürfe über das Vorgehen in Rußland zu studieren, erkennbare Differenzen auszuräumen, Kompetenzregelungen zu treffen und seine persönlichen Direktiven zu erteilen. Die Befehle und Richtlinien, die von der Wehrmacht zur Sicherung des Hinterlandes, zur Behandlung der Kriegsgefangenen und zur wirtschaftlichen Ausbeutung ausgearbeitet worden waren, entsprachen anscheinend den Erwartungen des Diktators. Alle Ressorts hatten sich bemüht dem »Führer« entgegenzuarbeiten.

Im Mittelpunkt der Aussprache im kleinen Kreis stand die politische Zukunft des Landes. Im Februar hatte Hitler Göring mit der Wirtschaftspolitik beauftragt, Himmler »Sonderaufgaben« übertragen und Ende März die Heeresführung auf den »Weltanschauungskrieg« eingestimmt. Daraus hatten sich drei Säulen der künftigen deutschen Herrschaft im Osten entwickelt. Im April hatte dann Alfred Rosenberg, künftiger »Reichsminister für die besetzten Ostgebiete«, seine Arbeit aufgenommen. Als Chefideologe der NSDAP und Hitlers Mentor in Ostfragen war er beauftragt, die organisatorischen und konzeptionellen Vorbereitungen für eine zivile Verwaltung zu treffen. Sie sollte schon während der Operationen Zug um Zug die Militärverwaltung ablösen und die »Neuordnung« im Osten vornehmen: »erstens beherrschen, zweitens verwalten und drittens ausbeuten«.[30]

Rosenberg hatte genaue Vorstellungen über die politische Dekomposition des russischen Reiches, die Förderung einzelner Nationalitäten entsprechend ihrer rassischen Wertigkeit. Damit stimmte auch Hitler überein. Aber für ihn war Rosenberg vor allem Theoretiker, kein Tatmensch. Daher bestätigte er die Sondervollmachten Görings und Himmlers und ernannte bewährte Gauleiter und Parteifunktionäre zu »Reichskommissaren« in den östlichen Regionen. Rosenbergs Ostpolitik stand von Anfang an auf schwachen Füßen. In mancher Hinsicht traf sie sich eigentlich mit den Interessen der Wehrmacht, als diese später doch auf einheimische

Abbildung 15: Hinrichtung von Partisanen in Nordrußland Ende 1941.

Hilfsmannschaften und die Unterstützung der Bevölkerung setzte. Gemeinsam machte man dann Front gegen die radikale Wirtschaftspolitik Görings und den Polizeiapparat Himmlers. Doch Änderungen ließen sich schwerlich erreichen, weil Hitler im Zweifelsfall auf Ausbeutung und Vernichtung setzte. Zumindest in einer Hinsicht ließ sich auch Rosenberg an Radikalität nicht übertreffen: er war vehementer Verfechter des Völkermords an den Juden.

Das Scheitern des »Blitzkriegs«

In der Nacht zum 22. Juni 1941 waren drei Millionen deutsche Soldaten, die an der Ostgrenze aufmarschierten, über ihre Aufgabe informiert worden. In seinem Aufruf begründete Hitler den Überfall auf die UdSSR als unausweichlichen Schritt, um die angebliche Bedrohung durch ein »jüdisch-bolschewistisches Komplott« zu beseitigen. Das eigentliche Kriegsziel verschwieg er wohlweislich. Eine Woche zuvor hatte er darüber noch einmal in einer Rede vor Generalen und Admiralen in der Reichskanzlei gesprochen: Deutschland durch den Sieg über die Sowjetunion wirtschaftlich blockadefest zu machen.[31] Die geplante Vernichtungs- und Ausbeutungspolitik konnte nicht in aller Öffentlichkeit verkündet werden.

Durch Merkblätter und Richtlinien wurden die Soldaten zu unerbittlicher Härte gegen Rotarmisten, Juden und Partisanen aufgefordert. Die Wehrmachtpropaganda warb allerdings auch für eine »gerechte« Behandlung der Zivilbevölkerung, die vor allem in den sowjetischen Besatzungsgebieten die Deutschen als Befreier begrüßen werde. Schon in den ersten Tagen fanden viele Soldaten diese Parolen bestätigt. Stalins NKVD richtete bei der Evakuierung politischer Gefangener zahlreiche Massaker an. Es kam zu Racheaktionen der einheimischen Bevölkerung an Kommunisten und Juden, die von Wehrmachteinheiten oft geduldet, von der SS auch für eigene Mordaktionen ausgenutzt wurden.

Militärisch war die Eröffnung des Feldzugs ein voller Erfolg. Den rund drei Millionen Soldaten des deutschen Ostheeres, unterstützt durch 690 000 Mann verbündete Truppen, standen 625 000 Pferde, 600 000 Kraftfahrzeuge, 3648 Panzer und 7146 Artilleriegeschütze zur Verfügung. Bei qualitativ und quantitativ unterschiedlicher Ausrüstung und personeller Kampfkraft waren sie in drei Heeresgruppen mit zusammen zehn Armee-Oberkommandos und vier Panzergruppen gegliedert, insgesamt 150 Divisionen. Ihnen standen in den westlichen Militärbezirken der Sowjetunion unmittelbar gegenüber: vier Heeresgruppen mit zehn Armee-Oberkommandos, insgesamt 145 Divisionen und 40 Brigaden mit 2,9 Millionen Mann und rund 10 000 Panzern.

Mit einem gewaltigen Feuerschlag ab drei Uhr wurden die sowjetischen Grenztruppen größtenteils im Schlaf überrascht. Den ersten Angriff führte Görings Luftwaffe. Für die Erringung der Luftherrschaft als wichtigster Voraussetzung für die Blitzkriegsstrategie standen ihr 3904 Maschinen zur Verfügung, was etwa der Hälfte der sowjetischen Luftstreitkräfte entsprach. Diese wurden auf den Frontflugplätzen völlig überrascht. Am ersten Angriffstag wurden 1811 Maschinen zerstört, bis zum Ende der Grenzkämpfe am 12. Juli 1941 insgesamt 6857. Görings »Adler« beherrschten zunächst den Luftraum, bombten den Stoßkeilen des Heeres den Weg frei, verhinderten Ausbrüche eingeschlossener Verbände der Roten Armee und verzweifelte Gegenangriffe. Diese Aufgabe band bei steigenden eigenen Verlusten alle Kräfte, so daß ein strategischer Luftkrieg gegen das sowjetische Hinterland und die Rüstungszentren nur begrenzt möglich war.

Die stärkste deutsche Angriffsformation war die Heeresgruppe Mitte, deren Speerspitzen zwei Panzergruppen mit Eliteverbänden bildeten. Sie durchbrachen in Zusammenarbeit mit der Luftwaffe immer wieder durch überraschende Schwerpunktbildung die sowjetischen Linien und stießen weit in die Tiefe des Hinterlandes vor. Widerstandszentren wie die Festung Brest wurden umgangen und der Infanterie überlassen. Die Zange schloß sich dann hinter den sowjetischen Hauptkräften, die von den Fußtruppen zumeist in mühsamen und blutigen Kämpfen vernichtet oder zur Kapitulation gezwungen wurden, während die Panzerverbände bereits in kühnen Vorstößen den nächsten Kessel zu bilden versuchten.

Stalin wollte die Meldungen vom deutschen Angriff zunächst nicht glauben. Sein Außenminister Molotov nahm die vom deutschen Botschafter in Moskau, Graf Schulenburg, überreichte Kriegserklärung mit den erstaunten Worten entgegen, das habe man nicht verdient![32] Während sich der Diktator zunächst auf seine Datscha zurückzog und in seiner Tatenlosigkeit damit rechnete, vom Politbüro verhaftet zu werden, befahl sein Verteidigungsminister Timošenko, die Rote Armee solle zum Gegenangriff antreten und den Aggressor auf seinem eigenen Territorium zerschlagen. Die Anwendung der alten Kriegsdoktrin verstärkte freilich das Chaos auf sowjetischer Seite. Im Hinterland der zusammenbrechenden ersten Front zeigten sich verheerende Auflösungserscheinungen, gegen die selbst drakonische Bestrafungen kaum Wirkung zeigten.

Aber Stalin nahm die Zügel nach kurzer Zeit wieder in die Hand und organisierte mit großer Entschlossenheit den Verteidigungskampf. Die Rote Armee wurde gründlich umgebaut und diszipliniert, Führungspersonal rücksichtslos ausgewechselt. Entgegen den deutschen Erwartungen gelang es ihm, die Kräfte des Landes zu mobilisieren. Bis zum Jahresende wurden über 300 Divisionen neu aufgestellt und ausgerüstet. Mit ihnen wurden wankende Fronten gestützt, tiefge-

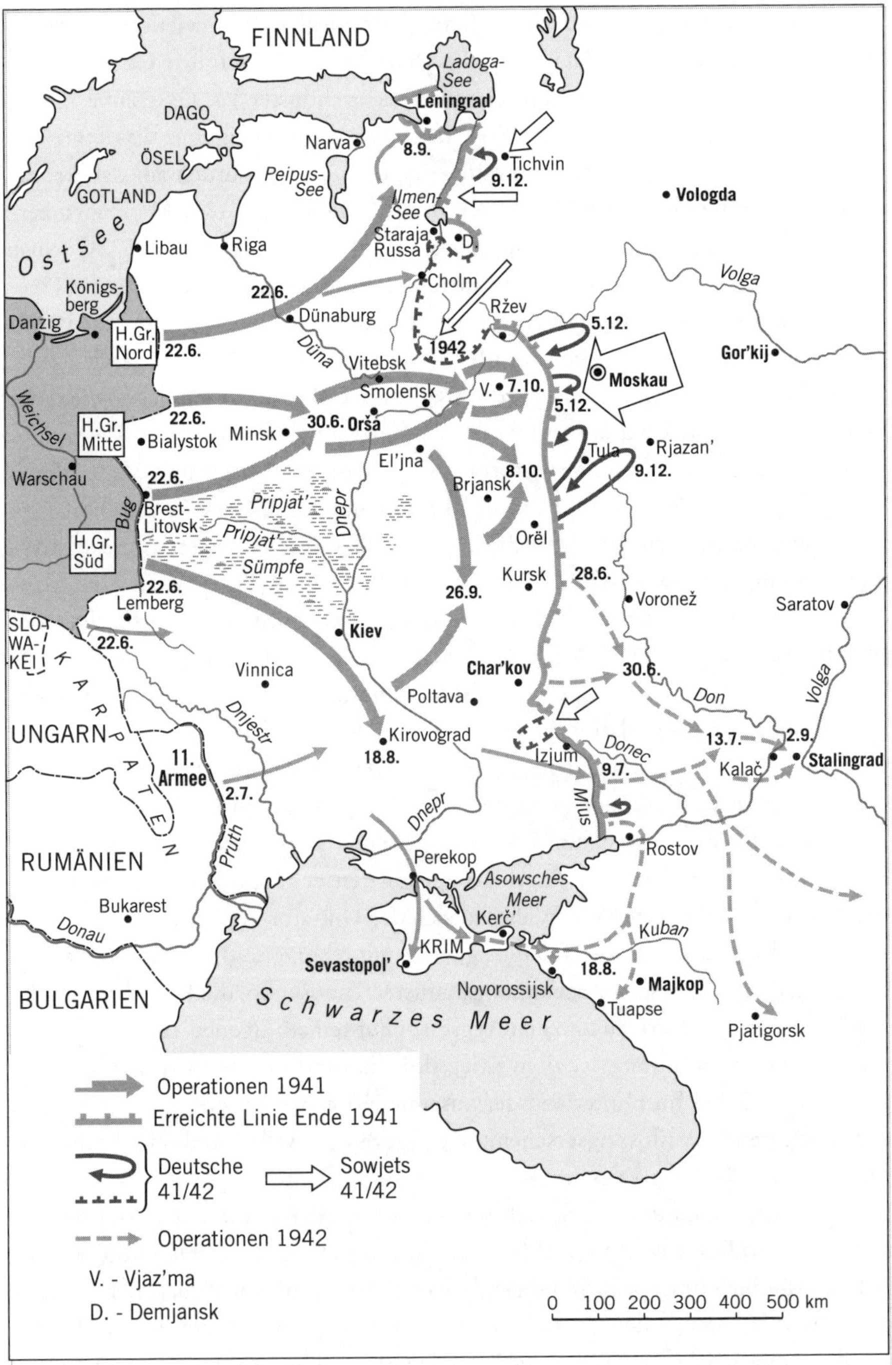

FINNLAND

Ladoga-See

Leningrad

DAGO

ÖSEL

Peipus-See

Narva

8.9.

Tichvin

9.12.

GOTLAND

Ilmen-See

Vologda

Ostsee

Libau

Riga

Staraja
Russa

D.

Volga

Königs-
berg

22.6.

Dünaburg

Cholm

Ržev

5.12.

Gor'kij

Danzig

H.Gr.
Nord

22.6.

Vitebsk

Düna

1942

V.

7.10.

Ⓞ**Moskau**

5.12.

Smolensk

Weichsel

H.Gr.
Mitte

22.6.

Bialystok

Minsk

30.6. Orša

Tula

Rjazan'

8.10.

9.12.

El'jna

Brjansk

Warschau

22.6.

Pripjat'

Dnepr

Brest-
Litovsk

Pripjat

Orël

Bug

H.Gr.
Süd

Sümpfe

Kursk

28.6.

Voronež

Saratov

26.9.

22.6.

Lemberg

SLO-
WA-
KEI

22.6.

Kiev

K A R P A T E N

Vinnica

Char'kov

30.6.

Don

Volga

Poltava

UNGARN

11.
Armee

2.7.

Kirovograd

18.8.

Dnjestr

Izjum

9.7.

Donec

13.7.

2.9.

Kalač

Stalingrad

Dnepr

Mius

RUMÄNIEN

Pruth

Perekop

Rostov

Bukarest

*Asowsches
Meer*

Kuban

Donau

Kerč'

KRIM

18.8.

Majkop

BULGARIEN

Sevastopol'

Novorossijsk

Tuapse

Pjatigorsk

S c h w a r z e s   M e e r

⟶ Operationen 1941

⟶ Erreichte Linie Ende 1941

⟳ } Deutsche
41/42

⟹ Sowjets
41/42

⇢ Operationen 1942

V. - Vjaz'ma

D. - Demjansk

0   100 200 300 400 500 km

Karte 5: Der Rußland-Feldzug 1941–1942.

staffelte neue Verteidigungslinien besetzt und Reserven gebildet. Der strategisch bedeutsamste Schachzug war die Verlegung von 97 kampfstarken Divisionen aus dem Fernen Osten, die unter größter Geheimhaltung eine Gegenoffensive vorbereiteten.

Um die Moral von Bevölkerung und Armee zu stärken, setzte Stalin mit der Parole vom »Großen Vaterländischen Krieg« nicht nur auf die kommunistische Indoktrination, sondern auch auf den traditionellen Patriotismus der russischen Bevölkerung. In den okkupierten Westgebieten fand Stalin damit keinen Widerhall. Dort stieg die Zahl der Überläufer rasch an: Viele zwangsrekrutierte Soldaten ließen sich widerstandslos in den Kesseln gefangennehmen. In ihrer oft verzweifelten Lage kam es auch zu schweren Kriegsverbrechen durch Truppenteile der Roten Armee, die deutsche Gefangene nicht selten ermordeten. Auf seiten der Wehrmacht steigerte das die Brutalität der Kämpfe und die Gleichgültigkeit gegenüber den Elendszügen der sowjetischen Kriegsgefangenen.

Der deutsche Generalstab hoffte, die Masse der sowjetischen Westarmeen vor der Dnepr-Linie vernichten zu können, um dann den Weg für den Stoß in die Tiefe des Raums frei zu haben. Da Halder nicht sicher war, ob die Rote Armee tatsächlich die Grenze verteidigen würde, wollte er den ersten Kessel möglichst weit abstecken. Bei Bialystok-Minsk gelang den vorwärtsdrängenden Panzerkräften keine völlige Einschließung, der zurückbleibenden Infanterie keine völlige »Ausräumung« und Vernichtung. Große Teile des Gegners entkamen und tauchten teilweise in den Wald- und Sumpfgebieten unter. Hier begann der Partisanenkrieg, zunächst noch sporadisch, und lieferte den SS- und Polizeiverbänden Vorwände für Vernichtungsaktionen, die ohnehin geplant waren.

Bei der am 9. Juli 1941 beendeten Schlacht wurden vier sowjetische Armeen geschlagen. Die Deutschen konnten 1809 Geschütze und 3332 Panzer zerstören oder erbeuten sowie 323 898 Gefangene einbringen. Halder nahm an, daß damit der Ostfeldzug im wesentlichen entschieden sei. Das OKW ließ Hitler einen Befehl unterzeichnen, um die Rüstung auf die Produktion von U-Booten und Flugzeugen zu konzentrieren, zu Lasten des Heeres. Dabei konnten die Panzerverbände erst verspätet auf Smolensk antreten. Sie sollten den Aufbau einer neuen Front vor der Heeresgruppe Mitte verhindern. Doch das mißlang. Der Feind hatte Zeit gewonnen und neue Kräfte herangeführt. Schwere Gewitter behinderten tagelang den Vormarsch der Deutschen, die sich auf zunehmende Verluste einstellen mußten. Aus dem Sumpfgebiet des Pripjať, das man bei der Planung bewußt ignoriert hatte, unternahm die Rote Armee heftige Gegenangriffe. Guderians Panzergruppe 2 wurde an ihrem rechten Flügel immer wieder aufgehalten und von der Angriffsrichtung, der Moskauer Chaussee, abgelenkt. Der Übergang über den Dnepr gelang zwar, aber der Frontbogen von El'jna, Ausgangsbasis für den Angriff auf Moskau, konnte gegen heftige sowjetische Attacken nur mühsam gehalten werden. Hier kam es zu einem wochenlangen Stellungskrieg, den die sowjetische Geschichtsschreibung später als ersten Erfolg gegen den deutschen Blitzkriegsplan bezeichnete.

Die nördlich der Autobahn eingesetzte Panzergruppe 3 (Hoth) konnte am 24. Juli 1941 den Kessel von Smolensk schließen. Obwohl auch hier der Ausbruch größerer Kräfte nicht verhindert werden konnte, wurden immerhin drei sowjetische Armeen zerschlagen, 310 000 Gefangene gemacht und 3205 Panzer sowie 3120 Geschütze zerstört oder erbeutet. Nun rechnete man auch in den alliierten Hauptquartieren mit einem unmittelbaren russischen Zusammenbruch. Doch der Feind setzte sich vor der Heeresgruppe Mitte wieder fest und führte den Kampf erbittert fort. Die eigenen Kräfte waren erschöpft, und die anderen Heeresgruppen hingen noch weit zurück.

Der erste Schlag der Wehrmacht hatte der Roten Armee also schwere Niederlagen eingebracht, aber nicht deren »lebendige Kräfte« zerstört. Die Umsetzung eines operativen Blitzkriegs erwies sich nach dem Abflauen des Überraschungseffekts als komplizierter und riskanter als erwartet. Der Vormarsch verlangsamte sich, die eigenen Verluste nahmen zu. In den ersten fünf Wochen hatte das deutsche Ostheer fast ein Viertel seiner wertvollen Panzerwagen verloren (850). Die deutsche Kriegserfahrung und Führungskunst stärkten die Überlegenheit der Wehrmacht, der keinesfalls nachlassende Widerstand der Roten Armee schwächte sie. Die Siegeszuversicht der Deutschen war groß, doch in der Heeresführung war man gereizt und nervös. Der Streit um die Fortsetzung der Operationen warf seine Schatten voraus.

Der Beginn des Ostkriegs hatte der deutschen Propaganda die Möglichkeit eröffnet, in Europa die Fanfare des Antibolschewismus zu spielen. Verbündete und Neutrale zeigten sich aufgeschlossen, den vermeintlichen deutschen »Kreuzzug« zur Rettung des Abendlandes zu unterstützen. Schweden duldete deutsche Truppentransporte über sein Territorium, Spanien entsandte Freiwilligen-Verbände. Italiener und Ungarn boten Divisionen an, um die bereits eingesetzten Rumänen nicht allein die Früchte des Kriegs genießen zu lassen. Hitlers Krieg gegen Stalin war nicht nur bei rechtsradikalen und pro-faschistischen Kräften populär. Insgesamt 43 000 ausländische Freiwillige trugen bald deutsche Uniform, darunter 24 000 Franzosen.

Militärisch blieb ihr Einsatz von geringer Bedeutung. Hitler hatte kein Interesse daran, ernsthaft um die europäischen Länder zu werben und ihnen womöglich Zugeständnisse zu machen. Die Kreuzzug-Propaganda sollte ihm eine gewisse Zustimmung verschaffen und den Amerikanern signalisieren, daß Europa künftig deutschem Kommando gehorchen würde. Die USA sollten sich besser heraushalten, weil der europäische Krieg ohnehin in kürzester Zeit beendet war. Hitler definierte gegenüber den Japanern die Vernichtung Rußlands als gemeinsames Ziel und bot ein Bündnis gegen die USA an. Er wollte nicht ausschließen, daß Churchill nach einem Sieg im Osten klein beigeben würde und England als Juniorpartner gegen die Amerikaner zu gewinnen wäre.

In Tokio beurteilte man die Lage nüchterner und konzentrierte sich auf die USA, deren wirtschaftliche Kampfmaßnahmen als bedrohlich eingeschätzt wurden. So wie Hitler seinen Plan »Barbarossa« gegenüber dem Partner im Dreimächtepakt geheimgehalten hatte, begannen auch in Tokio geheime Vorbereitungen für den Angriff auf Pearl Harbor. Auf der Gegenseite wurde am 12. Juli 1941 in Moskau ein britisch-sowjetischer Beistandspakt geschlossen, und die amerikanische Regierung bot die Lieferung von Kriegsmaterial an, obwohl man in Washington und London noch nicht davon überzeugt war, daß Stalin sich halten konnte. Am 1. Oktober folgte ein förmliches Abkommen zwischen den drei Ländern, in denen sich die USA verpflichteten, monatlich unter anderem 400 Flugzeuge, 500 Panzer und 10000 Lkw an die UdSSR zu liefern. Damit nahm die Anti-Hitler-Koalition Gestalt an, die der deutsche Diktator mit seinem Blitzkrieg im Osten hatte verhindern wollen. Die ersten Schritte erfolgten im Juli 1941, als sich auf dem Schlachtfeld zeigte, daß Hitler – anders ein Jahr zuvor in Frankreich – einen ebenbürtigen Gegner gefunden hatte. Das war noch nicht der Umschwung des Kriegs, aber eine wichtige Etappe dahin.

Abbildung 16: Die schnelle slowakische Brigade in der Ukraine 1941.

Die in der »August-Krise« bereits erkennbaren Schwächen des Plans »Barbarossa« führten freilich rasch zu einer tiefgreifenden Führungskrise zwischen Hitler und der Heeresführung. Dabei mußten die Weichen für die zweite Phase des Feldzugs neu gestellt werden. Denn Mitte Juli, als man hinter der alten Stalin-Linie eine Erholungspause einlegte und die Nachschubbasis nach vorn verlegte, ging es nur noch bei Guderians Panzergruppe 2 vorwärts. Durch die Einnahme von Roslavľ wurde die sowjetische 38. Armee eingeschlossen, 38 000 Rotarmisten gingen in Gefangenschaft, 200 Panzer und große Mengen an anderem Kriegsgerät waren zerstört oder erbeutet. Ein riesiges Tor für den Marsch auf Moskau schien geöffnet zu sein. Gleichzeitig lenkte ein Abwehrerfolg bei Gomeľ Guderians Kräfte stärker in Richtung Süden.

Abbildung 17: Mussolini besucht Ende August 1941 die Ostfront.

Halder hielt an der Erwartung fest, daß ein rascher Vorstoß auf Moskau doch noch zum Zusammenbruch des Sowjetsystems führen würde. Pläne wurden entwickelt, um mit einem Panzerkorps die Stadt zu erobern und die Schaltzentrale des Sowjetreiches in die Hand zu bekommen. Die Gestapo hatte schon Fahndungslisten aufgestellt, ein Rüstungskommando bereitete sich für den Einsatz vor. Am 16. Juli hatte General Thomas allerdings auf die dringende Notwendigkeit hingewiesen, wegen der schwindenden Treibstoffvorräte möglichst rasch in den Kaukasus vorzustoßen, und Göring, der am 31. Juli die Weichenstellungen für die Wirtschaftspolitik traf, mußte auf die schweren Störungen reagieren, die der Ostfeldzug für die Kriegswirtschaft des Reiches ausgelöst hatte. Er baute darauf, daß die Eroberung der Industriegebiete des Donec und der ukrainischen Getreidefelder rasch Entlastung brachten.

Hitler richtete seinen Blick ebenfalls stärker auf diese »Lebensquellen« der Sowjetunion. Moskau hatte für ihn nicht die Priorität. Er suchte in erster Linie den eigenen Kraftzuwachs für den Kampf der Kontinente, und der war vor allem im Süden zu erwarten, dort wo noch große Teile der Roten Armee ausharrten und die Flanke der Heeresgruppe Mitte bedrohten. Dort schien der Schlüssel zum Sieg zu liegen. Hitler befahl deshalb, in der Mitte vorerst stehenzubleiben und Guderians Panzergruppe in Richtung Kiev zu lenken. Nichts brachte ihn von dieser Linie ab, obwohl Halder intensiv taktierte und den Eindruck vermittelte, daß die Rote Armee außerordentlich geschwächt sei und nur vor Moskau endgültig geschlagen werden könne. Mitte August kulminierte der Streit, als die Heeresgruppen Nord und Süd dringend Verstärkungen anforderten.

In einer ausführlichen, schriftlichen Studie vom 22. August 1941 setzte sich Hitler mit der Lage auseinander, übte heftige Kritik an der Heeresführung und bestätigte den Vorrang seiner politischen und kriegswirtschaftlichen Argumente.[33] Mit dieser Ohrfeige gegen seinen Generalstabschef begann die Schlacht um die Ukraine, die zum größten Erfolg des Feldzugs wurde, den Krieg freilich am Ende auch nicht entschied und beendete. Ermöglicht wurde dieser Teilsieg, weil Stalin davon überzeugt war, daß die Deutschen auf Moskau marschieren würden und deshalb im Zentrum seine Verstärkungen einsetzte. Daß sich sein Gegner in der Hauptstadt verschanzte, war Hitler gleichgültig.

Allzu verlockend schienen andere Kombinationen. In Nordafrika war Rommels Panzerkorps nach der Eroberung von Tobruk auf dem Marsch in Richtung Suez-Kanal. Der britisch-sowjetische Einmarsch in den Iran verunsicherte die neutrale Türkei. Eroberte die Wehrmacht Südrußland, die Krim und marschierte in den Kaukasus, würden sich für eine gigantische Zangenbewegung gegen die britische Nahost-Position phantastische Möglichkeiten eröffnen. War diese Position erobert, konnte man die Schubladen-Pläne zur Eroberung von Gibraltar und zur Besetzung von Nordwestafrika umsetzen und damit den deutschen Machtbereich nach allen Seiten absichern. Amerika konnte Hitler dann »gestohlen bleiben«.[34] In einer solchen Perspektive schien Moskau nur ein geographischer Begriff zu sein, wie Hitler meinte.

Neuere Forschungen verweisen auf einen weiteren Zusammenhang.[35] Die Verkündung der Atlantik-Charta durch Roosevelt und Churchill am 12. August hätte Hitler alarmieren müssen. Seine Strategie, Rußland zu schlagen, um England besiegen zu können, war hinfällig. Der Alptraum einer Einkreisung durch Briten, Sowjets und Amerikaner schien möglich zu werden. Der gefürchtete Weltkrieg als Mehrfronten- und Abnutzungskrieg zeichnete sich ab. Immer wieder hatte Hitler – auch öffentlich – erklärt, daß er im Fall eines Weltkriegs die jüdische Rasse vernichten werde. Es spricht einiges dafür, daß er in diesem Augenblick den Entschluß faßte, seine Prophezeiung mit kalter Präzision und Grausamkeit umzusetzen. Und er mußte möglichst rasch die »Schatzkammer« des Sowjetimperiums in die Hand bekommen, bevor der ukrainische Weizen abgeerntet, die Bergwerke und Schachtanlagen zerstört und die ganze Industrie in den Fernen Osten abtransportiert war.

War »Barbarossa« im ursprünglichen Ansatz zwar auf der strategischen Ebene schon gescheitert, so hatte sich das Rezept des Blitzkriegs auf der operativen Ebene glänzend bewährt. Die deutsche »Wunderwaffe« des Jahres 1941 war die Kombination von Luftüberlegenheit und das Zusammenwirken von zwei gepanzerten Stoßkeilen. Diese Instrumente hatten in der Mitte ihre Schärfe zwar etwas eingebüßt, waren aber nicht stumpf geworden. Vor allem fand die Rote Armee vorerst kein taktisch-operatives Gegenrezept. Ihr blieb nur der verlustreiche Abnutzungskampf, den Stalin mit oft sinnlosen Gegenangriffen und Haltebefehlen forcierte. Dabei gelang es ihm auch nicht, die jetzt in großer Zahl eingeführten neuen Waffen wirkungsvoll zu nutzen. Vor allem der Kampfpanzer T 34 war nach kurzer Zeit zum Schrecken der Deutschen geworden. Doch der Einsatz einzelner Fahrzeuge, die mühsam zerstört werden konnten, brachte taktisch keinen Erfolg. Mangelnde Ausbildung und überholte Einsatzverfahren verhinderten eine kriegsentscheidende Wirkung. Auch andere technische Neuerungen, die für die Deutschen verblüffend waren, wie der Mehrfach-Raketenwerfer, als »Stalinorgel« bald berüchtigt, erleichterten nicht die Lage der schwer angeschlagenen Roten Armee.

Im Baltikum, wo Hitler von Anfang an – neben der Ukraine – einen Schwerpunkt gesehen hatte, war die Heeresgruppe Nord (Generalfeldmarschall Ritter von Leeb) nur mit einer schwachen Panzergruppe, flankiert von zwei Infanterie-Armeen, angetreten, was das Einkesseln und raumgreifende Operationen erheblich erschwerte. Doch die Geographie erwies sich ebenso als günstig wie die Unterstützung der Bevölkerung, von der die Vertreibung der sowjetischen Besatzungsarmee begrüßt wurde. Genügend Unterstützung fanden auch die Einsatzkommandos der SS bei ihrer Aufgabe, die einzelnen baltischen Staaten »judenfrei« zu machen – was in aller Öffentlichkeit geschah – und zur deutschen Besiedlung vorzubereiten, was verheimlicht und im Verlauf des Kriegs immer weiter hinausgeschoben wurde.

Die Heeresgruppe war überraschend schnell vorgestoßen, konnte intakte Vorratslager und Brücken erobern und wurde zusätzlich über See versorgt. Die Eroberung einzelner Inseln in der Ostsee gelang ebenso problemlos wie die Einnahme der wichtigen Häfen. Die Rote Armee zeigte erhebliche Auflösungserscheinungen; nichts schien Leningrad als deutsches Operationsziel mehr retten zu können. Am 4. September geriet die Stadt zum ersten Mal unter Beschuß. Stalin entsandte seinen besten Mann, Žukov, der mit drakonischen Maßnahmen die Verteidigung organisierte. Eine schnelle Einnahme der Stadt war verhindert worden, auch deshalb, weil Halder sich weigerte, die Panzergruppe 3 entgegen der ursprünglichen Planung von der Mitte freizumachen und zur Absicherung des Angriffs auf Leningrad einzusetzen. Ein Glück für Žukov war es außerdem, daß die Finnen ihren Vormarsch an der alten Landesgrenze beendeten. Die Deutschen hatten zudem große Mühe, ihre ausgedehnte Flanke bis zu den Valdaj-Höhen zu halten. Ein Vorstoß auf Tichvin zur Unterbrechung der Eisenbahn Moskau–Leningrad wurde Anfang Dezember 1941 zurückgeworfen.

Die Verlängerung der deutschen Front bis zum Nordkap hatte dazu geführt, daß schwache Kräfte des Armee-Oberkommandos Norwegen eingesetzt werden konnten, die den wichtigen sowjetischen Hafen Murmansk besetzen sollten. Doch im kurzen Sommer Lapplands scheiterte der Angriff. Die finnische Armee hatte nach Absprache mit dem deutschen Oberkommando eigene Vorstöße zur Befreiung Kareliens und zur Unterbrechung der Murmansk-Bahn unternommen. Nach schweren Kämpfen in den größtenteils unwegsamen Sumpf- und Waldgebieten hatte sie die alte Landesgrenze nördlich von Leningrad und am Svir' bis zum Herbst erreicht. Marschall Mannerheim wollte auch aus politischen Gründen die geringen Kräfte seines Landes nicht stärker zugunsten der deutschen Ziele einsetzen. Bis zum Frontwechsel Finnlands im Herbst 1944 entwickelte sich an der Nordflanke der Ostfront ein blutiger Stellungskrieg, der keine strategischen Erfolge für beide Seiten erbrachte. Wichtigstes Ergebnis für die sowjetische Seite war die Verteidigung von Murmansk, über dessen Hafen zahlreiche alliierte Konvois große Mengen an Kriegsmaterial zur Unterstützung der UdSSR entladen konnten.

Der Wehrmacht gelang es allerdings, Leningrad fast völlig einzuschließen. Der Stadt blieb nur der Weg über den Ladoga-See, wo im Winter auf dem Eis sogar eine Versorgungsstraße eingerichtet werden konnte. Hitler hatte befohlen, eine mögliche Übergabe der Stadt abzulehnen. Das Industrie- und Rüstungszentrum mit seiner – wie er meinte – bolschewistisch verseuchten russischen Arbeiterschaft sollte durch den Belagerungskampf ausgehungert und zerstört werden.

Im Norden wurden die deutschen Operationsziele also nicht vollständig erreicht. Die wichtigste Entscheidung sollte aber nach Hitlers Auffassung, die er im August gegen die Heeresführung durchsetzte, im Süden fallen. Allerdings konnte auch hier von Anfang an nur ein gepanzerter Stoßkeil eingesetzt werden. Die Panzergruppe 1 sollte zusammen mit der 6. Armee südlich der Pripjať-Sümpfe die Front in Richtung Kiev aufbrechen und damit die Voraussetzungen für eine weiträumige Umfassung der stärksten Gruppierung der Roten Armee schaffen, die Stalin gerade deshalb in der Ukraine geschaffen hatte, weil er hier von Anfang an mit dem Schwerpunkt des deutschen Angriffs rechnete. Wegen des deutschen Balkan-Feldzugs war die zweite deutsche Angriffsgruppe aus Rumänien heraus wesentlich geschwächt worden. Sie konnte nur schwache Fesselungsangriffe unternehmen. Der nördliche Hauptstoß wurde durch heftige Gegenangriffe und durch den Mangel an Panzerkräften an einem raschen Vorwärtskommen gehindert. Vor allem die unerwarteten sowjetischen Angriffe an der Flanke der Pripjať-Sümpfe führten zu blutigen Kämpfen. An die handstreichartige Eroberung von Kiev war nicht mehr zu denken. Im Süden lagen die Rumänen vor Odessa fest.

In der Kesselschlacht von Uman' gelang es immerhin, drei sowjetische Armeen mit rund 20 Divisionen zu vernichten und 100 000 Gefangene einzubringen. Die geplanten weiten Vorstöße über den Dnepr zur Eroberung der wichtigen Industriegebiete in der Ostukraine aber ließen auf sich warten. Stalin unternahm alle Anstrengungen, um seine Südwestfront zu reorganisieren. Erst am 19. September gelang die Einnahme der ukrainischen Hauptstadt. In diesen Tagen vollzog sich auch der Untergang der sowjetischen Südwestfront. Nachdem Hitler Guderians Panzergruppe nach Süden umgelenkt hatte, konnte der Kessel von Kiev gebildet werden. In der größten Kesselschlacht der Geschichte wurden fünf sowjetische Armeen zerschlagen. Die Deutschen machten 665 000 Gefangene, erbeuteten bzw. zerstörten 3718 Geschütze und 884 Panzer. Die deutsche Propaganda verkündete nun das kurz bevorstehende Ende des Ostkriegs.

Für Hitlers größten militärischen Triumph mußte die Wehrmacht allerdings einen hohen Preis zahlen. Der Chef der Operationsabteilung im Generalstab des Heeres, Oberst Adolf Heusinger, hatte zu Recht befürchtet, daß dies ein Sieg ohne operative Auswirkungen sein würde, der an den Kräften zehrte und weiteren Zeitverlust bedeutete, womit in letzter Konsequenz der Weg in die Niederlage begann.[36] Doch die Euphorie bei den meisten Verantwortlichen war kaum zu bremsen. Während Guderians Panzer aus der Schlacht heraus wieder zur Heeresgruppe Mitte zurückkehrten und dort sofort die Hauptlast der nächsten Offensive tragen mußten, hatten die geschwächten Kräfte der Heeresgruppe Süd Mühe, den Aufbau einer neuen sowjetischen Front im Süden zu verhindern. Mit beginnendem Herbstwetter verlangsamte sich der Vormarsch in Richtung Charkov. Die 6. Armee gelangte nur bis an den Rand des Industriereviers. Lediglich nördlich des Asovschen Meeres konnte Anfang Oktober 1941 eine weitere sowjetische Armee vernichtet werden. Die Panzergruppe 1 war aber zu schwach, um bis in den Kaukasus vorstoßen zu können. Sie erreichte mit letzter Kraft Rostov und wurde nach zwei Tagen durch eine sowjetische Gegenoffensive wieder hinausgeworfen. Damit lag – wie die Heeresgruppe Nord – auch die Heeresgruppe Süd erschöpft fest und mußte sich sogar auf einen partiellen Rückzug einstellen.

Bereits im September 1941 hatte sich die Frage nach dem Kulminationspunkt des deutschen Ostfeldzugs gestellt. Die Wehrmacht stand 600 Kilometer weit im Osten und hatte zu diesem Zeitpunkt längst wieder zu Hause sein wollen. Die herbstlichen Regenfälle hatten begonnen und machten die Wege fast unpassierbar. Jeder Kilometer kostete mehr Kraft als zuvor. Dennoch waren die Truppen stolz und siegessicher: dem Gegner noch immer dort im Vorteil, wo man eigene Kräfte zu Angriffskeilen formieren konnte, und immer dann überlegen, wenn es gelang, die gegnerische Front zu durchbrechen und im freien Operieren den schwer angeschlagenen Feind durch Geschwindigkeit, Überraschung und schnelle Entscheidungen zu verwirren.

Auch Hitler hatte sich nach dem Erfolg in der Ukraine auf die Fortsetzung des Angriffs auf Moskau eingestellt. Nach der Rückkehr Guderians und dem Abzug der Panzergruppe 4 von der Heeresgruppe Nord standen jetzt in der Mitte insgesamt drei gepanzerte Stoßkeile zur Verfügung. Auch den vierten aus dem Süden heranzuziehen hätte den Entschluß bedeutet, vorerst auf die Eroberung der kaukasischen Ölfelder zu verzichten. Dazu war Hitler nicht bereit. Man rechnete damit, daß etwa vier Wochen zur Verfügung stünden, die 250 Kilometer entfernte Hauptstadt des Feindes einzunehmen. Damit sollte der Ostfeldzug zu einem vorläufigen Ende gebracht werden und dem Feind keine Möglichkeit verbleiben, sich im Winter wieder zu erholen. Im nächsten Frühjahr konnte dann die Wehrmacht die weiter entfernt liegenden Operationsziele ansteuern.

Das selbst schon sehr geschwächte deutsche Ostheer sollte die Operation »Taifun« ohne größere Verstärkungen durchführen. Die Rüstungsproduktion des Heeres wurde schon seit dem Sommer zurückgehalten, um nach dem erwarteten Sieg im Osten die neuen Tropendivisionen auszurüsten. Der Chef des OKW, Wilhelm Keitel, hatte am 16. August 1941 noch einmal die Priorität der Marine- und Luftwaffenrüstung festgelegt.[37] In der Rüstungsindustrie traten bereits starke Lähmungserscheinungen auf, weil man vergeblich auf die Heimkehr der Soldaten in die Fabriken wartete. Das Millionenheer sowjetischer Kriegsgefangener einzusetzen, stieß noch immer auf starke politische Hemmungen. In diesen Tagen erreichte das Massensterben der Gefangenen einen ersten Höhepunkt.

Mit seinem Aufruf an die Soldaten der Ostfront am 2. Oktober forderte Hitler zur letzten Kraftanstrengung auf.[38] Daß seine Erklärungen über bereitstehende Vorräte und Verstärkungen Lügen waren, konnten die wenigsten durchschauen. Das scheinbar nahe Ende der Strapazen mobilisierte aber noch einmal Kommandeure und Landser. Sie wußten auch nichts über die gewaltigen Verstärkungen auf der Feindseite, wo Stalin 16 Armeen in zwei Staffeln zur Verteidigung bereitgestellt hatte. Dabei handelte es sich allerdings zum großen Teil um abgekämpfte Einheiten, denn auch der sowjetische Diktator war dabei, strategische Reserven zu schaffen.

Die massiv ausgebauten Verteidigungsstellungen hielten freilich dem deutschen Ansturm nicht stand. In der Doppelschlacht von Vjaz'ma-Brjansk wurden bis zum 20. Oktober 1941 fast neun sowjetische Armeen vernichtet. 673 000 Rotarmisten gingen in Gefangenschaft, 1242 Panzer und 5412 Geschütze wurden zerstört oder erbeutet – ein Erfolg, der die Größenordnung von Kiev wiederholte. Halder ging große Risiken ein, um den Gegner zu verfolgen, und wollte möglichst konzentriert auf Moskau vorstoßen. Hitler bestand aber auf einer weiten Umfassung, um günstige Winterstellungen außerhalb der Metropole zu erreichen, die das gleiche Schicksal wie Leningrad erleiden sollte. Die deutschen Angriffskräfte wurden so aufgespaltet und zusätzlich geschwächt.

Der erneute Durchbruch der Deutschen hatte in Moskau einen Schock ausgelöst. Es gab Panikerscheinungen, Partei- und Regierungsstellen verließen seit dem 16. Oktober die Stadt. Für kurze Zeit gab offenbar auch Stalin die Hauptstadt verloren. Nach neueren Informationen dachte er offenbar sogar daran, Kontakte über Bulgarien zu knüpfen, um einen Waffenstillstand nach dem Vorbild von 1917 zu erreichen. Sein einsamer Entschluß, in der Hauptstadt zu bleiben und den Kampf fortzusetzen, ist in seiner welthistorischen Bedeutung kaum zu überschätzen. Der neue Oberbefehlshaber der Westfront, Armeegeneral Georgij Žukov, sorgte mit brutalsten Mitteln für die Errichtung einer zweiten Schutzstellung bei Možajsk. Entgegen den deutschen Erwartungen gelang es ihm, zusätzliche Kräfte aus der Stadt zu mobilisieren. Zu den schlechtbewaffneten Arbeiterbataillonen kamen Verstärkungen aus anderen Regionen der UdSSR, die über das Eisenbahnzentrum Moskau rasch an die Front verlegt werden konnten.

Die witterungsbedingte Versorgungskrise nahm unterdessen auf deutscher Seite dramatische Ausmaße an. Nach Schneetreiben und Frost behinderten vorerst starkes Tau- und Regenwetter den Vormarsch. Heftige Gegenangriffe sorgten für starke Verluste. Die Heeresgruppe, die nur noch über 50 Prozent ihrer Kampfkraft verfügte, brauchte eine Auffrischungspause, für das Überleben im Winter mußten Stellungen und Unterkünfte gebaut, Ausrüstung und Material herangeführt werden. Im OKH setzte man aber auf die moralische Überlegenheit der eigenen Soldaten und forderte eine letzte Willensanstrengung. In völliger Fehleinschätzung des Gegners glaubte Halder, die Reste der Roten Armee im Raum Moskau vernichten und die Initiative zu weiteren Vorstößen in der Hand behalten zu können. Der »härtere Wille« werde sich durchsetzen. Die von schweren Verlusten und Ausfällen betroffene Luftwaffe konnte kaum noch Hilfe leisten, zumal sie teilweise zur Unterstützung der Kämpfe im Mittelmeerraum abgezogen werden mußte. Sie hatte von Juni bis November 1941 insgesamt 4466 Maschinen verloren.

Bei einer Besprechung mit den Führern der Ostarmeen in Orša am 13. November 1941 stießen seine Vorstellungen und sein Vertrauen auf »Soldatenglück« auf völlige Ablehnung.[39] Man verständigte sich trotz des drohenden psychischen und physischen Zusammenbruchs der eigenen Truppe auf eine Teiloffensive gegen die Randzonen der Stadt. Erneut geschah das schier Unglaubliche. An den Flügeln brachen die Panzerverbände noch einmal durch. Guderian mußte aber das stark verteidigte Industriezentrum von Tula umgehen und erreichte nicht mehr die Oka. Seine schwachen Kräfte kamen bei −35 Grad und bei fehlender Luftunterstützung zum Erliegen. Kälte, mangelhafte Bekleidung und Verpflegung führten zur Apathie. Am 5. Dezember mußten alle Angriffe eingestellt werden. An einigen Stellen hatte man immerhin den Stadtrand erreicht, der Kreml schien zum Greifen nahe.

In diesem Augenblick traf die lang vorbereitete strategische Gegenoffensive der Roten Armee die Wehrmacht mindestens so überraschend wie der deutsche Überfall am 22. Juni 1941 die Russen. Bis Ende November hatte Stalin elf neue Armeen dafür bereitgestellt. Die Verbände der sibirischen Fernost-Armee waren sein größter Trumpf, den er einsetzen konnte, weil ihm sein Spion Richard Sorge aus Tokio bestätigte, daß die Japaner nicht in den Krieg eingreifen, sondern sich nach Süden gegen Briten und Amerikaner wenden würden. Der Diktator entwickelte große Erwartungen. Er wollte die Blitzkriegstaktik der Wehrmacht kopieren und die deutschen Hauptkräfte nicht nur vor Moskau, sondern auch im Norden und Süden einkesseln und vernichten und so eine schnelle Entscheidung des Kriegs herbeiführen.

Die am 5. Dezember 1941 aufgenommene Offensive erzielte angesichts der extremen Wetterbedingungen erste Erfolge. Es gelang freilich nicht, größere deutsche Truppenteile einzukesseln. Bis zu 150 Kilometer tiefe Einbrüche wurden vor allem an der Naht zwischen den deutschen Heeresgruppen Nord und Mitte erzielt.

Abbildung 18: Ernst Udet (1896–1941). Generalluftzeugmeister, wählte am 17.11.1941 nach heftigen Vorwürfen Görings den Freitod. Der schwer angeschlagenen Luftwaffe konnte er nicht mehr die erforderlichen Maschinen liefern. 1915–1918 der erfolgreichste überlebende deutsche Jagdflieger, Pour-le-Mérite-Träger, statt seiner übernahm Göring das berühmte Richthofen-Geschwader. Bis 1935 Kunstflieger und Filmschauspieler, 1936 Chef des Technischen Amtes der neuen Luftwaffe, als Manager der Luftrüstung überfordert, setzt er auf den Vorrang von Sturzkampfflugzeugen zur Unterstützung des Heeres, der Bau einer strategischen Bomberflotte wird aufgeschoben. Die schillernde Persönlichkeit wird zum »Sündenbock« Görings.

Doch die sowjetischen Eliteverbände wurden schlecht versorgt und geführt. Sie strandeten erschöpft vor einzelnen deutschen Widerstandszentren. Cholm, Velikie Luki und Veliž bildeten wichtige Brennpunkte, die von teilweise neu zugeführten deutschen Einheiten in verzweifelten Kämpfen gehalten werden konnten. Auch im Raum Ržev richteten sich die Truppen zur Rundumverteidigung ein. Große sowjetische Luftlandungen und der Einsatz von Kavallerieverbänden blieben erfolglos.

Immer wieder trieb Stalin seine zumeist schlecht ausgerüsteten und ausgebildeten Truppen zu verlustreichen Angriffen vorwärts, verzettelte seine Reserven und erreichte keinen strategischen Erfolg. Bei den bis März 1942 andauernden Kämpfen erschöpfte er seine Kräfte derartig, daß eine große Sommeroffensive nicht mehr möglich war. Hitler erhielt so die Chance, die Initiative wieder an sich zu reißen. Die sowjetische Historiographie hat dieses zweifelhafte Ergebnis jahrzehntelang beschönigt. Aber die kritische Erörterung der letzten Jahre zeigt, daß die Rote Armee in der Winterschlacht zwar ihre Angriffsfähigkeit unter Beweis stellte, und insofern handelte es sich um einen großen moralischen Sieg. Aber sie hatte noch nicht die operative Führungsfähigkeit entwickelt, um den Deutschen eine entscheidende Niederlage beizubringen. Auch Stalin erkannte nicht den Kulminationspunkt seiner Offensive.

Als diese am 5. Dezember 1941 begann, hatte Hitler gerade die Verlegung seiner stärksten Luftflotte von Moskau in den Mittelmeerraum befohlen und den Japanern uneingeschränkte militärische Hilfe zugesagt, ohne die Lage im Pazifik zu kennen. Zwei Tage später war der Angriff auf Pearl Harbor erfolgt und am 11. Dezember die deutsche Kriegserklärung an die USA. In dieser Situation hatte sich die Ausweichbewegung vor Moskau zu einer dramatischen Krise entwickelt. Der Mangel an

Reserven, die Erschöpfung der Truppen und der Verlust einer großen Masse an Fahrzeugen und Gerät ließen kaum Gegenmaßnahmen zu.

Hitler war – entgegen der Darstellung in späteren Generalsmemoiren – durchaus bereit, örtliches Ausweichen zu genehmigen, wollte aber keinen Rückzug akzeptieren, bevor nicht die rückwärtigen Stellungen mit Sicherungstruppen so besetzt waren, daß sie den sowjetischen Angriff zum Stehen bringen konnten. Alle Vorschläge zur Verstärkung der Front griff er auf, doch die Heranführung von Reserven aus Frankreich, Dänemark und vom Balkan erforderte viel Zeit. Die durch den Wintereinbruch hervorgerufene Transportkrise verhinderte eine schnelle Lösung. Die meisten deutschen Lokomotiven hielten den extremen Bedingungen in Rußland nicht stand. Das Chaos im Eisenbahnwesen ließ sich nur mit Mühe entwirren.

Hitler griff zu drastischen Haltebefehlen, als er den Eindruck gewann, daß Guderian und andere Befehlshaber nicht die notwendige Härte bewiesen, die Truppen auch in aussichtsloser Lage zum Durchhalten zu zwingen. Er forderte dazu auf, notfalls den Gefangenen und der Zivilbevölkerung die Winterbekleidung abzunehmen, Unterkünfte in den Räumungsgebieten rücksichtslos zu zerstören, um den nachrückenden Gegner aufzuhalten. Bock als Oberbefehlshaber der Heeresgruppe Mitte wurde abgelöst, ebenso Gerd von Rundstedt als Oberbefehlshaber der Heeresgruppe Süd. Zwei Dutzend andere Oberbefehlshaber und Kommandeure wurden versetzt oder beurlaubt. Am 19. Dezember 1941 löste Hitler Brauchitsch ab und übernahm selbst den Oberbefehl über das Heer. Halder, der jetzt direkt dem »Führer« unterstellt war, fügte sich rasch, weil er hoffte, nun als eine Art von »Reichsgeneralstabschef« mit Hitler den Krieg besser in seinem Sinne führen und die Rolle des Heeres verstärken zu können.

Die »Generalskrise« war rasch überwunden. Hitler konnte glauben, als einziger »eiserne« Nerven bewahrt zu haben. Daß es der Wehrmacht gelang, trotz der Rückschläge vor Moskau die Ostfront im wesentlichen zu halten, vermittelte auch den Soldaten bald wieder Zuversicht. Dort wo Verstärkungen eintrafen und die miserable Versorgung verbessert werden konnte, kam das alte Überlegenheitsgefühl zurück. Auch in den eingeschlossenen Stützpunkten und Kampfzonen steigerten die Abwehrerfolge gegen die erschöpften sowjetischen Angriffsverbände den Kampfgeist. Der NS-Propaganda gelang es, die psychologischen Folgen des Rückschlags rasch einzudämmen. Eine großangelegte Sammelaktion für Winterbekleidung und Ski-Ausrüstungen brachte der Ostfront wenig Nutzen, stärkte aber die Moral an der »Heimatfront«.

Das lenkte von den eigenen schweren Verlusten ab. Vom Beginn des Ostkriegs bis Ende Januar 1942 war rund ein Drittel der Mannschaften des Ostheeres ausgefallen: eine Million Tote, Verwundete, Kranke und Vermißte. Nur die Hälfte konnte ersetzt werden. Der Panzerbestand war zu 90 Prozent ausgefallen (3254 Fahrzeuge). Die Luftwaffe hatte 130 Prozent der ursprünglich vorhandenen Flugzeuge verloren. Aus der laufenden Produktion konnten die Verluste nur teilweise wieder aufgefüllt werden. Die Wehrmacht war insgesamt erheblich geschwächt worden und würde ihre alte Stärke nie wieder erreichen. Ihre Frontverbände standen an den Grenzen eines erheblich ausgeweiteten Herrschaftsraums, die Mehrzahl nicht mehr angriffsfähig und nur bedingt zur Verteidigung einsetzbar.

Auf der anderen Seite war die Rote Armee als stärkste militärische Formation innerhalb der Anti-Hitler-Koalition schwer angeschlagen. Sie hatte Verluste durch rund 3,3 Millionen Gefangene und eine unbekannte Zahl von Toten. 2,2 Millionen Verwundete und Kranke kamen hinzu. Verloren war die Masse ihres Kriegsmaterials, und sie hatte nahezu das gesamte Territorium der westlichen UdSSR aufgeben müssen. Das Verhältnis der Verluste auf deutscher und sowjetischer Seite läßt sich grob auf 1:10 schätzen. Die Wehrmacht hatte den Sieg in greifbarer Nähe, obwohl

Abbildung 19: Winterkampf im Norden Rußlands Ende 1941.

sie meist aus einer personellen und materiellen Unterlegenheit heraus kämpfen mußte. Für diese größte militärische Katastrophe in der russischen Geschichte sind die Führungsfehler Stalins zweifellos ein wichtiger Erklärungsfaktor. Hitler als sein Gegenspieler konnte daraus nicht den entscheidenden Vorteil ziehen, weil er das Scheitern des Blitzkriegsplanes im Juli/August 1941 nicht wahrhaben wollte. Seine Entschlossenheit, den Ostfeldzug als rassenideologischen Vernichtungskrieg zu führen, ließ keine Modifikationen oder Alternativen zu.

Auch die Heeresführung trug mit ihrer Fehleinschätzung des Gegners und dem unbedingten Festhalten an einem waghalsigen operativen Konzept dazu bei, daß der Kulminationspunkt des Unternehmens leichtfertig überschritten wurde. Die Soldaten des Ostheeres, die auf dem Schlachtfeld unvergleichliche Leistungen vollbrachten, wurden zu einem erbarmungslosen Kampf angetrieben, in dem die Menschlichkeit gegenüber der Zivilbevölkerung und den besiegten Gegnern allzuoft auf der Strecke blieb und die Soldaten schließlich selbst erbarmungslos geopfert wurden. Trotz spektakulärer Erfolge war der Sommerfeldzug 1941, mit dem Hitler den Durchbruch zur Weltmacht erringen wollte, am Ende gescheitert. Er hatte mehr Kräfte gekostet als an Zuwachs eingebracht und Hitler in eine Sackgasse geführt. Daß der deutsche Diktator die sich abzeichnende Niederlage vor Moskau zum Anlaß nahm, um gleichzeitig den USA den Krieg zu erklären und die »Endlösung der Judenfrage« voranzutreiben, macht die Hybris der deutschen Kriegführung deutlich sichtbar. Der Zweite Weltkrieg war damit noch längst nicht entschieden. Mit der Ausweitung des europäischen Kriegs zum Weltkrieg begann eine neue Runde.

6 | Instrumente des Kriegs

Glanz und Elend der Wehrmacht

Die deutschen Militärs hatten 1933 eine Schlüsselrolle bei der Machtübernahme Hitlers gespielt. Sie verstanden sich zunächst als »zweite Säule« im Staat, neben der Partei. Mit großer Energie und hohem professionellen Können hatten sie die Voraussetzungen dafür geschaffen, um mit der neuen Wehrmacht einen zweiten Anlauf zur Weltmacht beginnen zu können. Kaum eine andere Armee der Welt ist derartig oft analysiert und beschrieben worden, keine hat innerhalb kurzer Zeit derartige Höhen und Tiefen erlebt, über keine Armee der Kriegsgeschichte gibt es derartig divergierende Urteile: ein »marschierendes Schlachthaus«, eine »verbrecherische Organisation« oder die wohl größte und kampfkräftigste konventionelle Armee im Zeitalter der Weltkriege?

Als eigenständige politische Größe, mit einer Tradition und einem Ehrenkodex, die weit in die Zeit vor dem Nationalsozialismus zurückreichten, existierte die Wehrmacht bereits bei Kriegsbeginn kaum noch. Der rasante strukturelle und personelle Wandel in der Aufrüstungsphase sowie mehr noch die Unterwürfigkeit der Wehrmachtführung gegenüber dem »Führer und Obersten Befehlshaber« hatten eine weitgehende politische Gleichschaltung bewirkt. Es gab zwischen den Wehrmachtteilen starke Rivalitäten, die ein gemeinsames Auftreten gegenüber der politischen Führung verhinderten. Man legte zwar Wert darauf, keine Parteiarmee zu sein, aber die in eigener Regie durchgeführte »wehrgeistige Rüstung« transportierte ungeschmälert die nationalsozialistischen Ideen und den Führerkult.

Das Selbstverständnis älterer Berufsoffiziere wurde durch die Teilidentität der innen- und außenpolitischen Ziele in den Bann einer zunehmend verbrecherischen Kriegführung gezogen. Die jüngeren Offiziere waren bereits durch die Schulung der Hitlerjugend gegangen und lehnten den Standesdünkel und aristokratischen Habitus ab. Ritterlichkeit und hergebrachte Soldatentugenden wollten viele nicht mehr absolut setzen, sondern in Abhängigkeit von Rassendenken und weltanschaulicher Feindschaft sehen. Allenfalls im Kampf gegen die Angelsachsen war man bereit, einen »Normalkrieg« zu führen. Gegenüber den slawischen und romanischen Völkern herrschte ein Überlegenheitsgefühl vor, das jederzeit hemmungsloses und brutales Verhalten auslösen konnte. Selbst Verbündete wurden nicht immer respektiert und geachtet, um so weniger »Hilfswillige« aus den besetzten Ostgebieten in den eigenen Reihen.

Der Überfall auf Polen setzte eine Spirale zunehmender Ideologisierung und Brutalisierung der Wehrmacht in Gang, die sich während des Kriegs – nicht gleichmäßig und durchaus widersprüchlich – verschärften. Das war nicht nur ein Ergebnis von Indoktrination und einer weitgehenden Verschmelzung mit dem NS-Regime, sondern teilweise auch die Reaktion auf eine allgemeine Enthemmung des Kriegs, die auch beim Gegner – insbesondere im Kampf der Partisanen – zur Verrohung führte. Durch entsprechende Führerbefehle angeheizt, reagierte die Wehrmacht auf Widerstand der Bevölkerung in den besetzten Gebieten mit Vergeltungsmaßnahmen, die in ihrem Ausmaß durch das damals noch vage Kriegsvölkerrecht nicht immer gedeckt waren. Auch bei der Behandlung von Kriegsgefangenen lavierte die Wehrmacht zwischen einem – auch im eigenen Interesse – gebotenen korrekten Verhalten und einer mörderischen Gleichgültigkeit, die zur Komplizenschaft bei der Ausrottungspolitik von SS und Polizei werden konnte. In mancher Hinsicht unterschied sich die Wehrmacht damit nicht wesentlich von ihrem stärksten Gegner, der Roten Armee, und ihrem stärksten Verbündeten, der japanischen Armee.

Die Mitverantwortung der Wehrmachtführung für das verbrecherische NS-Regime und seine wahnwitzige Kriegführung, die zum Deckmantel für den größten Völkermord der Geschichte wurde, ist nicht zu bestreiten. Selbstverständlich kann das militärische Prinzip von Befehl und Gehorsam gerade in totalitären Systemen zum Kadavergehorsam entarten, der auch die Generalität erfaßt. Und Hitler hat seine Funktion als oberster Befehlshaber unnachgiebig ausgeübt. Aber die Spitzen der Wehrmacht haben diesen Prozeß mitgestaltet und trotz mancher Bedenken im militärischen Apparat umgesetzt. Dabei handelte es sich bei über 3000 Generalen und Admiralen um nicht mehr als ein gutes Dutzend, die in höchster Kommandofunktion direkten Zugang zum »Führer« hatten. Hier ist an erster Stelle der Chef des OKW, Wilhelm Keitel, zu nennen. In seinem Selbstverständnis, zwischen dem Obersten Befehlshaber und der Truppe vermitteln zu wollen, hat er sich mehr zum Sprachrohr Hitlers entwickelt und auch dessen Maßnahmen und verbrecherische Befehle verteidigt. Die Frage nach der Verantwortung läßt sich daher nicht kollektiv beantworten, sondern erfordert eine differenzierte Betrachtung, die den Grad der Handlungsfreiheit berücksichtigt. Für die Mehrzahl der einfachen Soldaten stellte sich angesichts eines rigiden Systems von Zwang, Anpassung und Verführung diese Frage anders.

Als Millionenarmee im totalen Krieg büßte die Wehrmacht ihren inneren Zusammenhalt ein. Trotz der wachsenden Konkurrenz durch die Waffen-SS Heinrich Himmlers und zahlreicher anderer bewaffneter Formationen, die in der letzten Kriegsphase in die Hände der Partei gerieten, blieb sie aber der wichtigste organisatorische Rahmen für die zum Kriegsdienst verpflichtete männliche deutsche Bevölkerung. Sie umfaßte insgesamt rund 18 Millionen Männer. Frauen spielten als »Wehrmachthelferinnen«, als »Blitzmädel« und im Sanitätsdienst eine wichtige Rolle, blieben aber wie in allen anderen Armeen des Zweiten Weltkriegs nur eine kleine Minderheit (ca. 500 000). Das damalige Geschlechterverständnis betonte den harten, kämpferischen Mann und wies der Frau nur eine fürsorgende Rolle zu. Der Nationalsozialismus verstärkte das in allen kriegführenden Mächten vorherrschende traditionelle Frauenbild für sich noch durch die rassenideologisch begründete Rücksichtnahme auf die deutsche Frau und Mutter. Alle Bemühungen, insbesondere auch von seiten der Wehrmacht, wie im Ersten Weltkrieg Millionen von Frauen für die Rüstungsindustrie zu mobilisieren und so die Männer für den Frontdienst freizustellen, scheiterten immer wieder am Einspruch Hitlers, der die Sorge um die Heimatfront vorgab, aber letztlich Gefangener seiner rassenideologischen Ideen geblieben ist. Stalin kannte solche Probleme nicht.

Der notwendige Aufwuchs der Wehrmacht nach Kriegsbeginn – alle Großmächte erhöhten ihre Streitkräfte während des Kriegs um ein Mehrfaches – wurde außerdem durch ein ausgefeiltes System von sogenannten »Unabkömmlich-Stellungen« (uk-Stellungen) begrenzt. Rund 3–6 Millionen wehrfähiger junger Männer blieben bis kurz vor Kriegsende von Einberufungen verschont, weil sie nicht nur als Facharbeiter in der modernen Rüstungsindustrie »unabkömmlich« waren, sondern auch von anderen zivilen Bereichen in Wirtschaft, Partei und Staat reklamiert wurden, die ein beachtliches, friedensorientiertes Beharrungsvermögen zeigten. Erst nach der Kriegswende vor Moskau Ende 1941 gelang es durch verschiedene Aktionen, diese Reserven für die Wehrmacht zu mobilisieren – niemals ausreichend, stets hart umkämpft und erst mit der Verschlechterung der Kriegslage mit einigem Erfolg. Eine moderne Industriegesellschaft mit hochentwickelter Bürokratie läßt sich offenbar nicht hemmungslos militarisieren. Das gilt in gewisser Weise auch für die Streitkräfte selbst, denn die Bemühungen zur »Auskämmung« von Trossen, Stäben und anderen rückwärtigen Einrichtungen brachten in der Wehrmacht niemals die gewünschte Zahl zusätzlicher Kämpfer hervor.

Am deutlichsten war er bei der Waffen-SS, die, von Heinrich Himmler zunächst als mögliche Bürgerkriegstruppe aufgestellt, gegen den Widerstand der Heeresführung immer stärker zu einem vierten Wehrmachtteil entwickelt wurde. Die anfangs von Freiwilligen, später auch von zwangsrekrutierten Volksdeutschen und von ausländischen Kollaborateuren gebildeten Eliteverbände waren zumeist im Brennpunkt der Kämpfe eingesetzt. Bei der Partisanenbekämpfung, bei Vernichtungsaktionen und Massenmorden erwarben sie sich neben den Polizeitruppen einen mörderischen Ruf. Im letzten Kriegsjahr, als Himmler den Befehl über das Ersatzheer übernommen hatte, wurden die personellen Grenzen zwischen Waffen-SS und Wehrmacht weiter aufgeweicht. Zuvor schon wurden ganze Schulklassen, sofern die Jungen gewissen Rassekriterien entsprachen, zum Eintritt in die Waffen-SS gedrängt. Die ideologische Ausrichtung mußte dem Verlauf des Kriegs angepaßt werden, in dem sich die kleine Elite von Rassekriegern größtenteils zu einer ordinären Kampftruppe entwickelte.

Entsprechend den Veränderungen der Kriegslage, der Waffen- und Kampftechnik sowie der verschiedenen Einsatzgebiete und Aufgaben befand sich die Wehrmacht in einem permanenten Prozeß der Umgliederung, Ausbildung, Auflösung und Neuschöpfung. Durch ein System von Zellteilungen erreichte sie es, die alten Stammeinheiten im wesentlichen zu erhalten, durch Rekruten immer wieder aufzufüllen und gleichwohl neue Verbände aufzustellen, die aus Kadern der bewährten Stammtruppenteile unter Berücksichtigung der landsmannschaftlichen Zusammengehörigkeit gebildet wurden. Hier ist eine wichtige Erklärung für den bemerkenswerten sozialen Zusammenhalt der expandierenden Wehrmacht zu suchen. Selbstverständlich gab es große Unterschiede zwischen Divisionen der ersten Welle, den Stammeinheiten des Friedensheeres sowie später geschaffenen Elitedivisionen gegenüber den Großverbänden, die während des Kriegs in weiteren »Wellen« neu aufgestellt wurden. Im Durchschnitt aber blieb ein hoher Grad an Professionalität und Kampfkraft erhalten, wie er in anderen Armeen nicht vorzufinden ist.

Das effiziente System des Personalersatzes und der Organisation wurde durch eine Ausbildung unterstützt, die sich trotz mancher Schwächen und Anachronis-

Umfang und Strukturen der Wehrmacht veränderten sich wie in allen anderen Armeen rasant. Der stetige Aufwuchs des Personals ist das auffälligste Kennzeichen.

	1939	1940	1941	1942	1943	1944	1945
Heer	3 737 000	4 550 000	5 000 000	5 800 000	6 550 000	6 510 000	5 300 000
Luftwaffe	400 000	1 200 000	1 680 000	1 700 000	1 700 000	1 500 000	1 000 000
Marine	50 000	250 000	404 000	580 000	780 000	810 000	700 000
Waffen-SS	35 000	50 000	150 000	230 000	450 000	600 000	830 000
Insgesamt	4 222 000	6 050 000	7 234 000	8 310 000	9 480 000	9 420 000	7 830 000

Tabelle 1: Aufwuchs des Wehrmacht-Personals.

men während des Kriegs auf neue Herausforderungen einzustellen verstand. Der Erfolg zeigte sich vor allem in der taktischen und operativen Überlegenheit, die von der Wehrmacht auch in ungünstigen Lagen gegenüber manchem Gegner erzielt worden ist. Ihr gelang »eine einmalige Kombination von Disziplin, Geschlossenheit und Flexibilität«.[1]

Mit den dramatischen Rückzügen und Niederlagen ab 1943 ging diese Fähigkeit freilich allmählich verloren. Ausbildung und Erziehung wurden ständig reduziert, um die steigenden Verluste rasch kompensieren zu können. Um so mehr Verantwortung übernahmen die Unteroffiziere als Führer »kleiner Kampfgemeinschaften«. Ihre Geschichte ist bis heute nicht geschrieben worden. Militärsoziologische Studien, die unmittelbar nach Kriegsende von der amerikanischen Armee durchgeführt wurden, bestätigten die Bedeutung der kleinen Gruppe. Durch das deutsche System der Auftragstaktik spielten sie im Gefecht eine herausragende Rolle.

In den letzten Kriegsmonaten schritt der Auflösungsprozeß der Wehrmacht rasch voran. Der »Volkssturm« mit Kindern und Greisen brachte keine Verstärkung der Kampfkraft. Bei feindlichen Angriffen bildeten sich nur vorübergehend Inseln des Widerstands. Die Masse der Soldaten ließ sich überrollen und suchte das Überleben in der Flucht bzw. durch den Gang in die Gefangenschaft. Der jüngste Perspektivenwechsel in der historischen Forschung hat den Alltag und die Stimmung der einfachen Soldaten beleuchtet. Mit der Feldpost-Forschung und der Oral History wurden neuen Quellen erschlossen. Wie weit die politische Indoktrination die Soldaten tatsächlich erfassen konnte, wie stark der Führer-Mythos wirkte und ob Wissen oder Ahnung der schweren Verbrechen das Verhalten der Soldaten beeinflußte, bleiben aber offene Fragen. Sicher ist, daß im letzten Kriegsjahr Kampfgeist und -fähigkeit bis auf rudimentäre Reste dahinschwanden. Eine Ausnahme bildeten die Fronteinheiten der Kriegsmarine.

Das »handwerkliche Können« ging auch bis in mittlere Führungsebenen im Verlauf des Kriegs verloren. Die zunehmend einseitige Personalauswahl bei Generalstabsoffizieren und Kommandeuren, von denen Hitler unbedingten Gehorsam und Gesinnungstreue erwartete, prägte einen neuen Typus, für den selbständiges Denken und Handeln von ebenso geringer Bedeutung waren wie Verantwortungsgefühl für die unterstellten Soldaten. Zum Ideal wurde der draufgängerische Truppenführer erhoben, der sich keine Gedanken über größere Zusammenhänge machte und sich darauf beschränkte, im eigenen Befehlsbereich die Weisungen der Führung rückhaltlos umzusetzen.

Auf der höchsten Ebene bestanden von Anfang an gravierende Defizite. Die oberste Führungsstruktur der Wehrmacht hatte den schon im Ersten Weltkrieg gezeigten Anachronismus nicht ablegen können. Traditionell beanspruchte das

Heer den maßgeblichen Anteil an der Gesamtführung, bei einer Kontinentalmacht durchaus verständlich. Bei der ausgeprägten Unfähigkeit des OKH, über die eigenen Ressortinteressen hinaus die anderen Wehrmachtteile angemessen zu berücksichtigen, hatte dieser bis zum Ende umstrittene Führungsanspruch fatale Folgen. Das 1938 gebildete Oberkommando der Wehrmacht blieb eine schwache Einrichtung, die zur Entwicklung und Durchsetzung einer Gesamtkriegführung nicht imstande war. Das OKW war letztlich nicht mehr als das militärische Büro Hitlers mit angegliederten Fachabteilungen (Abwehr, Wehrwirtschaft etc.). Seit 1942 wurden merkwürdigerweise die Kriegsschauplätze geteilt. Das OKH war nur noch für den Osten zuständig, das OKW leitete die anderen Fronten.

Mehr als jede andere Streitkraft legte die Wehrmacht das Gewicht auf die operativen Aspekte des Kriegs. Strategie wurde selbst in den höchsten Bildungseinrichtungen nicht gelehrt. In der Praxis lag sie hauptsächlich beim »Führer«, der damit zumeist überfordert war. Auch in den Generalstäben spiegelte sich die Überbetonung des »operativen Gedankens« auf allen Ebenen wider. Fragen der Logistik hingegen, die im modernen technischen Krieg eine überragende Bedeutung gewonnen hatten, galten als nachrangig. Offiziere, die sich darauf spezialisiert hatten, erhielten kaum eine Chance, eine größere Karriere zu machen. Hier war die Wehrmacht der japanischen Armee sehr ähnlich, die einiges von der ehemaligen preußischen Militärtradition übernommen hatte. Beide unterschieden sich damit wesentlich etwa von der US-Armee.

Die taktische Ausbildung war hingegen höchst effizient. Sie erklärt die erstaunlichen Erfolge in der ersten Kriegsphase. Die Wehrmacht entwickelte hier die Fähigkeit, moderne Kampftechnik zur Durchführung weitreichender Operationen zu nutzen. Das Erfolgsgeheimnis lag im schwerpunktmäßigen Einsatz von Panzerverbänden und motorisierten Truppen, unterstützt von einer schlagkräftigen Luftwaffe. Dieser Kampf der verbundenen Waffen erforderte ein diszipliniertes Zusammenwirken aller Waffengattungen, für das je nach Kriegsschauplatz und Gefechtsart optimale Lösungen gefunden wurden. Voraussetzung dafür war nicht zuletzt ein hervorragendes Funknetz, das im Westfeldzug und auch gegenüber der Roten Armee der Wehrmacht zu schnellen Führungsentscheidungen und Reaktionen verhalf. Dennoch entsprach die Wehrmacht in der Masse keineswegs dem Bild einer vollmotorisierten Blitzkriegsarmee. Die wenigen Eliteverbände erzwangen zumeist den Durchbruch und die Entscheidung in der Schlacht, die Mehrzahl der Truppen kämpfte und marschierte wie zu Napoleons Zeiten: zu Fuß, mit Pferd und Wagen, mit Gewehr und Kanone.

Mit seiner Ausrichtung auf den Angriff war das Heer nach 1942 schlecht darauf vorbereitet, die überdehnten Fronten gegen einen zahlenmäßig weit überlegenen

Feind verteidigen zu können. Hitlers starre Haltebefehle führten immer wieder zu Krisensituationen und verhinderten ein rechtzeitiges Ausweichen. Der Verschleiß an mehreren Fronten machte es nicht mehr möglich, operative Reserven zu bilden. Hitlers Wille zum »Schlagen« blieb aber bis zum Frühjahr 1945 ungebrochen. So wurden wiederholt größere Angriffsoperationen und Vorstöße unternommen, die das Blatt aber nicht zu wenden vermochten. Trotz eindrucksvoller Rüstungszahlen verringerte sich – gemessen am Gesamtumfang der Wehrmacht – laufend die Ausstattung mit Waffen, Gerät und Munition, und auch die personellen Ressourcen reichten nicht mehr dazu aus, die steigenden Verluste in den Kampfeinheiten zu ergänzen. Sie erreichten im letzten Kriegsjahr ihren Höhepunkt. In dieser Zeit kamen mehr Soldaten ums Leben als in den fünf Kriegsjahren zuvor.

Der Einsatz der Luftstreitkräfte war im Zweiten Weltkrieg auf allen Schlachtfeldern von entscheidender Bedeutung. Innerhalb weniger Jahre hatte sich Görings Luftwaffe bis 1939 zur stärksten Luftmacht der Welt entwickelt. Dieser Rüstungsvorsprung ging rasch wieder verloren, zumal er auf Improvisationen und Fehlentscheidungen beruhte. Die moderne, aus dem Boden gestampfte und teilweise verstaatlichte Luftfahrtindustrie war in zu kleinen Einheiten über das ganze Reichsgebiet verstreut und wurde von Unternehmern dirigiert, die sich mehr als Pioniere und Konstrukteure verstanden. Das Ergebnis war eine Vielzahl verschiedener Flugzeugtypen in zahllosen Varianten, die in viel zu kleinen Stückzahlen produziert wurden. Ehrgeizige Ausbaupläne Görings konnten nur zum Teil realisiert werden. Fast die Hälfte der deutschen Rüstungsressourcen floß der Luftwaffe zu, die im Wettlauf mit den gegnerischen Großmächten aber nicht lange mithalten konnte. Fast eine Million Soldaten jedoch und Zehntausende von Geschützen mußten eingesetzt werden, um die eigene Truppe und die Heimat vor feindlichen

1939 und früher	1940	1941	1942	1943	1944	1945
4,674 Mio.	4,109 Mio.	2,507 Mio.	2,466 Mio.	2,006 Mio.	1,308 Mio.	0,225 Mio.

Tabelle 2: Einziehungen zur Wehrmacht.[2]

1939–1940	1941	1942	1943	1944	1945 und später
102 000	357 000	572 000	812 000	1 802 000	1 674 000

Tabelle 3: Militärische Verluste (Tote).[3]

Luftangriffen zu schützen, weil es nicht gelang, die Luftherrschaft auf dem Kontinent dauerhaft zu erringen und zu verteidigen. Am Ende wurden 200 000 Mann in Luftwaffen-Felddivisionen als Infanteristen eingesetzt, weil Göring nicht bereit war, seine riesige Organisation, die kaum noch Flugzeuge in die Luft brachte, zu verkleinern.

Die Luftverteidigung war eine wichtige Schwachstelle der Wehrmacht. Der technische Vorsprung deutscher Jagdflugzeuge konnte nicht gehalten werden. Schon in der Luftschlacht um England im Herbst 1940 wurden Leistungsgrenzen der Luftwaffe erkennbar. Die frühe Entscheidung Hitlers, die Bevölkerung durch massive Luftschutzbauten zu schützen, band Hunderttausende von Arbeitskräften. Auch der Einsatz von Flak-Batterien war wenig effizient. Erst mit der Entwicklung von Strahlflugzeugen, die 1939 als Prototypen bereits vorhanden waren, aber erst 1944 produziert werden konnten, stand der Luftwaffe ein freilich noch nicht ausgereiftes Kampfmittel zur Verfügung, um die alliierte Luftüberlegenheit wirkungsvoll angreifen zu können. Mit den wenigen Hochleistungsflugzeugen ließ sich aber keine Wende mehr im Luftkrieg erzwingen.

Eine andere Schwachstelle war der frühe Verzicht auf den Bau einer strategischen Bomberflotte. Auch in der Luftwaffenführung gab es Verfechter eines radikalen Bombenkriegs gegen die feindliche Zivilbevölkerung, doch der äußerst aufwendige Bau weitreichender Bomber wurde zugunsten mittlerer Kampfbomber zurückgestellt, die angesichts begrenzter Ressourcen in sehr viel größeren Stückzahlen gebaut werden konnten. Die Luftwaffe sah ihre Hauptaufgabe darin, die Bodentruppen zu unterstützen, und verzichtete im Gegensatz zu anderen Luftstreitkräften auf die Idee eigenständiger Kriegführung. Mit den berühmten Stukas unterstützte sie die Panzerangriffe als »fliegende Artillerie« und riegelte selbständig das Schlachtfeld ab. Ihre Kampfbomber und Zerstörer attackierten militärische Ziele im Hinterland und führten in einem begrenzten Maße auch Terrorangriffe gegen die Zivilbevölkerung durch. Für die großen Entfernungen konnte aber niemals eine ausreichende Lufttransportkapazität geschaffen werden, um Brennpunkte des Kampfes ausreichend zu versorgen. Ebenso fehlte es an einer Marineluftwaffe, die notwendig gewesen wäre, um das europäische Küstenvorfeld zu überwachen und den U-Boot-Krieg zu unterstützen. Statt dessen setzte man seit 1943 auf vermeintliche Wunderwaffen wie die fliegende Bombe »V 1«, die als Vergeltung militärisch nahezu wirkungslos gegen England eingesetzt wurde, während es bei der Reichsluftverteidigung an Flugzeugen und Treibstoff für die Ausbildung der Piloten mangelte. In den letzten Tagen des Kriegs sollten dann sogar »Selbstopfer«-Piloten nach japanischem Vorbild eingesetzt werden. Dazu ist es nur in wenigen Fällen gekommen. Aufstieg und Absturz der deutschen Luftwaffe lagen dicht beieinander.

Die Kriegsmarine verfügte im Gegensatz zu der nationalsozialistisch geprägten Luftwaffe über ihre eigene Tradition. Den weitreichenden Planungen der Marineführung für eine die Weltmeere beherrschende deutsche Großflotte von Flugzeugträgern und Schlachtschiffen stand bei Beginn des Zweiten Weltkriegs eine nüchterne Realität entgegen. Es schien, daß der deutschen Marine nicht viel mehr übrigblieb, als »mit Anstand« unterzugehen. Als kleinster Wehrmachtteil führte sie den Seekrieg weitgehend selbständig und mit den geringen Mitteln, die ihr Oberbefehlshaber Erich Raeder, später Karl Dönitz, im Verteilungskampf innerhalb der Wehrmacht erringen konnte. Schon mit der kühnen Norwegen-Operation im April 1940 verlor sie einen großen Teil ihrer Überwasserstreitkräfte. Die wenigen Großkampfschiffe gingen innerhalb kurzer Zeit in Einzelgefechten zumeist verloren. Es blieb am Ende eine Vielzahl von bewaffneten Fischkuttern und anderen Hilfsschiffen, die das Bild der Kriegsmarine prägten. Im europäischen Küstenvorfeld konnte sie nur bis 1943 in größerem Maße operieren, im Mittelmeer und im Schwarzen Meer ließ sich mit wenigen Fahrzeugen keine besondere Wirkung erzielen. In ihren Heimatgewässern, der Nord- und Ostsee, blieb sie mit Vorpostenbooten und Schnellbooten präsent. Im Frühjahr 1945 konnten einige wenige schwere Überwassereinheiten die Bodentruppen im Kampf gegen die Sowjetarmee artilleristisch unterstützen, die Kriegsmarine leistete mit allen verfügbaren Fahrzeugen bei der Evakuierung der ostdeutschen Bevölkerung einen letzten wichtigen Dienst.

Ihre größte militärische und strategische Bedeutung erreichte sie durch den Einsatz von fast tausend U-Booten. Es war die einzige Waffengattung, die wirkungsvoll den alliierten Schiffsverkehr angreifen und die feindliche Flotte attackieren konnte. Sie wurde, 1939 noch in geringen Zahlen, dann während des Kriegs nur langsam ansteigend, von ihrem Oberbefehlshaber Dönitz rücksichtslos auf Feindfahrt geschickt. Strategisch hätte sie England aushungern und die USA vom Eingreifen in Europa abhalten müssen. Nach spektakulären Erfolgen in den ersten Kriegsjahren, die für England eine harte Prüfung darstellten, wendete sich 1943 das Blatt. Dank überlegener Ortungstechnik und lückenloser Überwachung gelang es den Alliierten, die Rudel der »grauen Wölfe« zu zerschlagen und die U-Boote von Jägern zu Gejagten zu machen.

Karl Dönitz, von seinen U-Bootfahrern trotz aussichtsloser und verlustreicher Einsätze verehrt, verkörperte den nationalsozialistisch geprägten Marineoffizier, der sich bedingungslos dem »Führer« unterwarf und großen Wert darauf legte, seine Truppe auf diesen Geist zu verpflichten. Durch seine ganze Energie versuchte er, die Unterlegenheit seiner Waffe auszugleichen. Dazu setzte er auf den »neuen U-Boot-Krieg«, was wohl nicht mehr als ein Bluff gewesen ist. Erst Hitlers Tod wirkte in gewissem Maße befreiend, dennoch war es bezeichnend, daß Dönitz in Hitlers Testament als dessen Nachfolger benannt wurde. Ihm oblag es, die Kapitulation der Wehrmacht zu organisieren und bis zu seiner Verhaftung eine neue »Reichsregierung« zu führen, die das NS-Regime in die Nachkriegszeit retten sollte. Die Wehrmacht verkörperte in ihrem Selbstverständnis die Reichsidee und zeigte sich bereit, in einem totalen Krieg ihrem »Führer und Obersten Befehlshaber« bis in den Untergang des Reiches zu folgen. Der 8. Mai 1945 brachte daher, anders als der November 1918, einen völligen Bruch in der deutschen Militärgeschichte. Weder die kleine Minderheit der Militäropposition, die am 20. Juli 1944 vergeblich den Staatsstreich versuchte und von der Wehrmachtführung verdammt wurde, noch die Masse der Soldaten, die aus falscher Überzeugung oder Resignation den Kampf bis zum letzten Tag fortsetzte, noch die geringe Zahl von Deserteuren und Überläufern konnten die Entwicklung beeinflussen.

Kriegswirtschaft und »Rüstungswunder«

In vier Jahren solle die Wirtschaft kriegsbereit sein – diese Forderung hatte Hitler in seiner geheimen Denkschrift zum Vierjahresplan 1936 erhoben.[4] Als er den Zweiten Weltkrieg schon nach drei Jahren begann, war er dennoch zuversichtlich, daß Deutschland – anders als 1914 – mit einer wohlvorbereiteten Wirtschaft den Kampf um die Weltherrschaft aufnehmen konnte. Im europäischen Maßstab betrachtet, hatte das Reich als eine moderne Industriemacht eine weit überlegene Position erreicht. Im globalen Rahmen lagen jedoch die USA an der Spitze, deren Eingreifen bereits den Ersten Weltkrieg entschieden hatte. Auch die anderen Großmächte wie das Britische Empire und die Sowjetunion übertrafen in manchen Bereichen die deutsche Produktionskraft. Dafür hatte Deutschland einen entscheidenden Vorsprung bei der Aufrüstung und der Vorbereitung der wirtschaftlichen Mobilmachung erreicht. 1938/39 konnte man bereits von einer kriegsähnlichen Friedenswirtschaft sprechen. Durch seine Autarkiemaßnahmen hatte es ein hohes Maß an Unabhängigkeit von kriegswichtigen Einfuhren erreicht. Wenn es Hitler gelang, Europa und die angrenzenden Gebiete in seine Gewalt zu bringen, konnte er den »Kampf gegen Kontinente« mit Zuversicht führen.

Im Rückblick läßt sich natürlich leicht errechnen, daß die Ressourcen der späteren Anti-Hitler-Koalition von Anfang an weit überlegen gewesen sind. Insoweit hatte Hitler nie eine reale Chance, den »Krieg der Fabriken« zu gewinnen. Doch in den ersten zwei Kriegsjahren existierte diese Koalition noch gar nicht. Sie fand sich erst durch Hitlers fehlgeschlagenen Blitzkrieg gegen die UdSSR zusammen. Bis

Ende 1941 konnte er sein Potential beständig erweitern, zuerst mit Unterstützung Stalins, dann durch den Angriff auf ihn. Nach Hitlers fester Überzeugung konnte die deutsche »Großraumwirtschaft« erst durch die Eroberung der russischen Ressourcen den Durchbruch zur Weltmacht ermöglichen.

Den Rüstungsvorsprung nutzte Hitler in der Phase der Blitzfeldzüge, aber es gelang ihm nicht, diesen weiter auszubauen oder zumindest zu halten. Auch die inneren Spannungen und Engpässe in der deutschen Kriegswirtschaft konnten nicht gelöst werden, trotz der Beute, die der Raubzug durch Europa einbrachte. Im Gegenteil, schon vor der Kriegswende im Dezember 1941 befand sich Deutschland in einer schweren wirtschaftlichen Krise, die für die Bevölkerung noch keine dramatischen Ausmaße angenommen hatte, die aber in der Erwartung eines raschen Sieges im Osten weitgehend verdrängt worden war. Sie hatte ihre Ursachen in der zögerlichen Umstellung der Wirtschaft auf die Kriegsbedürfnisse sowie in dem festgefahrenen Streit um die Führung der Kriegswirtschaft.

Den Ausgangspunkt hatte im Oktober 1939 die Entscheidung Hitlers gebildet, die angelaufene wirtschaftliche Mobilmachung abzubremsen und die vorbereiteten drastischen Maßnahmen zur Stillegung bzw. Umstellung von Betrieben, der Zwangsverpflichtung für Arbeitskräfte, zur Rationierung, zur Kriegsfinanzierung usw. abzuschwächen. Die NS-Führung befürchtete zu Unrecht das Entstehen einer Massenarbeitslosigkeit wie im Herbst 1914 und negative Auswirkungen auf die Stimmung der Bevölkerung. Es entstand eine friedensähnliche Kriegswirtschaft zu Lasten der militärischen Bedürfnisse. Immer wieder gab Hitler der Neigung nach, den mühsam gedrosselten zivilen Verbrauch freizugeben und die Bevölkerung an den Früchten der Siege teilhaben zu lassen. Große Teile der Wirtschaft hielten ihre zivile Fertigung aufrecht, um nach dem erwarteten baldigen Kriegsende wieder ihre Kunden und Märkte bedienen zu können. Da die Gauleiter nur für die positive Stimmung der Bevölkerung in ihren Regionen zuständig waren, verhinderten sie nach Kräften wirtschaftliche Zwangsmaßnahmen und Veränderungen. Wiederholte Bemühungen der kriegswirtschaftlichen Lenkungsorgane, die Umstellung auf die Kriegsbedürfnisse zu forcieren, blieben im Dickicht einer unübersichtlichen Bürokratie, im Wirrwarr der Kompetenzen und politischer Direktiven stecken.

Im Ergebnis führte das zu einer Blockade der etwa 4000 Rüstungsbetriebe, die trotz höchster Dringlichkeit nicht die notwendigen Arbeitskräfte, Maschinen, Rohstoffe und Zulieferer erhielten, um die Rüstungsprogramme der Wehrmacht voll erfüllen zu können. Sie richteten auch deshalb keinen Mehrschichten-Betrieb ein, weil sie mit einem baldigen Abflauen der militärischen Nachfrage rechneten. Da die Beschaffungsämter der Wehrmacht jeden nachgewiesenen Aufwand bezahlten, wurden Waffen und Geräte weder in der rationellsten und billigsten Weise noch in großen Stückzahlen produziert.

Das System der militärischen Kommandowirtschaft bildete bis Ende 1941 das zweite wichtige Hindernis für die Erhaltung des Rüstungsvorsprungs. Seit 1924 hatte sich eine kleine Gruppe von Offizieren darauf vorbereitet, die Rüstungsproduktion zu steuern und im Kriegsfall das Kommando über die Kriegswirtschaft zu übernehmen, um so den Vorrang militärischer Bedürfnisse sicherstellen zu können. Aus den Erfahrungen des Ersten Weltkriegs war die Forderung nach einer noch stärkeren Militarisierung der Wirtschaft abgeleitet worden. Neben den mächtigen Waffenämtern der Wehrmachtteile hatte sich am Vorabend des Kriegs im OKW das Wehrwirtschafts- und Rüstungsamt unter der Führung von General Georg Thomas etabliert. Das Amt verstand sich als wirtschaftlicher Generalstab und dirigierte über seine Außenstellen die Rüstungsbetriebe.

Mit seinen Denkschriften und Berechnungen versuchte Thomas, der zeitweise zum militärischen Widerstand gehörte, Einfluß auf die Kriegführung zu nehmen. Hitler informierte sich jedoch aus vielfältigen Quellen und ließ sich von den teilweise pessimistischen Lagebeurteilungen nicht beeinflussen. Sie bestärkten ihn vielmehr in der Absicht, eine schnelle Entscheidung des Kriegs zu erreichen und das, was er für die Rüstung brauchte und im eigenen Lande nicht oder nur unter Mühen mobilisieren konnte, durch Eroberung sicherzustellen.[5] Thomas hatte außerdem große Mühe, die Rüstungsprogramme der Wehrmachtteile zu koordinieren. Sein System der Dringlichkeiten kanalisierte die knappen Ressourcen und zwang die Waffenämter dazu, kurzfristige Beschaffungspläne aufzustellen, langfristige Vorhaben aber angesichts steigender Lieferfristen zu verschieben. Zugleich förderte es den Wettstreit der Oberbefehlshaber, sich bei Hitler immer neue Ausnahmen genehmigen zu lassen. Die Koordinierung wurde dadurch nicht leichter, und die Betriebe wurden durch ständig wechselnde Produktionsbefehle verunsichert.

Von Rationalisierung war in der Phase der Blitzkriege nicht ernsthaft die Rede. Solange der Machtkampf um die Führung der Kriegswirtschaft nicht entschieden war, nutzten die Betriebe die Chance, stille Reserven zu schaffen und sich um die Erhaltung ziviler Absatzchancen zu bemühen. Das Bemühen von General Thomas um eine militärische Kontrolle der Kriegswirtschaft fand schon innerhalb der Wehrmacht keinen starken Rückhalt. Hitler selbst war nicht bereit, seinen Militärs größere Kompetenzen zu überlassen, weil er davon überzeugt war, daß Offiziere den »Schlichen« von Unternehmern nicht gewachsen seien.[6] So konnte Reichswirtschaftsminister Walther Funk die Aufsicht über die zivile Wirtschaft und die Kriegsfinanzierung behalten. Auch ein wirksamer Druck auf die Partei, die Friedensbauten zugunsten der Rüstung einzustellen, konnte nicht ausgeübt werden.

Der »zweite« Mann im NS-Regime, Hermann Göring, verstand sich als »Wirtschaftsdiktator« und verfügte mit den Autarkieprojekten des »Vierjahresplans«, mit der rasant wachsenden Lufträstung sowie mit seinen halbstaatlichen »Reichswerken Hermann Göring« über ein nahezu autonomes Wirtschaftsimperium. Durch die Überlastung mit seinen militärischen Aufgaben war der korrupte Vertraute Hitlers nicht in der Lage, seine Wirtschaftskompetenzen wirkungsvoll und beständig wahrzunehmen. Gremien wie der Ministerrat für die Reichsverteidigung und der Generalrat des Vierjahresplans tagten nur einige wenige Male. Das Nebeneinander verschiedener Planungsinstanzen und Zentralen, von Sonderbeauftragten und Generalbevollmächtigten entsprach keinem rationalen Herrschaftskonzept des divide et impera, sondern war Ausdruck ungelöster Interessenkonflikte und eines ungesteuerten Aktionismus.

So fehlte es bis 1942 an einer arbeitsfähigen zentralen Planung und Steuerung der deutschen Kriegswirtschaft. Deshalb sind ältere Thesen, die hier eine vermeintlich geniale »Blitzkriegswirtschaft« erkennen wollten, hinfällig geworden. Auch die früher diskutierten Faschismus-Theorien, die hinter den Kulissen mächtige Drahtzieher kapitalistischer Cliquen erkannt haben wollten, können die Entscheidungsprozesse und Ergebnisse der deutschen Kriegswirtschaft nicht überzeugend erklären. Neuere Forschungen haben ein neues und differenziertes Bild von der Rolle der Unternehmer gezeichnet, deren Einfluß auf die Politik oft überschätzt worden ist.[7] Ihnen ist es wohl gelungen, von den Expansionschancen, die sich während des Kriegs boten, zu profitieren, aber nach der Wende des Kriegs sind sie auf eine stille Distanz zum Regime gegangen und haben die eigenen betrieblichen Interessen oft auch gegen die politischen Direktiven zu bewahren verstanden.

In der Erwartung, daß der bevorstehende Frankreich-Feldzug zu einem längeren Abnutzungskrieg führen könnte, hatte man im Winter 1939/40 größere Rüstungsanstrengungen organisiert. Die sogenannte Munitionskrise führte im März 1940 überraschend zur Ernennung von Fritz Todt zum Reichsminister für Bewaffnung und Munition. Der Chef des Nationalsozialistischen Bundes Deutscher Technik (NSBDT) hatte mit großem Erfolg die spektakulären Befestigungslinien des Reiches gebaut. Seine »Organisation Todt« dirigierte Hunderttausende von Bauarbeitern, die nun teilweise in die Rüstung überführt werden konnten. Todt gelang es in kurzer Zeit, den militärischen Führungsanspruch im Bereich Panzerbau und Munitionsherstellung zurückzudrängen und die Industriellen stärker in die Verantwortung einzubeziehen. Er bemühte sich, Ordnung in die Auftragsplanung zu bringen und mit Hilfe seiner Ingenieure Leistungsreserven in den Rüstungsbetrieben aufzuspüren. Todt erkannte auch, daß mit dem rigiden Preissystem der Wehrmacht kein ausreichender finanzieller Anreiz zur rationellen Massenfertigung für die Unternehmer geboten wurde.

Als Minister errang er nur begrenzte Erfolge, weil er nur in einem engen Sektor der Heeresrüstung tätig sein konnte und Görings Imperium unangetastet ließ. Der überraschende Erfolg der Westoffensive nahm seinen Bemühungen den Schwung, weil Hitler einerseits die zivile Versorgung wieder ankurbeln wollte und sich andererseits die Wehrmacht auf ein neues Rüstungsprogramm verständigte. Durch Umverteilungen und Dringlichkeiten sollten Steigerungen in den Engpaßgebieten erreicht werden, ohne den zivilen Bereich stärker bedrängen zu müssen. Das Hauptthema dort waren hektische Friedensplanungen. Unternehmen und Wirtschaftsverbände bereiteten sich auf eine »Großraumwirtschaft« unter deutscher Führung vor, die vom Nordkap bis nach Afrika, vom Atlantik bis zum Ural reichen sollte.

Das waren keine politischen Signale, die zu einer weitergehenden Umstellung auf die Kriegsbedürfnisse ermutigten. Die Wehrmacht arbeitete selbst schon an

Abbildung 20: Rationalisierung und Massenfertigung waren die größten Schwächen der deutschen Rüstung bis 1942.

Plänen zur Demobilmachung. Aufträge, die sie nicht mehr im Reich unterbringen konnte, wurden ins Ausland verlagert. Fast 400 000 Soldaten wurden als »Rüstungsurlauber« in die Betriebe geschickt; sie sollten neue Waffen für den Rußland-Feldzug schaffen. Das schien notwendig zu sein, weil die administrativen Bemühungen zur Umsetzung ziviler Arbeitskräfte nicht so recht vorankamen. Die Zahl der als »unabkömmlich« eingestuften Arbeiter stieg von 1,7 Millionen bei Kriegsbeginn auf 5,6 Millionen im September 1941! Das größte Hindernis zur Entspannung des Arbeitsmarktes blieb Hitlers Abneigung gegen die Arbeitspflicht für Frauen.

Die Illusion eines kurzen Blitzkriegs im Osten schürte die Erwartung, daß die leidigen Verteilungskämpfe und Einschränkungen in der Kriegswirtschaft bald beendet sein würden. In völliger Fehleinschätzung der Kräfteverhältnisse war die Produktion schon vor Angriffsbeginn auf den Vorrang von Marine- und Luftrüstung umgestellt worden. Für die Zeit nach »Barbarossa« verfolgten alle Wehrmachtteile gigantische Rüstungspläne, während in der Realität die Rüstungsproduktion stagnierte. In Großbritannien war im Gegensatz dazu ein Ausmaß an Mobilisierung erreicht worden, von dem Deutschland noch weit entfernt war. Auch in den USA erreichte die Rüstungsmaschinerie hohe Steigerungsraten.

Dieser eklatante Widerspruch in der deutschen Kriegswirtschaft ging mit internen Spannungen und Versorgungsengpässen einher. Viele zivile Betriebe hatten ihre Vorräte verbraucht und mußten ihre Produktion einschränken. Die schleichende Inflation, durch den Warenmangel verschärft, ließ sich nur schwer verbergen. Hitler wies alle Vorschläge zu einer stärkeren Besteuerung der eigenen Bevölkerung zurück. Die eroberten Ostgebiete sollten die Kriegskosten amortisieren. Der erhoffte Strom von Rohstoffen und Nahrungsmitteln aus dem Osten erwies sich aber nur als Rinnsal, und von der Rückkehr der Soldaten an die Werkbänke konnte im Herbst 1941 keine Rede mehr sein. Dafür zeichnete sich der Kriegseintritt der USA ab, mit dem das Kräfteringen unabsehbare Ausmaße annehmen würde. Die Rüstungsplanung der Wehrmacht war völlig aus den Fugen geraten und behinderte die Betriebe, deren Ausstoß kaum noch ausreichte, um die steigenden Verluste auszugleichen. Teilweise war ein dramatischer Rückgang zu verzeichnen.

Eine radikale Umstellung der deutschen Rüstungspolitik war nicht mehr zu umgehen, wollte sich Hitler die Chance erhalten, den Kampf gegen eine Weltkoalition längere Zeit bestehen und durch einen Sieg im Osten doch noch für sich entscheiden zu können. Neben der Klärung der Rüstungsziele und einer totalen Mobilisierung der Kriegswirtschaft bedurfte es dazu der Herausbildung eines neuen Machtzentrums. Todt hatte dazu die Weichen gestellt. Sein überraschender Tod führte am 8. Februar 1942 den jungen Albert Speer auf eine kometenhafte Bahn. Hitler ernannte den ihm persönlich nahestehenden Architekten zum neuen

Rüstungsminister und verlieh ihm jede gewünschte Rückendeckung. Speers Name verbindet sich mit einem »Rüstungswunder«, das Hitler die Fortsetzung des Kriegs für mehr als drei Jahre ermöglichte.

Die immer wieder diskutierte Frage nach der Wirksamkeit von Persönlichkeiten in der Geschichte, nach Handlungsspielräumen und Sachzwängen verweist bei Speers Aufstieg zum zweitmächtigsten Mann und möglichen Nachfolger Hitlers auf das persönliche Verhältnis zum Diktator. Doch um dieses erhalten und für seinen Machtkampf nutzen zu können, mußte sich Speer am Rüstungsausstoß messen lassen. Diese Statistik bestimmte sein Schicksal. Er setzte, um die Stagnation der Produktion zu überwinden, auf das System unternehmerischer Selbstverwaltung, das sein Vorgänger Todt bereits in Teilen der Rüstungsindustrie eingeführt hatte. Mit Hilfe der Ingenieure und Unternehmer erreichte Speer eine überraschende Steigerung der Produktivität, von der sich niemand zuvor eine Vorstellung zu machen vermocht hatte.

Voraussetzungen für dieses »Rüstungswunder« waren eine verbesserte Planung und Steuerung, die Konzentration auf die Rüstung, eine Lockerung der Preispolitik und die Rationalisierung. Die durchgreifende Rationalisierung schuf freilich auch in der Privatwirtschaft Widerstände und Verluste. Voraussetzung für den Konsens mit den Unternehmern war die Zurückdrängung der militärischen Kommandowirtschaft und des staatlich-bürokratischen Dirigismus in der Produktionssphäre. Die Privatwirtschaft erreichte damit ein hohes Maß an Autonomie gegenüber dem »Primat der Politik«.

Solange Hitler aus den vorgelegten und von Speer geschickt präsentierten Zahlen Zuversicht schöpfen konnte, gewährte er seinem Rüstungsminister freie Hand. Die Wehrmacht setzte bald ganz auf Speer, der 1943 auch die Marinerüstung und 1944 die Luftrüstung übernehmen konnte. Eine gefährliche Konkurrenz erwuchs ihm vor allem im Wirtschaftsimperium der SS, das Heinrich Himmler auf die Arbeitskraft seiner Häftlingsarmeen zu bauen versuchte. Doch die meisten dieser Sklaven waren im Bausektor eingesetzt, wo sie unter primitivsten Bedingungen Schwerarbeit leisten mußten und einer »Vernichtung durch Arbeit« ausgesetzt waren. Speer verstand es, sich dieser Ressourcen je nach Bedarf zu bedienen. Auch wenn Teile der Industrie damit in den Sog einer verbrecherischen Vernichtungspolitik gerieten, so steht doch außer Zweifel, daß sie kein Interesse daran hatte, sich den »schwarzen« Wirtschaftsbürokraten zu unterwerfen. Indem Speer den Unternehmern politische Rückendeckung gegenüber Partei und SS verschaffte, sicherte er sich ihre Loyalität bis in die letzten Kriegstage.

Nach ihrem Selbstverständnis führten die Nationalsozialisten auch einen »Ernährungskrieg«. Die Erfahrungen des Ersten Weltkriegs hatten gezeigt, daß

Abbildung 21: Erhard Milch (1892–1972) und Albert Speer (1905–1981).

Milch, Generalfeldmarschall und Jagdflieger im Ersten Weltkrieg, wird trotz jüdischer Abstammung 1933 Staatssekretär im Reichsluftfahrtministerium. 1941–1944 kommandiert er als Generalluftzeugmeister die Luftrüstung. Sie bindet rund die Hälfte der deutschen Ressourcen. Speer, der Reichsminister für Rüstung und Kriegsproduktion. Der Architekt fand als einziger »Freund« engen Kontakt zu Hitler, war verantwortlich für die Bauprojekte des Diktators und übernahm 1942 zunächst die Rüstungsproduktion für das Heer, 1943 für die Marine, 1944 für die Luftwaffe. Als Kriegsverbrecher verurteilt, wurde er nach seiner Entlassung aus der Spandauer Haft der prominenteste Ex-Nazi.

Deutschland nicht imstande war, seine Industriearbeiterschaft unter Blockadebedingungen ausreichend zu ernähren. Um eine Wiederholung der innenpolitisch verheerenden Folgen des Hungers zu verhindern, sollte die deutsche Landwirtschaft möglichst autark und durch Zufuhren aus dem Ausland ergänzt werden. Doch trotz der »Ernteschlachten« hatte sich die Agrarproduktion seit Beginn des Zweiten Weltkriegs rückläufig entwickelt. Es fehlte an Düngemitteln, Landmaschinen und Arbeitskräften. Seit dem Herbst 1941 konnte die deutsche Landwirtschaft nach dem Verbrauch der mühsam angelegten Vorräte die eigene Bevölkerung nicht mehr ernähren. Hunger breitete sich in Europa aus, weil die NS-Führung entschlossen war, die eigene Bevölkerung zu Lasten der besetzten Länder zu ernähren.

Sie setzte dabei auf eine rassenideologisch geprägte Ernährungspyramide, an deren unterem Ende die zur Vernichtung vorgesehenen Bevölkerungsgruppen und Nationen rangierten: Juden, KZ-Häftlinge, sowjetische Kriegsgefangene und andere »rassisch« oder politisch mißliebige Menschen. Nur soweit es im Sinne der von Speer organisierten Rüstungsproduktion lag, angelernte Arbeitssklaven oder Facharbeiter arbeitsfähig zu erhalten, erhielten sie ein Minimum an Rationen, teilweise experimentierte man sogar mit minderwertigsten Nahrungsmitteln. Die zunächst von Walther Darré, dann von Herbert Backe gelenkte Agrar- und Ernährungspolitik mußte sich zwar dem Primat der Rüstung unterwerfen, kompensierte aber den Entzug von Ressourcen durch eine ideologisch geprägte Ausbeutungspolitik gegenüber fremden Ländern. Damit trug sie erheblich zum Widerstand im besetzten Europa bei, was die Ergebnisse der Rüstung dann wieder schmälerte. Trotz aller Einschränkungen erlebten die meisten »Volksgenossen« den Hunger erst gegen Kriegsende.

Speer, der als Heeresrüstungsminister begonnen hatte und erst im Sommer 1944 die Verantwortung für die gesamte Kriegswirtschaft in Händen hielt, hatte es versäumt, auch den Arbeitskräftesektor rechtzeitig unter seine Kontrolle zu bringen. Als Ausgleich für die unternehmerfreundliche Politik von Speer hatte Hitler die Verantwortung für die Arbeiter in die Hände der Partei gelegt. Der »Deutschen Arbeitsfront« (DAF) war es gelungen, auch unter Kriegsbedingungen die Leistungsbereitschaft und Loyalität der Arbeiterschaft zu gewährleisten. Anders als im Ersten Weltkrieg blieben die Arbeiter dem politischen System weitgehend verbunden. Der älteren Forschung ist es nicht gelungen, die »Arbeiterklasse« zum Opfer einer brutalen Unterdrückungspolitik oder zum Hort eines stillen Widerstands zu stilisieren. Daß viele Arbeiterfamilien intakt blieben, weil die Männer uk (unabkömmlich) gestellt waren, also keinen Wehrdienst leisten mußten, auch die Arbeitspflicht der Frauen stark eingeschränkt und sich Mütter ganz um die Familien kümmern konnten, eine ausreichende Versorgung gewährleistet war und der Traum vom sozialen Aufstieg durch eine Vorarbeiter-Rolle gegenüber ausländischen Zwangsarbeitern gefördert wurde, hat sicherlich zu diesem Ergebnis beigetragen.

Als neuernannter »Generalbevollmächtigter für den Arbeitseinsatz« sorgte seit April 1942 der thüringische Gauleiter Fritz Sauckel dafür, daß der unersättliche Bedarf der Kriegswirtschaft gedeckt werden konnte. Neben der Umsetzung und Qualifizierung deutscher Arbeitskräfte für die Rüstung spielten seine Sklavenjagden in den besetzten Gebieten eine große Rolle. In vielen Rüstungsfabriken erreichte der Anteil ausländischer Arbeiter zwischen 70 und 90 Prozent.[8] Die größte Gruppe neben den Kriegsgefangenen bildeten sogenannte Ostarbeiter – vorwiegend jüngere Frauen – aus den besetzten Gebieten der UdSSR, manche nicht viel besser gestellt als die Sklaven der SS.

Erst nach der Niederlage von Stalingrad entwickelte das NS-Regime eine begrenzte Entschlossenheit, die eigene Bevölkerung stärker für den totalen Krieg zu mobilisieren. Eine Arbeitspflicht für Frauen und die Umsetzung von Arbeitskräften in die Rüstung wurden dennoch vielfach behindert und unterlaufen. Auch die Stillegung von mehr als 20 000 Handwerks- und Versorgungsbetrieben brachte nicht die von Speer geforderten Zahlen, provozierte aber eine erhebliche Unruhe unter der Bevölkerung. So mußte die verstärkte Einberufung männlicher Arbeitskräfte zur Wehrmacht hauptsächlich durch den massiven Einsatz von »Fremdarbeitern« ausgeglichen werden.

Speers Versuch, im Herbst 1943 die Gauleiter an seine Direktiven zu binden und damit die hemmenden regionalen Kräfte gegen eine stärkere Mobilisierung zu überwinden, scheiterte. Hitlers »Kronprinz« hatte seine Kräfte überschätzt und erlebte einen politischen Absturz, der ihm im Frühjahr 1944 fast das Amt und womöglich das Leben kostete. Die Unternehmer fürchteten für die bevorstehende Schlußphase des Kriegs eine radikale Alternative und drängten den erkrankten Speer zum Bleiben. Mit einem »Siegesprogramm« der Rüstung konnte dieser dann im April 1944 den »Führer« wieder für sich gewinnen. Sein schärfster Konkurrent und enger Mitarbeiter Karl Otto Saur mußte ein Jahr warten, bis er in Hitlers Testament zum neuen Rüstungsminister ernannt wurde.

Die Verschärfung der Kriegslage zwang Speer dazu, die gesamte Kriegswirtschaft in den Dienst der Rüstung zu stellen und auch die letzten Reserven aus der Rüstung selbst zu mobilisieren. Unter dem Einfluß des Bombenkriegs verringerten sich dennoch die Zuwachsraten der Rüstungsproduktion, wobei sich auch der zunehmende Verlust auswärtiger Versorgungsbasen auszuwirken begann. Im Juli 1944 erreichte die Produktion von Kriegsmaterial – von Speer zahlenmäßig manipuliert – ihren absoluten Höhepunkt während des Zweiten Weltkriegs. Er lag jetzt dreimal so hoch wie zur Zeit der Blitzkriege. Es war ein Leistungsgipfel durch Rationalisierung und Konzentration der Rüstung, ein letztes »Aufbäumen«, das keineswegs fortgesetzt werden konnte und auch nicht ausreichte, die zu diesem Zeitpunkt dramatischen Verluste auszugleichen.

Die erfolgreichen Angriffe der Alliierten gegen Schlüsselstellen der Kriegswirtschaft führten zu einem Wettlauf zwischen Reparatur und Zerstörung, der die Kräfte Speers überforderte. Vor allem der Mangel an Arbeitskräften schränkte die Produktionsmöglichkeiten ein. Auch jetzt waren moderne Fließbandproduktion und Mehrschichten-System auf wenige Betriebe beschränkt. Um die ungeheuren Verluste der Wehrmacht aufzufangen, mußten selbst ältere Facharbeiter aus der Industrie herausgezogen werden. Propagandaminister Josef Goebbels stürzte sich als neuernannter »Reichsbevollmächtigter für den totalen Kriegseinsatz« mit Unterstützung der Partei in den Konflikt mit Speer und der Industrie. In dem Streit um die »Menschenverteilung« zwischen Produktion, Schanzeinsatz und »Volkssturm«, zwischen Waffen oder Soldaten, hatte Speer Mühe, sein Imperium zusammenzuhalten. Hinter den Kulissen arbeiteten Wirtschaftsexperten bereits an Planungen für die Zeit »danach«, bereiteten sich die Unternehmen auf das Überleben vor und lösten sich still vom NS-Regime.

Gezielte Luftangriffe gegen das deutsche Transportsystem im Herbst 1944 beschleunigten den wirtschaftlichen Zusammenbruch. Die Alliierten hatten erkannt, daß Transport und Verteilung von Kohle, dem Schlüsselrohstoff der deutschen

Kriegswirtschaft, die Achillesferse in dem komplizierten System Speers darstellten.[9] Ein letztes »Notprogramm« sollte für Volkssturm und Wehrmacht zumindest eine primitive Bewaffnung und Ausrüstung ermöglichen. In unterirdischen Anlagen, bei deren Bau Hunderttausende von Zwangsarbeitern ihr Leben verloren, sollten »Wunderwaffen« gebaut werden, um dem Krieg doch noch eine Wende zu geben. Militärisch blieben diese Anstrengungen bedeutungslos. Im Februar/März 1945 befand sich die deutsche Kriegswirtschaft nach dem Verlust des oberschlesischen Reviers und des Saargebiets bereits in tiefer Agonie. Das Millionenheer der Flüchtlinge aus dem Osten brachte neues Elend. Während im Führerhauptquartier noch immer fiktive Rüstungspläne für den »Endkampf« geschmiedet wurden, kämpften die Arbeiter in den Betrieben, die Landbevölkerung, die Opfer des Bombenkriegs und die Flüchtlinge einen verzweifelten Überlebenskampf. Da sprach Hitler am 30. März 1945 mit seinem »Nero-Befehl« das Todesurteil über die deutsche Industrie.[10] Rücksichtslos sollten demnach alle wichtigen Anlagen vor dem heranrückenden Feind zerstört werden. Hitler wollte damit die Hoffnungen Speers zunichte machen, es könne nach einem Überwinden der Rheinlinie zu einer schnellen Besetzung Deutschlands durch die Westalliierten kommen. Vergeblich warnte er Hitler vor den Folgen eines Endkampfes auf Reichsgebiet für die Bevölkerung. Die Betriebsführer hatte er jedenfalls auf seiner Seite. Es gelang ihm, teilweise durch die Bewaffnung der Arbeiter und eigene einschränkende Anordnungen, die Ausführung des Vernichtungsbefehls zu verhindern.[11]

Das NS-Regime hatte endgültig abgewirtschaftet. Das Volksvermögen war praktisch verschleudert worden, der materielle Schaden enorm, das menschliche Leid unermeßlich. Bei allem, was auf die deutsche Wirtschaft durch Besatzung, Demontage und Reparationen noch zukam, waren ihre Aussichten auf eine baldige Erholung zumindest im westlichen Teil nicht gering. Der Rüstungsboom hatte in den Kriegsjahren einen beträchtlichen Modernisierungs- und Konzentrationsschub bewirkt. Zukunftsorientierte Branchen wie Elektrotechnik und Chemie hatten sich stark entwickeln können. Die traditionelle Wirtschaftslandschaft war durchgreifend verändert worden, zum Vorteil ganzer Regionen und Branchen. Das Facharbeiterpotential war erheblich gestiegen, rationelle Fertigungsmethoden hatten sich in breitem Umfang durchgesetzt.

Der Schaden, den der Bombenkrieg anrichtete, wurde durch die Erweiterung der Produktionsanlagen während des Kriegs wettgemacht. Es ist der deutschen Wirtschaft gelungen, ihren Produktionsapparat in einem Meer von Verwüstungen auf der Höhe des Friedensniveaus zu halten und nach der Niederlage in erstaunlich kurzer Zeit ein langanhaltendes »Wirtschaftswunder« zu inszenieren, das – anders als in den dreißiger Jahren – nicht von der Rüstung getragen wurde. Den Preis für diese gelungene Operation hatten nicht zuletzt Millionen von Zwangsarbeitern zu zahlen, die während des Kriegs mit ihrer Gesundheit und ihrem Leben die Grundlage für diesen Wiederaufstieg zu schaffen hatten.

Technik und Wissenschaft

Der Erste Weltkrieg hatte gezeigt, daß es im »Krieg der Fabriken« in besonderer Weise darauf ankam, die technischen und wissenschaftlichen Fähigkeiten einer Nation zu mobilisieren. Sie konnten in begrenztem Maße personelle oder materielle Unterlegenheit ausgleichen und das Glück der Feldherren wenden helfen. Im großen und ganzen bestimmten im Zweiten Weltkrieg jene Waffen das Bild, die bereits im Ersten Weltkrieg vorhanden waren. Doch die Materialschlacht wurde nun hauptsächlich durch den Motor bestimmt. Panzer und Flugzeuge hatten zwischen 1914 und 1918 die angreifende Infanterie lediglich unterstützt, jetzt kämpfte die Masse der Soldaten in beweglichen Fronten dort, wo ihr Panzerverbände und Flugzeuggeschwader den Weg bahnten. Die Motorisierung löste die Kriegführung von den Eisenbahnlinien und sorgte für eine enorme Beschleunigung der militärischen Entscheidungsprozesse.

In Deutschland hatten die Verantwortlichen darauf vertraut, daß die überlegene Industriemacht des Kontinents über ausreichende Fähigkeiten verfügen werde, den Rüstungswettlauf sowohl quantitativ als auch qualitativ durchzuhalten. Andere europäische Armeen traten in den Zweiten Weltkrieg mit einer Masse veralteten Geräts ein, während die Wehrmacht über den Vorteil verfügte, neue Waffen einsetzen zu können, die in der kurzen Aufrüstungsphase produziert worden waren. Aber gerade beim Panzer- und Flugzeugbau hatte man sich entschlossen, die Ende der dreißiger Jahre einsatzfähigen Modelle in größeren Zahlen zu produzieren, die bis 1940/41 zwar die Anforderungen erfüllten, dann aber durch neuere technische Entwicklungen und Erfahrungen überholt wurden.

Die deutsche Rüstungspolitik stand unter dem Druck, sich zwischen der Serienproduktion erprobter Waffenmodelle, die dann ständig nachgebessert werden mußten, und der rechtzeitigen Einführung neuer Typen entscheiden zu müssen. Jede Umstellung und Änderung führte zu Verzögerungen in der industriellen Fertigung, weil die Rüstungsbasis – anders als in den USA – zu schmal war, um den Auslauf älterer Modelle parallel zum Anlaufen neuer leisten zu können. Bis 1942/43 blieb Hitler davon überzeugt, daß die deutsche Waffentechnik dem Gegner qualitativ überlegen sei und eine zahlenmäßige Unterlegenheit daher hingenommen werden könne. Er vertraute auf die vermeintliche Überlegenheit und Präzision einer »handwerksmäßigen« Herstellung von Waffen und Gerät. Erst spät konnte Speer ihn von den Vorteilen einer Fließbandproduktion nach amerikanischem Vorbild überzeugen, die mit gleicher Präzision hochwertige Geräte bei geringerem Aufwand zu liefern vermochte.

Die technische Modernisierung auf industrieller Ebene blieb in Deutschland weit hinter den Möglichkeiten zurück, weil erst ab 1942 die Serienfertigung im größeren Stil organisiert und die Rüstungsunternehmen zur Rationalisierung motiviert wurden. Engpässe bei wichtigen Rohstoffen zwangen zu Ersatzlösungen, die oft primitiv und wenig leistungsfähig waren. Die aufwendige Erzeugung von künstlichem Gummi (Buna) und die Kohlehydrierung wiederum, technische Spitzenleistungen der dreißiger Jahre, vermochten niemals den Bedarf an Reifen und Benzin zu decken. Das Dritte Reich verstand sich durchaus auch als moderne Industrienation, in der Technik und Wissenschaft in höchster Blüte standen, die auf vielen Feldern die Weltspitze erreicht hatten. Dieses Selbstvertrauen grenzte sich ideologisch von der »Moderne« ab, wie sie sowohl vom bolschewistischen Konzept als auch vom »Amerikanismus« verkörpert wurde. Es förderte eine germano-zentrische Überheblichkeit, die unter dem Einfluß des Nationalsozialismus neue Wissenschaftsbereiche als »jüdisch« ablehnte. Das betraf insbesondere die Physik.

Die Legende einer angeblich unpolitischen Natur- und Technikwissenschaft im Zweiten Weltkrieg ist längst widerlegt. Diese wurde vielmehr schrittweise – wie im Ersten Weltkrieg und auch in anderen Industriestaaten während des Zweiten Weltkriegs – für militärische Zwecke mobilisiert. Gleichwohl ist ein starker Widerspruch zwischen den zahlreichen Innovationen, insbesondere auch in der Grundlagenforschung, und der mangelhaften Effizienz der NS-Wissenschaftspolitik sowie der Forschungsplanung festzustellen.

Modernität hat es im Dritten Reich also vor allem in technischer Hinsicht gegeben, verengt allerdings auf die Waffentechnik und auch hier nicht ohne Widersprüche und gegenläufige Bewegungen. Selbst die Entwicklung von »Wunderwaffen«, deren größte Wirkung in der Schlußphase des Kriegs darin bestand, daß sie dem Regime ein letztes Mittel der Propaganda gegen die wachsende Kriegsmüdigkeit der eigenen Bevölkerung bot, verrät Hitlers Zwiespältigkeit. Von den modernen Massenvernichtungswaffen, die in beiden Weltkriegen entwickelt wurden und die Geschichte des 20. Jahrhunderts prägen sollten, hatten allenfalls die ihm bekannten Chemiewaffen seine volle Unterstützung. Aber er verstand sich nicht darauf, mit ihnen eine strategische Option zu verbinden. Obwohl er mit den modernen Nervengasen über eine tödliche Geheimwaffe verfügte, konnte er sich den Einsatz nur im Zuge einer Vergeltungsmaßnahme gegen feindlichen Ersteinsatz vorstellen. Alle Vorschläge zum Einsatz von Giftgas lehnte er letztlich ebenso ab wie die Entwicklung moderner Bio-Waffen, auf die einige Militärs und Spezialisten setzten.[12]

Der größte und aufwendigste technologische Sprung im Zweiten Weltkrieg wurde mit der Entwicklung der Atombombe erreicht. Die Geschichte auf deutscher Seite ist geradezu paradigmatisch für die Schwäche des Führerstaates, der sich selbst auf dem für sein Überleben entscheidenden Gebiet der Waffentechnik erstaunliche Rivalitäten und Kompetenzkämpfe leistete. Der Zufall starker Persönlichkeiten und überzeugend vorgetragener Konzepte entschied letztlich darüber, ob und wie der »Führer« eingriff und mit dem Gewicht seiner Autorität den Erfolg erzwang.

Als 1939 der »Uranverein« vom Heereswaffenamt konzipiert wurde, entstand eine Arbeitsgemeinschaft von Wissenschaftlern, die unter militärischer Aufsicht zunächst sehr erfolgversprechend am Projekt einer deutschen Atombombe arbeitete. Bis 1941 lag Deutschland im Wettlauf mit den Angelsachsen vorn, obwohl nur geringe Mittel für die Grundlagenforschung investiert worden waren. Die USA und Großbritannien, die bereits 1939 von emigrierten Physikern, zu denen auch Albert Einstein gehörte, vor einer deutschen Superbombe gewarnt worden waren, entschlossen sich Ende 1941, die eigene Entwicklung mit aller Macht zu fördern. Die Wehrmacht beherrschte schließlich den europäischen Kontinent und würde vielleicht auch bald die USA angreifen können.

Werner Heisenberg als namhaftester deutscher Physiker sah bereits eine »freie Straße zur Atombombe« vor sich. Mit seinem Bemühen, den Dänen Niels Bohr zur Mitarbeit zu bewegen, scheiterte er freilich. Über das berühmte Gespräch in Kopenhagen mit dem berühmtesten Atomphysiker der damaligen Zeit existieren unterschiedliche Interpretationen.[13] Die Bestürzung Bohrs und seine Flucht nach Schweden bestärkten die alliierten Forschungsgruppen in ihrem Tempo. Im Dezember 1941 betrachtete das Heereswaffenamt das Entwicklungsvorhaben als abgeschlossen. Die Verantwortung für den mit enormen Kosten verbundenen Übergang vom Labor zur großindustriellen Entwicklung wollte man selbst nicht übernehmen. Man war davon überzeugt, daß diese Technik nicht mehr in diesem Kriege zum Einsatz kommen würde. Die Kaiser-Wilhelm-Gesellschaft und der Reichsforschungsrat sollten die weitere Förderung übernehmen. Goebbels zeigte sich fasziniert von der Idee einer Atombombe: »Die deutsche Wissenschaft ist hier auf der Höhe, und es ist auch notwendig, daß wir auf diesem Gebiet die Ersten sind; denn wer die revolutionäre Neuerung in diesen Krieg hineinbringt, der hat eine um so größere Chance, ihn zu gewinnen.«[14] Generalluftzeugmeister Erhard Milch, der bereits Planungen zur Bombardierung von New York und San

Francisco anstellen ließ, lauschte begeistert Heisenbergs Darstellung, daß man mit einer Atombombe in der Größenordnung einer Ananas eine Großstadt vernichten könnte. Rüstungsminister Speer bot jede Unterstützung an, doch Heisenberg zeigte sich als Wissenschaftler überfordert, mit solchen Mitteln umzugehen. Er zog die Weiterführung der Forschungen in kleinem Maßstab vor. Die untereinander rivalisierenden Wissenschaftler arbeiteten in unterschiedlichen Gruppen an Einzelproblemen, verloren sich auf Nebenwegen und konzentrierten sich schließlich auf den Bau eines Reaktors. Nachdem die Alliierten die einzige Fabrik für die Lieferung von sogenanntem Schwerem Wasser in Norwegen zerstört hatten, stagnierten die Arbeiten.

Hitler war durchaus informiert, mußte sich aber auf die Einschätzung seiner Experten verlassen, die keine Prognose für den Abschluß einer möglichen Waffenentwicklung wagten. Der Diktator konnte sich wie viele andere die Wirkung einer solchen neuartigen Waffe nicht vorstellen und war davon überzeugt, daß die Feindmächte weit hinter den deutschen Bemühungen zurückliegen würden. Mit dem Manhattan-Projekt leisteten sich die USA zur gleichen Zeit das größte und aufwendigste Rüstungsvorhaben des Zweiten Weltkriegs, das schließlich im August 1945 zum Abwurf der ersten Atombombe führte und ein neues technisch-industrielles Zeitalter einleitete. Die deutschen Atomwissenschaftler zeigten sich in der Gefangenschaft überrascht von diesem Sieg der Alliierten im technisch-wissenschaftlichen Wettlauf während des Kriegs. Im Nachkriegsdeutschland strickten sie an der Legende, sie hätten den Bau einer deutschen Atombombe aus innerem Widerstand verzögert. Diese umstrittene These kann – wie viele solcher Erinnerungen an den Krieg – durch die Historiographie als widerlegt gelten.[15]

Um Krieg führen zu können, zog Hitler einen technischen Vorsprung von wenigen Monaten vor. Das versprach Erfolge auf dem Schlachtfeld, ohne die Gesamtentscheidung des Kriegs vorwegzunehmen. Seine Sorge, der Gegner könnte bei einem vorzeitigen Einsatz weit überlegener deutscher Technik innerhalb kürzester Zeit »nachrüsten« und dann mit Masse die Kriegsentscheidung erzwingen, läßt darauf schließen, daß er sich keine Waffentechnik vorzustellen vermochte, die ihm tatsächlich das »Wunder« eines deutschen »Endsieges« versprechen konnte.

Eine wirkliche Beschleunigung langfristiger Entwicklungen auf technischem Gebiet ist den Deutschen im Zweiten Weltkrieg jedenfalls nicht gelungen. Es gab keine technologische Revolution. Strahlflugzeuge und Raketen, an die stets zuerst gedacht wird, waren bereits vor dem Krieg entwickelt worden und konnten erst im letzten Kriegsjahr – technisch längst noch nicht ausgereift – in geringer Stückzahl zum Einsatz gebracht werden. Auch die anderen Industrienationen arbeiteten an ähnlichen Entwicklungen. Jeder hatte einen Vorsprung auf irgendeinem Gebiet, der durch die jeweils andere Seite auf anderen Feldern ausgeglichen wurde oder – weil falsch beurteilt bzw. aus anderen Gründen – wieder verlorenging.

Eine wichtige Rolle spielte im Zweiten Weltkrieg die Entwicklung von Radargeräten. Die deutschen Fortschritte auf wissenschaftlichem Gebiet waren vor Kriegsbeginn am deutlichsten, doch die Briten entschlossen sich aus Angst vor deutschen Luftangriffen zur praktischen Installation eines Radarsystems. Der erfolgreiche Einsatz bei der Luftschlacht um England gab einen gewaltigen Antrieb, die Technik weiterzuentwickeln, so daß schließlich immer bessere Geräte auch zur Lokalisierung von U-Booten und zur Zielfindung für alliierte Bomberverbände gebaut werden konnten. Trotz aller Anstrengungen gelang es der deutschen Seite nicht, den verlorenen Vorsprung wieder wettzumachen und für die eigene Kriegführung größeren Nutzen aus dieser Entwicklung zu ziehen als auf Feindseite.

Die Elektronik war einer jener Bereiche, die im Zweiten Weltkrieg einen schnellen Wandel erlebten und die auch wichtige zivile Auswirkungen hatten. Eine besondere Fähigkeit, solche Bereiche in ihrer Bedeutung rechtzeitig zu erkennen und entsprechend massiv zu fördern, entwickelte das Dritte Reich nicht. Leistungsfähigkeit und Modernisierung blieben insgesamt – wie sich besonders beim Flugzeugbau zeigte – noch hinter den Entwicklungssprüngen des Ersten Weltkriegs zurück. Die forcierte Modernisierung in einzelnen Bereichen, etwa dem Panzerbau, führte jedenfalls nicht dazu, daß die jeweiligen Modelle in ausreichender Stückzahl zu dem Zeitpunkt in die Schlacht geworfen werden konnten, an dem ihre Überlegenheit den Ausschlag hätte geben können. Nicht wenige Projekte erwiesen sich als technologische Sackgasse, als Fehlentwicklungen.

Mit den spektakulären V-Waffen sollte eigentlich die alliierte Landung verhindert werden. Doch im Frühjahr 1944, als der Zeitpunkt für den Einsatz gekommen war, standen die Geräte nicht in der gewünschten Zahl zur Verfügung. Der Verschuß geringer Mengen versprach keine durchschlagende Wirkung und steigerte nur die Gefahr einer feindlichen Nachrüstung. Im übrigen sehnte Hitler jetzt die Invasion geradezu herbei, um sich nach ihrer Abwehr wieder dem Osten zuwenden zu können. Das Raketenprogramm, das aufwendigste Rüstungsunternehmen auf deutscher Seite, führte zu Institutionen und Waffen, die strategisch wenig sinnvoll waren und in der Ausführung irrationale Ziele, technokratischen Fanatismus und Kompetenzrivalitäten miteinander verbanden.

Wollte man nach ursprünglichen Planungen von Oberst Walter Dornberger, dem Verantwortlichen für das A4-Projekt des Heeres, 150 000 Fernraketen pro Jahr bauen, reduzierte man 1942 die Zahl auf 5000. Als Standort war Peenemünde vorgesehen. Es fehlte dafür aber sowohl die industrielle als auch die militärische Einsatzbasis. Die Briten waren über die Fortschritte wohl informiert und zerstörten Peenemünde am 17. August 1943. Mit Hilfe der SS wurde eine unterirdische Produktionsanlage in Nordhausen geschaffen (»Mittelbau«). Unter mörderischen Arbeitsbedingungen konnten bis März 1945 insgesamt 5797 A 4-Raketen gebaut werden. Nur knapp die Hälfte konnte seit Juli 1944 auch verschossen werden. Sie trafen Belgien, Frankreich und vor allem Südengland. Dort verursachten sie knapp 10 000 Tote und Schwerverletzte.

Das aufwendigste deutsche Rüstungsprojekt während des Zweiten Weltkriegs blieb ohne Auswirkungen auf den Kriegsverlauf. Die Alliierten, die in der Raketenentwicklung zurückhingen, zerstörten mit ihren konventionellen Bombern die deutschen Produktionsanlagen und bremsten den Nutzen, den Hitler aus dem Rüstungsvorsprung auf diesem speziellen Gebiet erzielen konnte. An diesem Beispiel zeigt sich, daß es völlig gleich war, auf welchem Feld deutsche Wissenschaft und Industrie einen Vorsprung zu erzielen vermochten. Die alliierte Luftüberlegenheit sorgte dafür, daß keine »Geheimwaffe« und keine neue Waffentechnik Hitlers eine Wende des Kriegs herbeiführen konnte. Ohne »Dach« konnte die deutsche Rüstungsschmiede nicht erfolgreich sein und mit Kriegsgegnern konkurrieren, die nicht nur über den Vorteil der größeren Zahl und Kapazitäten, sondern auch noch über Produktionsräume verfügten, die für deutsche Waffen nicht erreichbar waren. So gesehen wurde der Zweite Weltkrieg letztlich in der Luft entschieden.

Mit den einmarschierenden alliierten Truppen kam eine große Zahl von Experten ins besetzte Deutschland (Unternehmen »Paperclip«). Die erbeuteten Patente und Entwicklungen waren auf einzelnen Gebieten ebenso wertvoll wie die deutschen Spezialisten, die insbesondere für den Bau von Strahlflugzeugen und Raketen in den USA ebenso wie in der UdSSR »Entwicklungshilfe« leisteten.

Die Deutschen als Besatzer

Im Ersten Weltkrieg hatten die Deutschen die Erfahrung machen müssen, daß in einem längeren Krieg die Ausnutzung der wirtschaftlichen Ressourcen besetzter Gebiete für die eigene Kriegführung von entscheidender Bedeutung war. Aus eigener Kraft konnte das rohstoffarme Deutsche Reich nicht einen Hochlauf der Rüstung organisieren, die eigene Bevölkerung ausreichend ernähren, militärisch besetzte Gebiete und verbündete Nationen zusätzlich versorgen sowie im Handelsverkehr mit neutralen Staaten entsprechende Kompensationen für kriegswichtige Einfuhren bereitstellen. Die Frage der wirtschaftlichen Ausbeutung besetzter Gebiete gewann damit – anders als bei den Alliierten – für Deutschland eine strategische Bedeutung. Die Ergebnisse im Ersten Weltkrieg hatten aber nicht ausgereicht, um den wirtschaftlichen Kollaps des Reiches zu verhindern. Daher waren die Verantwortlichen des Dritten Reiches entschlossen, den nächsten Krieg konsequent als »Wirtschaftskrieg« zu führen, d. h. möglichst rasch wirtschaftlich wertvolle Gebiete zu erobern und rücksichtslos auszubeuten. Die Rassenideologie der Nationalsozialisten ermutigte selbst nüchterne Militärs dazu, nicht nur den deutschen Egoismus gegenüber besetzten und abhängigen Völkern zu stärken, sondern eine Bedürfnispyramide anzunehmen, die eine unterschiedliche Behandlung der einzelnen Länder zu rechtfertigen schien. Das konnte in letzter Konsequenz auch die »Ausrottung« ganzer Bevölkerungsgruppen (»unnützer Esser«) und den »Kahlfraß« ganzer Regionen bedeuten.

Die deutschen Blitzfeldzüge in der ersten Kriegshälfte brachten den größten Teil Europas unter die Kontrolle der Nationalsozialisten. Mit der Organisation einer »Großraumwehrwirtschaft« verbanden sich militärisch-strategische Optionen, politische Herrschaftsentwürfe und Nachkriegsziele sowie Herrschaftsmethoden, die sich weniger am Völkerrecht und nicht immer an der bloßen »Nützlichkeit« orientierten als an den Strukturen und Interessenkonflikten des NS-Regimes. So wurden die im NS-Staat üblichen Auseinandersetzungen zwischen den höchsten Stellen auf die besetzten Gebiete übertragen, teilweise sogar intensiver fortgesetzt. Es waren vor allem die SS und einzelne Parteiorganisationen, die ihre Chance zu nutzen verstanden, durch Ausdehnung in fremde Territorien die eigene Machtbasis zu vergrößern. Aber selbst die verschiedenen Wirtschaftsbehörden hatten stets nur den Erfolg in ihrem jeweiligen Verantwortungsbereich vor Augen.

Die chaotische Form der Machtausübung und die mangelnde Koordination der Maßnahmen standen im deutlichen Gegensatz zum lautstarken Anspruch der Führungsmacht, die sich auf ihre angeblich überlegene Rasse, ihren Führerstaat und das sprichwörtliche deutsche Organisationstalent berief. Was als »neue Ordnung« bezeichnet wurde, beruhte zumeist auf improvisierten Strukturen, willkürlichen Entscheidungen, die oft nicht einmal den eigenen Absichten gerecht wurden. Hitler regelte nur die notwendigsten Dinge und verschob grundlegende Entscheidungen auf die Nachkriegszeit, weil er dann günstige Bedingungen erwartete. So wurde bei den unterschiedlichen Besatzungsorganen eine Skrupellosigkeit gefördert, die Rücksichtnahmen auf das Recht durch die »Macht der Bajonette« ersetzte. Für die meisten Einwohner brachte die deutsche Besatzung erhebliche materielle Verluste, eine teilweise dramatische Verschlechterung ihrer Lebensbedingungen, Demütigungen und Drangsalierungen bis hin zur Bedrohung ihrer physischen Existenz. Selbst die Bereitschaft zur Kollaboration bot davor keinen zuverlässigen Schutz.

Traditionell gehörte es zum Verantwortungsbereich der militärischen Zentralbehörden, die »vollziehende Gewalt« in besetzten Gebieten zu übernehmen, »Ruhe und Ordnung« herzustellen und für den Schutz von Bürgern und privatem Eigentum zu sorgen. Doch die Heeresführung hatte immer weniger Interesse an dieser »unsoldatischen« Aufgabe. Sie akzeptierte bald nach Kriegsbeginn die Absicht Hitlers, die Verwaltung möglichst rasch auf zivile deutsche Organe zu übertragen. Widerspruch blieb aus, und man zeigte sich geradezu erleichtert. Den Konflikten, wie sie 1939 im besetzten Polen insbesondere durch den Einsatz von SS und Polizei entstanden waren, wich das OKH dadurch aus, daß man für den Westfeldzug eine »reine« Militärverwaltung entwarf, ohne Belastung mit wirtschaftlichen, politischen und polizeilichen Aufgaben. Für den Überfall auf die Sowjetunion verständigte sich der Generalquartiermeister des Heeres, General Eduard Wagner, dem die Militärverwaltung unterstand, problemlos mit Reinhard Heydrich, dem Chef der Sicherheitspolizei und des SD, über eine klare Aufgabenteilung. Das Militär sollte nur noch im Operationsgebiet die Gesamtverantwortung tragen, mit Fortschreiten der Front nach Osten konnten diese Gebiete dann zügig an eine Zivilverwaltung übergeben werden. Die traditionelle Militärverwaltung, die sich an die Grundsätze der Haager Landkriegsordnung gebunden fühlte, blieb nur als »Notlösung« dort bestehen, wo eine Abgabe an zivile Instanzen aus militärischen Gründen noch nicht erfolgen konnte.

Schon die uneinheitliche Nomenklatur läßt erkennen, daß die deutsche Zivilverwaltung in den besetzten Gebieten unterschiedlichen Absichten und Zuständigkeiten folgte: Reichsprotektor Böhmen und Mähren, Generalgouverneur für Polen, Reichsminister für die besetzten Ostgebiete, Reichsbevollmächtigte, Reichskommissare, Chefs der Zivilverwaltung. Die Entscheidung für eine bestimmte Struktur fiel häufig aus Nützlichkeitserwägungen, folgte politischen Rücksichtnahmen, der »rassischen« Bewertung der Einwohner oder den Erfordernissen der Kriegführung, ganz nach Belieben und daher während des Kriegs immer wieder verändert. In Hinblick auf das angestrebte »Großgermanische Reich« mit seinem mitteleuropäischen Kern und seinen angegliederten Gebieten, abgestuft bis zu den Kolonien im Osten und in Afrika, bildeten sich gleichwohl Ländergruppen mit ähnlichen Besatzungsregimen.

Die dem Deutschen Reich eingegliederten Gebiete (westpolnische Territorien, Elsaß-Lothringen) erlebten eine Ausdehnung der Reichsverwaltung bei deutlicher Stärkung der Exekutive. Hier wurde der Ehrgeiz entwickelt, eine neue, stärker von der Partei geprägte Verwaltung zu schaffen, um nach diesem Vorbild später die gesamte Reichsverwaltung »modernisieren« zu können. Das machte jene Menschen nahezu schutzlos, die als soziale, weltanschauliche und »rassische« Minderheiten durch Deportationen oder Mordaktionen beseitigt wurden. In angrenzenden Gebietsteilen, die zur späteren Annexion vorgesehen waren (z. B. Belgien und Nordfrankreich), wurde ein Chef der Zivilverwaltung eingesetzt, der dafür sorgte, daß diese Territorien zunehmend wie Reichsgebiet behandelt wurden. Jene Länder, wie die Niederlande, an denen ein besonderes politisches Interesse bestand, erhielten Reichskommissare, die sich weitgehend der einheimischen Verwaltung bedienten. In allen diesen Gebieten war die soziale, politische und »rassische Säuberung« weniger dringlich. Durch Einflußnahme auf Wirtschaft und Verwaltung versuchte man, sich alle Möglichkeiten offenzuhalten, erkennbaren Widerstand zu unterdrücken und die Länder wirtschaftlich auszubeuten. Auch dort, wo die Militärverwaltung aus militärischen Erwägungen (z. B. besetzte sowjetische Gebiete) oder weil es an konkreten politischen Absichten mangelte (z. B. Serbien), beibehalten wurde, betrieben die Deutschen lediglich eine Aufsichtsverwaltung.

Systematisieren läßt sich die deutsche Besatzungspolitik nur schwerlich, wie neuere Forschungen zeigen.[16] Die Bandbreite reicht von dem mehr werbenden, rücksichtsvollen Vorgehen in Nord- und Westeuropa bis zu den hemmungslosen kolonialistischen Methoden im künftigen »Lebensraum« auf polnischem und sowjetischem Gebiet. Solche Unterschiede verblaßten allerdings im Verlauf des Kriegs, weil die zunehmenden materiellen und personellen Probleme das NS-Regime zu einer größeren Rücksichtslosigkeit zwangen. Dafür trat seit August 1943 mit dem Abfall bisher verbündeter Länder die Notwendigkeit auf, die Gebiete deutscher Bundesgenossen zu besetzen, diese in der Zwangsallianz zu halten (z. B. Ungarn) oder wie Feindgebiet zu behandeln.

Auch wenn im einzelnen noch nicht entschieden war, in welcher staatsrechtlichen Form diese Länder im künftigen deutschen Machtbereich aufgehen würden, stand doch unveränderlich fest, daß sie einer dauerhaften deutschen Hegemonie unterworfen waren. Die Besatzungsbehörden sorgten deshalb dafür, daß Strukturen geschaffen wurden, die zur Durchsetzung deutscher Interessen geeignet waren. Die einheimischen Verwaltungen wurden nach dem »Führerprinzip« gestrafft, deutsche Organisationsformen und Regeln eingeführt, Schlüsselpositionen mit deutschen oder kollaborationswilligen Einheimischen besetzt. Die wirtschaftliche Verflechtung spielte eine große Rolle, wobei die »Arisierung« von jüdischem Vermögen ein wichtiges Instrument war. Durch Propaganda und Kulturpolitik sicherte man sich den Einfluß auf die Bevölkerung und bereitete damit auch der geistigen Hegemonie den Weg. Mißliebige andere kulturelle Traditionen, Eliten und Bevölkerungsgruppen, die sich dem deutschen Herrschaftsanspruch widersetzten, wurden bekämpft, bis hin zur physischen Vernichtung. Das galt vor allem für jüdische Einwohner, die ebenso wie im Reich zunächst der Diskriminierung und Registrierung, dann etappenweise der Deportation und schließlich dem Massenmord ausgesetzt wurden.

Die schlimmsten Auswüchse der deutschen Besatzungspolitik waren nicht sofort und auch nicht für alle Menschen in den besetzten Gebieten erkennbar. Auch die innere Zerrissenheit einiger Länder, die bis zum Bürgerkrieg reichen konnte und von den neuen »Herren« bewußt geschürt worden ist, trug dazu bei, daß die Deutschen ein erstaunlich hohes Maß an Zustimmung fanden, nicht nur bei faschistischen, prodeutschen oder nationalistischen Gruppierungen. Die Kollaboration veränderte sich im Verlauf des Kriegs, fiel nach der Befreiung der Rache und Bestrafung anheim, wurde aber auch in den einzelnen Ländern vertuscht oder gerechtfertigt. So wie die Deutschen Jahrzehnte nach dem Zweiten Weltkrieg brauchten, um die eigenen Verbrechen zu erforschen und zu »bewältigen«, hatten auch viele ehemals besetzte Länder in Europa ihre Mühe, sich mit der verdrängten Schuld zu befassen.

Die Kollaboration ist erst nach dem Ende des Kalten Kriegs mutiger erforscht und diskutiert worden. Durch das Ende des Sowjetimperiums hat nach 1990 teilweise eine Umwertung stattgefunden, weil die wieder befreiten mittelosteuropäischen Staaten den Antibolschewismus der ehemaligen bürgerlichen Eliten in den vierziger Jahren und damit die partielle Zusammenarbeit mit Hitler-Deutschland in einem anderen Licht sehen.

Mehr als vier Jahrzehnte hat die westliche Historiographie nur den Kampf gegen die deutsche Besatzungsherrschaft als legitim betrachtet, die Kollaboration daher diffamiert. Der Kampf der Balten, Polen und Ukrainer gegen die Sowjetisierung zwischen 1939 und 1941 blieb unerforscht, ihre schwierige Lage unerwähnt, die sich aus der Vertreibung der sowjetischen Besatzer durch die deutschen Besatzer ergab. Einige Gruppen wie etwa die UPA in der Westukraine kämpften sowohl gegen die Deutschen als auch gegen die Bolschewisten, wobei zeitweilige taktische Bündnisse durchaus möglich waren. Das galt 1944 auch für Teile der polnischen Heimatarmee, die sich im östlichen Polen vergeblich gegen die erneute Sowjetisierung stemmten. Die ukrainisch-nationalistische UPA hielt sich in befreiten Gebieten der Karpaten bis Ende der vierziger Jahre. Sie hatte schon während des Kriegs die polnische Minderheit durch Terror und Mordaktionen vertrieben, ein Prozeß der »ethnischen Säuberungen«, der dann von der Sowjetunion in den »befreiten« ostpolnischen Gebieten fortgesetzt wurde.

Erst heute dämmert die Erkenntnis, daß der Sprachgebrauch der ehemaligen sowjetischen Geschichtspropaganda hinterfragt werden muß, wenn von deutscher Besatzungspolitik in besetzten sowjetischen Gebieten die Rede ist. Aus der Sicht der betroffenen Völker marschierte die Wehrmacht am 22. Juni 1941 in sowjetisches Besatzungsgebiet ein, das bekanntlich im Vollzug des Hitler-Stalin-Pakts völkerrechtswidrig annektiert worden war. Sie empfanden sich damals mehrheitlich als »befreit« und begegneten den Deutschen mit offener Sympathie, ein fataler Irrtum, wie sich bald herausstellte, der aber zu erklären vermag, weshalb ein großer Teil der Bevölkerung in Ostmitteleuropa zumindest anfänglich bereit war, mit den Deutschen zu kooperieren.

Hier wie auch in anderen besetzten Gebieten bediente sich die deutsche Besatzungsmacht nur halbherzig dieser Kollaboration, mit Vorliebe dann, wenn es um den »schmutzigen« Teil der deutschen Politik ging, bei Pogromen, Terror und Mordaktionen. Die jungen Männer waren als »Freiwillige« oder Zwangsrekrutierte für Wehrmacht und Waffen-SS willkommen, die jungen Frauen als »Ostarbeiterinnen« im Reich stigmatisiert. Weitergehenden politischen und ökonomischen Zugeständnissen versuchte man auszuweichen. Die nationalen Bestrebungen im Baltikum etwa standen den längerfristigen deutschen Siedlungsplänen im Wege. In West- und Nordeuropa griff man auf faschistische Gruppierungen nur in dem Maße zurück, wie sich die einheimischen Eliten gegen die Zusammenarbeit zu sperren begannen.

Die Deutschen brauchten nicht lange, um in allen Besatzungsgebieten gefürchtet und verhaßt zu sein. Der Umschwung des Kriegs trug zum Stimmungswandel zweifellos bei. Die Besatzungspolitik mußte sich darauf beschränken, mit zunehmend drakonischen Mitteln die Sicherheit der eigenen Truppen zu gewährleisten und ein Maximum an Hilfsgütern für die deutsche Kriegführung herauszuwirtschaften. Eine irgendwie positive Perspektive konnten sie dem wachsenden, auch bewaffneten Widerstand nicht entgegenstellen. Der Nutzen der besetzten Gebiete verschob sich immer stärker zu einer Belastung für die deutsche Seite, zu einer Belastung sogar für die Front.

Der Mangel an Sicherungseinheiten und die unzureichende Mobilisierung einheimischer Milizen und Schutztruppen zwangen die Wehrmacht dazu, sich der Kräfte der Höheren SS- und Polizeiführer in den besetzten Gebieten zu bedienen. Angesichts einer rasch anschwellenden Flut von Spionage, Sabotage, Attentaten und Überfällen galten polizeiliche Ermittlungen und kriegsgerichtliche Verfahren als zu umständlich und langwierig. Tatsächliche oder vermeintliche politische Gegner und gefangene Widerstandskämpfer wurden in Gefängnisse und Konzentrationslager deportiert oder kurzerhand liquidiert. Um die Einschüchterung zu verstärken, griff man zu Massenerschießungen von Geiseln und »Sühnepersonen« – vorzugsweise Kommunisten, Roma und Juden – sowie zur Zerstörung ganzer Dörfer im Zuge von Vergeltungsmaßnahmen. Obwohl Hitler ständig auf eine Verschärfung des Vorgehens drängte, blieb ein nachhaltiger Erfolg aus. Daß der Partisanenkampf genutzt wurde, um die Reste der jüdischen Bevölkerung zu ermorden, war mehr als nur ein Reflex auf die eigene Schwäche, die sich ein willkommenes Ventil suchte. Neuere Studien über das Verhalten ungarischer oder italienischer Besatzungstruppen auf dem Balkan und in der Ukraine zeigen zwar, daß diese gegenüber der einheimischen Bevölkerung oft so brutal vorgingen, daß sich deutsche Dienststellen zum Eingreifen gezwungen sahen.[17] Aber die Verbindung von Partisanenkampf und Holocaust kennzeichnet die deutsche Kriegführung in

Abbildung 22: Noch immer ein Tabu: Liebe im Vernichtungskrieg – die Geschichte der unehelichen Kinder deutscher Soldaten in den besetzten Gebieten.
Das Zusammenleben mit der einheimischen Bevölkerung bestand nicht nur aus Terror und Ausbeutung. Selbst in Osteuropa stießen die Deutschen anfangs auf viel Sympathie. Hier ein deutscher Eisenbahner mit seiner Familie in Riga.

besonderem Maße, wenngleich die verbündeten Besatzungstruppen die jüdische Bevölkerung keineswegs besonders schonend behandelten und die Mehrzahl der Angehörigen deutscher SS- und Polizeibataillone, die im Baltikum und in Weißrußland den Massenmord an den Juden betrieben, aus Einheimischen bestand. Der Wille zum Völkermord an den europäischen Juden ging von Berlin aus, und er fand vielfältige Unterstützung bei Verbündeten und Kollaborateuren.

Die deutschen Militärbefehlshaber in den besetzten Gebieten zogen trotz mancher Bedenken mit, zumal wenn eindeutige Führerbefehle vorlagen. Das betraf z. B. auch die in Italien, Griechenland und Jugoslawien oft exorbitante Höhe befohlener Geiselerschießungen. In den besetzten sowjetischen Gebieten gab es ohnehin kaum Schranken, auch wenn hier 1943/44 die Einsicht wuchs, daß es sinnvoller sein konnte, »Partisanenverdächtige« und »Bandenhelfer« nicht zu erschießen, sondern zur Zwangsarbeit im Reich einzusetzen, und stärker um die Mitarbeit der Bevölkerung zu werben, die sich insbesondere auf dem Land oft zwischen »Hammer und Amboß« sah. Solche Ansätze zu einer Modifizierung der Besatzungspolitik, für die sich im Osten besonders Alfred Rosenberg als zuständiger Minister und manche Wehrmachtoffiziere einsetzten, wurden bedeutungslos, wenn Hitler nach einzelnen Vorfällen seine Befehle verschärfte und z. B. auch die unterschiedslose Ermordung von verdächtigen Frauen, Kindern und alten Menschen anordnete. Willkürliche Ausschreitungen einzelner Soldaten und Einheiten durften nicht bestraft werden, wohl aber Untätigkeit oder »schwächliches« Verhalten von Vorgesetzten.

Weshalb gerade im besetzten Italien die Bekämpfung des Widerstands von den Deutschen mit einer solchen Brutalität durchgeführt wurde, obwohl es sich doch um ein bisher verbündetes Land handelte, kann mit der These von der Rache für den »Verrat« nicht hinreichend erklärt werden. Auch die ideologische Indoktrinierung der Soldaten und der Umstand, daß hier Verbände eingesetzt wurden, die von der Ostfront kamen und daher einen erbarmungslosen Kampf gegen Partisanen gewöhnt waren, können die These vom gezielt entfesselten Vernichtungskrieg nicht ausreichend stützen. Neuere Untersuchungen und die systematische Ermittlung einzelner Massaker ergeben ein viel differenzierteres Bild und stellen die Zahlenangaben beider Seiten in Frage.[18] So läßt sich zeigen, daß es wenige bestimmte Einheiten der Wehrmacht und insbesondere der Waffen-SS waren, die immer wieder durch die Massentötung von Zivilisten auffielen. Die 16. SS-Panzergrenadier-Division »Reichsführer SS« z. B. war für 20 Prozent aller Erschießungen auf dem italienischen Kriegsschauplatz verantwortlich. Sie bestand aus sehr jungen Angehörigen der Hitlerjugend, kommandiert von SS-Führern, die aus früheren KZ-Wachmannschaften stammten. Eine solche Mischung reichte aus, bei geringstem Anlaß Massaker an wehrlosen Frauen und Kindern zu verüben. Auch andere Elite-Einheiten neigten dazu, sich über Traditionen der Kriegführung zu erheben und insbesondere bei Anschlägen dicht hinter der Front erbarmungslos zuzuschlagen. Der Gegensatz zum »ritterlichen« Verhalten, das die Soldaten in der Regel gegenüber dem anglo-amerikanischen Gegner beibehielten, könnte nicht größer sein.

Das galt auch für Griechenland, wo die deutsche Besatzungsmacht nicht von rassistischen Ressentiments gegenüber der Bevölkerung geprägt war und das Reich auch keine extremen Herrschaftsziele verfolgte. Nur für knapp ein Jahr beherrschte die Wehrmacht nach der Übernahme der italienischen Besatzungszone das ganze Land und sah sich mit einem harten Partisanenkampf rivalisierender politischer Gruppen konfrontiert, in dem sich die Deutschen durch blutige Vergeltungsmaßnahmen vergeblich durchzusetzen versuchten. Bei verschiedenen »Vergeltungsmaßnahmen« kamen vermutlich 10 000 »Zivilisten« ums Leben, 9000 fielen Racheakten der Italiener zum Opfer, und durch die Bulgaren sollen 40 000 Griechen ums Leben gekommen sein. 70 000 griechische Juden wurden in Vernichtungslager verschleppt.

Die Eskalation der Gewalt wurde überall von beiden Seiten geschürt, wobei auch die Partisanen nicht selten vor grausamen Morden und Anschlägen zurückschreckten, mit denen deutsche Vergeltungsmaßnahmen provoziert werden sollten, die eine Bevölkerung trafen, die vielleicht noch zögerte, den Widerstand zu unterstützen. Ein neuer »kritischer Realismus« in der polnischen Historiographie z. B. scheut sich nicht, auch die düsteren Seiten des Widerstandskampfes zu beleuchten. Dazu gehörten neben dem inneren Kampf gegen »Verräter«, Kollaborateure und Kriminelle sowie die gewaltsame Requirierung von Nahrungsmitteln auch erbarmungslose und blutige Aktionen gegen den äußeren Feind. Die ständige Konfrontation belastete die psychische Konstitution der Kämpfer, Hemmschwellen sanken, Rachedurst, Abenteuerlust, antisemitische Exzesse und der erbarmungslose Kampf gegen verfeindete andere Partisanengruppen gehören zu diesem neuen Bild.[19]

In manchen Gebieten kamen mehr Einheimische durch Partisanen ums Leben als durch die Deutschen. Obwohl diese in den meisten Besatzungsgebieten mehr einheimische Helfer und Milizionäre auf ihrer Seite hatten, als Einwohner auf der Seite der Partisanen kämpften, gelang es ihnen nicht, die lawinenartige Ausbreitung des bewaffneten Widerstands aufzuhalten. Das Einschleusen von Agenten, Waffen und Gerät durch die Feindmächte konnte nicht wirksam verhindert werden.

Der Niedergang der deutschen Fremdherrschaft hatte auch für die wirtschaftliche Ausbeutung fatale Folgen. In Ost- und Südosteuropa waren bald ganze Landstriche für die Besatzungsbehörden nicht mehr zugänglich. Um die Ernte entwickelten sich regelrechte Schlachten mit Partisanen. Die Landbevölkerung produzierte nur noch Nahrungsmittel zum Eigenbedarf oder versteckte einen großen Teil der Produkte. Fabriken und Verkehrseinrichtungen wurden durch Sabotageakte lahmgelegt oder durch alliierte Luftangriffe zerstört. Die oft unter brutalen Begleiterscheinungen betriebene Rekrutierung von Arbeitskräften für den »Reichseinsatz« wirkte sich besonders verheerend auf die Stimmung der Bevölkerung aus. Mit bloßen Verordnungen konnten keine Jahrgänge mehr zur Arbeit für die Deutschen aufgerufen werden. In wachsender Zahl flüchteten die Einwohner in die Illegalität und zu den Partisanen. Vergeblich warnten die deutschen Besatzungsbehörden die Zentrale vor den Folgen dieser Zwangsrekrutierung.

Die Bemühungen von Rüstungsminister Speer, die Arbeit zu den Arbeitern zu bringen, also durch die Verlagerung von Aufträgen in die besetzten Gebiete die einheimischen Arbeitskräfte zu nutzen, die sich ansonsten durch die Flucht entziehen würden, stießen auf heftige Abwehr von Sauckel. Dieser stand unter dem Diktat seiner Aufbringungszahlen und war überzeugt, daß die fremden Arbeiter im Reich unter strenger Aufsicht größere Leistungen erbringen würden. Die militärische Lage machte 1944 diesen Streit überflüssig. Im Zuge einer Politik der »Verbrannten Erde« und durch ein wildes Beutemachen in letzter Stunde erhielt die deutsche Kriegswirtschaft noch einmal kurzzeitig einen »ordentlichen Schluck aus der Pulle« (Goebbels),[20] ohne das Ende der Kriegführungsfähigkeit damit aufhalten zu können. Die Alliierten zertrümmerten zur gleichen Zeit durch ihre Luftoffensive ungleich größere Mengen an Material, Rohstoffen und Maschinen. Auf das Reichsgebiet zurückgeworfen stand für die Wehrmacht Ende 1944 fest, daß sie nur einen Endkampf von wenigen Wochen durchhalten konnte.

Die zeitweiligen Entlastungen der deutschen Kriegführung durch die besetzten Gebiete waren auf vielen Gebieten beträchtlich, größer als im Ersten Weltkrieg. Eine vorher so nicht erwartete Bedeutung gewann Frankreich, das wegen seiner günstigen Lage für die Deutschen einen größeren ökonomischen Nutzen erbrachte als die »Kornkammer« Ukraine und die anderen »Lebensquellen«, die sich die Nationalsozialisten im Osten erhofft hatten. Aber auch dort produzierten Millionen Menschen Lebensmittel und kriegswichtige Güter – von Unterhemden, Pferdegeschirren und Panjewagen bis zu Eisenbahnschwellen und Mineralöl –, ohne die Hitlers Wehrmacht den Krieg wohl schon 1942 hätte beenden müssen. Auch Tschechien entwickelte sich zu einer wichtigen Rüstungs- und Versorgungsbasis des Reiches. Nachdem Reinhard Heydrich zum stellvertretenden Reichsprotektor in Prag ernannt worden war, ließ der Widerstand im Lande zeitweilig nach, und die Besetzten schienen sich mit den Verhältnissen zu arrangieren. Mit dem Attentat auf Heydrich signalisierte die tschechische Exilregierung in London ihre Entschlossenheit zur Fortsetzung des Kampfes. Als »Vergeltung« vernichtete die SS am

10. Juni 1942 das Dorf Lidice und ermordete alle erwachsenen Einwohner. Die Verlängerung des Kriegs zahlten nicht zuletzt auch die besetzten Länder Europas mit einer Zerrüttung ihrer Finanzen, der Ausplünderung ihrer Industrie und Landwirtschaft, der entwürdigenden Zwangsarbeit von Millionen Menschen, mit materiellen und personellen Verlusten. Vieles konnte ersetzt werden, durch deutsche Reparationen und die Entschlossenheit zum Wiederaufbau. Für die Überlebenden zählte am meisten die Befreiung von der Nazi-Tyrannei. Für die östliche Hälfte der europäischen Schicksalsgemeinschaft allerdings folgte der deutschen sofort die sowjetische Zwangsherrschaft, eine mehr als vierzigjährige Gefangenschaft, in der die Opfer des Zweiten Weltkriegs nicht vergessen wurden.

Die Ausweitung zum globalen Krieg

Die Kriegserklärung an die USA

Kaum etwas hatte die Erinnerung an den Ersten Weltkrieg in Deutschland so geprägt wie der Zusammenbruch Rußlands 1917/18 und der gleichzeitige Kriegseintritt der USA. Der sich im Osten für die deutsche Kriegführung abzeichnende Sieg war durch das Eingreifen der »jungen« und industriell rasch wachsenden Großmacht zunichtegemacht worden. Hitler hatte in seinem Programm daraus die Schlußfolgerung gezogen, daß die Zukunft seines Reiches im Osten lag und alles getan werden mußte, um die USA bei seinem Eroberungszug von Europa fernzuhalten. Die amerikanische Neutralität bei Kriegsbeginn im September 1939 war für ihn deshalb ebenso wertvoll wie der Pakt mit Stalin. Doch dieser Vorteil schmolz schneller dahin, als es Hitler wohl erwartet hatte. Großbritannien nahm bei diesem Spiel eine Schlüsselrolle ein. Wenn es Hitler gelang, die Regierung in London – sei es durch militärischen Druck oder durch verlockende Angebote – auf seine Seite zu bringen oder zumindest zu isolieren, konnte das von US-Präsident Roosevelt angestrebte Eingreifen in den europäischen Krieg womöglich verhindert werden. An der Entschlossenheit von Churchill und Roosevelt, Hitler unter allen Umständen die Stirn zu bieten, zerbrachen schließlich alle Pläne des deutschen Diktators für ein »Großgermanisches Reich«, das dann in der Zukunft auch den »Kampf gegen Kontinente« führen könnte.

Den Gedanken an eine militärische Auseinandersetzung mit den USA versuchten Hitler und die Wehrmachtführung also möglichst fernzuhalten. Insbesondere die imponierende amerikanische Seemacht ermöglichte kein realistisches Szenario, den fernen Kontinent wirksam anzugreifen. Die Marineführung traute sich trotz der Erfahrungen aus dem Ersten Weltkrieg immerhin zu, durch Abschneiden der Transportwege gegen die überlegenen atlantischen Seemächte eine Entscheidung erzwingen zu können – was sich als erneute fatale Fehleinschätzung der amerikanischen Seemacht erweisen sollte. Hitler fand im Hinblick auf die USA keine schlüssige Strategie. Das deutsche Amerika-Bild war durchaus zwiespältig. Unter den NS-Technokraten gab es nicht wenige, die in den zwanziger Jahren in den USA studiert und den rasanten industriellen Fortschritt bewundert hatten. Sie empfanden manches als vorbildlich, wie moderne Technik und Management, und als Herausforderung, um im Wettstreit der Systeme ein Höchstmaß an deutschen Traditionen und nationalsozialistischem Geist damit verbinden zu können. In der Mehrzahl waren die Deutschen aber von einem Anti-Amerikanismus geprägt, der die amerikanische »Moderne« als dekadent verachtete und die eigene kulturelle sowie »rassische« Überlegenheit betonte. Doch es gab auch einen meist stillen Respekt vor der Größe der neuen Weltmacht, der zur Vorsicht mahnte. Warnungen einzelner Experten vor der ungehemmten Kraft der seit 1940 anlaufenden amerikanischen Rüstung mochte Hitler mit seinen Ressentiments herunterspielen.[1] Aber seit der verlorenen Luftschlacht um England rückten die USA zwangsläufig immer stärker in den Mittelpunkt seiner Überlegungen.

Mit dem Dreimächtepakt vom 27. September 1940 hatte Hitler Japan stärker an sich gebunden. Ein drohender Zwei-Ozean-Krieg konnte im günstigsten Fall die USA von einem Eingreifen sowohl gegen die deutsche als auch gegen die japanische Expansion abschrecken. Mit der Hoffnung auf einen schnellen Sieg gegen die UdSSR verband sich bei Hitler die Erwartung, England doch noch zum Einlenken bewegen zu können. Selbst wenn diese wohl allzu optimistische Erwartung trügen sollte, blieb für die Deutschen offensichtlich noch Zeit, bevor die USA für einen Kriegseintritt ausreichend gerüstet waren. Hitler rechnete mit dem Jahr 1942, weshalb er während des »Unternehmens Barbarossa« im Sommer und Herbst 1941 sorgsam darauf bedacht war, jeglichen vorzeitigen Zusammenstoß zu verhindern. Die Japaner sollten zwar die britischen Positionen im Fernen Osten angreifen, aber die amerikanischen vorerst unangetastet lassen.

Roosevelt betrieb aber eine konsequente Politik des »short of war«. Die Besetzung Islands durch amerikanische Truppen im Juli 1941 verschlechterte Hitlers seestrategische Lage erheblich, und der am 11. September von Roosevelt erteilte »Shoot-on-sight«-Befehl an die US-Marine gegen Schiffe der »Achse«, falls sie sich in Seegebiete wagen sollten, die für die amerikanische Verteidigung notwendig seien, machte den Zusammenstoß unausweichlich. Mit der Atlantik-Charta bekräftigte Roosevelt am 12. August 1941 zudem das Zusammengehen mit Großbritannien. Die USA übernahmen den Schutz britischer Geleitzüge im Atlantik und machten deutlich klar, daß sie eine deutsche Vorherrschaft in Europa niemals hinnehmen würden. Erste Hilfslieferungen an Stalin unterstützten dieses Bekenntnis. Demgegenüber schwanden Hitlers Hoffnungen auf eine schnelle Entscheidung im Osten von Tag zu Tag. Manches deutet darauf hin, daß die Ausweitung des Massenmords an den Juden eine unmittelbare Reaktion auf die Atlantik-Charta war.[2]

Das Scheitern des Vorstoßes auf Moskau sorgte innerhalb weniger Tage für einen Umschwung der Amerikapolitik Hitlers. Die deutsche Bevölkerung war schon im Herbst 1941 vorsichtig auf den Fall vorbereitet worden, daß der befürchtete Kriegseintritt der USA stattfinden könnte. Nach der spektakulären Revision der amerikanischen Neutralitätsakte am 13. November 1941 schien es nur noch ein kleiner Schritt bis zur Kriegserklärung zu sein. Die Vorbereitungen auf deutscher Seite waren nahezu abgeschlossen. Hitler schien zu resignieren, wenn er davon sprach, »daß die beiden Feindgruppen sich gegenseitig nicht vernichten können«.[3] Ein Verhandlungsfrieden war äußerst fraglich. Vieles würde von der Haltung Japans abhängen, auf die Hitler als Gegengewicht zu den USA gebaut hatte. Eine Verständigung beider Länder in letzter Minute war für Berlin, das die Verhandlungen zwischen Washington und Tokio nicht zu durchschauen vermochte, ein Alptraum.

Seit dem 18. November 1941 drängte die japanische Führung auf eine Entscheidung Deutschlands für eine gemeinsame Kriegführung gegen die USA. In Unkenntnis der japanischen Angriffsvorbereitungen auf Pearl Harbor entschloß sich Hitler vermutlich am 4. Dezember, selbst in Kürze den Vereinigten Staaten den Krieg zu erklären. Den japanischen Vorschlag zu einem »Nicht-Sonderfriedensvertrag« griff er allzugern auf, weil er damit die Gewißheit gewann, daß Japan an seiner Seite bleiben und keinen Separatfrieden mit den USA oder Großbritannien schließen werde. Wenn das Eingreifen der Amerikaner in den Krieg nicht länger verhindert werden konnte, dann – so mochte Hitler glauben – war es besser, die Initiative zu ergreifen und so die psychologischen Folgen des dramatischen Schritts abzuschwächen. Am 5. Dezember begann die sowjetische Gegenoffensive vor Moskau, am 7. 12. eröffnete Japan den Krieg im Pazifik durch den Überfall auf Pearl Harbor – geschützt durch die sowjetische Neutralität –, und am 11. Dezember erklärten Deutschland und Italien den USA den Krieg.[4] Zu der Dramatik dieser Tage gehört auch Hitlers Entscheidung, die Ausrottung der Juden zu beschleunigen und zu vollenden.

Der japanische Verbündete und der Krieg im Pazifik

Der Antikominternpakt mit dem japanischen Kaiserreich gehörte zu den strategischen Erfolgen, die Hitler in den dreißiger Jahren erzielt hatte, um die Lage des Reiches durch den Gewinn von Bundesgenossen zu verbessern, die im Ersten Weltkrieg der Feindkoalition angehört hatten. Der Antibolschewismus war die einzige ideologische Klammer beider Mächte. Stärker band sie die gegensätzliche Erwartung zusammen, der jeweils andere möge die Westmächte fesseln, um beim

Aufbau des eigenen Imperiums entlastet zu sein. Die widersprüchliche deutsch-japanische Allianz entwickelte sich ebensowenig geradlinig wie der Pazifische Krieg, der als Parallelkrieg den Europäischen Krieg zum Weltkrieg machte. Seit 1937 unternahm Japan den Versuch, nach der Okkupation der Mandschurei auch andere strategisch und ökonomisch wichtige Gebiete Chinas zu erobern. Nach einigen Grenzkonflikten und einer damals wenig beachteten Niederlage gegen die Rote Armee bei Nomonhan-Haruha in der Mongolei im Sommer 1939 bewegte sich die japanische Expansion in Südrichtung. Als Großbritannien 1940 nach den deutschen Erfolgen in Westeuropa vor dem Abgrund zu stehen schien, war die Verlockung für Tokio groß, sich den wirtschaftlich wertvollen Kolonien der europäischen Mächte in Südostasien zuzuwenden. Der Krieg in China war längst zu einem verlustreichen Unternehmen geworden. Mit der Schaffung einer »Großasiatischen Wohlstands-sphäre« wollte Japan seine Vorherrschaft abstützen. Die wichtigen Ölquellen von Niederländisch-Indien gehörten unbedingt dazu, wurden jedoch von den USA abgedeckt. Das »Arsenal strategischer Rohstoffe für die Demokratien« wollten die Amerikaner ebenso weiternutzen wie den chinesischen Markt. Washington ließ mit verschiedenen Handelsrestriktionen die Japaner spüren, wie importabhängig ihre Kriegswirtschaft war. Zwischen der japanischen Armee und der kaiserlichen Marine waren die Risiken des weiteren Kurses heftig umstritten.

Der Dreimächtepakt mit Deutschland und Italien im September 1940, mit der Option eines Beitritts der UdSSR, schien Japan eine ausreichende Deckung zu bieten, um den Konflikt mit Großbritannien und den USA zu riskieren. Der Norden Französisch-Indochinas wurde nach einem Erpressungsmanöver gegen die Vichy-Regierung noch im selben Monat besetzt. Als nach dem Molotov-Besuch in Berlin der sowjetische Beitritt zum Dreimächtepakt auf sich warten ließ, suchte Tokio auf eigene Faust die Verständigung mit Moskau. Der im April 1941 unterzeichnete Neutralitätsvertrag entsprach den Interessen beider Länder. Japan hatte den Rücken frei gegen die Westmächte, die UdSSR gewann Rückendeckung gegen Deutschland.

Wo aber lagen die deutschen Interessen? Bis 1938 hatte Berlin auf die wirtschaftlich ergiebigen Beziehungen zu China gesetzt und die nationalchinesischen Kräfte mit Waffenlieferungen unterstützt. Die Wolframlieferungen waren so wertvoll, daß man die Geschäfte hinter den Kulissen fortzuführen versuchte. Für die Planung eines Feldzugs gegen die UdSSR hätte eine engere Absprache mit Japan eigentlich nahegelegen. Doch Außenminister Matsuoka wurde bei seiner Europareise im März/April 1941 nicht über die deutschen Absichten informiert und unterschrieb deshalb in Moskau ein Neutralitätsabkommen. Statt dessen bedrängten ihn Hitler und Ribbentrop, die günstige Gelegenheit zu nutzen, um durch einen Angriff auf

Singapur die Niederlage Großbritanniens in Südostasien zu besiegeln, bevor sich die Hilfe der USA auswirken konnte. Für Hitler stand die Bindung der USA im Pazifik im Vordergrund, weil er mit einer schnellen Entscheidung im Osten rechnete, die es möglich machen würde, den Transitweg nach China wieder zu öffnen. Japanische Vorstöße zur Bindung der Roten Armee im Fernen Osten schienen aus seiner Sicht überflüssig zu sein und konnten nur lästige Ansprüche Tokios schaffen.

Diese Einstellung änderte sich später in dem Maße, wie der Sieg gegen die Rote Armee auf sich warten ließ. In Berlin beobachtete man die laufenden amerikanisch-japanischen Gespräche mit großem Mißtrauen. Doch die Aufforderung, sich an der Niederwerfung der UdSSR zu beteiligen, fand dann nur noch bei einer Minderheit der japanischen Führung Zustimmung. Bereits am 25. Juni 1941 hatte die Marineführung eine Entsendung von Truppen nach Südindochina durchgesetzt, um im Fall eines Scheiterns der Verständigung mit den USA die lebenswichtigen Rohstoffgebiete im Süden rasch erobern zu können. Diese durch eine kaiserliche Konferenz am 2. Juli gebilligte Strategie machte den Weg in den Krieg frei, wenngleich man in falscher Einschätzung der amerikanischen Standfestigkeit annahm, die eigenen Ziele vielleicht auch auf dem Verhandlungswege durchsetzen zu können.

Als am 24. Juli 1941 japanische Truppen nach erneutem Druck auf das Vichy-Regime mit 40 000 Mann Südindochina besetzten, reagierte Washington mit der Sperrung der japanischen Guthaben. Die Niederlande, Großbritannien und die Dominions schlossen sich an. Dieser Schritt kam einem fast vollständigen Handelsembargo gleich, das durch eine Genehmigungspflicht für den Außenhandel mit Japan verstärkt wurde. Durch die Entschlüsselung der japanischen Codes (MAGIC) informiert, waren die »Falken« in Washington davon überzeugt, daß der Beschluß vom 2. Juli bereits die definitive Entscheidung Japans für die Südexpansion darstellte. Sie sorgten für ein festes Anziehen der Embargo-Schraube, obwohl die amerikanische Marineführung im Hinblick auf ihre wachsenden Verpflichtungen im Atlantik davor warnte, die Japaner in eine ausweglose Lage zu treiben. Auch die Briten waren verständlicherweise nicht an einer Kriegsausweitung im Fernen Osten interessiert.

In Washington unterschätzte man wohl die Mentalität der Japaner, die auch aus Gründen der nationalen Selbstachtung einen Krieg als unvermeidbar hinzunehmen bereit waren, selbst wenn er mit einer Katastrophe enden sollte. Die »Falken« in Tokio wiederum rechneten sich Chancen aus, nach größeren Anfangserfolgen in der Tiefe des pazifischen Raums eine Patt-Situation erreichen zu können, die dann zu vorteilhaften Friedensverhandlungen führen würde. Der Kriegsplan sah drei Zonen vor: den »inneren Ring« (Japan, Mandschukuo, China), die »Versorgungsregion« (Indochina, Philippinen, Malaysia, Indonesien) und den Kampf um einen äußeren »Verteidigungsgürtel« (Burma, Neuguinea, Marshall-Inseln, Guam). Bei einer Verbindungskonferenz am 1. November 1941 verständigte man sich auf den Entschluß zum Krieg.

Die bilateralen Gespräche in Washington waren längst in einer Sackgasse gelandet. Deshalb bot die japanische Führung die Verständigung über einen Modus vivendi an, um Zeit zu gewinnen und die Amerikaner zu täuschen, die durch MAGIC über die japanischen Absichten besser informiert waren, als man in Tokio annahm. Vor einer Wiederaufnahme der Öllieferungen verlangten die Amerikaner einen japanischen Rückzug nicht nur aus Indochina, sondern aus ganz China. Die kaiserliche Regierung stand mit dem Rücken an der Wand. Roosevelt verlangte klare Verhältnisse in Südostasien und die Anerkennung der amerikanischen Vorherrschaft. Der Krieg war damit unabwendbar, aber für Roosevelt war es wichtig, daß die Japaner den »ersten Schuß« abfeuerten, weil der US-Kongreß ansonsten vermutlich keine Kriegserklärung billigte. Die Ursachen des Kriegs lagen zweifellos in dem japanischen Bestreben, sich ein wirtschaftlich unabhängiges Imperium zu schaffen. In der Konkurrenz zu den Anglo-Amerikanern waren sie durch das Bündnis mit den Achsenmächten in eine militärische Konfrontation geraten, die sie letztlich nicht bestehen konnten. Der europäische Krieg eskalierte damit zum Weltkrieg, wobei aus der Sicht wohl aller beteiligten Mächte auf dem asiatischen Kriegsschauplatz nicht die letzte Entscheidung fallen würde.

Die Japaner traten mit dem Überfall auf Pearl Harbor die Flucht nach vorn an. Über eine Distanz von 6800 Kilometern bewegte sich im November 1941, während die Verhandlungen in Washington noch andauerten, ein Flottenverband in Richtung Hawaii. Von sechs Flugzeugträgern starteten im Morgengrauen des 7. Dezember 260 Maschinen. Sie griffen überraschend den Hauptliegeplatz der US-Pacific Fleet an und versenkten fünf Schlachtschiffe. Drei weitere wurden beschädigt, ebenso mehrere leichte Kreuzer, Zerstörer und andere Seefahrzeuge. 292 amerikanische Flugzeuge wurden auf den Rollfeldern von Honolulu zerstört oder beschädigt. Mehr als 3500 Zivilisten und Soldaten fanden den Tod oder wurden verwundet.

Trotz mehrfacher Warnungen war die Flotte in Pearl Harbor nicht alarmiert worden. Ob dafür tatsächlich eine Kette von Zufällen, Versagen und Sorglosigkeit verantwortlich war, ist in der Literatur immer wieder erörtert worden.[5] Mehrere Untersuchungsverfahren versuchten vergeblich, die Gerüchte aufzuklären, daß Roosevelt den Überfall absichtlich zugelassen habe. Eine neue Studie hat kürzlich weitere Indizien für die Verschwörungsthese zusammengetragen.[6] Die Militärs hatten jedenfalls nicht mit einem Luftangriff gerechnet, weil sie die operativen Fähigkeiten der japanischen Marine falsch einschätzten. Entscheidend war das Ergebnis dieses Überfalls. Die Vereinigten Staaten erklärten am 8. Dezember 1941

Japan den Krieg. Die drei Flugzeugträger befanden sich während des Angriffs in See; von den versenkten älteren Schlachtschiffen konnten bis auf zwei alle wieder aus dem seichten Hafenwasser gehoben und auf den unversehrten Werften repariert werden.

Das japanische Heer mit rund zwei Millionen Mann, hauptsächlich in China gebunden, stellte von 51 Divisionen und 58 Brigaden lediglich elf Divisionen und drei Brigaden für Südostasien zur Verfügung. Die Heeresflieger verfügten über rund 1500 Flugzeuge. Mit seiner geringen Zahl gepanzerter Einheiten und einer schwachen Motorisierung entsprach das Heer nicht einem modernen Standard. Die Marine konnte dagegen alle Kräfte im Süden einsetzen: zehn Flugzeugträger, zehn Schlachtschiffe, 18 Schwere und 20 Leichte Kreuzer, 113 Zerstörer und 65 U-Boote. Eine Elite waren die Marineflieger. Sie konnten 700 bord- und 1400 landgestützte Flugzeuge einsetzen.

Die Seestreitkräfte der Amerikaner waren mit Schwerpunkt im Pazifik konzentriert. Sie verfügten über insgesamt 15 Schlachtschiffe, sechs Flugzeugträger, 18 Schwere und 19 Leichte Kreuzer, rund 200 Zerstörer und 100 U-Boote. 75 346 Mann dienten im Marinekorps, in der Marineluftwaffe 10 923. Die US-Army umfaßte im Dezember 1941 1,3 Millionen Mann, die US-Army Air Force rund 270 000. Zur Pazifikflotte von drei Flugzeugträgern, acht Schlachtschiffen, 21 Kreuzern, 67 Zerstörern und 27 U-Booten kam noch die Asienflotte mit drei Kreuzern, 13 Zerstörern und 29 U-Booten sowie zwei Schlachtschiffe, 17 Kreuzer und sechs Zerstörer der Briten und drei Kreuzer, sieben Zerstörer und 15 U-Boote der Niederländer.

Die Amerikaner suchten nicht, wie Tokio erhoffte hatte, nach dem ersten Schock einen Ausgleich, sondern nahmen den Kampf entschlossen auf. Roosevelt organisierte den Pakt der »Vereinten Nationen«, der am 1. Januar 1942 in Washington von 26 Staaten unterschrieben wurde. Auf einer strategischen Konferenz (Deckname »Arcadia«) beschlossen Briten und Amerikaner, in Ostasien zentrale Positionen zu halten und die kriegswichtigen Rohstoffquellen zu verteidigen.[7] »Germany first« bestimmte das weitere Vorgehen, auch wenn über eine mögliche Gegenoffensive in Europa vorerst noch Uneinigkeit bestand. Churchill setzte auf Nordafrika und Südosteuropa, die Amerikaner bevorzugten den Frontangriff über den Kanal hinweg ins Herz der deutschen Rüstungsindustrie. Dazu bedurfte es einer längeren Vorbereitung, zumal zunächst der japanische Angriff abgewehrt werden mußte. Zur Bearbeitung der strategischen Fragen wurde das Combined Chiefs of Staff Committee gegründet, dem sowjetische Vertreter allerdings nicht angehörten.

Die von Stalin gegenüber dem britischen Außenminister Eden bereits im Dezember 1941 geäußerten Kriegsziele warfen schwierige Fragen zur Nachkriegsordnung in Europa auf (Anerkennung der Westgrenze der UdSSR entsprechend dem Hitler-Stalin-Pakt, Annexion von Petsamo und Stützpunkte in Westrumänien, Teilung Deutschlands in Kleinstaaten und Gebietsabtretungen an Polen und die UdSSR). Dringlicher war Stalins Forderung nach Errichtung einer »Zweiten Front« in Europa. Doch zunächst bauten die Achsenmächte ihre zweite Front aus. Der japanische Vorstoß in den angestrebten äußeren Verteidigungsgürtel, den ein zweiter Flottenverband erfolgreich unternahm, wurde von der örtlichen Überlegenheit vor allem der japanischen Marineflieger sowie durch die ungünstige strategische Verteilung der alliierten Stützpunkte begünstigt. Längerfristig gesehen waren die japanischen Kriegsaussichten aber ungünstig. Es gab praktisch kein Mittel, das amerikanische Mutterland wirkungsvoll anzugreifen und Washingtons Widerstand zu brechen. Während die amerikanische Rüstung erst richtig in Schwung kam, konnten die japanischen Kräfte zwangsläufig nur schwächer werden.

Japans Lebensadern waren die weiten Seeverbindungen, auf die das rohstoffarme Land für seine Rüstung angewiesen war. Diese ließen sich aber nicht zuverlässig verteidigen. Die weit auseinandergezogenen Fronten wurden von einzelnen Stützpunkten und Flottenverbänden gesichert. Nachschub und Treibstoffversorgung bildeten die Achillesferse. Schon bald versenkten amerikanische U-Boote und Flugzeuge mehr Handelsschiffe, als auf den japanischen Werften neu gebaut werden konnten. Bei Kriegsbeginn verfügte Japan über eine Handelsflotte von 6 Millionen BRT, durch Neubauten und Prisen kamen dann 4,1 Millionen BRT dazu. Dem standen Verluste von 8,6 Millionen BRT bis Kriegsende gegenüber. Auf amerikanischer Seite liefen hingegen von 1939 bis 1945 Handelsschiffe mit 40 Millionen BRT vom Stapel. Trotz einzelner Steigerungsraten in der japanischen Rüstungsproduktion zehrte die Kriegswirtschaft Nippons von der Substanz. Bis Kriegsende wurden zwar 70 000 Flugzeuge produziert, doch die USA lieferten 300 000 Maschinen aus (die UdSSR 147 000, Deutschland 109 600).

Die US-Army und die US-Army Air Force vergrößerten sich von 270 000 Mann im Jahre 1940 auf 8,2 Millionen bei Kriegsende, von 13 Divisionen auf 90, einschließlich 16 Panzerdivisionen. Für den pazifischen Kriegsschauplatz waren 22 Divisionen vorgesehen. Die USA bildeten keine selbständige Luftwaffe. Die US-Army Air Force setzte sich am Ende aus 16 Luftflotten zusammen, die rund 160 000 Flugzeuge übernahmen und 23 000 Maschinen verloren. Amerikanische Werften bauten von 1940 bis Kriegsende 74 896 Schiffe und Boote für die Navy, darunter zehn Schlachtschiffe, 27 Flugzeugträger, 111 Geleitflugzeugträger, 47 Kreuzer, 874 Zerstörer, 217 U-Boote und 66 055 Landungsfahrzeuge. Die Marineluftwaffe übernahm insgesamt 75 000 Flugzeuge.

Bereits am 10. Dezember 1941 landeten die ersten japanischen Soldaten auf den Philippinen. Am selben Tag wurden zwei von Singapur nach Norden vorstoßende britische Schlachtschiffe (»Repulse« und »Prince of Wales«) versenkt. Das gleiche Schicksal erlitt das niederländisch-indische Geschwader in der Java-See. Eine Koordination der alliierten Kriegführung erwies sich angesichts der großen Entfernungen zwischen Honolulu und Singapur als äußerst schwierig. Den Japanern gelang es im Dezember/Januar, wichtige Stützpunkte und Ankerplätze auf Guam, Wake, den Gilbert-Inseln, im Bismarck-Archipel, vor Bougainville und Neuguinea zu besetzen. Am 8. Dezember hatte eine japanische Armee mit der Besetzung Thailands begonnen, drang dann nach Burma ein und eroberte Rangoon. Der japanische Flottenchef, Admiral Isoroku Yamamoto, vereinte seine Flottenverbände zu einem Vorstoß in den Indischen Ozean und brachte einem britischen Geschwader unter Sir James Somerville im April 1942 schwere Verluste bei. Das ermöglichte japanischen Truppen die Besetzung der Stadt Lashio, Endpunkt der Burma-Straße, der bedeutendsten Nachschubstrecke für Chiang Kai-sheks nationalchinesische Armee. Die verbliebenen 12 000 Mann britisch-indischer Truppen zogen sich auf eine Verteidigungslinie zum Schutz Indiens zurück.

Ebenfalls am 10. Dezember 1941 waren Verbände einer zweiten japanischen Armee an der Ostküste Malaysias gelandet. Gegen zahlenmäßig überlegene britische Einheiten drangen sie auch mit gepanzerten Streitkräften durch den Dschungel gegen die stärkste Seefestung der Welt vor. Singapur hatte sich zur Landseite hin durch die Natur gesichert geglaubt und wurde von den Japanern am 15. Februar 1942 zur Kapitulation gezwungen. 70 000 Gefangene traten den Weg in eine schwere Gefangenschaft an, die größte Niederlage in der britischen Militärgeschichte. Der Kampf einer dritten japanischen Armee um die Philippinen gegen eine vermeintlich überlegene Streitmacht amerikanisch-philippinischer Truppen (29 000 Amerikaner und 80 000 Filipinos) erwies sich als langwieriger. Nach der Kapitulation der Niederländer am 8. März 1942 gerieten auch die Amerikaner unter MacArthur unter stärkeren Druck. Ein großer Teil von ihnen gab am 9. April den Kampf auf, mit der Eroberung der Felseninsel Corregidor am 6. Mai waren die Philippinen endgültig in japanischer Hand. Philippinische Soldaten setzten den Kampf als Guerillas fort.

Ihre wichtigsten Ziele hatten die Japaner mit diesen weiträumigen Operationen erreicht. Sie wollten nun zur strategischen Defensive übergehen und ihren Machtbereich stabilisieren. Dieser erstreckte sich allerdings über fast 10 000 Kilometer Länge und bot den zum Kampf entschlossenen Amerikanern reichlich Lücken und Angriffspunkte. Sie übernahmen Ende Februar 1942 die Gesamtführung der alliierten Kräfte in Ostasien und teilten das Operationsgebiet auf. General Douglas

MacArthur befehligte die South-West Pacific Areas, Admiral Chester William Nimitz die Pacific Ocean Areas. Beide mußten zunächst weitere japanische Vorstöße abwehren. Vom 4. bis 8. Mai 1942 erzielten die Amerikaner im Korallenmeer einen ersten wichtigen Erfolg. Die fünftägige See-Luft-Schlacht war in dieser Form eine Premiere in der Seekriegsgeschichte, da die beiderseitigen Seestreitkräfte nicht direkt gegeneinander, sondern nur über ihre Flugzeuge kämpften. Beide Seiten verloren einen Flugzeugträger, ein zweiter japanischer wurde schwer beschädigt. Trotz taktischer Vorteile verzichteten die Japaner jetzt auf die Landung bei Port Moresby (Neuguinea). Dafür landeten zur selben Zeit die Briten auf Madagaskar und besetzen den Flottenstützpunkt Diego Suarez. Die Vichy-Truppen brachen rasch zusammen und verloren den größten Teil ihrer schwachen Seestreitkräfte.

Ihren wichtigsten Erfolg erzielte die US-Navy durch die Schlacht bei Midway vom 3. bis 7. Juni 1942. Nach einem Ablenkungsangriff gegen die Aleuten wollten die Japaner starke Kräfte auf Midway landen, um eine weite Lücke in ihrem Sicherungsgürtel zu schließen und dadurch sogar eine spätere Besetzung von Hawaii zu ermöglichen. Yamamoto verfolgte die Absicht, mit seiner Vereinten Flotte die zum Schutz der Insel eingreifende US-Flotte zur Entscheidungsschlacht zu zwingen. Es wurde eine verheerende Niederlage für die Japaner, die insgesamt vier Flugzugträ-

Abbildung 23: Japanische Angriffe auf die Ölfelder in Burma (1943).

ger verloren, ohne daß das Gros der japanischen Flotte eingreifen konnte. Auf amerikanischer Seite ging die »Yorktown« verloren. Yamamoto mußte den Rückmarsch antreten. Für weiträumige Angriffsoperationen fehlte dem »Land der aufgehenden Sonne« nunmehr die Kraft.

Dafür begannen die Amerikaner eine Gegenoffensive. Am 7. und 8. August landeten Kräfte des US-Marine-Korps auf Guadalcanal. Mit den monatelangen schweren Kämpfen wehrten sie eine Bedrohung der Seeverbindungen nach Australien ab und sorgten für eine Gefährdung des südlichen Defensivgürtels der Japaner. Den verlustreichen triphischen Abnutzungskampf mußte das japanische Oberkommando durch die Evakuierung seiner Truppen ab 1. Februar 1943 abbrechen. Die Initiative war damit auf die alliierte Seite übergegangen, ebenso wie zur gleichen Zeit auch gegen die Deutschen in Nordafrika und an der Ostfront.

Das Unternehmen »Blau«:
Der vergebliche Griff nach dem Öl im Kaukasus

Stalins überraschende Winteroffensive 1941/42 hatte die Wehrmacht zwar in schwere Bedrängnis gebracht und die Lebensfähigkeit des Sowjetregimes bewiesen, aber im Verlauf der Winterkämpfe war es den Deutschen gelungen, die Front wieder zu stabilisieren. Beide Seiten führten neue Kräfte heran. Aus Hitlers Sicht gab es im Kampf gegen die Angelsachsen ein Zeitfenster, das er nutzen wollte, um mit einem zweiten Ostfeldzug im Sommer 1942 die Sowjetunion doch noch rechtzeitig auszuschalten und die »Festung Europa« mit Aussicht auf Erfolg verteidigen zu können. Den »Großen Plan« von Großadmiral Raeder, der den Schwerpunkt der deutschen Kriegführung gegen England setzen wollte, lehnte Hitler ab.[8] Es hätte bedeutet, an der Ostfront im wesentlichen defensiv zu agieren und die Kräfte im Mittelmeerraum zu konzentrieren, um die britischen Positionen bis in den Nahen und Mittleren Osten hinein anzugreifen und die Verbindung mit den Japanern herzustellen. Ein solcher großer strategischer Schachzug bot durchaus gewisse Erfolgsaussichten, stand doch das deutsch-italienische Afrikakorps zum Angriff auf Ägypten bereit, und Kontakte zum ehemaligen irakischen Ministerpräsidenten Raschid Ali el-Gailani sowie zum Großmufti von Jerusalem, Mohammed Amin El-Husseini, und zum indischen Nationalistenführer Subhas Chandra Bose boten die Chance, die gesamte britische Basis auch durch Aufstandsbewegungen zu schwächen.

Doch Hitler war davon überzeugt, daß nur ein Sieg über Stalin die Entscheidung des Kriegs herbeiführen werde. Dadurch würde der Zugang zu den kaukasischen Ölquellen frei, auf die Deutschland angesichts unzureichender eigener Treibstofferzeugung unbedingt angewiesen sei. Wieder setzte der Diktator auf wirtschaftliche Argumente, um seine zögernden Generale zu überzeugen. In einer diplomatischen Offensive mobilisierte er seine Verbündeten, um die geplante Offensive gegen Baku durch rumänische, ungarische und italienische Armeen absichern zu können. Die eigenen Kräfte reichten lediglich dazu aus, eine Heeresgruppe zum Angriff antreten zu lassen. Während Stalin mit einer neuen deutschen Offensive gegen Moskau rechnete, setzte Hitler auf den Schwerpunkt im Süden. Er vertraute dabei den alten Rezepten und ließ eine eingehende Analyse der vergangenen Rückschläge nicht zu. Die Überschätzung der eigenen Möglichkeiten und die negative Beurteilung der sowjetischen Fähigkeiten waren erneut Grundlage der militärischen Planung. Der Generalstab des Heeres teilte Hitlers Annahmen nicht, ordnete sich aber unter. Die Planung der Operation erfolgte nicht nach rationalem Abwägen unterschiedlicher Optionen auf der Basis des Machbaren, sondern setzte lediglich Hitlers Vorgaben um, die jeglicher Kritik entzogen waren.

Erste Erfolge der Wehrmacht bestätigten das Überlegenheitsgefühl, das inzwischen auch die Soldaten wieder ergriffen hatte. Die 11. Armee begann am 8. Mai 1942 mit der Rückeroberung der Halbinsel Kerč und zerschlug innerhalb von sechs Tagen drei sowjetische Armeen bei geringen eigenen Verlusten. Wieder hatte sich taktisch-operative Führungskunst gegen die quantitative Überlegenheit eines schlechtgeführten Gegners durchgesetzt, der in Konfusion und Inkompetenz unterging. Am 7. Juni wurde der Angriff auf die Festung Sevastopoľ begonnen. In erbitterten Kämpfen unter Einsatz schwerster Artillerie konnte die Stadt am 1. Juli eingenommen werden. Manstein erhielt die Ernennung zum Generalfeldmarschall, konnte aber nicht verhindern, daß 100 000 Rotarmisten von der Schwarzmeerflotte evakuiert wurden. Deutsch-rumänische Truppen machten 97 000 Gefangene.

Die Sicherung der Krim war eine wichtige Voraussetzung für das geplante Unternehmen »Blau«, eine andere die Bereinigung des Frontvorsprungs von Iszjum, der Charkov, den Drehpunkt des deutschen Aufmarsches, bedrohte. Völlig überraschend hatte Stalin hier am 9. Mai eine Offensive mit drei Armeen, 1200 Panzern und 900 Flugzeugen eröffnet. Die deutsche Heeresgruppe Süd mußte ihre gesamten Reserven einsetzen, um die teilweise tiefen Einbrüche abzuriegeln. Das Unternehmen »Friedericus« wurde zum Gegenangriff umfunktioniert. Die sowjetischen Kräfte waren schlecht koordiniert und wurden in sinnlosen Angriffen verbraucht. Treibstoffmangel behinderte ihre starken Panzerkräfte. So wurden insgesamt Teile von vier Armeen mit 29 Divisionen zerschlagen und rund 239 000 Gefangene eingebracht. Die Rote Armee verlor 540 Flugzeuge, 1200 Panzer und über 2000 Geschütze. Die Deutschen hatten ihren »Vernichtungssieg« nur mit letzter Kraft errungen, begünstigt durch schwere Regenfälle, taktische Überraschungen, den Kampfgeist der eigenen Truppen, die teilweise durch neues Kriegsgerät ausgerüstet waren. Einen entscheidenden Anteil hatte die massive Unterstützung der Luftwaffe, die in diesem Umfang während des weiteren Feldzugs nicht mehr gewährt werden konnte.

Hitler drängte zur Verfolgung. Ihm mußte daran gelegen sein, die Rote Armee an der Südfront möglichst vollständig zu vernichten. Stellte sie sich wie im Sommer 1941 zur Schlacht, konnte der Plan gelingen. Am 10. Juni 1942 begann die 6. Armee zusammen mit der 1. Panzerarmee die Operation »Wilhelm«, um die bei Volcansk versammelten Kräfte zu vernichten. Der Gegner zog sich aber rechtzeitig zurück. Nur 21 000 Gefangene konnten eingebracht werden. Fedor von Bock, der Oberbefehlshaber der Heeresgruppe Süd, war besorgt, daß Stalin sich zu taktischen Rückzügen entschließen könnte, um seine Kräfte bis zum Eingreifen der Amerikaner im nächsten Jahr aufzusparen. Auch mit einem neuen Winterfeldzug der Roten Armee war zu rechnen.

Am 28. Juni 1942 begann die erste Phase der deutschen Sommeroffensive. Der Termin war mehrfach verschoben worden. Die Pläne waren beim Abschuß eines Kurierflugzeugs in sowjetische Hand gefallen, doch Stalin glaubte an eine Finte. So gelang den Deutschen noch einmal eine taktische Überraschung. Der Ansatz erfolgte aus dem Raum Kursk-Voronež und zielte auf das Erreichen der Don-Linie. Hier trug die 4. Panzerarmee, bisher bei der Heeresgruppe Mitte eingesetzt, die Hauptlast des Vorstoßes auf Voronež, unterstützt von der Armeegruppe Weichs. Die 6. Armee zog im Zentrum nach, unterstützt von der 2. ungarischen Armee. Mit starker Luftunterstützung gelang bereits am ersten Tag ein tiefer Einbruch. Nach einer Woche waren Brückenköpfe über den Don errichtet und Voronež als Verkehrs- und Rüstungszentrum erobert. Stalin zeigte sich über den Verlust so schockiert, daß er seiner Stavka ein neues Konzept ermöglichte, um bei feindlicher Überlegenheit flexibel ausweichen und Einschließungen verhindern zu können.

Die deutschen Kräfte schwenkten nach Süden und nahmen die Verfolgung auf. Im Zuge dieser Phase II entschloß sich Hitler am 7. Juli dazu, die Heeresgruppe Süd aufzuspalten. Die neuen Heeresgruppen A und B bestanden aus jeweils einer deutschen Infanterie- und einer Panzerarmee sowie unterstellten verbündeten Truppen. Wie sich bald herausstellte, war damit das Schicksal von »Blau« besiegelt. Mansteins 11. Armee wurde nach der Eroberung Sevastopoľs abgezogen und an die Einschließungsfront bei Leningrad verlegt. Statt dort ein weiteres »Bollwerk« stürmen zu können, wurde sie sofort in heftige Abwehrkämpfe der Heeresgruppe Nord verstrickt und fehlte den Deutschen beim Angriff auf Stalingrad. Anfang Juli erzielte auch ein Fesselungsangriff der 9. Armee vor Moskau große Erfolge. 30 000 Gefangene wurden eingebracht, 218 Panzer und 591 Geschütze erbeutet oder vernichtet. Zur gleichen Zeit wurden die Säuberungsaktionen gegen den Volchov-Kessel abgeschlossen. Hier waren Teile von drei sowjetischen Armeen seit Ende Mai eingeschlossen. Mehr als 32 000 Gefangene wurden gemacht, 649 Geschütze und 171 Panzer zerstört oder erbeutet.

Das Rüstungszentrum an der Volga hatte für die deutsche Planung keine größere Bedeutung gehabt. Hitler brannte darauf, Baku zu erobern; deshalb sollte sich die Offensive in Richtung Süden entwickeln. Nach Erreichen des großen Donbogens würde es die Aufgabe der 6. Armee sein, die lange Flanke zusammen mit den verbündeten Armeen zu halten und den Vorstoß der Panzerverbände in den Kaukasus abzusichern. Mit der Besetzung der Landbrücke zwischen Don und Volga hätte man die Voraussetzung, um die wichtige Verkehrsader des größten europäischen Stromes zu unterbrechen. Die Besetzung der Stadt, die zum Schicksal der 6. Armee werden sollte, war keineswegs beschlossene Sache. Das sowjetische Oberkommando bildete aber am 12. Juli 1942 die »Stalingrad-Front« und führte ihr sechs Armeen zu. Es war das erste Anzeichen dafür, daß der sowjetische Diktator entschlossen war, um die Stadt, die seinen Namen trug, eine Entscheidungsschlacht zu führen, Hitler vom Kaukasus abzulenken und in eine Falle zu führen.

Die unerwartete Rückzugtaktik der Roten Armee im Donbogen veranlaßte Hitler, die eigenen Kräfte immer weiter aufzusplittern und so schnell voranzutreiben, daß sie oft wegen Treibstoffmangels tagelang in der Steppe liegenblieben. Die Heeresgruppe B konnte den Gegner nicht fassen und ließ an der langen Donflanke die schwachen verbündeten Armeen zurück. Hitler erwartete nun eine Kesselschlacht im Raum Rostov. Er enthob Generalfeldmarschall von Bock seines Amtes. Nachfolger wurde Generaloberst von Weichs. Die 4. Panzerarmee wurde der Heeresgruppe A unterstellt, die den Stoß in Richtung Donec-Mündung und Rostov führen und dann in den Kaukasus vorstoßen sollte. Hitler war so auf die Ölquellen fixiert, daß er für wenige Tage daran dachte, die 11. Armee von der Krim nicht nach Leningrad abzuziehen, sondern mit ihr über die Straße von Kerč einen weiteren Angriffsflügel gegen Majkop zu bilden (Deckname »Blücher«).

Das Unternehmen »Blau«, jetzt in »Braunschweig« umbenannt, führte am 16. Juli bei Millerovo zur Einkreisung von Teilen der sowjetischen Südarmee. Nach schweren Kämpfen gelang es aber aus Treibstoffmangel nicht, deren Absetzen zu verhindern. Weniger als 20 000 Gefangene wurden gemacht. Durch die Verlagerung des deutschen Operationsschwerpunkts nach Süden gewann Stalin außerdem Zeit, Stalingrad systematisch zur Verteidigung vorzubereiten. Mit seiner Weisung Nr. 44 vom 21. Juli 1942 hielt Hitler es für möglich, in kurzer Zeit die UdSSR von der Verbindung mit dem Kaukasus und damit von Öl und alliierten Hilfslieferungen abzuschneiden. Zusammen mit dem Verlust des Donec-Industriereviers sei das ein

Schlag, von dem sich das Sowjetregime nicht mehr erholen werde. Aufgrund dieser optimistischen Annahme ordnete er am 23. Juli mit der Weisung Nr. 45 die gleichzeitige exzentrische Operation gegen den Kaukasus und gegen Stalingrad an. Am selben Tag war Rostov nach schweren Kämpfen gegen NKVD-Truppen eingenommen worden.

Was als eine zusammenhängende, zweistufige Operation begonnen hatte, wurde nun getrennt und sollte parallel zueinander erreicht werden. Zwei Wochen später unternahm Hitler einen weitern Schachzug, der das Ausmaß der Operation erheblich vergrößerte, die Streitkräfte weiter aufsplitterte und die Offensive trichterförmig ausweitete. Die 4. Panzerarmee von Generaloberst Hermann Hoth, bisher die »Faust« der Heeresgruppe B, war nach Süden umdirigiert worden, um den Vorstoß auf Baku zu verstärken, sollte nun zugleich auf Astrachan vorstoßen und mit schwachen Teilen den Angriff auf Stalingrad unterstützen.

Am 28. Juli 1942 hatten Teile der 6. Armee den Don bei Kalač erreicht. Von dieser Position aus konnten sie entsprechend der Weisung Nr. 45 »im Vorstoß nach Stalingrad« die 60 Kilometer breite »Landbrücke zwischen Don und Volga sowie den Strom sperren«. Dazu war die Eroberung der Stadt keineswegs notwendig. Eine Blockade wie gegenüber Leningrad hätte eine Alternative sein können, gestützt auf feste Stellungen im Donbogen, von denen aus dann eine »bevorstehende Schlacht bei [sic] Stalingrad«[9] geführt werden konnte, um die Flanke des Vormarsches in Richtung Kaukasus abzusichern. Am selben Tag hatte Stalin seinen berüchtigten Haltebefehl erlassen.[10] Es kam für ihn darauf an, den strategischen Rückzug zu beenden und von nun an wieder jeden Quadratmeter verbissen zu verteidigen, eine Kehrtwende, die für jede Armee nach einem Ausweichen über viele hundert Kilometer ein Problem darstellt. Sperrlinien mit NKVD-Truppen, die notfalls auf ausweichende eigene Truppen rücksichtslos das Feuer eröffneten, sorgten für etwas, das die sowjetische Historiographie später gern als »moralischen« Umschwung der Roten Armee beschrieben hat.

Heute weiß man, daß Stalins Befehl, der auch eine Sippenhaft und andere drakonische Maßnahmen vorsah, mehr als 13000 vermeintliche Deserteure das Leben kostete. Dennoch blieb die innere Stabilität der Truppenverbände und des Hinterlandes äußerst fragil. Stalin bot Hitler damit ein »Duell« an, das dieser auch deshalb annahm, weil er fest davon überzeugt war, daß die Rote Armee am Ende war, noch stärker als im Vorjahr. Der Optimismus, den im Frühjahr alle im Oberkommando noch mitgetragen hatten, verselbständigte sich beim »Führer«. Der Generalstab des Heeres urteilte inzwischen sehr viel vorsichtiger. Sein Chef, Generaloberst Franz Halder, notierte am 23. Juli 1942: »Die immer schon vorhandene Unterschätzung der feindlichen Möglichkeiten nimmt allmählich groteske Formen an und wird gefährlich. Es wird immer unerträglicher. Von ernster Arbeit kann nicht mehr die Rede sein. Krankhaftes Reagieren auf Augenblickseindrücke und völliger Mangel in der Beurteilung des Führungsapparats und seiner Möglichkeiten geben dieser sogenannten Führung das Gepräge.«[11]

Tatsächlich war die Lage für Stalin äußerst bedrohlich. Den Verlust der Hauptstadt hätte die Rote Armee im November 1941 überstehen können, den jetzt drohenden Verlust der Ölfelder und der Versorgungswege aus dem Iran dagegen nicht. Für Stalin war die bevorstehende Schlacht um Stalingrad als Ablenkungsmanöver lebenswichtig, für Hitler schien es nur ein leichter Schlußakkord für die Sommeroffensive 1942 zu sein. Die 1. Panzerarmee unter Generaloberst von Kleist überschritt am 6. August den Kuban und erreichte drei Tage später Majkop, die erste wichtige Öllagerstätte des Kaukasus. Hitler fühlte sich ermutigt, nicht nur die Verlegung der 11. Armee von der Krim nach Leningrad durchzuführen, sondern auch bereits Eliteverbände wie die Division »Großdeutschland« nach Westen zu verlegen, um den fieberhaft verstärkten Atlantikwall gegen mögliche alliierte Angriffe abzudecken. Am 6. August ernannte Roosevelt General Eisenhower zum Oberbefehlshaber für das Unternehmen »Torch«, die geplante Landung in Nordafrika. Inzwischen sollte ein Raid gegen Dieppe an der Kanalküste die Deutschen binden und Stalin entlasten. Am 19. August 1942 landeten zwei britisch-kanadische Brigaden beiderseits des Hafens, erlitten aber sehr schwere Verluste und mußten sich wieder einschiffen.

Abbildung 24: Die Wehrmacht auf dem Marsch in den Kaukasus.

In Majkop fanden die Deutschen ein riesiges Trümmerfeld vor, und die »Technische Brigade Mineralöl«, die sich auf den Einsatz im Kaukasus intensiv vorbereitet hatte, konnte unter feindlichem Feuer nur mühsam geringe Mengen an Erdöl zutage fördern. Der weitere Vormarsch in Richtung Grosnyj und Baku blieb dann im Hochgebirge hängen. Am 21. August 1942 konnte in einer spektakulären Aktion eine Gruppe von Gebirgsjägern auf dem Elbrus, dem höchsten Berg, die Reichskriegsflagge hissen. Militärisch bedeutsamer war der gleichzeitige Fehlschlag des Angriffs auf den Schwarzmeerhafen Suchumi. Die Küstenregion blieb in sowjetischer Hand, womit sich die Frontlinie der Heeresgruppe A erheblich verlängerte. Vorstöße im mittleren Abschnitt Richtung Tuapse blieben liegen. Den Truppen ging auf der Jagd nach dem Erdöl der Treibstoff aus. Das konnte durch eine überraschend große Kollaborationsbereitschaft einiger Völkerschaften im besetzten Gebiet nicht ausgeglichen werden. Eine »milde« deutsche Besatzungspolitik sorgte immerhin dafür, daß eine große Zahl von Kosakenschwadronen, georgischen Infanteriebataillonen und ein Kalmykisches Kavalleriekorps in deutsche Dienste genommen werden konnten. Die Heeresgruppe A gewann aber nicht die Kraft, auf Baku vorzurücken und sah einem ungewissen Schicksal im kommenden Winter entgegen. Die schwelende Vertrauenskrise im Führerhauptquartier brach am 9. September offen aus. Generalfeldmarschall List wurde als Oberbefehlshaber der Heeresgruppe A abgelöst, Hitler dachte daran, auch Alfred Jodl als Chef des Wehrmachtführungsstabs (Paulus war als Nachfolger im Gespräch) sowie Wilhelm Keitel als Chef des OKW abzusetzen (möglicher Nachfolger Generalfeldmarschall Kesselring). Am 24. September kam es zum Zusammenstoß mit Halder, der als Chef des Generalstabs des Heeres zurücktrat. Sein Nachfolger wurde General der Infanterie Kurt Zeitzler.

In dieser Situation hätte sich Hitler entscheiden können, durch einen zusammengefaßten Schlag seiner Luftwaffe Baku zu zerstören und damit die sowjetische Kriegführung auf Monate stillzulegen. Doch er hatte sich im August für einen verheerenden Luftschlag gegen Stalingrad entschieden. Das massive Bombardement kostete angeblich 40000 Menschen das Leben. Eine mögliche Bedrohung ging von dem Stalingrader Rüstungszentrum nun nicht mehr aus, aber das geschaffene Trümmerfeld begünstigte außerordentlich die Verteidiger der Stadt. Die 6. Armee unter der Führung von General der Panzertruppe Paulus zerschlug bis zum 11. August im Raum Kalač Kräfte von zwei sowjetischen Armeen, brachte 35000 Gefangene ein und erbeutete bzw. zerstörte 270 Panzer und 560 Geschütze. Am 19. August gab Paulus den Befehl zum Angriff auf Stalingrad. Es schien möglich zu sein, die feindlichen Kräfte am westlichen Ufer der Volga zu vernichten und die Stadt womöglich im Handstreich zu nehmen. Am 23. August erreichte das

XIV. Panzerkorps (General d. Infanterie Alfred von Wietersheim) bei Rynok nördlich der Stadt den Fluß.

Die Volga war gesperrt, die Landbrücke besetzt, Stalingrad eingeschlossen. Stalin erklärte am 25. August den Belagerungszustand über die Stadt. Armeegeneral Andrej I. Jeremenko wurde beauftragt, Stalingrad als Brückenkopf zu verteidigen. Die Hauptlast würde auf der schwer angeschlagenen 62. Armee unter General Vasilij Čujkov liegen, deren Soldaten teilweise zum Feind überliefen oder sich auf das östliche Volga-Ufer retteten. Als neuernannter Erster Politoffizier sorgte Nikita S. Chruščev rasch für Disziplin und Kampfgeist an der Front, die durch 75 000 Mann Volkswehr, 20 000 Kadetten und 7000 Jungkommunisten verstärkt wurde. Die Evakuierung der Bevölkerung begann hingegen so spät, daß viele Familien versuchen mußten, im Kampfgebiet zu überleben. Knapp 20 000 arbeitsfähige Zivilisten wurden später von der Wehrmacht ausgesondert, der Rest »in die Steppe geleitet«. Hitler hatte ursprünglich befohlen, die gesamte männliche Bevölkerung zu ermorden.[12] Er ließ sich hier von ähnlichen ideologischen Feindbildern bewegen, wie im Fall Leningrads, und wenn er zur gleichen Zeit den Angriff auf die beiden belagerten »Zentren des Bolschewismus« befahl, die zudem die Namen der Säulenheiligen des Sowjetkommunismus trugen, dann wird erkennbar, daß sich die

Abbildung 25: Für den Kampf in Stalingrad wird ein Infanteriegeschütz in Stellung gebracht.

Kriegführung von ihrer militärischen Zweckbindung entfernt hatte. Der »Operationsbefehl Nr. 1« vom 14. Oktober 1942 legte kategorisch fest, daß es für deutsche Truppen bei feindlichen Angriffen keine »Rückwärtsbewegungen« mehr gebe.[13] In seinem Prestigebedürfnis wollte sich Hitler von Stalin nicht übertrumpfen lassen.

In Stalingrad brach der »Rattenkrieg« aus, ein verlustreicher Kampf um jeden Quadratmeter Trümmerlandschaft, um jedes Stockwerk, um jedes Kellerloch. Es war ein Kampf, für den die 6. Armee nicht gerüstet war und den Hitler bei seiner bisherigen Kriegführung stets zu vermeiden versucht hatte. Unter schwersten Opfern für beide Seiten gewannen die Deutschen mühsam Terrain, besetzten fast den gesamten Ufersaum. Nur wenige Stützpunkte konnten von der Roten Armee gehalten werden. Die Sowjetsoldaten wurden zu Zehntausenden dem Ruhm ihres Diktators geopfert. Aber sie waren zugleich der Köder, der zu einem »Verbeißen« der 6. Armee in Stalingrad führte. Die Truppen von Paulus standen seit Ende September 1942 selbst auf verlorenem Posten, »ausgebrannt« und ohne ausreichende Wintervorräte. Auch ohne die spätere Einkesselung wären sie wohl verhungert.

Alle kriegführenden Mächte trafen bereits Vorbereitungen für die Fortsetzung des Kampfes im nächsten Jahr. Die Perspektiven für die Anti-Hitler-Koalition verbesserten sich dabei von Tag zu Tag. Auf deutscher Seite hatte ein Umbau des Heeres begonnen, um aus der vorhandenen Substanz durch Einsparungen Kräfte für den Kampfeinsatz freizumachen. Überzählige Kräfte der Luftwaffe konnten dazu nicht

Abbildung 26: Die Bevölkerung in der Vorstadt von Stalingrad kehrt nach einem Luftangriff zurück.

verwendet werden, weil Göring meinte, man könne es seinen »Jungens« nicht zumuten, die »reaktionäre Uniform« des Heeres anzuziehen. So wurden im September 1942 »Luftwaffen-Felddivisionen« gebildet, die an »ruhigen Frontabschnitten« Erfahrungen sammeln sollten. Selbst ein eigenes Panzerkorps mit Görings Namen wurde gebildet.[14] Die Operationsabteilung im Generalstab des Heeres setzte sich vergeblich dafür ein, die von Rüstungsminister Speer stark gesteigerte Waffenproduktion zur Verstärkung der Front zu verwenden (monatlich rund 400 Panzerkampfwagen und Sturmgeschütze). Hitler wollte jedoch eine Reserve schaffen, um im nächsten Jahr die Offensive in Richtung Baku fortsetzen und gegen die Westmächte auftreten zu können. Mit dem »Adolf-Hitler-Panzerprogramm« vom September 1942 wurde geplant, die monatliche Kapazität auf 1400 Kampfwagen bis Frühjahr 1944 zu steigern und bereits im Frühjahr 1943 die neuen Kampfpanzer »Tiger« und »Panther« zum Einsatz zu bringen. Nach deutschen Schätzungen waren 1942 in der UdSSR 21564 Panzerwagen gebaut worden, in Deutschland hingegen 4756. Dennoch glaubte man in Berlin daran, die Ostfront im Winter 1942/43 mit den vorhandenen Kräften halten zu können, nicht in beweglicher Abwehr wie im letzten Winter, sondern durch einen Stellungskrieg an starren Fronten, was bei den geringen Reserven nur möglich sein würde, wenn der Gegner tatsächlich völlig erschöpft war.

Auf sowjetischer Seite war allerdings die Rüstungsproduktion im zweiten Halbjahr 1942 mehr als verdoppelt worden. Die Rote Armee erhielt 2000 T34-Kampfpanzer und 25436 neue Flugzeuge. Die Stavka bildete eine strategische Reserve von zehn Armeen, zwei Panzerarmeen, drei selbständigen Panzerkorps und anderen Einheiten, insgesamt 800000 Mann. Sie sicherte weit im Hinterland zunächst die Zentralfront und wurde durch Hitlers Schwerpunktbildung im Süden für Einsätze frei. Die Vorbereitungen für eine Gegenoffensive liefen seit Mitte September 1942. Dabei hatte man durchaus auch andere Zielrichtungen im Blick, den Gegner im Kaukasus zu schlagen, bei Leningrad und bei Ržev. Der Grundgedanke der Stalingrader Operation (Deckname »Uranus«) war es, alle Reserven, die in den nächsten zwei Monaten bereitgestellt werden konnten, gegen die rumänischen Armeen einzusetzen, die den Flankenschutz der 6. deutschen Armee übernommen hatten. Zwischen Juli und November konnten dafür insgesamt zwei Panzerarmeen, 80 Schützendivisionen sowie 123 Brigaden in ihrer Kampfkraft wiederhergestellt werden. Die Verteidiger der Stadt erhielten unterdessen kaum Unterstützung. Auch die zentrale operative Reserve wurde nicht geschwächt. Der Kräfteschwerpunkt der Roten Armee blieb im Raum Moskau bestehen.

An der Stalingrader Front wurden die Kriegsgerichte aufgefordert, die Strafkompanien aufzufrischen, die in der Hauptstoßrichtung an der Spitze marschieren würden. Sperrabteilungen sollten Rückschläge verhindern. Ein großer Teil der Verbände sollte erst in letzter Minute aus Sibirien und dem Fernen Osten herangefahren werden. Die Einhaltung des Fahrplans wurde später so rigoros durchgesetzt, daß 23 Bahnhofskommandanten ohne Gerichtsverfahren erschossen wurden, weil man sie angeblicher Sabotage beschuldigte.

Die sowjetische Statistik ist äußerst unzuverlässig; auch neuere russische Veröffentlichungen bringen keine unstrittigen Zahlen über die eingesetzten Soldaten und die Verluste. So konnten leicht Legenden über den Kampf um Stalingrad gebildet werden. War es tatsächlich die blutigste Schlacht des Zweiten Weltkriegs? Errang die Sowjetarmee wirklich gegen einen gleichstarken Gegner einen überwältigenden Sieg, Ausdruck angeblich der höheren Kampfmoral und des Umschwungs auf sowjetischer Seite? Die Antworten auf solche Fragen fallen heute differenzierter aus und bestätigen eher die ungeheuren Opfer, die Stalin seinen Truppen abverlangte. Nach offiziellen Zahlen kostete allein die Stalingrader Verteidigungsoperation der Roten Armee bis zum 18. November 1942 an Toten 323 856, an Verwundeten 319 986 Mann. Die Gesamtverluste beliefen sich 1941 und 1942 auf jeweils sieben Millionen Mann, ein gewaltiger Aderlaß. Dennoch verfügte die UdSSR noch immer über doppelt so große Personalreserven wie das Reich und konnte diese auf eine einzige Front konzentrieren. Die deutschen Heeresgruppen A und B hatten demgegenüber vom Juli bis September 1942 insgesamt 282 600 Mann verloren (Tote und Verwundete), wovon nur etwa die Hälfte ersetzt werden konnte, hauptsächlich Genesende aus den Lazaretten.

Die Katastrophe von Stalingrad und die Folgen

Weder das Ausmaß noch die Zielrichtung der sowjetischen Vorbereitungen für eine Winteroffensive waren von deutscher Seite erkannt worden. Halder hatte seinen Posten »ohne Sorge« verlassen. Auch sein Nachfolger Zeitzler war lange Zeit arglos. Die Abteilung Fremde Heere Ost beurteilte noch im Oktober die sowjetischen Absichten so, daß vermutlich im Mittelabschnitt ein Angriffsschwerpunkt liegen würde. Dennoch zeigte sich Hitler durchaus besorgt um die lange und nur schwach gesicherte Flanke am Don, die zu einem Gegenangriff geradezu einlud. Er ordnete einen starken Ausbau der Stellungen an, rechnete aber wohl nicht mit einem Angriff strategischen Ausmaßes. Nach dem erwarteten Abschluß der Kämpfe in Stalingrad sollte die 6. Armee in die Offensive gehen (Deckname »Wintermärchen«) und erkannte Feindgruppierungen im Norden zerschlagen, sodann eine sichere Winterstellung beziehen (Deckname »Herbstzeitlose«). Auch ein Vorstoß auf

Astrachan sollte vorbereitet werden. Doch die schweren Kämpfe bis Ende September hatten gelehrt, daß eine totale Eroberung der Stadt noch Monate dauern konnte. Als Paulus Anfang Oktober die Kämpfe vorübergehend einstellen ließ, befahl Hitler die Fortsetzung des mörderischen Ringens, ohne dafür größere Kräfte zusätzlich zur Verfügung stellen zu können. Statt dessen erklärte er am 8. November öffentlich, er habe die Stadt ja schon in seiner Hand. »Es sind nur noch ein paar ganz kleine Plätzchen da.« Für deren Eroberung wolle er sich Zeit lassen.[15]

Doch seit einer Woche rollten bereits die sowjetischen Reserven aus der Tiefe Sibiriens in Richtung Volga, beobachtete die Heeresgruppe B besorgt den Aufmarsch. In aller Eile wurden einzelne deutsche Einheiten aus der Front herausgezogen und hinter den bedrohten Abschnitten der verbündeten Truppen als »Korsettstangen« bereitgestellt. Hitler billigte die Einstellung der Kämpfe in der Stadt. Die sowjetische Offensive begann am 19. November 1942 mit einem gigantischen Feuerschlag. 30 Divisionen stürzten sich auf die 3. rumänische Armee und bildeten die nördliche Zange, die auf Kalač zielte. Die Don-Front trat mit rund 300 000 Mann, 1838 Geschützen, 435 Raketenwerfern (»Stalinorgeln«) und 180 Panzern an. Sie erzielte innerhalb eines Tages einen Geländegewinn von 35 Kilometern. Zusammen mit der Südwestfront, die rund 340 000 Mann, 2201 Geschütze, 628 Raketenwerfer und 730 Panzer aufgeboten hatte, sollten die 6. Armee und die 4. Panzerarmee eingekesselt, der Stoß dann auf Rostov gerichtet werden, um die Heeresgruppe A gleichfalls einzuschließen. Unter Zuführung weiterer Reserven sollte die Angriffsfront am Mittellauf des Don ausgedehnt werden, um den gesamten Südflügel der deutschen Ostfront zu zerschlagen. Am 20. November traten auch Teile der Stalingrad-Front zum Angriff an und bildeten die südliche Zange.

Nach hartnäckigem kurzem Kampf setzten sich die Rumänen an beiden Flügeln der 6. Armee fluchtartig ab. Am 21. November mußte auch das Hauptquartier der 6. Armee die Flucht ergreifen und näher an die Stadt heranrücken. Einen Tag später erreichten sowjetische Panzer Kalač. Die Deutschen waren eingeschlossen. Für wenige Tage bot sich die Chance zum sofortigen Ausbruch. Erst Görings Angebot, die Armee aus der Luft ausreichend zu versorgen, bestätigte Hitler in seiner Absicht, den Platz an der Volga um jeden Preis zu halten. Paulus war nicht der Mann, um sich zu widersetzen, wie es Anfang November Rommel vor El Alamein getan hatte. Er verließ sich auf die Zusicherungen Mansteins, der kurzfristig die Heeresgruppe B übernommen hatte, daß man einen Entsatzangriff unternehmen werde. Einer Angriffsgruppe der 4. Panzerarmee unter Generaloberst Hoth gelang es am 21. Dezember 1942 tatsächlich, bis auf 48 Kilometer an Stalingrad heranzukommen. Die schwer angeschlagene 6. Armee war aber nach dem Eindruck von Paulus nicht in der Lage, Hoth entgegenzustoßen. Ein verzweifelter Gesamtausbruch als letzte Möglichkeit (Unternehmen »Donnerschlag«) wurde von Hitler verboten. Als Hoth seine Kräfte unter starkem sowjetischem Druck zurücknehmen mußte, war das Schicksal der 6. Armee endgültig besiegelt.

Trotz erheblicher Anstrengungen gelang es der Luftwaffe nicht, die geforderten 600 Tonnen täglich einzufliegen. Der Durchschnitt lag bei 100 Tonnen Treibstoff, Munition und Verpflegung. Die schwierigen Witterungsverhältnisse, eine starke Luftabwehr und die zunehmende Entfernung zum Kessel sorgten für enorme Verluste unter den deutschen Transportfliegern. Insgesamt 550 Maschinen gingen zu Bruch oder wurden abgeschossen. Als Mitte Januar 1943 die Luftversorgung dennoch richtig in Schwung kam, waren die Reste der 6. Armee am Ende. Bereits im Dezember waren die ersten Soldaten verhungert, vegetierten die meisten in der verschneiten Steppe oder in den Ruinen der Stadt unter elenden Verhältnissen. Nur Spezialisten und Verwundete wurden ausgeflogen. Trotz drakonischer Maßnahmen und »glühender« Durchhaltebefehle schwand die Moral der Überlebenden. Nachdem Paulus eine sowjetische Kapitulationsforderung abgelehnt hatte, begann am 10. Januar die Offensive zur Zerschlagung des Kessels. Die wichtigen Flugplätze gingen für die Verteidiger verloren. Zuletzt warfen die Flugzeuge Versorgungsbomben ab.

Am 31. Januar wurde Paulus zum Generalfeldmarschall ernannt, während der Südkessel kapitulierte. Den von Hitler geforderten Selbstmord lehnte er ab, wollte aber auch keine Verantwortung für die Gesamtkapitulation übernehmen. Der Nordkessel beendete den Kampf am 2. Februar. Nach neuesten Schätzungen waren 195000 deutsche Soldaten eingeschlossen worden. 60000 starben im Kessel, 25000 Verwundete hatte man ausgeflogen. 110000 Mann gerieten in Gefangenschaft, die meisten bereits vom Tode gezeichnet. 17000 von ihnen starben auf dem Marsch in die Lager, Zehntausende in den folgenden Monaten. Inkompetenz und Versorgungsmängel auf sowjetischer Seite trugen zu diesem erschütternden Ergebnis bei, wie jüngste regionalgeschichtliche Studien aufzeigen.[16] Nur rund 5000 kehrten später aus der Gefangenschaft zurück. Weithin vergessen blieben die anderen Opfer, die sowjetischen Kriegsgefangenen im Kessel, die von den Deutschen dem Hungertod ausgeliefert wurden, mehr als 20000 einheimische »Hilfswillige«, sowie an der Don-Front Rumänen (109000 Mann), Italiener (114000 Mann) und Ungarn (105000 Mann). Im angeblichen Versagen seiner Verbündeten fand Hitler eine wohlfeile Erklärung für die Katastrophe, obwohl deren prekäre Situation und mangelhafte Ausrüstung der Wehrmachtführung bekanntgewesen waren.

Paulus, dessen Haltung und Motive bis heute heftig umstritten sind, trug zweifellos eine Mitschuld. Hatte er auch einen Ausbruch gegen Hitlers ausdrücklichen Befehl nicht wagen wollen, so trug er mit der Verweigerung einer rechtzeitigen

Der deutsch-sowjetische Krieg 1941/42 aus dem Blickwinkel der Soldaten*

Das Unternehmen »Barbarossa«
bis zum Scheitern im Winter
1941/42

1 ▶

2 ▼

* Die Bilder des Tafelteils repräsentieren mit ihrer unterschiedlichen Farbqualität auch den Unterschied von Amateur- und Profiphotographien. Der Verlag glaubte, diese Unterschiede nicht durch technisch mögliche Manipulation verwischen zu dürfen.

3 ▲

4 ▼

5 ▲

6 ▼

7 ▲

8 ▼

9 ▲

10 ▼

11 ▲

12 ▼

13 ▲   *14* ▼

Die deutsche Sommeroffensive 1942

a.) Vorbereitung und Antipartisanenunternehmen in Weißrußland

15 ▲   *16* ▼

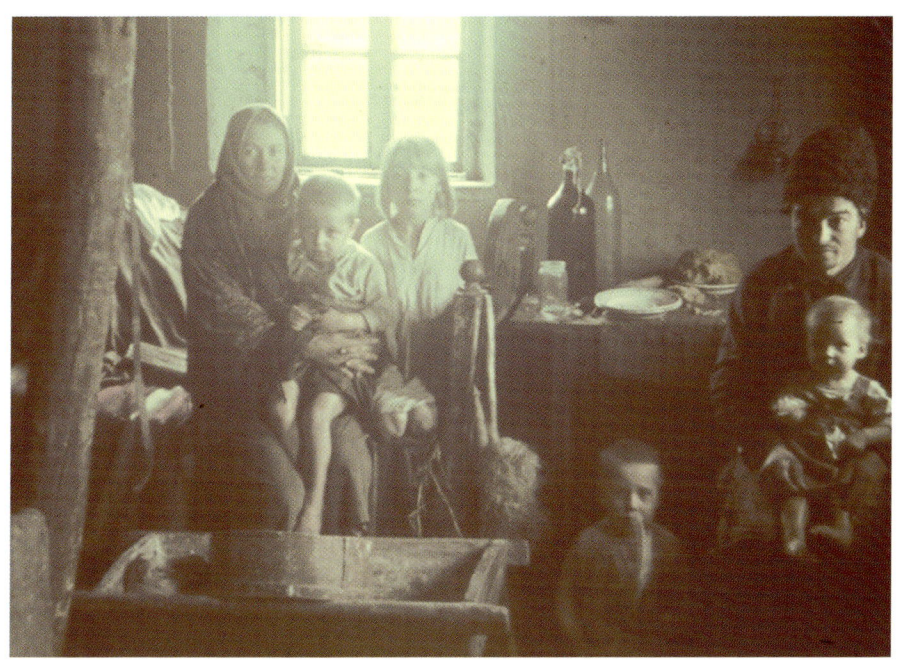

17 ▲

18 ▼

19 ▲   *20* ▼

21 ▶

22 ▼

b.) Vormarsch in Richtung
     Kaukasus und Stalingrad

◄ *23*

24 ▼

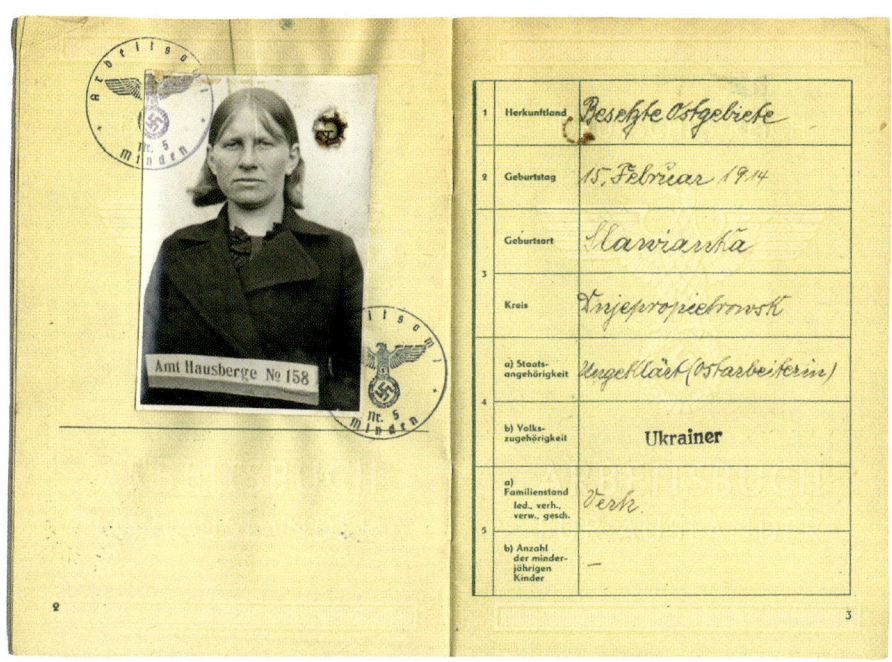

1	Herkunftland	Besetzte Ostgebiete
2	Geburtstag	15. Februar 1914
3	Geburtsort	Slawianka
	Kreis	Dnjepropetrowsk
4	a) Staats-angehörigkeit	Ungeklärt (Ostarbeiterin)
	b) Volks-zugehörigkeit	**Ukrainer**
5	a) Familienstand led., verh., verw., gesch.	verh.
	b) Anzahl der minder-jährigen Kinder	—

25 ▲

26 ▼

27 ▲

28 ▼

29 ▲

30 ▼

31 ▲

32 ▼

33 ▲   *34* ▼

35 ▲

36 ▼

37 ▲

38 ▼

39 ▲

40 ▼

41 ▲

42 ▼

43 ▲   *44* ▼

45 ▲

46 ▼

47 ▲   48 ▼

Kapitulation die Verantwortung für das Massensterben seiner Männer in der Endphase des längst sinnlos gewordenen Kampfes. Paulus klammerte sich bis zuletzt
an einen vermeintlich strategischen Sinn seines Aushaltens, den er vor allem in der
Rettung der Heeresgruppe A sah. Das OKH hatte noch im November auf die
Rücknahme der schwer bedrängten Armeen aus dem Kaukasus gedrängt. Doch
Hitler setzte die geringen verfügbaren Kräfte ein, um die aufgerissene Don-Front
zu stabilisieren. Dafür wäre bei einer sofortigen Rücknahme auch die Heeresgruppe A von größtem Gewinn gewesen und hätte vermutlich die Lage des Stalingrader Kessels erleichtern können. Aber Hitler wollte von der Möglichkeit des
Zugriffs auf die Ölquellen nicht ablassen. Erst am 28. Dezember genehmigte er den
schrittweisen Rückzug auf verkürzte Stellungen. Paulus erfuhr davon nichts. Die
Heeresgruppe konnte mit Märschen bis zu 600 Kilometern unter extremen klimatischen Bedingungen der Falle gerade noch entkommen. Der größere Teil der
1. Panzerarmee ging über Rostov als Verstärkung zu Manstein, der Rest und die
17. Armee mit zusammen 20 Divisionen (400000 Mann) blieben ab 2. Februar auf
der Taman-Halbinsel (Unternehmen »Gotenkopf«) gebunden. Hitler wollte sich
auf diese Weise doch noch ein Sprungbrett für einen späteren erneuten Angriff auf
den Kaukasus erhalten, mußte aber von dort ständig Kräfte abziehen, um die neue
Heeresgruppe Süd zu stützen.

Mitten im Rückzug der Heeresgruppe A und bei Beginn der Endkämpfe in
Stalingrad erweiterte Stalin seine Offensive durch die Voronež-Front und die
Südwestfront gegen die 2. ungarische Armee und die 8. italienische Armee. Am
12. Januar 1943 waren wieder rasche Durchbrüche erfolgt. Hitler genehmigte spät,
erst am 18. Januar, den Rückzug des kampfkräftigsten Verbandes, des italienischen
Alpini-Korps, das man sinnigerweise nicht im Kaukasus, sondern in der Don-
steppe eingesetzt hatte. Der Zusammenbruch aller verbündeten Armeen brachte
Mansteins Heeresgruppe B in eine aussichtslose Lage. Die größte Winteroffensive
während des Zweiten Weltkriegs hatte ein Loch von 250 Kilometern Breite in die
deutsche Front gerissen, was in etwa der westlichen Hauptfront im Ersten Weltkrieg von der Kanalküste bis Verdun entsprach. Unter großem Verlust von Menschen, Fahrzeugen und Waffen zogen sich die Deutschen und Ungarn 350 Kilometer weit über verschneite Felder zurück. Sieben deutsche Divisionen wurden
vernichtet. Die Rote Armee machte 71000 Gefangene. Weiter im Süden gerieten die
Armee-Abteilungen Hollidt und Fretter-Pico in Gefahr, die das kriegswichtige
Donec-Gebiet abdeckten. Durch den Übergang zu einer beweglichen Kampfführung, die stets die Stärke der Wehrmacht gewesen war, konnte Manstein in einer
überraschenden Gegenoffensive im März die sowjetischen Angriffsspitzen im
Süden abschneiden und vernichten. Die von Manstein immer wieder vergeblich

geforderte Operationsfreiheit hatte sich ausgezahlt, erhielt aber auch eine starke Luftunterstützung. Fehlurteile Stalins und der Beginn der Schlammperiode, die eine rasche Zuführung neuer sowjetischer Kräfte verhinderte, trugen zu Mansteins Erfolg bei. Hitler genehmigte außerdem nach langem Zögern die Frontbereinigung im Mittelabschnitt. Die Rote Armee hatte am 24. November, drei Tage nach der Einschließung der 6. Armee, eine großangelegte Offensive der Westfront und der Kalinin-Front gegen die Heeresgruppe Mitte begonnen (Operation »Mars«), war aber am Frontbogen von Ržev trotz anfänglicher Erfolge unter großen Opfern gescheitert. Die hier eingesetzten deutschen Verbände waren trotz des schwierigen Frontverlaufs gut auf die Verteidigung eingerichtet gewesen. Als nach dem Abwehrerfolg die Front verkürzt wurde, konnte eine komplette Armee mit 21 Divisionen verfügbar gemacht werden. Im Norden war es der Roten Armee am 12. Januar 1943 gelungen, mit der Operation »Iskra« den Belagerungsring östlich von Leningrad zu sprengen. Der Heeresgruppe Nord fehlten damals Reserven, weil der Kampfraum Demjansk große Kräfte verschlungen hatte. Durch den Rückzug des II. Armeekorps am 17. Februar 1943 aus der ungünstigen Position (Unternehmen »Ziethen«) verkürzte sich der Abschnitt der Heeresgruppe Nord um 200 Kilometer und konnte daher wieder stabilisiert werden. Es waren Abwehrerfolge, die auch deshalb möglich wurden, weil Hitler bereits am 14. Januar, während die 6. Armee ihrem Untergang entgegenging, befohlen hatte, die gesamte Rüstungsproduktion des Heeres bis zum 15. März allein der Ostfront zur Verfügung zu stellen. Damit konnten die schweren Verluste zumindest teilweise wieder aufgefüllt werden. Die Neuaufstellung der 6. Armee verzögerte sich allerdings bis zum Herbst. Den Willen »zum Schlagen« hatte der Diktator nicht verloren, die Mittel für eine Sommeroffensive waren 1943 aber noch geringer als in den Jahren zuvor, während die Anti-Hitler-Koalition sowohl im Süden als auch im Osten die Initiative mit überlegenen Kräften ergreifen konnte.

Wo liegt die Bedeutung der Schlacht um Stalingrad? Als »Wende« des Zweiten Weltkriegs und »kriegsentscheidend« in dem Sinne, daß bis dahin der Krieg für Hitler gewinnbar war, kann man sie wohl nicht bezeichnen, ein solcher Umschwung hatte sich bereits im Dezember 1941 vollzogen. Es war aber zweifellos eine Zäsur für Hitlers Ostkrieg, weil die Wehrmacht hier die Fähigkeit zu einer großen strategischen Offensive einbüßte. Die Ostfront wurde für die Deutschen zum bloßen Abnutzungskrieg, und ohne die Ölquellen des Kaukasus war die »Festung Europa« auf Dauer nicht zu halten. Als »Wendung des Kriegs« wurde Stalingrad gleichwohl von den Zeitgenossen empfunden. Die deutschen Verbündeten begannen, einen Ausweg aus dem Krieg zu suchen, die deutsche Bevölkerung war

»bis ins tiefste aufgewühlt« und verlor trotz der dramatischen Aufrufe von Goebbels zum Totalen Krieg den Mut;[17] die Neutralen beharrten stärker als bisher auf ihrem Vorteil im Warenaustausch mit dem Deutschen Reich, und in den angelsächsischen Ländern brach geradezu eine Euphorie aus.

Gleichwohl muß der Mythos Stalingrad kritisch hinterfragt werden. Die Glorifizierung des »Heldenmuts« und des Patriotismus der Verteidiger hatte die Sowjet-

Abbildung 27: Deutsche Kriegsgefangene in Stalingrad.
Die meisten von ihnen werden sterben.

propaganda schon während des Kriegs, um die blutige Geschichte des Stalinismus reinzuwaschen und die fürchterlichen Verluste der Kriegführung Stalins bis zur Wende an der Volga zu vertuschen. Daraus ist in den sechziger Jahren, trotz – oder wegen? – der »Entstalinisierung«, ein gigantischer Kult geworden, den das Sowjetregime zu seiner Legitimierung nutzte. Die propagandistische Überhöhung des prestigeträchtigen Ringens um die Stadt an der Volga hatte auch im Nachkriegsdeutschland Folgen. In der Bundesrepublik wurde durch zahllose Publikationen die Erinnerung zum Opfermythos stilisiert, zur traumatischen Erfahrung des Leidens und Sterbens deutscher Soldaten. Die DDR sah in Stalingrad den ersten Schritt zur Gründung eines »sozialistischen« Staates auf deutschem Boden. Stalin hatte nach der Schlacht unter den Kriegsgefangenen eine eifrige politische Umerziehung begonnen, die zur Gründung eines »Nationalkomitees Freies Deutschland« und zum »Bund deutscher Offiziere« führte. Bereits im Herbst 1943 war der bis heute erfolgreichste Roman zu Stalingrad von Theodor Plivier in Moskau erschienen. Er stützte sich auf Interviews mit Kriegsgefangenen und plädierte für einen moralischen Neubeginn im Sinne des Nationalkomitees. Paulus verweigerte sich lange der Mitwirkung, war dann aber doch bereit, die Deutschen dazu aufzurufen, Hitler zu beseitigen und den Krieg zu beenden. Das Nationalkomitee hatte in der letzten Kriegsphase keine große Wirkung und verschwand in der politischen Versenkung, als die »nationale« Karte für Stalin ihren Zweck verloren hatte. Paulus wurde erst spät aus der Gefangenschaft in die DDR entlassen, wo er noch einmal 1955/56 Gelegenheit erhielt, sich für eine gesamtdeutsch-neutrale Lösung einzusetzen, mit der die SED-Propaganda die westdeutsche Wiederbewaffnung zu torpedieren versuchte. Paulus blieb bis zu seinem Tod ein gezeichneter Mann, geschmäht von den einen, hofiert von den anderen, aber immer davon überzeugt, daß er von Hitler im Stich gelassen worden war. Bei nüchterner Betrachtung wird man heute wohl eher die Frage stellen, ob nicht das Blutbad von Stalingrad für beide Seiten militärisch letztlich sinnlos gewesen ist, ein Duell beider Diktatoren, bei dem es auf den Wert eines Menschenlebens oder militärischer Vernunft nicht ankam.

8 | Der Verlust der Initiative und der Kampf um die »Festung Europa«

Die alliierte Landung in Nordafrika

Hitlers strategische Pläne waren auch im Jahre 1942 im wesentlichen gescheitert. Durch den erfolgreichen Widerstand der Briten im Mittelmeerraum und der Roten Armee an der Volga war die Voraussetzung dafür geschaffen worden, um im November 1942 durch gleichzeitige Gegenoffensiven das Blatt zu wenden. Hitler mußte einen erheblichen Teil seiner Reserven vorzeitig in der Abwehr verbrauchen und konnte doch den spektakulären Verlust von insgesamt drei deutschen Armeen in Nordafrika und in Rußland nicht verhindern. Damit waren seine Möglichkeiten für 1943 von vornherein erheblich eingeschränkt. Er konnte versuchen, die »Festung Europa« an der Peripherie zu verteidigen, im Atlantik durch einen Masseneinsatz von U-Booten, im Osten eventuell durch den Übergang zum Gas- und Bakterienkrieg, wie manche im Oberkommando vorschlugen. Diesen letzten Schritt wollte Hitler freilich noch nicht riskieren, aber es blieb die Hoffnung auf eine Stabilisierung der Fronten mit der Chance zu operativen Gegenschlägen und Ausfällen aus der »Festung«.

Der Verlust von Stalingrad wog in einem solchen Kalkül sehr viel weniger als die Räumung Nordafrikas. Schon von der Geographie her lag Tunis näher an Berlin als die Stadt an der Volga. Bei der von Hitler bislang eher vernachlässigten Front in der libyschen Wüste ging es zudem um den Fortbestand des deutsch-italienischen Bündnisses und um einen Vorposten, der die relativ schwache deutsche Position auf dem Balkan und im gesamten Mittelmeerraum schützte. Der Beginn einer neuen Offensive der 8. britischen Armee bei El Alamein am 23./24. Oktober 1942 kündigte den Anfang vom Ende an. Die weit überlegenen Kräfte durchbrachen am 4. November die deutschen Linien und trieben Rommels Kräfte zurück. Eine Niederlage von strategischem Ausmaß deutete sich vier Tage später an, als anglo-amerikanische Truppenverbände (107 000 Mann mit 430 Panzern) in Nordwestafrika landeten. Deutsche und Italiener wurden von dem riesigen Landungsunternehmen (Unternehmen »Torch«) mit 300 Kriegsschiffen und 370 Handelsschiffen überrascht. Rommel entschloß sich sofort – gegen Hitlers ausdrücklichen Befehl – zu einem weiträumigen Rückzug, der am 23. Januar 1943 zu dem für Mussolini politisch verheerenden Verlust von Tripolis führte. Montgomery konnte seinen Gegner zwar nicht fassen und vernichten, aber doch zumindest verhindern, daß sich das Afrikakorps in festen Stellungen behaupten konnte. Der verlustreiche Rückzug endete erst im Februar in der südtunesischen Mareth-Stellung.

Die Alliierten hatten erwartet, daß sich ihnen die Vichy-Franzosen in Algerien und Tunesien unverzüglich anschließen und dadurch einen raschen Vormarsch nach Osten ermöglichen würden. Doch die Pétain treu ergebenen Gouverneure nahmen den Kampf gegen die Invasoren auf und brachten ihnen Verluste bei. Admiral François Darlan verständigte sich schließlich mit dem Oberbefehlshaber der alliierten Streitkräfte, General Dwight D. Eisenhower, auf eine Kapitulation der französischen Truppen am 10. November 1942. Das Bündnis mit dem bislang beflissenen Helfer der Achsenmächte führte zu einigen politischen Verwerfungen im alliierten Lager. Betroffen war vor allem General de Gaulle, der Führer des Freien Frankreich. Mit dem Attentat auf Darlan am 24. Dezember 1942 war die schwierige Frage des Umgangs der Alliierten mit dem Vichy-Regime nicht gelöst. Gegenüber Admiral Jean-Pierre Estéva, dem Regierungsbevollmächtigten in Tunesien, hatte Darlan sich ohnehin nicht durchsetzen können.

Den Wettlauf nach Tunis verloren daher die Alliierten, was die Entscheidung in Nordafrika um Monate und die Befreiung Europas um ein Jahr verzögerte. Die Anglo-Amerikaner konnten sich zwar um französische Kontingente verstärken, doch fehlte es ihnen an Fahrzeugen und Entschlossenheit, um die 800 Kilometer von Casablanca, Algier und Oran nach Tunis rasch zu überbrücken. Estéva hatte den Deutschen erlaubt, die Flugplätze im Lande zu nutzen, so daß Generalfeldmarschall Albert Kesselring, der Oberbefehlshaber Süd, schnell Verstärkungen heranführen konnte. Bereits am 11. November 1942 hatte der »Führer« mit dem längst vorbereiteten Einmarsch in das unbesetzte Frankreich geantwortet (Unternehmen »Anton«). Italienische Truppen besetzten Korsika und die Riviera. Die Truppen Vichys wurden entwaffnet. Der Zugriff auf die in Toulon liegende Kriegsflotte mißlang allerdings. Sie versenkte sich am 27. November selbst (drei Schlachtschiffe, ein Flugzeugmutterschiff, sieben Kreuzer, 25 Zerstörer, fünf Torpedoboote, 16 U-Boote, insgesamt 61 Schiffe). Nur fünf U-Booten gelang die Flucht. Pétain und seine Regierung wurden damit endgültig zu Marionetten Hitlers.

Der »Führer« hatte sich entschlossen, in Tunesien einen Brückenkopf auszubauen und von dort aus offensive Vorstöße zu führen. Dafür setzte er Generaloberst Hans-Jürgen von Arnim ein. Statt für den Entsatz von Stalingrad wurde ein dichter Strom von Personal und Material zum Aufbau der neuen 5. Panzerarmee verwendet. Wegen der alliierten Seeherrschaft mußten hauptsächlich mit Hilfe einer Luftbrücke von zeitweise 240 Maschinen Nachschub und Truppen über das Mittelmeer herangeschafft werden. Von der Ostfront wurden dazu Transportflugzeuge und Bomber in großer Zahl abgezogen. Sie erlitten bald angesichts der alliierten Luftüberlegenheit starke Verluste. Doch das Versiegen des Nachschubs war nicht die einzige Schwäche der »Heeresgruppe Afrika«, zu der die 5. Panzerarmee und die deutsch-italienische Panzerarmee im Februar 1943 zusammengefaßt wurden. Der endlose Streit zwischen Kesselring, von Arnim und Rommel sowie zwischen deutschen und italienischen Hauptquartieren verhinderte eine geschlossene und einheitliche Operationsführung.

Rommel hatte nach seiner Ankunft in Südtunesien zunächst die noch unerfahrenen Amerikaner angegriffen und ihnen am Kasserine-Paß eine schwere Niederlage beigebracht. Ein operativer Durchbruch gelang freilich nicht; deshalb zog er seine Truppen ab, um sich auf die schwachen Sturmspitzen Montgomerys zu stürzen. Durch die Funkaufklärung informiert, gelang es den Briten mühelos, seinen Angriff bei Medenine zurückzuschlagen. Auch die von Arnim gleichzeitig in Nordtunesien geführten Angriffe gegen die Briten brachten zwar zeitweilige Geländegewinne, aber keine Entscheidung. Die Amerikaner lernten rasch dazu und erwiesen sich als hartnäckige Gegner. Gleichzeitige Angriffe der Amerikaner im Norden und der Briten gegen die Mareth-Stellung führten Mitte April 1943 zum Zusammenbruch des Widerstands der Achsenkräfte. Auf den Verteidigungsgürtel von Tunis und Bizerta zurückgedrängt, brachten die Deutschen immer noch Nachschub und Verstärkungen in den Brückenkopf. Ihre Hoffnung, die Alliierten auf Monate hinaus binden zu können, zerschlug sich, als deren heftige Angriffe, unterstützt durch die demoralisierende Wirkung ihrer überlegenen Luftwaffe, Anfang Mai durchdrangen. Am 13. Mai kapitulierten die letzten Einheiten. Etwa 275 000 deutsche und italienische Soldaten marschierten in die Gefangenschaft – an dieser Zahl gemessen eine Katastrophe für Hitlers Kriegführung, die das dreifache Ausmaß von Stalingrad besaß.

Die Westalliierten hatten ihre Lektion bei der Kriegführung von Verbündeten gelernt. Auch die zerstrittenen Franzosen fügten sich nun ein. General de Gaulle und General Henri-Honoré Giraud bildeten das »Französische Komitee für die Nationale Befreiung«, das als De-facto-Regierung in der Anti-Hitler-Koalition anerkannt wurde. Das war ein Teilergebnis der Konferenz von Casablanca (Deckname »Symbol«), zu der sich Churchill und Roosevelt vom 14. bis 26. Januar 1943 mit ihren Stabschefs getroffen hatten. Stalin war ferngeblieben, aber besorgt darum, daß seine Forderung nach einer »Zweiten Front« endlich erfüllt wurde. »Torch« als Zwischenlösung hatte stärker den britischen Interessen gedient. Roosevelt gab ihnen auch in Casablanca nach, obwohl er sein Wort gegenüber Stalin ernst nahm. Aber nach den Schwierigkeiten und Verlusten in Nordafrika konnte nicht mehr an eine Großlandung in Nordfrankreich im Sommer 1943 gedacht werden.

So vereinbarte man eine Fortsetzung des Angriffs gegen Hitlers Südflanke, zunächst durch eine Invasion in Sizilien. Über die weiteren Schritte sollte später entschieden werden. Um das deutsche Potential zu schwächen und die Fronten zu entlasten, sollte der strategische Bombenkrieg ausgeweitet werden. Die Intensivierung der U-Boot-Abwehr im Atlantik mußte die Voraussetzungen dafür schaffen, amerikanische Truppen und Materialien sicher nach Europa bringen zu können. Um die gewonnene Zeit für den Aufbau einer größeren Landungsflotte zu überbrücken, planten die Amerikaner für 1943 eine Gegenoffensive im Pazifik. Sie richteten damit einen Teil ihrer militärischen Kräfte gegen das japanische Imperium und entlasteten so letztlich auch den sowjetischen Verbündeten. Tokio blieb sehr stark an Moskaus Neutralität interessiert, weil es den Einsatz amerikanischer Bomber von sibirischen Flugplätzen fürchten mußte. Die japanische Regierung drängte ebenso wie Mussolini den deutschen Verbündeten, einen Sonderfrieden mit Stalin zu suchen und das gesamte Potential gegen die Westmächte einzusetzen, angesichts von Hitlers Starrheit ein vergebliches Bemühen und vermutlich ohnehin illusionär, weil die Überlegenheit der Anti-Hitler-Koalition allzu offensichtlich geworden war.

Die von Roosevelt bei einer Pressekonferenz am 24. Januar 1943 überraschend erhobene Forderung nach einer bedingungslosen Kapitulation der Achsenmächte schmiedete diese Koalition trotz ihrer inneren Widersprüche zusammen. Mit der Unconditional-Surrender-Forderung wurde zwar auch der deutsche und japanische Widerstand gestärkt, weil damit jeder Gedanke an ein »Entkommen« aus der sich abzeichnenden Niederlage obsolet wurde. Aber der angestrebte totale Sieg der Alliierten war die unabdingbare Voraussetzung dafür, daß für die noch weitgehend ungeklärten Fragen der Nachkriegsordnung Antworten gefunden werden konnten, die bei allen Interessengegensätzen ein vorzeitiges Auseinanderfallen der Grand Alliance verhindern würden. In den Grundzügen standen die Teilung Deutschlands und die Reduzierung des japanischen Reiches ebenso fest wie Entmilitarisierung und Reparationen.

Die Wiederherstellung der Souveränität und Integrität aller von der Achse besetzten bzw. annektierten Länder in den Grenzen von 1937 hingegen barg enormen Sprengstoff, insbesondere im Hinblick auf das Schicksal Polens. Stalin, der Anspruch auf die Grenze von 22. Juni 1941 erhoben hatte, forderte Anfang Mai 1943 ein von ihm abhängiges Polen und gab die Gründung des kommunistisch beherrschten »Verbandes polnischer Patrioten« in der UdSSR bekannt. Die heftige Reaktion der polnischen Exilregierung auf die Entdeckung der Massengräber im

Wald von Katyn bei Smolensk am 13. April 1943 hat diesen Wechsel beschleunigt. Die NS-Propaganda wußte die Entdeckung weidlich für ihre Zwecke zu nutzen. Während die Deutschen auf diese Weise von eigenen Massenmorden abzulenken versuchten, hat die sowjetische Historiographie das Verbrechen Stalins ein halbes Jahrhundert lang geleugnet und die Deutschen als Täter bezeichnet. Erst vor wenigen Jahren ist Stalins Geheimbefehl bekannt geworden, die mehr als 15 000 kriegsgefangenen polnischen Offiziere im Frühjahr 1940 zu ermorden. Dieser einzigartige Massenmord an Kriegsgefangenen ist bis heute in der deutschen Geschichtsschreibung weitgehend tabuisiert worden.[1] Es gehört zu den Widersprüchen der beiden totalitären Regime im Zweiten Weltkrieg, daß Stalin seine Haltung gegenüber Polen änderte und 1943 aus überlebenden polnischen Kriegsgefangenen eine kommunistische »Befreiungsarmee« aufstellte, während Hitler an der Auslöschung Polens festhielt, gleichwohl seine rund 17 000 kriegsgefangenen polnischen Offiziere verschonte, auch die Juden unter ihnen, weil sie unter dem Schutz der Briten standen.

Mit der Gründung des »Smolensker Komitees« unter der Führung des ehemaligen sowjetischen Generals A. A. Vlasov am 27. Dezember 1942 hatte die Wehrmachtführung dagegen ihren Versuch umgesetzt, aus sowjetischen Kriegsgefangenen eine antibolschewistische Russische Befreiungsarmee (ROA) zu schaffen, was Hitler aus ideologischen Gründen immer wieder behinderte. Mit der Gründung des »Nationalkomitees Freies Deutschland« führte Stalin nicht nur einen propagandistischen Gegenschlag, sondern unterstrich auch die Absicht, den Einfluß seines Imperiums über Polen hinaus auszudehnen. Wenn seiner Roten Armee ein verlustreicher »Befreiungskampf« Kilometer für Kilometer nach Westen nicht erspart werden konnte, dann sollte sie einen entsprechenden Anteil an der Beute erhalten. Ob aus der situationsbedingten Anti-Hitler-Koalition tatsächlich eine stabile Friedensordnung hervorgehen konnte, wie es Roosevelt auch unter Einbeziehung von China erhoffte, blieb fraglich. Dabei spielten schließlich nicht nur Sicherheitsfragen eine Rolle, sondern es ging auch um künftige Macht- und Einflußbereiche sowie um den Zugang und die Beherrschung von wirtschaftlichen Märkten.

Die letzte Offensive im Osten: »Zitadelle«

Der Verlust von Tunis wog für Hitler schwer, machte die Verteidigung der Südfront aber nicht unbedingt aussichtslos. Die Atlantikschlacht war – aus dem Blickwinkel des Frühjahrs 1943 – ebenfalls noch nicht endgültig entschieden, und die Vorbereitung eines neuen U-Boot-Kriegs versprach bessere Aussichten in den nächsten Jahren. Mit der Entscheidung für den Übergang zur Massenfertigung der unbemannten Flugkörper (V 1) sowie einer Langstreckenrakete (V 2) glaubte Hitler, bald über eine Waffe zu verfügen, mit der er England gefügig machen konnte. So kam es für ihn an der kräftezehrenden Ostfront darauf an, durch Gegenstöße der Roten Armee möglichst so große Verluste beizubringen, daß erstmals strategische Reserven gebildet werden konnten, um künftige Offensiven Stalins abwehren zu können. Außerdem wollte man Kräfte freibekommen, um sie im Westen und Süden gegen die Alliierten einsetzen zu können.

Ein erfolgreicher Angriff der 4. deutschen Panzerarmee unter Generaloberst Hoth und der Armee-Abteilung Kempf führte am 16. März 1943 zur Rückeroberung von Charkov und Belgorod. Das wichtige Donec-Industriegebiet blieb damit im Bereich der deutschen Waffen. Hitler erteilte sofort den Befehl, Mitte April – wenn nach dem Tauwetter für den Einsatz der Panzerdivisionen günstigere Bedingungen herrschen würden – wieder zum Angriff anzutreten, bevor sich die Rote Armee von der Niederlage erholt hätte. Der Frontbogen von Kursk bot sich dazu augenfällig an. Manstein sollte den Stoß im Süden führen, Model, dessen 9. Armee durch den Rückzug bei Ržev frei geworden war, den Angriff im Norden. Gleichzeitig sollte die Heeresgruppe Nord einen neuen Anlauf unternehmen, um durch die Eroberung von Leningrad die sowjetischen Erfolge vom Januar auszugleichen und so die Nordflanke zu stabilisieren. Verschiedene Pläne wurden diskutiert und wieder verworfen, Model brauchte mehr Zeit, um seine Truppen aufzufrischen, jeder Zeitaufschub erhöhte den Zulauf der neuen schweren Panzermodelle.

Der Preis dafür war hoch. Manstein und andere Generale warnten zu Recht davor, daß die von Hitler gebilligte Verzögerung den Russen die Möglichkeit gab, ihre Stellungen auszubauen. ULTRA-Meldungen, die Stalin von britischer Seite erhielt, deckten die deutschen Absichten und Vorbereitungen auf. Aber auch so war zumindest die Stoßrichtung klar erkennbar. Hier konnte die Rote Armee tief gestaffelte Verteidigungsanlagen errichten. Der Kursker Bogen wurde zu einer »Panzerabwehrfestung«. Hitlers Unternehmen »Zitadelle« richtete sich bewußt gegen einen zahlenmäßig stark überlegenen Gegner, scheute auch ein rammbockartiges Vorgehen nicht, ein »Sich-Hindurchfressen« durch den Feind, hinter dem sich dann im Raum um Kursk die Zange schließen sollte. Aus Hitlers Sicht kam es gar nicht darauf an, die eigenen Absichten zu verschleiern. Je mehr Kräfte Stalin ihm entgegenstellte, desto besser. In den letzten beiden Sommeroffensiven war es Hitlers Panzertruppen noch jedesmal gelungen, die feindliche Front zu durchbrechen. Ob dem schwerpunktartigen Ansatz starker Panzerkräfte, massiv unterstützt durch Görings Luftwaffe, jetzt die Rote Armee wieder nicht standhalten würde?

Im deutschen Oberkommando wuchsen die Zweifel; auch Hitler schwankte. Aus einer »Verlegenheitsoperation« wurde die Hoffnung auf ein »Fanal«, daß die Deutschen das »Gesetz des Handelns« noch immer an sich reißen konnten. Dabei fehlte dem Unternehmen von Anfang an das wichtige Überraschungsmoment. Noch nicht einmal der Zeitpunkt blieb geheim. So konnte die Rote Armee selbst mit einem massiven Feuerschlag auf die überraschten Angreifer den Kampf eröffnen. Die Deutschen schickten sich an, gegen eine ruhende Lawine anzutreten, die sie erdrücken würde. Den zweieinhalb deutschen Armeen standen allein im Kursker Bogen sowie mit der dahinter dislozierten Steppenfront 18 sowjetische Armeen gegenüber. Außerdem warteten riesige Panzermassen darauf, nach Abwehr der deutschen Offensive sofort zum Gegenangriff anzutreten. Die Nordgruppe mit Models 9. Armee umfaßte 21 Divisionen mit ca. 335 000 Mann, 988 Panzer und 708 Flugzeuge. Die Angriffskräfte der Heeresgruppe Süd bestanden aus 19 Divisionen mit rund 323 000 Mann, 1377 Panzern und 733 Flugzeugen. Die 2. Armee deckte mit 120 000 Mann und 100 Sturmgeschützen die Front zwischen den Angriffsgruppen. Insgesamt gehörten nur rund 13 Prozent der einsatzbereiten deutschen Panzer zu den modernen Typen »Tiger« (128) und »Panther« (200), die jedem sowjetischen Kampfwagen überlegen waren.

Abbildung 28: Die neuen Tiger-Panzer bilden Hitlers stärkste Angriffswaffen auf dem Schlachtfeld.

Auf sowjetischer Seite verteidigte sich im Norden die Zentralfront von Armeegeneral Rokossovskij mit 712 000 Mann, 1607 Panzern und 1034 Flugzeugen. Die Voronež-Front unter Armeegeneral Vatutin bildete die südliche Verteidigungsfront mit 626 000 Mann, 1699 Panzern und 881 Flugzeugen. Die rückwärts in Bereitstellung liegende Steppenfront unter Armeegeneral Konev verfügte über 573 000 Mann, 1632 Panzer und 470 Flugzeuge. Die im Raum Kursk/Orel eingesetzten sowjetischen Kräfte waren dem deutschen Angreifer in der Relation 3,2:1, beim Personal, 3:1 bei Panzern, 5:1 bei der Artillerie, bei Flugzeugen 4,3:1 überlegen. Sie dirigierten darüber hinaus rund 100 000 Partisanen, die auf dem Höhepunkt der Schlacht das deutsche Eisenbahnnetz zeitweise lahmlegten und denen in einer Nacht 42 000 Schienensprengungen gelangen.

Bereits beim Anmarsch hatten die deutschen Verbände »Säuberungsaktionen« im eigenen Hinterland vornehmen müssen. Durch die Partisanen wurden zwar erhebliche militärische Kräfte gebunden, aber es handelte sich nur zu einem geringen Teil um Kampftruppen. Sicherungs- und Polizeiverbände sowie »landeseigene« Einheiten und verbündete Truppen – in der Ukraine hauptsächlich Ungarn – wurden gegen die Partisanen eingesetzt. Für die Bevölkerung war – unabhängig von ihrer politischen Gesinnung – deutlich erkennbar, daß die Rote Armee bald zurückkommen werde. Da die Deutschen ihre politischen Bemühungen um die Mitarbeit der Einheimischen durch die gleichzeitigen »Sklavenjagden« Sauckels zur Rekrutierung von »Ostarbeitern« für das Reich konterkarierten, schwoll der Zulauf zu den Partisanen an. Die Wehrmacht mußte damit zufrieden sein, wenigstens die großen Durchgangsstraßen und Städte kontrollieren zu können und von Zeit zu Zeit mit Großunternehmen »Bandenkampfgebiete« zu durchstöbern. Insgesamt blieb der Partisanenkrieg – entgegen landläufigen Überzeichnungen der sowjetischen Historiographie – eine »lästige« Begleiterscheinung für die militärischen Operationen, eine Schwächung der Infrastruktur des Hinterlandes, wie man sie dem Feind mit der Politik der »Verbrannten Erde« bald selbst zufügte.

Am 5. Juli 1943 begann die Hauptoffensive bei Kursk. Models 9. Armee gelang es im Norden, mit ihren Infanteriekräften unter großen Opfern und nach Kämpfen von unvorstellbarer Härte acht Kilometer weit in das sowjetische Stellungssystem einzudringen. Ein überstürzter Gegenstoß des weit überlegenen Verteidigers scheiterte. Rokossovskijs T 34-Panzer verloren das Duell gegen die zwei deutschen Tiger-Kompanien, über die Model verfügte. Zwei weitere Tage machten die Deutschen hier mühsame Fortschritte. Am befestigten Höhengelände von Olchovatka, dem »Stalingrad des Kursker Bogens«, fraßen sie sich endgültig fest. Als Model am 12. Juli seine letzten Reserven einsetzen wollte, begann die befürchtete Gegenoffensive der Brjansker Front und Teilen der Westfront in den Rücken der 9. Armee.

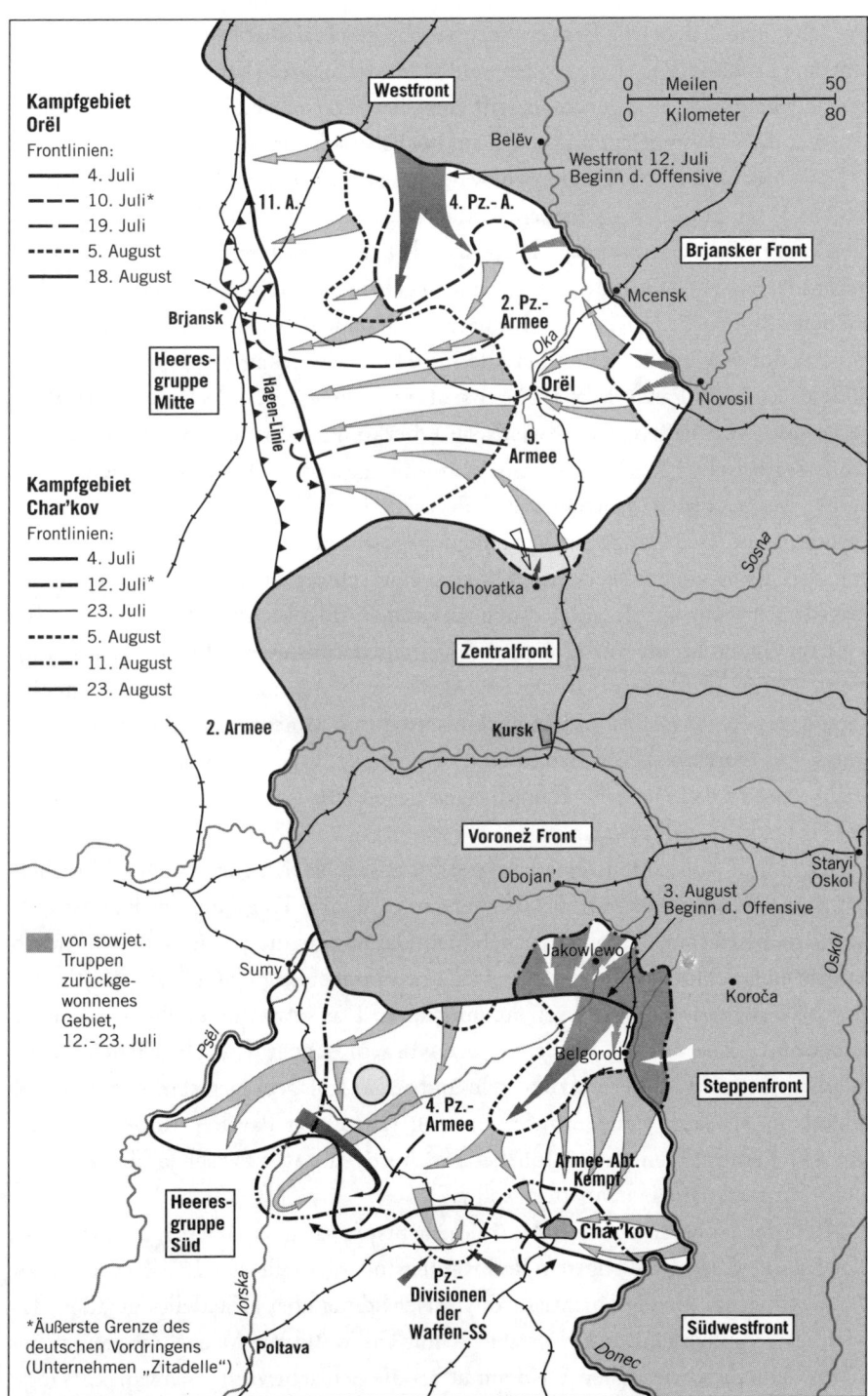

Kampfgebiet Orël
Frontlinien:
—— 4. Juli
–––– 10. Juli*
–– – 19. Juli
········ 5. August
—— 18. August

Kampfgebiet Char'kov
Frontlinien:
—— 4. Juli
–·–·– 12. Juli*
—— 23. Juli
········ 5. August
–··–··– 11. August
—— 23. August

von sowjet. Truppen zurückge-wonnenes Gebiet, 12.-23. Juli

*Äußerste Grenze des deutschen Vordringens (Unternehmen „Zitadelle")

0   Meilen   50
0   Kilometer   80

Westfront
Belëv
Westfront 12. Juli Beginn d. Offensive
11. A.
4. Pz.- A.
Brjansker Front
Mcensk
2. Pz.-Armee
Oka
Brjansk
Orël
Novosil
Heeres-gruppe Mitte
Hagen-Linie
9. Armee
Sosna
Olchovatka
Zentralfront
2. Armee
Kursk
Voronež Front
Obojan'
Staryi Oskol
3. August Beginn d. Offensive
Jakowlewo
Oskol
Sumy
Koroča
Psël
Belgorod
Steppenfront
4. Pz.-Armee
Armee-Abt. Kempf
Heeres-gruppe Süd
Char'kov
Vorska
Pz.-Divisionen der Waffen-SS
Südwestfront
Poltava
Donec

Karte 6: Das Scheitern der deutschen Sommeroffensive im Juli 1943.

Die schwache 2. deutsche Panzerarmee konnte den Nachbarabschnitt nicht halten. Um eine Einkesselung abzuwenden, mußte Model mehrere kampfkräftige Divisionen abgeben und den eigenen Angriff einstellen. Der nördliche deutsche Zangenarm war damit lahmgelegt und selbst auf höchste bedroht.

Der südliche deutsche Zangenarm war von vornherein kampfkräftiger. Hier griffen am 5. Juli zunächst die neuen Panther-Panzer voraus an. Der Anmarsch der fabrikneuen Panzer erwies sich allerdings als Fiasko. Fast ein Viertel des Bestands fiel aus technischen Gründen aus. Dennoch gelang Manstein in schweren Kämpfen ein tiefer Einbruch. Am zweiten Tag hatten sich seine Panzerverbände bis zu 25 Kilometer durch Minenfelder und Hindernisse vorwärts gekämpft. Seine Speerspitze bildete das II. SS-Panzerkorps. Nervosität und Panik wegen der zahlreichen Panzerverluste veranlaßten das sowjetische Oberkommando, bereits an diesem Tag seine strategischen Reserven einzusetzen. Eine gewaltige Welle an Panzern rollte heran. Bis zu ihrem Eintreffen ließ der Oberbefehlshaber der Voronež-Front, Vatutin, seine T 34-Panzer in Verteidigungspositionen eingraben. Hier waren sie von den überlegenen deutschen Panzern nur schwer zu treffen. Der deutsche Angriffsschwung wurde auch durch zusätzliche Flankenangriffe gebremst. Ein weiterer Grund lag im Abzug von zwei Dritteln der bisherigen Luftunterstützung, die sich jetzt auf Models bedrängte 9. Armee im Norden konzentrierte. Dennoch kämpften sich Mansteins Verbände verbissen durch Minenfelder und Sperren vorwärts. Die Voronež-Front hatte bereits die Masse ihrer Kampfpanzer eingebüßt (1223 zerstörte sowjetische Kampfwagen gegen 116 Totalverluste auf deutscher Seite bis zum 13. Juli 1943).

Der 11. Juli wurde Mansteins erfolgreichster Tag. Nach mehreren Durchbrüchen schien die Widerstandskraft des Gegners zu erlahmen. Es gelang, im Handstreich eine Brücke über den Donec zu nehmen. Damit war die sowjetische 69. Armee nahezu eingeschlossen und der Weg frei, um im unbefestigten Gelände den Kampf gegen die gegnerischen Reserven aufzunehmen.[2] Das sowjetische Oberkommando seinerseits erkannte die Chance, die drei vorgepreschten deutschen Panzerkorps mit den eigenen Reserven einzukesseln und zu zerschlagen. Den stärksten Stoßkeil bildete die 5. Garde-Panzerarmee von Generalleutnant Pavel A. Rotmistrov, die mit 850 Kampfwagen am 12. Juli bei Prochorovka das inzwischen abgekämpfte II. SS-Panzerkorps zerschmettern sollte.

Nach der früheren sowjetischen Geschichtspropaganda sollen hier zwei etwa gleichstarke Gegner auf engstem Raum aufeinandergeprallt sein. In dieser »größten Panzerschlacht« der Geschichte sei die Entscheidung über »Zitadelle« gefallen, der wichtigste Einzelsieg des Kriegs und damit ein Wendepunkt des Zweiten Weltkriegs.[3] Durch sowjetischen Heldenmut sei die Schlacht zum »Schwanengesang«

der deutschen Panzertruppen geworden. Jüngste militärhistorische Studien beweisen das Gegenteil. Der wilde Ansturm der sowjetischen Panzermassen auf vereinzelte deutsche Panzerverbände wurde unter schwersten Verlusten zurückgeschlagen und das Gelände behauptet. Das II. SS-Panzerkorps verzeichnete an diesem Tag lediglich drei (!) Totalverluste gegenüber 239 auf der Seite des Gegners. Rotmistrovs 5. Garde-Panzerarmee, die außerdem 308 schwerbeschädigte Fahrzeuge verlor,[4] war praktisch zerschlagen, der »Löwe von Prochorovka«, wie deren Oberbefehlshaber bezeichnet wurde, zahnlos geworden. Um Stalins absurden Angriffsbefehl und seine fatalen Folgen zu verschleiern, bildete sich nach dem Krieg ein Vertuschungskartell, zu dem neben Rotmistrov mit seinen zahlreichen Publikationen auch Vatutin als Oberbefehlshaber der Voronež-Front und sein damaliger Kriegsrat Nikita S. Chruščev gehörten.

Am 10. Juli 1943, zwei Tage vor der Schlacht von Prochorovka, waren die Alliierten in Sizilien gelandet. Der unerwartet schnelle Zusammenbruch der italienischen Verteidigung zwang Hitler zum Handeln. So wie acht Monate zuvor der Brückenkopf Tunis für ihn wichtiger gewesen war als das Schicksal der 6. Armee in Stalingrad, reagierte er jetzt wieder mit der Entscheidung, durch starke Kräfte die Südfront zu stabilisieren. Am 13. Juli legte Hitler gegen den heftigen Protest von Manstein fest, das Unternehmen »Zitadelle« sofort abzubrechen und das II. SS-Panzerkorps nach Italien zu verlegen. Entgegen der Einschätzung Mansteins handelte es sich nicht um einen »verlorenen« Sieg. Trotz der errungenen taktischen Erfolge hatte die Heeresgruppe Süd nicht die geringste Chance, die aus der Tiefe des Raums heranrollenden strategischen Reserven der Steppenfront aufzuhalten. Für die Gegenoffensiven konnte Stalin zusätzlich eine Million Soldaten, 3200 Panzer und rund 4000 Flugzeuge bereitstellen.

Am 12. Juli, dem Tag von Prochorovka, war die Gegenoffensive (Operation »Kutuzov«) im Norden eröffnet worden. Bis zum 18. Juli mußten die Verbände der 9. deutschen Armee bis auf ihre Ausgangsstellungen für »Zitadelle« zurückweichen. Auf einer Frontbreite von 400 Kilometern tobte eine erbitterte Schlacht, in der die Rote Armee erneut riesige Panzermassen antreten ließ, ohne jedoch einen strategischen Durchbruch erzielen zu können. In mehreren Etappen gelang es Model, die eigenen Kräfte bis Mitte August in einer großräumigen Ausweichbewegung auf die ausgebaute »Hagen«-Stellung zurückzunehmen. Mit der Räumung des Frontbogens ging auch die Stadt Orel verloren, was Hitler, der Models eigenmächtige Manöver nur schwer ertrug, besonders schmerzte. Der Ruf Models als »Nazigeneral« muß insofern korrigiert werden.[5] Er praktizierte allerdings eine rücksichtslose Politik der »Verbrannten Erde«, um den Vormarsch seines Gegners zu erschweren, und war im Rücken mit 100 000 Partisanen konfrontiert, die

Anfang August die Operation »Schienenkrieg« unternahmen. Am 4. August mußte der Zugzulauf für die Heeresgruppe Mitte für zwei Tage gesperrt werden.

Einen Tag zuvor begann südlich von Kursk die Operation »Rumjancev«. Ursprünglich sollte das der gegen Belgorod-Charkov gerichtete Hauptschlag der sowjetischen Sommeroffensive werden. Es ging nicht nur um die Vernichtung der Kräfte Mansteins, sondern sollte durch einen Vorstoß an das Schwarze Meer die gesamte deutsche Heeresgruppe Süd zerschlagen, was der sowjetische Diktator bereits mit der Stalingrader Operation bezweckt hatte. Insgesamt 13 Armeen und sechs selbständige Korps mit rund 1,5 Millionen Mann und mehr als 2800 Panzern konnte die Rote Armee einsetzen. Sie trafen auf die 4. deutsche Panzerarmee und die Armee-Abteilung Kempf, die nach dem Abzug der kampfkräftigen Teile in Richtung Italien nur noch über einen Teil ihrer Panzerkräfte (227 Kampfwagen) und rund 200000 Mann verfügten. Die wenigen deutschen Panzerdivisionen mußten inzwischen an der gesamten Ostfront als »Feuerwehr« hin und her rochieren. In den gefährlichen Lücken zwischen den Brennpunkten des Kampfes blieben geringe Infanteriekräfte mit wenigen Sturmgeschützen zurück.

Die losbrechende sowjetische Offensive setzte die Rotation wieder in Gang. Ein erheblicher Teil der abgezogenen Panzerverbände wurde vom OKH wieder in den Raum Belgorod-Charkov zurückgeführt. Dennoch gelang der weit überlegenen Roten Armee zum ersten Mal in ihrer Geschichte ein operativer Durchbruch. Am Abend des 7. August bestand zwischen den beiden deutschen Großverbänden eine Lücke von 50 Kilometern. Aber in den Begegnungsgefechten konnte die deutsche Seite ihre Führungserfahrung nutzen. Am 18. August begann sie einen Zangenangriff gegen die ungesicherten Flanken des Gegners, um die Lücke wieder zu schließen. Im Kessel von Kotelva wurden Kräfte von zwei sowjetischen Armeen eingeschlossen, denen jedoch teilweise der Ausbruch gelang, weil die deutschen Sicherungen zu schwach waren. An dieser Stelle verzichtete die Rote Armee auf eine Fortsetzung der Offensive.

Inzwischen hatte die sowjetische Führung die Operationen auf die gesamte Ostfront ausgedehnt. Zehn Fronten griffen gleichzeitig an. Der Schwerpunkt blieb allerdings bei der Operation »Rumjancev«, die sich nun mit fünf Armeen gegen die Industriemetropole Charkov richtete. Gegen heftigen Protest seiner Generale ordnete Hitler die Verteidigung der Stadt an und gab politische Rücksichten auf die Haltung der Türkei und Bulgariens an. Es entwickelte sich ein Streit in der deutschen Führung, wie er auch die weiteren Krisen zwischen Hitler und der Generalität bis zum Kriegsende bestimmte. Prestigedenken stand im Widerspruch zu operativen Notwendigkeiten. In diesem Fall gab Hitler schließlich zögernd nach. Am 23. August konnte die Rote Armee die in vier Schlachten heftig umkämpfte Stadt befreien.

Nimmt man die deutsche Offensive (5. bis 17. Juli 1943) und die folgenden beiden sowjetischen Gegenoffensiven bei Belgorod und Orel (12. Juli bis 18. August 1943) zusammen, dann handelte es sich um die größte Schlacht des Zweiten Weltkriegs. Keine andere war bis in die jüngste Zeit hinein so von Legenden umnebelt, weil die sowjetische Historiographie das Ausmaß der eigenen Fehler und Verluste zu verschleiern verstand. Die sowjetischen Verluste (Tote, Verwundete, Vermißte) werden heute auf fast 1,7 Millionen Mann geschätzt (deutsche Verluste 203 000 Mann). Dem Totalverlust von 6064 sowjetischen Kampfwagen steht ein Verlust auf deutscher Seite von 760 Fahrzeugen gegenüber. Bei 524 eigenen Totalverlusten meldete Görings Luftwaffe den Abschuß von 4209 feindlichen Flugzeugen.[6] Gemessen an den Erwartungen auf sowjetischer Seite, die bis an die Grenze Ostpreußens vorstoßen wollte, blieben die Ergebnisse für die Rote Armee unbefriedigend. An keiner Stelle war es gelungen, größere deutsche Verbände einzuschließen und zu vernichten, und die horrende Verlustquote zugunsten der deutschen Seite sprach keineswegs für einen »Triumph der sowjetischen Kriegskunst«, sondern bewies deren anhaltende Defizite.

Aus deutscher Sicht bewies die verlorene Schlacht, daß die Wehrmacht nicht mehr über die Fähigkeit verfügte, mit ihrer Blitzkriegstaktik operative Durchbrüche zu erzielen. Ähnlich wie in Nordafrika konnten gegen einen weit überlegenen Gegner bestenfalls taktische Erfolge errungen werden. Diese wurden aber mit hohen eigenen Verlusten bezahlt und konnten nicht ausgeweitet werden, weil der Gegner unter dem Schirm seiner Luftüberlegenheit so schnell Reserven heranzuführen vermochte, daß er im Gegenstoß die erschöpften deutschen Angriffskräfte zurückschlagen konnte. Es wurde deutlich, daß Hitlers »Tischtuch« zu klein war. In welche Richtung er es auch zog, vergrößerte er nur die Blöße an anderer Stelle. Im deutschen Generalstab verbreitete sich zu Recht eine depressive Grundstimmung. Der gefürchtete Zweifrontenkrieg war voll ausgebrochen, und im Osten blieb nur der Versuch, unter Ausnutzung des Raums den Vormarsch der Roten Armee aufzufangen und deren Kräfte so weit abzunutzen, daß wieder eine feste Front bezogen werden konnte.

Die Dnepr-Linie schien dafür einen geeigneten Rückhalt zu bieten. Doch Hitler wollte auf die wirtschaftlich wertvollen Regionen ostwärts des Flusses nicht verzichten. Er befahl Manstein, überall stehenzubleiben, »bis der Feind von der Nutzlosigkeit seiner Angriffe überzeugt ist«. Doch die anhaltenden Offensiven der Roten Armee im August und September 1943 zwangen die Deutschen dazu, das Donec-Becken zu räumen und das östliche Ufer des Flusses größtenteils aufzugeben. Am 3. September war Hitler gezwungen, den Kuban-Brückenkopf zu evakuieren. Die hier freiwerdenden Kräfte reichten aber nicht aus, die Verluste beim

Rückzug der Heeresgruppe Süd auf den Dnepr auszugleichen. Brückenköpfe bei Žaporož'je sollten die wertvollen Manganerz-Gruben in Nikopol' und weiter südlich den Zugang zur Krim schützen. Die Halbinsel im Schwarzen Meer galt Hitler als wichtiges Faustpfand, um die Neutralität der Türkei zu sichern und Luftangriffe auf die rumänischen Ölfelder zu verhindern. Auf 1000 Kilometer Länge war die deutsche Südfront um rund 250 Kilometer zurückgedrängt worden. In aller Eile hatte man sich bemüht, die wirtschaftlichen Werte der Region nach Westen zu schaffen. Eine planmäßige Rückführung von Menschen und Gütern erwies sich jedoch als illusorisch, zumal es auch an geeigneten Transportmitteln mangelte. Die Eisenbahn transportierte allein im August 1943 mehr als 22 000 Waggons mit Maschinen, Rohstoffen und Nahrungsmitteln. 520 500 Menschen und fast 1,5 Millionen Stück Vieh wurden mit Hilfe von Trecks in Marsch gesetzt und auf das Westufer des Dnepr getrieben.

Den Deutschen verblieb keine Zeit, die Dnepr-Linie entsprechend auszubauen. Auch der Einsatz von Hunderttausenden von Zwangsarbeitskräften scheiterte, weil das sowjetische Oberkommando die eigenen Truppen drängte, den Fluß möglichst rasch zu überwinden. Anfang Oktober nahm die 3. Ukrainische Front nach verlustreichen Kämpfen den Žaporož'je-Brückenkopf ein. Die 4. Ukrainische Front befreite Melitopol' und schnitt Anfang November 1943 die deutschen und rumänischen Kräfte auf der Krim ab. Die 2. Ukrainische Front führte einen starken Angriff über den Dnepr zwischen Kremenčug und Dnepropetrovsk und erreichte das wichtige Bergbauzentrum bei Krivoj Rog. Auch wenn es den Deutschen gelang, die sowjetischen Angriffsspitzen zeitweise zu bremsen, ging der Rückzug auf der ganzen Front weiter. Am 6. November 1943 befreite die 1. Ukrainische Front Kiev und stieß weiter nach Westen vor. Sie wurde durch eiligst herbeigeführte deutsche Panzerverbände bei Žitomir gestoppt. Die Dnepr-Linie war damit verloren.

Bei der Heeresgruppe Mitte waren nach der Niederlage von Orel durch einen sowjetischen Großangriff auch Brjansk und Smolensk befreit worden. Hier fehlten allerdings der Roten Armee ausreichende Reserven, um die Wehrmacht heftiger zurückdrängen zu können. Generalfeldmarschall von Kluge hatte 50 Kilometer östlich des oberen Dnepr die »Panther-Stellung« errichten lassen. Dazu waren aus dem Räumungsgebiet 885 000 Menschen zwangsweise in Marsch gesetzt worden, ebenso rund 50 000 Stück Vieh. Die Zerstörung von Betriebsanlagen, Elektrizitätswerken und Vorratslagern konnte erfolgreicher durchgeführt werden als der planmäßige Abtransport von Menschen und Gütern. Starke Partisanenverbände behinderten die Deutschen bei ihrem Rückzug und befreiten teilweise die Trecks.

Der Weißrussischen Front unter Rokossovskij war bereits im Oktober 1943 im südlichen Abschnitt bei Gomel' der Einbruch in die »Panther-Stellung« gelungen.

Ein entscheidender Durchbruch konnte aber von den Deutschen, die über den Dnepr zurückgedrängt wurden, verhindert werden. Auch im nördlichen Bereich schaffte es die Rote Armee, eine Bresche bei Nevel zu schlagen und so die Ausgangsposition für die Entscheidungsoffensive im nächsten Jahr zu verbessern. Durch ihren hartnäckigen Widerstand hatten die Deutschen bewiesen, daß sie die weit überlegene Roten Armee bei ihrem Marsch nach Westen zu langen und verlustreichen Kämpfen zwingen konnten. Doch während Stalin durch die Befreiung wirtschaftlich wertvoller Gebiete seine Kräfte verstärken konnte, zusätzliche Mannschaften für die Rote Armee gewann und seine ungestörte Kriegsindustrie zu Höchstleistungen antrieb, war Hitler gezwungen, die Ostfront mit den vorhandenen erschöpften Kräften zu verteidigen. Nahezu alles, was Hitler an Rekruten noch gewinnen konnte und was die unter den Schlägen der alliierten Bomberoffensive leidende Rüstungsindustrie Speers an Kriegsmaterial produzierte, mußte eingesetzt werden, um den alliierten Vormarsch im Süden zu stoppen und die erwartete Großinvasion im Westen zu verhindern.

Die Verteidigung der Südfront

Während die Deutschen die Zeit nutzten, um den Atlantikwall mit enormem Aufwand zu verstärken, zeigten sich Washington und London entschlossen, ihren Sieg in Nordafrika zu nutzen und noch 1943 in den südlichen Abschnitt der »Festung Europa« einzubrechen. Mit einem Angriff gegen Italien hatten sie die Möglichkeit, einen weitreichenden strategischen Erfolg zu erzielen. Mussolinis Herrschaft war bereits erschüttert, die Bevölkerung kriegsmüde, die Kriegswirtschaft ebenso marode wie die Armee. Hitlers wichtigster europäischer Verbündeter suchte nach einem Weg, um glimpflich aus dem Krieg herauszukommen. Die Alliierten brauchten militärisch die Flugplätze im Bereich Foggia, um ihre Bomberoffensive gegen Deutschland zu verstärken, wollten den Kräfteeinsatz und die Risiken aber möglichst minimal halten. Sie wählten von allen denkbaren Möglichkeiten im Mittelmeerraum den nächstliegenden Ansatz, sich nach einer Landung in Sizilien durch die italienische Halbinsel Kilometer für Kilometer nach Norden durchzukämpfen. Den deutschen Verteidigern kam dieses umständliche Vorgehen durchaus gelegen, auch wenn es ihnen unter diesen Umständen kaum möglich sein würde, ihre operative Führungserfahrung zur Geltung zu bringen. Der systematisch vorbereitete Frontalangriff mit überlegenem Personal- und Materialeinsatz entsprach der Begabung des Feldmarschalls Montgomery, dem Gegenspieler auf der britischen Seite, auf den Eisenhower als Oberbefehlshaber aus politischen Gründen stärker Rücksicht nehmen mußte als auf seine drängenden amerikanischen Kommandeure wie den Panzergeneral Patton. Eisenhower hätte auch lieber auf die Forderung nach einer bedingungslosen Kapitulation Italiens verzichtet, die während der »Trident«-Konferenz in Washington im Mai 1943 beschlossen worden war.

Über Geheimdienstkanäle wurden Kontakte zur italienischen Mafia geknüpft, um eine Landung in Sizilien zu erleichtern. In der Nacht zum 10. Juli gingen Verbände der 7. US-Armee (Patton) und der 8. britischen Armee (Montgomery) im Süden und Südosten an Land (Operation »Husky«). Die Verteidiger waren zwar personell zahlenmäßig weit überlegen, doch dabei handelte es sich überwiegend um italienische Truppen, die nach kurzem Gefecht den Kampf einstellten. Auf der Seite der Invasoren wurden 181 000 Mann eingesetzt, 3680 Flugzeuge, 280 Kriegsschiffe sowie 2445 Landungsboote und Transportschiffe. Ihnen standen bis zu 325 000 Verteidiger gegenüber, davon 68 400 Deutsche, die teilweise erst später eintrafen. Sie verfügten über insgesamt 556 Flugzeuge. Die durch Fallschirmjäger unterstützte Landung war erfolgreich, doch der Kampf um die Insel gegen vier deutsche Elitedivisionen unter dem Kommando von General der Panzertruppe Hube zog sich mehr als drei Wochen hin.

Nach einem Bombardement der Rüstungsmetropole Turin forderten Churchill und Roosevelt die Italiener zu einem Aufstand gegen das faschistische Regime auf. Schwere Luftangriffe auf Neapel und Rom folgten. Die Rechnung der Alliierten ging auf. Bei einem Gespräch mit Hitler am 19. Juli 1943 wollte Mussolini eigentlich den Kriegsaustritt seines Landes ankündigen, doch ihm fehlte der Mut. Am 25. Juli verlor er deshalb die Zustimmung des »Großen Faschistischen Rates« und wurde verhaftet. König Viktor Emanuel III. berief Marschall Badoglio zum neuen Regierungschef. Obwohl dieser die Bereitschaft zur Fortsetzung des Kriegs erklärte, um Zeit zu gewinnen, ließ Hitler die Besetzung des Landes vorbereiten (Fall »Achse«). Inzwischen waren die Verteidiger von Sizilien so in Bedrängnis geraten, daß sie eine Evakuierung ihrer Kräfte auf das Festland einleiten mußten. Über die Straße von Messina wurden in einer erfolgreichen Operation (Unternehmen »Lehrgang«) rund 40 000 deutsche und 62 000 italienische Soldaten samt ihrer Bewaffnung und Ausrüstung gerettet. 46 000 Verwundete waren schon zuvor abtransportiert worden. Die Alliierten hatten damit eine große Chance verspielt. Der Sieg in Sizilien kostete Eisenhower 20 000 Mann Verluste (Tote, Vermißte, Gefangene) gegenüber 177 000 Mann Achsentruppen.

Die deutsch-italienischen Spitzengespräche Anfang August waren von äußerstem Mißtrauen geprägt. Rom suchte bereits den Kontakt zu den Alliierten. Diese bereiteten den Sprung auf das Festland vor. Am 3. September schlossen sie in Cassibile auf Sizilien einen geheimen Waffenstillstand mit Vertretern Badoglios und landeten am selben Tag zwei britische Divisionen im Süden Kalabriens (Unternehmen »Baytown«). Den Oberbefehl in Süditalien übernahm General der Panzertruppe von Vietinghoff, der den Vormarsch der Briten zu verzögern suchte. Der 9. September brachte die Entscheidung. Am Tag zuvor war der Kriegsaustritt Italiens offiziell verkündet worden, und sofort führten die Alliierten die schwierige Landungsoperation »Avalanche« bei Tarent und Salerno durch. Die italienische Führung hatte den Wechsel dilettantisch vorbereitet. Badoglio und der König flohen aus Rom nach Süditalien zu den Alliierten. Die Masse ihrer Landsleute und Soldaten blieb in dem ausbrechenden Chaos führungslos, der geplante Gegenschlag der Wehrmacht stieß nur auf geringen Widerstand. Rom wurde am 10. September besetzt, die italienischen Truppen im deutschen Machtbereich entwaffnet. Die italienische Schlachtflotte verließ La Spezia und floh nach Malta. Deutsche Kampfflieger versenkten das moderne Schlachtschiff »Roma« und beschädigten das Schwesterschiff »Italia«.

In einzelnen Fällen wurden auf Hitlers Befehl drastische Vergeltungsmaßnahmen ergriffen, wenn sich italienische Truppen nicht sofort ergaben und Widerstand leisteten. Auf der griechischen Insel Kephallonia richteten deutsche Gebirgsjäger eines der größten Einzelverbrechen im Zweiten Weltkrieg an, als sie etwa 5000 italienische Soldaten erschossen, nachdem sich diese zögernd ergeben hatten. In Dalmatien kapitulierte die 2. italienische Armee gegenüber den Tito-Partisanen, die große Mengen an Waffen und Munition erbeuteten. Sehr viel größer war die Gesamtbeute der Wehrmacht. Neben riesigen Mengen an Kriegsmaterial fiel ihr die intakte norditalienische Rüstungsindustrie in die Hände, die nun von Speer für deutsche Zwecke eingespannt wurde. Allein in Norditalien waren das 53 Kriegsschiffe, 385 600 BRT Handelsschiffsraum, 1238 Geschütze, 536 Pak, 797 Flak, 236 Panzer, 2558 Granatwerfer und fast 400 000 Handfeuerwaffen. Insgesamt gesehen war der Kriegsaustritt Italiens wohl für die deutsche Seite von größerem Nutzen als für die Alliierten.

Eine Spirale von Haß und Gewalt setzte sich in Bewegung, die aus ehemaligen Verbündeten erbitterte Feinde machte. Der italienische Widerstand im besetzten Gebiet wurde mit brutalsten Mitteln bekämpft, insbesondere im rückwärtigen Frontbereich. Die Deutschen führten gegen die Alliierten einen Normalkrieg, gegen den Feind in ihrem Rücken einen hemmungslosen Vernichtungskrieg. Verhältnisse, wie sie sich an der Ostfront entwickelt hatten, wurden von den nach Italien verlegten deutschen Einheiten übertragen. Sie erreichten dennoch nicht das gleiche Ausmaß von Terror und Gewalt. Italiener jüdischer Abstammung wurden ermordet. Über 500 000 Kriegsgefangene verloren als »Militärinternierte« ihre Rechte im Sinne der Genfer Konvention und mußten in Deutschland Sklavenarbeit leisten. Rund 30 000 von ihnen kamen dabei ums Leben.

Am 12. September 1943 hatten deutsche Fallschirmjäger Mussolini im Gran Sasso-Massiv der Abruzzen befreit. Der »Duce« wurde endgültig zur Marionette Hitlers und errichtete in Salò am Gardasee die »Republica Sociale Italiana«. In seinen Milizen engagierten sich mehr Italiener als in der Resistenza, doch im Kampf gegen den Vormarsch der Alliierten waren sie von geringem Wert. Sie bildeten aber ein wichtiges Element der deutschen Besatzungsherrschaft und erleichterten Hitler die Ausbeutung des Landes. Die Mehrheit der Bevölkerung hatte sich längst vom Faschismus abgewandt und wartete sehnsüchtig auf die Befreiung durch die Alliierten.

Der zunächst erfolgreiche Gegenangriff zur Zerschlagung des Salerno-Brückenkopfes brach am 16. September 1943 im Feuer der Schiffsgeschütze und der alliierten Luftwaffe zusammen. Einen Tag später vereinten sich die von Tarent aus vordringenden Briten mit den Amerikanern in Salerno, und die Deutschen begannen mit der Räumung von Sardinien und Korsika. Ende September nahm die 8. britische Armee Foggia, in deren Umgebung 13 Flugplätze für Angriffe auf den deutschen Machtbereich genutzt werden konnten. Am 13. Oktober 1943 erklärte die Badoglio-Regierung Deutschland den Krieg. Es begann nun ein zähes und verlustreiches Ringen von einer deutschen Verteidigungslinie zur anderen, bei dem die Alliierten vor allem von ihrer Luftüberlegenheit profitierten. Auf deutscher Seite war die Heeresgruppe C unter Generalfeldmarschall Kesselring, der am 21. November 1943 Rommel abgelöst hatte, mit der 10. und 14. Armee eingesetzt. Bis auf wenige Elitedivisionen, die im Brennpunkt der Schlachten standen, waren die rund 300 000 Mann an Bewaffnung und Versorgung den Alliierten stets unterlegen und kaum beweglich.

Der mühsam errungene Raumgewinn der Alliierten verbesserte auch ihre Möglichkeiten, auf den Partisanenkrieg in Jugoslawien Einfluß zu nehmen. Dort waren die Deutschen gezwungen, nach der Entwaffnung der Italiener die lange Küstenlinie gegen mögliche Landungen zu sichern, das kriegswichtige Bergbaugebiet von Mostar und die Verbindungen zu den eigenen Kräften in Griechenland und der Ägäis zu schützen. Das verbündete Kroatien bot dafür ebensowenig Hilfe wie verschiedene einheimische Gruppen, die von den Deutschen bewaffnet und im Bürgerkrieg gegen die Tito-Kommunisten von ihnen unterstützt wurden. Großangelegte Säuberungsunternehmungen mit starken Kräften führten im Hinterland nur zu zeitweiligen Erfolgen.[7] Tito gelang es stets zu entkommen und seine Partisanenarmee zu reorganisieren, so daß die Deutschen die Kontrolle über das Land allmählich ganz verloren. Ein erbitterter Kleinkrieg führte zu hohen Verlusten unter der Zivilbevölkerung, die den Repressalien aller kämpfenden Parteien ausgesetzt war. Der Kardinalfehler des deutschen Vorgehens in Jugoslawien bestand wohl darin, daß Hitler und Mussolini auf die kroatische Karte gesetzt hatten und damit eine Entschärfung der politischen und ethnischen Gegensätze verhindert wurde. Die deutschen Befehlshaber waren deshalb nicht in der Lage, die politischen Voraussetzungen für einen militärischen Erfolg zu schaffen. Mit ihren fünf schwachen Wehrmacht-Divisionen standen sie praktisch auf verlorenem Posten, was zu einem fatalen Nebeneinander von Schwäche, Inkompetenz und Brutalität führte.

Mit der Landung von rund 70 000 Mann im Raume von Anzio und Nettuno wollten die Alliierten am 22. Januar 1944 die deutschen Verteidigungslinien umgehen und den Vormarsch auf Rom beschleunigen. Den überraschten Deutschen blieb allerdings genügend Zeit, um die 14. Armee unter Generaloberst Eberhard von Mackensen heranzuführen und den Landekopf einzudämmen. In diesem Zusammenhang kam es Mitte Februar zu der spektakulären Schlacht um das Kloster Monte Cassino, das die Alliierten als Barriere auf dem Marsch nach Rom betrachteten. Die Deutschen hatten rechtzeitig die Bergung der Kunstschätze veranlaßt und das Kloster nicht in ihre Verteidigungslinie einbezogen. Es wurde dennoch durch alliierte Bomber und Artillerie zerstört. Das von deutschen Fallschirmjägern in erbitterten Kämpfen gegen neuseeländische, indische und polnische Truppen verteidigte Bergmassiv wurde erst am 18. Mai 1944 im Verlaufe einer allgemeinen Rückzugsbewegung in Süditalien geräumt.

Rom konnte am 4. Juni befreit werden, doch nach Beginn der Invasion in der Normandie fehlte es den Alliierten an Kraft, um die schwer angeschlagenen deutschen Verbände in Mittelitalien zu vernichten. In zähen und verlustreichen Kämpfen wurde die Wehrmacht auf den nördlichen Apennin zurückgedrängt. Kesselring konnte schließlich im April 1945 nur noch die Po-Linie verteidigen und suchte daher eine Verständigung mit dem Gegner über einen separaten Waffenstillstand. Am 2. Mai 1945 schwiegen in Italien endgültig die Waffen. Die Amerikaner hatten Verluste von 189 000 Toten und Verwundeten, die Briten von 123 500, die Deutschen von 435 000 zu verzeichnen. Etwa 60 000 italienische Zivilisten kamen ums Leben, im Partisanenkrieg 30 000 Widerstandskämpfer und 10 000 unbeteiligte Zivilisten. Zwanzig Monate Kriegführung auf italienischem Boden brachten ein Ausmaß an Gewalt und Zerstörung, die sicher nicht an die Dimensionen des osteuropäischen Kriegsschauplatzes heranreichten, sie waren aber ein hoher Preis für den gescheiterten Frontwechsel, der Hitlers ehemaligen Verbündeten nicht aus dem Krieg herausgeführt hatte. Die Wehrmacht hatte die Fähigkeit und die Entschlossenheit gezeigt, notfalls auch die eigenen Bundesgenossen zu überfallen und zu unterwerfen. Es war für alle anderen Verbündeten ein Menetekel, das zu besonderer Vorsicht mahnte, sie aber nicht davon abhielt, geheime Kontakte zum Gegner anzubahnen.

Der Seekrieg

Deutschland als Landmacht hatte im Ersten Weltkrieg erleben müssen, daß die teure kaiserliche Marine nicht die erhoffte strategische Wirkung erzielte. Die Hochseeflotte konnte die Überlegenheit der Royal Navy und den von ihr aufgebauten Blockadering nicht aufbrechen. Erst der Einsatz von U-Booten ab 1915 erwies sich im Handelskrieg gegen die Briten als äußerst wirksam, konnte deren Seeherrschaft aber nicht entscheidend schwächen. Auch im Zweiten Weltkrieg fand die deutsche Kriegsmarine keinen Weg aus ihrem seestrategischen Dilemma. Als kleinster Wehrmachtteil erhielt sie nie genügend Ressourcen, um den Kampf gegen die britische Seemacht mit Aussicht auf Erfolg führen und die weitreichenden Pläne zum Aufbau einer auf allen Weltmeeren operierenden deutschen Hochseeflotte verwirklichen zu können. Starke Seestreitkräfte waren zwar im kontinentalen Machtbereich Deutschlands vorhanden, aber einer Zusammenarbeit insbesondere mit der französischen Marine ab 1940 standen politische Gründe entgegen, und die Kooperation mit der königlich italienischen Marine erwies sich als umständlich und blieb wenig effektiv. Dieses Potential hätte ausreichen können, zumindest die Seeherrschaft im Mittelmeer zu erringen. Mit den verfügbaren Luft- und Landstreitkräften hätten die Deutschen die wichtigen britischen Stützpunkte Gibraltar, Malta und Alexandria ohne weiteres ausschalten können, wenn Hitler hier den Empfehlungen seiner Seekriegsleitung gefolgt wäre.

Den vergleichsweise geringen Aufwand scheute der Diktator 1940/41, weil er sich früh darauf festgelegt hatte, die Kriegsentscheidung im Osten zu suchen. Danach konnte dann die Auseinandersetzung mit den angelsächsischen Seemächten erfolgen. Es war eine fatale strategische Fehlentscheidung, die weniger mit ideologischer Besessenheit als mit der Überschätzung der operativen Möglichkeiten der neuen Blitzkriegstaktik des deutschen Heeres erklärt werden kann. Hitler verschloß sich keinesfalls den seestrategischen Forderungen und investierte 1942 doch noch einige Energien, um die britischen Positionen im Mittelmeerraum anzugreifen. Die Katastrophe von Tunis im Frühjahr 1943 hatte dann weiterreichende strategische Folgen als zeitgleich die Niederlage von Stalingrad. Hitler wollte es nicht wahrhaben, aber das Schicksal seines Dritten Reiches entschied sich nun einmal nicht im Kampf gegen die Kontinentalmacht UdSSR. Großbritannien kämpfte im Zweiten Weltkrieg am längsten und intensivsten gegen die Achsenmächte, gestützt auf die Royal Navy, vor der Hitler und seine Marineführung den größten Respekt hatten.

So blieb die deutsche Kriegsmarine unter der Führung von Großadmiral Erich Raeder bis 1942 eine ambitionierte Teilstreitkraft, die nach einzelnen spektakulären

Erfolgen und Niederlagen über das »nasse Dreieck« von Nord- und Ostsee kaum hinausreichte. Schnellboote und bewaffnete Fischkutter als Vorpostenboote prägten das Bild der Kriegsmarine, im Gegensatz zu den Flugzeugträgern, Schlachtschiffen, Kreuzern und Zerstörern der Briten. Mit der Kriegserklärung an die USA war die deutsche Marine erst recht in eine hoffnungslose Unterlegenheit geraten. Nur mit dem »Unternehmen Seelöwe«, der 1940 geplanten Landung in England, hätte sich diese aussichtslose Lage verhindern lassen können. Doch Hitler scheute bekanntlich die Risiken und glaubte, daß es leichter für ihn sei, Moskau zu erobern als London.

Die Seeherrschaft der Royal Navy war trotz zeitweiliger Krisen niemals ernsthaft gefährdet. Sie schützte die britische Insel vor einer möglichen Invasion, ermöglichte den Aufbau eines engen Blockaderings um den deutschen Machtbereich und sicherte die lebenswichtigen Versorgungskonvois, mit denen die Kräfte des britischen Empire sowie aus den USA dem Mutterland zugeführt wurden. Sie verfügte über die Fähigkeit, in allen Weltmeeren Kampfgruppen einzusetzen sowie die überseeischen Stützpunkte und Kolonien zu verteidigen. Der Fall von Singapur 1942 erklärt sich aus der Überbeanspruchung der Kräfte im Kampf gegen Japaner, Italiener und Deutsche. Die Royal Navy hatte alles, was Hitlers Kriegsmarine nur erträumen konnte, und sie war durch das Zusammenwirken mit der US-Navy unschlagbar. Die See wurde von den angelsächsischen Mächten beherrscht. Japanische Versuche, die Seeherrschaft im Indischen Ozean und im Pazifik zu erringen, scheiterten 1942.

In dieser Auseinandersetzung gewannen Flugzeugträger als neue Seekriegsmittel entscheidende Bedeutung. Die deutsche Kriegsmarine hätte einige wenige Träger und Hilfsträger 1943/44 in Dienst stellen können, doch diese Projekte wurden Anfang 1943 zugunsten des U-Bootbaus aufgegeben. Man hatte sich ohnehin niemals mit Görings Luftwaffe auf ein gemeinsames Konzept verständigen können. Es gab keine deutsche Marineluftwaffe. Den Kampf gegen die feindliche Schiffahrt im Küstenvorfeld und die Fernaufklärung über See wollte sich die Luftwaffe nicht nehmen lassen, doch standen ihr dafür stets nur geringe Kräfte zur Verfügung.

Im Wettlauf der Technik und Einsatzverfahren wechselte der Vorsprung einzelner Mächte. Den wichtigsten Erfolg erzielten die Briten mit der Entschlüsselung des Funkverkehrs (ULTRA) der deutschen U-Boote. Auch die US-Navy sicherte sich taktische Vorteile durch den Einbruch in den japanischen Funkschlüssel (MAGIC). Entscheidend blieb aber insgesamt gesehen die Fähigkeit der Werftindustrie der jeweiligen Mächte, Kriegs- und Handelsschiffe in größerer Zahl neu zu bauen oder zu reparieren. Hier konnten die angelsächsischen Mächte ein weit überlegenes Potential einsetzen, das im Gegensatz etwa zum deutschen einer feindlichen Einwirkung weitgehend entzogen war. Wie bereits im Ersten Weltkrieg spielte die russische Marine keine größere Rolle. Sie konnte die Seeherrschaft im Schwarzen Meer nicht behaupten, kämpfte aber gemeinsam mit den Briten erfolgreich im Nordmeer, so daß alliierte Hilfslieferungen die UdSSR erreichen konnten. In der östlichen Ostsee konnte sie nach schweren Verlusten an Schiffen und Häfen kaum noch operieren, so lange jedenfalls, wie die Deutschen den Luftraum beherrschten und die ausgedehnten Minenfelder im Finnischen Meerbusen kontrollierten.

Der Seekrieg im europäischen Küstenvorfeld, im Nordmeer und im Atlantik bildete von Anfang an eine Zweite Front gegen Deutschland. Nach der spektakulären Versenkung der »Bismarck« am 27. Mai 1941 konnte die Kriegsmarine mit ihren wenigen schweren Einheiten aus dem Rückzugsraum in Norwegen – nicht zuletzt aus Ölmangel – kaum noch vorstoßen. Die Überwasserflotte, insbesondere das Schlachtschiff »Tirpitz«, bildete aber für die Briten eine ständige Gefahr; deshalb blieben erhebliche Kräfte der Royal Navy gebunden, um die Deutschen in Schach zu halten und die Murmansk-Geleitzüge zu schützen. Das Schlachtschiff »Scharnhorst« wurde am 26. Dezember 1943 nach einem erfolglosen Angriff auf einen Nordmeer-Konvoi versenkt, die »Tirpitz« am 12. November 1944 nach zahlreichen Attacken schließlich im Tromsö-Fjord durch Luftangriffe zerstört.

Von Anfang an hatten die Deutschen daher auf den Tonnage-Krieg gegen die alliierte Handelsschiffahrt gesetzt. Sie bauten im Verlauf des Zweiten Weltkriegs die größte U-Bootflotte der Welt und erreichten mit diesem Seekampfmittel die größte Versenkungsziffer. Mit 57 Booten nahm die Kriegsmarine im September 1939 den Kampf auf. 1098 Boote wurden im Verlauf des Kriegs gebaut, 15 ausländische Boote übernommen. 830 eingesetzte Boote versenkten in mehr als 3000 Unternehmungen 2610 Handelsschiffe mit rund 13 Millionen BRT sowie 178 Kriegsschiffe. 648 Frontboote gingen auf See durch Feindeinwirkung oder Unfälle verloren, jedes vierte schon bei der ersten Feindfahrt. Bei Kriegsende wurden 189 intakte Boote von der eigenen Besatzung versenkt. Die Verlustrate der Frontboot-Besatzungen lag bei 60 Prozent (rund 29000 Mann).

Bei dem hauptsächlich eingesetzten Typ VIIC (mit 760 Tonnen) handelte es sich freilich um das Vorkriegsmodell eines Tauchbootes, das in der Regel über Wasser blieb und nur für kurze Zeit abtauchte, dabei aber infolge geringer Geschwindigkeit feindlichen Sonargeräten und Wasserbomben-Attacken kaum ausweichen konnte. Diese Boote hatten unter Wasser keine große Reichweite und waren gegen feindliche Flugzeuge praktisch machtlos. Bis 1942 fanden sie aber genügend Lücken in der alliierten See- und Luftüberwachung, um Einzelfahrer und Geleitzüge anzugreifen. Mit der Rudeltaktik erzielten sie in dieser Zeit beträchtliche

Erfolge, zumal sich ab Februar 1942 für elf Monate durch die Verbesserung der Enigma-Maschine ein Blackout beim britischen Entschlüsselungsdienst auftat. Im November 1942 mußten die Alliierten mit über 720 000 BRT den höchsten Tonnage-Verlust während des Kriegs hinnehmen.

Nachdem aber den Briten im Dezember 1942 erneut der Einbruch in das deutsche Verschlüsselungssystem gelungen war, blieb der Standort der meisten U-Boote den Alliierten nicht länger geheim. Dafür konnten die Deutschen zeitweise den Schlüssel des Konvoi-Funkverkehrs brechen. In der elektronischen Kriegführung, insbesondere bei der Entwicklung der Radartechnik, blieben die Achsenmächte deutlich unterlegen. Durch die koordinierte und technisch weiterentwickelte U-Bootbekämpfung errangen die Angloamerikaner schließlich die Überlegenheit. Die amerikanische U-Bootwaffe erzielte im Pazifik unter wesentlich günstigeren Bedingungen große Erfolge gegen die für Japan lebenswichtige Handelsschiffahrt. Die japanische Marine fand kein Mittel, die langen Versorgungsrouten wirksam zu schützen, und zog auch aus der Zusammenarbeit mit den Deutschen nur geringen Nutzen. In der ersten Kriegshälfte hatte die Kriegsmarine neben teilweise erfolgreichen Kaperfahrten von getarnten Hilfskreuzern auch immer wieder eine kleine Zahl von Blockadebrechern durchgebracht, die hauptsächlich Kautschuk und Zinn aus Südostasien nach Europa transportierten. Ab 1943 konnten angesichts der lückenlosen alliierten Luftüberwachung in der Biskaya nur noch einzelne größere Transport-U-Boote für diese Zwecke eingesetzt werden.

Abbildung 29: Überlebende eines alliierten Frachters werden von einem U-Boot übernommen. Nach Luftangriffen auf Boote in einer solchen Schwächesituation wird die Bergung von Überlebenden von Dönitz untersagt.
Im Verlauf des Kriegs wird auch der Krieg auf See immer härter geführt.

Zu Beginn des Kriegs und auch in der Schlußphase operierten deutsche U-Boote in größerer Zahl in den Küstengewässern um Großbritannien, im ersten Halbjahr 1942 auch vor der Küste Nordamerikas, dann in der Karibik und vereinzelt im Südatlantik, im Indischen Ozean und im Mittelmeer. Die wichtigste Schlacht fand im Nordatlantik statt. Bis Sommer 1942 erlebten die Alliierten einen ständigen Rückgang ihrer Seetransportkapazität. Die U-Boot-Rudel von Admiral Karl Dönitz versenkten mehr Schiffe, als die Briten und Amerikaner bauen konnten. Mit der Konzentration der Angriffe gegen die Zufuhr lebenswichtiger Waren und Rüstungsgüter sollte Großbritannien in die Knie gezwungen und zugleich die USA vom europäischen Kriegsschauplatz ferngehalten werden. Dieses offensive seestrategische Konzept setzte allerdings voraus, daß U-Boote schnell und in großer Stückzahl gebaut wurden, was die Marineführung unter Großadmiral Raeder in Konkurrenz zu den anderen Wehrmachtteilen bis Ende 1942 nicht durchsetzen konnte.

So fehlte es auch an den Mitteln, um im Frühjahr 1942 durch weiträumige Operationen bis in den Indischen Ozean die noch schwachen alliierten Positionen unter Druck zu setzen. Erst im Frühjahr 1943 konnte Dönitz mit Unterstützung Hitlers und Speers die gesamte Marinerüstung auf den U-Boot-Krieg konzentrieren. Doch der Tonnage-Krieg mit Hilfe von U-Booten war bereits Ende 1942 gescheitert, weil durch die enorme Leistungsfähigkeit der amerikanischen Werftindustrie die Neubaurate an Handelsschiffen steil anstieg und die Versenkungsziffern der U-Boote weit übertraf. Der Versuch im Frühjahr 1943, durch einen Masseneinsatz von U-Booten das Blatt im Nordatlantik zu wenden, führte nach einigen spektakulären Erfolgen wenige Wochen später zum Fiasko. Die deutschen Verluste konnten durch den Neubau von U-Booten kaum noch ausgeglichen werden. Mit dem Rückzug aus dem Nordatlantik im Mai 1943 war das offensive seestrategische Konzept gescheitert. Die kontinuierlichen Materiallieferungen nach Großbritannien waren ebensowenig aufzuhalten wie der amerikanische Aufmarsch in Richtung Europa.

Alle Hoffnungen richteten sich nun auf den Bau neuartiger U-Boote, die echte Unterwasser-Fahrzeuge sein sollten. Würde es gelingen, diese in großer Zahl zu bauen, konnte man vielleicht doch noch eine kriegsentscheidende Wende durch einen neuen U-Boot-Krieg erreichen. Das waren jedenfalls die Erwartungen und Versprechungen von Dönitz, mit denen er Hitlers Unterstützung gewann. Da der Serienbau des neuartigen Bootes mit einer von der Außenluft unabhängigen Walter-Turbine vorerst noch nicht möglich war, setzte Dönitz neben zahlreichen neuen Bewaffnungs- und Ausrüstungsmitteln auf die neu entwickelten Typen XXI und XXIII, die mit Hilfe eines Schnorchels für den Dieselmotor und einem starken

Elektroantrieb zu einem dauernden Unterwassermarsch geeignet waren. Enorme Mittel wurden investiert, mit denen man Tausende von Panzern hätte produzieren können. Doch den Alliierten gelang es im Herbst 1944, den Zusammenbau der U-Boot-Segmente in den Werften durch gezielte Luftangriffe erheblich zu beeinträchtigen. So blieb die Auslieferung der neuen Boote 1944/45 weit hinter den ursprünglichen Planungen zurück. Größere Erfolge im Tonnage-Krieg blieben aus. Statistisch gesehen verringerte sich die Versenkungsziffer pro U-Boot von 85 128 BRT in der ersten Phase bis 1942 auf 3015 BRT in der Schlußphase des Kriegs.

Der größte Teil der bis zu 810 000 Soldaten der Kriegsmarine war auf dem Land eingesetzt. Zahlreiche Küstenbatterien, riesige U-Bootbunker, befestigte Häfen, Flak-Stellungen usw. bildeten eine Basis und letzte Verteidigungslinie, die vom Nordkap bis zur spanischen Grenze reichte. Küste und Häfen im Mittelmeerraum sowie im Schwarzen Meer blieben nur mit geringen Kräften besetzt. Der seebeherrschende Gegner konnte an jeder beliebigen Stelle mit überlegenen Kräften zuschlagen. Eine ausreichende Versorgungsschiffahrt konnte die Kriegsmarine selbst im Küstenbereich schließlich kaum noch aufrechterhalten. Der Seeverkehr nach Norwegen und in der Ostsee bildeten hier eine Ausnahme. Als die Marine den Kampf im atlantischen Vorfeld aufgeben mußte, wurde die Abwehr einer alliierten Invasion in Nordfrankreich zur wichtigsten Aufgabe. Doch angesichts der feindlichen Luftüberlegenheit konnte die Kriegsmarine keine Verstärkungen heranführen und die Häfen im Kanalbereich bei Tage praktisch nicht mehr verlassen. Es ist der wohl größte Triumph der Alliierten, daß es ihnen am 6. Juni 1944 gelang, die größte Schiffsarmada aller Zeiten unbemerkt vor der Küste der Normandie auffah-

Abbildung 30: Angriff auf einen britischen Geleitzug.

ren zu lassen. Gegen sieben Schlachtschiffe, 23 Kreuzer, 105 Zerstörer und mehr als tausend kleinere Kriegsschiffe sowie 4126 Landungsfahrzeuge der Alliierten standen auf deutscher Seite im Kanalbereich fünf Torpedoboote, 34 Schnellboote, 163 Minensuchfahrzeuge, 57 Vorpostenboote und 42 Artillerieträger auf hoffnungsloser Position.

In den letzten Kriegsmonaten setzte die Marine auf eine Vielzahl von Kleinkampfmitteln, die selbst in den küstennahen Gewässern der Nordsee und im Kanal jeden Angriff zu einem Selbstmord-Unternehmen machten. Dönitz hetzte trotz der aussichtslosen Lage seine Männer immer wieder zum Einsatz. In seiner Ergebenheit gegenüber dem »Führer« betrieb er eine hemmungslose nationalsozialistische »Endsieg«-Propaganda. Sein Bild in der Nachkriegsliteratur war heftig umstritten. Seine Persönlichkeit auf einen vermeintlich unpolitischen Marineoffizier zu reduzieren, der von seinen U-Bootfahrern hochgeschätzt und verehrt worden sei, ist heute nicht mehr möglich. Des »Führers« Admiral wird in der neueren Literatur wegen seiner fanatischen Durchhalteparolen, die auch antisemitische und rassistische Züge trugen, wegen seines blinden technokratischen Denkens und verantwortungslosen Handelns überwiegend kritisch beurteilt.[8] Er verkörperte einen neuen Typ des Offiziers, den Hitler für seine verbrecherische Kriegspolitik brauchte.

Das Bild des Admirals und seiner Kriegsmarine lebte lange Zeit von der größten Evakuierungsaktion der Weltgeschichte, mit der im Frühjahr 1945 eine Million Flüchtlinge und etwa 500 000 verwundete Soldaten über die Ostsee in den Westen transportiert wurden. Das war aber die Leistung mittlerer und unterer Marinedienststellen, die sich über die rücksichtslosen Befehle ihrer Führung hinwegsetzten und die begrenzten Kräfte nutzten, um so viele Menschen wie möglich zu retten. Fast alle erreichten ihr Ziel. Bei diesen gewaltigen Anstrengungen überlebten 99 Prozent der Menschen, ca. 25 000 kamen ums Leben.

Der größte Teil starb bei der Versenkung des mit rund 10 000 Flüchtlingen, Verwundeten, Wehrmachthelferinnen und Soldaten überladenen KdF-Passagierschiffs »Wilhelm Gustloff«, das am 30. Januar 1945 durch ein sowjetisches U-Boot torpediert wurde. Nur 838 Überlebende konnten aus dem eiskalten Wasser gerettet werden – das ist bis heute die größte Schiffskatastrophe aller Zeiten.

Dönitz unterstützte die sinnlose Verteidigung des Kurland-Kessels mit der Schiffsartillerie seiner letzten Kreuzer und forderte den Einsatz der letzten Brennstoffvorräte für die militärischen Transporte. Die Rettung der Zivilbevölkerung aus dem deutschen Osten hatte für ihn keine Priorität. Dafür flüchtete er sich immer noch in die Illusion eines »Neuen U-Boot-Kriegs« und galt für Hitler als der zuverlässigste Mann, um nach seinem Selbstmord als Nachfolger den Kampf im

»Nordraum« bis zum »Endsieg« fortzusetzen. Erst der Tod des »Führers« schien den Bann zu lösen, und Dönitz gab am 6. Mai 1945 die letzten Brennstoffvorräte frei, um in einem verzweifelten Kraftakt mit allen verfügbaren Schiffen Menschen aus den eingeschlossenen Ostsee-Stützpunkten zu evakuieren.

Der Luftkrieg

Keine kriegstechnische Neuerung des Ersten Weltkriegs veränderte das Bild des Kriegs so sehr wie der Einsatz von Flugzeugen. Das wurde im Zweiten Weltkrieg am deutlichsten erkennbar und gilt auch in der Gegenwart und Zukunft. Nie wieder in der Geschichte veränderten sich Technik und Einsatz des neuen Kriegsmittels so rasant wie in den Jahren 1914–1918. Im Zweiten Weltkrieg förderten technische Innovation und industrielle Massenproduktion eine Vielfalt von Einsatzmöglichkeiten. Ohne Luftherrschaft konnten keine entscheidenden militärischen Erfolge zu Lande und auf See mehr errungen werden. Der Kampf um die Luftherrschaft entwickelte sich zu einem eigenen Kriegsschauplatz, und mit dem strategischen Bombenkrieg wurde ein Instrument erprobt, dem die Fähigkeit innewohnt, den Krieg selbst zu entscheiden.

Nach dem Ersten Weltkrieg war besonders in Deutschland ein krasses Mißverhältnis zwischen Erwartungen und Annahmen eines künftigen Luftkriegs sowie den realen Möglichkeiten entstanden. Nur mit Hilfe der UdSSR hatte man sich insgeheim eine Chance verschaffen können, den Luftkrieg industriell und technisch zu erproben, während in aller Welt Horrorvisionen über den Schrecken dieser Kriegsform verbreitet wurden. Obwohl die anderen Großmächte keine Rüstungsbegrenzungen kannten, entwickelten sie im Hinblick auf ihre Luftstreitkräfte keinen größeren Vorsprung. Die meisten Experten überschätzten damals die Möglichkeit, mit einer kleinen Zahl von Bombenflugzeugen Rüstungsziele und Bevölkerungszentren anzugreifen und dadurch den Widerstand des Gegners zu brechen. In Deutschland sah man die größten Chancen bzw. Gefahren in einem möglichen Luft-Gaskrieg. Das Flugzeug galt als ideales Angriffsmittel, gegen das es kaum eine wirkungsvolle Abwehr gab. Luftverteidigung wurde daher zumeist als passiver Luftschutz verstanden, der durch den Bau von Bunkern und die Organisation von Hilfsmaßnahmen enorme Mittel binden würde.

Es waren einige wichtige Entscheidungen, die in der Aufrüstungsphase das Schicksal von Görings neuer Luftwaffe prägten. Der erste Generalstabschef Walter Wever sah 1935 im Bomber die entscheidende Waffe des Luftkriegs. Angesichts der geostrategischen und ökonomischen Lage des Reiches komme es darauf an, den Angriffsgedanken allen voranzustellen und die feindlichen Luftstreitkräfte im Feindesland anzugreifen. Da die meisten Luftwaffenoffiziere aus dem Heer stammten, wurde ihr Denken stark vom Landkrieg geprägt. Aus diesem Blickwinkel schien es sinnvoll zu sein, den Schwerpunkt der Luftstreitkräfte in der Unterstützung des Heeres zu sehen, um durch den Angriff zu Lande ein genügend tiefes Vorfeld zu schaffen und die feindliche Armee möglichst rasch zu vernichten. In der Kombination von Offensivdenken und der Hoffnung auf eine schnelle Entscheidung war die Absage an den aufwendigen Bau einer strategischen Bomberflotte begründet, wie er zur gleichen Zeit in Großbritannien eindeutig Priorität erhielt.

Der ehemalige Jagdflieger Hermann Göring sorgte als Oberbefehlshaber der Luftwaffe ab 1937 auf Hitlers Befehl für eine rasante Beschleunigung der Luftrüstung. Auch aus Abschreckungsgründen sollte rasch eine hohe Zahl von einsatzbereiten Flugzeugen zur Verfügung stehen. Mit dem Aufwand für einen viermotorigen Bomber konnten statt dessen zwei »Zerstörer«-Kampfflugzeuge oder vier Sturzkampfbomber (Stuka) gebaut werden. Bestärkt durch die Erfahrungen im Spanischen Bürgerkrieg setzte die Luftwaffe auf den rollenden Einsatz einer Kombination von Kampf- und Jagdflugzeugen mittlerer Reichweite. Um angesichts der noch ungelösten technischen Probleme eines präzisen Zielgeräts für Höhenbomber rasch zu einem Einsatzmittel zu kommen, entschied man sich für das Prinzip des Sturzkampfes. Das Verfahren bedeutete für Piloten und Maschinen extreme Belastung und Gefahr, versprach aber auch mit wenigen Einsätzen eine Wirkung gegen Punktziele.

Die Entscheidung für ein mittleres Kampfflugzeug mit der Fähigkeit zum Sturzkampf kennzeichnete das Bild der deutschen Luftwaffe in der ersten Kriegshälfte. Selbst der geplante Bau von viermotorigen Fernbombern wurde mit dieser Forderung belastet. Die Heinkel He-177 erhielt zwei Doppelmotoren und erwies sich 1942/43 als die größte Fehlinvestition der Luftwaffe. Die einzigartige Stuka-Entscheidung führte Deutschland in eine technische Sackgasse, während die wichtigste technische Neuerung, die Entwicklung von Düsenflugzeugen, nicht schnell genug zum Erfolg geführt werden konnte. Obwohl es bereits im Sommer 1939 Flugversuche gegeben hat, wurde erst im letzten Kriegsjahr der Stand erreicht, mit einer Großserie zu beginnen. Zu diesem Zeitpunkt zerstörten die Alliierten aber bereits die deutschen Flugzeugwerke. Mit der Messerschmitt Me 262 verfügte die Luftwaffe viel zu spät über einen Hochgeschwindigkeitsjäger, der den Kampf um die Luftherrschaft über dem Reich eine Wende geben sollte. Hitlers heftig umstrittene Entscheidung, dieses Flugzeug statt dessen als Schnellbomber gegen England einzusetzen, beschleunigte lediglich die Vernichtung der deutschen Luftwaffe, entsprach aber der alten Offensivstrategie und Hitlers ungezügeltem Vergeltungsdrang.

Mit der rasanten Aufrüstung Ende der dreißiger Jahre war ein ideologisch geprägter Hochmut entstanden. Görings Piloten und Kommandeure fühlten sich jedem potentiellen Gegner technisch und taktisch weit überlegen. Man war überzeugt, daß die verachteten westlichen Demokratien den deutschen Angriffen nicht standhalten würden. Das Offensivdenken führte zu trügerischer Selbstsicherheit im Hinblick auf die eigene Luftverteidigung. Bei Kriegsbeginn verfügte die deutsche Frontfliegertruppe über rund 2000 Angriffsflugzeuge und 820 Jäger. Diese Proportionen haben sich bis 1943/44 nicht wesentlich verschoben. Für die Luftverteidigung setzte man neben einer geringen Anzahl von Jägern hauptsächlich auf Beton und Kanonen. Ein gigantisches Bauprogramm von Luftschutzbauten, später auch von unterirdischen Fabrikationsanlagen, sowie die Auflösung von industriellen Zusammenballungen sollten einen passiven Schutz garantieren, ergänzt um den zivilen Luftschutz mit seinen Rettungs- und Hilfsorganisationen.

Die aktive Luftverteidigung lag – neben den Tag- und Nachtjägern – hauptsächlich auf den Schultern der größten Flakarmee der Welt. Die Mehrzahl der bis zu 1,8 Millionen Soldaten der Luftwaffe diente bei der Flakartillerie. Sie wurden im Verlauf des Kriegs durch über 400000 Männer und Frauen als Behelfspersonal verstärkt, darunter 80000 Schüler und 60000 Kriegsgefangene. Die Luftwaffe baute mehr Geschütze (rund 60000) als Jagdflugzeuge. Zwölf Prozent der gesamten Munitionserzeugung wurden für die Flak eingesetzt, doppelt so viel wie für die Feldartillerie des Heeres. Allein die Menge des Aluminiums, die für die Flak-Munition verbraucht wurde, hätte ausgereicht, 40000 Jagdflugzeuge zu bauen. Tausende von schweren Geschützen wurden als Sperrfeuerbatterien eingesetzt, dabei wurden bis zu 16000 Granaten für einen einzigen Abschuß verbraucht, während Jagdflugzeuge oft nur einen Feuerstoß brauchten, um einen Gegner abzuschießen.

Im Schnitt wurde immerhin ein Drittel der Totalverluste an US-Bombern durch die Flak bewirkt. Größer war die Zahl an Beschädigungen, wie überhaupt durch den Einsatz der Flak die alliierten Bomberströme oft einige Mühe hatten und sich manchmal zerstreuen mußten. Ihren größten Erfolg erzielte die deutsche Flakwaffe am 1. Januar 1945. Es war die höchste Tages-Abschußquote der Flakartillerie aller Zeiten. Die deutsche Luftwaffe hatte mit dem höchst geheimen Unternehmen »Bodenplatte« versucht, mit einem letzten Masseneinsatz die Ardennenoffensive zu unterstützen. 1035 Jäger, Jagdbomber und Schnellbomber griffen alliierte Flugplätze in Südholland, Belgien und Nordfrankreich an. Sie zerstörten 479 feindliche Flugzeuge, verloren aber selbst beim Rückflug 277 Maschinen, die größtenteils von der eigenen Flak abgeschossen wurden, die nicht informiert worden war.

Der Aufwand bei der Flak stand in keinem vernünftigen Verhältnis zum Ergebnis. Die Entwicklung von Flugabwehr-(Fla-)Raketen als kostengünstiger Alternative kam bis Kriegsende nicht zum Abschluß. Die Deutschen zahlten für dieses gigantische Feuerwerk einen hohen Preis. Mit dem Aufwand, der benötigt wurde, um einen alliierten Bomber abzuschießen, hätte ein sowjetischer Großangriff abgewehrt werden können. Ein Teil der leistungsfähigen 8,8 cm-Flak wurde zwar erfolgreich zur Panzerabwehr eingesetzt, doch insgesamt fehlte es der Wehrmacht beim Erdkampf an artilleristischer Feuerkraft. Sie konnte durch Stuka und Kampf-flieger nur an Schwerpunkten ersetzt werden. Auf der anderen Seite bastelte das Heer insgeheim am Bau von Fernraketen als Ersatz für die fehlenden Kräfte der Luftwaffe im strategischen Bombenkrieg. Statt der A4-Raketen hätten allerdings 24000 zusätzliche Jäger gebaut werden können. Hier zeigt sich die Schwäche der deutschen Kriegführung, die nach der furiosen Blitzkriegsphase gegen eine überle-gene Feindkoalition im Mehrfrontenkrieg kein wirklich durchschlagendes Kon-zept entwickeln konnte und sich aufgrund struktureller Defizite sowie ideologi-scher Prämissen in Widersprüche und schwankende Entscheidungen verwickelte. Hitler war eben nicht der »Größte Feldherr aller Zeiten« (»Gröfaz«) des Volks-mundes, und Göring mußte sich als Oberbefehlshaber der Luftwaffe bald den Spitznamen »Meier« gefallen lassen.

In Großbritannien hatten sich die Verantwortlichen früh für den strategischen Luftkrieg mit einer weitreichenden Bomberflotte entschieden. Sie erwarteten nach den Erfahrungen des Ersten Weltkriegs keinen schnellen Sieg gegen die Kontinen-talmacht Deutschland. Die Bomberverbände sollten keine Punktziele angreifen, sondern durch großflächige Bombardierungen Rüstungsindustrien und Groß-städte mit ihren Arbeitervierteln zerstören. Bereits vor Ausbruch des Kriegs ver-fügten die amerikanischen Heeresflieger mit der B-17 »Flying Fortress« über einen geeigneten, schwer bewaffneten viermotorigen Bomber. Während sich die USA auch im Zweiten Weltkrieg auf die Rüstungsindustrie konzentrierten, schätzten die Briten die psychologische Wirkung des Bombenkriegs höher ein als den zu errei-chenden materiellen Schaden. Sie zielten hauptsächlich auf die Demoralisierung der deutschen Bevölkerung und nahmen an, die Deutschen würden sich schließlich – wie 1918 – gegen das Regime wenden.

Mit ihrer Form des Terrorbombardements erzielten die Briten freilich keine raschen Erfolge. Sie unterschätzten die Möglichkeiten eines totalitären Regimes, die wankende Moral der eigenen Bevölkerung durch Zwang und Propaganda so weit zu festigen, daß die Menschen zumindest zu einem lethargischen Durchhalten imstande waren. Durch Luftbombardements konnten im Zweiten Weltkrieg nir-gendwo politische Aufstände ausgelöst werden. In Deutschland erreichten ledig-lich die schweren Angriffe gegen Hamburg (Operation »Gomorrha«) im Juli 1943 einen Punkt, wo die NSDAP die Stimmung in der Bevölkerung für so kritisch hielt, daß man sich auf die bloße Hilfeleistung für die Betroffenen beschränkte. Durch tägliche schwere Luftangriffe mit bis zu 700 Flugzeugen wurden innerhalb einer Woche in der Stadt 30 483 Menschen getötet, 277 330 Wohngebäude, 580 Industriebetriebe, 24 Krankenhäuser, 277 Schulen und 58 Kirchen völlig zerstört. Dabei verzeichneten die Angreifer nur geringe Verluste, weil sie die deutschen Radargeräte erfolgreich durch den Abwurf von Stanniolstreifen ausschalten konnten.

Den Angriff auf Deutschland aus der Luft führten die Alliierten arbeitsteilig. Die Briten griffen in der Nacht die deutschen Großstädte an, womit sie die psychologischen Auswirkungen des Bombardements steigern und den deutschen Jagdflugzeugen besser ausweichen konnten. Von den Amerikanern wurde der Tagesangriff bevorzugt. Ihr wichtigstes Ziel war es, die Luftherrschaft über Deutschland zu gewinnen, um dann ungehindert jedes beliebige Ziel zerstören zu können. Bis 1942 konnte die Luftwaffe den Luftraum über den europäischen Schlachtfeldern weitgehend beherrschen. Ihre Luftverteidigung wurde in dieser Zeit nicht ernsthaft auf die Probe gestellt. Die Briten hatten im Mai 1940 den strategischen Luftkrieg eröffnet, konnten zunächst nur einzelne Störangriffe mit bis zu 200 Bombern bei relativ hohen Verlusten fliegen. Aber sie standen von Anfang an im Zeichen des Terrors gegen die Zivilbevölkerung, während Hitler auf diesem Weg zögerte. Früher ist in der Literatur oft eine direkte Linie gezogen worden von den deutschen Luftangriffen auf Guernica 1937, auf Warschau 1939, auf Rotterdam und Coventry 1940. Heute werden diese Fälle differenzierter gesehen und können wohl nicht ohne weiteres mit dem britischen Konzept des Terror Bombing gleichgesetzt werden. In der jüngeren Forschung ist kaum noch strittig, daß die Briten den strategischen Luftkrieg gegen die Zivilbevölkerung eröffnet haben, Görings Luftwaffe aber wohl gern gefolgt wäre, wenn sie über die entsprechenden Einsatzmittel verfügt hätte.[9]

Im Verlauf des Jahres 1942 bauten die Alliierten ihre Bomberflotten in England systematisch auf. Es handelte sich um die 8. US-Air Force und das britische Bomber Command, das von dem umstrittenen Arthur T. Harris geführt wurde. Als nach dem Casablanca-Beschluß die Bomberoffensive 1943 gestartet wurde, mußten vor allem die Amerikaner zunächst schwere Verluste bei ihren Tagesangriffen hinnehmen, weil die »Fliegenden Festungen« allein die deutsche Jagdabwehr nicht zu überwinden vermochten. Begleitjäger mit ausreichender Reichweite fehlten damals aber den Amerikanern. Besonders verlustreich war der Angriff auf die strategisch wichtigen Kugellagerfabriken in Schweinfurt am 14. Oktober 1943. Von 228 eingesetzten B-17-Bombern wurden 62 abgeschossen und 138 beschädigt. Erst im Frühjahr 1944 stand mit der P-51 »Mustang« ein leistungsfähiges Jagdflugzeug zur Verfügung, das die angreifenden deutschen Jäger wirkungsvoll bekämpfen konnte.

Trotz wachsender Zweifel an der Strategie des britischen Bomber Command erreichten die schweren Angriffe gegen deutsche Großstädte ihren Höhepunkt. Harris hatte im November 1943 sogar die Prognose gewagt, daß man – nach den schweren Angriffen gegen das Ruhrgebiet – nun durch eine völlige Zertrümmerung Berlins den Krieg gewinnen könne. Churchill teilte zwar nicht diesen Optimismus, gab aber seine Zustimmung, weil er darauf hoffte, daß die geplante Invasion in Nordfrankreich durch einen solchen Schlag entlastet werden könnte. Die britische Luftwaffe eröffnete die »Schlacht über Berlin« am 19. November 1943 mit einem schweren Nachtangriff von 444 Bombern. Bei insgesamt 9111 Einsätzen büßte das Bomber Command 492 Maschinen ein, 952 wurden beschädigt. Ein Sechstel der bebauten Fläche der Reichshauptstadt wurde bis März 1944 zertrümmert. Harris' Prognose erwies sich als falsch.

Mit anderen Bombenzuladungen wäre sie wahrscheinlich erreichbar gewesen. Im April 1944 entwickelten die Amerikaner einen Vergeltungsplan für den Fall eines deutschen Kampfstoff-Einsatzes.[10] 30 deutsche Städte sollten in diesem Fall innerhalb von 14 Tagen »im Gas ertränkt«, 164 der wichtigsten Industriewerke in diesen Räumen zerstört werden. Man rechnete mit 5,6 Millionen direkten Toten und weiteren 11,9 Millionen Menschen, die durch chemische Kampfstoffe indirekt getötet oder verletzt werden würden. Als im Juli 1944 die deutschen V-Waffen-Angriffe gegen London begannen, ließ Churchill noch einmal solche Pläne für den

Abbildung 31: Ein zerstörter US-Bomber.
Für die Besatzungen waren die Angriffe gegen Deutschland kein »Spaziergang«.

Fall prüfen, daß die Stimmung in der britischen Bevölkerung einen kritischen Punkt erreichen sollte.[11] Dann wäre sogar eine alliierte Gas- und Biowaffen-Offensive möglich gewesen. Doch die Angst vor einer deutschen Vergeltung verhinderte eine derartige Eskalation des Luftkriegs.

Mit vernichtenden Angriffen gegen die deutsche Flugzeugindustrie erreichten die Alliierten dann im Sommer 1944 die unangefochtene Luftherrschaft über Deutschland und Westeuropa. In den ersten fünf Monaten des Jahres 1944 hatte die Luftwaffe 2263 Jagdflieger verloren. Die Luftüberlegenheit der Alliierten lag bei 14:1. Das gab ihnen die Möglichkeit, im Mai/Juni das Invasionsgebiet weiträumig durch einen Luftschirm abzusichern und die deutschen Abwehrmöglichkeiten zu minimieren. Die Amerikaner konnten nun auch ihre gezielten Angriffe gegen die deutsche Industrie ausweiten. Besonders wirkungsvoll war die Zerstörung der deutschen Treibstoffindustrie und des Kohleverteilungssystems der Reichsbahn, also den »Lebensadern« der deutschen Kriegswirtschaft. Mit Speers »Rüstungswunder« war es innerhalb weniger Wochen zu Ende, und die Wehrmacht mußte vom Panzer auf das Fahrrad umsteigen. Nun standen die alliierten Armeen auch bereits an der Reichsgrenze und konnten die durch Luftangriffe zerstörten deutschen Städte durch Bodentruppen besetzen.

Im Wettlauf der Luftrüstungsindustrien hatten die Deutschen ihren ursprünglichen Vorsprung schon 1940/41 verloren. Obwohl sie wertmäßig rund 40 Prozent der Kosten ihrer Gesamtrüstung für die Flugzeugproduktion einsetzten (in den USA 25 Prozent), wurden sie quantitaiv von jeder einzelnen der drei feindlichen Hauptmächte übertroffen. So wurden zwischen 1939 und 1945 in den USA 303713 Flugzeuge gebaut, in der UdSSR 158218, in Großbritannien 131549, in Deutschland 119296, in Japan 76320 und in Italien 11122. Die Unterlegenheit zeigt sich besonders deutlich beim Bau der aufwendigen Bomber (USA = 98000, Großbritannien = 28000, Deutschland = 18000, UdSSR = 17800, Japan = 15000). Die deutsche Flugzeugindustrie konnte zwar – wie bei den anderen Nationen auch – erhebliche technische Innovationen umsetzen und durch den Übergang zur Massenfertigung beträchtliche Rationalisierungseffekte erzielen, aber sie mußte unter einem »offenen Dach« produzieren und war deshalb stark dezentralisiert.

Der alliierte Luftkrieg hat wesentlich dazu beigetragen, Hitlers Wehrmacht zu Lande, zu Wasser und in der Luft zu schlagen und den Weg zur Niederwerfung des Dritten Reiches zu ebnen. Die US-Army Air Force leistete dazu in Europa 1,7 Millionen Einsätze und die Royal Air Force 1,6 Millionen. Die sowjetische Historiographie ging demgegenüber von rund 4 Millionen Einsätzen sowjetischer Luftstreitkräfte aus, was nicht mit entsprechender Effizienz gleichzusetzen ist. Den westlichen Bodentruppen blieben jedenfalls die blutigen Verluste des Ersten Weltkriegs erspart, wenngleich auch die Royal Air Force und die US-Army Air Force einen hohen Preis für diesen Sieg bezahlen mußten. Die Bomber flogen insgesamt 708 416 Einsätze gegen Deutschland und warfen dabei rund 1,6 Millionen Tonnen Bomben ab. Die 8. US-Army Air Force verlor 5500 Maschinen, das Bomber Command 10 100 Bombenflugzeuge, beide zusammen rund 100 000 Mann Besatzungen. Die britischen und amerikanischen Kampfverluste im Luftkrieg betrugen insgesamt rund 40 000 Flugzeuge. Die sowjetischen Totalverluste an Flugzeugen lagen nach neuesten Erkenntnissen mit 106 400[12] mehr als doppelt so hoch, ein Ergebnis der schweren Luftkämpfe an der Ostfront.

Die Zerstörung von Industrieanlagen in Deutschland durch den alliierten Bombenkrieg war erheblich, machte aber nur etwa den während des Kriegs erreichten industriellen Zuwachs aus, so daß der deutsche Produktionsapparat ungefähr auf dem Vorkriegsstand erhalten blieb. Die nach Kriegsende durchgeführten Demontagen der Siegermächte, insbesondere in der sowjetischen Besatzungszone, übertrafen mancherorts die kriegsbedingten Zerstörungen, die man zuvor oft unter enormem Aufwand, speziell durch den Einsatz von Zwangsarbeitern, zu reparieren versucht hatte. Die Diskussion unter den Experten über den Wirkungsgrad des strategischen Bombenkriegs der Alliierten steht natürlich im Zusammenhang mit der politisch-moralischen Bewertung der Angriffe auf die Zivilbevölkerung. Unstrittig ist, daß der Bombenkrieg allein den Krieg nicht entschieden hat, ebenso, daß die Schäden bei einer Konzentration der Bombenlast auf industrielle und militärische Ziele für die deutsche Kriegführung doppelt so hoch gewesen wären.

Die Schäden unter der Großstadtbevölkerung waren verheerend. Mehr als 10 Millionen Menschen hatte man seit 1943 aus den Städten evakuiert. Manche Stadtviertel glichen 1945 menschenleeren Ruinenwüsten. 131 deutsche Großstädte waren von Luftangriffen betroffen, Berlin mit der Höchstzahl von 29 Großangriffen. Dabei wurden insgesamt rund 4,1 Millionen Wohnungen völlig oder schwer zerstört (20 Prozent des Gesamtbestands). Der Wert von persönlichem Hab und Gut sowie an einzigartigen Kulturgütern ist nicht zu ermessen.

Der Bombenkrieg hat rund 465 000 Menschenleben in Deutschland gekostet. Neben Soldaten und ausländischen Zwangsarbeitern sowie Kriegsgefangenen wurden etwa 410 000 Zivilisten getötet – weniger übrigens als nachfolgend bei Flucht und Vertreibung der ostdeutschen Bevölkerung. Die Spur zerbombter Städte war in Mitteleuropa am stärksten, vergleichbar am ehesten noch mit Japan. Es gab sie aber auch in anderen Kriegszonen, freilich nicht in diesem Ausmaß. In Großbritannien kamen 60 595 Zivilpersonen durch deutsche Bomben und V-Waffen ums Leben. Die meisten starben während der frühen deutschen Luftoffensive 1940/41. In Belgien hatten 1944/45 deutsche Flugbomben 6448 Menschenleben gekostet.

Zur gleichen Zeit starben in Frankreich sowie in Italien viele tausend Zivilisten im Bombenhagel alliierter Bomber, die im Kampf gegen die Deutschen Bahnhöfe, Brücken und Fabriken angriffen – ein hoher Preis für die Befreiung. Andere Städte in Europa und Afrika hatten ebenfalls Luftangriffe erlebt, doch längst nicht in dem verheerenden Ausmaß wie in Deutschland und Japan. Am schlimmsten war offensichtlich Stalingrad betroffen, das die Deutschen 1942 mit Luftangriffen in Schutt und Asche legten. Dabei sollen angeblich bis zu 40000 Menschen ums Leben gekommen sein. Nach anderen Angaben starben bei den schwersten Angriffen vom 23. bis 26. August 1942 lediglich 1017 Einwohner von Stalingrad.[13] Über die Auswirkungen japanischer Luftangriffe auf chinesische Städte ist wenig bekannt.

Als ein Höhepunkt des Bombenkriegs gelten die rollenden Luftangriffe auf Dresden am 13./14. Februar 1945. Die von Flüchtlingen überfüllte Stadt erlitt schwere Zerstörungen. Seriöse Berechnungen gehen heute von bis zu 35000 Menschenleben aus. Die Vernichtung Dresdens war für die NS-Führung ein solcher Schock, daß Goebbels sogar prüfen ließ, ob Deutschland nicht alle völkerrechtlichen Verpflichtungen aufkündigen und eine hemmungslose Kriegführung auch unter Einsatz von Giftgas führen sollte. Hitler und das OKW scheuten davor zurück. Sie waren aber womöglich gar nicht die alleinigen Adressaten dieser gewaltigen Demonstration alliierter Stärke im Bombenkrieg. Einiges spricht dafür, daß auch Stalin beeindruckt werden sollte.

Ein solcher »Donnerschlag« reichte – anders als 1943 in Italien oder im August 1945 in Japan – nicht aus, die deutsche Führung zur Aufgabe zu zwingen. Die laufenden Angriffe gegen Treibstoffwerke, Rüstungsfabriken und andere militärische Ziele bewirkten dagegen den endgültigen Zusammenbruch des deutschen Widerstands. Auch dabei starben zahllose Menschen. Das Entsetzen über den Untergang Dresdens trug nach Kriegsende mit dazu bei, die völkerrechtlichen Vorschriften zu präzisieren. Dennoch ist der Luftkrieg jener problematische Teil der Kriegführung geblieben, der bis heute die Unterscheidung zwischen legitimen Angriffen auf militärische Ziele und Terror gegen die Zivilbevölkerung so schwer macht. Flächenbombardements auf Großstädte oder einzelne Stadtteile mochten aus technischen Gründen im Zweiten Weltkrieg als unvermeidbar gelten, wenn militärische Ziele zerstört werden sollten. Der Angreifer suchte damit das Risiko für seine Besatzungen zu minimieren.

Gezielte Vernichtungsschläge gegen Wohnviertel, um die Zivilbevölkerung aus den Großstädten zu vertreiben, zum Aufstand aufzustacheln oder gar massenhaft zu dezimieren, reichen in die Dimension des Verbrechens. Die früher oft vorgetragene These, die Deutschen hätten mit dem Vernichtungskrieg angefangen und – wenn auch meist mit anderen Mitteln als dem Luftkrieg – ins Extrem gesteigert, kann die kritische Bewertung bestimmter Erscheinungen des Bombenkriegs im Zweiten Weltkrieg nicht beeinträchtigen. Eine Gleichsetzung ist ebenso auszuschließen wie die einseitige Betonung der deutschen Opferrolle.

Die heftige interne und teilweise öffentliche Kritik an völkerrechtswidrigen, militärisch zumindest im Frühjahr 1945 ohnehin überflüssigen Terror-Angriffen gegen die deutsche Zivilbevölkerung führte bereits damals zu einem wenn auch späten Schwenk in der britischen Luftkriegführung. Dafür übernahmen die Amerikaner in der Schlußphase des Zweiten Weltkriegs in Japan das britische Konzept der Brandbombenangriffe auf Flächenziele. Major General Curtis Emerson LeMay hatte es bei seinem Einsatz bei der 8. US-Air Force in Europa kennengelernt. Er übernahm im Januar 1945 das XXI. US-Bomber Command und sorgte für eine Umstellung der Luftkriegstaktik im Pazifik. Damit mögliche eigene Verluste an Bodentruppen bei einer etwaigen Invasion Japans geringgehalten wurden, sollten seine Bomberbesatzungen bei der bevorstehenden Luftoffensive bereit sein, eine große Zahl von Zivilisten zu töten. Die japanischen Städte galten aufgrund ihrer Bauweise als stark feuergefährdet. Ab Februar 1945 wurden sie in nächtlichen Angriffen aus großer Höhe mit Brandbomben beworfen. Immerhin wurden die Bewohner zuvor wenigstens noch mit Flugblättern gewarnt. Sie sollten das Vertrauen in die eigene Führung, die Städte verteidigen zu können, verlieren.

In den letzten Kriegsmonaten stieg der Anteil der Brandbombenangriffe auf Japan gegenüber Präzisionsangriffen auf die Rüstungsindustrie auf 70 Prozent. Allein am 9. März 1945 wurden bei einem Angriff von B-29-Fernbombern auf Tokio 41,5 km² Stadtgebiet zerstört, 78000 Menschen getötet. Der Wirkungsgrad der ersten Atombombe auf Hiroshima war wesentlich größer. Auf nur 13 km² verbrannter Stadtfläche wurden 70000 Menschen getötet. Mit der Entwicklung und dem Einsatz der Atombombe erhielt der Luftkrieg eine neue Qualität.

9 | Die deutsche Kriegsgesellschaft

Der verdrängte Krieg: Stimmungen und Propaganda

Das Ausmaß an Veränderungen in der deutschen Gesellschaft ist in den dreißiger Jahren wohl kaum stärker gewesen als nach dem Ersten Weltkrieg und während der Weimarer Republik. Äußerlich erkennbar war eine zunehmende Militarisierung, die sich schon vor dem Ersten Weltkrieg entwickelt hatte und von den Nationalsozialisten forciert wurde. Die »Gleichschaltung« einer politisch pluralistischen Gesellschaft im Zeichen des Hakenkreuzes und Führerkultes war weit vorangeschritten. Diese idealisierte »Volksgemeinschaft« sollte sich nach Hitlers Erwartungen im künftigen Krieg bewähren, zur Heimatfront werden, die – anders als im Ersten Weltkrieg – unter dem Einfluß der Partei und ihrer Propaganda stabil und leistungsfähig bleiben sollte. In Kampf gegen die »dekadenten« demokratischen Gesellschaften des Westens und die »jüdisch-bolschewistische« Herrschaft des Ostens sollte die deutsche Gesellschaft im Krieg ihre Überlegenheit beweisen, sich zur Kriegsgesellschaft entwickeln und schließlich durch den Krieg zur Vollendung einer »neuen« Ordnung finden. Doch wie stand es um ihren kriegerischen Geist? Die Nagelprobe mußte im August 1939 bestanden werden, als die scheinheilige Friedenspropaganda der Nationalsozialisten auf den unmittelbar bevorstehenden Krieg umgeschaltet werden mußte. Nach der positiven Grundstimmung durch den wirtschaftlichen Aufschwung war in der nervösen außenpolitischen Hektik 1938/39 das Risiko des Kriegs bereits erkennbar geworden. Von Hitler und seinen Getreuen abgesehen, sehnte kaum jemand den Krieg herbei. Im August/September 1939 kam jedenfalls zur allgemeinen Überraschung keine Jubelstimmung in Deutschland auf.

Der Propaganda-Apparat von Goebbels war bis Kriegsbeginn im wesentlichen vollendet worden. Notwendige Anpassungen und Veränderungen im Krieg betrafen weder die Hauptthemen noch die organisatorischen Strukturen und technischen Möglichkeiten. Das Fernsehen als neues Medium steckte noch in den Kinderschuhen. Rundfunk, Film und Presse blieben die wichtigsten Instrumente des Regimes, um die Bevölkerung durch eine zentral gelenkte Informationspolitik zu beeinflussen. Kultur und Unterhaltungsindustrie behielten ihren Stellenwert und wurden trotz zunehmender Einschränkungen bis in die letzten Kriegsmonate in erstaunlich großem Maße gefördert. Wie in der hektischen und belastungsreichen Aufrüstungsphase unternahmen die Nationalsozialisten alle Anstrengungen, um die Entbehrungen, Einschränkungen und Opfer während des Kriegs zu rechtfertigen und zu heroisieren, zugleich aber auch durch Angebote zur Zerstreuung und Ablenkung zu kompensieren.

Goebbels war sich der Grenzen seiner Möglichkeiten durchaus bewußt. Für die Mehrheit der Bevölkerung blieb die Sehnsucht nach einem friedlichen Alltag und dem Ende der kriegsbedingten Belastungen bestimmend. Das war letztlich vom Kriegsverlauf abhängig, den die Propaganda nicht wesentlich beeinflussen konnte. Im Zeichen der Blitzfeldzüge hatte Goebbels leichtes Spiel. Die Popularität des Regimes stieg auch ohne großes Zutun in ungeahnte Höhen. Es war ein Glücksfall für die Nationalsozialisten, daß der Zweite Weltkrieg für die Deutschen mit einer Serie von Erfolgen begann, so daß Ängste und Besorgnisse zunächst verflogen. Hoffnungen auf ein rasches Kriegsende wurden durch eine Milderung der kriegsbedingten Einschränkungen gefördert. Befürchtungen wegen eines Stimmungseinbruchs an der Heimatfront bewogen Hitler und die Partei, den Krieg von der Gesellschaft möglichst fernzuhalten und den »Volksgenossen« die Früchte des Sieges schnellstens zu offerieren. Umfangreiche sozialpolitische Programme wurden konzipiert, um den Deutschen eine glänzende Zukunft nach dem Krieg anzukündigen, den Begriff »Herrenmensch« auch für die Arbeiter und kleinen Leute als verlockend erscheinen zu lassen.

Goebbels hatte auch verstanden, daß eine ausreichende Ernährung, eine sozial gerechte Rationierung und eine angemessene Versorgung der Soldatenfamilien größeren Einfluß auf die breite Bevölkerung hatten als jegliche politische Parole. Indem das Regime sehr sensibel auf Unmutsäußerungen über Mängel der Ernährung, der Kohleversorgung etc. reagierte und Wert darauf legte, daß man die Alltagssorgen der Menschen ernst nahm, wurde die Tatsache des Kriegszustands verdrängt. Solange die Scheinrealität der NS-Propaganda mit den alltäglichen Erfahrungen weitgehend in Übereinstimmung gebracht werden konnte, gewann das Regime ein hohes Maß an Glaubwürdigkeit und Zustimmung. Der Preis für den Konsens war die Stagnation der Rüstung und Mobilmachung.

Trotz Propaganda und Führer-Mythos, trotz Siegesemphase und Alltagsnormalität entwickelte sich die deutsche Gesellschaft im Krieg nicht zu einer gleichgeschalteten, uniformen Gemeinschaft. Zahlreiche Studien zeigen erhebliche Unterschiede und Varianten in der Meinung der Bevölkerung auf, abhängig von Generation, Geschlecht, Region, Alter, Bildungsstand und anderem.[1] Wenn auch

Abbildung 32: Filmplakat der Ufa.

äußerlich durch die Propaganda der Eindruck einer von Konformität und Akklamation geprägten Gesellschaft entstehen konnte, setzte sich im Krieg doch auch die Tendenz zum gespaltenen Bewußtsein, zu einer wachsenden Entpolitisierung und zum »Nischendasein« fort. Die Kluft zwischen der Friedenssehnsucht breiter Bevölkerungskreise und den militant-heroischen Aspirationen der NS-Bewegung verringerte sich wohl kaum. Umstritten bleiben in der historischen Forschung freilich das Ausmaß und die Folgen einer Indoktrination, die auf vielfältigen Wegen für das radikale Gedankengut und die Kriegsziele des Nationalsozialismus warb. Neue Methoden und Quellen, wie etwa die Auswertung von Feldpostbriefen und die Flut von Zeitzeugenberichten, deuten eher ein differenziertes Bild an.

Meist wird die Katastrophe von Stalingrad als Wendepunkt für die Stimmung in der Bevölkerung und die Propagandaführung angesehen. Doch es spricht einiges dafür, den Bruch früher anzusetzen. Bis zum Unternehmen »Barbarossa« hatte die NS-Propaganda kaum Mühe, mit ihren hochentwickelten technischen, emotionalen und politischen Manipulationsmechanismen die Erfahrungswelt der Deutschen zu beherrschen. Die Idealisierung Hitlers als unfehlbar und von der »Vorsehung« vermeintlich begünstigt, geriet aber in dem Augenblick in Gefahr, als der Krieg einen ungünstigen Verlauf nahm, die Siegesaussichten schwanden und nun schmerzhafte Einschränkungen hingenommen werden mußten. Gleichzeitig wuchs die Diskrepanz zwischen den offiziellen Verlautbarungen und den individuellen Erfahrungen so stark, daß die Legitimation des NS-Regimes abbröckelte.

Der zivile und eher unpolitische Teil der Bevölkerung emanzipierte sich schrittweise von der Bevormundung durch Staat und Partei. Es bildete sich allmählich eine autonome Öffentlichkeit, die von der NS-Propaganda bald kaum noch beeinflußt werden konnte. Eine »schlafende« Zivilgesellschaft erwachte, und sie entwickelte allen äußeren Zeichen und Parolen zum Trotz eigene Meinungen und Kräfte, die nur noch durch den Terror der Gestapo und die Angst vor den Denunzianten gebremst wurden. Wo schon ein Witz als Defätismus gedeutet werden und das Leben kosten konnte, bedeutete die Auflösung der inneren Anpassung eine Form von Widerstand, ebenso die äußere Apathie, dort, wo vom Regime fanatischer Kampfgeist und bedingungsloser Glaube an den »Führer« gefordert wurden. Goebbels drängte Hitler immer wieder vergeblich, durch öffentliche Auftritte den Verfall der Glaubwürdigkeit aufzuhalten. Seit Beginn des Ostfeldzugs scheute der »Führer« die Öffentlichkeit.

Die Katastrophe von Stalingrad, die Ausrufung des Totalen Kriegs und der Beginn des alliierten Bombenkriegs markierten in kurzem zeitlichem Abstand die Aussichtslosigkeit des Kriegs, die nun zur Gewißheit wurde. Die NS-Propaganda konnte den Glaubwürdigkeitsbruch nicht kitten. Sie stand vor einer unlösbaren

Aufgabe. Aber sie schaffte immerhin ihre Hauptaufgabe, einen Zusammenbruch der Heimatfront wie 1918 zu verhindern. In wachsender Zahl wurden die Deutschen fatalistisch und akzeptierten, daß in Ermangelung politischer Alternativen das Schicksal des Reiches mit Hitler und seinem Regime verbunden blieb. Hier lag vermutlich Goebbels' größter Erfolg, der ansonsten nicht viel tun konnte, um die Situation zu verbessern, weil die Verlustmeldungen von der Front und die zunehmende Verelendung in den deutschen Städten alle politischen Parolen hinfällig machten. Der Kunstgriff mit der Ankündigung von »Wunderwaffen« verfehlte seine Wirkung ebenfalls. Noch trug der verblassende Führer-Mythos[2] manche Früchte, doch indem sich die NS-Propaganda an Hitler kettete, versperrte sie sich den Weg in die Gedankenwelt der Menschen, die um ihr Überleben kämpften, für eine Zukunft jenseits des Kriegs. Die meisten hatten Angst vor den Racheakten, die aus dem Osten drohten. Auch Menschen, die nichts oder wenig von den deutschen Verbrechen wußten, fürchteten sich vor dem Bolschewismus, nicht zu Unrecht wie wir wissen, und wie es die Deutschen bereits 1918/19 empfanden, die meisten Europäer wohl auch 1945/46.

Der Antibolschewismus blieb die älteste und stärkste Propagandawaffe der Nationalsozialisten. Vergeblich bemühten sie sich in den letzten Kriegsmonaten darum, Angst auch vor dem Einmarsch der Westalliierten zu schüren, so wie die antibolschewistische Parole schon seit 1942/43 nicht mehr bei den europäischen Nachbarn verfing, die in den Nationalsozialisten das größere Übel erkannt hatten. Im Gegensatz zu ihnen mußten die Deutschen erst noch die Vorliebe für das westlich-demokratische System entdecken.

»Herrenmenschen« und »Sklaven«: Klassengesellschaft und Rassenhierarchie

Wenn der Antibolschewismus die populärste Waffe der NS-Propaganda war, so bildeten die antisemitischen Haßtiraden im Zweiten Weltkrieg ein Propagandainstrument mit mörderischen Folgen. Sie dienten anfangs dazu, der Bevölkerung eine Erklärung für den Ursprung und die Ausweitung des Kriegs zu liefern. Später dann sollte die permanente Wiederholung einer jüdischen Weltverschwörung die drohende Niederlage erklären. Stets war damit die Androhung von Vergeltung und Vernichtung verbunden, was die Deutschen auf eine barbarische Kriegführung einstimmen sollte.

Auch wenn der Begriff »Klassengesellschaft« im wissenschaftlichen Diskurs zunehmend in Frage gestellt worden ist, läßt er sich als zeitgenössische Kategorie im

Hinblick auf den Ersten Weltkrieg so verwenden, daß die Gesellschaft in Deutschland 1918 – im Gegensatz zu den westlichen Siegermächten – unter ihren scharfen Gegensätzen und Spannungen zerbrochen war. Die Nationalsozialisten hatten mit Blick auf einen künftigen Krieg das Modell der »Volksgemeinschaft« propagiert, aber sie meinten keine klassenlose Gesellschaft. Indem sie die Zugehörigkeit nach Rasse- und Leistungskriterien definierten, wollten sie einen besonders kriegstüchtigen »Volkskörper« schaffen, der seinen Anspruch auf Weltherrschaft durchsetzen und eine neue Gesellschaft von »Herrenmenschen« bilden würde. Das Prinzip der Hierarchie nach innen wie nach außen gehörte dazu. Es begründete innenpolitisch den Führerstaat, außenpolitisch das angestrebte »Großgermanische Reich deutscher Nation«. So wie im Innern die Abschließung und Aussonderung als Voraussetzung für den Kriegserfolg angesehen wurden,[3] sollten durch Unterwerfung, Ausbeutung und Vernichtung ganzer Volksgruppen die Bedürfnisse der Kriegführung befriedigt werden. Doch der Krieg erzwang Kompromisse und legte die Widersprüche dieses rassistischen Konzeptes offen. Nicht selten mußten Hitler und die führenden Nationalsozialisten Rücksicht auf entgegenstehende politische, militärische oder ökonomische Erwägungen nehmen, aber sie ließen nie einen Zweifel daran, daß es ihnen Ernst damit war, den Zweiten Weltkrieg als rassenideologischen Vernichtungskrieg zu führen. Im Gegensatz zum Stalinismus, der den Krieg als Klassenkampf verstand und mit einem willkürlichen politischen Freund-Feind-Verständnis führte, bot das hierarchische Verständnis des Rassenkampfes den Nationalsozialisten einigen Spielraum und eine gewisse Berechenbarkeit. Die größten Veränderungen spielten sich an den Rändern der Gesellschaft ab.

Der Krieg begann zunächst mit einer verschärften Bekämpfung politischer Gegner im Innern. Eine Verhaftungswelle rollte durch das Reich. Die Stigmatisierung von »Gemeinschaftsfremden« ging weit über das klassische Feinddenken hinaus, das auch westliche Gesellschaften veranlaßte, im Krieg Mitbürger zu internieren, die aus Feindstaaten stammten. So war es kein Zufall, daß Hitler den Euthanasie-Befehl auf den Kriegsbeginn datierte. Damit wurden auch jene aus der »Volksgemeinschaft« »ausgemerzt«, die als schwerstbehinderte und pflegebedürftige Deutsche nur als »unnütze Esser« und als Ballast auf dem Marsch in den Krieg angesehen wurden. Eine wichtige Rolle bei dieser Mordaktion spielte das Argument, es müsse Lazarettraum für die Soldaten freigemacht werden. Damit war die Aussonderung von Deutschen noch keineswegs beendet. Sie betraf ebenfalls eine große Zahl von angeblich Asozialen und anderen Randgruppen, die unter dem Gesichtspunkt der Kriegstüchtigkeit ausgesondert, eingesperrt und zur Zwangsarbeit eingesetzt wurden.

Da die Nationalsozialisten den Krieg als eine rassische »Auslese« verstanden, wollten sie den Verlust der vermeintlich »Besten« im Kriegseinsatz kompensieren, und zwar einerseits durch die »Ausmerzung« der »Minderwertigen« und andererseits durch die gezielte »Aufnordung« der »germanischen Herrenrasse«. So wurden gleich bei Kriegsbeginn Anstrengungen unternommen, um die Zeugung und Aufzucht »rassereiner« Kinder zu fördern, die Mutter-Funktion und die Familien zu stärken sowie die Ansiedlung und Ausbildung von künftigen »Wehrbauern« zu ermöglichen. Innerhalb der NS-Volksgemeinschaft wurden alle Maßnahmen weitergeführt und teilweise noch verstärkt, um durch den Aufbau einer Leistungs- und Gesinnungselite die Gesellschaft neu zu strukturieren. Hierbei setzte sich Himmlers SS an die Spitze der Bestrebungen. Sie nutzte ihren steigenden Einfluß und wachsenden Machtbereich dazu, um sich selbst als Elite der Herrenrasse zu etablieren.

Der Krieg wirkte in der Rassen- und Gesellschaftspolitik insgesamt als Faktor der Beschleunigung und Radikalisierung, weniger als Initiator. Er setzte ein erheblich größeres Gewaltpotential frei und ermöglichte eine Enthemmung, auch deshalb, weil er die Grenzen des Reiches erweiterte und damit den Spielraum der Rassenpolitik beträchtlich vergrößerte. Eroberung und Ausbeutung fremder Territorien boten die Chance, sehr viel radikaler als in Deutschland die Vorstellungen der Nationalsozialisten zur »Neuordnung« umzusetzen. Der Krieg und seine vermeintlichen Erfordernisse lieferten eine Scheinlegitimation für gesellschaftspolitische Eingriffe, die vom Kriegsvölkerrecht oft gar nicht gedeckt waren. Annektierte Gebiete wie der Warthegau wurden als Experimentierfeld benutzt, um eine neue »Ordnung« zu schaffen, die dann später auf das »Altreich« übertragen werden sollte. Andere Gebiete wie etwa Weißrußland wurden in ihren komplizierten sozialen, wirtschaftlichen und ethnischen Zusammenhängen völlig zertrümmert und zu einer desolaten »Todeszone« gemacht.

Kein historisches Ereignis hat die deutsche Gesellschaft in der jüngeren Geschichte so stark betroffen und verändert wie der Zweite Weltkrieg. Doch die Auswirkungen des Kriegs selbst dürften, vor allem in der zweiten Kriegshälfte und in der unmittelbaren Nachkriegszeit, größeren Einfluß gehabt haben als die gezielten Eingriffe der Nationalsozialisten. Deren bedeutsamste Folge war die Ermordung der Sinti und Roma sowie der jüdischen Bürger und zahlloser politischer Gegner. Die ältere sozialgeschichtliche Forschung hat sich zwar meist mit der Vorkriegszeit beschäftigt, doch auch jüngere Studien, die den Krieg mit umfassen, zeigen, daß die Nationalsozialisten meist nur Entwicklungen aufgegriffen und verstärkt sowie ideologisch untermauert haben. So wurde die Aufwertung der Arbeiterschaft und des Mittelstands auch im Krieg fortgesetzt, anfangs sogar unter Inkaufnahme von Mobilisierungsdefiziten (z.B. Aufweichung des Lohn- und Preisstops, Förderung der Konsumgüterindustrie, gebremste Kriegsbesteuerung). Doch der ungünstige Kriegsverlauf zwang das NS-Regime dazu, auch der Arbei-

Abbildung 33:
Ausbildung von Frauen als Flakhelferinnen.

terschaft härtere Belastungen aufzuerlegen und weiten Teilen des Mittelstands die Erwerbsgrundlage und Berufstätigkeit zu verringern. Es war letztlich Hitler, der noch lange an einem primitiv-romantischen Frauenbild festhielt, während andere Funktionsträger darauf drängten, im Interesse der Rüstung die Arbeitspflicht für Frauen rücksichtslos umzusetzen. So blieben in Deutschland die Auswirkungen des Zweiten Weltkriegs auf die Berufstätigkeit und die Gleichberechtigung der Frauen geringer als im Ersten Weltkrieg.

Der Streit darüber, welchen Beitrag das NS-Regime zur »Modernisierung« der deutschen Gesellschaft geleistet hat, ist nicht entschieden,[4] denn der Krieg hat manches verfremdet oder gefördert, was nicht dem nationalsozialistischen Gesellschaftsideal entsprach oder in Friedenszeiten so nicht in Erscheinung getreten wäre. Abgesehen davon ist es kaum möglich, ein geschlossenes und stimmiges Ideal zu zeichnen, weil der Nationalsozialismus als Sammlungsbewegung durchaus unterschiedliche Vorstellungen unter seinem Dach vereinte. Zweifellos wurde die deutsche Gesellschaft offener und mobiler, wurden traditionelle Zusammenhänge gelockert oder zerstört. Die Klassenschranken wurden durchlässiger, nicht zuletzt durch die dramatische Veränderung bei der Rekrutierung und Ausbildung von Offizieren. Die soziale Hierarchie wurde nicht mehr nur durch Herkunft und Lebensstandard bestimmt, sondern immer stärker durch die Rangordnung der Partei und die »Kriegstüchtigkeit«, Kriterien, die nicht immer in Übereinstimmung zu bringen waren.

So kann man auch die Frage nicht abschließend beantworten, ob sich der Nationalsozialismus erst durch den Krieg verwirklichen konnte und in der Radikalität insbesondere der letzten Kriegsmonate seinem Wesen am nächsten kam. Dagegen spricht die Vehemenz, mit der die Partei seit Kriegsbeginn an friedensähnlichen

Zuständen festzuhalten versuchte, sich um Stabilisierung und Ausgleich bemühte. Die vom traditionellen Staatsapparat ursprünglich geplanten Eingriffe zur totalen Mobilmachung hätten die deutsche Gesellschaft zweifellos stärker verändert, als Hitler mit Blick auf die »Stimmungslage« für zumutbar hielt. Nur das Ergebnis ist eindeutig: Die »Volksgemeinschaft« bewahrte über die größten Belastungen hinweg ihren inneren Zusammenhang und entwickelte sich zu einer Überlebensgemeinschaft, wie sie so von Hitler allerdings auch nicht gewünscht worden war.

Die Rolle der NSDAP wird in diesem Zusammenhang oft unterschiedlich gewichtet, je nachdem, wie man die »Volksgemeinschaft« für real existent und die »Verschmelzung« der Partei mit der Bevölkerung für gelungen ansieht. Eine dichotome Gegenüberstellung dürfte jedenfalls kaum möglich sein. Immerhin war ein großer Teil der »Volksgenossen« durch den weitverzweigten Parteiapparat erfaßt und mit unterschiedlicher Intensität organisiert worden. Die bloße Parteimitgliedschaft machte aus einem Deutschen nicht zwangsläufig einen kriegsbegeisterten Frontkämpfer, während manche erklärten Gegner des Nationalsozialismus sich aus falsch verstandenem Patriotismus ab 1939 freiwillig an die Front meldeten. Immerhin gab es 1,2 Millionen Funktionäre, also Aktivisten, die aber zu 98,2 % ehrenamtlich tätig waren. Sie hatten an der Sozialdisziplinierung der Bevölkerung einen großen Anteil und verstanden ihre Arbeit als Ausdruck der politischen Partizipation, für viele auch eine Möglichkeit des sozialen Aufstiegs. Nur die hauptamtlichen Politischen Leiter wurden bei Kriegsbeginn »unabkömmlich« (uk) gestellt. Die Partei verlor also durch den Kriegsdienst zunächst den größten Teil ihres Funktionärsapparats, der durch den Einsatz von Frauen nicht ausgeglichen werden konnte. In der friedensähnlichen Phase der Blitzfeldzüge hatte das keine gravierenden Auswirkungen, zumal einberufene Partei-Aktivisten auch innerhalb der Wehrmacht und während ihrer Beurlaubung im Sinne des Regimes tätig werden konnten. Der NSDAP bot sich dadurch die Möglichkeit, intensiver auf die Truppenbetreuung und die Fürsorge für die Soldaten einzuwirken. Das diente letztlich auch dem stillen Kampf gegen die traditionelle Militärseelsorge und den Einfluß der beiden großen Kirchen auf die christliche Mehrheit der Bevölkerung. Doch durch ihre politische Anpassungsbereitschaft gelang es den Kirchenführungen, Terrain gegenüber der Partei zu behaupten.

Die Nazifizierung des traditionellen Staatsapparats und der Beamtenschaft vollzog sich dagegen im wesentlichen reibungslos. Im Krieg konnte die Partei ihren Einfluß weiter verstärken, ihr Verständnis von Verwaltung im Sinne von »Menschenführung« durchsetzen. Auf der kommunalen Ebene übernahmen Parteigliederungen Aufgaben, die von der durch Einberufungen personell geschwächten Verwaltung nicht mehr geleistet werden konnten. In der Mittelinstanz sowie auf

Reichsebene absorbierten Rivalitäten und Kompetenzkämpfe erhebliche Energien, obwohl der Krieg eigentlich eine straffere und vereinheitlichte Verwaltung erforderlich machte. Der bereits in der Vorkriegszeit entstandene Wildwuchs von »Sonderbeauftragten« war auch im Krieg kaum zu bremsen. Neue Machtkonzentrationen wie etwa im Bereich der Kriegswirtschaft resultierten aus dem Bemühen, die zunehmenden Krisen zu verdrängen und wurden als kriegsbedingte Notlösungen verstanden. Gleichwohl boten sie die Chance, auch den Parteiapparat zu disziplinieren und in die Kriegsaufgaben einzuspannen. Doch die Gauleiter behielten, da sie dem »Führer« unmittelbar unterstellt waren und die Funktion von regionalen »Reichsverteidigungskommissaren« übernommen hatten, eine starke Position, die sie allerdings nicht ausschließlich im Interesse der Partei ausübten, sondern oft dazu nutzten, regionale Interessen gegenüber den Reichsinstanzen zu behaupten.

In eine Schlüsselstellung rückte Martin Bormann, indem er seinen Posten als Sekretär des »Führers« mit der Führung der Partei verbinden konnte. Ihm gelang es, Hitler seit 1942 immer stärker abzuschirmen und durch die Kontrolle des Zugangs zum »Führer« auch den Einfluß der Partei zu wahren und vor allem natürlich seine persönliche Stellung gegenüber den Rivalen in der NS-Führung zu stärken. Deren Wettstreit um die Gunst des »Führers«, um Macht und Einfluß hielt im Krieg unvermindert an. Bemerkenswert ist, daß Hitlers Autorität über alle Krisen hinweg unangefochten blieb, während Göring, der noch bei Kriegsbeginn als zweiter Mann im Staate galt und designierter Nachfolger des »Führers« war, rapide an Ansehen verlor, von Konkurrenten wie Goebbels regelrecht demontiert wurde, ohne daß ihn Hitler völlig fallenließ.

Mit ihren verringerten Kräften versuchte die NSDAP die Einsatzbereitschaft der Parteigenossen im Krieg noch einmal zu steigern, indem unter anderem die emotionalen Bindungen durch Gemeinschaftserlebnisse gestärkt wurden. Durch gehäuftes Abhalten von »Feierstunden« und Einrichten von Sprechstunden sollten die Parteigenossen zudem ideologisch ausgerichtet werden, was insbesondere dem Kampf für die »Rasseneinheit« diente. Damit war nicht nur die Abgrenzung gegenüber den ausländischen Arbeitskräften gemeint, sondern auch die Bestrafung von Frauen, die sich über die entsprechenden Gebote hinweggesetzt hatten. Aber auch hier erzwang der Krieg, vor allem wenn es sich um Liebesbeziehungen von Soldaten gegenüber Frauen in den besetzten Ländern handelte, ebenso situationsbedingte Kompromisse wie bei den Hilfsmaßnahmen der NSDAP nach Bombenangriffen. Die Nationalsozialistische Volkswohlfahrt (NSV) als Trägerin der Soforthilfe konnte die Begrenzung auf »arteigene« Betroffene nicht durchhalten und ging schließlich dazu über, alle Luftkriegsopfer zu versorgen. In der Schlußphase des Kriegs übernahm es die Partei, als treibende Kraft die deutsche Gesellschaft in den Totalen Krieg zu führen. Lange Zeit hatten sich insbesondere die Gauleiter gegen die Mobilisierung aller Kräfte gewehrt. Nun wurden im Zusammenwirken von Goebbels und Bormann die bewährten Strategien zur innerparteilichen Mobilisierung aktiviert. Dazu gehörten Appelle und Aufmärsche, Plakataktionen und Ansprachen, die das Ziel hatten, die Einsatzbereitschaft noch einmal hochzureißen. So konnten im Sommer 1944 mehr als 1,5 Millionen Menschen für den Stellungsbau und bis zu acht Millionen Männer für den Volkssturm durch die Partei mobilisiert werden. Die Zeit der »Schonung« der Volksgenossen zu Lasten fremder Völker war endgültig vorbei.

»Fremde« konnten während des Kriegs in dieser »Volksgemeinschaft« eigentlich nur dann akzeptiert werden, wenn es sich um Angehörige befreundeter oder neutraler Staaten handelte. Und dennoch befanden sich nie zuvor und danach so viele Ausländer im Deutschen Reich wie in den Jahren 1939–1945. Quantitativ gesehen ersetzten sie den Teil der männlichen Bevölkerung, der zum Wehrdienst eingezogen worden war. Die »Hereinnahme« von »Gemeinschaftsfremden« war weder grundsätzlich noch in diesem Ausmaß in nationalsozialistischem Sinne. Daher stemmten sich Parteistellen und der Sicherheitsdienst lange gegen diese Entwicklung, die allenfalls als kriegsbedingte Ausnahmesituation hingenommen wurde. Gerade das Problem der »Sicherheit«, vorrangig unter polizeilichem, aber auch rassischem Aspekt, erwies sich als starkes Hindernis gegen die Ausweitung des kriegsnotwendigen Arbeitseinsatzes ausländischer Kräfte. In diesem Spannungsverhältnis mußte zumeist der »Führer« selbst für einen Ausgleich sorgen, mit dem er wohl den ökonomischen Zwängen Rechnung trug, aber zugleich auch die Befugnisse des Sicherheitsapparats erweiterte und den Terror gegen die Fremden verschärfte.

Der »Ausländer-Einsatz« blieb fest in den Händen der Partei. Die Pragmatiker der Wirtschaft konnten Bedarfsgrößen angeben, während Rekrutierung, Verteilung und »Betreuung« hauptsächlich in den Händen des neugeschaffenen Apparats von Gauleiter Fritz Sauckel und der »Deutschen Arbeitsfront« lagen. Als Hitler die Parteilinke mit diesem Auftrag betraute, hoffte er wohl auf eine »gesunde« Abgrenzung innerhalb der Arbeiterschaft, zwischen den deutschen »Volksgenossen«, die als Vorgesetzte und Hilfswachmannschaften zusätzliche Aufstiegschancen erhielten, und den »Fremdarbeitern«, die innerhalb einer eigenen politisch-rassischen Hierarchie zumeist als Zwangsarbeiter vorübergehend im Reich lebten. Nicht zuletzt diente diese Arbeitsteilung innerhalb des NS-Regimes dazu, die antikapitalistischen Ressentiments in Teilen der Partei mit der »Zumutung« zu versöhnen, daß die Unternehmer in der Rüstungspolitik vorübergehend wichtiger waren.

Kriegsgefangene spielten eine besondere Rolle. Im Ersten Weltkrieg hatte man Erfahrungen darin gesammelt, sie als ein Millionenheer von billigen Arbeitskräften

zu benutzen. Auch im Zweiten Weltkrieg stellten sie neben den zivilen Zwangsarbeitern die größte Gruppe von Ausländern im Deutschen Reich. Rund zehn Millionen feindliche Soldaten wurden gefangengenommen, davon landete die Hälfte in
der Lagerorganisation des OKW. Der Rest verblieb im Operationsgebiet des Heeres, wurde entlassen oder konnte fliehen (1942 durchschnittlich 10000 monatlich,
mit steigender Tendenz). 1944 wurden pro Monat 30000–40000 wieder eingefan-
gen, wovon der größte Teil dann in das Wirtschaftsimperium der SS eingegliedert
wurde.

Der »Preis« für diese Zwangsarbeiter (Offiziere blieben ausgeschlossen, mit
Ausnahme sowjetischer und italienischer Offiziere) war nicht gering. So mußten 240000 Landesschützen, also ältere, nicht frontverwendungsfähige Soldaten
als Wachmannschaften sowie 480000 Hilfswachmannschaften eingesetzt werden. Sie beaufsichtigten ca. 250 Kriegsgefangenenlager im Reich mit zahllosen
Arbeitskommandos. Der politisch und polizeilich gewünschte Einsatz großer
Kolonnen war meist nicht möglich. Die Lebens- und Überlebensmöglichkeiten
gestalteten die Deutschen ganz unterschiedlich. Westliche Kriegsgefangene erhielten die völkerrechtlich vorgeschriebene Betreuung und wurden – zusätzlich zu
den üblichen Rationen – überwiegend durch Hilfslieferungen des Internationalen
Roten Kreuzes versorgt, womit sie meist besser ernährt waren als der Durchschnitt der deutschen Bevölkerung. Sie genossen den Schutz durch das Kriegsvölkerrecht, was durch mögliche Repressalien der Feindmächte abgesichert
wurde. Bei der unterschiedlichen Behandlung der einzelnen Gruppen spielte die
NS-Rassenideologie insgesamt keine große Rolle. Die »minderwertigen« Griechen
und Jugoslawen wurden entlassen, die »höherwertigen« wie Franzosen, Briten
oder Amerikaner nicht.

Bis zum Sommer 1941 spielte auch der Arbeitsmarkt keine entscheidende Rolle.
Hitlers Anordnungen orientierten sich nach neueren Forschungen hauptsächlich
an den Frontlinien des Ersten Weltkriegs. So wurden Niederländer, Dänen, Nor-
weger und nicht-russische unter den sowjetischen Kriegsgefangenen entlassen oder
nicht gefangengenommen. Ein anderer Faktor war die Reziprozität. Jede Nationalität wurde so behandelt, wie die Deutschen ihre eigenen Gefangenen im feindlichen Gewahrsam behandelt wissen wollten. Im Fall der UdSSR bedeutete das,
man behandelte auf deutscher Seite die sowjetischen Gefangenen genauso rücksichtslos, wie Stalin deutsche Gefangene wahrscheinlich behandelte. Die eigenen
Soldaten sollten sich fürchten, in sowjetische Gefangenschaft zu gehen. Jüdische
Offiziere unter den polnischen Kriegsgefangenen blieben unbehelligt, weil sie
unter dem Schutz der Briten standen. Die Orientierung am Arbeitskräftebedarf
stand erst in der zweiten Kriegshälfte im Vordergrund. Zuvor richtete man sich

weitgehend am Kriegsvölkerrecht aus. Die verbrecherischen Befehle im Osten leiteten aber schon 1941 einen Kurswechsel ein. Er führte 1943 sogar zur Ermordung bisher verbündeter italienischer Soldaten, die sich der Entwaffnung widersetzten. Durch den steil ansteigenden Arbeitskräftebedarf setzte sich aber gleichzeitig eine allgemeine Tendenz zur Mäßigung bei der Behandlung von Kriegsgefangenen durch, die schließlich auch sowjetische Soldaten betraf. Dennoch sind rund 3,3 Millionen von ihnen im deutschen Gewahrsam ums Leben gekommen, davon wahrscheinlich ein Drittel im Arbeitseinsatz.

Ähnlich differenziert war auch die Behandlung der zivilen Zwangsarbeiter. Den Begriff selbst haben die Nationalsozialisten nicht verwendet. Letztlich unterstanden auch deutsche Arbeiter der Arbeitspflicht, während nicht wenige Ausländer aufgrund von freiwilliger Verpflichtung im Reich arbeiteten. Gemeint sind also aus historischer Sicht »Fremdarbeiter« und KZ-Häftlinge. Angesichts der Fülle an Standardwerken zur Geschichte der Zwangsarbeiter im Dritten Reich, an lokal- und regionalgeschichtlichen Studien und – ausgelöst durch den zurückliegenden politischen Streit um die Entschädigungsfrage – kommunalen und unternehmensgeschichtlichen Untersuchungen gehört dieser Teil der Geschichte des Zweiten Weltkriegs zu den am meisten beschriebenen Aspekten. Auch hier unterschied sich der Nationalsozialismus vom Zwangsarbeitssystem des Stalinismus durch seine Hierarchisierung.

Der rechtliche Status bildete das zunächst wichtigste Kriterium für die unterschiedliche Behandlung, die Lebens- und Arbeitsbedingungen. Veränderungen waren im Verlauf des Kriegs durchaus möglich. So konnten z. B. Zivilarbeiter und Kriegsgefangene unter bestimmten Umständen ins Konzentrationslager eingewiesen, ursprünglich angeworbene Freiwillige aus verbündeten Staaten dienstverpflichtet werden. Die tatsächlichen Unterschiede bei der Behandlung dieser Ausländer gingen auf rassistische Kriterien zurück, die das Reichssicherheitshauptamt im Verlauf des Kriegs immer weiter auffächern mußte. Am Ende wurde zwischen Arbeitern aus germanischen Ländern, nichtgermanischen verbündeten Ländern, nichtgermanischen unter deutscher Hoheit stehenden Völkern und Ostarbeitern unterschieden – eine rassische und politische Hierarchie, die in der Realität noch durch regionale und andere Gegebenheiten zur sozialen Differenzierung beigetragen hat. So wurde etwa die politisch motivierte Privilegierung slawischer Arbeiter aus verbündeten Staaten in der Praxis nur eingeschränkt wirksam, wenn Verantwortliche vor Ort sie mit ihren eigenen rassischen Vorurteilen oder ökonomischen Möglichkeiten nicht in Übereinstimmung bringen konnten. Die Rassenhierarchie war für die Deutschen insofern ein verständliches Kriterium, weil sie ziemlich genau der europäischen Wohlstandspyramide entsprach. Damit konnte das vom

NS-Regime geforderte Verhalten mit der Abwehr einer Bedrohung des eigenen Besitzstands in Verbindung gebracht werden.

Entgegen den ursprünglichen Intentionen folgte im Verlauf des Zweiten Weltkriegs dem Vormarsch der Wehrmacht die Arbeitseinsatzverwaltung bald auf dem Fuße. Bis 1942 konnten in verbündeten und besetzten Gebieten zahlreiche Freiwillige zur Arbeitsleistung nach Deutschland gewonnen werden. Im Zuge der Verschlechterung der Kriegslage mußten die Deutschen den Druck zunehmend verstärken und schließlich auch zu Zwangsmaßnahmen greifen. Auf diese Weise stieg die Zahl der ausländischen Zivilarbeiter und Kriegsgefangenen bis Ende 1944 auf mindestens 8,2 Millionen. Dazu kamen rund 700 000 KZ-Häftlinge. Im Vergleich dazu betrug die Gesamtzahl der deutschen Arbeitskräfte Mitte 1944 etwa 23,2 Millionen. Die kriegsbedingte Ausweitung des »Ausländer-Einsatzes« ging mit einer zunehmenden Diskriminierung, Ausbeutung und Unterdrückung einher. Betroffen waren vor allem die »unteren« sozialen Gruppen, insbesondere die in bewachten Lagern zusammengepferchten und im Kolonnen-Einsatz zur Arbeit gezwungenen Ausländer. Die Unterschiede zwischen KZ-Häftlingen auf der untersten Ebene und »Ostarbeitern« sowie italienischen Militärinternierten waren oft nur graduell. Völlig rechtlos waren auch die Häftlinge in den Arbeitserziehungslagern. Sklavenähnliche Lebens- und Arbeitsbedingungen mit extrem hoher Sterblichkeit betrafen neben den »Arbeitsjuden« vor allem die sowjetischen Kriegsgefangenen und Zwangsarbeiter. Welchen finanziellen Nutzen daraus die deutschen Unternehmer ziehen konnten, bleibt schwer zu bestimmen.[5] An der Spitze der Hierarchie standen Zivilarbeiter aus verbündeten, neutralen oder besetzten Westgebieten, weil sie sich mit höheren Löhnen mit zusätzlichen Gütern versorgen und zum Teil sogar Überweisungen für ihre Familien in der Heimat vornehmen konnten. Mit solchen Anreizen versuchte das

	Gesamtzahl 1939–45	Todesfälle 1939–45	Überlebende Mitte 1945	Überlebens- rate
Zivilarbeiter	8 435 000	490 000	7 945 000	94 %
Kriegsgefangene	4 575 000	1 115 000	2 575 000	70 %
KZ-Häftlinge	1 550 000	1 075 000	475 000	31 %
Arbeitsjuden	55 000	25 000	30 000	55 %
Gesamt	13 480 000	2 455 000	11 025 000	82 %

Tabelle 4: Schätzung der Gesamtzahl ausländischer Arbeiter 1939–1945 und der Überlebenden 1945.[6]

NS-Regime schließlich sogar bei Kriegsgefangenen höhere Arbeitsleistungen zu erreichen.

Die größten Überlebenschancen hatten ausländische Zwangsarbeiter, wenn sie in der Landwirtschaft eingesetzt waren. Das konnte im günstigsten Fall bessere Unterkunft, ausreichende und gesunde Ernährung, bessere Hygiene, Familienanschluß und keine Gefährdung durch Bombenangriffe bedeuten. Aber die Realität war natürlich auch auf dem Lande vielfältig, und oft wurden ganze Gruppen von Zwangsarbeitern lediglich für kurze Zeit zur »Aufpäppelung« in der Landwirtschaft eingesetzt, um dann wieder in den Arbeitslagern der Städte und Industrieanlagen leben zu müssen.

Die Überlebensraten demonstrieren insgesamt noch einmal das inhumane System, mit dem die deutsche Kriegsgesellschaft knapp 13,5 Millionen Ausländer während des Zweiten Weltkriegs integriert bzw. abgesondert hat. Dieses System war als kriegsbedingte Ausnahmeerscheinung insofern ein Erfolg, als es im Sinne des NS-Regimes für eine Hochleistung der Kriegswirtschaft sorgte und zugleich drohende oder vermeintliche politische sowie polizeiliche Gefahren eingedämmt hat. Indem es die deutsche Kriegsgesellschaft zu schützen vorgab, hat es aber die Deutschen an der Heimatfront in ähnlicher Weise in die verbrecherische Kriegführung einbezogen wie die Soldaten an den militärischen Fronten.

Terror und Widerstand

Eine Folge des Kriegs war der Bau immer neuer »Lager«. Die notdürftige Unterbringung von Teilen der Gesellschaft entsprach aber keineswegs nur der militärischen und ökonomischen Lage, die dazu zwang, für Rekruten, dienstverpflichtete Arbeiter, Fremdarbeiter, Kriegsgefangene und schließlich für die ausgebombte Bevölkerung Barackenlager und andere Notunterkünfte einzurichten. Das »Lager« war ein durchaus auch positiv besetzter Begriff, der in der NS-Erziehung und Ideologie einen hohen Stellenwert hatte. Gemeinschaftserlebnis sollte sich in Zeltlagern der Hitlerjugend, in den Baracken des Reichsarbeitsdienstes (RAD), bei den Luftwaffenhelfern etc. entwickeln und den Zusammenhalt der »Volksgemeinschaft« während des Kriegs fördern. Der Begriff »Lager« hatte aber auch eine dunkle Seite, weil er mit Abgrenzung und Aussonderung verbunden war. Die Deutschen waren an diese Seite schon seit 1933 gewöhnt, als die Nationalsozialisten nach der Machtübernahme »Konzentrationslager« eingerichtet hatten. Diese lagen keineswegs im verborgenen und waren bekannt als Stätten des Terrors, den die autonom agierende SS betrieb. Da sich dieser Terror scheinbar nur gegen die innenpolitische Opposition und den kriminellen Bodensatz der Gesellschaft richtete, waren diese Lager akzeptiert und fest in der deutschen Gesellschaft verankert, auch wenn statt genauerer Kenntnis meist Gerüchte kursierten.

Der Krieg bewirkte in dieser Hinsicht anfangs nur eine Verstärkung der Sicherheitsfunktion, indem nun auch vermehrt »Rassenfeinde« in die Lager eingeliefert wurden. Massenmord und Vernichtung entwickelten sich zunächst vor allem in den besetzten Gebieten, hier zumeist unter der Tarnung scheinbarer Kriegsnotwendigkeiten und militärischer Sachzwänge. Sie begannen im besetzten Polen durch die systematische Erfassung der männlichen jüdischen Arbeitskräfte 1940 für den Bau von Befestigungsanlagen und setzten sich 1941 im Zuge der Partisanenbekämpfung in den besetzten sowjetischen Gebieten fort. Mit dem Bau von speziellen Vernichtungslagern erreichte die Entwicklung ihren Höhepunkt.

Der deutschen Bevölkerung war die Deportation der jüdischen Mitbürger zum »Arbeitseinsatz« nach Osten durchaus zu vermitteln, nicht aber die Massentötung von behinderten und geisteskranken Menschen in Deutschland. Hier mußte Hitler 1941 einen Rückzieher machen, so wie auch die verbrecherischen Befehle, die zur Ermordung der Politkommissare und zum Massensterben der sowjetischen Kriegsgefangenen führten, schrittweise zurückgenommen bzw. modifiziert wurden. Die Vernichtungspolitik gegenüber Polen und Russen mußte aus kriegsökonomischen Gründen gebremst und in Deutschland selbst besser getarnt werden. In diesem Zusammenhang erhielten die Konzentrationslager der SS seit 1942 eine neue Funktion. In dem Maße, wie das Reich in die Defensive gedrängt wurde, stieg die Zahl der Außenlager, um den wachsenden Bedarf an Arbeitskräften decken zu können. Es war das Ergebnis eines dynamischen Prozesses und entsprach keineswegs den ursprünglichen Intentionen Himmlers. Auf allen Ebenen beteiligten sich traditionelle Behörden und Funktionsträger an der Lagerbildung. Insbesondere Kommunen und Betriebe entwickelten rege Initiativen, um die Konditionen für den Einsatz der dringend benötigten Zwangsarbeiter auszuhandeln. Sie stellten die Infrastruktur zur Verfügung und rekrutierten teilweise die Wachmannschaften, weil die SS mit ihrem Personal überfordert gewesen ist, respektierten aber den Monopolanspruch Himmlers und griffen nicht in die erkennbar schlechten Lebensbedingungen der Häftlinge ein.

So wurde Deutschland während des Kriegs von einem Netz unzähliger Außenlager und Arbeitskommandos überzogen, innerhalb dessen ständig Hunderttausende von Zwangsarbeitern über die Straßen zu den Arbeitsstätten getrieben wurden. Spätestens hier konnten die Deutschen wahrnehmen, in welchem elenden Zustand sich die KZ-Häftlinge befanden, und sich fragen, wohin die arbeitsunfähigen und kranken Häftlinge verschwanden. »Vernichtung durch Arbeit« war ein

Konzept Himmlers, an dessen Ende diese Opfer zumeist in den Stammlagern und deren Krematorien landeten. Diesen Leidensweg gingen auch jene, die in den Lagern selbst aus politischen, sozialen oder rassischen Gründen »selektiert« und ermordet wurden. Zu ihnen gehörten außerdem zahlreiche andere Mordopfer aus Gefängnissen, Heilanstalten und Erziehungslagern. Schließlich auch jene Neugeborenen von Fremdarbeiterinnen, die in speziellen Kinderheimen dem Tod durch Unterversorgung und Verwahrlosung preisgegeben wurden. Im Kampf gegen die vermeintlichen »Rasse- und Staatsfeinde« ließ sich die SS von keiner anderen Organisation des Dritten Reiches übertreffen.

Sie konnte sich dabei auf den Polizeiapparat und den Sicherheitsdienst stützen, die schon vor dem Krieg zu Himmlers Machtbereich gehört hatten. Die formelle Übernahme des Reichsministeriums des Innern 1943 erweiterte lediglich die administrativen Möglichkeiten. Es wird unter Historikern wohl strittig bleiben, in welchem Ausmaß der Terror von Polizei und Justiz das Verhalten der Deutschen beeinflußt hat. Der Krieg hat jedenfalls zu einer wesentlichen Verschärfung der Repression und dazu geführt, daß sich die Lager auch mit deutschen Häftlingen füllten. Die Rolle von Polizei und Justiz während des Zweiten Weltkriegs ist erst spät ins Blickfeld der Historiker geraten, denn in kaum einem anderen Bereich ist die personelle Kontinuität nach 1945 so intensiv gewahrt worden. Restbestände des Rechtsstaates und richterlicher Unabhängigkeit wurden bei Kriegsbeginn weiter eingeschränkt und nach 1942 nahezu beseitigt. Der neue »Volksgerichtshof« bildete nur die Spitze einer Sondergerichtsbarkeit, die Verstöße gegen verschärfte oder neugeschaffene Straftatbestände unnachsichtig ahndete. Die Zahl der Todesurteile stieg während des Zweiten Weltkriegs nicht nur in der Wehrmacht, sondern auch an der Heimatfront in Größenordnungen, die im Ersten Weltkrieg völlig unbekannt gewesen waren und lediglich vom Terror des Stalin-Regimes übertroffen wurden.

Die Instrumente der inneren Disziplinierung der »Volksgemeinschaft« blieben freilich vielfältig. Sie reichten von Ermahnungen über die Einweisung ins KZ bis zum Henkersbeil. Aber die kriegsbedingte Reduzierung des Personalbestands im Terrorapparat, ein Ergebnis der Ausweitung der Zuständigkeit auf die besetzten Gebiete, setzte einer effektiven Umsetzung der verschärften Kontrolle enge Grenzen. Hinzu kam die Überwachung von mehr als 13 Millionen Fremden im Reich. Die Lockerung der sozialen Bindungen im Krieg und die gesteigerte Mobilität der Gesellschaft erschwerten die Arbeit des Sicherheitsapparats ebenso wie die Verschlechterung seiner Arbeitsbedingungen durch die Bombenangriffe seit 1942. Die massenhafte Flucht von Zwangsarbeitern und Kriegsgefangenen ließ sich am Ende kaum noch eindämmen, obwohl man sich nicht scheute, zur Abschreckung furchtbare Exempel zu statuieren. Der Alptraum eines Aufstands blieb dem NS-Regime erspart, weil sich die Alliierten scheuten, durch eine massive Förderung des Widerstands womöglich ein Blutbad zu provozieren. Dennoch bildete sich in den letzten Kriegswochen in manchen Großstädten ein Untergrund von entflohenen Kriegsgefangenen und Fremdarbeitern. Selbst »Volksgenossen« entzogen sich zunehmend der Kontrolle. Besonders argwöhnisch wurden »Disziplinlosigkeiten« unter Jugendlichen beobachtet und mit allen Mitteln bekämpft. Mit der Auflösung der Wehrmacht kam die Jagd auf Deserteure hinzu.

In der Historiographie ist oft die Bedeutung des Denunzianten herausgestellt worden.[7] In der Erinnerung der Zeitgenossen spielt diese Form der politischen Kontrolle zweifellos eine wichtige Rolle, und in der Tat hat die Gestapo während des Kriegs ihre vielfältigen Überwachungsaufgaben nicht ohne die Unterstützung von Spitzeln aus der Bevölkerung wahrnehmen können. Allerdings zeigen die Studien auch die Belastungen auf, die durch Denunzianten entstanden, weil durch Übereifer, Neid und Mißgunst sowie andere menschliche Schwächen Verdächtigungen konstruiert wurden, denen die Gestapo nolens volens nachgehen mußte. Ob die Figur des Denunzianten wirklich ein typisch deutsches Phänomen ist, sei dahingestellt. Der Vergleich mit ähnlichen Phänomenen im Stalinismus mag die These mindern. Man wird aber wohl davon ausgehen müssen, daß sich in der psychischen Streßsituation des Kriegs dieser Typus des Bürgers in jeder Gesellschaft ermutigt fühlt. Totalitäre Kriegsgesellschaften geraten hier schnell in eine Spirale der Selbstdestruktion, weil der »innere Feind« als viel furchtbarer erscheint als der äußere und die Spitzel deshalb zu Höchstleistungen angetrieben werden.

Dabei hätte das NS-Regime eigentlich darauf vertrauen können, daß bis zum Kriegsbeginn alle oppositionellen Regungen in der Bevölkerung niedergeschlagen waren und die Abwehr von Spionage sowie staatsfeindlicher Betätigungen wirksam organisiert worden war. Das Attentat von Georg Elser am 8. November 1939 bewies, daß selbst ein Einzeltäter kaum eine Chance hatte, die Führungsspitze des Dritten Reiches zu beseitigen oder die Kriegführung des Regimes zu gefährden. Aber die Nationalsozialisten waren sich bewußt, daß die Westmächte auf einen inneren Umsturz in Deutschland wie 1918 hofften, und waren sich selbst ihrer Sache längst nicht sicher. Da die unerwarteten militärischen Erfolge in der ersten Kriegshälfte die Zustimmung zum Regime in allen Teilen der Bevölkerung sogar noch steigerte, hätten politische Widerstandsbewegungen aber keinen Widerhall oder gar die Chance zu einem Umsturz finden können. So schwach wie zu Beginn des Zweiten Weltkriegs war der deutsche Widerstand zu keiner anderen Zeit. Vielleicht auch mit Rücksicht auf diesen geschichtspolitisch eher peinlichen Umstand haben manche Historiker den Begriff des Widerstands sehr weit ausdehnen wollen, so daß nahezu jedes nicht-konforme Handeln einzelner darunter zu subsumieren wäre.[8] Richtig ist jedenfalls, daß die Forderung des Totalen Kriegs nach rückhaltlosem Einsatz aller Bürger jeden Individualismus, der dieser Forderung nicht entspricht, in einem anderen Licht erscheinen lassen muß als in einer Friedensgesellschaft. Doch systembedrohend ist abweichendes Verhalten, das auch in Deutschland während des Zweiten Weltkriegs selbst unter härtestem Konformitätsdruck nicht völlig verschwand, natürlich nicht, auch wenn fanatische Vertreter des Herrschaftsapparats übersensibel oder neurotisch reagieren mochten.

Politisch wirksamer Widerstand ist dort zu erkennen, wo sich Bewegungen bildeten, die sich den Sturz des NS-Regimes zum Ziel setzten, den Kriegsausbruch verhindern oder den Krieg gegen den Willen des Diktators zu beenden trachteten. Eine Fülle historischer Studien hat gezeigt, daß in Deutschland während des Zweiten Weltkriegs die traditionellen Gegner des Nationalsozialismus wie Sozialdemokraten und Kommunisten keine ernstzunehmende Gefahr für das Regime bedeuteten. Sie konnten allenfalls unter dem erhöhten Verfolgungsdruck die gewachsenen Milieus pflegen und sich bemühen, Kontakte aufrechtzuerhalten, was durch die Einberufung ihrer Anhänger zum Wehrdienst zusätzlich erschwert wurde. Die Gruppe um den Luftwaffenoffizier Harro Schulze-Boysen (»Rote Kapelle«) leistete innerhalb des kommunistischen Widerstands zwar die erfolgreichste Arbeit und thematisierte in einzelnen Flugblättern die deutschen Verbrechen, aber ihr Widerhall in der Bevölkerung blieb gering. Ihren größten Nutzen für Moskau erbrachte sie durch ihre Spionagetätigkeit in Berlin, bis sie Ende August 1942 auffllog. Wenn es also keine Basis für einen Volksaufstand in Deutschland gegeben hat, dann konnte sich Widerstand nur innerhalb der Führungselite und in jenen Bevölkerungsschichten entwickeln, die sich aufgrund der Teilidentität von Zielen den Nationalsozialisten zunächst durchaus geöffnet hatten.

In bürgerlichen und konservativen Kreisen hatte es vereinzelt schon vor dem Krieg Kritik am Regime gegeben. Manche reaktionäre Politiker erkannten durchaus den sozialrevolutionären Drang innerhalb der NSDAP und setzten daher auf den Umsturz. Andere zivile Gruppierungen wie der Kreisauer Kreis, der späteren Verschwörung vom 20. Juli 1944 am nächsten stehend, lehnten einen Umsturz eher ab, weil sie eine neue Dolchstoß-Legende vermeiden wollten. Die Nazis sollten sich aus ihrer Sicht durch den Krieg selbst gründlich ruinieren, weshalb es darauf ankam, für das Deutschland nach der Niederlage Planungen anzustellen. Die Studentengruppe um die Geschwister Scholl (»Weiße Rose«) hingegen fühlte sich nach dem Menetekel von Stalingrad aus christlichen Motiven berufen, mit Flugblättern zur Beendigung des Kriegs aufzurufen – ein vergebliches Unterfangen, das wie viele Einzelaktionen mit der Ermordung der Widerstandskämpfer endete. Unter den Bedingungen der Kriegsgesellschaft konnte sich jedenfalls keine einheitliche Widerstandsbewegung bilden. Doch der drohende Krieg, seine folgenden Exzesse sowie die sich abzeichnende Niederlage rückten zwangsläufig das Militär in den Mittelpunkt, denn nur ein Widerstand innerhalb der militärischen Führungselite konnte Machtmittel in die Hände bekommen, die allein geeignet waren, das NS-Regime zu stürzen.

Die »uniformierte Gesellschaft« wurde ihrerseits durch den Krieg zu einem heterogenen Massenphänomen, in dem selbst die Offiziere Reste eines gemeinsamen Korpsgeistes einbüßten. Nur der Nationalkonservatismus in Teilen der alten Offizierselite bot einen Nährboden, um aus der Kooperation mit der NS-Führung herauszuwachsen und das Personal sowie die Strukturen für eine Verschwörung zu stellen. Von hier aus gab es Verbindungen zum Großbürgertum, dem Adel und der höheren Beamtenschaft, die für einen politischen Umsturz genutzt werden konnten. Einzelne militärische Verschwörer wie etwa Claus Schenck Graf von Stauffenberg erkannten durchaus die Notwendigkeit, durch Kontakte zu ehemaligen Gewerkschaftern und Sozialdemokraten das soziale Fundament des Staatsstreichs zu verbreitern. Doch unter den Bedingungen des Kriegs konnte es nicht zum Ziel werden, einen Volksaufstand auszulösen. Nur eine kleine Gruppe mit starker sozialer und politischer Kohäsion hatte vielleicht eine Chance, der Aufdeckung durch die Gestapo zu entgehen und durch lose, individuelle Kontakte Gleichgesinnte in Schlüsselpositionen zur Mitwirkung zu gewinnen. Neben Generalstabsoffizieren gehörten zwangsläufig Diplomaten und Geheimdienstler zu den bevorzugten Partnern. Man mußte Strukturen und Männer des Regimes für sich nutzbar machen, was in der späteren politischen und historischen Bewertung oft mißverstanden worden ist, zumal sich die Rekonstruktion dieser konspirativen Tätigkeit, von den Berichten weniger Überlebender abgesehen, im wesentlichen auf Polizeiakten und andere systemkonforme Quellen abstützen mußte. Obwohl die Geschichte des militärischen Widerstands weitgehend erforscht ist, bleibt der Einfluß des Kriegsgeschehens oft merkwürdig unterbelichtet, wird der starken Ausleuchtung der frühen militärischen Erfahrung, hauptsächlich aber des weltanschaulichen und sozialen Hintergrunds der Protagonisten, zumindest die Empörung über die deutschen Verbrechen im Krieg als wichtiges Motiv für den Entschluß zum Widerstand hinzugefügt. In welcher Weise aber militärisch-fachliche Motive die politisch-ethischen ergänzten oder überlagerten, wird erst in neueren Arbeiten erkennbar.

Die ersten Ansätze zu einem möglichen militärischen Staatsstreich 1938/39 waren wesentlich von solchen fachlichen Motiven geprägt worden. Ein Mann wie der damalige Generalstabschef des Heeres, Generaloberst Ludwig Beck, hatte durch Hitlers risikofreudige Außenpolitik einen vorzeitigen Kriegsausbruch befürchtet, für den nach seiner Einschätzung der Wehrmacht noch längst nicht ausreichend gerüstet war. Den drohenden Krieg zu verhindern verband sich im kleinen Kreis von Generalen durchaus mit politischen, religiösen und moralischen Argumenten. Im Vordergrund stand aber die Absicht, durch einen Staatsstreich den Krieg zum damaligen Zeitpunkt zu verhindern und durch die Verhaftung Hitlers das NS-Regime zum Einsturz zu bringen. Wie auch später im Krieg wollte der nationalkonservativ geprägte Widerstand, bei allen unterschiedlichen Nuancen einzelner Gruppen und Personen, durch eine vorübergehende Militärdiktatur keineswegs einer Rückkehr der Demokratie den Weg bahnen, schon gar nicht nach dem Vorbild der Weimarer Republik. Die geplante »Revolution von oben« zielte auf die Beseitigung von »Fehlentwicklungen« durch den Nationalsozialismus, aber eben auch auf die Wiederherstellung des Rechtsstaates und einer parlamentarischen Volksvertretung, so schillernd manche Vorstellungen hierüber auch gewesen sein mögen.

Der Generalswiderstand war nach dem Münchener Abkommen still in sich zusammengebrochen, belebte sich aber noch einmal im Herbst 1939, als Hitler nach dem Polenfeldzug den Angriff auf Frankreich befahl. Erneut gab die militärfachliche Kritik den Ausschlag, um innerhalb der Heeresführung die Bereitschaft zu einem möglichen Staatsstreich zu fördern. Die Empörung über die in Polen von der SS verübten Greueltaten hielt dagegen nicht lange vor. Viel gewichtiger war auch in diesem Zusammenhang das Motiv, die Autonomie der Militärführung gegenüber der politischen Leitung wiederzugewinnen. Das allein schon hätte natürlich einen Systemwandel herbeiführen können. Über die Frage nach dem Ausmaß der einzusetzenden Gewalt – bis hin zum Tyrannenmord – bestand ebensowenig Einigkeit wie über die Gültigkeit des Eides, über die wohl mancher besonders deshalb gern diskutierte, weil die Frage – bei aller Sympathie für die Verschwörer – bequeme Rückzugsmöglichkeiten eröffnete. Selbstverständlich darf man mit Rücksicht auf die Bedeutung für das soldatische Selbstverständnis die Frage des Eides auch nicht unterschätzen, und man sollte nicht übersehen, was es für Offiziere bedeutete, im Krieg einen militärischen Staatsstreich zu planen.

Das Zögern der Generale begründete sich unter anderem mit der Einschätzung, daß man im jüngeren Offizierkorps sowie bei den Mannschaften keine Unterstützung finden werde. Es mußte aber nach einem möglichen Putsch die Truppe »unter allen Umständen« intakt und schlagkräftig erhalten bleiben, damit nach Beseitigung des nationalsozialistischen Regimes kein Vakuum entstand und erträgliche »Friedensbedingungen durchgesetzt werden konnten.«[9] Die Heeresführung ließ 1939/40 die Gelegenheit verstreichen, den Zweifel an Hitlers Angriffsbefehl zu einem Putsch zu nutzen. Die außenpolitischen Vorstellungen, die, gedeckt durch die militärische Abwehr des Admirals Wilhelm Canaris, mit Hilfe von Emissären den Westmächten übermittelt wurden, waren für den Gegner ohnehin nicht akzeptabel. Das »Großdeutsche Reich« mit seinen militärischen Gewinnen sollte durchaus erhalten bleiben – Illusionen, die auch noch vor dem Attentat am 20. Juli 1944 weithin bestanden.

Nach dem glänzenden Sieg über Frankreich löste sich die Generalsopposition weitgehend auf. Der militärische Widerstand organisierte sich erst nach dem Scheitern des Rußland-Feldzugs von 1941 und wurde nun hauptsächlich von den Obristen getragen. Auch die Gruppe um Stauffenberg und Tresckow blieb notgedrungen eine kleine Minderheit im Offizierkorps. Durch die Kenntnis der nationalsozialistischen Massenverbrechen im Osten war ihre Haltung radikaler und entschlossener sowie moralischer geworden. Da Hitler die militärische Kriegführung immer stärker selbst in taktisch-operativen Einzelheiten bestimmte und das Versagen der Generalität beklagte, stießen die Verschwörer mit fachlichen Argumenten eher auf offene Ohren, wenn sie Mitwisser und aktive Unterstützer zu gewinnen versuchten. Aus ursprünglich rein fachlichen Motiven konnten sich durchaus auch moralische Antriebe entwickeln. Eine Änderung der Kriegsspitzengliederung als Forderung fand jedenfalls um so leichter Zustimmung, weil sie durchaus als systemkonformer Alternativvorschlag verstanden werden konnte. So fand sich z. B. der Chef der Operationsabteilung im Generalstab des Heeres, Adolf Heusinger, 1943 bereit, Tresckow gewähren zu lassen, ihm eine aktive Unterstützung aber zu verwehren. Dabei war es – wie die Aktivisten meinten – doch nicht länger zu übersehen, daß die Opfer des Hitlerschen Vernichtungskriegs nicht mehr nur fremde Völker waren. In dem militärisch sinnlos gewordenen Krieg zeigte sich der Diktator vielmehr entschlossen, auch die eigene Armee und Bevölkerung rücksichtslos zu opfern. Damit stand die Existenz der Nation und des Reiches auf dem Spiel.

Rückschläge blieben nicht aus, weil einige Pläne für eine Verhaftung bzw. Tötung Hitlers, die im Stab der Heeresgruppe Mitte im Umfeld von Tresckow entstanden, mißlangen oder nicht ausgeführt werden konnten. Stauffenberg entwickelte sich zum wichtigsten Motor und Organisator des Staatsstreichs. Er setzte auf den »Walküre«-Plan, den Hitler für den Fall innerer Unruhen entwickeln ließ. Wenn das geplante Attentat auf Hitler gelingen würde, konnte mit dem Stichwort »Walküre« ganz unverdächtig das Heimatheer mobilisiert werden, ohne daß die Beteiligten in den Wehrkreiskommandos zunächst ahnten, daß sie für einen Staatsstreich instrumentalisiert wurden. Mehrere Verbindungsoffiziere sollten gewährleisten, daß diese Wendung nach dem Anlaufen des militärischen Apparats vollzogen werden konnte. Die Planungen für diesen Akt waren konspirativ, durch

Verbindungen zu einigen Polizeiführern abgesichert. Für die neue Regierung waren auch Zivilisten eingebunden, aber es fehlte hier ebenso an bekannten und prominenten Namen wie für eine neue Wehrmachtführung. Die Verschwörer vertrauten darauf, daß nach einem erfolgreichen Attentat und der Machtübernahme durch die Wehrmacht angesehene Männer wie Erwin Rommel wie viele andere schon »mitziehen« würden.

Aber Stauffenberg geriet seit dem Frühjahr 1944 unter Zeitdruck. Die Vorbereitungen mußten ständig modifiziert werden, und die Gestapo arbeitete sich immer näher heran. Mit der Landung der Alliierten in der Normandie und der sowjetischen Großoffensive im Juni drohte zudem die militärische Lage außer Kontrolle zu geraten. Von denen, die an Hitler noch herankamen, war keiner zum Selbstopfer bereit. Stauffenberg selbst mußte die Ausführung des Attentats übernehmen, war aber durch die Ernennung zum Chef des Stabes beim Befehlshaber des Ersatzheeres zugleich unentbehrlich geworden, um den »Walküre«-Plan in Berlin umzusetzen. Die Risiken für den Erfolg des Unternehmens stiegen damit beträchtlich. Zwei Versuche am 6. und 15. Juli konnten nicht realisiert werden. Schließlich kam es am 20. Juli 1944 zur Tat.

Das Ergebnis ist bekannt. Die von Stauffenberg plazierte Bombe im Führerhauptquartier »Wolfsschanze« in Rastenburg reichte in ihrer Wirkung nicht aus, Hitler zu töten. Der Diktator überlebte schwerverletzt. Stauffenberg, dem es rechtzeitig vor der Detonation gelang, das Flugzeug nach Berlin zu erreichen, mußte nach seiner Ankunft am späten Nachmittag feststellen, daß die Mitverschwörer in der Bendlerstraße die vorbereiteten Maßnahmen nur zögerlich ausgelöst hatten. Trotz seiner energischen Aktivitäten wirkten sich Fehler und Schwächen der Planung, unter anderem die Vernachlässigung des Zugriffs auf den Rundfunk, dramatisch aus, als durchsickerte, daß der »Führer« lebe. Nur in Paris hatte der Umsturz funktioniert. Die Gegenbewegung ging von Offizieren im Bendlerblock selbst aus, fand in Goebbels einen energischen Mitstreiter und im umgeleiteten Wachbataillon ein exekutives Instrument. Stauffenberg und drei seiner Mitverschwörer wurden auf dem Hof erschossen.

Generaloberst Beck, der nach seinem Rücktritt von 1938 nun wieder aktiv geworden war, zwang man ebenso zum Selbstmord wie später auch Rommel, obwohl sich seine Rolle im Widerstand nicht klären ließ. Mit einer beispiellosen Verhaftungswelle, mit Schauprozessen und stillen Mordaktionen sorgte das NS-Regime in den letzten Kriegsmonaten dafür, daß die »Gegenelite« im Lande nach Kräften ausgerottet wurde. Die Gegenbewegung wurde genutzt, um nun die totale Mobilmachung durchzusetzen, die Entmachtung des Heeres zu vollenden und durch Mittel wie die Einführung der »Sippenhaft« die Repression erheblich auszuweiten. Nur vereinzelt kam es in den letzten Kriegstagen noch einmal zu vergeblichen Widerstandsaktionen, wie etwa in München Ende April 1945.

Über das Scheitern des Widerstands ist immer wieder kontrovers diskutiert worden. Das reicht bis zum Vorwurf eines unverständlichen Dilettantismus ausgerechnet von hochqualifizierten Generalstabsoffizieren.[10] Jeder Hinweis auf individuelles Versagen oder fragwürdige Haltungen greift zu kurz und ist allenfalls für die Vorkriegszeit verwendbar. Die Wehrmacht stand nun einmal sogar im Sommer 1944 noch weitgehend hinter dem »Führer« und nicht hinter den Verschwörern. Bei aller Kriegsmüdigkeit waren der Vormarsch der Roten Armee und die Forderung nach bedingungsloser Kapitulation durch die Alliierten durchaus geeignet, den Kampfeswillen zu steigern. Das Bewußtsein der deutschen Verbrechen mochte bei manchen ebenfalls mitschwingen. Damit war die Wehrmacht ein Spiegelbild der Gesellschaft, in der das Attentat weithin abgelehnt wurde. Selbst die westlichen Alliierten hatten sich gegenüber allen Kontaktversuchen durch die Verschwörer zurückhaltend bis ablehnend gezeigt. Deshalb sind auch Mutmaßungen über den denkbaren Kriegsverlauf nach einem erfolgreichen Umsturz obsolet. Die Alliierten waren mehr an einem schnellen Zusammenbruch Deutschlands interessiert als an der Möglichkeit, mit einer Anti-Hitler-Regierung in Deutschland über ein Ende des Kriegs verhandeln zu können. Wenn manche Verschwörer sogar darauf vertrauten, daß der Westen bereit sein könnte, den Kampf gegen die Deutschen einzustellen, damit sich die Wehrmacht ganz auf die Abwehr der Roten Armee konzentrieren konnte, verkannten sie völlig die Situation. Am Ende hatte wohl Tresckow recht, wenn er meinte: »Das Attentat auf Hitler muß erfolgen, coûte que coûte. Sollte es nicht gelingen, so muß trotzdem der Staatsstreich versucht werden. Denn es kommt nicht mehr auf den praktischen Zweck an, sondern darauf, daß die deutsche Widerstandsbewegung vor der Welt und vor der Geschichte unter Einsatz des Lebens den entscheidenden Wurf gewagt hat. Alles andere ist daneben gleichgültig.«[11]

Die Hoffnung, damit ein moralisches Zeichen zu setzen, ist spät in Erfüllung gegangen. In der Nachkriegszeit hatten die Überlebenden des Widerstands lange auf ihre Anerkennung zu warten, und zwar ganz gleich, ob sie aus dem zivilen Untergrund stammten oder aus den Gefängnissen und Konzentrationslagern gerettet wurden oder dem militärischen Milieu verbunden waren. Das Attentat vom 20. Juli 1944 wurde zum Symbol für den »Aufstand des Gewissens« eines anderen Deutschlands, zu dem auch jene nationalkonservativen Kreise des Widerstands gehörten, die während des Zweiten Weltkriegs mehrfach daran scheiterten, ihre Chance zu einem Umsturz zu nutzen, um den Weg in den Krieg zu verhindern, das verbrecherische NS-Regime aus eigener Kraft zu beseitigen und den Krieg früher zu beenden.

Völkermord und Vernichtung

Der verbrecherische Charakter des NS-Regimes und seiner Kriegspolitik zeigte sich nirgends deutlicher und brutaler als bei der Verfolgung und Ermordung der europäischen Juden. Die antisemitische Grundrichtung des Nationalsozialismus war offensichtlich, für die Deutschen ebenso wie für verbündete und neutrale Länder. Seit ihrer Machtübernahme hatten die Nationalsozialisten die Diskriminierung und »Aussonderung« der jüdischen Mitbürger mit besonderer Hartnäckigkeit und steigender Radikalität betrieben. In der deutschen Bevölkerung wie in der Weltöffentlichkeit fand diese Politik nicht jenen Widerspruch, der erforderlich gewesen wäre, um Hitler und seine Helfershelfer zu bremsen. Das offizielle Ziel, die jüdischen Mitbürger aus der »Volksgemeinschaft« auszuschließen und zur Auswanderung zu veranlassen, fand auch bei vielen Zustimmung, die dem Nationalsozialismus skeptisch oder mißtrauisch gegenüberstanden. Manche mißverstanden den »Kampf gegen das Weltjudentum« bzw. den »jüdischen Bolschewismus« als eine politische Strategie, die im Hinblick auf einen künftigen Krieg sinnvoll erschien und dem Deutschen Reich sogar Sympathien im westlichen Ausland verschaffen konnte.

Nur wenige erkannten, daß Hitlers Reichstagsrede am 30. Januar 1939 ernstzunehmen war, als er proklamierte, daß ein neuer Weltkrieg zur Vernichtung der jüdischen Rasse führen würde. Wohl verfügte er damals noch nicht über einen konkreten Plan, aber doch über die Entschlossenheit, die bevorstehende Entfesselung des Kriegs zu nutzen, um mit der massenhaften physischen Vernichtung von »Fremdrassigen« und rassisch angeblich Minderwertigen zu beginnen. Hitler begriff den Krieg als eine Chance, seine Utopie einer rassischen »Neuordnung« der Welt voranzutreiben. Sie richtete sich nicht nur, aber hauptsächlich gegen die Juden. Und noch hemmte ihn die Rücksichtnahme auf die Weltöffentlichkeit, seine Vernichtungsphantasien in vollem Ausmaß zu realisieren. Der erste Befehl zur systematischen Auslöschung einer ganzen Bevölkerungsgruppe traf behinderte und kranke Anstaltsinsassen in Deutschland selbst und wurde unter größter Tarnung umgesetzt. Diese »Euthanasie« fand scheinbar in der Notwendigkeit, Lazarettraum für die Kriegführung freizumachen, eine sachliche Rechtfertigung, die geeignet war, Zweifel und Widerspruch zu unterdrücken und die Zusammenarbeit unterschiedlicher Behörden zu ermöglichen.

Auf diese Weise bildete sich ein Muster heraus, das Völkermord und Massenvernichtung im Verlauf des Zweiten Weltkriegs begleitete. Der Krankenmord – und parallel dazu – die Vernichtung der polnischen Elite durch Massenexekutionen leiteten seit September 1939 eine Radikalisierung der Rassenpolitik ein, der in zunehmender Zahl jüdische Menschen zum Opfer fielen. In Deutschland selbst wurde zunächst die erzwungene Auswanderung fortgesetzt. Der Vorwand des Kriegs gab Veranlassung, die Diskriminierung und den Ausschluß der Juden aus der deutschen Gesellschaft zu perfektionieren. Bis zu 5000 jüdische Patienten wurden – im Gegensatz zu anderen Anstaltsinsassen – ohne jegliche Rücksichtnahme in den Vernichtungszentren ermordet. In den besetzten polnischen Gebieten ging man ähnlich vor. Auch hier setzte die Ermordung von Kranken und Schwachen den Beginn für die spätere Vernichtung der gesamten jüdischen Bevölkerung. Polen wurde zum Experimentierfeld der Shoa.

Unmittelbar nach der Besetzung des Landes wurden Vorbereitungen zur Schaffung eines »Reservats« für die etwa 1,7 Millionen polnischen Juden getroffen. Sie mündeten in ein gigantisches »Umsiedlungsprogramm«, das auf alle polnischen Staatsbürger zielte und auch die Juden sowie die »Zigeuner« aus Deutschland umfaßte. Die Einrichtung von Ghettos sah Reinhard Heydrich als Chef der Sicherheitspolizei nur als Übergangslösung an. Als »Endziel« galt in dieser ersten Phase noch die mögliche Schaffung eines »Judenstaates« in Ostpolen. Entscheidend war die Absicht, »judenfreie« Gebiete zu schaffen und dabei auch die »volksfremden« Bevölkerungsteile zu entfernen, um neue deutsche Siedlungsgebiete einrichten zu können. Obwohl diese Zielsetzung mit den aktuellen Kriegsbedürfnissen teilweise kollidierte und den üblichen internen Kompetenzkampf entfachte, unterstützte Hitler die Initiativen seiner »Rassekrieger«, an ihrer Spitze Heydrich und Himmler. In diesem Zusammenhang rückte der bisherige Leiter der »Zentralstelle für jüdische Auswanderung« in Prag, Adolf Eichmann, in neue Aufgabenfelder hinein, die ihn schließlich zu einer Hauptfigur des Völkermordes machten.

Im Herbst 1939 sammelte er zunächst Erfahrungen bei der Deportation von jüdischen Bürgern aus seinem Verantwortungsbereich in polnische Durchgangslager. Tausende von Opfern wurden dabei allerdings schlicht in Richtung Osten verjagt. Als Hitler die Vorbereitung eines möglichen militärischen Aufmarsches an der neuen deutsch-sowjetischen Grenze befahl und für Hunderttausende von deutschen Umsiedlern aus Osteuropa »Platz« geschaffen werden sollte, wurde das Lubliner Experiment gestoppt. Dabei wurde erkennbar, daß die Massenvertreibung der jüdischen Bevölkerung nicht auf ihre angebliche »Ansiedlung«, sondern auf ihr Aussterben zielte. Es war die erste Variante einer möglichen »Endlösung«. Die deutschen Behörden erwarteten eine »starke Dezimierung der Juden«[12] und setzten dabei nicht zuletzt auf das Verhungern der Menschen. Noch glaubte man nicht daran, den Völkermord durch Massenerschießungen durchführen zu können. Die Vorstellung, auf Frauen und Kinder schießen zu lassen, wirkte in diesem Stadium noch abschreckend.[13]

Zusammen mit der Weiterentwicklung der Umsiedlungspläne für die Volksdeutschen bewirkten die militärischen Forderungen der Wehrmacht eine Radikalisierung des Judenmords im besetzten Polen. Das OKW richtete sich auf den Bau eines »Ostwalles« entlang der Weichsel ein, um den Aufmarsch an der französischen Grenze gegen Stalin abzudecken. Die SS-Führung bot an, mit jüdischen Zwangsarbeitern die notwendigen Erdarbeiten durchzuführen. Lager wurden errichtet, die Keimzellen der künftigen Vernichtungsfabriken waren. Das später sogenannte Prinzip »Vernichtung durch Arbeit« nahm hier bereits Gestalt an. Neben der Vorstellung, die Juden dadurch zu ermorden, daß man sie »in die Sümpfe« trieb und umkommen ließ oder durch Sklavenarbeit zu Tode schindete, blieb auch die ältere Variante vorerst im Spiel. Da man in Berlin mit einem baldigen Sieg im Westen rechnete, wurde die »Judenauswanderung« weitergeführt und eine »Weltlösung« nach Kriegsende anvisiert. Mit seinem Reichssicherheitshauptamt zog Heydrich Planung und Durchführung des Judenmords immer stärker an sich und setzte Eichmann als seinen »Sonderreferenten« für die zentrale Steuerung des Massenmords ein, der zunächst durch Deportationen und »Umsiedlungen« von jüdischen und anderen polnischen Bürgern aus den annektierten Ostgebieten ins Generalgouvernement vorangetrieben wurde. Für die deutschen Juden wollte Himmler die »Auswanderung« nach Übersee fortsetzen.[14]

Das Zusammenpferchen der polnischen Juden im Machtbereich des Hans Frank schuf interne Konflikte und Reibungen. Göring ordnete wegen der Transportschwierigkeiten einen zeitweiligen Stop der Deportationen an, und Frank richtete sich schließlich darauf ein, die jüdischen Opfer nicht mehr nach Lublin zu schicken, sondern in Warschau ein riesiges Ghetto einzurichten. Das schuf die Möglichkeit, die Opfer vor ihrer Ermordung durch Zwangsarbeit und Kontributionen »auszuquetschen« und sie jederzeit für den Massenmord verfügbar zu halten. Hunger und Krankheiten würden den Mördern einen Teil der schmutzigen Arbeit abnehmen. In allen größeren polnischen Städten wurde die »Konzentrierung« der einheimischen Juden betrieben. Die Menschen wurden nicht nur enteignet und systematisch mit lebensnotwendigen Gütern unterversorgt. Sie wurden von Gestapo, SS und Gendarmerie permanent mißhandelt. Razzien und Erschießungen waren an der Tagesordnung.

Nach dem Sieg im Westen intensivierte die NS-Führung im Sommer 1940 die Planungen für eine »Endlösung«. Man griff auf ältere Vorstellungen zurück, die Juden im deutschen Machtbereich in die französische Kolonie Madagaskar abschieben und dort unter unerträglichen Umständen »völlig auslöschen« zu können.[15] Die direkte »physische Ausrottung eines Volkes« lehnte Himmler zu diesem Zeitpunkt »als ungermanisch und unmöglich« ab. Das sollte sich bereits ein Jahr später grundlegend ändern. Das Madagaskar-Projekt wurde intensiv besprochen und diskutiert. Ein striktes Geheimnis machten die Nazis daraus nicht. Doch wurde rasch erkennbar, daß die Umsetzung des Planes erhebliche Schwierigkeiten bereiten würde. Man ging von 6,5 Millionen Juden aus, deren Abtransport aus dem deutschen Machtbereich – wozu jetzt auch West- und Nordeuropa zählte – mindestens vier Jahre dauern würde. Es war dennoch kein bloßes Ablenkungsmanöver, denn auch auf diese Weise sollten die Juden letztlich physisch vernichtet werden.

Ein unmittelbares Ergebnis der Erörterungen war die Beendigung der Deportationen ins Generalgouvernement. Die Terror- und Mordaktivitäten im Lande ließen keineswegs nach, und der Ausbau des Ghetto-Systems wurde durch den Madagaskar-Plan nicht gebremst. Bei der Drangsalierung der jüdischen Bürger folgten die deutschen Behörden keiner einheitlichen Politik. Manchmal setzte sich die »produktive« Linie gegen die Aushungerung durch, wobei Arbeitsplätze Überlebensmöglichkeiten für die Bevölkerung schufen. Die Seuchengefahr war zeitweilig ein wichtiges Argument. Der verstärkte Zwangsarbeitseinsatz trug dazu bei, die jüdische Bevölkerung immer stärker nach dem Grad ihrer »Arbeitsfähigkeit« zu differenzieren. Nur die Arbeitenden erhielten geringfügige Lebensmittelzuteilungen.

Parallel dazu wurde die Deportation von Juden aus dem Reichsgebiet begonnen. Jüdische Menschen aus Elsaß und Lothringen schob man nach Südfrankreich ab. Die zuständigen Gauleiter sollten ihre Gebiete möglichst rasch als »rein deutsch« melden. Welche Methoden dazu angewandt wurden, war Hitler gleichgültig. Die Gauleiter im Osten deportierten weiter polnische Bürger – Juden wie Nicht-Juden – ins Generalgouvernement. Durch die inzwischen anlaufenden Planungen für einen Überfall auf die UdSSR schien das Madagaskar-Projekt hinfällig zu werden. Himmler sprach nun von »Judenauswanderung« (!) aus dem Generalgouvernement. Wohin, blieb zunächst offen.[16] Aber daß die regionale Verschiebung von Opfermassen zusätzliche Probleme und Konflikte schuf, die auf eine schnelle »Endlösung« drängten, wurde immer deutlicher.

Als Hitler im März 1941 im kleinen Führungskreis offenbarte, daß der Eroberungsfeldzug im Osten von Anfang an als rassenideologischer Vernichtungskrieg geführt werden sollte, war allen Beteiligten klar, daß die Juden in der Sowjetunion zu den ersten Opfer zählen würden. Das bedeutete Terror und einzelne Mordaktionen wie in Polen, ebenso Ghettoisierung und Zwangsarbeit. Aber Deportationen »nach Osten«, dieses Mittel einer künftigen »Endlösung«, bekam zugleich eine größere räumliche Dimension. Im Fall einer schnellen militärischen Entscheidung, von der Hitler ausging und ausgehen mußte, konnte das eine sehr weite räumliche Dimension annehmen. Heydrich stellte sich offenbar darauf ein, die stalinistischen Zwangsarbeiterlager am Eismeer mit den Deportierten aufzufüllen.

Konkrete Vorstellungen und Vorbereitungen für einen Massenmord gab es aber zunächst noch nicht.

Frank »freute« sich jedenfalls schon darauf, die polnischen Juden weiterschieben zu können, sei es in die Pripjaťˊ-Sümpfe oder wohin auch immer. Wegen Hitlers Auftrag, ihre Gebiete rasch »judenfrei« zu machen, brannten auch die Gauleiter im Reich mit Goebbels als Verantwortlichem für Berlin an der Spitze darauf, sich mit Beginn des Ostfeldzugs ihrer Juden »entledigen« zu können. Alfred Rosenberg, designierter Reichsminister für die besetzten sowjetischen Gebiete, einer der radikalsten Theoretiker des Antisemitismus, mußte sich darauf einstellen, daß sein künftiges Imperium zum Ort der »Endlösung« werden würde. Doch Hitler hielt ihn für zu schwach und beauftragte deshalb Himmler mit der Durchführung von »Sonderaufgaben«. Es ist nicht völlig deutlich, wie detailliert das Vorgehen auf sowjetischem Gebiet besprochen worden ist. Einen Befehl zur Ermordung aller Juden hat Himmler in diesem Zusammenhang vermutlich nicht erhalten. Aber die allgemeinen Anweisungen Hitlers und die Absprachen mit der Wehrmachtführung setzten eine Spirale der Gewalt in Gang.

Mit den zunächst unsystematischen Erschießungsaktionen, denen Hunderttausende jüdischer Zivilisten nach dem Einmarsch der Wehrmacht zum Opfer fielen, überschritten die Nazis die Schwelle zum Völkermord. Die durch das Unternehmen »Barbarossa« ausgelöste Gewaltorgie radikalisierte auch die Judenverfolgung. Das Ergebnis war eine Kette von Entscheidungen, bei der die Hemmungen zum systematischen Massenmord auch an Frauen und Kindern rasch fielen. Die »Endlösung«, d.h. die Ermordung aller europäischen Juden, rückte in den Blickpunkt des Denkens und Handelns. Heydrich ließ sich dafür bereits am 31. Juli 1941 eine Blanko-Vollmacht durch Göring ausstellen. Beim Reichsmarschall und seinen Wirtschaftsverantwortlichen spielte offensichtlich auch die Vorstellung eine Rolle, daß es im Osten viele Millionen »überflüssiger Esser« gab, die dem Ziel einer radikalen wirtschaftlichen Ausbeutung im Wege standen. Da Himmler bereits an einem »Generalplan Ost« arbeitete, der Raum für künftige deutsche Siedlungsprojekte schaffen sollte, vereinten sich beide Ansätze zu der Bereitschaft, Millionen jüdischer Menschen in Osteuropa nicht zu »konservieren«, sondern mit ihrer Vernichtung den Anfang für eine völkische »Flurbereinigung« zu machen.

Exekutoren des beginnenden Massenmordes wurden die Sonderkommandos der Sicherheitspolizei. Sie hatten es leicht, die Zusammenarbeit mit der Wehrmacht zu organisieren, weil es ihnen gelang, die Juden als potentielle Partisanen hinzustellen. Erschießungen jüdischer Männer konnten als Vergeltungsaktionen oder präventive Maßnahmen deklariert werden. Himmlers SS- und Polizeiverbände nutzten ihre Einsatzräume, um neben ihren anderen Aufgaben Terror und Massenmord an der jüdischen Bevölkerung zu verüben. Daneben wurde auch die Einrichtung von Ghettos und die Organisation von Zwangsarbeit betrieben. Die üblichen Zuständigkeits- und Zielkonflikte sorgten teilweise für ein unterschiedliches Vorgehen. Einzelne Verantwortliche wollten ihre Territorien möglichst schnell »judenfrei« machen und wetteiferten förmlich um die Gunst Himmlers. Solche Initiativen »von unten« spielten eine wichtige Rolle bei der Radikalisierung der »Judenpolitik«. Der Antisemitismus in Teilen der einheimischen Bevölkerung leistete den zahlenmäßig geringen deutschen Mordkommandos Vorschub. Pogrome wurden von den Deutschen inszeniert und gefördert. Vor allem im Baltikum kamen auf diese Weise Tausende von Juden ums Leben.

Die historische Forschung geht heute nicht mehr von einem frühen und umfassenden Befehl zum Massenmord aus. Die Einsatzgruppen Himmlers nutzten offenbar eine gewisse Unschärfe in der Befehlsgebung, um im Sinne der obersten Führung eigene Initiativen zu entwickeln, die von der Zentrale zeitweilig gebremst oder forciert wurden. In den ersten Wochen des Feldzugs fanden im Rahmen des allgemeinen Befehls zur Sicherung und Befriedung rückwärtiger Gebiete Massenerschießungen jüdischer Männer statt. Dazu wurden systematisch Gebiete »ausgekämmt«. Die Einsatzgruppen entwickelten dabei die Vorstellung, daß sie planmäßig bestimmte Liquidierungsziffern erreichen mußten. Sie wurden bei ausgedehnten Inspektionsreisen von Himmler und Heydrich im Sommer 1941 dazu ausdrücklich ermutigt. Die größte Einzelaktion war der bereits erwähnte Massenmord an 30 000 jüdischen Bürgern von Kiev in Babyi Yar. Regelmäßig sonderte man auch unter den Kriegsgefangenen die jüdischen Männer aus, die dann »möglichst unauffällig« exekutiert wurden. In den Gefangenenlagern auf Reichsgebiet selektierte Juden brachte man in die Konzentrationslager der SS, wo sie in »Genickschußanlagen« ermordet wurden.

Ein neues Stadium wurde seit Ende Juli 1941 erreicht, als die SS-Kavallerie-Brigade systematische »Säuberungsaktionen« in den Pripjať–Sümpfen durchführte. Auf Himmlers Befehl sollten nun alle männlichen Juden erschossen werden. »Judenweiber« seien in die Sümpfe zu treiben. Die Hemmschwelle gegenüber den Frauen wurde damit abgebaut. In immer größerem Maße erschossen nun die Einsatzkommandos auch Frauen und Kinder. Sie erfuhren im September von einem Führerbefehl zur Erschießung aller Juden in der Sowjetunion – eine Entscheidung Hitlers, die im Zusammenhang mit der politischen und militärischen Lage zu sehen ist und bereits an anderer Stelle erörtert wurde. Großaktionen von SS und Polizei führten dazu, daß nun ganze Regionen durchkämmt und die gesamte jüdische Einwohnerschaft ermordet wurde, meist nach Aussonderung von arbeitsfähigen Spezialkräften. Neu aufgestellte Bataillone einheimischer »Schutzmannschaften«

übernahmen dabei unter deutscher Führung oft die Hauptarbeit. Die überlebenden jüdischen Menschen der ersten Mordwelle wurden bei der Liquidierung der Ghettos getötet, die sich bis Ende 1942 hinzog.

Der Massenmord an der jüdischen Bevölkerung der Sowjetunion blieb kein isolierter Vorgang. Er war Kern einer Politik rassistischer Vernichtung, der andere Gruppen einbezog, Kommunisten, Geisteskranke, Zigeuner und teilweise auch »Asiaten«. Dabei entwickelten die Einsatzkommandos alternative Mordmethoden, um sich von den aufwendigen Erschießungen zu entlasten. Die »Vergasung« von Menschen hatte man bereits bei der Ermordung von behinderten Menschen in Deutschland praktiziert. Weitere Spezialfahrzeuge, in denen die Opfer durch Motor-Abgase getötet werden konnten, wurden für den Osten beschafft. Die schrittweise Ausdehnung des Völkermords an den Juden ebnete den Weg zu einer »Endlösung«, von der alle Juden im deutschen Machtbereich erfaßt werden sollten.

Mit der Radikalisierung des Massenmords auf besetztem sowjetischen Territorium fühlten sich auch die deutschen Behörden im besetzten Polen aufgerufen, in ihrem Bereich radikalere Lösungen anzugehen. Die Aufmerksamkeit richtete sich vor allem auf die nicht arbeitsfähigen Juden. Statt diese langsam verhungern zu lassen, sann man darüber nach, ob es nicht »die humanste Lösung« sei, sie »durch irgendein schnell wirkendes Mittel zu erledigen«.[17] Die bestehenden Zwangsarbeiterlager boten die Infrastruktur für die Einrichtung einer industriellen Tötungsmaschinerie, nicht nur für die polnischen Juden, sondern auch für die angestrebte »Endlösung«. Hitler hatte im August die Deportation der deutschen Juden in Aussicht gestellt, was Goebbels zu einer verstärkten antisemitischen Kampagne in Deutschland veranlaßte. Als Stalins Entschluß bekannt wurde, die Wolgadeutschen nach Sibirien zu deportieren, und gleichzeitig ein Kriegseintritt der USA als unausweichlich erschien, glaubte Hitler alle Hemmungen ablegen zu können.

Er wurde ohnehin von verschiedenen Seiten gedrängt, mit der Deportation von Juden aus den übrigen europäischen Gebieten zu beginnen. Es zeichnete sich eine Strategie ab, mit Deutschland beginnend Europa von Westen nach Osten von Juden zu »leeren«. Das mögliche Vorgehen mußte selbstverständlich geheim bleiben bzw. verschleiert werden. Auf die Wirksamkeit der antisemitischen Propaganda war kein Verlaß. So unternahm das NS-Regime manchen Versuch, die Deportation der Juden öffentlich zu rechtfertigen und zu popularisieren. Die Begründung, die Menschen würden zum Arbeitseinsatz in den Osten geschickt, tarnte geschickt den beabsichtigten Massenmord. Das »Freimachen« jüdischer Wohnungen für Bombenopfer und die Verwertung von Hausrat schuf eine gewisse Komplizenschaft.

Die Durchführung der Deportationen stieß freilich schon wegen ihrer Dimensionen auf große organisatorische Schwierigkeiten. Deshalb wurden zeitweilig interne Vorschläge diskutiert, sämtliche Juden zu sterilisieren oder ein besonderes Territorium im Osten zu schaffen, in das sie zunächst abgeschoben werden könnten. Für Heydrich, der sich zum Vollstrecker des Völkermords berufen glaubte, kam der Zeitpunkt, von seiner Vollmacht Gebrauch zu machen und die unterschiedlichen Maßnahmen besser zu koordinieren. Ihm spielte die harte Repressalienpolitik der Wehrmacht in den besetzten Gebieten in die Hände, die den aufflammenden Widerstand in Serbien sowie in Frankreich durch Massenexekutionen niederwerfen wollte. Die Ermordung einheimischer Juden schien ein politisch wohlfeiles Mittel zu sein, um die gewünschte Abschreckung zu erreichen und zugleich die Kollaborationsbereitschaft einheimischer Behörden zu erhalten. Aus den einzelnen Aktivitäten der Deportationsmaschinerie, die immer wieder Reibungsverluste und Widersprüche produzierte, entwickelte sich allmählich ein Programm systematischer, industrieller Vernichtung der europäischen Juden. Mit der Errichtung von Gasmordanlagen unter anderem in Chelmno, Belzec und Auschwitz entstanden seit Herbst 1941 regionale Ansatzpunkte.

Dieser Schritt stand im Zusammenhang mit der Entscheidung Hitlers am 24. August 1941, das »Euthanasie«-Programm in Deutschland aufgrund zunehmender Proteste aus der Bevölkerung, insbesondere aus kirchlichen Kreisen, vorerst zu stoppen. Die Tötungsorganisation »T 4« konnte dadurch die Gasmord-Experimente im Osten übernehmen. Anfang Dezember 1941 nahmen die Gaswagen bei den Einsatzgruppen ihre mörderische Arbeit auf. Parallel dazu richtete man stationäre Gaskammern ein. Hier sollten die arbeitsunfähigen Juden nach ihrer Deportation ermordet werden. An der Arbeitskraft der anderen hatte die SS durchaus noch Interesse, um die umfangreichen Bau- und Rüstungspläne Himmlers durchführen zu können. So bestanden neben den reinen Vernichtungslagern auch Einrichtungen wie das Konzentrationslager Auschwitz, in dem zwar laufend Menschen ermordet wurden, zugleich aber Arbeitssklaven zum Einsatz kamen. Sie wurden nicht nur zur Beseitigung der Leichen und zum weiteren Ausbau des Lagerkomplexes gebraucht, sondern auch zum Aufbau eines gigantischen Industriekomplexes.

An sowjetischen Kriegsgefangenen wurde Ende 1941 in Auschwitz die Anwendung von Zyklon B erprobt. Hier schien man das geeignete Giftgas gefunden zu haben, um eine effektive Massentötung durchführen zu können. Das Lager rückte damit in eine zentrale Position bei der Ermordung der europäischen Juden.

Begleitend zum Aufbau einer Tötungsmaschinerie sorgte die Bürokratie in Deutschland dafür, daß die Deportationspläne administrativ abgesichert werden konnten. Die allgemeine Kennzeichnungspflicht mit dem gelben Stern und der Aufschrift »Jude« brandmarkte die Opfer in aller Öffentlichkeit. Zahlreiche andere Regelungen verschärften die Diskriminierung und Enteignung der Juden, was mit komplizierten Verfahren und typischer Gründlichkeit besorgt wurde. Die bisher betriebene geregelte Auswanderung wurde allgemein verboten. Das bezog sich schon auf alle Juden im deutschen Machtbereich. Einige Energie mußte aufgewendet werden, um die verbündeten und neutralen Staaten Europas in die Planung einzubeziehen. Nicht alle Regierungen beugten sich der deutschen Forderung auf Preisgabe ihrer jüdischen Bürger. Die Goebbels-Propaganda und die Diplomaten des Auswärtigen Amtes waren bemüht, Verständnis und Zustimmung zur »biologischen Ausmerzung des gesamten Judentums in Europa« zu schaffen.[18] So verdichtete sich eine Atmosphäre, in der das ungeheuerliche Vorhaben eines systematischen Völkermords zu einem Gesamtplan heranreifen konnte.

Für Heydrich entwickelten sich die Deportationen nicht schnell und effektiv genug. Schon die Verschleppung von mehr als 20 000 Juden aus Deutschland nach Riga hatte zu erheblichen Reibungsverlusten geführt. Die hoffnungslos überfüllten Lager im Osten zwangen die regionalen Verantwortlichen, Initiativen zur Erhöhung der Mordrate zu entwickeln. Wilde Exekutionen führten nur zu internem Streit und Widerspruch. Im Distrikt Lublin, früher als »Judenreservat« vorgesehen, hatte der SS- und Polizeiführer Odilo Globocnik Vorbereitungen getroffen, um mit dem Bau des Vernichtungslagers Belzec die Tötungskapazitäten erheblich zu erweitern. Mit seinen Ideen fand er innerhalb der SS-Führung Zuspruch und konnte erwarten, damit größere Machtbefugnisse gegenüber Frank zu erhalten. Die T 4-Organisation übernahm die Einrichtung von Belzec, so daß Globocnik in die Lage versetzt wurde, mit der Erweiterung des Lagers nicht nur die Ermordung der jüdischen Bevölkerung in seinem Bezirk übernehmen zu können.

So lud Heydrich Ende November 1941 zu einer geheimen Konferenz von Staatssekretären und hohen Ministerialbeamten ein, um eine Aussprache über Einzelheiten einer »Gesamtlösung der Judenfrage in Europa« durchzuführen. Mehrere hunderttausend Juden waren bereits ermordet worden. Angesichts einer Zahl von bis zu zehn Millionen potentiellen Opfern war nun ein Gesamtplan zu entwickeln, um den Auftrag Hitlers so schnell wie möglich zu erfüllen. Der »Führer« zeigte sich angesichts des unmittelbar bevorstehenden Kriegseintritts der USA entschlossen, den Weg zu seinem wichtigsten »Endziel« unumkehrbar zu machen. Er berief sich dabei auf seine Prophezeiung vom 30. Januar 1939, daß ein Weltkrieg zur Vernichtung der jüdischen Rasse führen werde. Nun lag eine klare Grundsatzentscheidung vor.

Das Protokoll der am 20. Januar 1942 im Gästehaus der SS in Berlin-Wannsee durchgeführten Konferenz ist ein bedrückendes Schlüsseldokument des Zweiten Weltkriegs.[19] Es enthüllt die Akribie und Entschlossenheit der Planer des Völkermords ebenso wie die Bereitwilligkeit der obersten Reichsbehörden, den Massenmord an den Juden mit allen Kräften zu unterstützen. Zwar fällt auf, daß die Wehrmacht nicht bei der Veranstaltung vertreten war. Doch nachdem sich Heydrich bereits im April 1941 mit der Heeresführung über eine arbeitsteilige Zusammenarbeit verständigt hatte, war mit Widerspruch aus dieser Ecke nicht mehr zu rechnen, erst recht nicht, weil Hitler gerade erst (Dezember 1941) den Oberbefehl über das Heer übernommen hatte. Nur um Einzelfragen gab es mit den Militärs immer wieder einmal Streit. So blieben z.B. mehr als hunderttausend jüdische »Mischlinge« innerhalb der Wehrmacht unangetastet. Stellten sich einzelne Offiziere dem Massenmord entgegen, sorgte die Wehrmachthierarchie schnell für »Ruhe«. Größere Probleme machten nur militärische Rüstungsstellen, wenn sie sich, vor allem in Polen, für den Verbleib ihrer jüdischen Arbeitskräfte einsetzten.

Die Durchführung des Gesamtplans für den Genozid an den Juden, das räumte auch Heydrich bei der Wannsee-Konferenz ein, hing nun einmal von der weiteren militärischen Entwicklung ab. Von seiten der SS-Führung sah man geradezu eine Chance, den Massenmord mit der notwendigen Steigerung der Rüstung zu kombinieren und dabei die eigenen wirtschaftlichen Interessen zu stärken. Der Selektion in den Durchgangslagern kam deshalb eine wichtige Bedeutung zu. Auch wenn über Einzelheiten der im Entstehen begriffenen Tötungsindustrie nicht offen gesprochen wurde, so war doch nun deutlich, daß die »Endlösung der Judenfrage« in den besetzten Ostgebieten in einer Kombination von Zwangsarbeit und Massenmorden vorgenommen werden sollte. Ein genauer Zeitplan lag nicht vor, doch wollte Heydrich die bereits angelaufenen Aktionen weiterführen und verstärken. Er rechnete damit, erst nach Kriegsende den Hauptteil der »Arbeit« erledigen zu können.

Die Regierung des Generalgouvernements drängte darauf, mit der »Endlösung« in ihrem Bereich möglichst schnell zu beginnen. Durch verschiedene Initiativen und Vorschläge gewann im Verlauf des Jahres 1942 innerhalb der SS-Führung die Vorstellung Oberhand, die gesamte »Endlösung« bereits während des Kriegs realisieren zu können. Immer stärker setzte sich der Begründungszusammenhang durch, mit der systematischen »Säuberung« des deutschen Machtbereichs einen ersten Schritt zum Aufbau eines rassistischen Lebensraum-Imperiums zu unternehmen, mit der Ausbeutung der arbeitsfähigen Juden und der Ermordung »unnützer Esser« die Effizenz der Kriegswirtschaft zu steigern und zugleich der Partisanengefahr zu begegnen. Das Prinzip »Vernichtung durch Arbeit« sorgte nun für eine Umstrukturierung der Konzentrationslager, aber die Ökonomie der Arbeitskraft behielt nicht immer die Oberhand. Exekutionen, Gaskammern und katastrophale Lebensbedingungen trafen nicht nur, aber hauptsächlich die jüdischen Arbeitssklaven, die wegen Erkrankung, unzureichender Arbeitsleistung, geringfügiger Übertretungen der Lagerordnung sowie aus reiner Willkür ermordet werden konnten.

Seit dem Frühjahr 1942 wurde der Plan Heydrichs in mehreren Deportations-wellen umgesetzt, allen Widrigkeiten und Schwierigkeiten zum Trotz. Der organisierte Massenmord blieb nicht geheim, und selbst Hitler sprach teilweise öffentlich von der »Ausrottung« der Juden. In der Geräuschkulisse von Tarnbegriffen, vordergründigen Argumenten und antisemitischen Hetzkampagnen konnte jeder,

Abbildung 34: Befreite KZ-Gefangene.
Am 11. April 1945 erreicht eine Patrouille der US-Army das KZ Buchenwald. Hier verloren 56 000 Menschen durch Hunger und Seuchen ihr Leben. Viele starben durch medizinische Experimente oder mörderische Zwangsarbeit.

der es wollte, heraushören, daß die Verschleppung der jüdischen Mitbürger in ein ungeheuerliches Verbrechen mündete. Gewalt, Terror, Zwangsarbeit und Exekutionen trafen auch andere Opfergruppen, doch der stärkste eliminatorische Drang der Nazis richtete sich gegen die Juden. Die Tötungsindustrie der SS konzentrierte sich zwar im Osten, erfaßte aber jeden Winkel des deutschen Machtbereichs. Der letzte große Auftrag Eichmanns als Organisator der Deportationen zielte auf die Erfassung der ungarischen Juden im Sommer 1944, als die feindlichen Armeen bereits in Richtung Reichsgrenze marschierten. Er verschaffte der Rüstung Speers ein letztes großes Arbeitskräftepotential und sorgte in der Todesfabrik von Auschwitz für Hunderttausende von zusätzlichen Opfern.

Der Leidensweg der europäischen Juden dauerte bis zum letzten Tag des Kriegs. Mit mehr als fünf Millionen Opfern konnte der Plan des Völkermords in ihrem Fall knapp zur Hälfte realisiert werden. Prozentual gesehen war das jüdische Volk am stärksten vom Vernichtungskrieg der Nazis betroffen. Die Zielstrebigkeit Hitlers, die Energie und Konsequenz seiner Vollstrecker sowie die Einsamkeit der Opfer machen den Genozid an den Juden im Zweiten Weltkrieg zu einem einzigartigen Vorgang. Weder die Verfolgung der Armenier im Osmanischen Reich im Ersten Weltkrieg noch die brutalen Deportationen nationaler Minderheiten im stalinistischen Imperium reichen an diese Dimension heran. Der Krieg selbst schuf Raum und Gelegenheit für den größten Völkermord der Geschichte.

10 | Der Totale Krieg als Konzept und Realität

Veränderungen des Kriegsbildes

Der Zweite Weltkrieg gilt als Totaler Krieg. In dieser Zeit wurde der Begriff hauptsächlich propagandistisch gebraucht. Jüngste wissenschaftliche Forschungen haben ihn als Erkenntniskategorie außerordentlich fruchtbar gemacht.[1] Sie sprechen sogar vom Zeitalter des Totalen Kriegs und verweisen auf Wurzeln seiner Entstehung, die bis zu den Napoleonischen Kriegen zurückreichen, als der »Volkskrieg« den »Kabinettskrieg« ablöste. Der Amerikanische Bürgerkrieg habe bereits Elemente eines Totalen Kriegs hervorgebracht, die sich im Ersten Weltkrieg noch umfassender entwickelten. Nach landläufiger Auffassung ist der Weltkrieg 1914–1918 die erste Ausprägung des Totalen Kriegs, der Zweite Weltkrieg hingegen sein Höhepunkt. Der Begriff meint eine Totalisierung der Kriegsanstrengungen, die Mobilisierung der ganzen Gesellschaft für den Krieg bis hin zu ihrer Erschöpfung, die Entgrenzung politischer Kriegsziele, die bis zur Vernichtung ganzer Staaten und Völker führen können, die Ideologisierung und Enthumanisierung der Kriegführung sowie den Einsatz moderner Technik und Wissenschaft für militärische Zwecke.

Die Totalisierung des Kriegs 1914–1918 stieß aber auch an Grenzen und respektierte in gewissem Maße hergebrachte Konventionen und Rücksichten. Durch die Überforderung der Völker wurden bei einigen Großmächten die sozialen und politischen Strukturen so zerrüttet, daß sie in Revolutionen zerbrachen und dem Krieg erlagen. Traumatisiert von der industrialisierten Kriegführung mit Massenschlachten moderner Millionenarmeen suchten nach 1918 die einen nach neuen völkerrechtlichen Einhegungen des Kriegs, die anderen nach Kriegsmitteln und Strategien, um die Eskalation eines künftigen Kriegs zu verhindern. In Deutschland waren viele Experten davon überzeugt, daß sich jeder künftige Krieg zum Totalen Krieg entwickeln werde, zu einem »Daseinskampf« der Völker, auf den man sich intensiv vorbereiten mußte. Hitler und sein Regime zogen daraus einen großen Teil ihrer politischen Ideologie. Damit wurde der Totale Krieg aber keineswegs zur deutschen Ideologie des Kriegs. Er findet sich im Kriegsdenken der anderen totalitären Großmacht jener Zeit, der UdSSR, ebenso wie bei den demokratischen Staaten. Was für die einen wie eine finstere Verlockung klang, erfüllte die anderen mit größter Sorge.

Die Kriegsziele der faschistischen Staaten trugen den Keim des Totalen Kriegs in sich, ebenso wie er auch im Stalinismus angelegt gewesen ist. Der Hitler-Stalin-Pakt zeigte von 1939 bis 1941 die umstürzenden Folgen gleicher Gesinnung, wenn auch die eine Seite militärisch aggressiv die europäische Welt revolutionierte und die andere hinter einer scheinheiligen Neutralität um einen Beuteanteil schacherte. Dieses Bündnis hätte die Weltgeschichte revolutionieren können, wenn nicht einer der beiden Diktatoren von der fixen Idee besessen gewesen wäre, daß er durch den »Mord« an seinem Kumpanen zum alleinigen Herrscher der Welt aufsteigen könnte.

Die Demokratien waren anfangs schwach und isoliert. Sie verteidigten im Prinzip den Status quo und versuchten, den Expansionsdrang der totalitären Diktaturen einzudämmen, auch wenn dies erforderlich machte, sich gegen den gefährlichsten Gegner mit einem anderen Feind der Demokratie zu verbünden. Erst im Verlauf des Kriegs radikalisierten sie stufenweise ihre Kriegsziele, von der Atlantik-Charta über die Casablanca-Erklärung bis hin zum Morgenthau-Plan, der dann aber keine offizielle Politik wurde. Auch wenn es über die eigenen Kriegsziele und die günstigste politische Strategie innerhalb des NS-Regimes durchaus unterschiedliche Ausprägungen und Reichweiten gegeben hat, blieb die Kriegspolitik fest in der Hand Hitlers, der die radikalste Form seiner rassenideologischen Weltrevolution vertrat und nicht bereit war, über taktische Manöver hinaus wesentliche Abstriche an seinen Kriegszielen zu machen. Die Casablanca-Formel mit der Forderung nach einer bedingungslosen Kapitulation verschaffte ihm ab 1943 starken Rückenwind, um die Niedergeschlagenheit seiner Anhänger und die Zweifel einer kriegsmüden Bevölkerung immer wieder zum »Durchhalten« zu wenden und Hoffnung auf einen »Endsieg« zu wecken. Mit Verführung und Gewalt war es ihm möglich, die Schraube der totalen Kriegführung so weit zu drehen, bis das Reich erschöpft und zerbrochen war.

Der deutsche Diktator förderte damit zugleich die Entschlossenheit der Anti-Hitler-Koalition, keinen Versailler Frieden anzustreben, sondern das Reich zu zerschlagen, Deutschland von Nazismus und Militarismus zu befreien und so zu einem demokratischen Neuanfang zu verhelfen. Die Westmächte führten ebenso wie die Sowjetunion 1943/44 einen unterschiedslosen Krieg gegen die Deutschen, nicht allein gegen Hitler und die Nazis. Sie wollten die totale Niederlage des Gegners. Die »Volksgemeinschaft«, die sich Hitler zum Ziel gesetzt hatte, um seinen totalen Krieg führen zu können, wurde im Bombenhagel zusammengeschmiedet. In dieser Zeit erlitten die Deutschen, die in der ersten Kriegshälfte vergleichsweise geringe Opfer erlitten hatten, die größten Verluste. Im letzten Kriegsjahr starben mehr von ihnen als in den fünf Jahren zuvor. Doch dieser totale Krieg blieb in seinem blutigen Ausmaß und in seinem Schrecken weit hinter dem Dreißigjährigen Krieg zurück, den Mitteleuropa 300 Jahre zuvor erlebt hatte.

Der NS-Propaganda ist es gelungen, das Bild einer totalen Mobilisierung der deutschen Gesellschaft bis in die Geschichtsbücher der Nachkriegszeit zu transportieren. Die historische Forschung hat dieses Bild inzwischen erheblich differenziert und auch in Frage gestellt. Dazu gehört die Feststellung, daß die Mobilmachung für den Krieg in Deutschland im Oktober 1939 überraschend abgebremst worden ist, Kriegswirtschaft und Gesellschaft in friedensähnlichem Zustand gehalten wurden. Großbritannien übertraf im Grad seiner Mobilisierung das Deutsche Reich bereits 1940/41 erheblich und blieb auch danach in bestimmten Bereichen, z.B. der Frauenarbeit, dem NS-System überlegen. Die USA traten erst später in den Krieg ein und brauchten angesichts ihrer enormen Ressourcen die eigene Gesellschaft nicht so sehr einzuspannen. Die UdSSR betrieb dagegen im Zweiten Weltkrieg die rücksichtsloseste und weitreichendste Mobilisierung der eigenen Kräfte für den Krieg. Es war nicht nur eine Reaktion auf das Ausmaß der nationalsozialistischen Bedrohung, sondern auch Ausgleich für den Mangel an Effizienz und Fehler des Stalinismus sowie Ausdruck einer menschenverachtenden Ideologie. Deutschland und Japan versuchten erst seit dem Kriegseintritt der USA ihre Gesellschaften stärker zu mobilisieren, stießen aber durchaus auf strukturelle und mentale Grenzen, so daß bis zum Ende ein ständiger interner Streit über Möglichkeiten der weiteren Totalisierung der Anstrengungen geführt wurde.

Um die Belastung für die eigene Bevölkerung zu vermindern sowie als Ergebnis einer rassistischen Ideologie setzten beide auf den Masseneinsatz von ausländischen Sklavenarbeitern sowie auf die Ausbeutung besetzter Territorien. Erst im letzten Kriegsjahr wurden unter dem Druck der militärischen Niederlagen und als Folge des alliierten Bombenkriegs kurzfristig radikale Maßnahmen durchgesetzt, die dem denkbaren Höchstmaß des Kräfteeinsatzes nahe kamen, der Totale Krieg als das letzte Aufbäumen totalitärer Diktaturen. Kennzeichnend für Deutschland blieben ideologisch bedingte Hemmungen bei der Umsetzung der Arbeitspflicht für deutsche Frauen und ein Wechsel in der Behandlung der Kriegsgefangenen, der 1943 stattfand. Bis zu diesem Zeitpunkt hatte man die Kriegsgefangenen im wesentlichen danach behandelt, wie sich die Herkunftsländer im Ersten Weltkrieg gegenüber Deutschland verhalten haben. Die erstaunliche Fortdauer alter Feindbilder ging nur zum Teil mit der NS-Rassenideologie Hand in Hand und wurde nach neueren Forschungen ab 1943 abgelöst durch die Priorität des Arbeitskräftebedarfs. Im Ergebnis verbesserte sich die Lage z.B. der sowjetischen Kriegsgefangenen, während die Entlassung der holländischen Soldaten rückgängig gemacht wurde.

Der Zweite Weltkrieg begann also keineswegs als Totaler Krieg, obwohl alle Welt damit gerechnet hatte. Erst unter dem Druck von Niederlagen und ernsten Bedrohungen fanden die modernen Industriegesellschaften zu der Kraft, die eigenen Strukturen auf die Kriegsbedürfnisse auszurichten, die Zivilgesellschaft in einem für notwendig gehaltenen Maße zu militarisieren und die Opferbereitschaft zu organisieren. Entgegen früheren Annahmen zeigten sich die Demokratien den totalitären Diktaturen in dieser Hinsicht keineswegs unterlegen. Sie waren darüber hinaus besser imstande, die auf den Krieg ausgerichteten Energien in ihrer zur Hemmungslosigkeit neigenden Tendenz zu kanalisieren und nach dem Ende der Kampfhandlungen möglichst rasch wieder in zivile Bahnen zu lenken. Das war der Fähigkeit zu danken, auf den »Druck von unten« positiv zu reagieren, auf das Partizipationsverlangen der »Massen« einzugehen sowie die Nachkriegserwartungen von Soldaten und Bürgern aufzunehmen. Für Stalin und Hitler hingegen diente der Krieg als Mittel zur Stärkung ihrer Diktatur und zur Umwandlung der Gesellschaft, zur Schöpfung und Auslese eines »neuen« Menschen.

Erfolgreicher waren die Demokratien ebenfalls in der Entfesselung des industriellen Kriegs sowie bei der Selbstmobilisierung und Koordinierung von Wissenschaft und Technik. Hier konnte der Nationalsozialismus seine strukturellen und ideologischen Defizite nicht restlos überwinden. Die stärkere Mobilisierung der Wissenschaft ab 1943 erschöpfte sich in einzelnen Spitzenleistungen, manchen Irrwegen und skurrilen Ideen sowie zahlreichen akademischen Spielwiesen, die durch das Etikett kriegswichtiger Forschung ihrer Schließung entgingen. Es gehört jedenfalls auch zum Erscheinungsbild des Totalen Kriegs in Deutschland, daß auf seinem Höhepunkt 1943/44 auf vielen Feldern bereits ein stiller Rückzug begann, der sich auf die absehbare Niederlage und die Nachkriegszeit einstellte. Wenn die höchste Anspannung der Kräfte für den Krieg sowie die radikale Umstellung von Wirtschaft und Gesellschaft erst im Zeichen höchster Gefahr und einer drohenden Niederlage möglich sind, muß wohl mit einem solchen dialektischen Umschlag gerechnet werden.

In der militärischen Kriegführung handelte es sich um einen modernen Bewegungskrieg, der die blutigen Massenschlachten des Stellungskriegs 1914–18 verhindern konnte. Grundlage dafür war eine umfassende Motorisierung des Kriegs, die militärische Entscheidungsprozesse enorm beschleunigte und neue räumliche Dimensionen öffnete. Operationen konnten nun in einem Zuge bis zu 300 Kilometer weit geführt werden. Die modernen Kommunikationsmittel spielten eine wichtige Rolle, um die für eine industrielle Kriegführung notwendigen Informationsmengen zu beschaffen und die Führungsprozesse zu optimieren. Dadurch wurde es möglich, die durch industrielle Massenproduktion geschaffenen Mengen an Kriegsmaterial sowie die durch Mobilisierung der Gesellschaft rekrutierten Massenarmeen an Brennpunkten des Kriegs zu konzentrieren. Daraus entstanden große Schlachten, die das Bild des Zweiten Weltkriegs stärker geprägt haben als der schlichte Alltag. Für die meisten Soldaten der Wehrmacht bestand der Krieg – wie auch in früheren Zeiten – größtenteils aus Langeweile und schwerer Arbeit.

Erst ab Januar 1942 entwickelte sich an einzelnen Abschnitten der Ostfront wieder ein jahrelanger Stellungskrieg, der aber nicht wie in Verdun oder an der Somme zu beiderseitigen blutigen Frontalangriffen führte. Langwierige, heftige Infanteriekämpfe bildeten insgesamt örtliche Ausnahmen (Lappland, Kurland, Monte Cassino, Hürtgenwald). Auch der Kampf um Festungen und Stützpunkte blieb militärisch ohne größere Bedeutung. Er band z.B. im Atlantikwall erhebliche deutsche Kräfte, die für die Entscheidungsschlacht fehlten. Insoweit zeugten die enormen Aufwendungen Hitlers für den Bau von Bunkern und Befestigungslinien von einem »alten Denken«. Auch verlustreiche Kämpfe um Großstädte hatten mehr Symbolkraft als militärische Bedeutung. Stalingrad wurde von den Deutschen fast vollständig erobert und der Sieger dann selbst eingekesselt und vernichtet. Ähnliche schwere Kämpfe entwickelten sich beim Kampf um Budapest, dem »Stalingrad an der Donau«, zeitlich kürzer in Breslau und Berlin. Hauptkennzeichen des entscheidenden militärischen Geschehens waren die systematisch vorbereitete Durchbruchsschlacht mit massiver Luftunterstützung und überlegener Kräftekonzentration des Angreifers, der Vorstoß von Panzerkeilen und der Einsatz motorisierter Infanterie in der Tiefe des Raums, das Begegnungsgefecht in der freien Operation sowie die Einkesselung und Vernichtung gegnerischer Truppen.

Für die Wehrmacht waren Moskau, Stalingrad und Kursk Menetekel für die eigenen Leistungsgrenzen, blutige Gemetzel, die sich aber in den Formen der herkömmlichen Kriegführung vollzogen. Kennzeichnend für den Zweiten Weltkrieg war die Entschlossenheit aller großen Armeen, trotz solcher Niederlagen, die alle zu gewissen Zeiten zu verkraften hatten, neue Kräfte zu mobilisieren und den Kampf unter allen Umständen fortzusetzen. Mit der Länge des Kriegs und dem Anstieg der Verluste wuchs vielerorts auch die Erbitterung der Gegner, kam es zu Kriegsverbrechen und Übergriffen.

Der Totale Krieg selbst produzierte ein hohes Maß an Enthemmung auf allen Seiten, die, je nach Kriegslage, von der jeweiligen Führung auch bewußt geschürt wurde. Das war in Moskau nicht wesentlich anders als in Berlin, in London nicht grundsätzlich anders als in Washington. Es bildete sich dennoch keine endlose Spirale der Barbarisierung, weil bei allen Kriegsparteien nicht zuletzt auch Gründe praktischer Vernunft dafür sprachen, die Enthemmung der Kriegführung zu bremsen oder partiell zurückzunehmen. Insgesamt gesehen wird man wohl feststellen können, daß die Verfechter einer »ritterlichen« Kriegführung in den demokratischen Staaten größeren Rückhalt hatten. So kann festgestellt werden, daß auf den westlichen Kriegsschauplätzen der »Normalkrieg« noch am deutlichsten in Erscheinung trat. Hier sorgte vor allem der Luftkrieg ab 1943 für eine Veränderung der Kampfführung und der Verluste auf deutscher Seite, und in den letzten Kriegswochen steigerte sich die Erbitterung der alliierten Armeen noch einmal angesichts der vorgefundenen Zustände in den deutschen Konzentrationslagern.

Intensität und Härte des Kriegs nahmen mit dem Wechsel der Initiative an der Ostfront dramatisch zu. Durch den zunehmenden Partisanenkrieg steigerte sich auch die Brutalisierung des Kampfes erheblich, bei dem die Zivilbevölkerung oft zwischen die Linien geriet und von beiden Seiten wenig Schonung erfuhr. Hier erreichte der Totale Krieg seine stärkste Ausprägung, die sich von früheren Kriegen unterscheidet. Allenfalls die napoleonischen Truppen hatten in Spanien ähnliche Verhältnisse vorgefunden, für die reguläre europäische Armeen nicht ausgebildet waren und die sie schnell überforderte. Regelrechte Todeszonen entstanden, in denen eine unterschiedslose Mobilisierung bzw. Bekämpfung auch von Frauen und Kindern betrieben wurde. Durch Vergeltungsaktionen kam es zu Massenmord und »Verbrannter Erde«. Gefangene wurden ebenso wie Verdächtige sofort getötet oder als Sklavenarbeiter verschleppt.

Ähnliche Formen und Ausmaße des Kampfes im Hinterland wie in Osteuropa entwickelten sich auch auf dem Balkan, in anderen Kampfgebieten dagegen sehr viel geringer. Hier spielten offenbar auch kulturelle, soziale und militärische Unterschiede eine Rolle. Die Barbarisierung der Kriegführung nahm auf diesem Felde erheblich größere Ausmaße an als im Ersten Weltkrieg. Zweifellos haben die Deutschen hier als Akteure besonderes Aufsehen erregt, vielleicht auch deshalb, weil zumindest die Wehrmacht anfangs mit dem Nimbus von Ritterlichkeit, Ehre und Ordnung auftrat. Das Gift des Nationalsozialismus und die Attitüde der Herrenmenschen von Partei und SS haben Haß gesät, der als Sturm auf die Deutschen zurückwirkte. Die in der jüngeren Historiographie vertretene These von der politischen Radikalisierung der Wehrmacht als eigentlicher Ursache der Barbarisierung greift wohl zu kurz, wenn sie den Blick nur auf die Deutschen lenkt. Die Enthemmung durch zunehmend primitive Lebensverhältnisse der Soldaten, die Angst vor der drohenden Niederlage und der steile Anstieg der Mortalitätsraten waren ab 1943 ebenso wirksame Faktoren, die dennoch nicht die ganze Realität ausmachten und nicht alle Soldaten in gleicher Weise beeinflußten. Hier hilft immer wieder der Vergleich mit anderen Armeen und bewaffneten Gruppen im Zweiten Weltkrieg, wie er in der Historiographie bislang nicht unternommen wurde. Erst ein solcher auch epochenübergreifender Vergleich kann erhellen, welche Verhaltensweisen und Erscheinungsformen dem Krieg und seiner unterschiedlichen Intensität innewohnen und was als Spezifika des Zweiten Weltkriegs bzw. der deutschen Kriegführung gelten kann.

Dazu gehört ohne Zweifel die Verbindung von Kriegführung und Holocaust. Der Völkermord an den europäischen Juden ist von Hitler stets im Zusammenhang mit seinen Kriegsplänen gesehen worden, als Voraussetzung für die »innere Sicherheit« seines Reiches und als sein wichtigstes Kriegsziel. An ihm hielt Hitler mit größter Entschlossenheit selbst nach der Wende des Kriegs fest. Was als systematische Diskriminierung, Entrechtung und Vertreibung begonnen hatte, entwickelte sich im Verlauf des Kriegs zum systematischen und industriell betriebenen Massenmord. In seiner absurden Gedankenwelt führte Hitler einen Totalen Krieg im Inneren gegen die Juden auch als Rache für den äußeren Totalen Krieg, den er zu vermeiden versucht hatte. Das unterscheidet den Holocaust von dem gleichfalls systematisch und bürokratisch durchgeführten stalinistischen Massenmord. Dieser war auf keine einzelne Opfergruppe beschränkt und wechselte nach Belieben des sowjetischen Diktators. Ihm ging es hauptsächlich um den »inneren Feind« und die Einschüchterung des eigenen Volkes. In seinem Archipel »GULag« (Solschenizyn), den im ganzen Sowjetreich verteilten Lagern, fand während des Zweiten Weltkriegs ein massenhafter Austausch statt von angeblichen Volksfeinden, die sich an den bedrohten Fronten bewähren durften, gegen die seit 1943 steigende Zahl von deutschen Kriegsgefangenen, gegen die befreiten und zugleich bestraften eigenen Kriegsgefangenen und gegen Millionen ausländischer Zivilinternierter.

Das starke Mißverhältnis zwischen militärischen und zivilen Verlusten im Zweiten Weltkrieg, insbesondere ab 1943, wird oft als typischer Ausdruck des Totalen Kriegs angesehen. Dabei liegt es in dessen Konzept, die Grenzen zwischen ziviler Bürgerwelt und militärischer Sphäre aufzuheben. Wenn ein Arbeiter in der Fabrik Kanonen produziert, trägt er den gleichen Anteil an den Kriegsanstrengungen seiner Nation wie sein früherer Arbeitskollege, der als Soldat die Geschütze an der Front bedient, und er verteidigt bei Luftalarm im Arbeitskittel die Fabrik an der Heimatflak, beaufsichtigt außerdem als Hilfswachmann Kriegsgefangene.

Kamen in früheren Kriegen Zivilisten vor allem durch Begleiterscheinungen des Kriegs wie Hunger und Seuchen ums Leben, starben sie im Zweiten Weltkrieg hauptsächlich durch direkte Gewalteinwirkungen. Die moderne industrialisierte Kriegführung führte ab 1943 zu einem Masseneinsatz von Mensch und Material, der sich nur schwer begrenzen und ausschließlich auf militärische Ziele konzentrieren ließ. War im Ersten Weltkrieg der Kampf auf die schmale Feuerzone der Stel-

lungsfronten begrenzt, führten der Bewegungs- und Luftkrieg im Zweiten Weltkrieg dazu, daß die Front überall war, daß ein Überleben in den Großstädten des
Hinterlandes oft gefährdeter war als in den Stellungen an der Front. Durch die
enorme Steigerung der Feuerkraft konnte der Aufwand zur Tötung oder Verwun-
dung eines Gegners um ein Vielfaches erhöht werden, was die Gefahren für Zivilpersonen im Kampfgebiet drastisch vergrößerte. Ihre Überlegenheit gestattete es
den Alliierten, eine materialintensive Kriegführung gegen einen Feind zu führen,
der seine materielle Unterlegenheit schließlich durch eine personalintensive Kriegführung zu kompensieren versuchte. Zum Schluß traten Hunderttausende von
schlecht bewaffneten Hitlerjungen und Rentnern im »Volkssturm« gegen die Feuerwalze alliierter Armeen an.

Zusammenfassend kann man feststellen, daß die Spirale der Totalisierung des
Kriegs, die sich ab 1943 beschleunigte, den »absoluten Krieg« im Clausewitzschen
Sinne nicht erreichte. Der Zweite Weltkrieg war der Höhepunkt des konventionellen Kriegs mit Massenarmeen des Industriezeitalters und überschritt nicht die
Schwelle zum unkonventionellen Krieg mit modernen Massenvernichtungswaffen, der dem Krieg ein völlig anderes Gesicht verliehen hätte. Der einmalige Einsatz der neuentwickelten Atombombe am Ende des Kriegs hatte keinen Einfluß auf
seinen Verlauf. Er war der logische Endpunkt der Geschichte des Totalen Kriegs
und im dialektischen Umschlag der Beginn eines neuen Kriegs, der nur noch als
Abschreckungs- und Drohszenario funktionierte.

Die alliierte Invasion

Mit der Frage nach der eigentlichen Entscheidungsschlacht des Zweiten Weltkriegs
haben sich nicht nur nachträglich Historiker und Memoirenschreiber befaßt. Schon
während des Kriegs hofften die Zeitgenossen und Verantwortlichen auf eine solche
Entscheidungsschlacht, die den Ausgang des Kriegs sicher machte und das Ende des
schrecklichen Ringens einläutete. Siegeshoffnungen und Friedenssehnsüchte bün-
delten sich in dieser Erwartung. Je länger der Krieg andauerte, desto stärker wurde
diese Erwartung, weil jede neue Schlacht als »entscheidend« angekündigt wurde und
am Ende doch nur eine weitere Etappe dieses langen Kriegs darstellte. Nach Kriegsende, als im Rückblick Ergebnis und Verlauf des Kriegs klar erkennbar waren, hätte
das Urteil einfach sein können. Doch nationale Prestiges und der Kalte Krieg, der
zwischen den Siegermächten ausgebrochen war, trübten den Blick. Die Anglo-Amerikaner betonten die Bedeutung der Invasionsschlacht, die Sowjets verwiesen auf die
Wende vor Moskau und die Stalingrader Schlacht.

Durch die sowjetische Geschichtspropaganda wurde damit der Eindruck verstärkt, daß die Entscheidung des Zweiten Weltkriegs auf dem Boden der UdSSR gefallen sei. Die Rote Armee habe die größten Opfer gebracht und die größten Siege errungen, bevor britische und amerikanische Truppen den Kontinent betraten. Die Überbetonung des eigenen Anteils diente zugleich der Legitimation des Sowjetregimes und seiner angeblich gesetzmäßigen Überlegenheit gegenüber dem kapitalistischen System. Mit dem Vorwurf, die Westalliierten hätten die Bildung einer Zweiten Front hinausgezögert, um die Sowjetunion mit Blick auf die Nachkriegszeit zu schwächen, wurden die Beiträge der ehemaligen Bundesgenossen in der Anti-Hitler-Koalition vor Beginn der Invasion heruntergespielt. Die Atlantikschlacht, der Kampf um das Mittelmeer und um die Luftherrschaft über Europa zählten für die kommunistische Geschichtsschreibung ebensowenig wie die alliierten Hilfslieferungen an die UdSSR. Dabei lieferten Briten und Amerikaner fast die gleiche Anzahl an Panzern und Lkw an die Rote Armee, wie sie die Wehrmacht aus Speers Rüstungsfabriken erhielt.

Die ältere westdeutsche Weltkriegsgeschichte hat immer dazu tendiert, hier der sowjetischen Historiographie zu folgen und als Entscheidungsschlachten Moskau oder Stalingrad anzunehmen – verständlich, wenn man berücksichtigt, daß die Masse der Wehrmacht tatsächlich über einen längeren Zeitraum an der Ostfront eingesetzt gewesen ist. Hitlers Ostkrieg hat die Erinnerung der Deutschen zwangsläufig viel stärker geprägt als der relativ kurze Kampf gegen die Anglo-Amerikaner im letzten Kriegsjahr. Der Gegner im Westen galt als materiell so weit überlegen, daß deutscher Widerstand sinnlos gewesen sei, ja sogar widersinnig, weil eine Besetzung Deutschlands durch die Westmächte von der Mehrheit der Bevölkerung lieber gesehen wurde als durch die Rote Armee.

So fand die Invasionsschlacht von 1944 in der deutschen Historiographie wenig Beachtung. Angesichts der enormen militärgeschichtlichen und medialen Produktion in den angelsächsischen Ländern kann die Invasion als das am besten erforschte militärische Ereignis des Zweiten Weltkriegs gelten, weil die Angelsachsen – im Gegensatz zu den Sowjets – ihre Archive früh und ausgiebig geöffnet hatten und mit größtem Interesse auch die deutschen Akten studierten, die größtenteils ihnen in die Hände gefallen waren. Einen neuen Blick auf die Ereignisse hat jüngst ein bemerkenswerter Essay des Kieler Historikers Michael Salewski ermöglicht.[2] Er verweist darauf, daß sowohl die deutsche Bevölkerung als auch Hitler und seine Militärführung gespannt auf die alliierte Invasion warteten, weil sie von einem deutschen Abwehrerfolg überzeugt waren und darin die eigentliche Kriegsentscheidung sahen. Auch Stalin wartete mit seiner Sommeroffensive erst den Erfolg der alliierten Landung ab, um dann den Angriff auf das weit unterlegene deut-

sche Ostheer zu wagen. Schließlich wird oft übersehen, daß sich auch die Verantwortlichen auf alliierter Seite keineswegs sicher waren, ob dieses größte Landungsunternehmen der Weltgeschichte überhaupt gelingen werde. Die Risiken waren
tatsächlich beträchtlich, und ein mögliches Scheitern hätte den Verlauf des Zweiten
Weltkriegs zweifellos stärker beeinflußt als jede beliebige Schlacht an der Ostfront.

Die Invasionsschlacht beeindruckt nicht nur durch die enormen Aufwendungen,
die dem Erfolg eines solchen einmaligen triphibischen Landungsunternehmens
vorangingen. Wie keine andere Schlacht war diese von beiden Seiten fast vier Jahre
lang intensiv vorbereitet worden. Die Gegner hatten im Juni 1944 den Gipfelpunkt
ihrer Anstrengungen erreicht. Den Gleichstand an Bodentruppen und die natürli-
che Überlegenheit des Verteidigers machten die Angreifer durch eine überwälti-
gende Zahl ihrer See- und Luftstreitkräfte mehr als wett. Das Ringen um die Entscheidung dauerte zehn Wochen und war für die Deutschen verlustreicher als die
gleichzeitige Schlacht im Osten. Hitlers Elitedivisionen von der Waffen-SS erlitten
im Kampf gegen die Anglo-Amerikaner blutigere Verluste als an der Ostfront.

Hitler war sich von Anfang darüber im klaren gewesen, daß er zwar mit seinem
Unternehmen »Barbarossa« Räume und Ressourcen (»Lebensraum im Osten«)
gewinnen konnte, daß aber die Entscheidung über den Ausgang des Kriegs wie
1917/18 dadurch herbeigeführt werde, daß die Amerikaner ihr Potential in Europa
zum Einsatz bringen konnten. Nachdem sich der Kriegseintritt der USA nicht länger hatte verhindern lassen, richtete der deutsche Diktator seine ganze Aufmerksamkeit darauf, die »Festung Europa« gegen eine mögliche Landung abzusichern.
Mit dem größten Bauprogramm seit den Zeiten der Chinesischen Mauer versuchte
er seine vom Nordkap bis zur spanischen Grenze verteilten Kräfte zu verstärken,
Soldaten durch Beton zu ersetzen. Die Organisation Todt setzte 1942/43 rund
260000 Arbeitskräfte, hauptsächlich Einheimische, zu Schanzarbeiten ein. Etwa
28 Millionen m³ Erde wurden bewegt, 10 Millionen m³ Eisenbeton verbaut. Der
»Atlantikwall« war besonders im Bereich Belgien/Nordfrankreich intensiv ausgebaut worden und bestand aus 14747 Bunkern mit 2692 Geschützen.

Ein Drittel der Wehrmacht war ständig im Westen eingesetzt, Kriegsmarine und
Luftwaffe mit ihren stärksten Kräften. Wegen der verlustreichen Kämpfe an der
Ostfront wurden die Divisionen der Heeresgruppe D im Westen immer wieder
ausgetauscht. Zuletzt bestand die Masse der Infanteriedivisionen aus älteren, wenig
kampferfahrenen und schlecht bewaffneten Männern, die in den vorderen Stellungen und Festungen eingesetzt und nicht mobil waren. In großer Zahl hatte Hitler
1943 Osttruppen mit Georgiern, Ukrainern und anderen Freiwilligen nach Westen
verlegen lassen. Selbst Bataillone mit Indern, die sich in den Kriegsgefangenen-
lagern zum Kampf gegen die britischen Kolonialherren gemeldet hatten, waren am

Atlantikwall eingesetzt. Hitler hatte sich entschlossen, die gesamte Küstenlinie zu verteidigen, und mußte deshalb seine Kräfte weit verteilen. Der Gegner konnte an jeder beliebigen Stelle mit überlegenen Kräften angreifen, und deshalb mußten die kampfkräftigen Eingreifreserven für einen Gegenangriff verteilt und weit im Hinterland stationiert werden.

Hitler hatte sich früh darauf festgelegt, daß die Landung am wahrscheinlichsten im Bereich Pas de Calais, an der engsten Stelle im Kanal, erfolge. Deshalb versammelte er dort mit der 15. Armee seine stärksten Kräfte und wurde durch geschickte britische Täuschungsmanöver in diesem Entschluß immer wieder bestätigt. Nichts demonstriert den Erfolg der umfangreichen Tarnungsmaßnahmen der Alliierten mehr als die Überraschung der Deutschen, die den Aufmarsch der Landungsflotte erst entdeckten, als die Granaten der Schiffsartillerie bereits am Strand einschlugen. Die Voraussetzungen für eine erfolgreiche Invasionsabwehr hatten sich 1942/43 dramatisch zuungunsten der Deutschen verändert. Bei der Aufklärung der feindlichen Absichten hatten die Briten mit ULTRA alle Möglichkeiten auf ihrer Seite, und das deutsche Agentennetz war von ihnen längst »umgedreht« worden. Militärische Fernaufklärung konnten die Deutschen kaum noch betreiben, seit der Gegner den Luftraum über dem Atlantik beherrschte und die deutschen U-Boote vertrieben hatte. Die deutsche Marine war von Anfang an zu schwach, um einen alliierten Aufmarsch zur See abzufangen. Da die Produktion der Fernwaffen nicht bis zum Frühjahr 1944 abgeschlossen werden konnte, entfiel auch die Möglichkeit, die alliierten Ansammlungen in Südengland und den Kanalhäfen rechtzeitig unter Feuer zu nehmen.

Nach dem Verlust der Luftschlacht über Deutschland im Frühjahr 1944 war auch die Luftwaffe nicht mehr imstande, größere Angriffe gegen die britische Insel zu fliegen oder zumindest den Luftraum über dem Atlantikwall zu verteidigen. Als die Alliierten begannen, unmittelbar vor Beginn der Invasion systematisch sämtliche Verkehrsverbindungen und Feldflugplätze im deutschen Hinterland zu zerstören, war auch die Möglichkeit blockiert, schnell Verstärkungen an die Invasionsfront zu bringen. Nicht zuletzt hatten sich die Deutschen durch ihre Besatzungspolitik alle Chancen verbaut, die Bevölkerung auf ihre Seite zu ziehen oder zumindest zur Passivität zu veranlassen. Der Widerstand in den besetzten Westgebieten verstärkte sich vielmehr und wurde von den Alliierten wirkungsvoll unterstützt. Durch eine Welle von Sabotage-Unternehmen konnte die deutsche Aktionsfähigkeit weiterhin eingeschränkt werden.

Nachdem die ursprünglich für 1943 geplante Invasion um ein Jahr verschoben worden war, hatte man sich schließlich für den 1. Mai 1944 als »D-Day« der Operation »Overlord« entschieden. Eine zweite Landung (»Dragoon«) sollte dann

Mitte Juni in Südfrankreich erfolgen. Wegen der Wetterlage mußte die Hauptlandung auf Anfang Juni verschoben werden. Bei aller menschlichen Organisationsleistung spielte bei diesem gewaltigen Unternehmen das Wetter immer noch eine entscheidende Rolle. Nach der Vorbereitung durch eine Bomberoffensive, Täuschungsmanöver, Sabotageakte der Résistance und starke Luftlandungen hinter der deutschen Bunkerlinie sollten anglo-amerikanische Truppen in den Abschnitten »Utah«, »Omaha«, »Gold«, »Juno« und »Sword« an Land gehen und nach der Eroberung der Halbinsel Cotentin durch einen tiefen Vorstoß bei Avranches den Zugang zu den Häfen der Bretagne öffnen. Anschließend würden sich die Kräfte zur Seine und Loire auffächern.

Dazu stellten die Alliierten zwei Heeresgruppen mit vier Armeen in Großbritannien auf. Sie umfaßten 23 Infanteriedivisionen, zehn Panzer- und vier Luftlandedivisionen. Davon bildeten acht Divisionen die erste Welle bei der Anlandung. Insgesamt standen 3 Millionen Soldaten und 6,5 Millionen Tonnen Versorgungsgüter bereit, die über den Kanal gesetzt werden mußten. Um den Angriff auf Deutschland zu verstärken, sollten dann zusätzlich 40 Divisionen aus den USA direkt herangeführt werden. Zur Vorbereitung und Unterstützung der Operationen standen mehr als 12 000 Flugzeuge zur Verfügung. Die größte Armada aller Zeiten umfaßte etwa 5400 Schiffe, davon 4126 Landungsfahrzeuge und Sturmboote. Weil Hitler die Kanalhäfen stark befestigt hatte, sollten vorübergehend Truppen und Material auch über provisorische Häfen (»Mulberry«) ausgeladen werden. Eine Unterwasser-Pipeline (»Pluto«) sollte von Südengland aus die Treibstoffversorgung gewährleisten.

Die Befehlsregelung war auf beiden Seiten umstritten. Roosevelt wollte seinen Generalstabschef Marshall an die Spitze stellen, Churchill forderte den Oberbefehl für die Briten. Man verständigte sich auf den amerikanischen General Dwight D. Eisenhower als Supreme Commander und besetzte die wichtigsten Posten seines Hauptquartiers mit Briten. Admiral Sir Bertram H. Ramsay führte die Seestreitkräfte, Air Marshal Sir Trafford Leigh Mallory die Fliegerverbände, und mit General Sir Bernard L. Montgomery als Befehlshaber der Heereskräfte handelte sich Eisenhower einen eigensinnigen Feldkommandeur ein, der seine exzellenten diplomatischen Fähigkeiten mehr als einmal überfordern sollte.

Hitler hatte mit den Weisungen Nr. 40 und 51 die Befehlsbefugnisse neu geregelt, so daß dem Oberbefehlshaber West (Generalfeldmarschall Gerd von Rundstedt) ebenfalls zwei Heeresgruppen unterstanden: die Heeresgruppe B unter Generalfeldmarschall Erwin Rommel mit einem Armeekorps in den Niederlanden, der 15. Armee unter Generaloberst Hans von Salmuth in Pas de Calais sowie der 7. Armee unter Generaloberst Friedrich Dollmann im Bereich der Normandie und der

Abbildung 35: Erwin Rommel (1891–1944).
Generalfeldmarschall, hier an der Invasionsfront im Juli 1944. Zu diesem Zeitpunkt sah er den Krieg als endgültig verloren an und forderte Hitler zu entsprechenden Konsequenzen auf. Nach dem gescheiterten Attentat wird der populäre Soldat zum Selbstmord gezwungen (14.10.1944). Im Ersten Weltkrieg mit dem Pour le Mérite ausgezeichnet, 1929 Taktiklehrer an der Infanterieschule in Dresden, 1938 Kommandeur des Führer-Begleitkommandos, steile Karriere und Liebling der NS-Propaganda, im Frankreichfeldzug 1940 erfolgreichster Kommandeur einer Panzerdivision, 1941 Führung des Deutschen Afrikakorps, scheitert bei El Alamein, übernimmt 1943/44 die Heeresgruppe B in Frankreich. Die Kontakte des egomanen Soldaten zum militärischen Widerstand sind umstritten.

Bretagne; die Armeegruppe G unter Generaloberst Johannes Blaskowitz mit der 1. Armee (General Kurt von der Chevallerie) am Golf von Biskaya sowie der 19. Armee (General Georg von Sodenstern) in Südfrankreich. Dabei handelte es sich um insgesamt 58 Divisionen. Die stärkste Schlagkraft bildete die Panzergruppe West (General Leo Geyr von Schweppenburg) mit zehn Divisionen, um die heftig gestritten wurde. Hitler entschied sich halbherzig, indem er den beiden Heeresgruppen jeweils drei Panzerdivisionen direkt unterstellte, die über die Frontlinie verteilt einzeln die gelandeten Angreifer zerschlagen sollten. Vier Divisionen verblieben zentral im Raum Paris. Über sie konnte nur das OKW, d. h. Hitler persönlich verfügen. Insgesamt standen damit in Westeuropa 1,87 Millionen Wehrmachtsoldaten bereit, davon 950 000 Mann des Feldheeres sowie 75 000 der Osttruppen. 1370 Kampfwagen waren einsatzbereit, ebenso 891 Flugzeuge der Luftflotte 2 unter Generalfeldmarschall Hugo Sperrle. Die Kriegsmarine konnte im Kanalbereich fünf Torpedoboote, 34 Schnellboote, 163 Minensuchfahrzeuge, 57 Vorpostenboote und 42 Artillerieträger unter Kapitän z. See Theodor Krancke einsetzen.

Die größten Erwartungen wurden von der deutschen Propaganda mit dem Namen Rommel verbunden. Obwohl in Nordafrika am Ende gescheitert, galt er als der talentierteste Feldherr. Er wäre der geeignete Mann für eine Alternativstrategie gewesen, nämlich die Kräfte nicht an der Küste zu verzetteln, sondern im Landesinnern zu versammeln, den Gegner landen zu lassen und ihn dann mit der geballten deutschen Erfahrung in der beweglichen Operationsführung zu vernichten. Doch Hitler hatte nicht Rommel zum Oberbefehlshaber West ernannt, sondern mit Rundstedt den ältesten General der deutschen Wehrmacht und darauf vertraut, daß die Besatzung des Atlantikwalls den Gegner bereits an der Wasserlinie abweisen würde. In seinem Bereich sorgte Rommel dafür, daß die Küstenlinie denn auch mit behelfsmäßigen und originellen Maßnahmen (»Rommelspargel«) verstärkt wurde. Er forderte außerdem die Bereitstellung der Panzerkräfte in Küstennähe, weil nach seinen jüngsten Erfahrungen mit Beginn der Kampfhandlungen angesichts der feindlichen Luftüberlegenheit lange Verlegungsmärsche unmöglich seien. Ebenso wie die geeignete Strategie blieb auch die Kompetenz auf deutscher Seite umstritten. Rommel unterstand als Inspizient der Küstenverteidigung dem OKW, als Oberbefehlshaber der Heeresgruppe B aber dem Oberbefehlshaber West, dem wiederum nur die Heeresverbände unterstanden. Luftwaffe, Marine und Waffen-SS blieben ihren eigenen Oberbefehlshabern unterstellt.

Eisenhower bestimmte den 5. Juni 1944 zum D-Day, denn er brauchte eine günstige Mondphase, Niedrigwasser und frühes Büchsenlicht. Wegen eines Sturmtiefs wurde der Angriff noch einmal um 24 Stunden verschoben. Über das günstige Zwischenhoch waren die deutschen Wetterexperten zwar informiert. Die deutschen

Kommandostellen wähnten sich jedoch in Sicherheit. In der Nacht zum 6. Juni gingen drei Luftlandedivisionen hinter den deutschen Linien nieder, die Landungsboote folgten kurz danach. Die stürmische See ließ 291 Fahrzeuge kentern. In den Morgenstunden betraten die ersten Infanteristen den Strand. Nur an einzelnen Stellen, vor allem im Bereich des LXXXIV. Armeekorps (General Erich Marcks), stießen sie auf hartnäckigen Widerstand.

Abbildung 36: Gefangener US-Fallschirmjäger an der Invasionsfront.

Am Ende des ersten Tages hatten Luftlandetruppen und die Infanterie ihre Ziele keineswegs erreicht und erhebliche Verluste hinnehmen müssen. Nur an drei Stellen konnten sie hinter dem Feuerorkan von Schiffsgeschützen und Tieffliegern Fuß fassen. Die sofort eingesetzten deutschen Panzerdivisionen stießen zwar unter erheblichen Verlusten zum Strand durch, konnten ihren Erfolg aber nicht nutzen. Alliierte Jagdbomber machten Bewegungen bei Tageslicht ebenso unmöglich wie der Schutt zertrümmerter Ortschaften. Ein Bombenteppich vernichtete den Stab der Panzergruppe West, die aus allen entfernten Winkeln motorisierte Reserven heranzuziehen versuchte. Dazu gehörten auch Verbände der Waffen-SS, die auf Anschläge der Résistance mit brutalen Vergeltungsmaßnahmen reagierte. Das größte Massaker wurde am 10. Juni von einer Kompanie der 2. SS-Panzerdivision »Das Reich« verübt, die das Dorf Oradour-sur-Glane zerstörte und die gesamte Einwohnerschaft mit 642 Frauen, Männern und Kindern tötete. Oradour wurde zum umstrittenen Symbol einer barbarischen Vergeltungspolitik, die bisher vor allem in Ost- und Südosteuropa praktiziert worden war.

Doch der Zustrom von Verstärkungen aus anderen Kriegsgebieten wurde durch die alliierte Luftkriegführung erheblich gebremst. Da Hitler die Landung in der Normandie zunächst nur für ein Ablenkungsmanöver hielt und mit einer Hauptlandung am Pas de Calais rechnete, blieben die starken Kräfte der 15. Armee in diesem Raum versammelt. Nach sechs Tagen hatten die Alliierten einen zusammenhängenden Brückenkopf bilden können, der auch dem Angriff von zwei teilweise aus Polen herangeführten SS-Panzerkorps standhielt, die ohne Luftunterstützung keinen Erfolg erzielen konnten. Gleichzeitig ließ Hitler von den im Bereich der 15. Armee gebauten Startrampen seine V-Waffen gegen London abfeuern. Rommel und Rundstedt baten vergeblich darum, die Flugbomben gegen den alliierten Brückenkopf einzusetzen. Die Alliierten reagierten rasch, indem sie deutsche Feuerstellungen mit Bombenteppichen zerstörten und die später von mobilen Rampen abgefeuerten Flugbomben mit ihren Jagdflugzeugen größtenteils abschießen konnten.

Am 18. Juni konnte die 1. US-Armee (General Omar N. Bradley) die Halbinsel Cotentin überqueren. Damit war der zur Festung ausgebaute wichtige Hafen von Cherbourg abgeschnitten. Doch nur wenige Kräfte konnten sich auf die Stadt zurückziehen. Am 30. Juni kapitulierten hier nach schweren Bombardements aus der Luft und von See her 21 000 Mann. Die Wiederinbetriebnahme des zerstörten Hafens dauerte allerdings bis Anfang September. Inzwischen wurde der alliierte Brückenkopf pausenlos verstärkt und konnte von den deutschen Truppen kaum noch abgeriegelt werden, zumal nur eine von vier Armeen der Heeresgruppe an der Invasionsfront kämpfte und große Verluste erlitten hatte. Rommel und Rundstedt suchten Hitler in dessen Residenz bei Berchtesgaden auf und legten ihm eine politische Lösung nahe. Doch der Diktator verbat sich jede Einmischung und setzte auf Zeitgewinn für den geplanten Einsatz neuer Waffen. Er löste am 3. Juli Geyr und Rundstedt (Nachfolger Generalfeldmarschall Günter von Kluge) ab. Rommel blieb zunächst verschont. Dieser sah nach seiner Rückkehr an die Front eine unabwendbare Katastrophe von Westen wie von Osten auf Deutschland zurollen. Er wurde am 17. Juli durch alliierte Tiefflieger schwer verwundet und nach dem Attentat auf Hitler am 14. Oktober 1944 zum Selbstmord gezwungen. Hitler ordnete heuchlerisch ein Staatsbegräbnis an. Über Rommels Rolle im militärischen Widerstand halten die Kontroversen bis heute an.

Bis Ende Juli 1944 hatten beide Seiten in der Normandie mit jeweils rund 116 000 Mann gleich hohe Verluste erlitten. Doch die Alliierten hatten inzwischen rund 1,5 Millionen Mann gelandet, während die Heeresgruppe B nur 14 594 Mann Ersatz erhalten hatte. Für 250 zerschossene Panzer waren 17 neue Kampfwagen eingetroffen. Um eine raumgreifende Operation zu beginnen, gliederten die Alliierten ihre Kräfte um. Zu ihnen gehörten auch gaullistische, exil-polnische, tschechoslowakische und niederländische Verbände. Am 25. Juli hatten zwei amerikanische Luftflotten bei St. Lô einen mörderischen Bombenteppich gelegt, der auf 6,4 km Breite und 2,5 km Tiefe alles Leben vernichtete. In diese Lücke stießen Verbände der 12. Armeegruppe (Bradley) nach Avranches vor (Operation »Cobra«). Damit war der Brückenkopf endgültig gesprengt. Die 3. US-Armee (General George S. Patton) fächerte sich in Richtung Bretagne, Loire und gegen Le Mans auf. Die 1. US-Armee (General Courtney H. Hodges) sicherte unterdessen die Flanke. Der von Hitler befohlene Gegenangriff (Unternehmen »Lüttich«) der neuformierten 5. Panzerarmee (General Hans-Heinrich Eberbach) Richtung Avranches blieb nach zwei Tagen liegen. Die offenen deutschen Flanken wurden von den Amerikanern umfaßt. Nicht Pattons Panzer, sondern 15 deutsche Divisionen gerieten im Raum von Falaise in einen Kessel, den die polnischen und kanadischen Kräfte der 21. Armeegruppe von Montgomery am 19. August 1944 schließen konnten. Damit waren die 7. Armee und Teile der 5. Panzerarmee mit 125 000 Mann eingeschlossen. Unter hohen Verlusten und Materialeinbußen gelang nur den osterfahrenen deutschen Kampftruppen der Ausbruch. 45 000 Mann gerieten in Gefangenschaft. Damit verlor die Wehrmacht an der Westfront den Nimbus überlegener operativer Führungskunst.

Die Invasionsschlacht war damit praktisch für die Deutschen verloren. Sie büßten rund 250 000 Mann ein. Reste konnten mühsam über die untere Seine flüchten. Patton hatte freie Fahrt nach Paris. Es begann der Kampf um Frankreich, bei dem die noch immer zahlreichen deutschen Kräfte den alliierten Angriffen nicht mehr standzuhalten vermochten. Mit der Niederlage von Falaise sah sich der Oberbefehlshaber West gezwungen, die Heeresgruppe G mit der 1. und 19. Armee von der Atlantikküste in Richtung Schweizer Grenze zurückzuziehen. Am 15. August begann die Operation »Dragoon«, die Landung der 7. US-Armee unter General Alexander M. Patch beiderseits von St. Tropez. Ausnahmsweise entschloß sich Hitler schon nach 24 Stunden, Südfrankreich gänzlich zu räumen. Die 19. Armee zog sich hinhaltend kämpfend durch das Rhône-Tal in Richtung Straßburg zurück. Sie erlitt schwere Verluste; viele Soldaten ließen sich wie in anderen Bereichen auch von alliierten Truppen überrollen und zogen die Gefangenschaft einem aussichtslosen Kampf vor; die Zahl der Überläufer und Vermißten war groß. Die Rückzugsstraßen waren überfüllt mit Trossen und zahllosen Dienststellen, die bislang im besetzten Frankreich ein relativ sorgloses Dasein geführt hatten. Unter Angriffen der Résistance und der allgegenwärtigen Tiefflieger lösten sich die Kolonnen auf, Widerstandslinien hielten den Alliierten nicht stand. Kluge wurde am 17. August als Oberbefehlshaber West durch Model abgelöst, der gerade erst den Zusammenbruch der Heeresgruppe Mitte im Osten bewältigt hatte. Kluge beging auf der Rückfahrt bei Verdun Selbstmord. Seine undurchsichtige Haltung am 20. Juli in Paris dürfte dazu beigetragen haben.

Nur die großen Häfen wie Marseille und Toulon, Brest, Lorient, St. Nazaire und Le Havre sowie die Kanalhäfen sollten um jeden Preis als »Festungen« gehalten werden. Rund 230000 Mann ließ Hitler hier in Stützpunkten zurück, die von den Alliierten teilweise bis zum Ende des Kriegs isoliert oder erobert wurden. Diese Strategie brachte für die deutsche Seite durchaus einen Gewinn, weil so die Alliierten große Mühe hatten, ihren Nachschub über den Atlantik an die Front zu bringen. Wenn die Anglo-Amerikaner am Ende sechs Monate brauchten, um Frankreich zu befreien, das die Deutschen 1940 in sechs Wochen erobert hatten, dann war das auch auf die enormen logistischen Probleme der Amerikaner zurückzuführen.

Das Vichy-Regime löste sich auf. Pétain und sein Gefolge wurden von der SS nach Sigmaringen verschleppt. Die Rache der Résistance an den bisherigen Kollaborateuren verlief wie in anderen Ländern blutig und grausam. Die Zahl der Todesopfer wird auf über 100000 geschätzt, mehr als während der deutschen Besatzungszeit. Frauen, die sich mit Deutschen eingelassen hatten, wurden öffentlich gedemütigt und geschoren. Auch in Frankreich konnte sich erst die nächste oder übernächste Generation kritisch mit dem Mythos Résistance auseinandersetzen. Eine kommunistische Machtergreifung war 1944 nicht völlig ausgeschlossen; daher drängte de Gaulle auf eine rasche Befreiung von Paris. Die schwachen deutschen Kräfte unter General Dietrich von Choltitz konnten den Aufstand nicht niederschlagen und zogen sich am 25. August aus der Stadt zurück bzw. gingen in Gefangenschaft, ohne – wie von Hitler befohlen – sämtliche Brücken und repräsentativen

Bauten zu zerstören. Am selben Tag zogen die in Eilmärschen herangezogenen Panzertruppen de Gaulles in Paris ein.

Damit war auch Hitlers Absicht, im Norden Frankreichs eine neue Front aufzubauen, hinfällig geworden. Die meisten Abschußrampen für die Flugbomben »V 1« waren verlorengegangen, die Somme-Linie konnte nicht ausgebaut werden, im

Abbildung 37: Eine Flugbombe des Typs Fi 103 (»V 1«).
Sie wird für den Abschuß gegen Ziele im alliierten Hinterland vorbereitet. Insgesamt wurden 6509 dieser Geräte produziert.

Raum Amiens-Mons ergaben sich mehrere zehntausend Soldaten. Das deutsche Westheer schien restlos geschlagen, aber Eisenhower hoffte vergeblich auf eine rasche deutsche Kapitulation. Anfang September sah Model das »Tor nach Nordwestdeutschland« weit offenstehen. Auch zwischen Maas und Mosel klaffte ein riesiges operatives Loch. Eine alliierte Großoffensive wäre zu diesem Zeitpunkt wohl kaum aufzuhalten gewesen. Doch innerhalb von drei Wochen änderte sich das Bild vollkommen. Den Deutschen gelang es, eine relativ stabile Front zu errichten, und deshalb konnte sich Hitler bereits mit einer eigenen großen Gegenoffensive beschäftigen, von der er wieder einmal eine Wende des ganzen Kriegs erwartete. Die fieberhaften deutschen Verstärkungen und Neuaufstellungen gingen nun nicht mehr an die Ostfront. Doch im Westen waren sie zunächst noch nicht verfügbar. Hier hatte man mit Hilfe von Polizei-, Luftwaffen-, Marine- und Legionärseinheiten die Lücken im Westen notdürftig füllen müssen.

Unter der Führung von Model, einem »Frontflickschuster von großem Format«,[3] war es dank der Einsatzbereitschaft zahlreicher Frontverbände und einer hohen Leistungsfähigkeit der militärischen Führung gelungen, das Westheer trotz drückender Überlegenheit der Alliierten, trotz ihrer absoluten Luftherrschaft und höheren Mobilität, in einem besseren Zustand aus dem Zusammenbruch zu retten als befürchtet. Ein geschickt geführter Abwehrkampf, der rücksichtslos einzelne Frontabschnitte entblößte, um Krisenpunkte zu verstärken, hatte bereits einen zweiten Kessel an der Seine und damit den Zusammenbruch der Heeresgruppe B auf französischem Boden verhindert. Auch die Rettung der 15. Armee über die Scheldemündung trug dazu bei, eine, wenn auch nur schwache, Widerstandslinie zwischen Antwerpen und Belfort zu errichten. Anders als 1918 brach die deutsche Kampfmoral nicht zusammen, sondern der Widerstand versteifte sich mit der Nähe der Reichsgrenze erheblich, wobei der Westwall mit seiner veralteten Festungstechnik einen mehr moralischen als militärischen Nutzen brachte. Ebenso hatte der Rückzug aus Südfrankreich unter Blaskowitz trotz erheblicher Verluste durch eine weitgehend selbständige Kampfführung die Armeegruppe G in den Brückenkopf von Dijon zurückgeführt. Ingesamt flossen durch diese beiden Armeen 215 000 deutsche Soldaten in die deutsche Front ein. Sie hatten einen entscheidenden Anteil daran, den Stellungskrieg im Spätherbst und Winter an der Westfront durchzustehen.

Auf alliierter Seite konnten dagegen die Kontroversen über das weitere Vorgehen nur mühsam beigelegt werden. Montgomery bevorzugte nach dem Vorbild der Wehrmacht von 1940 einen kühnen Vorstoß durch Nordfrankreich, Belgien und die Niederlande in das Ruhrgebiet, um die deutsche Kriegführung »ins Herz« zu treffen. Eisenhower hingegen plädierte für ein langsames, systematisches Vorgehen und weites Ausfächern der Angriffsfront zwischen Hoek van Holland und der Schweizer Grenze. Damit wurde für die noch immer unter erheblichen logistischen Schwierigkeiten leidenden alliierten Armeen das Risiko minimiert, womöglich mit einzelnen Angriffskeilen von überraschenden deutschen Gegenmanövern – wie an der Ostfront – eingeschlossen und vernichtet zu werden. Das alliierte Unvermögen bzw. die Scheu und Unerfahrenheit einzelner Kommandeure, jede sich bietende Gelegenheit bei der Verfolgung des Gegners zu nutzen, die ihnen auch der Informationsvorsprung durch ULTRA erlaubt hätte, gewährte den Deutschen, die gerade im raschen, selbständigen Handeln überlegen waren, die Chance, sich wieder zu sammeln und den feindlichen Vormarsch zum Stehen zu bringen. Die Alliierten waren sich ihres Endsieges gewiß, und am 12. September 1944 war auf der politischen Bühne das erste Zonenprotokoll mit dem sowjetischen Verbündeten paraphiert worden, das die künftige Demarkationslinie zwischen Lübeck – Helmstedt – Hof festlegte. Roosevelts Kooperationskurs gegenüber Stalin ließ die Option eines schnellen und weiten Vorstoßes nach Deutschland hinein verblassen, damit auch die Möglichkeit, die Zonenfestlegung zugunsten der Alliierten noch einmal zu verändern.

Auf der militärischen Ebene spielte das Nachschubproblem bei der Frage des weiteren Vorgehens eine entscheidende Rolle. Um die angespannte Situation zu verbessern, wurde ein Schwerpunkt gegen Antwerpen gebildet. Hier nutzten die Alliierten bei ihrer Verfolgung ULTRA und konnten so Brüssel und Antwerpen schnell besetzen. Da es Montgomery versäumt hatte, die von den Deutschen gehaltenen Kanalhäfen mit größerem Nachdruck anzugreifen, konnte die 15. deutsche Armee einen Brückenkopf in Ostflandern halten und die Scheldemündung für Wochen sperren. Die Wehrmacht konzentrierte nun mit einigem Erfolg den Einsatz ihrer Flugbomben und V 2-Raketen neben London auch auf Antwerpen. Montgomery drängte immer wieder auf einen Vorstoß seiner britischen Heeresgruppe im Norden, um den Westwall zu umgehen, die V 2-Rampen auszuschalten und über das Ruhrgebiet Berlin – vor den Russen – zu erreichen. Das alliierte Oberkommando scheute jedoch davor zurück, für einen solchen riskanten Vorstoß sämtliche Treibstoffreserven einzusetzen und die amerikanischen Truppen zur Untätigkeit zu verdammen. Als Kompromiß bewilligte Eisenhower schließlich das Unternehmen »Market Garden«.

Mit drei Luftlandedivisionen wollte man sich der wichtigsten Kanal- und Flußübergänge bemächtigen, gefolgt von einem Angriffskeil britischer Panzerverbände, die dann jenseits des Rheins bei Arnheim einen Brückenkopf bilden sollten. Am 17. September 1944 starteten 4807 Flugzeuge und Lastensegler, die unter erheblichen Schwierigkeiten die Einheiten absetzten. Das zufällig im Raum Arnheim zur Auffrischung stationierte II. SS-Panzerkorps isolierte sofort die wichtigste britische Gruppierung. In schweren Kämpfen wurde die britische Division aufgerieben. Zu ihr gehörte auch die polnische Luftlande-Brigade, die den verzweifelt kämpfenden Landsleuten in Warschau nicht helfen durfte. Nur rund 2500 Mann entkamen. Insgesamt erlitten die Alliierten Verluste von 13266 Mann. Gleichzeitig hatte die 1. US-Armee den Westwall erreicht und konnte nach wochenlangen Kämpfen am 21. Oktober Aachen, die erste deutsche Großstadt, einnehmen. Am selben Tag starteten Briten und Kanadier eine Offensive zur Öffnung der Scheldemündung. Die Kanadier verloren insgesamt 27633 Mann und konnten Teile der 15. Armee, die sich auf der überfluteten Insel Walcheren gehalten hatten, erst nach vier Wochen niederwerfen.

Patton, der eigensinnige amerikanische Panzergeneral, hatte nach dem Scheitern von Montgomery einen Großteil des Treibstoffs an sich gezogen und mit der 3. US-Armee die alte Reichsgrenze bei Saarbrücken erreicht. Das für die deutsche Kriegführung wichtige Saargebiet war damit unmittelbar bedroht. Auch die anderen alliierten Armeen rückten erfolgreich vor. Die 9. US-Armee erlitt aber im Hürtgenwald starke Verluste gegen deutsche Fallschirmjäger. Die 1. französische Armee unter General Jean de Lattre de Tassigny stieß über Burgund vor und befreite Straßburg. Doch um Colmar blieb ein deutscher Brückenkopf bestehen. Unter den Witterungsbedingungen des regnerischen Spätherbstes flauten an der Westfront die Kämpfe ab. Die Alliierten hatten, gemessen an ihren Zielsetzungen und Möglichkeiten im September 1944, zweifellos einen strategischen Rückschlag erlitten.

Der Zusammenbruch im Osten

Hitlers Strategie hatte für das Jahr 1944 den Schwerpunkt im Westen gesehen. Im Osten sollte die Front lediglich gehalten werden. Die Weisung Nr. 51 vom 27. Dezember 1943 beschrieb seine Überlegung so: »Die Gefahr im Osten ist geblieben, aber eine größere im Westen zeichnet sich ab: die angelsächsische Landung! Im Osten läßt die Größe des Raums äußersten Falles einen Bodenverlust auch größeren Ausmaßes zu, ohne den deutschen Lebensnerv tödlich zu treffen. Anders der Westen!«[4] Doch die Stabilisierung der Ostfront erwies sich nach der sowjetischen Winteroffensive als brüchig und mühselig. Es standen hauptsächlich »ausgebrannte« Divisionen und kaum Reserven zur Verfügung. Als vage erwiesen sich Hoffnungen auf ein Zerbrechen der feindlichen Koalition und den Einsatz neuer Waffen. Doch Hitler drängte auf eine offensive Kriegführung. Die deutschen Kräfte reichten aber nur aus, eine einzige Schlacht zu schlagen, im Osten oder im Westen. Ein Sieg im Westen sollte Schlagkraft auch für den Osten schaffen.

Das nervöse Starren auf den Westen verdrängte allerdings die Gefahr im Osten. Hitler dachte auch keineswegs an eine bewegliche Verteidigung, im Gegenteil. Er setzte alles auf eine Karte und wollte die Front stur verteidigen, bis Verstärkungen aus dem Westen eintrafen. Voraussetzung dafür wäre freilich eine dortige schnelle Entscheidung gewesen. Der Gegner würde aber wohl kaum darauf verzichten, gleichzeitig anzugreifen, so daß ein »Fenster der Verwundbarkeit« für die deutsche Strategie entstehen mußte. Das für den Osten zuständige OKH wurde daher zunehmend mißtrauisch. Seine »Reserve« befand sich 2300 Kilometer weit im Westen, 35 Divisionen, die für eine spätere Verlegung nach Osten vorgesehen waren, und man war gezwungen, den Weißrussischen Frontvorsprung mit den Brückenköpfen unbedingt zu halten, um von dort später zum Angriff übergehen zu können.

Der Blick richtete sich aber hauptsächlich auf die Ukraine. Dort hatte die Rote Armee einen tiefen Einbruch erzielt und den größten Teil ihres Angriffspotentials konzentriert. Das sprach für die Wahrscheinlichkeit einer Sommeroffensive in Richtung Balkan: dort wo eine politisch instabile Lage herrschte, weil die deutschen Verbündeten einen Ausweg aus dem Krieg suchten. Hitler sah sich gezwungen, Budapest am 19. März 1944 besetzen (Unternehmen »Margarethe«) zu lassen und den Verbleib Ungarns in der Koalition zu erzwingen. Diese Maßnahme hatte nicht nur eine schärfere Ausbeutung des Landes für die deutsche Kriegsproduktion zur Folge, sondern kostete auch viele hunderttausend jüdische Bürger das Leben, die jetzt schutzlos dem deutschen Zugriff ausgeliefert waren. In Rumänien mit seinen wichtigen Ölquellen war die politische und ökonomische Lage ebenfalls äußerst gefährdet; in Jugoslawien konnten sich die Deutschen in den Wirren des Bürgerkriegs und gegenüber den Tito-Partisanen kaum noch durchsetzen, zudem bedrohten die Alliierten mit ihrem Vormarsch in Italien die südöstliche Flanke.

Die OKH-Abteilung Fremde Heere Ost vermutete deshalb den Schwerpunkt der sowjetischen Sommeroffensive bei der Heeresgruppe Nordukraine. Deren Oberbefehlshaber Generalfeldmarschall Model erhielt deshalb geringe Verstärkungen. Hier konnten die Sowjets den Hebel ansetzen, um die Ostfront entweder in Richtung Balkan oder Ostsee zum Einsturz zu bringen. Die Stadt Kovel' im Quellgebiet des Pripjať bildete sozusagen das Scharnier. Bereits im Frühjahr war es nur mit Mühe möglich gewesen, hier einen Zusammenbruch der Front zu verhindern. Die bereits eingeschlossene Stadt wurde am 5. April durch das LVI. Panzerkorps unter General der Infanterie Friedrich Hoßbach entsetzt. Das Oberkommando der Heeresgruppe Mitte unter Generalfeldmarschall Busch fürchtete hier einen großen Aufmarsch der Russen mit Stoßrichtung Warschau, Königsberg, Danzig. Damit drohte ein gigantischer Kessel für Mitte und Nord. Einen solchen indirekten Vorstoß hielt man für wahrscheinlich, um den Weißrussischen Frontbogen der Deutschen zum Einsturz zu bringen. Ein frontaler Angriff dagegen würde die sowjetischen Angriffsverbände zu einem Kampf über 700 Kilometer durch Wälder und Sümpfe zwingen. Die Stavka entschied sich dennoch für einen Hauptangriff nördlich der Pripjať-Sümpfe.

Wichtig für die deutsche Abwehr war die Aufklärung des Angriffsschwerpunkts. Die sowjetische Führung bereitete aber keine Offensive, sondern eine Serie zeitlich gestaffelter operativer Schläge vor, beginnend in Karelien, dann kaskadenartig nach Süden fortgesetzt, um ein Verschieben von deutschen Reserven zu verhindern und schließlich alle vier deutschen Heeresgruppen in Abwehrkämpfe zu verstricken. Offenbar wollte man kein Risiko eingehen und verzichtete auf den einzigen, entscheidenden Schlag, doch das Kriegsende wurde damit verschoben. Die zahlenmäßige Überlegenheit der Roten Armee war inzwischen so groß geworden, daß mehrfache und gleichzeitige Schwerpunkte möglich wurden. Das schuf zwangsläufig Verwirrung bei der deutschen Aufklärung.

Die Operation »Bagration« richtete sich gegen die Heeresgruppe Mitte, die bogenförmig mit der 3. Panzerarmee, der 4. und 9. Armee um Minsk herum aufgestellt war. Die 2. Armee deckte die südliche Flanke gegen die Ukraine. Seit Anfang Juni 1944 gab es deutliche Anzeichen für den sowjetischen Aufmarsch. Der Termin 22. Juni als dritter Jahrestag des deutschen Überfalls lag nahe. Spektakuläre Partisanenaktionen bestätigten die Annahme. Doch die deutsche Feindlage-Beurteilung blieb widersprüchlich, besonders hinsichtlich der exponierten Lage der 3. Panzerarmee bei Vitebsk, wo der feindliche Aufmarsch deutlich erkennbar war. Hitler wies aber Hinweise auf die Gefahr seitens der Heeresgruppe strikt zurück, womit für Busch das Thema zum Tabu wurde. Sein Oberkommando wich dem Problem aus und wurde schließlich völlig von dem Großangriff an dieser Stelle überrascht. Neuerschlossene deutsche Quellen in Moskau verstärken den Eindruck, daß das Oberkommando in den letzten zwei Wochen die Bedrohung sogar verharmloste.[5] Gehlen prognostizierte durchaus den richtigen Zeitpunkt des Angriffs und die gefährdeten Frontabschnitte, verkannte aber dessen tatsächliche Wucht. Feindaufklärung war nur noch frontnah möglich, weil kaum Luftaufklärungsmittel verfügbar waren, und die Deutschen hatten nicht den Vorteil der Alliierten, die mit ULTRA praktisch jeden Schritt des Gegners im voraus erkennen konnten. Zum ersten Mal hielt die Rote Armee absolute Funkstille und betrieb massive Aktionen zur Feindtäuschung. Gehlen trifft, wie die ältere Geschichtsschreibung gemeint hatte, daher nicht die Schuld, daß drei deutsche Armeen in die Falle gerieten und zerschlagen wurden. Sie liegt stärker beim Oberkommando der Heeresgruppe Mitte selbst und die Hauptschuld beim Hitler-hörigen Busch.

Mit der Besetzung Roms am 4. Juni 1944 begann eine hektische Periode, die sich

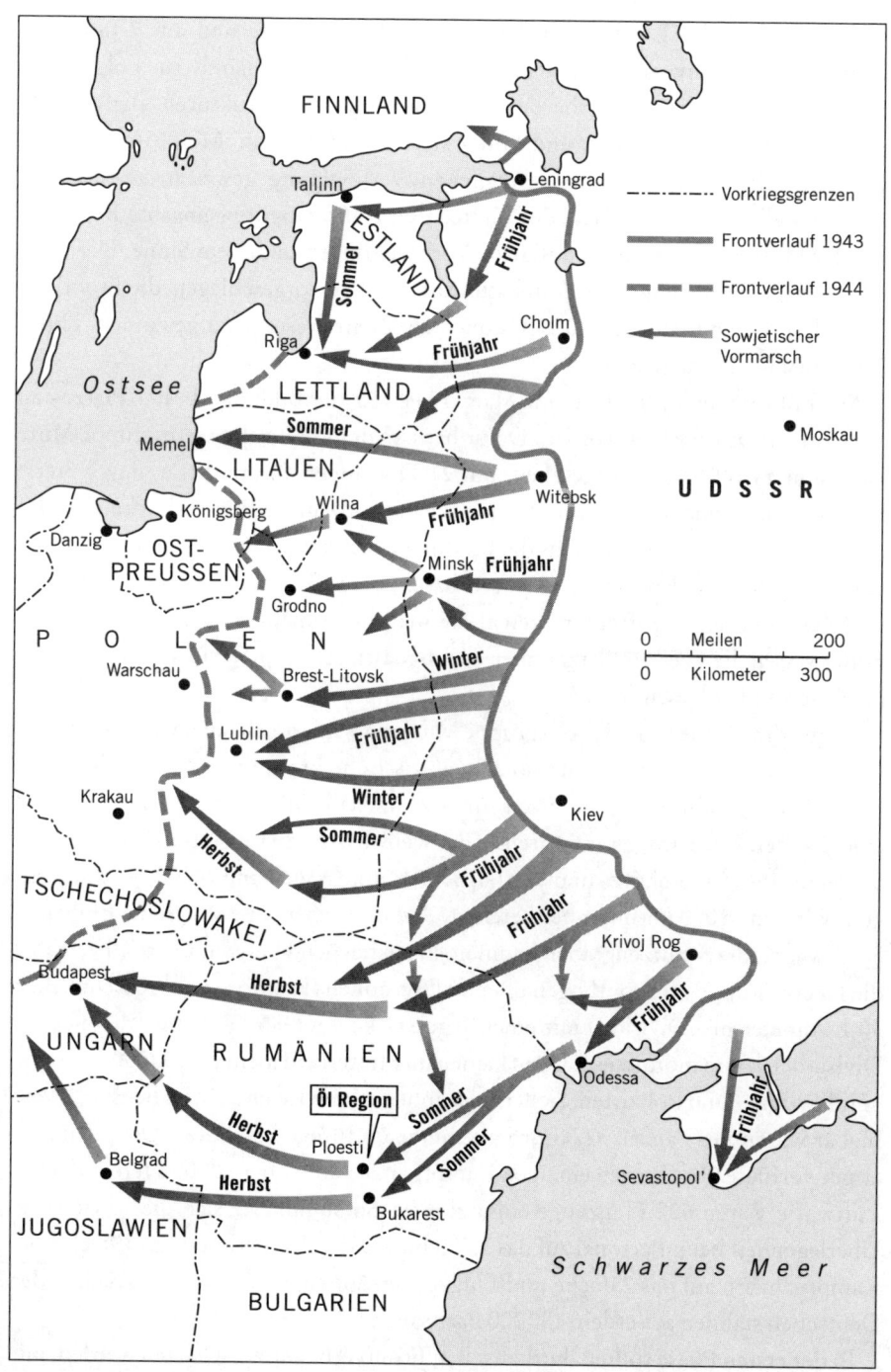

FINNLAND

Tallinn

Leningrad

ESTLAND

Frühjahr

Sommer

Cholm

- - · - - · - - Vorkriegsgrenzen

━━━━ Frontverlauf 1943

- - - - Frontverlauf 1944

◀━━━━ Sowjetischer Vormarsch

Riga

Frühjahr

Ostsee

LETTLAND

Sommer

Moskau

Memel

LITAUEN

Wilna

Witebsk

U D S S R

Königsberg

Danzig

Frühjahr

OST-
PREUSSEN

Minsk

Frühjahr

Grodno

P O L E N

Winter

0   Meilen   200

0   Kilometer   300

Warschau

Brest-Litovsk

Lublin

Frühjahr

Winter

Kiev

Krakau

Sommer

Frühjahr

Herbst

Frühjahr

TSCHECHOSLOWAKEI

Krivoj Rog

Budapest

Herbst

Frühjahr

UNGARN

R U M Ä N I E N

Herbst

Odessa

Öl Region

Sommer

Belgrad

Herbst

Ploesti

Sommer

Frühjahr

Sevastopol'

JUGOSLAWIEN

Herbst

Bukarest

Schwarzes Meer

BULGARIEN

Karte 7: Der sowjetische Vormarsch 1944.

am 6. Juni mit der Landung in der Normandie fortsetzte und am 9. Juni zum Beginn der Offensive in Karelien führte, die den Abfall Finnlands zur Folge hatte. Hier zeigte sich die Schwäche der deutschen Führungsstrukturen, die auf den Diktator ausgerichtet waren, und Hitler starrte nach Westen. Militärisch sinnvoll wäre der Übergang zu einer beweglichen Verteidigung gewesen, gestützt auf Abwehrstellungen in der Tiefe des Raums und rechtzeitig freigemachte Reserven. Bei der Heeresgruppe gab es durchaus Vorbereitungen in diesem Sinne. Der Chef des Wehrmachtführungsstabs Jodl hatte Anfang 1944 vorgeschlagen, die Frontlinie zu verkürzen und dadurch 20 Divisionen als Zentralreserve zu gewinnen. Hitler hatte entschieden abgelehnt.

Mit Führerbefehl Nr. 11 vom 8. März 1944 war die Bildung »Fester Plätze« an der Ostfront angeordnet worden. Dafür hatte man im Bereich Heeresgruppe Mitte insgesamt zwölf Städte vorgesehen, mit 21 Divisionen Gesamtbesatzung, vorerst meist nur mit einem Bataillon als Sicherheitsbesatzung. Hitler erhoffte sich dadurch im Fall eines Durchbruchs die Bindung des Zehnfachen an feindlichen Kräften. Die Oberbefehlshaber der Armeen hatten dem Konzept widersprochen, weil sie Lücken in der Front befürchteten, die man nicht mehr schließen konnte. Für Hitler waren die »Festen Plätze« aber wichtige Brückenköpfe, falls sich das Kriegsglück gewandelt haben sollte.

Gegen drei Armeen der Heeresgruppe Mitte marschierten frontal vier sowjetische Fronten auf (1. Baltische Front und 3. Weißrussische Front unter Marschall Vasilevskij, 2. und 1. Weißrussische Front unter Marschall Žukov), mit 14 Armeen und einer Panzerarmee. Insgesamt waren an der weißrussischen Operation 2,5 Millionen Soldaten, 45 000 Geschütze und Werfer, 6000 Kampfwagen und 7000 Frontflugzeuge sowie rund 1000 Fernbomber beteiligt. Auf deutscher Seite waren die Einheiten geschwächt, die Schützengräben kaum noch ausreichend besetzt. Offiziell verfügte die Heeresgruppe im Frontbogen über 29 Divisionen (Frontbreite durchschnittlich 30 Kilometer pro Division) mit einer Tagesstärke von 486 000 Mann, die meisten Divisionen kaum motorisiert. Dazu kamen im Hinterland mehr als 100 000 russische »Hilfswillige« und Polizisten, Sicherungseinheiten, der Reichsarbeitsdienst etc. Verfügbar waren 118 Panzer, 377 Sturmgeschütze und 1565 Geschütze. Die 3. Panzerarmee verfügte über keinen einzigen Kampfpanzer, aber über 60 000 Pferde. Bei der Luftwaffe waren 602 Flugzeuge einsatzbereit. So summierte sich die sowjetische Überlegenheit beim Personal auf das 3,7fache, bei der Artillerie auf das 19fache, bei Kampfpanzern auf das 23fache und Flugzeugen auf das 10,5fache.[6] Im Rücken der Deutschen standen außerdem 150 000 Partisanen.

In der ersten Phase sollten die deutschen Frontverbände zerschlagen werden, mit Angriffsflügeln bei Vitebsk im Norden und Bobruisk im Süden. Die zweite Phase würde den Zangenangriff der beiden Flügel darstellen, um die deutschen Truppen einzuschließen und konzentrisch auf Minsk vorzustoßen. Dazu würde eine größere Zahl von Panzerverbänden eingeführt werden, die ohne Rücksicht in die Tiefe vorstoßen sollten. In der dritten Phase handelte es sich darum, die deutschen Reste nach Westen in Richtung polnische Grenze zu verfolgen.

Vom 22. Juni bis zum 4. Juli 1944 entwickelte sich die Kesselschlacht von Minsk. Eröffnet wurde sie durch den Einsatz der Partisanen, die mit zahllosen Schienensprengungen den deutschen Nachschub für mehr als 24 Stunden lahmlegten. Eine riesige Feuerwalze ging auf die vorderen Stellungen nieder, die regelrecht pulverisiert wurden. Pro Frontkilometer kämpften 80 deutsche Infanteristen im Graben gegen 750 sowjetische Angreifer. Das LIII. Armeekorps der 3. Panzerarmee erlebte bei Vitebsk ein Desaster. Fünf Divisionen waren von Einkesselung bedroht. Während in den Hauptquartieren noch um eine Genehmigung zum Ausbruch gerungen wurde, versuchten viele Soldaten auf eigene Faust ihr Glück. Die meisten kamen in den Wäldern und Sümpfen ums Leben, nur wenige gelangten auf abenteuerlichen Wegen zu den eigenen Linien, rund 10 000 gingen in Gefangenschaft. In der Lücke von 100 Kilometern kam es zu einer wilden Flucht anderer Einheiten. Hitlers Halte-Strategie war gleich zu Beginn gescheitert.

Die südlich eingesetzte 4. Armee wurde abgedrängt, leitete einen teilweisen Rückzug ein. In den chaotischen Verhältnissen einer zusammenbrechenden Front wurden die Haltebefehle von der Lage rasch überholt. Die 9. Armee wurde bei Bobruisk eingeschlossen. Es spielten sich tumultartige Szenen aufgrund widersprüchlicher Befehle und Gegenbefehle ab. 70 000 Mann saßen in der Falle. Am 28. Juni wurde Busch als Oberbefehlshaber der Heeresgruppe abgelöst. Er hatte zweifellos eklatant versagt und keine Kampfführungsaufträge gegeben, immer nur zum Halten aufgefordert. Model als sein Nachfolger hatte es mit einer Front zu tun, die auf 400 Kilometern Breite zusammengebrochen war. Lediglich zwei schwache Panzerdivisionen wurden herbeigeschafft, die einen Gegenangriff führen sollten. Hitler befahl eine neue Halte-Linie, doch am 4. Juli war die Zange geschlossen. Die Erlaubnis zum Ausweichen wurde zu spät erteilt. Die 4. Armee befand sich auf einem fluchtartigen Rückzug. Sie ging in einem »wandernden Kessel« unter. Wieder bildeten Brücken über die Beresina das Nadelöhr, durch das sich kleine Gruppen bis zu 400 Kilometer weit zur ostpreußischen Grenze zurückschlugen. Von der 4. Armee blieben auf diese Weise rund 900 Mann als »Rückkämpfer« übrig. Sie fanden bei der polnischen und litauischen Bevölkerung Unterstützung, weil diese den Vormarsch der Roten Armee und die erneute Sowjetisierung des Landes fürchtete. Die kommunistischen Partisanen dagegen machten Jagd auf versprengte Deutsche. Verstümmelungen und Mißhandlungen waren an der Tagesordnung. Gefangene wurden fast immer erschossen. In den ehemals unabhängigen Regionen mit gemischten Minderheiten von Litauern, Polen oder Weißrussen waren die sowjetischen Partisanen Vorboten einer zweiten Stalinisierung.

Es entwickelten sich verworrene Konflikte mit einheimischen Widerstandsgruppen, die in blutigen Gewalttaten und Vertreibungen endeten. Örtlich arbeitete die Polnische Heimatarmee teils mit der Wehrmacht zusammen, um das Eindringen anderer Gruppen zu verhindern, teils diente sie sich den Truppen der Roten Armee als Pfadfinder an, um dann erleben zu müssen, daß der NKVD die polnischen Nationalisten anschließend entwaffnete und die Männer verschleppte oder sofort liquidierte. Besonders grausame Auseinandersetzungen fanden in der Westukraine statt, wo die polnische Minderheit zum Freiwild sowohl für die bewaffneten ukrainisch-nationalistischen Gruppen als auch für die sowjetischen Organe wurde. Über diese Vorgänge sind wir erst seit der Wende in Osteuropa genauer informiert, seit sich die neuen Nationalstaaten diesem dunklen Kapitel ihrer gemeinsamen Geschichte zuwenden.[7]

Im Sommer 1944 wurden insgesamt 28 deutsche Divisionen in Weißrußland zerschlagen, nach neuesten Zahlen waren die Verluste mit 250000 Mann (Tote, Verwundete und Vermißte) geringer als frühere Schätzungen. Neue Berechnungen sehen die sowjetischen Verluste bis Ende Juli 1944 bei 440879 Mann. Am 17. Juli ließ Stalin wie bei einem antiken Triumphzug 57600 Gefangene von Kosaken begleitet durch Moskau führen.

Da ihm in Personalunion der Oberbefehl über die Heeresgruppe Nordukraine geblieben war, kommandierte Model nun die Hälfte der Ostfront, was seine Maßnahmen erleichterte. Im Zentrum mußte er mit acht geschwächten Divisionen gegen 116 Schützendivisionen, sechs Kavalleriedivisionen, 16 motorisierte Schützenbrigaden und 42 Panzerbrigaden kämpfen. Die Heeresgruppe Mitte war praktisch nur noch ein Loch von 155 Kilometern Breite. Um weitere Kessel zu verhindern, bildete Model keine lineare Front mehr, sondern organisierte den Angriff gegen vorgeprellte feindliche Spitzen sowie überraschende Panzerattacken in die Flanken. Er handelte weitgehend selbständig in einer angriffsweisen Verteidigung, die erfolgreich einzelne Begegnungsgefechte bestand. So konnte z. B. die 5. Panzerdivision innerhalb eines Monats 486 feindliche Kampfpanzer, elf Sturmgeschütze, 119 Pak und 100 Lkw vernichten. Solche Teilerfolge konnten die Entwicklung aber nur verzögern.

Der Chef des Generalstabs des Heeres Zeitzler hatte den Plan entwickelt, mit einem kühnen Manöver die Ostfront zu retten. Dazu plante er die Räumung des Baltikums. So konnte man die Heeresgruppe Nord rechtzeitig evakuieren, um durch die Frontverkürzung die Hälfte der Truppen einzusparen und mit ihnen nach Süden anzugreifen, den vorgepreschten sowjetischen Truppen in Flanke und Rücken stoßen und die Heeresgruppe Mitte in die Lage versetzen, einen feindlichen Vorstoß nach Ostpreußen zu verhindern. Während der heftigen Kontroverse im Führerhauptquartier lehnte Hitler die große Lösung ab. Er löste Generaloberst Lindemann als Oberbefehlshaber der Heeresgruppe Nord ab und ernannte zum Nachfolger General der Infanterie Frießner. Zeitzler erklärte am 30. Juni resigniert den Krieg für verloren und bat um seine Ablösung. Nachfolger wurde Generaloberst Guderian, der 1941 im weißrussischen Raum seine größten Schlachten geschlagen hatte.

Die Rote Armee stieß auf Wilna vor. 4000 deutsche Soldaten saßen in der Falle. Hitler verlangte zunächst wieder Halten um jeden Preis, bewilligte dann aber in letzter Minute den Ausbruch. Auf der Linie Kaunas–Brest-Litovsk gelang es schließlich, mit neuen Reserven nach 400 Kilometern Rückzug die Front zu stabilisieren. Dazu trug auch die Erschöpfung des sowjetischen Vormarsches bei. Vorsichtiger Optimismus verbreitete sich im deutschen Hauptquartier, doch da zeichnete sich plötzlich der Zusammenbruch der Heeresgruppe Nordukraine ab. Der Angriff von Marschall Konev begann am 13. Juli mit der 1. Ukrainischen Front, der größten Frontvereinigung, die jemals zur Offensive angetreten war. Sie zertrümmerte die deutsche Front, ihre Panzerverbände stießen in den galizischen Raum und drängten die Deutschen auf die Karpaten zurück. Durch den Rückzug der

Abbildung 38: Gefangene deutsche Generale formieren sich für den Marsch durch Moskau.

Heeresgruppe Mitte war die Abwehrsituation für die deutsche Seite günstiger geworden, weil sie sich nun auf gleicher Höhe wie die Heeresgruppe Nordukraine befand. Koveľ wurde vorsorglich von Model geräumt, um Reserven zu gewinnen und eine Einkesselung wie in Vitebsk zu verhindern.

Die sowjetische Kräftemassierung übertraf alles, was beim ersten Durchbruch der Heeresgruppe Mitte eingesetzt worden war. Obwohl sich hier der am besten gesicherte Abschnitt der deutschen Front befand, gelang der Roten Armee der Durchbruch innerhalb von zwei Tagen. Sie überschritt die polnische Grenze und schlug eine 100 Kilometer breite Lücke zwischen den Heeresgruppen Mitte und Nordukraine. Am 24. Juli wurde Lublin eingenommen, einen Tag später erreichten erste Kräfte der Roten Armee die Weichsel und bildeten einen Brückenkopf. Damit geriet der südliche Eckpfeiler der Heeresgruppe Mitte in Gefahr. Die 2. Armee im Raum Brest-Litovsk saß in der Falle. Hitler befahl striktes Halten des »Festen Platzes« bis zur »Vernichtung der Besatzung«. Die Festung war von erheblicher Symbolkraft. Mit dem Angriff auf Brest-Litovsk hatte am 22. Juni 1941 der Angriff auf die UdSSR begonnen. Guderian als neuer Generalstabschef ließ anfangs die Frontgenerale im Stich und vertrat die Linie des »Führers«, der aber zugleich offensive Kampfführung durch Gegenangriffe befahl. Das war ein Widerspruch in sich. Model gelang es, die Genehmigung zum Ausbruch zu erreichen. Da dieser verspätet erfolgte, gab es hohe Verluste. Gegenangriffe der wenigen deutschen Panzerdivisionen entwickelten sich aber erfolgreich.

Ende Juli drohte eine neue Katastrophe. Die Krise wurde zum Flächenbrand. Am 30. Juli brach die 1. Baltische Front an der Naht zwischen den Heeresgruppen Nord und Mitte durch und erreichte bei Tukkum die Ostsee. Das bedeutete die Einschließung der nördlichen Heeresgruppe. Gleichzeitig begann eine Großoffensive gegen die Heeresgruppe Nordukraine, die jetzt von Generaloberst Harpe geführt wurde. Die Südflanke der Heeresgruppe Mitte wurde aufgerissen, der Rückzug kam erst 200 Kilometer westlich entlang von Weichsel und Karpaten zum Stehen. Zu diesem Zeitpunkt mußte eine weitere Offensive gegen die Heeresgruppe Südukraine erwartet werden, und im Westen brach die Invasionsfront zusammen. Hitlers ursprüngliche Strategie war damit gescheitert. Es wurden keine Reserven für die Ostfront verfügbar. Dabei begann nun der Aufmarsch zur Schlacht um Warschau.

Die 1. Weißrussische Front unter Marschall Rokossovskij zielte ostwärts an der Stadt vorbei auf die Flußübergänge im Dreieck Weichsel – Narev – Bug. Zwischen Warschau und der Ostsee gab es praktisch keine deutschen Verbände mehr. Am 1. August wurde ein weiterer Brückenkopf jenseits der Weichsel südlich von Warschau gebildet. Gleichzeitig begann der polnische Nationalaufstand unter der

Führung von General Tadeuz Komorowski. Für die Wehrmacht entstand dadurch eine höchst kritische Situation, weil Warschau einen zentralen Straßen- und Eisenbahnknotenpunkt bildete und zahlreiche Versorgungseinrichtungen installiert waren. Am 31. Juli allerdings trat bei der 2. sowjetischen Panzerarmee ein Mangel an Betriebsstoff ein, der zu einer kurzen Operationspause zwang, die von Model zu einem überraschenden Gegenschlag genutzt werden konnte. Es gelang ihm, vier Panzerdivisionen, die über 223 Kampfpanzer und 54 Sturmgeschütze verfügten, kurzfristig aus der Front zu lösen und die vorgepreschten sowjetischen Panzerverbände konzentrisch anzugreifen. Er fügte der Roten Armee eine Niederlage zu, die in der sowjetischen Literatur verschwiegen worden ist. Erbitterte Kämpfe führten zum Verlust von mindestens 268 sowjetischen Kampfwagen. Die 2. Panzerarmee mußte aus der Front herausgelöst werden.

Die Panzerschlacht nördlich von Warschau ist im Zusammenhang mit der Kontroverse in der Geschichtsschreibung zum Warschauer Aufstand zu sehen. Mit ihrer Absicht, die Hauptstadt aus eigener Kraft zu befreien (Operation »Burza«) und damit den Anspruch der polnischen Exilregierung in London gegenüber dem kommunistischen Lubliner Komitee zu unterstreichen, befand sich die Armia Krajova (AK) von vornherein in einer schwierigen Situation. Der deutsche Stadtkommandant, General Rainer Stahel, war durch Verrat über die Vorbereitungen zum Aufstand unterrichtet und hatte mit 12 000 Mann die wichtigsten Schlüsselpositionen gesichert. So brach der Sturm auf diese Objekte unter schweren polnischen Verlusten zusammen. Ein großer Teil der AK-Einheiten verließ daraufhin die Stadt.

Rund 40 000 schwach bewaffnete Untergrundkämpfer lieferten sich mit den deutschen Gegenkräften – größtenteils Osttruppen, die von SS-Obergruppenführer Erich von dem Bach-Zelewski geführt wurden und auf Hitlers Befehl die Stadt dem Erdboden gleichmachen sollten – langwierige Straßenkämpfe. Mehr als 10 000 Kämpfer und Einwohner wurden zusammengetrieben und wahllos erschossen. Nach der Vergewaltigung selbst von »reichsdeutschen« Frauen durch die Hilfstruppen (Kaminski-Brigade) unterband Bach-Zelewski die Übergriffe und Exekutionen. Die Aufständischen zogen sich in die Kanalisation zurück und warteten vergeblich auf die versprochene Hilfe. Churchill hielt allerdings nun die in Schottland bereitstehende exil-polnische Luftlandebrigade zurück, nachdem seine Bitte an Stalin, den Aufstand zu unterstützen, ungehört verhallt war. Eine alliierte Luftbrücke konnte erst verspätet aufgebaut werden und reichte – weil Stalin Zwischenlandungen auf sowjetischem Operationsgebiet untersagt hatte – nicht aus, die Aufständischen zu retten. Am 2. Oktober kapitulierte Komorowski.

Warum griff die Rote Armee nicht entscheidend in die Kämpfe ein, obwohl sie den östlichen Teil der Stadt besetzt hatte? Vieles spricht dafür, daß Stalin aus politischen Gründen die Niederwerfung des nicht-kommunistischen Widerstands durch die Deutschen abwartete, weil er sich davon eine Erleichterung seiner Pläne für eine Sowjetisierung Polens versprach. Die militärischen Gründe sollten aber nicht unterschätzt werden. Aus deutscher Sicht war die Panzerschlacht vor Warschau die wichtigste Operation zur Rettung der mittleren Ostfront. Es drohte ein völliger Zusammenbruch der Heeresgruppe Mitte und ein Vorstoß der Roten Armee bis zur Ostsee. Stalin allerdings hatte bereits am 8. Juli den Vorschlag von Žukov abgelehnt, die sowjetischen Angriffskräfte im Zentrum auf Warschau zu konzentrieren und dann Ostpreußen einzunehmen. Der linke Flügel der 1. Weißrussischen Front mußte statt dessen weiter in Richtung Westen auf Lublin vorstoßen. Dadurch konnte Model die abgekämpften sowjetischen Panzerverbände gerade noch aufhalten. Der überraschende deutsche Erfolg verhinderte eine rasche Einnahme Warschaus. Die Rote Armee führte Kräfte nach und unternahm allerdings kaum Anstrengungen, den verzweifelt kämpfenden Polen zu Hilfe zu kommen.

Die Heeresgruppe Mitte hatte zwar den Vorstoß auf Warschau abwehren können, doch drohte ihr nun an der linken Flanke durch die Lücke zur Heeresgruppe Nord eine noch stärkere Gefahr. Durch die Operation »Doppelkopf« sollten zwei Panzerkorps mit 299 Kampfwagen gegen einen weit überlegenen Gegner die Verbindung wieder herstellen. Es war Hitlers Wahnidee einer riesigen Kesselschlacht in Litauen. Am 16. August wurde Model angesichts der Krise in Frankreich als neuer Oberbefehlshaber West abgezogen. Generaloberst Reinhardt übernahm die Heeresgruppe Mitte und startete am selben Tag »Doppelkopf«. Anfangs wurden beträchtliche Geländegewinne erreicht, doch die Kräfte erschöpften sich, weil auf sowjetischer Seite eine schnelle Umgruppierung vorgenommen wurde und starke Pak-Fronten und überlegene sowjetische Luftstreitkräfte den deutschen Angriff hemmten. Auf deutscher Seite war wegen Betriebsstoffmangels kein Einsatz der Luftwaffe möglich. Am 20. August erreichte die »Gruppe von Strachwitz« ostwärts von Tukkum die Linien der Heeresgruppe Nord und erhielt Unterstützung durch Schiffsartillerie der Kriegsmarine.

Ab dem 27. August trat dann auf beiden Seiten eine längere Ruhepause ein. Die Rote Armee hatte sich allzusehr verausgabt. Sie brauchte Erholung und Auffrischung sowie eine neue logistische Basis. Die Deutschen hatten ihre Ostfront gerade noch einmal gerettet. An der Weichsel konnten sie mit schwachen Kräften eine Sicherungslinie bilden und die sowjetischen Brückenköpfe mühsam abriegeln. Die 9. Armee wurde der Heeresgruppe A (bisher Nordukraine) unterstellt, die Heeresgruppe Mitte sollte sich auf die Verteidigung Ostpreußens konzentrieren. An der Weichsel entwickelte sich ein Stellungskrieg, doch es war lediglich die Ruhe vor dem Sturm.

Anfang August hatte die Rote Armee bereits das Vorfeld Ostpreußens erreicht. Die 4. deutsche Armee unter General der Infanterie Friedrich Hoßbach befand sich in einer schwierigen Lage. Am 5. Oktober startete eine Großoffensive am Narev und ein gleichzeitiger Vorstoß der 1. Baltischen Front, der über Tilsit auf Königsberg zielte. Mitte Oktober folgte eine Offensive der 3. Weißrussischen Front in die Tiefe des ostpreußischen Raums mit Zielrichtung Weichselmündung. Die deutsche Front brach zusammen. Mit einem kühnen Panzervorstoß über die Angerapp und der handstreichartigen Einnahme von Nemmersdorf war der Weg nach Westen für die Rote Armee frei. Ein überraschender deutscher Gegenschlag in den Rücken des Angreifers war so erfolgreich, daß dieser trotz eigener starker Überlegenheit sofort den Angriff einstellte und aus der drohenden Einkesselung auszubrechen versuchte. Zum Verlust von rund 80 000 Mann kam die Zerstörung von 295 Panzern und 79 Geschützen. Die Führung der 3. Weißrussischen Front war so beeindruckt, daß sie die Offensive insgesamt Ende Oktober 1944 einstellte.

Die vorangegangenen erbitterten Kämpfe wären für die deutschen Verteidiger aussichtslos gewesen, wenn die Spitzen der 3. Weißrussischen Front nicht am 22. Oktober eine kurze, aber folgenreiche Pause eingelegt hätten. Der Grund lag in den ungeheuren Greueltaten gegenüber der deutschen Zivilbevölkerung. Nemmersdorf wurde zum Menetekel für die Tragödie, die ab Januar 1945 über die ostdeutsche Bevölkerung hereinbrechen sollte. Plünderungen und Vergewaltigungen verzögerten nicht nur die Kampfhandlungen der Roten Armee, sondern bewirkten zugleich einen enormen Motivationsschub für die deutschen Verteidiger.

Taktische Einzelerfolge der Wehrmacht konnten den Ausgang des Kriegs nicht mehr beeinflussen, nur seine Dauer. Hitler wurde aber zu dem Trugschluß verführt, auch auf dem anderen Kriegsschauplatz durch eine Offensive das Kriegsglück wenden zu können. Er handelte gegen den Rat Guderians, der zu konsequenter strategischer Defensive riet, dazu den Balkan und Norwegen räumen lassen wollte, um Reserven für die Ostfront zu gewinnen. Hitler verlegte aber den Schwerpunkt wieder nach Westen. Die letzten Panzerreserven sollten in der Ardennenoffensive zum entscheidenden Schlag ausholen. Es war das Ende der Ostfront.

Die Operation »Bagration« stellt die wohl gewaltigste Einzeloperation der gesamten Kriegsgeschichte dar. Es waren über 69 Tage intensiver Kampfhandlungen, die von sowjetischer Seite ohne Rücksicht auf Verluste geführt wurden (180 040 Tote, 590 848 Verwundete, 2957 Kampfwagen, 2447 Geschütze, 822 Flugzeuge). Das Ergebnis war ein Zusammenbruch der Heeresgruppe Mitte, die schwerste Niederlage der deutschen Militärgeschichte (26 397 Tote, 109 776 Verwundete, 262 929 Vermißte – die Verluste waren höher als in Verdun während des Ersten

Weltkriegs). Obwohl Stalingrad im Vergleich zu »Bagration« nur ein Mikrokosmos war, wirkte die Schlacht an der Volga in der deutschen Erinnerung stärker, weil hier der Mythos von der Unbesiegbarkeit der Wehrmacht zerbrach. Die Niederlage in Weißrußland dagegen wurde von den Deutschen weitgehend verdrängt, weil die Aufmerksamkeit der Bevölkerung stärker auf die Normandie gerichtet war. Außerdem gab das Attentat vom 20. Juli der NS-Propaganda Gelegenheit, angeblichen Verrat als Ursache für die Katastrophe im Osten hinzustellen.

Hitler zeigte sich entschlossen, das Baltikum wie eine riesige Festung zu halten. Die Heeresgruppe Nord war freilich ständig geschwächt worden und bestand Ende Juli nur noch aus 27 Divisionen mit rund 500 000 Mann. Sie hatte im Frühjahr das Vorfeld von Leningrad räumen müssen und sich auf die »Panther-Stellung« am Peipussee zurückgezogen. Es gab keine einzige Panzerdivision, lediglich 30 Kampfpanzer und 206 Sturmgeschütze sowie weniger als 100 Flugzeuge zur Unterstützung. Das Zurückweichen der Heeresgruppe Mitte im Juni/Juli hatte die eigene Front erheblich verlängert. So bedrängten die Generale Hitler, das nördliche Baltikum zu räumen und mit den freiwerdenden Kräften die Ostfront zu stabilisieren. Der Diktator argumentierte mit einem möglichen Abfall Finnlands, mit der Bedeutung des estnischen Schieferöls, mit der gefährdeten Blockade des Finnischen Meerbusens gegen die sowjetische Flotte, mit Rückwirkungen auf Schweden und seine kriegswichtigen Erzlieferungen, schließlich mit dem neuen U-Boot-Krieg, für den man die Ostsee als Rückhalt brauchen würde.

Dönitz als Oberbefehlshaber der Kriegsmarine räumte allerdings ein, daß Estland wertlos werde, wenn es den Sowjets gelänge, an die ostpreußische Küste vorzustoßen. Doch er wurde bald in seiner Position schwankend. Mit Beginn der sowjetischen Sommeroffensiven zeigte sich, daß die Heeresgruppe Nord unmöglich die bisherige Front halten und gleichzeitig wieder den Anschluß an die Heeresgruppe Mitte erkämpfen konnte. Der neue Oberbefehlshaber Frießner drängte im Juli auf einen Teilrückzug gegenüber den vier angreifenden sowjetischen Fronten und ihren enormen Panzermassen. Frießner wurde abgelöst. Sein Nachfolger, Generalfeldmarschall Schörner, führte wider Erwarten keineswegs stur Hitlers Haltebefehle aus, sondern ließ selbständig rückwärtige Stellungen besetzen und verhinderte so den Zusammenbruch. Die Verbindung mit der Gruppe Strachwitz blieb allerdings labil. Chancen, durch diesen Korridor die Heeresgruppe zu evakuieren, wurden nicht genutzt. Hitler schickte statt dessen Verstärkungen in den baltischen Raum, um diesen unbedingt zu halten.

Anfang September ließ der sowjetische Druck nach. Die finnische Regierung hatte am 2. September beschlossen, die Koalition mit Deutschland zu beenden. Es war der Beginn langwieriger Kampfhandlungen zwischen den ehemaligen Bundesgenossen, bei denen sich die deutschen Kräfte nur mühsam nach Lappland retten konnten. Durch eine rücksichtslose Strategie der »Verbrannten Erde« versuchten sie den Vormarsch sowjetischer und finnischer Truppen bis zum Ende des Kriegs im Norden zu verzögern. Stalin respektierte den Wunsch des amerikanischen Präsidenten, Finnland zu schonen, und verzichtete auf die Einsetzung einer Marionettenregierung. Er begnügte sich im wesentlichen mit den Gebietsgewinnen in Karelien aus dem ersten sowjetisch-finnischen Krieg 1939/40. Der Waffenstillstandsvertrag wurde am 19. September in Moskau unterzeichnet.

Am 14. September startete ein sowjetischer Großangriff mit 1,5 Millionen Mann, 17 480 Geschützen, 3080 Kampfwagen und 2640 Flugzeugen, um die deutschen Kräfte in Estland und im nördlichen Lettland einzuschließen. Nach einem dramatischen Lagevortrag Schörners genehmigte Hitler am 16. September die Räumung dieses Raums. In einem geordneten Rückzug zogen sich die erschöpften deutschen Verbände auf den Raum Riga zurück. Die Wehrmacht zeigte sich bemüht, die Kräfte der ehemaligen baltischen Staaten für den Abwehrkampf zu gewinnen. Viele Einwohner, die eine Resowjetisierung befürchteten, flohen mit den Deutschen, teils sogar über die Ostsee ins neutrale Schweden oder in die Wälder, wo sie später noch jahrelang dem NKVD erbitterten Widerstand leisteten. Rosenbergs Besatzungsorgane hatten an das Unabhängigkeitsstreben der Baltenvölker appelliert, aber die Menschen hatten das Vertrauen in die Deutschen weitgehend verloren. Den Zwangsrekrutierungen der Wehrmacht entzogen sich die meisten jungen Männer.

Die Rote Armee eröffnete ihre Memel-Operation am 5. Oktober, erreichte die Ostseeküste und schnitt die Heeresgruppe Nord ein zweites Mal ab, nunmehr endgültig. Ein deutscher Gegenangriff mußte abgesagt werden, weil eine neue Offensive die mühselig gehaltene Abwehrfront in Kurland gefährdete. Der völlige Zusammenbruch konnte aber verhindert werden. Bis zur Einstellung ihrer Offensive am 20. Oktober verlor die Rote Armee 280 090 Mann, 522 Kampfwagen, 2593 Geschütze und 779 Flugzeuge. Für die deutschen Verluste liegen keine genauen Zahlen vor, doch dürften sie sich weit darunter befinden.

In den folgenden Wochen entbrannte immer wieder das Ringen zwischen Hitler und der Generalität um die Rückführung der Heeresgruppe Nord zur Rettung von Ostpreußen. Hitler lehnte alle Pläne ab. Die »Festung Kurland« sollte um jeden Preis gehalten werden. Das OKH verringerte allerdings zur Stützung anderer Fronten die Divisionen bis zum Frühjahr 1945 von 33 auf 19 Verbände. Für das Durchhalten des Kurland-Kessels war die Versorgung über See nach Libau und die Unterstützung durch Schiffsartillerie der Kriegsmarine von entscheidender Bedeutung. Die über sieben Monate andauernden schweren Kämpfe fanden in der sowjetischen

Literatur keinen Niederschlag. Tatsächlich zeigte sich Moskau aber entschlossen, die deutschen Verbände so schnell wie möglich zu vernichten. In sechs großen Schlachten rannten die Truppen der Roten Armee immer wieder gegen die deutsche Front an, ohne sie je durchstoßen zu können. Erst Ende März 1945 wurde die Masse der sowjetischen Verbände für die Schlacht um Berlin abgezogen. In den letzten Tagen des Zweiten Weltkriegs bildeten die Verteidiger Kurlands einen vergessenen Vorposten, dessen Evakuierung Anfang Mai 1945 nicht mehr vollzogen werden konnte. 189112 Soldaten und 14000 lettische Freiwillige gerieten in Gefangenschaft.

Der dramatische Zusammenbruch einer ganzen Heeresgruppe, wie er sich im Sommer 1944 im Mittelabschnitt vollzog, bildete eine Ausnahme. So wie im Norden blieb auch im Süden der Ostfront trotz erheblicher Geländeverluste der Zusammenhang zunächst bestehen. Den Heeresgruppen Süd und A war nach den gewaltigen Verlusten und Rückzügen im Sommer und Herbst 1943 keine Ruhepause vergönnt. In der Ukraine standen sich auf beiden Seiten der Front die stärksten Gruppierungen gegenüber, bei den Deutschen 69 Infanterie-Divisionen, 18 Panzer- und vier Panzergrenadierdivisionen, die zumindest teilweise wieder aufgefüllt worden waren. Sie sollten die sowjetischen Stoßkräfte im Winter 1943/44 weiter erschöpfen, die Dnepr-Linie des »Ostwalls« möglichst wiedergewinnen und die auf der Krim eingeschlossenen elf Divisionen entsetzen. Auf sowjetischer Seite befand sich ebenfalls die Masse der verfügbaren Panzerverbände, die den deutschen Südflügel aufspalten und zerschlagen sollten. Dafür standen 21 Armeen und drei Panzerarmeen mit rund 2,2 Millionen Mann zur Verfügung. Die 1. und 2. Ukrainische Front koordinierte Marschall Žukov, die 3. Ukrainische Front Marschall Vasilevskij.

Am 24. Dezember 1943 hatte die 1. Ukrainische Front (Nikolai F. Vatutin) überraschend die Offensive in Richtung Kiev–Žitomir eröffnet. Die 4. deutsche Panzerarmee wurde aufgerissen und trotz einiger Gegenangriffe fast 100 Kilometer zurückgedrängt. Mansteins Vorschlag, die Rochade vom Frühjahr 1943 zu wiederholen und die durchgebrochenen Feindtruppen durch zangenartige Flankenangriffe zu vernichten, wurde von Hitler abgelehnt. Er war nicht bereit, dafür den Frontvorsprung von Nikopol' zu räumen, um Kräfte für den Gegenangriff zu gewinnen. Die Erzgruben von Nikopol' blieben für Hitler eine kriegswichtige Position, um die deutsche Stahlproduktion weiter zu steigern. Dennoch konnten durch Umgruppierungen einige Kräfte gewonnen werden, um mit Gegenangriffen im Raum Vinniza–Uman' die Offensive der 1. Ukrainischen Front nördlich des Bug Mitte Januar 1944 zum Stehen zu bringen.

Die nach Süden vorgedrungenen Teile dieser Front bedrohten aber die 8. deutsche Armee im mittleren Abschnitt der Heeresgruppe Süd, zumal diese auch durch eine Offensive der 2. Ukrainischen Front (Konev) in die Zange genommen wurde.

Durch herangeführte Reserven gelang es der 1. deutschen Panzerarmee, die nördliche sowjetische Zange am 28. Januar einzuschließen. Insgesamt sieben Divisionen konnten aber mit größeren Teilen wieder ausbrechen. Zugleich gelang es der 6. deutschen Armee, den Frontvorsprung von Krivoj Rog und Nikopol' gegen heftige Angriffe zu halten. Manstein drängte um so nachdrücklicher darauf, diese exponierte Stellung ebenso wie die Krim zu räumen und auch die 8. Armee planmäßig zurückzunehmen. Dadurch hätte die Frontlinie auf die Hälfte verkürzt werden können. Hitler blieb jedoch aus politischen Gründen hart und gab die Hoffnung nicht auf, aus den Frontvorsprüngen eines Tages wieder die Dnepr-Linie zurückzugewinnen. Ende Januar 1944 verschlechterte sich die Lage der 8. Armee durch eine neue Offensive der 1. und 2. Ukrainischen Front, die sich bei Svenigorodka vereinten. Im Raum Korsun waren zwei deutsche Armeekorps mit 54 000 Mann eingeschlossen. Der Versuch, mit starken deutschen Panzerkräften die Einschließung aufzubrechen, mißlang. Der wandernde Kessel schrumpfte zusehends und konnte auch aus der Luft nicht ausreichend versorgt werden. Das Gespenst von Stalingrad ging um. Am 15. Februar befahl Manstein den Ausbruch der Gruppe Stemmermann. In einem blutigen Nachtangriff konnten sich immerhin rund 30 000 Mann unter Zurücklassung ihrer schweren Waffen und Fahrzeuge zu den eigenen Linien durchschlagen.

Nach diesem Erfolg setzten die sowjetischen Truppen in der Ukraine ihre Offensiven trotz der schlechten Witterungsbedingungen fort. Die Winterschlacht wurde zur Frühjahrsoffensive. Vatutin fiel einem Anschlag ukrainischer Partisanen zum Opfer. Žukov selbst übernahm das Kommando der 1. Ukrainischen Front und erreichte in mühseligen Kämpfen den Durchbruch zu den Karpaten. Bei Černovicy gelang es ihm, die deutsch-rumänische Bahnverbindung zu unterbrechen. Das Ostheer zerfiel damit in zwei Teile. Auch im Süden hielten die Kampfhandlungen an. Die 3. Ukrainische Front unter Malinovskij und die 4. Ukrainische Front unter Tolbuchin eroberten gegen heftigen deutschen Widerstand Nikopol', Krivoj Rog und Cherson. Die Krim war nun vollständig abgeschnitten.

Wie Hitler befürchtet hatte, blieben die politischen Folgen nicht aus. Die rumänische Führung suchte über Stockholm Friedenskontakte, die Ungarn forderten den Abzug ihrer Sicherungstruppen aus der Ukraine. Gespräche mit den beiden Staatschefs Antonescu und Horthy endeten in heftigen Vorwürfen Hitlers gegenüber den schwankenden Verbündeten. Der Diktator blieb trotz der erreichten oberflächlichen Verständigung mißtrauisch und ließ mehrere Varianten zur Besetzung von Finnland, Ungarn und Rumänien ausarbeiten. Er fühlte sich darin bestärkt, keine weiteren Positionen mehr aufzugeben. Die Ostfront sollte zum unerschütterlichen Bollwerk werden. Das von den Generalen immer wieder beantragte Ausweichen wollte er nicht als Schachzug begreifen, um Reserven zu gewinnen, sondern er vermutete daher Defätismus und Feigheit. Goebbels' Tagebuch füllte sich mit Haßtiraden des Diktators. Er entließ die Generale Hoth und Küchler, schließlich auch Manstein und Kleist. Seinen Willen sollten nun Befehlshaber vollstrecken, die als stramme Nationalsozialisten galten und denen rücksichtslose Härte nachgesagt wurde: Generalfeldmarschall Walter Model und Generaloberst Schörner. Aber auch sie mußten in kritischen Situationen um die Genehmigung zu örtlichen Rückzügen bitten, und sie konnten weder die fehlenden Kräfte ergänzen noch die erschöpften Truppen motivieren, deren Überlegenheitsgefühl tiefer Hoffnungslosigkeit gewichen war. Nur die Angst vor sowjetischer Gefangenschaft hielt die Soldaten zusammen.

Hitler genehmigte zwar die Räumung von Odessa, von wo deutsch-rumänische Marineeinheiten 18 845 Mann evakuieren konnten, doch den angelaufenen Abtransport der 17. Armee von der Krim ließ er stoppen. Auf dem Luft- und Seeweg waren bereits 45 000 Deutsche und Rumänen, 16 000 Ostlegionäre und 3800 Kriegsgefangene herausgebracht worden. Die alte Festung Sevastopol' sollte um jeden Preis gehalten werden. Doch die Truppen hielten den sowjetischen Angriffen nicht stand. Unter schweren Schlägen der sowjetischen Luftwaffe mußten schließlich weitere 100 000 Mann evakuiert werden. Dabei gingen 60 Schiffe verloren, 31 700 Deutsche und 25 800 Rumänen kamen ums Leben. Mitte Mai 1944 waren die Kämpfe auch im Süden der Ostfront weitgehend abgeflaut. Die Lücke zwischen den Pripjat'-Sümpfen und den Karpaten wurde durch neu herangeführte Divisionen und die 1. ungarische Armee unter General Lakatos geschlossen.

Die sowjetische Sommeroffensive zerstörte alle Hoffnungen auf eine dauerhafte Stabilisierung der Ostfront. Nach dem Zusammenbruch der Heeresgruppe Mitte im Juni/Juli 1944 und der Abtrennung der Heeresgruppe Nord geriet auch die Heeresgruppe Süd unter Druck. Die 1. Ukrainische Front unter Konev setzte die Offensive in Galizien fort. Sie durchbrach die dünne deutsche Frontlinie, zerschlug abgeschnittene deutsche Verbände und zersprengte am 25. Juli die 1. Ungarische Armee unter General Károly Beregffy, die sich aus dem Karpatenkamm zurückziehen mußte, und nahm Lemberg ein. Die neugebildete 4. Ukrainische Front unter Generaloberst Iwan J. Petrov besetzte am 6. August das für die deutsche Treibstoffversorgung wichtige Ölgebiet von Drogobytsch.

Den Einmarsch in Rumänien hatte Stalin auch politisch gut vorbereitet. Sein Generalbevollmächtigter war Andrej J. Vyšinskij. Der NKVD-Agent Emil Bodnăraş hatte hinter den Linien eine »Vaterländische Wehr« gegründet und die rumänischen Oppositionspolitiker mit Regierungsvertretern und Militärs zusammengeführt. Manche hofften auf eine anglo-amerikanische Luftlandung in Bukarest, zumal die Türkei unter alliiertem Druck bereit war, die Beziehungen zu Deutschland abzubrechen. König Michael I. billigte den Putschplan. Zuverlässige Truppen wurden um die Hauptstadt zusammengezogen, General Illie Steflea übernahm eine der beiden rumänischen Armeen an der Dnjestr-Front. Verbindungen zu den Sowjets wurden aufgenommen. Marschall Antonescu hatte Warnungen erhalten und verhielt sich gegenüber deutschen Anfragen ausweichend.

Nach dem Operationsplan der Stavka sollten unter Marschall Timošenko die 2. Ukrainische Front unter Malinovskij und die 3. Ukrainische Front unter Tolbuchin die deutsch-rumänische Front aufbrechen und die feindlichen Truppen im Dreieck Jassy–Kischinew–Husi einschließen. Gleichzeitig sollten schnelle Truppen über die untere Donau auf den Karpatenkamm sowie in Richtung Bukarest und Ploeşti vorstoßen. Dafür standen Verbände zur Verfügung, die dem Feind personell und materiell bis zum 6fachen überlegen waren. An den geplanten Durchbruchsstellen sorgte eine Artilleriedichte von 240 Geschützen je Frontkilometer für eine vernichtende Feuerkraft. Auch die Luftüberlegenheit war gesichert. Dagegen hatte die Heeresgruppe Südukraine unter Generaloberst Johannes Frießner mit der 3. Rumänischen Armee unter General Constantin Constantinescu, der 6. Armee unter General Maximilian Fretter-Pico, der 8. Armee unter General Otto Wöhler und die 4. Rumänische Armee (Steflea) auf der 645 Kilometer breiten Front nur wenige kampfkräftige Verbände aufzubieten. Die Masse der Einheiten war nach den Verlusten im Frühjahr nur unzureichend aufgefüllt worden, kaum motorisiert und nur mit einer schwachen Panzerabwehr ausgerüstet.

Die am 20. August 1944 beginnende Offensive der Roten Armee stieß auf keinen großen Widerstand. Frießners Gegenmaßnahmen waren überstürzt und wirkungslos. Um so mehr sah er die Schuld für den raschen Zusammenbruch bei den Rumänen, deren militärische Möglichkeiten aber äußerst gering waren. Während Antonescu eine neue Front aufbauen wollte, erhielt Bodnaras die Anweisung seiner sowjetischen Auftraggeber, den Staatsstreich um drei Tage vorzuziehen. Während seiner Audienz beim König am 23. August wurde Antonescu verhaftet und Bodnăraş übergeben, der den Marschall sowie andere Minister bis zum Eintreffen des KGB verbarg. Am Abend teilte der König über Rundfunk mit, daß er eine neue Regierung unter Constantin Sanatescu gebildet und die Waffenstillstandsbedingungen der Anti-Hitler-Koalition gebilligt habe. Der Kampf gegen die UdSSR sei beendet, nun beginne der Kampf um die Befreiung Siebenbürgens gegen die Ungarn. Als Hitler Bukarest bombardieren ließ, erfolgte auch die Kriegserklärung an Deutschland.

Ein deutscher Handstreich auf die Hauptstadt scheiterte. General Stahel, aus Warschau eingeflogen, konnte den hoffnungslos unterlegenen deutschen Angreifern nicht mehr helfen. Die deutschen Dienststellen in der Stadt ergaben sich. Abgesehen von den deutschen Flaktruppen, die das Ölgebiet von Ploeşti geschützt hatten, aber weitgehend immobil waren, stießen die sowjetischen Truppen kaum noch auf Widerstand. Die Wehrmacht erlebte erneut ein Fiasko im Osten. Die Rote Armee machte insgesamt 261 000 Gefangene, darunter 106 000 Deutsche. Auch hier kam es zu zahlreichen Übergriffen sowjetischer Soldaten. Mehrere tausend Volksdeutsche wurden als Zwangsarbeiter in die UdSSR verschleppt.

Frießner entkam mit abgesprengten Teilen seiner Heeresgruppe nur knapp über die Karpatenpässe. Eine Flußkampfgruppe schlug sich bis zum Eisernen Tor durch. Tolbuchin erreichte mit seinen Stoßverbänden die Donaugrenze. Am 12. September unterzeichnete die rumänische Regierung den Waffenstillstand mit der Anti-Hitler-Koalition und stellte zwölf Divisionen zum Kampf gegen Deutschland. Obwohl die bulgarische Regierung ihre »strikte Neutralität« erklärte, entging sie nicht dem Verhängnis der allmählichen Sowjetisierung. Nach Aufforderung der Bulgaren zogen die Deutschen bis Ende August 1944 ihre Militärmission und alle Truppen aus dem Land ab. Dennoch erklärte Moskau am 5. September Bulgarien den Krieg. Drei Tage später inszenierten die Kommunisten einen Staatsstreich. Die neue Regierung unter Kimm Georgieff beteiligte sich am Krieg gegen Deutschland. Leichte deutsche Seestreitkräfte aus dem Schwarzen Meer, die sich in bulgarische Häfen zurückgezogen hatten, wurden außerhalb der Hoheitsgewässer von den Besatzungen versenkt (rund 200 Schiffe).

Hitler sah sich gezwungen, den Schwerpunkt der militärischen Besetzung Südosteuropas auf den mittleren Balkan zu verlagern. Die Räumung Griechenlands und der Inseln in der Ägäis begann. Britische Seestreitkräfte drängten nach, um die Positionen im östlichen Mittelmeer nicht in sowjetische Hände fallen zu lassen. Auf der Konferenz zwischen Churchill und Stalin in Moskau vom 9. bis 20. Oktober verständigte man sich über Aufteilung der Einflußzonen. Griechenland sollte an Großbritannien fallen, Rumänien und Bulgarien an die UdSSR. In Jugoslawien und Ungarn wollte man sich den Einfluß teilen. Mit dem Abzug der Heeresgruppe E steigerten sich die Auseinandersetzungen zwischen den kommunistischen und royalistischen Gruppen in Griechenland. Um die »Kernfestung« Kreta blieben auf den Inseln rund 23 000 deutsche und 8800 italienische Soldaten zurück.

Am 28. September eröffnete die 3. Ukrainische Front zusammen mit rumänischen, bulgarischen und jugoslawischen Verbänden eine Offensive gegen Belgrad, um die Heeresgruppe F unter Generalfeldmarschall Maximilian Freiherr von Weichs abzuschneiden. Die Stadt fiel am 20. Oktober 1944. Im Süden drängten die Bulgaren auf Skopje vor. Albanische Freischärler, das Weißrussische Korps ehemaliger Emigranten und anderer russischer Freiwilliger sowie die Staatswache des serbischen Generals Milan Nedič deckten den Rückzug der Heeresgruppe E unter Generaloberst Alexander Löhr. Mit seinen rund 350 000 Soldaten zog er sich aus Griechenland durch die Partisanengebiete Südjugoslawiens zurück. Nach dem Verlust des Eisenbahnknotenpunkts Kraljewo schlugen sie sich in monatelangem Fußmarsch nach Sarajewo zu den eigenen Linien durch.

In Kroatien behielten die »Germanos« die Oberhand. In der Slowakei bereiteten Militärs einen Aufstand gegen das Regime von Joseph Tiso vor. Das Zentrum lag in Banská Bistrica, doch die Deutschen konnten die Region isolieren und mit schwachen Kräften aus verschiedenen Richtungen angreifen. Sie waren gleichzeitig durch Angriffe der 4. Ukrainischen Front an den Karpatenpässen gebunden. Nach zwei Monaten kapitulierte die slowakische Armee. Es war der letzte vollständige Sieg der Wehrmacht im Zweiten Weltkrieg.

In Ungarn ließ der Reichsverweser Miklós von Horthy zwar weiterhin heimliche Friedensfühler ausstrecken, doch seine Armee war entschlossen, Siebenbürgen gegen die Rumänen zu verteidigen und dem Land möglichst eine sowjetische Besetzung zu ersparen. Hoffnungen, bis zu einem Vorstoß der Westalliierten aushalten zu können, erwiesen sich aber als Illusion. Als Horthy am 15. Oktober einen Waffenstillstand mit der UdSSR und den Westmächten über Rundfunk proklamierte, unterstützten die Deutschen einen Staatsstreich der faschistischen »Pfeilkreuzler«-Organisation von Ferenc Szalasi. Horthy wurde gezwungen, den Befehl zur Einstellung des Feuers zurückzunehmen, und wurde in Deutschland interniert. Das Szalasi-Regime setzte den Kampf an der Seite Hitlers fort. Die Verteidigung des Karpatenbeckens gegen überlegene sowjetisch-rumänische Verbände konnte trotz einiger Gegenangriffe und teilweise heftiger Kämpfe nicht erfolgreich organisiert werden. Die jetzt wieder in Heeresgruppe Süd umbenannten deutschen Kräfte stützten sich auf die Verteidigung von Thorenburg und Großwardein. Guderians Plan, durch die Zuführung gepanzerter Kräfte in Ostungarn (Unternehmen »Zigeunerbaron«) die Karpatenpässe zurückzugewinnen, wurde durch eine überraschende Offensive Marschall Rodion J. Malinovskijs am 6. Oktober verhindert.

Bei Debrecen kam es in der Folge zu einer der wendungsvollsten Panzerschlachten des Zweiten Weltkriegs. Mit elf Divisionen und 227 Panzerfahrzeugen suchte Frießner gegen einen dreifach überlegenen Gegner einen Erfolg zu erringen. Die sowjetischen Angriffskräfte konnten aufgesplittert und teilweise eingekesselt werden. Doch es fehlte an Infanterie, um die Kessel zu vernichten. Die 2. Ukrainische Front erlitt schwere Verluste. Malinovskij sah sich gezwungen, die auf Budapest vorstoßenden Verbände anzuhalten und Teile für Gegenangriffe einzusetzen. Dabei wurden auch mehrere deutsch-ungarische Einheiten eingekesselt, die aber ebenfalls wieder den Anschluß an die eigenen Linien gewinnen konnten. Um den

Rückzug der Armeegruppe Wöhler zu decken, griff das IV. deutsche Panzerkorps bei Nyíregyháza an und schloß die Gruppe Plijev mit drei mechanisierten Korps ein. Bei ihrem Ausbruch am 26. Oktober verloren diese ihre sämtlichen schweren Waffen und Fahrzeuge. In der Panzerschlacht von Debrecen-Nyíregyháza erlitten die deutsch-ungarischen Verbände Verluste von 15 000 Mann, 200 Panzern und 490 Geschützen. Sie machten 18 000 Gefangene. Die sowjetisch-rumänischen Truppen verloren 117 360 Mann, 500 Panzer und 1656 Geschütze. Sie brachten 5073 Gefangene ein. Als Ergebnis der Schlacht konnten sich die deutsch-ungarischen Kräfte geordnet zurückziehen und die Verteidigung von Budapest organisieren.

Hitler war entschlossen, Ungarn aus wirtschaftlichen und strategischen Gründen um jeden Preis zu halten. Die Mobilmachung des Landes konnte er aber nicht mit einer entsprechenden Bewaffnung unterstützen. In den letzten Kriegsmonaten wurden elf Ausbildungsregimenter nach Deutschland und Dänemark verlegt, 16 000 Jugendliche kamen zur deutschen Flakartillerie, einzelne Einheiten wurden in deutschen »Festungen« wie Breslau und Berlin eingesetzt. Rund 110 000 ungarische Soldaten standen bis zum Ende in den Reihen der Heeresgruppe Süd im Einsatz. Nach der Panzerschlacht von Debrecen hatte Stalin der 2. Ukrainischen Front befohlen, die ungarische Hauptstadt aus der Bewegung heraus einzunehmen und bis in den Wiener Raum vorzustoßen. Er wollte ein Eingreifen westalliierter Truppen, die in Italien vorrückten, auf südosteuropäischem Gebiet verhindern. Malinovskij mußte die wohlvorbereiteten Verteidigungssysteme angreifen, für deren Ausbau auch zwangsverpflichtete Budapester Juden eingesetzt worden waren. Insgesamt standen zur Verteidigung von Budapest rund 25 000 deutsche und ungarische Soldaten sowie 146 schwere Flakgeschütze zur Verfügung. Weitere Verstärkungen bestanden nur aus einzelnen schwachen Verbänden.

Auf zwei Millionen Einwohner und unzählige Flüchtlinge kam eine fünfwöchige Belagerung zu, die aus Budapest ein »Stalingrad an der Donau« machte. Auf Hitlers Befehl sollte die Stadt Haus für Haus verteidigt werden.[8] Seine Entschlossenheit demonstrierte er durch die Organisation von drei Offensiven (Deckname »Konrad«), die dem Entsatz der Hauptstadt dienten. Auf diese Weise wollte er weitere Kräfte nach Budapest hineinbringen. Dabei setzte er Kräfte ein, die durchaus dem Ansatz der in der Literatur viel stärker beachteten Ardennenoffensive im Westen entsprachen. Nach dem Scheitern in den Ardennen versammelte er im Februar 1945 fast die Hälfte aller an der Ostfront eingesetzten Panzerdivisionen in Ungarn. Seit der Zerstörung der deutschen Hydrierwerke hatten die Ölfelder in diesem Raum allerhöchsten Stellenwert für die deutsche Kriegführung. Im Januar 1945 lieferten sie 80 Prozent des Treibstoffs.

Bis zum 11. Februar 1945 war den deutschen Kräften in Budapest unter SS-Obergruppenführer Karl Pfeffer von Wildenbruch jeglicher Ausbruchsversuch untersagt gewesen. Erst in letzter Minute entschloß sich dieser, mit den Restkräften in kleinen Gruppen zu fliehen. Von den 43 900 Soldaten erreichten nicht einmal 700 die eigenen Linien. Die meisten fielen in dem engen Ausbruchssektor im Stadtzentrum, weitere starben auf den Fußmärschen in die sowjetischen Gefangenenlager. Zu diesem Zeitpunkt liefen bereits die Vorbereitungen zur Verlegung und Auffrischung der 6. SS-Panzerarmee unter SS-Oberstgruppenführer Sepp Dietrich von den Ardennen nach Ungarn. Durch die Lahmlegung des Bahnverkehrs verzögerte sich der Aufmarsch allerdings erheblich. Zur Vorbereitung einer Offensive wollte Hitler zunächst den sowjetischen Brückenkopf an der Gran beseitigen (Operation »Südwind«). Zwei Panzerkorps mit 260 Panzern eröffneten den Angriff am 17. Februar 1945. In schweren Kämpfen gelang es, den Brückenkopf einzudrücken und mehrere sowjetische Divisionen zu zerschlagen. Sie verloren über 4000 Mann, 90 Panzer und 334 Geschütze. Infolge der sowjetischen Luftüberlegenheit hatten aber auch die Deutschen Verluste in ähnlicher Größenordnung. Vor allem aber war die Stavka gewarnt und ordnete für die 2. und 3. Ukrainische Front den Übergang zur Verteidigung an. Zur Vorbereitung einer späteren Gegenoffensive in Richtung Preßburg und Wien erhielt Tolbuchin erhebliche Verstärkungen.

Für die Operation »Frühlingserwachen« erarbeitete die Heeresgruppe Süd mehrere Angriffspläne. Hitler entschied sich schließlich für einen Zangenangriff im Raum des Plattensees, der die Bildung von Brückenköpfen jenseits der Donau ermöglichen und starke sowjetische Kräfte vernichten sollte. Abgesehen von ihren starken Panzerkräften (595 Kampfpanzer und Sturmgeschütze) waren die Angreifer mit ihren 25 Divisionen (rund 300 000 Mann) auf allen Gebieten im Verhältnis von 1:2 unterlegen. Die Verteidiger (55 Divisionen, 407 Panzer, 465 000 Mann) hatten ihre Stellungen fieberhaft ausgebaut und ihre Versorgungslinien über die Donau gesichert. Ihr Vorbild war die Schlacht von Kursk 1943. Am 6. März eröffneten die Deutschen mit einem Teil ihrer Kräfte den Angriff. Der in allen Phasen von der sowjetischen Aufklärung beobachtete Aufmarsch hatte sich durch Regen und Schlamm erheblich verzögert. Am 12. März hatte sich die Offensive bereits nach wenigen Kilometern festgefahren, die Panzer konnten kaum zum Einsatz gebracht werden. Obwohl die Verluste der 3. Ukrainischen Front (32 899 Mann, 152 Panzer, 415 Pak) erheblich höher lagen als die deutschen (12 358 Mann, 31 Panzer), hatte Tolbuchin einen strategischen Durchbruch verhindern können.

Dafür traten seine Truppen mit ihren Verstärkungen am 16. März zum Gegenangriff in Richtung Wien, die 2. Ukrainische Front in Richtung Preßburg an. Beide Fronten verfügten über 1000 Panzer und mehr als eine Million Mann. Es gelang

Tolbuchin aber nicht, die 6. SS-Panzerarmee einzukesseln. Dennoch stieß er nach seinem Durchbruch mit zwei frischen Gardearmeen in Richtung Wien vor. Stalin befürchtete eine Teilkapitulation der Wehrmacht in Norditalien und ein rasches Einrücken der Alliierten in Österreich. Es gelang den Deutschen nicht mehr, eine zusammenhängende Front zu bilden. Hitler war vor Wut über das »Versagen« der SS-Panzerdivisionen außer sich. Die Standgerichte arbeiteten ununterbrochen. Während ihres Rückzugs auf den Alpenraum verloren die Divisionen der Heeresgruppe Süd die meisten ihrer Panzer ohne Feindeinwirkung. Am Nordufer des Plattensees blieben ganze Kolonnen der teuren Fahrzeuge ohne Treibstoff zurück und wurden von der Roten Armee wieder an der Front eingesetzt. Dafür richteten die Deutschen ihre Wut teilweise gegen die ungarischen Verbündeten, die im Bereich der Armeegruppe Balck entwaffnet und ausgeplündert wurden. Die sowjetischen Angriffsspitzen erreichten die sogenannte Reichsschutzstellung schneller als die aus Wien heranmarschierenden Volkssturmbataillone. Am 31. März stand die Sowjetarmee bei Wiener-Neustadt, am 6. April war die Stadt auch von Norden eingekreist. Mit 40 000 Mann und 26 Panzern sollte Generalleutnant von Bünau Wien verteidigen. Nachdem Tolbuchins Truppen am 7. April in die Innenstadt eingedrungen waren, wurde Wien am 10. April weitgehend geräumt. Im Verlaufe der Wiener Angriffsoperation vom 16. März bis zum 15. April 1945 verlor die Heeresgruppe Süd 1345 Panzer, 2250 Geschütze und 130 000 Gefangene. Die 2. und 3. Ukrainische Front sowie die 1. Bulgarische Armee verzeichneten den Verlust von 603 Panzern, 764 Geschützen und 177 745 Mann.

Mit den ununterbrochenen Offensiven seit dem 22. Juni 1944 hatte die Rote Armee die Wehrmacht und ihre Verbündeten über die Grenzen der UdSSR zurückgetrieben und die größten Erfolge ihrer Geschichte erkämpft. Stalin beherrschte ganz Ostmitteleuropa sowie den Balkanraum und Nordeuropa. Ohne die »Zweite Front« seiner Alliierten wäre dieser Erfolg nicht möglich gewesen.

11 | Der Untergang des Reiches

Die Agonie des »Endkampfes«

Dem NS-Regime war es 1944 wohl gelungen, dem inneren Widerstand eine entscheidende Niederlage beizubringen, einen großen Teil der kriegsmüden Bevölkerung mit einer grellen Propaganda über »Wunderwaffen«, die den »Endsieg« bringen würden, sowie mit Einschüchterung und Terror noch einmal hinter sich zu bringen, aber an den Fronten waren alle Erwartungen Hitlers gescheitert. Auch die Heimatfront war längst brüchig geworden, aber solange der Feind außerhalb der deutschen Grenzen stand, konnten manche Hoffnungen gedeihen. Die totale Mobilisierung der letzten personellen und materiellen Kräfte im stärksten Bombenhagel und unter dem Eindruck gewaltiger eigener Verluste mochte solche verzagten Hoffnungen wecken. In den Stimmungsberichten über die Soldaten und die Zivilbevölkerung zeichnete sich deutlich ab, daß Fatalismus um sich griff, mochten einzelne Erfolgsmeldungen und propagandistische Ankündigungen hin und wieder die Stimmung für kurze Zeit aufhellen. Auch wenn die Menschen über das volle Ausmaß der katastrophalen Lage nicht informiert waren, verfestigten sich Ahnungen über das bevorstehende Ende allmählich zur Gewißheit, vermischten sich Erleichterung über ein Ende des Kriegs mit der Furcht vor den Folgen und der Angst vor den noch bevorstehenden Opfern. Im Raum Aachen konnte sich ein kleiner Teil der Bevölkerung schon in der Sicherheit der amerikanischen Besatzungsmacht und damit fast im Frieden fühlen.

Bei seiner Inszenierung des Untergangs hatte Hitler gegenüber den Zweifeln seiner engsten Umgebung keine glaubwürdige Trumpfkarte mehr, so sehr er auch mit Schuldzuweisungen rasch bei der Hand war. Seine Prognose, durch einen Sieg im Westen den Krieg entscheiden zu können, war ebensowenig eingetroffen wie die Erwartung, daß die Ostfront den Ansturm der Roten Armee auch allein aufhalten könnte. Sieht man einmal von Norditalien, Holland, Dänemark und Norwegen ab, hatte das Dritte Reich praktisch alle früheren Gewinne und Siege verspielt. Deutschland stand im wesentlichen dort, wo es 1939 den Krieg begonnen hatte, nun allerdings von übermächtigen Feinden rings umgeben, die eigene Armee ausgebrannt und ohne realistische Aussichten, mochten einige Unverbesserliche auch noch immer über eine politische Lösung spekulieren. Dafür stand Hitler nicht zur Verfügung, und gegen ihn wollte niemand eine solche mögliche Lösung versuchen. Um so mehr richtete der Diktator seine ganze Energie darauf, die letzten kampfkräftigen Verbände immer wieder zusammenzufassen und durch überraschende Befreiungsschläge Zeit zu gewinnen. Mit seinem militärischen Aktionismus schlug er alle Ratschläge der Militärs in den Wind und nahm größte Risiken in Kauf, nur um sich und der Welt seine Fähigkeit zum »Schlagen« zu beweisen.

Ein strategisches Konzept verbarg sich nicht dahinter, und das Schicksal des eigenen Volkes war ihm längst gleichgültig geworden. Wichtiger war es Hitler, seine Inszenierung des Kampfes »bis zum Letzten« durchzuhalten, was ihm nicht zuletzt auch die Möglichkeit bot, seine Umgebung unter Druck zu halten und sich durch keinen »Ludendorff« oder »Max von Baden« das Heft aus der Hand nehmen zu lassen. So entwickelte sich mitten im Inferno, das auf Deutschland zurollte, der Führerbunker zu einer seltsamen Bühne, auf der ein Schauspiel aufgeführt wurde, das später erst durch Zeitzeugen und Historiker bekannt wurde, eine Bühne, von der am Ende nur noch einzelne Funksignale kamen, auf die kaum noch jemand hörte.

Dabei stellte die Wehrmacht am Beginn des Endkampfes zumindest nach der Statistik noch immer eine beachtliche Größe dar. Zahlenmäßig verfügte sie über rund zehn Millionen Mann, doppelt so viel wie bei Kriegsbeginn 1939. Die enormen Verluste hatte man durch die Einberufung von ungeübten jungen und alten Männern nicht ausgleichen können. Das Ersatzheer mit seinen Ausbildungseinrichtungen war inzwischen weitgehend aufgelöst und in das Feldheer überführt worden. Ausgebildeten Ersatz würde es künftig nicht mehr geben. Mehr als 8500 Kampfpanzer und Sturmgeschütze standen zur Verfügung, davon 2375 »Panther« sowie »Tiger« – eine imposante Kampfkraft, die allerdings durch den Mangel an Treibstoffen und Ersatzteilen geschmälert wurde. Für die Masse der Infanterieverbände fehlte es aber selbst an Handfeuerwaffen, Ausrüstung, Gerät und vor allem an Fahrzeugen. Bei der Rundumverteidigung standen an langen Frontabschnitten unerfahrene Volkssturm- und Ersatzeinheiten, schlecht bewaffnet und demoralisiert. Auch Görings Luftwaffe, mit zwei Millionen Mann und mehr als 8000 Maschinen doppelt so stark wie bei der Luftschlacht um England 1940, war gleichwohl vom Himmel fast verschwunden und stellte sich nur noch selten zum Kampf. Sie führte hauptsächlich mit Jagdflugzeugen einen aussichtslosen Kampf gegen die erdrückende alliierte Luftherrschaft. Luftunterstützung für das Heer konnte nicht mehr geleistet werden.

Die ältere Forschung hat sich von einer oberflächlichen Beobachtung faszinieren lassen und immer wieder die Frage diskutiert, warum die schwer angeschlagene

Wehrmacht den aussichtslosen Kampf anscheinend bis zum letzten Tag fortsetzte. Während die einen den inneren Zusammenhalt durch die Kameradschaft kleiner Kampfgemeinschaften oder wegen einer wirksamen Ideologisierung hervorheben, betonen andere die Angst vor der Rache der Sieger, Fanatismus zumindest bei Teilen von Wehrmacht und SS oder die Sorge um den Schutz der ostdeutschen Bevölkerung.[1] Daß die Memoiren-Literatur diesen Mythos vom tapferen »Durchhalten« gefördert hat, versteht sich von selbst. Ob die Soldaten tatsächlich tapfer gekämpft haben und aus welchen Motiven, haben die Militärhistoriker bislang nicht schlüssig beantworten können.[2] Schon der Blick auf das drakonische Strafsystem und dessen ständige Verschärfung in der letzten Kriegsphase sowie die flammenden Appelle der NS-Führung deuten an, daß es um die Kampfmoral wohl nicht zum Besten stand. Zumindest an der Westfront ist klar erkennbar, daß die Wehrmacht in der Masse überall dort, wo sich starker feindlicher Druck aufbaute, rasch auswich oder sich überrollen ließ. Sie blieb apathisch stehen, wenn man sie ließ, und leistete nur noch symbolischen Widerstand. An der Ostfront waren die Verhältnisse anscheinend nicht wesentlich anders. Um so deutlicher stellt sich die Frage nach der Verantwortung der Wehrmachtführung, die bereit war, denn sinnlosen Kampf bis zum Ende zu organisieren, die eigenen Soldaten und die Bevölkerung diesem blutigen Gemetzel auszuliefern.

Hitler hatte im Herbst 1944 die Möglichkeiten prüfen lassen, nach dem Erfolgsrezept von 1940 eine Gegenoffensive durch die Ardennen zu führen, die von den Amerikanern nur schwach besetzt waren. Rundstedt empfahl eine »kleine Lösung« mit einem Vorstoß zur Maas, um den Alliierten eine taktische Niederlage beizubringen. Hitler setzte auf die »große Lösung«, einen weiten Vorstoß bis nach Antwerpen. Damit wären die Briten in den südlichen Niederlanden abgeschnitten – ein neues »Dünkirchen«? – die Alliierten jedenfalls gespalten und ihrer neuen Nachschubbasis beraubt gewesen. Das konnte eine strategische Niederlage bedeuten, eine entscheidende Schwächung der Westalliierten, womit sich Hitler die Gelegenheit geboten hätte, anschließend der Roten Armee einen Schlag im Osten zu versetzen und Stalins Ambitionen in Richtung Südosteuropa zu lenken, wo sich die Interessengegensätze der Feindallianz bereits zuspitzten.

Rundstedt als Oberbefehlshaber West wurden drei Heeresgruppen, d. h. die gesamte Rhein-Front unterstellt. Der Schwerpunkt sollte bei den großen Panzerverbänden mit ihren 1427 Kampfwagen liegen. Ihr Treibstoffbedarf konnte aber nur zur Hälfte gedeckt werden, den Rest sollten sie sich bei den Alliierten holen. Ähnlich schlecht versorgt war das Luftwaffenkommando West, dem 2292 Flugzeuge für den Angriffsbereich zugeteilt wurden, darunter allein 1492 Jagdmaschinen, deren junge Piloten keine hinreichende Ausbildung erhalten hatten. Wegen der strengen Funkdisziplin auf deutscher Seite waren die Amerikaner über ULTRA nicht auf den deutschen Aufmarsch aufmerksam gemacht worden. Noch einmal im Zweiten Weltkrieg begann eine Offensive (Unternehmen »Wacht am Rhein«) mit einer völligen Überraschung für den Gegner. Am 16. Dezember 1944 eröffneten mehr als 5000 Geschütze und Granatwerfer den Angriff gegen die 1. US-Armee (Hodges). Insgesamt traten 24 deutsche Divisionen an, davon zehn Panzerdivisionen. Das schlechte Wetter verhinderte – wie von den Deutschen erhofft – das Eingreifen von mehr als 12000 alliierten Flugzeugen. Das VIII. US-Korps im Zentrum wurde durch acht deutsche Panzerdivisionen schwer angeschlagen und in harten Kämpfen bis zu 60 Kilometer weit zurückgetrieben. Englischsprechende deutsche Soldaten in alliierten Uniformen sorgten für Verwirrung hinter den amerikanischen Linien.

Die 6. SS-Panzerarmee (Oberstgruppenführer Sepp Dietrich) stieß bei St. Vieth auf starken Widerstand der 7. US-Panzerdivision, der am 22. Dezember gebrochen wurde. Die 5. Panzerarmee (Hasso von Manteuffel) erzielte den größten Einbruch und blieb erst sieben Kilometer vor Dinant gegen das eingeschobene britische XXX. Korps aus Treibstoffmangel liegen. Eisenhower hatte schnell reagiert und die 101. US-Luftlandedivision von der Operation »Market Garden« abgezogen. Nach ihrem Eintreffen in Bastogne wurde sie aber eingekesselt und konnte sich nur mühsam behaupten. Die 7. Armee (Erich Brandenberger) marschierte durch Luxemburg und stieß auf Martelange vor. Die alliierten Treibstoffdepots erreichten die Deutschen allerdings nicht, die bei zunehmendem Widerstand in ihrer Angriffskraft rasch erlahmten. Um einen Gegenstoß in die linke Flanke zu verhindern und das Elsaß zurückzugewinnen, stießen Ende Dezember unter dem Oberbefehl Himmlers acht Divisionen von Bitsch nach Südwesten vor, ein weiterer Keil vom Oberrhein her (Unternehmen »Nordwind«). Doch Straßburg konnte von den Alliierten gehalten werden. Auch das Unternehmen »Bodenplatte«, mit dem die Luftwaffe am 1. Januar 1945 schlagartig 17 feindliche Frontflugplätze zerstören wollte, geriet zum Fiasko. Die alliierten Flieger bestimmten wieder das Geschehen, während sich die Bodenkämpfe unter den winterlichen Bedingungen mühsam, aber deutlich zugunsten der Amerikaner entwickelten.

Die 1. US-Armee drängte von Norden und Pattons 3. US-Armee von Süden gegen den deutschen Angriffskeil vor. Bevor sich die Zange bei Houffalize schloß, hatten sich die deutschen Verbände rechtzeitig zurückgezogen. Der verzweifelte Versuch, durch einen neuen Blitzfeldzug die Lage im Westen zu entspannen, war gescheitert. Die Alliierten hatten mehr als 76000 Mann verloren, die deutschen Verluste lagen aber bei 90000 Mann. Es war zwar gelungen, die alliierten Pläne zum Einmarsch in Deutschland um sechs Wochen zu verzögern, aber dafür hatte Hitler unersetzliche Treibstoff- und Munitionsreserven sowie seine besten Truppen geopfert. Sie standen noch in schweren Abwehrkämpfen, als am 16. Januar im Osten die langerwartete sowjetische Winteroffensive begann.

Seit Ende August 1944 hatte Stalin seine Kräfte im Mittelabschnitt geschont, und, während sich die Kämpfe in den Balkanraum verlagerten, mit den Vorbereitungen für den entscheidenden Schlag gegen das Reichsgebiet begonnen. Die Nachschublinien und Depots mußten nach dem tiefen Vorstoß im Sommer neu organisiert werden. An einer Frontlinie von 750 Kilometern zwischen Memel und Kaschau hatten sich auf deutscher Seite die Heeresgruppe A (Generaloberst Harpe) und Mitte (Generaloberst Reinhardt) mit sieben Armeen mühsam eingerichtet. Sie hatten in der langen Kampfpause sogar 14 Divisionen als Reserve ausscheiden können, doch wurden diese wie auch die größeren Panzerverbände von Hitler für die Ardennenoffensive abgezogen. Stalins Ziel lag nicht, wie Hitler annahm, am Mittelmeer, sondern war Berlin und damit der Herrschaftsanspruch über Mitteleuropa. Seine militärischen Anstrengungen ergänzte er durch die politische Offensive während der Konferenz von Jalta, auf der die Teilung Europas und der Welt in den Grundzügen festgelegt wurde.

Vorbereitungen für eine Evakuierung der eigenen Bevölkerung hatte Hitler untersagt. Ob ihm etwas anderes überhaupt möglich gewesen wäre, muß ernsthaft bezweifelt werden. Untersuchungen darüber gibt es bis heute jedenfalls nicht. Sollte der Gegner in die Grenzprovinzen einbrechen, wollte Hitler einen fanatischen »Volkskrieg« entfesseln. Sein Gegner Stalin lieferte dafür ein Vorbild, aber auch die Reichswehrführung hatte 1924 in solchen Kategorien gedacht und sich dabei auf das Vorbild von 1813 berufen.[3] Für den Kampf um das Reich hatte er keine Strategie. Mehr als zwei Millionen Mann sicherten in Kurland (400 000), in Norwegen (400 000), in Österreich und Ungarn (600 000), in Jugoslawien (400 000) und in Italien (400 000) das Vorfeld des Reiches. Mochte der Diktator auch darauf vertrauen, Faustpfänder behalten und Ausfälle unternehmen zu können, bis die neuen Düsenjäger und U-Boote eine »Wende« bringen würden, so war er doch realistisch genug, sich auch auf den Endkampf vorzubereiten. Dafür ließ er sich seit Herbst 1944 einen neuen Führerbunker in Jonastal/Thüringen (Projekt »Olga«) bauen, wo 30 000 KZ-Häftlinge 25 Stollen in das Kaligestein treiben mußten. Bis zu Hitlers nächstem Geburtstag am 20. April 1945 sollte – so das Versprechen Himmlers – dieser Befehlsstand fertig sein. Auch für eine »Alpenfestung« wurden Vorbereitungen getroffen. Vielleicht vertraute der Diktator also darauf, wenigstens Schlüsselpositionen wie das Ruhrgebiet, den Berliner Raum und den Bereich der Alpen, vielleicht sogar den ganzen Raum zwischen Rhein und Oder halten zu können.

An der Ostfront standen auf deutscher Seite 569 000 Mann mit 8230 Geschützen, 700 Panzern und 1300 Flugzeugen gegenüber einer Überlegenheit von 1,5 Millionen Sowjetsoldaten mit 28 000 Geschützen, 3300 Panzern und 10 000 Flugzeugen. Prognosen seines Geheimdienstes über eine massive feindliche Offensive hatte Hitler als »größten Bluff« seit Dschingis Khan bezeichnet.[4] Am 12. Januar 1945 eröffnete Rokossovskijs 2. Weißrussische Front den Angriff mit neun Armeen gegen die deutsche 2. Armee an der Narew nördlich von Warschau. Überall wurde die vordere Verteidigungslinie rasch durchstoßen. Die Rote Armee praktizierte erneut den Blitzkrieg nach deutschem Vorbild. Warschau wurde am 17. Januar erobert. Teile von Rokossovskijs Front stießen nordwestlich in Richtung Danzig vor und schnitten die deutsche Heeresgruppe Mitte ab, die zugleich von Norden her von der 1. Baltischen Front (Bagramjan) und der 3. Weißrussischen Front (Černjachovskij) bedrängt wurde. Bis zum 8. Februar hielten sich nur noch wenige Kesselstellungen in der Danziger Bucht mit mehr als 500 000 deutschen Soldaten sowie zahllosen Zivilisten. Die Mehrzahl von ihnen konnte im April und Mai von der Kriegsmarine evakuiert werden. Reste ergaben sich am 9. Mai.

Südlich von Warschau stürmten die 1. Weißrussische Front (Žukov) und die 1. Ukrainische Front (Konev) unaufhaltsam nach Westen. Mit einem der massivsten, schnellsten und verlustreichsten Vorstöße des Zweiten Weltkriegs erreichte Žukov am 31. Januar die Oder und konnte bei Küstrin einen strategisch wichtigen Brückenkopf über den Fluß erzwingen. Deutsche Verteidigungsstellungen hatte er umgangen oder rasch ausgeschaltet. »Festungen« wie Posen, Thorn und Graudenz konnten nicht mehr als symbolischen Widerstand leisten. Das kriegswichtige Industriegebiet Oberschlesiens fiel den Russen Ende Januar unzerstört in die Hände – für Rüstungsminister Albert Speer der endgültige Schlußpunkt seiner organisierten Anstrengungen. Die in Ostpreußen eingeschlossene 3. Panzerarmee und die 4. Armee waren dem Ansturm der sowjetischen Panzertruppen ebenfalls nicht gewachsen, obwohl sie sich seit Wochen auf die Verteidigung eingerichtet hatten. Das »Wunder« von 1914 ließ sich nicht wiederholen. Die zahlenmäßige Überlegenheit der Roten Armee betrug teilweise das 20fache der deutschen Kräfte. Am 21. Januar besetzte sie Tannenberg und schloß am 29. Januar die alte preußische Festung Königsberg ein. Gauleiter Erich Koch ließ sich rechtzeitig mit einem Eisbrecher über die Ostsee nach Dänemark evakuieren. Reste der Wehrmacht flüchteten ebenso wie die Bevölkerung auf die Nehrung in der Hoffnung auf ein letztes Schiff in Pillau. Ein im Gegenangriff in Richtung Danzig geöffneter Korridor hatte sich nicht halten lassen.

Breslau wurde Mitte Februar eingeschlossen und konnte durch Volkssturmverbände und zusammengeraffte Wehrmachteinheiten bis zum 6. Mai gehalten werden. Am Ende war die Stadt durch Artilleriebeschuß bis zu 70 Prozent zerstört, und Gauleiter Karl Hanke machte sich mit einem Flugzeug davon. Obwohl Hitler gerade von seinen Parteifunktionären einen »fanatischen« Widerstandsgeist erwartete, ließen diese die ihnen anvertraute Bevölkerung meist im Stich, indem sie eine rechtzeitige Evakuierung der Zivilbevölkerung verhinderten und selbst im letzten Moment verschwanden. Himmler selbst übernahm, nach einem kurzen Intermezzo am Oberrhein, die neugebildete Heeresgruppe Weichsel und sollte Pommern verteidigen. Gleichzeitig übertrug Hitler ihm den Auftrag, »hinter der gesamten Ostfront auf deutschem Boden die nationale Verteidigung« zu gewährleisten.[5] Mehr als ein Freibrief für SS und Polizei zum schrankenlosen Terror war das nicht, so wie auch in Pommern zwar Frauen und Kinder fieberhaft zur Schanzarbeit gezwungen wurden, aber auch der allgewaltige Reichsführer-SS den Mangel an Waffen und Ausrüstung sowie kampfbereiten Soldaten nicht ausgleichen konnte, von seinen fehlenden Fähigkeiten als Feldherr ganz zu schweigen. Am 26. Februar 1945 erreichte die Rote Armee bei Kolberg die Ostsee. In den Kinos des noch unbesetzten Teils des Reiches lief das gerade noch rechtzeitig fertiggestellte Propaganda-Epos von der Verteidigung Kolbergs 1807. Trotz schärfster Befehle Hitlers mußte die Stadt am 18. März 1945 aufgegeben werden. Statt seine zerbrechende Ostfront zu stützen, befahl der Diktator den Einsatz der wieder aufgefrischten 6. SS-Panzerarmee im ungarischen Raum.

Die mit unzulänglichen Mitteln und sinnlosen Haltebefehlen geführte Verteidigung im Osten des Reiches führte in den strengen Wintertagen zu hohen Verlusten

Abbildung 39: Deutsche Kriegsgefangene bei Königsberg, April 1945.

unter der Bevölkerung. Die antibolschewistische Haß- und Greuelpropaganda der Nazis hatte nicht den Widerstandswillen gestärkt, sondern zu einer unorganisierten Fluchtbewegung von Millionen Menschen geführt. Viele wurden direkt in die Kämpfe verwickelt oder auf der Flucht von sowjetischen Panzern eingeholt und getötet. Großspurig angekündigte deutsche Gegenoffensiven nährten die falsche Hoffnung, der näher rückenden Front durch ein vorübergehendes Verlassen der Heimatorte entgehen zu können. Abgedrängt von den wichtigsten Straßen- und Verkehrsverbindungen, die von der Wehrmacht beansprucht wurden, verschwanden zahllose Trecks hilfloser und desinformierter Frauen und Kinder im Schneetreiben. Manche hatten das Glück, gerade noch den letzten Zug nach Westen zu erreichen. Die alten Männer und die Jugendlichen wurden für den Volkssturm herausgezogen, meist armselige Menschenhaufen in Zivilkleidung, die lediglich eine Armbinde erhielten, aber seltener Waffen und keinerlei Ausrüstung, die ihnen ein Überleben »im Felde« erlaubt hätte. Von der Roten Armee wurde der Kombattanten-Status oft nicht anerkannt. Jugendliche wurden als angebliche »Werwölfe« erschossen, und selbst Eisenbahner, Forstbeamte und andere Uniformträger ermordet. Volkssturmeinheiten, die in die Wehrmacht eingegliedert wurden, gerieten in den Strudel der blutigen Rückzugskämpfe. Die meisten anderen lösten sich auf. Organisierter Widerstand wurde lediglich in Ostpreußen und Schlesien geleistet. Im Warthegau blieb die eilig improvisierte Verteidigung nur ein Chaos, durch das die Rote Armee ungehindert hindurchstieß. Hier hatten Hunderttausende von evakuierten Rußlanddeutschen gerade erst ihre Koffer ausgepackt, als die Kriegsfurie sie wieder einholte.

Die Übergriffe und Morde einer teilweise rachedurstigen und verwilderten sowjetischen Soldateska sind erst in jüngster Zeit wieder von der Geschichtsschreibung thematisiert worden, als nach dem Zusammenbruch der UdSSR die Verbrechen der Roten Armee von den Russen selbst vorsichtig diskutiert und vereinzelt angeprangert wurden. Von der deutschen Historiographie ist dieses Kapitel des Zweiten Weltkriegs für Jahrzehnte weitgehend tabuisiert worden, obwohl Berge von Quellen und Augenzeugenberichten vorlagen. Fast einmütig im Osten wie im Westen suchte man die Themen Flucht und Vertreibung sowie Kriegsverbrechen der Roten Armee auf deutschem Boden mit dem Hinweis auf den vorangegangenen Vernichtungskrieg Hitlers zu verdrängen und zu relativieren. Erst der Roman »Im Krebsgang« von Günter Grass über den Untergang der »Wilhelm Gustloff«[6] konnte diesen Teil der Geschichte stärker ins öffentliche Bewußtsein rücken und damit auch jene jüngeren wissenschaftlichen Arbeiten, die sich schon seit längerem mit der Migrationsforschung und der Geschichte der Deutschen in Ostmitteleuropa befassen.

Stalin verband seinen entscheidenden militärischen Schlag zur Eroberung Deutschlands mit einer politischen Initiative, die den angestrebten Erfolg für die Nachkriegszeit absichern sollte. Die »Großen Drei« hatten sich zuletzt während der Konferenz in Teheran vom 28. November bis 1. Dezember 1943 getroffen. Mit Beginn des Angriffs auf das Reich schien der Zeitpunkt gekommen, um nicht nur offene Detailfragen aus vorangegangenen Fachkonferenzen zu klären, die einer Europäischen Beratungskommission (EAC) in London übertragen worden waren, sondern auch die künftige Machtverteilung in Europa festzulegen. Stalin war schon im Begriff, in den von der Roten Armee besetzten Gebieten Fakten zu schaffen. Die Bestimmung Jaltas zum Konferenzort verschaffte ihm einen psychologischen Vorteil. Roosevelt wollte territoriale Fragen eigentlich nur dilatorisch behandeln. Ihm lag mehr daran, Stalin für den letzten Kampf gegen Japan zu gewinnen und die UdSSR in das Ordnungssystem der Vereinten Nationen einzubinden. In beiden Fällen waren bislang aus Moskau nur unklare Signale gekommen. Der sowjetische Diktator hatte keine Hemmungen, den vertrauensseligen US-Präsidenten zu überrumpeln.

Churchill machte sich keine Illusionen über Stalins Expansionismus, war militärisch aber längst zum Juniorpartner der USA geworden. Er legte deshalb Wert darauf, daß auch Frankreich eine Besatzungszone in Deutschland übernehmen würde. Nur das Bomber Command war ein machtvolles Instrument, um mitten in Deutschland und vor den sowjetischen Angriffsspitzen ein Signal zu setzen. Die weltbekannte sächsische Metropole Dresden geriet ins Visier, doch die Wetterlage verhinderte zunächst eine solche weitreichende Luftkriegsoperation während der Konferenzphase. Mit erheblichen westlichen Gegenleistungen ließ sich Stalin während der Jalta-Konferenz (4.–11. Februar 1945) dafür gewinnen, drei Monate nach einer deutschen Kapitulation Japan den Krieg zu erklären. Militärisch erwies sich dieser Beitrag dann später als überflüssig, doch Roosevelt war besorgt gewesen über Einschätzungen seiner Militärs, die langwierige und verlustreiche Kämpfe der US-Truppen erwarteten.

Über die Westverschiebung Polens hatten sich Stalin und Churchill bereits in Teheran verständigt. Der sowjetische Diktator durfte also seine Beute von 1939/40 im wesentlichen behalten und hatte sich über die britische Erwartung, er würde dafür im Gegenzug die polnische Exilregierung anerkennen, längst hinweggesetzt. Die Frage der polnischen »Entschädigung« blieb zunächst offen. Hier forderte Stalin eine erweiterte Oder-Neiße-Grenze. Einigkeit bestand lediglich bei der Veröffentlichung einer »Erklärung über das befreite Europa«, mit der die Völker des Kontinents aufgerufen wurden, sich »demokratische Einrichtungen ihrer Wahl zu schaffen« sowie »Reste des Nazismus und Faschismus« zu beseitigen – Zielsetzungen, die Stalin auf seine Weise verstand. Auf die Durchsetzung freier Wahlen in Polen hatte London bereits verzichtet. Während der Konferenz wurden 16 führende Exilpolitiker ins Hauptquartier Žukovs geladen, verhaftet und in Moskau als »Verräter« verurteilt.

Keine Einigung gab es bei den von westlicher Seite favorisierten Teilungsplänen für Deutschland. Die Siegermächte zogen es später vor, an der Fiktion einer deutschen Einheit festzuhalten und nur vorübergehend Besatzungszonen einzurichten. Enttäuschend für Stalin war die Weigerung der Westmächte, seine Forderung auf deutsche Reparationen im Umfang von 10 Mrd. US-Dollar zu akzeptieren. Zur Klärung wurde eine alliierte Kommission eingesetzt, die – als Zugeständnis – in Moskau arbeiten sollte. Für Stalin waren die Reparationsforderungen ein Hebel, um auch Einfluß auf die westlichen Besatzungszonen zu gewinnen. Weitaus radikalere Vorstellungen auf wirtschaftspolitischem Gebiet, wie sie der amerikanische Finanzminister Henry Morgenthau jr. zur Entindustrialisierung Deutschlands entwickelt hatte, waren von Churchill und Roosevelt wieder aufgegeben worden. Solche »Pläne voll blinder Rache« waren in den westlichen Ländern auch deshalb kritisiert worden, weil die Gefahr gesehen wurde, daß ein völlig demontiertes und auf Ackerbau- und Viehzucht verwiesenes Land leicht zur Beute des Kommunismus werden konnte.

Im Schlußkommuniqué der Konferenz waren die unterschiedlichen Standpunkte durchaus zu erkennen. Roosevelt war es nicht gelungen, die UdSSR in eine von westlichen Vorstellungen geprägte Weltfriedensordnung einzubinden. Das Ergebnis war vielmehr die Teilung Europas und der Welt in unterschiedliche Machtblöcke. Es war der Beginn der Epoche einer bipolaren Welt, die mehr als vier Jahrzehnte Bestand hatte, und das Ende einer eigenständigen europäischen Rolle in der Weltpolitik. Im deutschen Geschichtsbewußtsein standen die Folgen für die Teilung Deutschlands so sehr im Vordergrund, daß man – im Gegensatz zur angelsächsischen Historiographie – oft übersehen hat, was die »Bürde von Jalta« für die Völker Ostmitteleuropas bedeutete.

Ende Januar 1944 hatte die Rote Armee bereits Brückenköpfe an der Oder, dem letzten natürlichen Hindernis vor Berlin, errichten können. Deutsche Gegenstöße scheiterten. Vor allem im strategisch wichtigen Raum Küstrin konnten die Russen ihren Erfolg sogar noch ausweiten. Damit war die »Nibelungenstellung« entlang von Oder und Neiße, nach früheren Überlegungen des Generalstabs als letzter Rückhalt konzipiert, aufs Äußerste gefährdet. Der Ausbau des Verteidigungssystems begann viel zu spät. In aller Eile wurde die Bevölkerung angetrieben, Panzergräben auszuheben. Die Seelower Höhen auf der kürzesten Distanz zu Berlin befestigte man besonders stark. Größere Reserven standen für die zu erwartende

Abwehrschlacht aber nicht zur Verfügung. Hitler setzte ganz auf die Propaganda, wenn er am 16. April 1945 in einem »Tagesbefehl an die Kämpfer der Ostfront« behauptete, der »jüdisch-bolschewistische Todfeind« sei zum Angriff angetreten, »Deutschland zu zertrümmern und unser Volk auszurotten«.[7] Auch die Rote Armee hatte sich intensiv auf den entscheidenden Todesstoß für Hitlers Regime vorbereitet. Innerhalb von zwei Wochen sollte die Elbe erreicht werden. Marschall Žukov hatte den schwierigsten Teil der Aufgabe, mit der 1. Belorussischen Front im Frontalangriff über die Seelower Höhen Berlin einzunehmen. Stalin hetzte Žukov und Konev in einen regelrechten Wettlauf nach Berlin, der Zehntausenden von Rotarmisten unnötig das Leben kostete. Ein wichtiges Motiv für die Absicht, Berlin unbedingt vor den Westalliierten zu erobern, war seine Hoffnung auf Uranfunde in der Dahlemer Kaiser-Wilhelm-Gesellschaft. Damit sollte das eigene Atombomben-Projekt vorangebracht werden.

Der Großangriff begann am 16. April 1945 mit einem gigantischen Trommelfeuer. Doch der stürmische Angriff auf Seelow blieb aufgrund taktischer Fehler im deutschen Abwehrfeuer liegen. Žukov verlor mehr als 30 000 Mann und 727 Panzer. Drei Tage lang konnte die 9. Armee seinen Panzerverbänden trotzen, dann brach auch sie auseinander. Dazu trug auch der erfolgreiche Angriff der 1. Ukrainischen Front unter Konev an der Lausitzer Neiße bei Muskau bei. Die schwache Front der 4. Panzerarmee wurde sofort aufgerissen. Tausende von sowjetischen Panzern stießen nach Sachsen hinein und stürmten sowohl in Richtung Westen zur Elbe vor als auch in nordwestlicher Richtung zur Umfassung Berlins. Schwache Gegenangriffe der deutschen Heeresgruppe Mitte scheiterten. Hals über Kopf mußte das OKH sein Quartier bei Zossen räumen. Da Hitler einen Rückzug seiner 9. Armee untersagte, wurden die Reste dieser Truppen zusammen mit Flüchtlingskolonnen in einem wandernden Kessel bei Halbe zusammengeschossen. Am 25. April trafen Truppen der 58. sowjetischen Gardedivision bei Torgau an der Elbe mit Einheiten der 69. US-Infanteriedivision zusammen. An diesem Tag wurde auch bei Ketzin im Raum Potsdam der Belagerungsring um Berlin geschlossen.

Neue Auffanglinien konnte die Wehrmacht im mitteldeutschen Raum nicht mehr bilden. Am 20. April war die 2. Belorussische Front am Unterlauf der Oder zur nördlichen Umfassung Berlins angetreten. Heftige Kämpfe um einen Brückenkopf bei Stettin forderten von beiden Seiten schwere Verluste. Danach stießen die sowjetischen Verbände ebenfalls rasch nach Westen vor und trafen am 3. Mai bei Grabow mit britischen Soldaten zusammen. Es gelang der Wehrmacht nicht, im Schutze der Mecklenburger Seenplatte mit Resten der 3. Panzerarmee, der 21. Armee sowie mit eilig aus Kurland herangeschafften Verstärkungen eine neue Verteidigungsfront zu bilden. Drei sowjetische Stoßkeile zur Ostseeküste machten die-

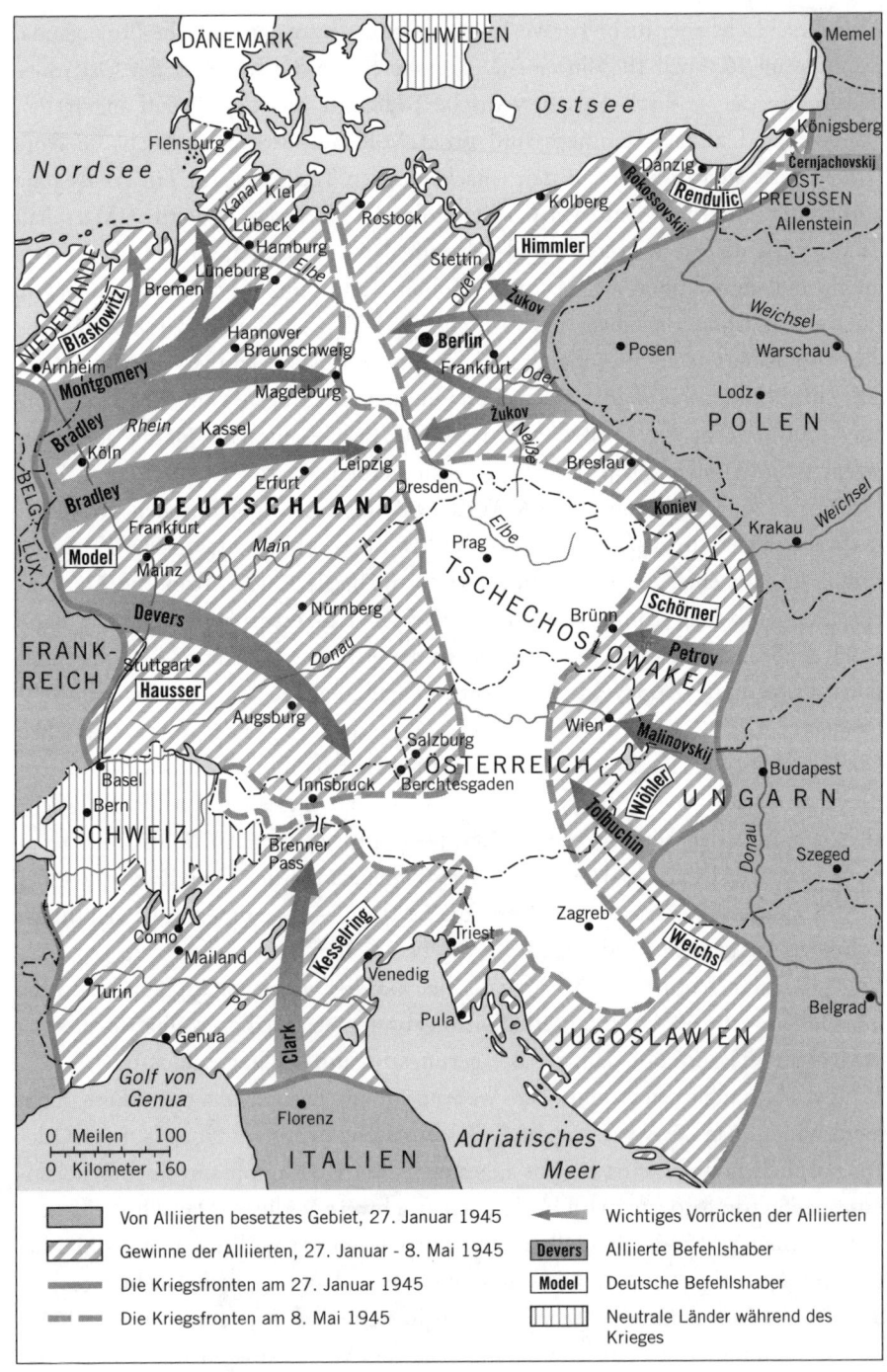

Karte 8: Der »Endkampf« um das Reich 1945.

sen Plan zunichte. Die in Berlin eingeschlossene deutsche Führung versuchte verzweifelt, unter Aufbietung von Reserven die Front vor der Stadt zu festigen und Gegenangriffe zu organisieren.

Das hätte der Zeitpunkt sein können, um mit unkonventionellen Mitteln eine »allerletzte« Entscheidung herbeizuführen. Für diesen Zweck hatte Hitler seine modernsten und tödlichsten chemischen Kampfstoffe bereithalten lassen. Die Ankündigung von »Wunderwaffen« war längst verpufft. Der technische Vorsprung bei modernen Sturmgewehren, Panzerkampfwagen und Düsenjägern reichte auf dem Schlachtfeld nicht aus, die quantitative Überlegenheit des Gegners auszugleichen. Auch die V-Waffen hatten nicht Hitlers Erwartungen erfüllt. Bis zum 31. Dezember 1944 waren 13 714 Flugbomben und 1561 Fernraketen abgefeuert worden, im Frühjahr 1945 dann nochmals 9000 Flugbomben und 1913 Raketen. Die letzte V 2-Rakete detonierte in London am 27. März, in Antwerpen am 5. April. Dann mußten die Spezialtruppen mit ihren Abschußrampen als Infanterie eingesetzt werden. Die Alliierten hatten den Einsatz von chemischen und biologischen Waffen durch die Deutschen immer für möglich gehalten. Doch nachdem die Wehrmacht den günstigsten Moment bei der Invasion 1944 ungenutzt gelassen hatte, hofften die Alliierten darauf, durch ihre Luftüberlegenheit und einen raschen Einmarsch in Deutschland die Gefahr eines letzten Verzweiflungskampfes mit unkonventionellen Waffen verhindern zu können.

Hitler selbst rechnete längst nicht mehr damit, durch chemische Kampfstoffe eine Kriegswende herbeiführen zu können. Den Einsatz biologischer Mittel hatte er stets abgelehnt, den Bau einer Atombombe nicht sonderlich gefördert. Jetzt verfügte er jedenfalls mit dem Nervenkampfstoff Tabun über eine chemische Superwaffe, die den Feindmächten nicht bekannt war. Doch diese wollte er nur zur Vergeltung einsetzen, falls der Gegner der Versuchung anheimfallen sollte, dem schrumpfenden Rest des Dritten Reiches mit Giftgas den Todesstoß zu versetzen. Die modernen Anlagen und Vorräte konnten darüber hinaus eine strategische Option bieten, wenn – wie Hitler immer noch verzweifelt hoffte – die Feindkoalition auseinanderbrach. Die Fertigungen in Dyhernfurth nördlich von Breslau und Falkenhagen östlich von Berlin liefen auf vollen Touren, obwohl die Rote Armee in Reichweite war. Ihr Besitz war, wenn es gelang, die Oderfront zu halten, von unschätzbarem Wert. Auch die in Niedersachsen und Mitteldeutschland gelagerten Vorräte an »Spitzenkampfstoffen« sollten mit allen Mitteln vor dem Zugriff der Alliierten bewahrt und notfalls in den »Nordraum« evakuiert werden. Rüstungsminister Speer und der Generalstab des Heeres waren allerdings entschlossen, den sinnlosen Einsatz unkonventioneller Kampfstoffe zu verhindern und die riskanten Transporte zu beenden.

Der verheerende Luftangriff auf Dresden belebte noch einmal die interne Diskussion über eine mögliche Vergeltung mit Giftgas oder Pesterregern. Das britische Kriegskabinett hatte seinen Entschluß, das »Elbflorenz« in einem spektakulären Großangriff zu vernichten, nicht aufgegeben. In drei Wellen sollten am 13./14. Februar 1945 das Bomber Command (Harris) und die 8th US-Army Air Force (James Doolittle) die mit Flüchtlingen überfüllte Stadt angreifen. Die Kampfverbände stießen auf keinen Widerstand. Die erste Welle mit 245 Maschinen gegen 22 Uhr sowie die zweite Welle mit 529 Maschinen um 2.23 Uhr hatten für einen Feuersturm gesorgt. Zeitzünder verhinderten das Löschen. Um die Mittagszeit griffen dann die Amerikaner an. Ein großer Teil ihrer »Fliegenden Festungen« verfehlte Dresden und bombardierte statt dessen Prag. Ingesamt fielen 3433 Tonnen Spreng- und Brandbomben auf die Stadt. Die Gesamtzahl der Toten wird auf mindestens 25000 geschätzt. Bis heute hält der Streit um die politisch-moralische Bewertung an.[8] Militärisch hat auch dieser Terrorangriff keine durschschlagende Wirkung erzielt. Die Hoffnungen von Harris, mit einem »Donnerschlag« die Nazis endlich auf die Knie zu zwingen, erfüllten sich wieder einmal nicht. Hitler ließ sich nicht beirren, und die schockierte Bevölkerung widersetzte sich nicht seinen fanatischen Bemühungen, den verlorenen Krieg um jeden Preis fortzusetzen. So wie die zerstörte Altstadt von Dresden wurden auch zahlreiche andere deutsche Städte weiterhin angegriffen, die Trümmerwüsten von Bomben umgewühlt, um den Deutschen jede Möglichkeit zum Widerstand zu nehmen und den Vormarsch der Alliierten zu erleichtern. Der Wiederaufbau der Dresdner Frauenkirche setzt in unseren Tagen ein positives Signal der Versöhnung. Im Frühjahr 1945 jedenfalls verstärkte das Inferno von Dresden auch in Großbritannien die Kritik an den Terrorangriffen des Bomber Command, so daß Churchill schließlich die Einstellung anordnete.

Zum Glück hatte Hitler an seinem Standpunkt zur möglichen Vergeltung mit Giftgas festgehalten. Er befürchtete, daß die Briten mit noch stärkeren Mitteln antworten würden. In einem solchen Fall zeigte er sich aber bereit, britische und amerikanische Kriegsgefangene in großer Zahl erschießen zu lassen. Selbst Vorbereitungen zur Auslösung großer Waldbrände (Unternehmen »Athenstädt«) ließ er schließlich abbrechen.[9] Hitler wollte allem Anschein nach die Kriegführung bis zum letzten Augenblick in der Hand behalten und diesen letzten Moment so lange wie möglich hinauszögern. Keitels Vorschlag, öffentlich zu erklären, daß Deutschland keinen Gaskrieg beabsichtige, und die Vorratslager geordnet zu übergeben, lehnte Hitler vermutlich deshalb ab, weil er dann gegenüber den Alliierten im Nachteil gewesen wäre. Der Gedanke an den Schutz der deutschen Bevölkerung war ihm längst völlig fremd geworden. Er hätte mit dem Einsatz der Massenvernichtungswaffen wohl ein letztes Fanal setzen und tatsächlich »Verbrannte Erde« hinterlassen können. Der »Endsieg« wäre dadurch nicht erreicht worden, wohl aber ein schnelleres Ende des Dritten Reiches. Wichtiger dürfte es ihm aber vermutlich gewesen sein, seine Inszenierung der »Götterdämmerung« nicht in Giftschwaden enden zu lassen. Selbst auf eine Art in seinem Führerbunker sterben zu müssen, wie er es als Schicksal seinem ärgsten Feind, »den Juden«, zugedacht hatte, hätte nicht zu dem heroischen Bild gepaßt, das er der Nachwelt hinterlassen wollte. Für diesen Zweck waren auch die Diktate seiner Gedanken verfaßt, die Martin Bormann notierte.

Nach der Verzögerung durch die deutsche Ardennenoffensive hatten die Westalliierten ihren Sturm auf das Reich am 8. Februar 1945 begonnen. Die 21. britische Armeegruppe (Montgomery) und die 12. US-Armeegruppe (Bradley) eröffneten zusammen mit kanadischen Verbänden den Angriff. Die deutschen Truppen gaben das linksrheinische Gebiet auf und zogen sich hinter den Rhein zurück. Köln ging am 6. März verloren. Einen Tag später erreichten amerikanische Panzertruppen die unzerstörte Rheinbrücke bei Remagen und errichteten sofort einen Brückenkopf. Hitler tobte und befahl die Bestrafung der Verantwortlichen auf deutscher Seite. Gegenangriffe scheiterten. Gleichzeitig war die 6. US-Armeegruppe (Jacob L. Devers) nach Süden eingeschwenkt und begann mit der Besetzung der Saarpfalz. Zwei Wochen später setzten die Anglo-Amerikaner zum Hauptstoß an. Eisenhower hatte sich entschieden, seine Hauptgruppierung im Norden aufzulösen. Der Schwerpunkt lag nun bei Bradley, der in Richtung Dresden–Leipzig vorrücken sollte. Seine nördliche Flanke hatte Montgomery durch einen Vorstoß Richtung Hannover-Lübeck zu decken. Es lag im britischen Interesse, den Ostsee-Ausgang möglichst vor der Roten Armee zu besetzen. An der südlichen Flanke sollte Devers mit amerikanischen und französischen Verbänden Süddeutschland und Österreich erobern.

Berlin war nicht länger Eisenhowers Ziel. Den Triumph überließen die Amerikaner gern den Russen, auch den hohen Preis, der dafür vermutlich zu zahlen war. Das Gespenst von einer deutschen »Alpenfestung« bot Eisenhower den Anlaß, den strategisch wichtigeren Raum im Süden, die traditionelle Rüstungsschmiede im Ruhrgebiet sowie das Zentrum der modernen Rüstungsfertigung im mitteldeutschen Industrierevier zu besetzen, zumal Speer im Hintergrund dafür sorgte, daß der »Nero-Befehl« des Diktators zur Zerstörung der deutschen Industrie nicht umgesetzt wurde.[10] Für Eisenhower waren die militärischen Zielsetzungen wichtiger als weiterreichende politische Erwägungen, so daß Churchills Protest gegen die Absage an einen schnellen Vorstoß auf Berlin kein Gehör fand. Trotz örtlicher Gegenwehr war die Wehrmacht an der Westfront bereit, massiven alliierten Vorstößen nachzugeben. In der deutschen Führung wäre mancher durchaus geneigt gewesen, die Front im Westen weiter zu öffnen. Im OKW bereitete man bereits das Ausweichen in die »Alpenfestung« und adäquat dazu in einen »Nordraum« vor.

Am 23./24. März trat Bradley mit seiner Armeegruppe aus dem Brückenkopf Remagen zur letzten Schlacht an. Fünf Tage später war die deutsche Heeresgruppe B (Model) im Ruhrgebiet abgeschnitten. Deutsche Entlastungsangriffe aus dem Raum Kassel scheiterten. Nach schweren Kämpfen im Raum Paderborn gegen SS-Verbände konnte Bradley am 1. April mit der Einnahme von Lippstadt den Ruhrkessel schließen. Hitler befahl das Ausharren von mehr als 20 Divisionen mit rund 325 000 Mann. Darunter gab es nur wenige kampfkräftige Einheiten, die sich dem Eindringen der Amerikaner in die Ballungszentren entgegenstellten. Ein großer Teil der schlecht bewaffneten und versorgten Soldaten und Volkssturmeinheiten tauchte in den schwer zerstörten Großstädten unter. Model lehnte jedes Kapitulationsangebot ab und zog den Selbstmord vor, als sich seine Heeresgruppe auflöste und den Kampf am 25. April einstellte.

Schon vor der endgültigen Zerschlagung des Ruhrkessels hatte Bradley mit vier Armeen und rund 1,3 Millionen Mann den Vormarsch in der 200 Kilometer breiten Frontlücke nach Osten fortgesetzt. Sein Ziel war es, Leipzig einzunehmen und an die Elbe heranzurücken. Die 3. US-Armee unter Patton übernahm die Spitze, nachdem sie Darmstadt, Frankfurt am Main und Aschaffenburg besetzt hatte. Sie stieß über Fulda nach Thüringen hinein, mußte aber kurz verharren, weil die 9. US-Armee im Kampf mit deutschen Fallschirmjägern im Teutoburger Wald festhing. Die von Hitler befohlene Werra- und Fuldalinie war zersprengt, nun befahl der Diktator die Bildung einer »Festung Harz«. Im Schutz des Mittelgebirges lieferte die deutsche 11. Armee zwei Wochen lang heftige Waldkämpfe, bis sie am 23. April zerschlagen war. Zuvor waren die Amerikaner mit Teilen nach Niedersachsen hineingestoßen und hatten am 10. April Hannover erobert. Einen Tag später erreichten sie die Elbe und setzten am 13. April bei Magdeburg über den Fluß. Sie stießen kaum noch auf Widerstand. Wo er sich auch nur im Ansatz zu bilden schien, bombten die Flieger den Weg rasch wieder frei. Häufiger begegneten ihnen freilich weiße Fahnen, die von der Bevölkerung trotz des Terrors der fliegenden Standgerichte gehißt wurden. Zwar begingen manche fanatische Nazis wie der Leipziger Oberbürgermeister Selbstmord, doch die Mehrzahl der Menschen begrüßte erleichtert den Einmarsch der Amerikaner. Vereinzelte Übergriffe, Plünderungen und Vergewaltigungen wurden kaum registriert. Mit eisiger Härte reagierten die Truppen allerdings nach der Öffnung der Konzentrationslager, so etwa von Buchenwald, wo die Bewohner umliegender Ortschaften gezwungen wurden, die Stätte des Grauens zu besichtigen. Über völkerrechtswidrige Maßnahmen und Repressalien der Alliierten ist bis heute in der Historiographie wenig bekannt geworden.

Der Vorstoß nach Mitteldeutschland verschaffte den Amerikanern einen großen Vorteil. Auch wenn dieser Raum zur späteren sowjetischen Besatzungszone gehören sollte, bot die zeitweilige Besetzung die Chance, die »Schatzkammer« des Reiches auszuräumen. In zahlreichen unterirdischen Anlagen waren die wertvollsten Kunstschätze sowie der Goldschatz der Reichsbank versteckt worden. In der Raketenfabrik »Dora« versammelten sich Spitzenkräfte der deutschen Rüstungsforschung wie Wernher von Braun, um sich mit ihrem Wissen bei den Amerikanern freizukaufen. Den Russen blieben später nur die Reste von Raketen und die dritte Garnitur deutscher Techniker, deren Verschleppung allerdings ausreichte, um die sowjetische Raketenrüstung der Nachkriegszeit in Gang zu setzen. Auf allen wirtschaftlichen und technisch-wissenschaftlichen Gebieten erzielten die Amerikaner mit ihren sorgsam vorbereiteten und systematisch vorgehenden Kommissionen den größten Gewinn. Nur ein Schatz blieb ihnen verborgen. Die großen Uranvorräte in Thüringen bildeten später den Grundstock für die sowjetische Atomrüstung.

Montgomery hatte mit seinen Verbänden am 23./24. März bei Wesel den Rhein überschritten und war ins Emsland vorgestoßen. Der deutschen Heeresgruppe H (Blaskowitz) gelang es, in der »Festung Holland« den Vormarsch von Briten und Kanadiern zu verzögern. Die persönlichen Rivalitäten Montgomerys mit Eisenhower und Bradley schwächten wieder einmal die britischen Möglichkeiten. So blieb auch der Vorstoß an die Nordseeküste ohne Nachdruck. Am 10. April erreichte die britische 2. Armee Celle und befreite das KZ Bergen-Belsen. Am Tag zuvor hatten sie bei Lauenburg die Elbe erreicht. Doch die Wehrmacht konnte unter diesen Umständen in den letzten vier Wochen des Kriegs ein relativ straff organisiertes

Abbildung 40: Die Zivilbevölkerung im Westen sucht Schutz vor den Kämpfen.

Kräftezentrum im Norden erhalten (Holland, Nordseehäfen, Dänemark, Norwegen).

Der amerikanisch-französische Vorstoß in Süddeutschland vollzog sich in ähnlicher Weise. Devers sollte mit der 6. Armeegruppe die südliche Flanke des Hauptstoßes nach Mitteldeutschland abdecken. Nachdem die Deutschen den Brückenkopf von Colmar am 9. Februar 1945 geräumt hatten, beherrschten die Alliierten die Rheinebene. Pattons 3. US-Armee setzte am 22./23. März bei Oppenheim über den Fluß, eroberte gegen schwachen deutschen Widerstand am 29. März Mannheim und besetzte kampflos Heidelberg. Nun konnten die Amerikaner die deutsche Rhein-Front von Norden nach Süden aufrollen. Parallel dazu setzten sie ihren Vorstoß entlang der Main-Linie in Richtung Nürnberg fort. Die deutsche Heeresgruppe G (SS-Oberstgruppenführer Hausser) am Oberrhein wurde damit abgeschnitten und überflügelt. Den Antrag auf einen allgemeinen Rückzug in den süddeutschen Raum und Richtung Alpen lehnte Hitler ab. Hausser wurde abgelöst, sein Nachfolger, General der Infanterie Friedrich Schulz, sollte mehrere Wochen hartnäckigen Widerstand in Süddeutschland leisten, bis – so Hitler – der Masseneinsatz von Strahlflugzeugen die Kriegsbedingungen entscheidend verändern würde.

Ob solche Illusionen, wie sie in diesen Tagen ständig wiederholt wurden, wirklich motivierend wirkten, sei dahingestellt. Schulz unternahm jedenfalls alle Anstrengungen, sämtliche Kräfte zu mobilisieren und die bei Aschaffenburg nach

Abbildung 41: Wernher von Braun (1912–1977) (Gipsverband) mit einer Gruppe von Raketenspezialisten nach der Gefangennahme durch die US-Army.

Süden einschwenkenden Teile der 7. US-Armee abzufangen. Doch seine Heeresgruppe brach Mitte April endgültig auseinander und setzte sich fluchtartig nach Osten und Südosten ab. Auch hier reichte der Einsatz fliegender Standgerichte nicht aus, die kampfesmüden und zumeist desillusionierten Soldaten zum »Heldentod« zu zwingen. Eine Vielzahl einsichtiger Offiziere in unterschiedlichen Positionen sorgte auf »stille« Weise dafür, daß Einheiten sich rechtzeitig absetzen oder den Kampf aufgeben konnten. Die drakonischen Strafandrohungen und Haltebefehle aus dem Führerbunker erreichten zwar die Hauptquartiere, konnten den Auflösungsprozeß aber nicht aufhalten.

Nach ursprünglicher Absprache sollten die Truppen de Gaulles die Deutschen am Oberrhein lediglich binden, um dann nach einem erfolgreichen Vorstoß der Amerikaner Südwestdeutschland zu besetzen. Der französische General wollte aber aus politischen Gründen seinen Beitrag zur Eroberung Deutschlands stärker herausgestellt wissen. Deshalb erteilte er dem Oberbefehlshaber der 1. Französischen Armee, General de Lattre de Tassigny, den Auftrag, möglichst rasch und notfalls ohne Zustimmung der Amerikaner den Rhein zu überqueren und Südwestdeutschland auf eigene Faust zu erobern. Mit seinem II. Korps unternahm General de Lattre am 31. März 1945 bei Speyer einen Vorstoß über den Fluß und umging so die Oberrhein- und Schwarzwaldrand-Stellung des alten deutschen Westwalls. Die Franzosen nahmen am 4. April Karlsruhe ein und stießen nach Süden vor, womit die ohnehin schlecht armierten und nur notdürftig bemannten deutschen Bunkerstellungen wertlos wurden. Dann setzte ein anderes Korps bei Straßburg über den Rhein, so daß die Deutschen aus mehreren Richtungen unter Druck gerieten. Am 19. April wurde Tübingen erobert. Hier wie in anderen Städten, etwa im badischen Freudenstadt, kam es zu Exzessen durch französische Kolonialtruppen gegenüber der Zivilbevölkerung. Am 24. April erreichten die Franzosen bei Lörrach die Grenze zur Schweiz. Als Besatzungsmacht waren sie stärker als die Amerikaner darauf angewiesen, aus dem Lande zu leben. Die Deutschen erlebten die Franzosen als harte Besatzer, die vor brutalen Repressalien und Requirierungen nicht zurückschreckten.

Nach der Eroberung von Stuttgart und Ulm legte Eisenhower den Schwerpunkt der Flankenoperation im Süden auf den linken Flügel und ließ entlang der Donau Richtung Linz angreifen. Am 20. April (Hitlers Geburtstag) eroberten seine Truppen nach erbittertem Kampf Nürnberg, die »Stadt der Reichsparteitage«. Dem breitgefächerten Vorstoß aus nördlicher Richtung hielt die Wehrmacht mit ihren zusammengewürfelten Einheiten nicht stand. München fiel am 30. April, nachdem eine deutsche Widerstandsgruppe vergeblich versucht hatte, die Stadt aus eigener Kraft zu befreien. 200 Soldaten wurden noch in letzter Minute aufgehängt oder erschossen. Am selben Tag wurden 33 000 Häftlinge des KZ Dachau befreit. Die amerikanischen GIs waren entsetzt über die Massaker, die von der SS angerichtet worden waren. Hier wie in anderen Teilen Deutschlands hatte man die Häftlinge auf Todesmärschen sinnlos hin- und hergetrieben. Mit den Wachmannschaften wurde kurzer Prozeß gemacht.

Teile der 3. US-Armee stießen über den Böhmerwald in Richtung Pilsen vor, waren aber zu schwach, Prag vor der Roten Armee einzunehmen und den dort ausgebrochenen tschechischen Nationalaufstand zu unterstützen. Inzwischen rückte die 7. US-Armee in breiter Gliederung gegen den Alpenrand vor. Die Vorbereitungen in der »Alpenfestung« waren nur halbherzig betrieben worden. Man hatte vor allem Stäbe hierhin evakuiert, einige Truppen zurückgeführt, doch es mangelte nicht nur an Waffen und Munition, sondern schlicht auch an Nahrungsmitteln, um Wehrmacht und Bevölkerung in diesem Raum auch nur für kurze Zeit versorgen zu können. Bis heute ranken sich um versteckte Schätze Legenden. Ein geordneter Rückzug war weder aus Süddeutschland noch in Oberitalien oder aus dem jugoslawischen und ungarischen Grenzgebiet gelungen. Die Reste der Wehrmacht in Italien suchten längst ein Arrangement mit den Amerikanern, die aus strategischen Gründen daran interessiert waren, dieses Einfallstor nicht in die Hände der Roten Armee geraten zu lassen. Am 3. Mai stand die 7. US-Armee in Innsbruck und traf zwei Tage später am Brenner auf die aus Italien vorrückenden alliierten Verbände. Am 6. Mai stellte die Heeresgruppe G die Kämpfe in Süddeutschland endgültig ein.

Für Hitler war schon zuvor deutlich geworden, daß ein Ausweichen in die »Alpenfestung« für ihn nicht mehr in Betracht kam. Am 25. April 1945 hatte er im Bunker der Reichskanzlei erklärt: »Es ist völlig zwecklos, im Süden zu sitzen, weil ich dort keinen Einfluß und keine Armee habe. Ich wäre dort nur mit meinem Stabe. Einen süddeutsch-ostmärkischen Gebirgsblock könnte ich nur halten, wenn auch Italien als Kriegsschauplatz behauptet werden könnte.«[11] Den Versuch, aus den Faustpfändern im Norden und Süden vielleicht politisches Kapital zu schlagen, überließ der Diktator anderen. Ihn zog es auch nicht in die Einsamkeit des Thüringer Waldes, wo ein weiteres Hauptquartier auf ihn wartete. Er entschloß sich, in Berlin – seiner »Festung« – trotzig auszuharren und seine Inszenierung des Untergangs bis zur letzten Minute als scheinbar heroisches Schauspiel in der Hand zu behalten.

Militärisch war die Verteidigung in der Hauptstadt ebenso aussichtslos wie in anderen »Festungen« oder Reichsgebieten. Daß es die Russen waren, die seiner Führungsclique nun den Todesstoß geben würden, war Hitler offenbar lieber als »im Kampf« gegen die Amerikaner oder Briten »zu fallen«. So konnte er noch einmal ein Fanal dafür setzen, wo er zeitlebens den ideologischen Hauptgegner gesehen hatte. Hitler war zynisch genug, sein eigenes Volk zu verraten, das aus seiner Sicht versagt hatte und deshalb untergehen sollte, denn – in seiner perversen Logik – die Zukunft würde dem »stärkeren Ostvolk« gehören. Nüchtern betrachtet bot das Häusermeer einer zerstörten Millionenstadt allemal bessere Verteidigungsmöglichkeiten. Außerdem befanden sich im mitteldeutschen Raum Wehrmachtverbände, von denen inmitten der großen Flüchtlingswelle und vor der Aussicht der sowjetischen Kriegsgefangenschaft eine stärkere Kampfbereitschaft zu erwarten war. Von Berlin aus konnte Hitler unmittelbar Einfluß darauf nehmen, diese Einheiten zu reorganisieren und zum Einsatz zu zwingen, die ansonsten danach strebten, möglichst in Richtung Westen zu den Amerikanern auszuweichen.

Nach dem Durchbruch der Roten Armee bei Seelow standen für die unmittelbare Verteidigung der Hauptstadt allerdings nur zusammengewürfelte Reste von Wehrmacht- und SS-Einheiten zur Verfügung. Mit ihnen ließ sich immerhin im Zentrum der Stadt eine hartnäckige Verteidigung organisieren. Ansonsten hoffte man im Führerbunker auf einen Entsatz durch eine neu aufgestellte 12. Armee (General Walther Wenck) sowie die Armeegruppe Steiner (III. SS-Panzerkorps unter SS-Obergruppenführer Felix Steiner). Doch das waren organisatorische Phantome, zusammengeraffte Truppen, die außerstande waren, die sowjetischen Belagerungskräfte wirkungsvoll anzugreifen. In dieser Situation wurde der Tod des US-Präsidenten Roosevelt am 12. April 1945 von Goebbels als Fingerzeig des Schicksals gedeutet. Hitler klammerte sich an die Hoffnung, die Front für einige

Abbildung 42: Deutsche Kriegsgefangene in Berlin-Mitte, 1. Mai 1945.

Wochen halten zu können, bis die Feindkoalition auseinanderbrach. Diese Illusion verflog rasch, als sich die Truppen Žukovs zum Stadtzentrum durchkämpften. Hierbei starben mehr Berliner als während der jahrelangen schweren Luftangriffe auf die Stadt. Für die Überlebenden begann ein Martyrium von Plünderungen und Vergewaltigungen durch die Sieger. Dieses in der Historiographie und Erinnerung lange verdrängte Kapitel der wohl größten Massenvergewaltigung der Geschichte betraf selbst ehemalige »Ostarbeiterinnen«, holländische Kommunistinnen und ungarische Jüdinnen, die im Frauen-KZ Ravensbrück befreit worden waren.

Hitler wollte unter allen Umständen dem Schicksal entgehen, das dem »Duce« widerfahren war. Dieser war am 28. April 1945 von Partisanen in der Nähe des Comer Sees aufgegriffen und zusammen mit seiner Geliebten ermordet und öffentlich ausgestellt worden. Hitler traf seine letzten Entscheidungen, verabschiedete sich von seinem »Liebling« Speer, schloß die Ehe mit Eva Braun und diktierte sein Testament. Am 30. April 1945, als der letzte Kampfkommandant, General Helmuth Weidling, auch das Zentrum nicht mehr halten konnte und sowjetische Stoßtrupps zur Wilhelmstraße vordrangen, beging Hitler Selbstmord. Seine Leiche wurde im Garten der Reichskanzlei verbrannt. Ebenso wie Goebbels mit seiner gesamten Familie begingen auch andere hohe Nazis Selbstmord, Bormann kam bei der Flucht ums Leben. Am 2. Mai 1945 befahl Weidling die Einstellung des Kampfes. Mehr als 70000 Soldaten, Volkssturmleute, Hitlerjungen und SS-Legionäre gingen in Gefangenschaft.

Abbildung 43: Deutsche Gefangene werden von US-Soldaten abgeführt.

In den letzten Kriegstagen suchten viele Soldaten und Zivilisten einen rettenden Weg nach Westen in Richtung Elbe. Die Amerikaner zeigten sich bereit, ihre Linien zu öffnen und den Menschen Schutz zu gewähren. Für rund 700 000 KZ-Häftlinge kam diese Hilfe oft zu spät. Auf wochenlangen Gewaltmärschen und Irrfahrten war jeder dritte ums Leben gekommen. Himmlers Erwartungen, sie als Geiseln nutzen zu können, um mit den Alliierten ins Geschäft zu kommen, schlugen fehl. So sorgte die SS in letzter Sekunde für die Ermordung zahlreicher politischer Gefangener. Angesichts der Elendsbilder in den befreiten Konzentrationslagern betrieben die Amerikaner zeitweise eine harte Politik gegenüber deutschen Kriegsgefangenen. In den berüchtigten Rheinwiesen-Lagern vegetierten viele Gefangene unter offenem Himmel dahin und starben. Thesen über ein gezieltes Massensterben können aber wissenschaftlich als widerlegt gelten.[12]

Die Kapitulation

Hitler hatte den Großadmiral Dönitz zu seinem Nachfolger bestimmt. Dieser bildete in Mürwik eine »Geschäftsführende Regierung« unter Lutz Graf Schwerin von Krosigk, dem bisherigen Reichsfinanzminister. Speer wurde Wirtschaftsminister und appellierte über Rundfunk an die Bevölkerung, mit dem Wiederaufbau zu beginnen. Dönitz wollte den Kampf fortsetzen und sich mit den Westalliierten über einen Waffenstillstand verständigen. Eine bedingungslose Kapitulation, wie sie seit der Konferenz von Casablanca gefordert worden war, sollte nach Möglichkeit vermieden werden. Weil die Alliierten bereit gewesen waren, eine Kapitulation der Heeresgruppe C (Vietinghoff-Scheel) in Norditalien entgegenzunehmen, glaubte man in Mürwik, die Sache selbst in die Hand nehmen und über weitere Teilkapitulationen gegenüber den Westmächten schrittweise eine tragfähige Verhandlungsposition aufbauen zu können.[13] In der »Alpenfestung« hatte Keitel mit einem Teil des OKW die Verantwortung übernommen. Er vertraute darauf, daß die Alliierten einer stufenweisen Entwaffnung zustimmen würden, womit sich die Wehrmachtführung vielleicht unentbehrlich und einen inneren Umsturz wie 1918 verhindern konnte. Briten und Amerikaner nutzten diese Illusionen zur Beschleunigung der deutschen Kapitulation, um die Wehrmachtverbände »geordnet« in Gefangenschaft zu führen und dann die Verhaftung der NS-Führungseliten vorzunehmen. Am 4. Mai übergab Generaladmiral Georg von Friedeburg im britischen Hauptquartier alle Wehrmachtverbände des Nordwestraums, gleichzeitig tat dies Kesselring in München.

Dönitz forderte die Soldaten zur Fortsetzung des Kampfes auf, »bis die kämpfende Truppe und bis Hunderttausende von Familien des deutschen Ostraumes vor der Versklavung und der Vernichtung gerettet sind«.[14] Das menschliche Drama, um das es sich dabei handelte, wurde nun zwar endlich von der obersten Führung in seiner Bedeutung wahrgenommen, sollte aber für politische Zwecke instrumentalisiert werden. Mit Beginn der sowjetischen Winteroffensive zu Jahresanfang hatten sich vier bis fünf Millionen Menschen überstürzt auf die Flucht nach Westen begeben. Ihre Befürchtungen waren nicht grundlos, denn die Greueltaten an zurückgebliebenen Greisen, Frauen und Kindern hörten nicht auf. Viele Deutsche wurden sofort zur Arbeitsleistung in weit entfernte Gebiete der Sowjetunion verschleppt. Mehr als 100000 kamen dabei ums Leben. Der Fluchtweg über Land war bald versperrt und äußerst gefährlich. Über vereiste Nebenstraßen und durch heftige Schneestürme behindert waren die Trecks dahingezogen, viele Kleinkinder und alte Leute erfroren. Die Trecks wurden oft von Frauen und bisherigen Kriegsgefangenen geführt. Pferde glitten aus, Wagen brachen zusammen. Viele zogen nur mit einem Handwagen ihre letzte Habe hinter sich her. Wurden sie von sowjetischen Panzerspitzen überrollt, drohten Plünderung, Mord und Vergewaltigung. Flüchtlinge, die über das eisbedeckte Frische Haff zu den rettenden Häfen zogen, verschwanden mit ihren Pferdewagen in das durch Fliegerbomben aufgerissene Wasser.

Für rund zwei Millionen Menschen war die deutsche Kriegsmarine tatsächlich zur letzten Hoffnung geworden. Aus spontanen Anfängen hatte sich unter dem Kommando von Admiral Konrad Engelhardt die größte Rettungsaktion über See entwickelt. An ihr waren schließlich mehr als 800 Schiffe und Boote beteiligt, alles, was die Marine nur irgendwie in Bewegung setzen konnte. Bei diesen gewaltigen Anstrengungen kam ein Prozent der Menschen (ca. 25000) ums Leben, der größte Teil bei der bereits erwähnten Versenkung der »Wilhelm Gustloff« Ende Januar 1945 sowie der Dampfer »Steuben« und »Goya«. Trotz der Verluste und Gefahren setzte die Kriegsmarine die Evakuierung bis zur letzten Minute fort. Noch am 8. Mai 1945 kamen 25000 Soldaten aus der Danziger Bucht in Schleswig-Holstein an.

Stalin beobachtete die Haltung seiner Verbündeten äußerst mißtrauisch und beharrte auf der bedingungslosen Gesamtkapitulation. Kompliziert war die Lage für den deutschen Oberbefehlshaber Südost (Löhr), dessen erschöpfte Verbände sich im Raum Agram versammelten. Zu ihnen gehörten Kroaten, Kosaken, Slowenen, Ukrainer, Ungarn und Italiener. Titos Partisanen drängten nach und rächten sich blutig an ihren bisherigen Gegnern. 51000 Landsleute wurden in den Wäldern der Gottschee ermordet, 50000 kroatische Soldaten und 30000 Familienangehörige bei Marburg a.d. Drau erschossen. Die Briten zeigten sich entschlossen, die deutschen Ostlegionäre an die Rote Armee auszuliefern. Sie mußten wissen, daß die

Soldaten mit ihren Familien damit einem schweren Schicksal ausgeliefert waren. Die meisten von ihnen verschwanden später in sowjetischen Straflagern, die Offiziere wurden hingerichtet.

Aus dem Blickwinkel der Regierung Dönitz entwickelte sich die Lage in Oberitalien hingegen äußerst positiv. Washington blieb zwar an einer schnellen deutschen Gesamtkapitulation interessiert, um den sowjetischen Kriegseintritt gegen Japan einfordern zu können, doch gab es auch auf amerikanischer Seite einflußreiche Kräfte, die sich auf ein Auseinanderbrechen der Anti-Hitler-Koalition nach Kriegsende einstellten und dem sowjetischen Expansionismus einen Riegel vorschieben wollten. Dazu gehörte Alan F. Dulles, der spätere Chef der CIA, damals Resident in der Schweiz, von wo aus er Kontakte mit deutschen Vertretern angeknüpft hatte. Das Ergebnis des Unternehmens »Sunrise« war die Kapitulation der deutschen Heeresgruppe Norditalien am 29. April 1945 in Caserta. Am 2. Mai schwiegen in Italien die Waffen. Auch die »Armee Wenck« mit ihren rund 100 000 Soldaten hatte Glück, als sie sich in harten Kämpfen auf die Elbe zurückzog. Verhandlungen mit der 9. US-Armee führten ebenfalls zu einer geordneten Kapitulation gegenüber den Amerikanern, nicht gegenüber der nachdrängenden Roten Armee.

Dönitz zog diese Aktivitäten an sich und leitete die Übergabe des nordwestdeutschen Raums ein. Montgomery zeigte sich nicht abgeneigt zu einer Sondervereinbarung, die selbst den Übertritt deutscher Soldaten der Ostfront erlauben würde, verlangte aber die gleichzeitige Kapitulation der Niederlande, Dänemarks und Norwegens, was Dönitz am 4. Mai widerstrebend einräumte und von Generaladmiral Georg von Friedeburg unterzeichnet wurde. Bei den Verhandlungen von Kesselring in Süddeutschland genehmigte Dönitz lediglich die Übergabe der Heeresgruppe G am 5. Mai in München. Über das Schicksal der Heeresgruppe E in Nord-Jugoslawien wollte Dönitz direkt mit Eisenhower verhandeln, denn er konnte davon ausgehen, daß die Amerikaner aus strategischen Gründen daran interessiert sein würden, die Russen aus diesem Raum fernzuhalten.

Unabhängig von möglichen politischen Kombinationen bildeten die zwischen Ost und West eingeklemmten Heeresteile das wichtigste militärische Problem. Hunderttausende von Soldaten hofften darauf, den Weg in sowjetische Gefangenschaft vermeiden zu können. Also mußte man versuchen, Zeit zu gewinnen, um sich mit der Masse der Verbände vom Feind lösen und geordnet über die Linien zu den Westmächten wechseln zu können. Besonders kritisch entwickelte sich die Lage in Böhmen, das ein bisher vom Krieg weitgehend verschontes Bollwerk der deutschen Kriegführung gewesen war. Die unterworfenen Tschechen schürten den Aufstand. Ein Stillhalteabkommen zwischen Karl Hermann Frank als »Reichsprotektor Böhmen und Mähren« mit der Widerstandsbewegung wurde gegenstandslos, als Gerüchte über den Anmarsch der 3. US-Armee (Patton) in Prag die Runde machten. Es bildeten sich kampfkräftige Gruppen, die ein Pogrom gegen die Deutschen in der Stadt entfesselten. Die Division der Russischen Befreiungsarmee (ROA) des Generals Vlasov lief zu den Tschechen über, mußte aber rasch das Weite suchen, weil sich die Vorhuten der Roten Armee näherten. Dem konzentrischen Angriff der 1., 2. und 4. Ukrainischen Front konnte die deutsche Heeresgruppe Mitte (Schörner) nicht standhalten.

Im Hauptquartier Eisenhowers in Reims wurde den deutschen Abgesandten rasch klargemacht, daß keine Verhandlungsspielräume mehr bestanden. Am 7. Mai 1945 unterzeichnete der Chef des Wehrmachtführungsstabs Alfred Jodl die verbindliche Kapitulationsurkunde für alle deutschen Streitkräfte. Nach den Erfahrungen von 1918 hatten sich die Alliierten vorgenommen, die Kapitulation durch die Führungsspitze der Wehrmacht vollziehen zu lassen, nicht durch eine zivile Reichsleitung, an deren Existenz sie ohnehin kein Interesse hatten. Auf Drängen Stalins mußte die Zeremonie am nächsten Tag in Berlin-Karlshorst vor Marschall Žukov wiederholt werden. Dafür blieben dann Eisenhower und Montgomery demonstrativ fern. Dönitz hatte den Chef des OKW Wilhelm Keitel sowie für die Kriegsmarine Admiral von Friedeburg und die Luftwaffe Generaloberst Hans-Jürgen Stumpff entsandt.

Der Krieg gegen das Deutsche Reich endete am 8. Mai 1945. Das Ergebnis war eindeutig, die Folgen für das Land und seine Bewohner daher tiefgreifender und schmerzlicher als je zuvor in der deutschen Geschichte. Der Totale Krieg, von Hitler angezettelt, hatte zu einer totalen Niederlage geführt. Sie bot die Chance, in einer aufgezwungenen »verspäteten Revolution« einen demokratischen Neuanfang zu wagen. Der Zweite Weltkrieg war mit der deutschen Kapitulation noch nicht völlig beendet. So wie im Fernen Osten das Vorspiel begonnen hatte, kam es auch hier zu einem Nachspiel. Der deutschen Weltkriegsforschung ist der Vorwurf eines Eurozentrismus sicher nicht zu ersparen, so wie selbstverständlich jede nationale Geschichtsschreibung an ihre jeweilige Perspektive gebunden ist. Die wenigen Versuche einer globalen Sichtweise sind davon nicht völlig frei und erreichen durch die kumulative Darstellung der Auswirkungen des Kriegsgeschehens keine qualitativ neuen Erkenntnisse. Eine nüchterne Betrachtung kommt aber wohl kaum an der Feststellung vorbei, daß der Zweite Weltkrieg auf dem europäischen Schlachtfeld entschieden wurde.

Das Kriegsende im Pazifik

Der Krieg im Pazifik war ein »Nebenkriegsschauplatz« geblieben, obwohl die westlichen Alliierten 1943 durch die zeitliche Verschiebung der Invasion in Europa die Gelegenheit nutzten, im Fernen Osten bereits die Offensive zur Zerschlagung des großjapanischen Imperiums zu eröffnen. Hier konnten sie ihre Stärke in Seeschlachten alten Stils zur Geltung bringen, wie sie Hitlers Kriegsmarine niemals zu liefern vermochte. Die Größe und Natur des pazifischen Kriegsschauplatzes erlaubten keinen Stillstand der Operationen von Flugzeugträgerkampfgruppen, Konvois und amphibischen Einsatzgruppen. Es gab keine festen Fronten, sondern nur den Kampf um Stützpunkte und Verbindungswege, ein »Inselspringen«, in dem der überraschende Einsatz von relativ geringen Landungstruppen große strategische Wirkungen entfalten konnte. Auch wenn es dabei öfters zu intensiven Kämpfen in Dschungeln und auf entlegenen Eilanden kam, wurde die Schlacht stets von eingreifenden Flottenverbänden entschieden, deren Trägerflugzeuge über den Horizont hinweg operierten. In diesem Kampf waren Informationen über die Stärke, Absichten und Bewegungen des Feindes von besonderer Bedeutung. Hier konnten die Amerikaner ihre große Überlegenheit in der elektronischen Aufklärung zur Geltung bringen. Mit der gezielten Jagd auf den japanischen Flottenchef (Operation »Vengeance«) gelang ihnen ein spektakulärer Coup. Admiral Yamamoto wurde am 18. April 1943 in seinem Flugzeug über Bougainville abgeschossen.

Nach ihrer Niederlage von Guadalcanal hatte die japanische Führung beschlossen, die Außenposten im Pazifik nur noch hinhaltend zu verteidigen und sich auf einen verkürzten »absoluten Sicherheitsraum« abzustützen. Er reichte von Burma über Malaya bis Neuguinea und zu den Kurilen. Premierminister Hideki Tojo hoffte darauf, die Kriegswirtschaft intensivieren und diesen Raum solange verteidigen zu können, bis eine politische Lösung gefunden war. Dagegen hatten sich die Amerikaner auf eine lange Reihe von Operationen mit Teilangriffen eingestellt, die, je nach Verfügbarkeit des Schiffsraums, bisher abwechselnd von Admiral Chester W. Nimitz und General Douglas MacArthur in getrennten Räumen vorangetrieben worden waren. Jetzt konnten beide Oberbefehlshaber gleichzeitig zuschlagen. Dafür standen 819 Kriegsschiffe und 7800 Flugzeuge zur Verfügung.

MacArthur brauchte ein Jahr, um durch Vorstöße auf Neuguinea die Bedrohung Australiens auszuschalten. Seine Offensive im Südwestpazifik begann im Juni 1943 mit der Landung auf den Salomonen-Inseln New Georgia, Vella Lavella und Rendova. Hier wurde die neue Taktik praktiziert: starke feindliche Garnisonen zu umgehen und zu isolieren, schwache Stützpunkte zu erobern und auszubauen, um

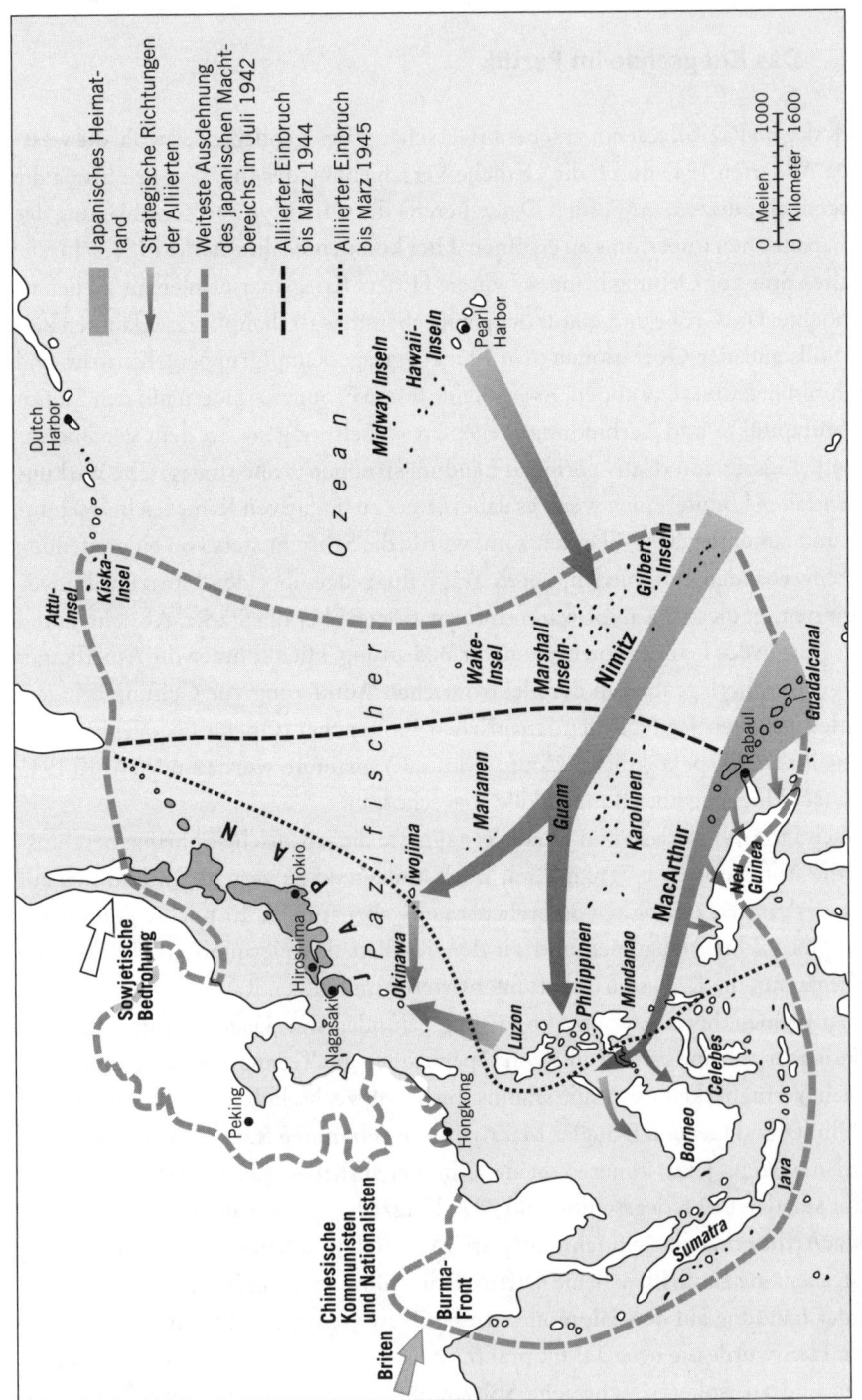

Japanisches Heimat-
land

Strategische Richtungen
der Alliierten

Weiteste Ausdehnung
des japanischen Macht-
bereichs im Juli 1942

Alliierter Einbruch
bis März 1944

Alliierter Einbruch
bis März 1945

0 Meilen 1000
0 Kilometer 1600

Dutch
Harbor

Midway Inseln

Hawaii-
Inseln

Pearl
Harbor

O z e a n

Attu-
Insel

Kiska-
Insel

Gilbert
Inseln

Guadalcanal

Wake-
Insel

Marshall
Inseln

Nimitz

Rabaul

P a z i f i s c h e r

Marianen

Guam

Karolinen

MacArthur

Neu
Guinea

Sowjetische
Bedrohung

J A P A N

Tokio

Iwojima

Okinawa

Hiroshima

Nagasaki

Philippinen

Mindanao

Luzon

Celebes

Peking

Hongkong

Borneo

Java

Chinesische
Kommunisten
und Nationalisten

Burma-
Front

Briten

Sumatra

Karte 9: Der Pazifikkrieg 1943–1945.

dadurch eigene Kräfte zu schonen. Bougainville wurde im November 1943 angegriffen, dann der größte japanische Stützpunkt im Südpazifik, Rabaul, durch systematische Luftangriffe lahmgelegt. Das Gros der Flotte unterstützte den Vorstoß von Nimitz zu den Marianen im Zentralpazifik. Zuvor war der Weg zu den Marshall-Inseln geöffnet worden. Mitte Februar 1944 konnte dann Eniwetok eingenommen werden. Die Eroberung von Saipan bot die Chance, einen Stützpunkt zu errichten, um eine Bomberoffensive gegen das japanische Mutterland eröffnen zu können. Landungstruppen eroberten Saipan, Tinian und Guam. Ende April 1944 wurde der wichtigste Stützpunkt Nippons im Zentralpazifik, das Atoll Truk (Karolinen), zerstört. Gegen starke japanische Flottenkräfte kam es am 19. Juni 1944 zu einer See-Luft-Schlacht (»Truthahnschießen bei den Marianen«), bei der am Ende 366 japanische Flugzeuge zerstört und drei Flugzeugträger versenkt wurden.

Die Schlacht in der Philippinensee führte in Tokio zum Sturz von Tojo und zur Einsetzung eines »Obersten Kriegsrates«, in dem Heer und Flotte die Dualität ihres Machtanspruchs manifestierten. Trotz einer steigenden Rüstungsproduktion hatten die Japaner keine Aussicht, das Kräfteringen mit den Amerikanern bestehen zu können. Die Suche nach Friedensmöglichkeiten blieb aber durch den japanischen Großmachtanspruch blockiert. Auch die Invasion in Europa hemmte nicht die amerikanische Offensive, die sich nun immer stärker auch gegen die japanischen Kraftquellen und inneren Verbindungswege richtete. Die Amerikaner konnten sich sogar einen handfesten Streit der Oberbefehlshaber im Pazifik über den künftigen Angriffsschwerpunkt leisten, den schließlich Roosevelt schlichten mußte. Alle großen Flottenverbände (34 Träger, elf Schlachtschiffe, 19 Kreuzer, 174 Zerstörer) sollten in Richtung Leyte vorstoßen, der zentralen Philippinen-Insel, um von dort der Army Landungsoperationen zur Befreiung der wichtigsten Inselgruppe zu ermöglichen. Auf japanischer Seite hatte man sich darauf vorbereitet, einem solchen Vorstoß die gesamte eigene Flotte (7 Träger, sieben Schlachtschiffe, 19 Kreuzer, 25 Zerstörer) entgegenzustellen. Ihre Unterlegenheit sollte durch den Einsatz von 1150 landgestützten Flugzeugen von Japan, Formosa und den Philippinen aus wettgemacht werden. Zu ihnen zählten Piloten, die bereit waren, sich selbst aufzuopfern und sich mit ihren Maschinen auf amerikanische Schiffe zu stürzen (Kamikaze – »göttlicher Wind«).

In einem ersten Schlag vernichteten die Amerikaner fast die Hälfte der japanischen landgestützten Luftstreitkräfte. Weil das japanische Hauptquartier von den eigenen Fliegern völlig übertriebene Versenkungsziffern gemeldet erhielt, schätzte es das Risiko für einen Flottenvorstoß als gering ein. Die wegen Treibstoffmangel weit zerstreute japanische Flotte mußte mühsam zusammengezogen werden, was den Amerikanern mit ihrer Funkaufklärung einen wichtigen Vorteil verschaffte.

Allein am 25. Oktober 1944 wurden hintereinander vier große japanische Träger versenkt. Insgesamt verloren die Japaner bei der Schlacht um den Leyte-Golf, der größten Seeschlacht aller Zeiten, fast die Hälfte ihrer Flotte, die von nun an als strategischer Faktor keine Rolle mehr spielte. MacArthur konnte 132000 Mann der 6. US-Armee (Walter Krueger) an Land bringen. Mitte Februar 1945 landeten mehr als 2000 amerikanische Fallschirmjäger auf der Felseninsel Corregidor am Eingang zur Manila-Bucht. Die Kämpfe zur Befreiung der Philippinen dauerten jedoch noch bis Juni 1945.

Während sich auf diese Weise die Alliierten über 5000 Kilometer Pazifik an die japanischen Hauptinseln herankämpften, hatten die Japaner ihr Festlandimperium, das von der Mandschurei bis nach Burma reichte, mit größter Rücksichtslosigkeit gesichert und ausgebeutet. Sie hatten sich nicht gescheut, den chinesischen Widerstand selbst unter Einsatz von Giftgas zu bekämpfen und die verachteten Chinesen zu Tausenden für barbarische Experimente biologischer Kriegführung umzubringen. Dennoch beherrschten sie kaum mehr als die großen Städte und Verbindungsstraßen. Unterstützung erhielt der nationalchinesische Widerstand unter General Chiang Kai-shek durch Briten und Amerikaner. Auch die kommunistischen Partisanen unter Mao Tse-tung stellten ihren Bürgerkrieg weitgehend ein und beteiligten sich an der Abwehr der Japaner. Diese versuchten sich im Februar 1944 eine Entlastung zu verschaffen, indem sie einen Vorstoß nach Ostindien organisierten. Daran beteiligten sich auch Freiwillige der indischen Nationalarmee unter S. Ch. Bose, der von Hitler unterstützt worden war. Die Schlacht im burmesischen Dschungel gegen britisch-indische Kräfte endete mit einer verheerenden Niederlage der japanischen Armee. Erfolgreich war für die Japaner eine letzte Großoffensive (Operation »ICHI-GO«) im April 1944, mit der sie eine Landverbindung über 850 Kilometer nach Indochina schufen. Dabei fügten sie den Nationalchinesen eine schwere Niederlage zu und eroberten alle Stützpunkte, die von der US-Army Air Force genutzt worden waren. Immerhin blieben auf diese Weise aber mehr als eine Million japanische Soldaten in China gebunden.

Am 19. Februar 1945 führte die Eroberung der Insel Iwojima, rund 1000 Kilometer südlich von Tokio, zu heftigen Kämpfen. Bei 20703 Toten und nur 216 Gefangenen zeigte sich die japanische Entschlossenheit zur Selbstaufopferung. Die amerikanische Marineinfanterie erlitt mit 5931 Toten und Vermißten sowie 17272 Verwundeten in der 36tägigen Schlacht ungewöhnlich schwere Verluste. Noch blutiger waren die Kämpfe um Okinawa, 550 Kilometer südlich der japanischen Hauptinsel Kyuszyu. Die Amerikaner brauchten diesen Stützpunkt, um von hier ihre Invasion in Japan durchführen zu können. Am 1. April 1945 gingen vier Divisionen an Land. In erbitterten Kämpfen gegen die gut vorbereiteten 110000 Verteidiger konnten 180 000 Amerikaner erst am 21. Juni den Erfolg vollenden. Sie wurden von 1200 Kriegsschiffen unterstützt, deren gefährlichster Feind die japanischen Kamikaze-Flieger wurden. Hier erlitt die US-Navy die schwersten Verluste des Weltkriegs. Die Amerikaner verzeichneten 12 500 Tote und 37 000 Verwundete. Auf japanischer Seite überlebten nur 7400 Mann. Wie auf Saipan befahlen auf Okinawa Offiziere auch Zivilisten den Selbstmord.

Diese Erfahrungen erhöhten die Besorgnis der Amerikaner und Briten, daß sie bei einer Eroberung des japanischen Mutterlandes bis zu 1,5 Millionen Mann an Verlusten erleiden würden, wenn sich in der japanischen Führung die zum kollektiven Selbstmord entschlossene Gruppe um Kriegsminister General Korechika Anami durchsetzen würde. So empfanden Truman und Churchill während der Potsdamer Konferenz am 17. Juli 1945 die Nachricht als eine Erlösung, daß die geheim entwickelte Atombombe zur Verfügung stand. Über die Gründe für die Entscheidung zum Einsatz dieser neuen Massenvernichtungswaffe ist in der Nachkriegszeit stets kontrovers diskutiert worden.[15] Ob Truman nun hauptsächlich an die Signalwirkung gegenüber Stalin dachte oder den enormen Entwicklungsaufwand mit einem spektakulären Erfolg rechtfertigen wollte, läßt sich nicht schlüssig beweisen. Nicht zu übersehen sind aber die militärischen Gründe, die damals für den Einsatz sprachen. Die strategische Luftoffensive, mit dem verheerenden Brandbombenangriff auf Tokio am 9./10. März 1945 eröffnet, hatte durch rund 170 000 Tonnen an konventionellen Bomben zur Zerstörung der meisten Städte und Industrieanlagen in Japan geführt. Das Kaiserreich war am Ende seiner Kraft und suchte verzweifelt einen Ausweg. Die friedenswilligen Kräfte gewannen aber erst allmählich die Oberhand, und bis zuletzt war ein Putsch radikaler Militärs nicht ausgeschlossen. Noch in der letzten Phase des europäischen Kriegs waren deutsche U-Boote in Richtung Japan aufgebrochen, um den Japanern die Blaupausen deutscher Geheimwaffen zur Verfügung zu stellen. Die deutsch-japanischen Beziehungen hatten in der zweiten Kriegshälfte keine Dynamik mehr entwickelt. Das Projekt eines gemeinsamen U-Boot-Kriegs im Indischen Ozean blieb ohne größere Auswirkungen; und auch die für Deutschland wichtigen Lieferungen mit Kautschuk und anderen wertvollen Rohstoffen waren längst zum Erliegen gekommen. Beim Austausch von Rüstungsgeheimnissen hatte Hitler früher Zurückhaltung gezeigt und auch die japanischen Vorschläge zur Vermittlung eines möglichen Friedens mit Stalin ignoriert. Vergeblich hatte man in Tokio auf einen langen und blutigen Endkampf um das Reich des unheimlichen Verbündeten gehofft.

Truman hatte wohl keine andere Wahl. Am 26. Juli 1945 forderte die Potsdamer Konferenz Japan ultimativ zur bedingungslosen Kapitulation auf. Die japanische Führung lehnte ab, wobei die Radikalen hofften, daß die Westmächte zu einem

Kompromiß bereit sein würden, um die zu erwartenden hohen Verluste bei einer Invasion vermeiden zu können. Oppositionelle Kreise setzten sich schließlich mit dem Plan durch, im Zuge einer Kapitulation engen Anschluß an die USA zu finden, um eine bolschewistische Revolution in Japan und die Machtausweitung der UdSSR in Asien zu verhindern. Nach mehreren Kabinettswechseln wurde ein Kapitulationsangebot von den Westmächten aber nicht ernst genommen. Im Besitz einer Waffe, die mit einem Schlag den Krieg beenden konnte, mußte der US-Präsident auch Rücksicht darauf nehmen, daß sein Volk ein schnelles Ende des Kriegs wünschte. Am 6. August fiel die erste Atombombe auf Hiroshima, die zweite am 9. August auf Nagasaki. Das Ergebnis war verheerend: beide Städte zu 80 Prozent vernichtet, insgesamt 212545 Tote und 154000 Verwundete. Noch Jahrzehnte später starben Menschen an den Spätfolgen der radioaktiven Verseuchung.

Zusammen mit diesem atomaren Doppelschlag traf die Japaner die sowjetische Kriegserklärung am 8. August 1945. Mehr als fünf Jahre hatte sich Stalin durch seine Neutralitätspolitik aus dem Konflikt im Fernen Osten herausgehalten. Jetzt ließ er seine gegen Deutschland siegreichen Truppen gegen das am Boden liegende Japan marschieren. Die japanische Kwangtung-Armee war der sowjetischen Großoffensive in der Mandschurei nicht gewachsen. So konnte die Rote Armee den schnellsten Blitzsieg aller Zeiten feiern. Bereits am 10. August hatte Tokio seine Bereitschaft erklärt, das Potsdamer Ultimatum annehmen zu wollen. Doch die zum Staatsstreich entschlossene Militärclique wollte den Kampf, gestützt auf große Teile Chinas, Südostasiens und Indonesien, fortsetzen und eine Invasion um jeden Preis verhindern. Erst als der Tenno ein Machtwort zugunsten der Friedenspartei sprach, war die Krise ausgestanden. Am 14. August 1945 zeigte sich Japan zur bedingungslosen Kapitulation bereit. Sie wurde am 2. September auf dem US-Schlachtschiff »Missouri« unterzeichnet.

Die Potsdamer Konferenz und die Folgen des Zweiten Weltkriegs

Mit dem Sieg der Anti-Hitler-Koalition über das Dritte Reich war der Zweite Weltkrieg militärisch entschieden. Die Frage nach der Zukunft war damit ebensowenig gelöst wie eine Reihe von Konflikten, die der Krieg entfacht oder geschürt hatte. Nur die Deutschen waren vorerst nicht mehr gefragt. Am 23. Mai 1945 hatten die Briten die Mitglieder der Regierung Dönitz verhaftet und in Kriegsgefangenschaft überführt. Die oberste Gewalt in Deutschland übernahmen am 5. Juni die Alliierten mit ihrer »Berliner Deklaration«. Das bereits am 14. November 1944 unterzeichnete Kontrollabkommen sah die Einsetzung eines Alliierten Kontrollrats als oberster Behörde in Deutschland vor und legte seine Kompetenzen fest. Vier Besatzungszonen unterstanden jeweiligen Militärgouverneuren, die aber keine völlig gleichgerichtete Politik verfolgten. Zwar hatte man sich auf der Konferenz in Jalta auf Grundzüge der Entmilitarisierung, Entwaffnung und Entnazifizierung verständigt, doch über die Zukunft Deutschlands hatten die Siegermächte durchaus unterschiedliche Vorstellungen. Dabei ging es nicht zuletzt um die Machtverteilung in Europa und die Frage, ob sich die ehemalige Anti-Hitler-Koalition tatsächlich auf eine allgemeine Weltfriedensordnung verständigen konnte, wie sie Ende April 1945 bei der Gründung der UNO in San Francisco beschlossen und durch die UN-Charta vom 26. Juni 1945 bestätigt worden war.

Das sowjetische Vorgehen in Osteuropa war für Churchill, den eigentlichen Sieger über Hitler, ein klarer Verstoß gegen die Prinzipien von Jalta. Ein »eiserner Vorhang« sei vor der russischen Front in Mitteleuropa niedergegangen, schrieb er am 12. Mai an Truman,[16] und er scheute sich nicht, insgeheim eine Operation »Unthinkable« prüfen zu lassen, die mögliche Aufnahme von Kampfhandlungen der Alliierten gegen die Rote Armee. Die geforderte Anerkennung der kommunistischen Marionetten-Regime als angeblich »frei« und legitim widersprach der Vereinbarung, ein freies Europa auf »demokratischer Grundlage« schaffen zu wollen. Churchill drängte daher auf eine erneute Aussprache der »Großen Drei«, um Stalins Beutepolitik zu bremsen. Die Konferenz in Potsdam (Deckname »Terminal«) vom 17. Juli bis 2. August 1945 sollte sich hauptsächlich mit der Regelung der deutschen Frage und dem Kriegsbeitritt der UdSSR gegen Japan befassen, wurde jedoch zur Schlußkonferenz des Zweiten Weltkriegs. Die Uneinigkeit auf westlicher Seite erleichterte es Stalin, seine territorialen und politischen Ansprüche weitgehend durchzusetzen. Churchill mußte nach dem Wahlsieg der Labour Party am 26. Juli zurücktreten und seinem Nachfolger Clement R. Attlee den Platz am Konferenztisch überlassen. Trumans Hauptsorge war es, so rasch wie möglich die amerikanischen Truppen aus Europa abzuziehen und gegen Japan einzusetzen. Im Vertrauen auf die Entwicklung der Atombombe glaubte er, »Uncle Joe« künftig in Schach halten zu können. Das britische Mißtrauen teilten die Amerikaner nicht.

Das erste Opfer waren erneut die Polen. Im Zuge der Diskussion um Besatzungszonen verloren sie nun endgültig den östlichen Teil ihres Vorkriegsterritoriums. Die vorgesehene Kompensation durch die deutschen Gebiete östlich von Oder und Neiße sowie die Anerkennung der kommunistisch gesteuerten Regierung von Edward Osóbka-Morawski schrieben einen deutsch-polnischen Gegensatz fest, der die sowjetische Vorherrschaft in Ostmitteleuropa zementierte. Die Annexion des nördlichen Ostpreußens durch die UdSSR bildete ein weiteres Zuge-

ständnis, das Stalin in Verfolgung einer klassischen machtpolitischen Expansionspolitik erringen konnte. Dazu gehörte schließlich auch die bereits in Jalta vorgezeichnete Unterwerfung der baltischen und südosteuropäischen Staaten. Der
sowjetische Diktator war als letzter der vier Siegermächte in die Anti-Hitler-Koalition eingetreten und fuhr nun die größten Gewinne ein. Zur Beute aus seiner früheren Zusammenarbeit mit Hitler kam nun die Hälfte des ehemaligen Deutschen Reiches, mit der Option, durch eine entsprechende Besatzungspolitik den Einfluß auf
ganz Deutschland ausbauen zu können. Auch der von den Westmächten aner-
kannte Grundsatz der Vertreibung der deutschen Bevölkerung aus dem Osten des
Reiches sowie den mittelosteuropäischen Staaten sicherte letztlich das neue sowjetische Imperium mit stalinistischen Methoden, die auch von den Nazis für ihre verbrecherischen Ziele genutzt worden waren. Wenn man sich in Potsdam auf Druck
der Amerikaner und Briten darauf verständigte, diese »Umsiedlungen ... in geordneter und humaner Weise« durchführen zu wollen, so blieb das größtenteils eine
Farce. Von der brutalen Realität waren am Ende nicht nur die Deutschen betroffen,
sondern auch jene Polen, die aus dem östlichen Teil ihres Vaterlandes auf sowjetischen Druck gewaltsam vertrieben wurden.

Noch gingen alle Besatzungsmächte, wozu auf Drängen Churchills Frankreich
hinzugezogen wurde, vom Erhalt der deutschen Einheit aus. Doch bei den diskutierten Fragen zu Reparationen, Demontagen, Wirtschaftskontrollen, der Bestrafung von Kriegsverbrechern sowie zur »Umerziehung« der Deutschen deuteten
sich bereits unterschiedliche Auffassungen an. Die schließlich am 2. August 1945
verkündete Vereinbarung legte »Die politischen und wirtschaftlichen Grundsätze
zur Behandlung Deutschlands während der ersten Kontrollperiode« fest.[17] Der
bekundete Wille der Siegermächte richtete sich auf ein Provisorium während der
Besatzungszeit bis zum Abschluß eines Friedensvertrags, und es enthielt das Versprechen, daß es nicht die Absicht der Alliierten sei, »das deutsche Volk zu vernichten oder zu versklaven«. Es bestehe vielmehr der Wille, »dem deutschen Volk
Gelegenheit zu geben, sich darauf vorzubereiten, später sein Leben auf demokratischer und friedlicher Grundlage neu aufzubauen. Sind seine eigenen Anstrengungen unablässig auf dieses Ziel gerichtet, so wird es zu gegebener Zeit seinen Platz
unter den freien und friedliebenden Völkern der Welt einnehmen können«.

Es sollte sich rasch erweisen, daß dieses Dokument Ausgangspunkt und Rahmen
für den »Kalten Krieg« war, der zwischen den Siegermächten ausbrach und für
mehr als vier Jahrzehnte das Nachspiel des Zweiten Weltkriegs bildete. Deutschland selbst stand dabei im Mittelpunkt der Auseinandersetzung, ein besetztes und
geteiltes Land, das zum Aufmarschgebiet der Supermächte wurde, und nur in seinem Westteil allmählich die Souveränität zurückgewann. Wie nach dem Ersten

Weltkrieg veränderte sich auch im Ergebnis des Zweiten Weltkriegs die weltpoliti-
sche Karte. Anders als damals zielten die Veränderungen aber auf die Herausbildung einer bipolaren Weltordnung, die das internationale System für fast 50 Jahre
bestimmte und das ideologische Zeitalter auf den Höhepunkt führte. Zusammen
mit dem Gleichgewicht des atomaren Schreckens sorgte es zumindest in Europa
für eine fragile Stabilität und scheinbare Koexistenz zwischen dem kommunistischen Imperium und der freien Welt. Den Preis dafür hatte auch jene »Dritte Welt«
zu zahlen, die als Ergebnis des Zweiten Weltkriegs und der nachfolgenden Dekolo-
nisation in Afrika und Asien entstand. Deutschland hatte seinen Großmachtsta-
tus und Weltmachtanspruch bereits 1945 eingebüßt. Die anderen europäischen
Großmächte verloren ihren Einfluß später, obwohl sie in Potsdam noch am Tisch
der Siegermächte gesessen hatten. Europa wurde für Jahrzehnte vom Subjekt zum
Objekt der Weltpolitik, überlebte aber nur dank der Präsenz der USA und ihrer
Wiederaufbauhilfe – auch in dieser Hinsicht im Unterschied zur Zeit nach dem
Ersten Weltkrieg.

Jahrzehnte wurde auch in der Historiographie über die Bedeutung des Potsdamer Abkommens und über die Interpretation der Ergebnisse des Zweiten Weltkriegs gestritten. Die von Stalin installierte »Deutsche Demokratische Republik«
reklamierte sie als Legitimation für den eigenen Anspruch, die »richtigen« Schluß-

Abbildung 44: Die drei Sieger in Potsdam: Churchill, Truman und Stalin.

folgerungen aus der Niederlage des deutschen Faschismus gezogen zu haben und die »fortschrittliche« Richtung der deutschen Geschichte zu vertreten. In der Bundesrepublik wurde im Zuge der Entspannungspolitik der siebziger und achtziger Jahre das Potsdamer Abkommen immer stärker als Schlußdokument des Zweiten Weltkriegs betrachtet, das die deutsche Teilung besiegelt habe. Das Beharren auf dem Fortbestand des Deutschen Reiches, der deutschen Einheit und dem Ziel eines Friedensvertrags schwand ebenso im öffentlichen Bewußtsein wie die Erkenntnis, daß die Völker Ostmitteleuropas in Jalta und Potsdam um ihre Hoffnung auf Freiheit betrogen worden waren.

Erst der Umbruch im sowjetischen Imperium, der in Polen seinen Anfang nahm, öffnete schließlich überraschend den Weg zu jenem Ziel, das im Potsdamer Abkommen als Perspektive für die Nachkriegszeit skizziert worden war. Der Hitler-Stalin-Pakt, der 1939 am Beginn des Zweiten Weltkriegs gestanden hatte, wurde in seinen Folgen erst 1989 völlig beseitigt. Die Lügen und Legenden sowjetischer Geschichtspropaganda konnten nicht mehr mit Gewalt durchgesetzt werden. Jahrzehntelange hatte sie den Sieg der Roten Armee über die Wehrmacht als »gesetzmäßig« und als Legitimation für den Sowjetkommunismus sowie den russischen Imperialismus gefeiert. Ihr Verstummen hat den Weg zu neuen Perspektiven und Bewertungen der Geschichtsschreibung eröffnet. Im Hinblick auf den Zweiten Weltkrieg wird der Blick auch auf die Tragödie des russischen Volkes gelenkt, das in der Gefangenschaft eines mörderischen politischen Systems gegen einen äußeren, nicht weniger mörderischen Feind um sein Überleben kämpfen mußte. Und der mühsam errungene Sieg verlängerte zwangsläufig die eigene Unfreiheit, wenn auch der Stolz über diesen Sieg die Mühen des Wiederaufbaus milderte und zeitweise die Hoffnung auf eine bessere Zukunft nährte. Für viele Menschen blieb am Ende die bittere Einsicht, daß sie den Zweiten Weltkrieg zwar gewonnen, die Früchte des Sieges aber verloren haben. Erst das Verschwinden der Sowjetunion und ihres Imperiums bildet den logischen Schlußpunkt des Zweiten Weltkriegs und einer Entwicklung, die mit der »Urkatastrophe« des Ersten Weltkriegs begonnen hatte, als der deutsche Generalstab einen Weltkrieg riskierte und den drohenden Untergang mit Goldmillionen an einen gewissen Lenin im fernen Zürich aufzuhalten versuchte.

Für die politische und wirtschaftliche Erfolgsgeschichte der Bundesrepublik Deutschland, die sich am 3. Oktober 1990 mit dem Beitritt der Deutschen Demokratischen Republik vollendete, waren die Ausgangsbedingungen denkbar ungünstig gewesen. Das Erbe des Zweiten Weltkriegs waren nicht nur der zeitweilige Verlust der Souveränität, die Annexionen, Vertreibungen und Reparationen sowie die vierzigjährige Geiselhaft von 17 Millionen Deutschen, die dem Experiment der kommunistischen Besatzungsmacht und ihrer Handlanger ausgeliefert waren und die sich erst durch die friedliche Revolution von 1989 ihre demokratischen Rechte erstreiten konnten. Die materiellen Schäden konnten, wie nach dem Ersten Weltkrieg, am schnellsten überwunden werden. Allein in Deutschland waren – hauptsächlich durch den Bombenkrieg, unter dem schätzungsweise ein Drittel der Bevölkerung direkt gelitten hatte – 1,63 Millionen Gebäude mit fünf Millionen Wohnungen zerstört oder beschädigt worden. 14 Millionen Menschen hatten durch Bomben ihren Besitz ganz oder teilweise verloren. Auch die Infrastruktur hatte durch die Bombenangriffe schwer gelitten. Bis zu 20 Millionen Menschen blieben zeitweise ohne Wasser oder Energie. Doch der Wiederaufbau gelang trotz aller Belastungen innerhalb weniger Jahre.

Die menschlichen Verluste sind kaum zu ermessen. Rund 300 000 Kinder verloren in den letzten Kriegsmonaten ihre Eltern, 14 Millionen Menschen waren auf der Flucht nach Westen. 122 000 Zivilisten wurden bis 1950 in der Sowjetischen Besatzungszone interniert, 40 000 haben die Haft nicht überlebt. Auch in den Westzonen wurden genauso viele Menschen aus politischen Gründen interniert. Mehr als 270 000 Deutsche wurden von der Roten Armee deportiert, zur Zwangsarbeit unter härtesten Bedingungen, bei der mehr als 66 000 starben. Rund 5,3 Millionen Männer sind nach neuesten Schätzungen durch die Kampfhandlungen ums Leben gekommen, durch den Bombenkrieg starben – neben Wehrmachtangehörigen, Kriegsgefangenen und Zwangsarbeitern – 570 000 Zivilisten. Flucht und Vertreibung haben bis zu 600 000 Menschenleben gefordert. Frühere Schätzungen, die bis zu zwei Millionen gingen, halten einer Überprüfung nicht stand. In nahezu jeder deutschen Familie waren Tote oder vom Krieg gezeichnete Angehörige zu beklagen.

Das galt ebenso für fast alle anderen vom Krieg betroffenen Völker. Proportional zur Bevölkerungsgröße hat Polen mit sechs Millionen Menschen die größten Verluste erlitten. Japan mit 2,5 Millionen, China mit 15 Millionen und die UdSSR mit vermutlich 27 Millionen Menschen, haben ebenfalls schwere Einbußen hinnehmen müssen. Für die beiden letzten sind zuverlässige Zahlen kaum zu ermitteln. Ihre Menschenopfer bilden nur einen Teil der blutigen Folgen revolutionärer Umbrüche jener Länder im 20. Jahrhundert. Zu den menschlichen Verlusten müssen auch unzählige Opfer gerechnet werden, die als Kriegsgefangene oder zivile Zwangsarbeiter im Zweiten Weltkrieg oder in dessen Folge in einem bislang einzigartigen Ausmaß versklavt und ausgebeutet wurden. Die totalitären Staaten Deutschland, Japan und die UdSSR hatten daran den Hauptanteil, wobei sich die Grenzen zwischen Täter und Opfer im Verlauf des Kriegs und in seinem Ergebnis verwischten.

Zur Barbarisierung des Kriegs gab es viele Anstöße und Triebkräfte. Die Ermordung der europäischen Juden gehört zu den schlimmsten Projekten der Menschheitsgeschichte und wurde durch den Zweiten Weltkrieg ermöglicht. Der einzigartige Massenmord wurde begleitet durch zahllose andere Morde an kranken und behinderten Menschen, an politischen Gegnern und rassisch angeblich »minderwertigen« Personen, an allen, die nicht zur nationalsozialistischen »Volksgemeinschaft« zählten und Widerstand leisteten oder als »unnütze Esser« galten. Dazu gehörten auch schätzungsweise 220 000 Sinti und Roma, die der NS-Zigeuner-Politik zum Opfer fielen. Die Mordliste der Nationalsozialisten war besonders lang, aber nicht einzigartig. Stalins Rache an vermeintlich unzuverlässigen Völkerschaften seines Imperiums sowie an angeblichen Verrätern und Kollaborateuren fiel nicht weniger grausam aus. Das Völkerrecht gewährleistete im Zweiten Weltkrieg keinen ausreichenden Schutz der Zivilbevölkerung und verhinderte keine Kriegsverbrechen von Soldaten an Soldaten. So kamen im Zweiten Weltkrieg mehr Menschen ums Leben als jemals zuvor in der Geschichte. Die Schätzungen gehen bis zu 60 Millionen, die Mehrzahl von ihnen Zivilisten, was immer das im Zeichen des Totalen Kriegs heißen mochte.

Der Zweite Weltkrieg hat, ebenso wie der Erste, weitreichende Neuerungen auf technischem und wissenschaftlichem Gebiet hervorgebracht, die ihren Nutzen auch im Frieden bewiesen haben, vom zivilen Luftverkehr bis zur Raumfahrt, von der umstrittenen Atomkraft bis hin zu neuen Technologien wie Radar, Computer, der Informatik und rationeller Industrieproduktion. Davon konnten schließlich alle Nationen profitieren. Die sozialen und politisch-moralischen Folgen waren für Deutschland aber weitreichender als jemals zuvor in seiner Geschichte. Wie nach dem Ersten Weltkrieg waren einzelne Phänomene wie der Emanzipationsschub für Frauen, der Generationskonflikt und die Bildung neuer politischer Gruppierungen zu beobachten. Doch anders als damals bildete sich nach 1945, wenn auch nicht reibungslos, in Westdeutschland eine kontinuierliche Entwicklung zu einer Zivilgesellschaft, die anfangs von den Besatzungsmächten gesteuert und gefördert wurde, dann aber zunehmend Eigendynamik entwickelte.

Dazu trug nicht zuletzt auch der Bruch in der militärischen Tradition bei, der erst 1955 mit der Gründung der Bundeswehr neue deutsche Streitkräfte ermöglichte, die sich vom Vorbild der Wehrmacht zu lösen vermochten. Ostdeutschland hingegen erlebte vier Jahrzehnte lang die Ausprägung einer militarisierten Gesellschaft, von der die Nationalsozialisten nur hatten träumen können. Und doch bewirkte auch hier die Erfahrung des Zweiten Weltkriegs, daß die Menschen nur oberflächlich davon berührt wurden. Mit dem Wegfall des äußeren Zwangs wurde der Schritt in die westliche Zivilgesellschaft ohne Mühe bewältigt.

Aus heutiger Sicht läßt sich die alte Streitfrage, ob das Jahr 1945 durch Kontinuität oder Bruch in der deutschen Geschichte und als Epochengrenze der Weltgeschichte gekennzeichnet werden muß, entspannter betrachten. Sicher bleibt eines: Das zweite Deutsche Reich ist am 8. Mai 1945 endgültig untergegangen. Es hat in zwei Weltkriegen seinen Weltmachtanspruch nicht durchsetzen können und dabei allen politischen, moralischen, kulturellen Kredit sowie sein Volksvermögen in einem bis zur totalen Niederlage geführten Vernichtungskrieg verspielt. Die alte Reichsidee ist mit ihrem vom Nationalsozialismus hypertrophierten Rassenwahn endgültig ad acta der Geschichte gelegt worden. Erst die totale Niederlage des Dritten Reiches hat jenen freiheitlichen Traditionen der deutschen Geschichte zum Durchbruch verholfen, die Deutschland stets mit Europa und der westlichen Welt verbunden haben. Die Epoche der deutschen Kriege ist endgültig Geschichte geworden.

Anmerkungen

Der zweite Griff nach der Weltmacht

[1] Zu Hitlers Rede am 3.2.1933 siehe Andreas Wirsching, »Man kann nur Boden germanisieren«. Eine neue Quelle zu Hitlers Rede vor den Spitzen der Reichswehr am 3. Februar 1933, in: VfZ 49, 2001, 517–550.

[2] Akten zur Deutschen Auswärtigen Politik 1918–1945. Aus dem Archiv des Deutschen Auswärtigen Amtes, Serie D: 1937–1941, 13 Bde., Göttingen 1950–1970, hier Bd. 1, Nr. 19.

[3] Jochen Thies, Architekt der Weltherrschaft. Die »Endziele« Hitlers, Düsseldorf 1976, 112 ff.

[4] Abgedr. in: Walther Hofer, Die Entfesselung des Zweiten Weltkrieges, Frankfurt am Main 1984, 104–110.

[5] Zur Auseinandersetzung siehe Rolf-Dieter Müller, »Flucht in den Krieg?« Die innere Krise des Reiches am Vorabend des 2. Weltkrieges, in: »Der Fall Weiß«. Der Weg in das Jahr 1939, hrsg. von Jörg Hillmann, Bochum 2001, 33–52.

[6] Winfried Baumgart, Zur Ansprache Hitlers vor den Führern der Wehrmacht am 22. August 1939, in: VfZ 16, 1968, 120–149.

Die Durchsetzung der deutschen Vorherrschaft in Europa

[1] Rede Hitlers am 22.8.1939, abgedr. in: Der Prozeß gegen die Hauptkriegsverbrecher vor dem Internationalen Militärgerichtshof (International Military Tribunal), Nürnberg 14. Nov. 1945–1. Okt. 1946, 42 Bde., Nürnberg 1947 ff., hier Bd. 41, 16–25.

[2] Wolfgang Jacobmeyer, Der Überfall auf Polen und der neue Charakter des Kriegs, in: September 1939. Krieg, Besatzung, Widerstand in Polen, hrsg. von Christoph Kleßmann, Göttingen 1989, 16–37.

[3] Jürgen Förster, Wehrmacht, Krieg und Holocaust, in: Die Wehrmacht. Mythos und Realität, im Auftrag des Militärgeschichtlichen Forschungsamtes hrsg. von Rolf-Dieter Müller und Hans-Erich Volkmann, München 1999, 948–963, hier 950. Eine wichtige Rolle spielte der Verbindungsoffizier der Abwehr zum OKW: Helmuth Groscurth, Tagebücher eines Abwehroffiziers 1938–1940. Mit weiteren Dokumenten zur Militäropposition gegen Hitler, hrsg. von Helmut Krausnick und Harold C. Deutsch unter Mitarbeit von Hildegard von Kotze, Stuttgart 1970.

[4] Das Deutsche Reich und der Zweite Weltkrieg, hrsg. vom Militärgeschichtlichen Forschungsamt, bisher 8 Bde. erschienen, alle Stuttgart, hier Bd. 2: Klaus A. Maier, Die Errichtung der Hegemonie auf dem europäischen Kontinent, 1979, 238–268.

[5] Ebd., Bd. 5/1: Bernhard R. Kroener, Organisation und Mobilisierung des deutschen Machtbereichs: Kriegsverwaltung, Wirtschaft und personelle Ressourcen 1939 bis 1941, 1988; 406–485.

[6] Karl-Heinz Frieser, Blitzkrieg-Legende. Der Westfeldzug 1940, München [2]1996, 93.

[7] Franz Halder, Hitler als Feldherr, München 1949, 28f.

[8] Frieser, Blitzkrieg-Legende, a. a. O., 324.

[9] Frank Unger, Der Einsatz von Pervitin im deutschen Heer im 2. Weltkrieg und dessen wissenschaftliche Vorbereitung seit 1937, in: Wehrmedizinische Monatsschrift 38, 1994, 374–381, hier 374.

[10] Frieser, Blitzkrieg-Legende, a. a. O., 8.

Der Kampf gegen Großbritannien und die Sicherung des europäischen Vorfeldes

[1] Gerhard Ludwig Weinberg, Eine Welt in Waffen. Die globale Geschichte des Zweiten Weltkrieges, Darmstadt 1995, 162.

[2] Max Domarus, Hitler. Reden und Proklamationen 1932–1945. Kommentiert von einem deutschen Zeitgenossen, 4 Bde., Leonberg 1988, hier Bd. 2, 1540ff.

[3] Das Deutsche Reich und der Zweite Weltkrieg, a. a. O., Bd. 2, 368–374.

[4] Ebd., 390.

[5] Klaus A. Maier, Die Luftschlacht über England, in: Der Zweite Weltkrieg. Analysen. Grundzüge. Forschungsbilanz, hrsg. von Wolfgang Michalka, München 1989, 513–522, hier 518.

[6] Kriegstagebuch des Oberkommandos der Wehrmacht (Wehrmachtführungsstab) 1940–1945 (KTB OKW). Geführt von Helmuth Greiner und Percy Ernst Schramm, Bd. I–IV [nebst Nachtr.], im Auftrag des Arbeitskreises für Wehrforschung hrsg. von P. E. Schramm, Bonn 1961–1979, hier Bd. I, 368.

[7] Franz Halder, Generaloberst Halder. Kriegstagebuch (KTB). Tägliche Aufzeichnungen des Chefs des Generalstabes des Heeres 1939–1942, hrsg. vom Arbeitskreis für Wehrforschung Stuttgart, bearb. von Hans-Adolf Jacobsen in Verbindung mit Alfred Philippi, 3 Bde., Stuttgart 1962ff., hier Bd. II: Von der geplanten Landung in England bis zum Beginn des Ostfeldzuges, 1963, 335 (30. 3. 1941).

[8] Das Deutsche Reich und der Zweite Weltkrieg, a. a. O., Bd. 4: Horst Boog, Der Angriff auf die Sowjetunion, 1983, 161–168; Heinrich Schwendemann, Die wirtschaftliche Zusammenarbeit zwischen dem Deutschen Reich und der Sowjetunion von 1939 bis 1941, Berlin 1993, 203–263 (Quellen und Studien zur Geschichte Osteuropas, 31).

[9] Gerd R. Ueberschär, Generaloberst Franz Halder. Generalstabschef, Gegner und Gefangener Hitlers, Göttingen 1991, 64.

Hitlers »Lebensraumkrieg« im Osten

[1] Aufruf Hitlers an die Soldaten der Ostfront vom 22. 6. 1941, abgedr. in: »Unternehmen Barbarossa«. Der deutsche Überfall auf die Sowjetunion 1941. Berichte, Analysen, Dokumente, hrsg. von Gerd R. Ueberschär und Wolfram Wette, Paderborn 1984, 319–323.

[2] Andreas Hillgruber, Die »Endlösung« und das deutsche Ostimperium als Kernstück des rassenide von Kotze, Stuttgart 1975, 107.

[3] Das Deutsche Reich und der Zweite Weltkrieg, a.a.O., Bd. 4, 13–18.

[4] Halder, KTB a.a.O., Bd. I: Vom Polenfeldzug bis zum Ende der Westoffensive, 1962, 375 (30.6.1940), nach dem Bericht von Staatssekretär Ernst von Weizsäcker.

[5] So im Gespräch mit seinem Wehrmachtadjutanten Oberst Schmundt, zit. nach Gerd. R. Ueberschär, Hitlers Entschluß zum Lebensraum-Krieg im Osten. Programmatisches Ziel oder militärstrategisches Kalkül?, in: Unternehmen Barbarossa, a.a.O., 96–101, hier 95.

[6] Nach Albert Speer, Erinnerungen, Berlin [13]1975, 188.

[7] Halder, KTB, a.a.O., Bd. II, 6 (3.7.1940).

[8] Michael Salewski, Die deutsche Seekriegsleitung 1935–1945, 3 Bde., Frankfurt am Main/München 1970–1975, hier Bd. 3, 140.

[9] Andreas Hillgruber, Das Rußlandbild der führenden deutschen Militärs vor Beginn des Angriffs auf die Sowjetunion, in: Das Rußlandbild im Dritten Reich, hrsg. von Hans-Erich Volkmann, Köln [2]1994, 128.

[10] Georg Meyer, Adolf Heusinger. Dienst eines deutschen Soldaten 1915 bis 1964, Hamburg 2001, 150.

[11] Lev A. Besymenski, Wjatscheslaw Molotows Berlin-Besuch vom November 1940 im Licht neuer Dokumente, in: Präventivkrieg? Der deutsche Angriff auf die Sowjetunion, hrsg. von Bianka Pietrow-Ennker, Frankfurt am Main [3]2000, 113–127.

[12] Die Wehrmacht, a.a.O., Beiträge von Hew Strachan, Hans Rudolf Fuhrer und Göran Andolf.

[13] Das Deutsche Reich und der Zweite Weltkrieg, a.a.O., Bd. 4, 196.

[14] Rolf-Dieter Müller, Kriegsrecht oder Willkür? Helmuth James Graf von Moltke und die Auffassungen im Generalstab des Heeres über die Aufgaben der Militärverwaltung vor Beginn des Rußlandkrieges, in: MGM 42, 1987, 139ff.

[15] Abgedr. in: Unternehmen Barbarossa, a.a.O., 300ff.

[16] Abgedr. in: Georg Thomas, Geschichte der deutschen Wehr- und Rüstungswirtschaft, 1918–1943/45, hrsg. von Wolfgang Birkenfeld, Boppard 1966, 514–532.

[17] Das Deutsche Reich und der Zweite Weltkrieg, a.a.O., Bd. 4, 126; Karte abgedr. in: Verbrechen der Wehrmacht. Dimensionen des Vernichtungskrieges 1941–1944 (Ausstellungskatalog), hrsg. vom Hamburger Institut für Sozialforschung, Hamburg 2002, 289.

[18] Das Deutsche Reich und der Zweite Weltkrieg, a.a.O., Bd. 4, 128.

[19] Rolf-Dieter Müller, Wirtschaftskriege – Krieg und Wirtschaft: das Beispiel des Dritten Reiches, in: Ernst-Otto Czempiel u.a., Krieg, Heidelberg 2001, 43–66, hier 47.

[20] Aktennotiz über die Besprechung der Staatssekretäre am 2.5.41, abgedr. in: Unternehmen Barbarossa, a.a.O., 377.

[21] Christian Hartmann, Verbrecherischer Krieg – verbrecherische Wehrmacht? Überlegungen zur Struktur des deutschen Ostheeres 1941–1944, in: VfZ 52, 2004, 1–75, hier 41.

[22] Engel, Gerhard, Heeresadjutant bei Hitler 1938–1943. Aufzeichnungen des Majors Engel, hrsg. und kommentiert von Hildegard von Kotze, Stuttgart 1975, 107.

[23] Eine Ausnahme dokumentiert Christian Hartmann, Massensterben oder Massenvernichtung? Sowjetische Kriegsgefangene im »Unternehmen Barbarossa«. Aus dem Tagebuch eines deutschen Lagerkommandanten, in: VfZ 49, 2001, 97–158.

[24] Abgedr. in: »Unternehmen Barbarossa«, a.a.O., 305–308.

[25] Ebd., 313f.

[26] Jürgen Förster, »Verbrecherische Befehle«, in: Kriegsverbrechen im 20. Jahrhundert, hrsg. von Wolfram Wette und Gerd R. Ueberschär, Darmstadt 2001, 137–151.

[27] Klaus Jochen Arnold, Die Eroberung und Behandlung der Stadt Kiew durch die Wehrmacht im September 1941: Zur Radikalisierung der Besatzungspolitik, in: MGM 58, 1999, 23–63.

[28] Retter in Uniform. Handlungsspielräume im Vernichtungskrieg der Wehrmacht, hrsg. von Wolfram Wette, Frankfurt am Main 2002.

[29] Zit. nach Helmut Krausnick und Hans-Heinrich Wilhelm, Die Truppe des Weltanschauungskrieges. Die Einsatzgruppen der Sicherheitspolizei und des SD 1938–1942, Stuttgart 1981, 248.

[30] Dok. 221-L, abgedr. in: International Military Tribunal, a.a.O., Bd. 38, 86–94.

[31] Das Deutsche Reich und der Zweite Weltkrieg, a.a.O., Bd. 4, 444.

[32] Erich F. Sommer, Das Memorandum. Wie der Sowjetunion der Krieg erklärt wurde, München 1981.

[33] Abgedr. in: KTB OKW, a.a.O., Bd. II, 1063–1068.

[34] Zit. nach: Das Deutsche Reich und der Zweite Weltkrieg, a.a.O., Bd. 4, 1070.

[35] Tobias Jersak, Die Interaktion von Kriegsverlauf und Judenvernichtung. Ein Blick auf Hitlers Strategie im Spätsommer 1941, in: HZ 268, 1999, 311–374.

[36] Meyer, Adolf Heusinger, a.a.O., 157ff.

[37] Rüstungsbesprechung bei Keitel, abgedr. in: KTB OKW, a.a.O., Bd. II, 1047–1054.

[38] Domarus, Hitler, a.a.O., Bd. 2, 1756.

[39] Das Deutsche Reich und der Zweite Weltkrieg, a.a.O., Bd. 4, 590.

Instrumente des Kriegs

[1] Martin L. van Creveld, Die deutsche Wehrmacht: eine militärische Beurteilung, in: Die Wehrmacht, a.a.O., 331–345, hier 344.

[2] Overmans, Rüdiger, Deutsche militärische Verluste im Zweiten Weltkrieg, hrsg. vom Militärgeschichtlichen Forschungsamt, München 1999, 225.

[3] Ebd., 241.

[4] Wilhelm Treue, Hitlers Denkschrift zum Vierjahresplan 1936, in: VfZ 3, 1955, 175 bis 191.

[5] Thomas, Geschichte der deutschen Wehr- und Rüstungswirtschaft, a.a.O., 300f.

[6] Ebd., 511.

[7] Astrid Gehrig, Nationalsozialistische Rüstungspolitik und unternehmerischer Ent-

scheidungsspielraum. Vergleichende Fallstudien zur württembergischen Maschinen-
bauindustrie, München 1996.

[8] Hans Mommsen, Das Volkswagenwerk und seine Arbeiter im Dritten Reich, Düsseldorf 1996.

[9] Alfred C. Mierzejewski, Bomben auf die Reichsbahn. Der Zusammenbruch der deutschen Kriegswirtschaft 1944–1945, Freiburg i. Br. 1993.

[10] Abgedr. in: Rolf-Dieter Müller und Gerd R. Ueberschär, Kriegsende 1945. Die Zerstörung des deutschen Nationalstaats, Frankfurt am Main 1994, 164.

[11] Willi A. Boelcke, Hitlers Befehle zur Zerstörung oder Lähmung des deutschen Indu-
striepotentials 1944/45, in: Tradition 13, 1968, 301–316.

[12] Das Deutsche Reich und der Zweite Weltkrieg, a.a.O., Bd. 5/2: Bernhard R. Kroener,
Organisation und Mobilisierung des deutschen Machtbereichs: Kriegsverwaltung,
Wirtschaft und personelle Ressourcen 1942 bis 1944/45, 1999, 697–744.

[13] Jeremy Bernstein, What did Heisenberg tell Bohr about the bomb?, in: Scientific American 272, 1995, 92–97.

[14] Joseph Goebbels, Die Tagebücher von Joseph Goebbels, hrsg. von Elke Fröhlich im
Auftrag des Instituts für Zeitgeschichte und mit Unterstützung des Staatlichen Archivdienstes Rußlands, Teil 1: Sämtliche Fragmente, Bd. 1–4, München 1987, Teil 2: Diktate
1941–1945, Bd. 1–14, bearb. von Manfred Kittel, München 1993–1996, hier Teil 2,
Bd. 7, 136.

[15] Mark Walker, Legenden um die deutsche Atombombe, in: VfZ 38, 1990, 45–74.

[16] Hans Umbreit, Die deutsche Besatzungsverwaltung: Konzept und Typisierung, in:
Der Zweite Weltkrieg. Analysen, Grundzüge, a.a.O., 710–727; Czesław Madajczyk,
Die Besatzungssysteme der Achsenmächte. Versuch einer komparativen Analyse, in:
Studia Historiae Oeconomicae 14, 1980, 105–122.

[17] Truman O. Anderson, A Hungarian Vernichtungskrieg?, in: MGM 58, 1999, 345–365.

[18] Lutz Klinkhammer, Der Partisanenkrieg der Wehrmacht 1941–1944, in: Die Wehrmacht, a.a.O., 815–836.

[19] Die Polnische Heimatarmee. Geschichte und Mythos der Armia Krajowa seit dem
Zweiten Weltkrieg, hrsg. von Bernhard Chiari unter Mitarbeit von Jerzy Kochanowski, München 2003.

[20] Zit. nach: Das Deutsche Reich und der Zweite Weltkrieg, a.a.O., Bd. 5/2, 183.

Die Ausweitung zum globalen Krieg

[1] Das Deutsche Reich und der Zweite Weltkrieg, a.a.O., Bd. 5/1, 527.

[2] Vgl. Jersak, Die Interaktion von Kriegsverlauf und Judenvernichtung, a.a.O.

[3] Halder, KTB, a.a.O., Bd. III: Der Rußlandfeldzug bis zum Marsch auf Stalingrad,
1964, 295 (19.11.1941).

[4] Enrico Syring, Hitlers Kriegserklärung an Amerika vom 11. Dezember 1941, in: Der
Zweite Weltkrieg. Analysen. Grundzüge, a.a.O., 683–696.

[5] Peter Herde, Pearl Harbor, 7. Dezember 1941. Der Ausbruch des Krieges zwischen

Japan und den Vereinigten Staaten und die Ausweitung des europäischen Krieges zum Zweiten Weltkrieg, Darmstadt 1980.

[6] Robert B. Stinnett, Pearl Harbor. Wie die amerikanische Regierung den Angriff provozierte und 2476 ihrer Bürger sterben ließ, Frankfurt am Main 2003.

[7] Das Deutsche Reich und der Zweite Weltkrieg, a. a. O., Bd. 6: Horst Boog, Der globale Krieg, Die Ausweitung zum Weltkrieg und der Wechsel der Initiative 1941 bis 1943, 1990, 40–43.

[8] Ebd., 766.

[9] Halder, KTB, a. a. O., Bd. III, 483 (16. 7. 1942).

[10] Peter Gosztony, Stalins Tagesbefehl vom 28. Juli 1942, in: WWR 25, 1976, 60–63.

[11] Ebd., 23. Juli 1942.

[12] Halder, KTB, a. a. O., Bd. III, 515 (31. 8. 1942). Zu den Folgen: Die deutsche Wirtschaftspolitik in den besetzten sowjetischen Gebieten 1941–1943. Der Abschlußbericht des Wirtschaftsstabes Ost und Aufzeichnungen eines Angehörigen des Wirtschaftskommandos Kiew, hrsg. und eingeleitet von Rolf-Dieter Müller, Boppard 1991, 320.

[13] KTB OKW, a. a. O., Bd. II/2, 1301–1304.

[14] Reinhard Stumpf, Die Luftwaffe als drittes Heer. Die Luftwaffen-Erdkampfverbände und das Problem der Sonderheere 1933 bis 1945, in: Soziale Bewegung und politische Verfassung. Beiträge zur Geschichte der modernen Welt, hrsg. von Ulrich Engelhardt, Volker Sellin und Horst Stuke, Stuttgart 1976, 857–894 (Sonderband Industrielle Welt).

[15] Domarus, Hitler, a. a. O., Bd. 2, 1937 f.

[16] Aleksandr E. Epifanov, Die Tragödie der deutschen Kriegsgefangenen in Stalingrad von 1942 bis 1956 nach russischen Archivunterlagen, Osnabrück 1996.

[17] Walter Kempowski, Echolot. Barbarossa '41. Ein kollektives Tagebuch, München 2002.

Der Verlust der Initiative und der Kampf um die »Festung Europa«

[1] Gerd Kaiser, Katyn. Das Staatsverbrechen – das Staatsgeheimnis, Berlin 2002.

[2] Erich von Manstein, Verlorene Siege, Frankfurt am Main 1966, 500.

[3] Auf diesen Spuren auch Richard J. Overy, Die Wurzeln des Sieges. Warum die Alliierten den Zweiten Weltkrieg gewannen, Stuttgart 2000.

[4] Neue Zahlen von Karl-Heinz Frieser, in: Das Deutsche Reich und der Zweite Weltkrieg, a. a. O., Bd. 8 (wird erscheinen).

[5] Marcel Stein, Generalfeldmarschall Walter Model. Legende und Wirklichkeit, Bissendorf 2001.

[6] Zahlen von Karl-Heinz Frieser, in: Das Deutsche Reich und der Zweite Weltkrieg, a. a. O., Bd. 8 (wird erscheinen).

[7] Klaus Schmider, Partisanenkrieg in Jugoslawien 1941–1944, Mit einem Geleitwort von Gerhard L. Weinberg, Hamburg 2002.

[8] Peter Padfield, Dönitz. Des Teufels Admiral, Berlin 1984; Herbert Kraus, Karl Dönitz und das Ende des Dritten Reiches, in: Ende des Dritten Reiches – Ende des Zweiten

Weltkrieges. Eine perspektivische Rückschau, hrsg. von Hans-ErichVolkmann, München/Zürich 1995, 1–23.

9 Das Deutsche Reich und der Zweite Weltkrieg, a. a. O., Bd. 7: Horst Boog, Das Deutsche Reich in der Defensive. Strategischer Luftkrieg in Europa, Krieg im Westen und in Ostasien 1943–1944/45, 2001, 320–332.

10 Fritz Hahn, Waffen und Geheimwaffen des deutschen Heeres 1933–1945, 2 Bde., Koblenz 1986f., hier Bd. 1: Infanteriewaffen, Pionierwaffen, Artilleriewaffen, Pulver-, Spreng- und Kampfstoffe, 1986, 234.

11 Robert Harris und Jeremy Paxman, Eine höhere Form des Tötens. Die geheime Geschichte der B- und C-Waffen, Düsseldorf 1983.

12 Grif sekretnosti snjat: poteri Vooruzennych Sil SSSR v vojnach, boevych dejstvijach i voennych konfliktach; statisticeskoe issledovanie, hrsg. von G. F. Krivošeev, Moskau 1993, 360.

13 Olaf Groehler, Geschichte des Luftkrieges: 1910 bis 1980, Berlin (DDR) ⁷1988, 350.

Die deutsche Kriegsgesellschaft

1 Marlis G. Steinert, Hitlers Krieg und die Deutschen. Stimmung und Haltung der deutschen Bevölkerung im Zweiten Weltkrieg, Düsseldorf 1970; Bayern in der NS-Zeit, hrsg. von Martin Broszat, Bd. 1–6, München 1977–1983, hier Bd. 2–4, 1979ff.

2 Ian Kershaw, Der Hitler-Mythos. Führerkult und Volksmeinung, Stuttgart 1999.

3 Detlev J. K. Peukert, Volksgenossen und Gemeinschaftsfremde. Anpassung, Ausmerze und Aufbegehren unter dem Nationalsozialismus, Köln 1982.

4 Riccardo Bavaj, Die Ambivalenz der Moderne im Nationalsozialismus. Eine Bilanz der Forschung, München 2003.

5 Mark Spoerer, Profitierten Unternehmen von KZ-Arbeit? Eine kritische Analyse der Literatur, in: HZ 268, 1999, 61–95.

6 Mark Spoerer und Jochen Fleischhacker, Forced laborers in Nazi Germany: categories, numbers, and survivors, in: Journal of Interdisciplinary History 33, 2002, 169–204, hier 196. Die Einzelsummen addieren sich nicht zur Gesamtsumme, wenn sich Doppelerfassungen nicht vermeiden ließen.

7 Michael Stolle, Die Geheime Staatspolizei in Baden. Personal, Organisation, Wirkung und Nachwirken einer regionalen Verfolgungsbehörde im Dritten Reich, Konstanz 2001, der gegen die Unterschätzung der Gestapo in der jüngeren Forschung argumentiert.

8 Hermann Wentker, Der Widerstand gegen Hitler und der Krieg. Oder: Was bleibt vom »Aufstand des Gewissens?«, in: GWU 53, 2002, 4–19, hier 4.

9 So der mitverschworene Generalrichter Sack, zit. nach Norbert Haase, Generalstabsrichter Karl Sack, in: Hitlers militärische Elite, 2 Bde., hrsg. von Gerd R. Ueberschär, Darmstadt 1998, hier Bd. 2, 23.

10 Roland Kopp, Paul von Hase. Von der Alexander-Kaserne nach Plötzensee. Eine deutsche Soldatenbiographie 1885–1944, Münster 2001.

[11] Fabian von Schlabrendorff, Offiziere gegen Hitler, Berlin 1984, 109.

[12] Ausführungen des Distriktchefs für Lublin am 20.11.1939, abgedr. in: International Military Tribunal, a.a.O., Bd. 30, 95.

[13] Götz Aly und Susanne Heim, Vordenker der Vernichtung. Auschwitz und die deutschen Pläne für eine neue europäische Ordnung, Hamburg 1991, 204.

[14] Rede Himmlers am 29.2.1940 vor den Gauleitern, abgedr. in: Heinrich Himmler, Geheimreden 1933 bis 1945 und andere Ansprachen, Frankfurt am Main/Berlin 1974, 138 f.

[15] Denkschrift Himmlers für Hitler vom 25. Mai 1940, abgedr. in: VfZ 5, 1957, 194–198.

[16] Vortrag Himmlers vor den Gauleitern am 10.12.1940, siehe Peter Longerich, Politik der Vernichtung. Eine Gesamtdarstellung der nationalsozialistischen Judenverfolgung, München/Zürich 1998, 286.

[17] Vermerke für Himmler vom 21.7.1941, zit. nach ebd., 425.

[18] Pressekonferenz von Rosenberg am 18.11.1941, siehe Jürgen Hagemann, Die Presselenkung im Dritten Reich, Bonn 1970, 146.

[19] Abgedr. in: Peter Longerich, Die Ermordung der europäischen Juden. Eine umfassende Dokumentation des Holocaust 1941–1945, München/Zürich 1989, 83–92.

Der Totale Krieg als Konzept und Realität

[1] Roger Chickering, Total War: The use and abuse of a concept, in: Anticipating total war: the German and American experiences, 1871–1914, hrsg. von Manfred F. Boemeke, Cambridge 1999, 13–28.

[2] Michael Salewski, Die Abwehr der Invasion als Schlüssel zum »Endsieg«?, in: Die Wehrmacht, a.a.O., 210–223.

[3] General der Infanterie Edgar Röhricht, zit. nach Joachim Ludewig, Der deutsche Rückzug aus Frankreich 1944, Freiburg i.Br. ²1995, 335.

[4] Hitlers Weisungen für die Kriegführung 1939–1945. Dokumente des Oberkommandos der Wehrmacht, hrsg. von Walther Hubatsch, Koblenz ²1983, 233.

[5] Karl-Heinz Frieser, in: Das Deutsche Reich und der Zweite Weltkrieg, a.a.O., Bd. 8 (wird erscheinen).

[6] Berechnungen: ebd.

[7] Bernhard Chiari, Reichsführer-SS: Kein Pakt mit Slawen. Deutsch-polnische Kontakte im Wilnagebiet 1944, in: Osteuropa 4, 2000, 133–153.

[8] Krisztián Ungváry, Die Schlacht um Budapest. Stalingrad an der Donau 1944/45, München 1999.

Der Untergang des Reiches

[1] Martin L. van Creveld, Kampfkraft. Militärische Organisation und militärische Leistung 1939–1945, Freiburg i.Br. ²1992; dagegen Omer Bartov, Hitlers Wehrmacht. Soldaten, Fanatismus und die Brutalisierung des Krieges, Reinbek bei Hamburg 1995;

siehe auch Andreas Hillgruber, Der Zusammenbruch im Osten 1944/45 als Problem der deutschen Nationalgeschichte und der europäischen Geschichte, Opladen 1985.

2 Manfred Messerschmidt, Die Wehrmacht in der Endphase. Realität und Perzeption, in: Die Zukunft des Reiches: Gegner, Verbündete und Neutrale (1943–1945), Hrsg. ders. und Ekkehart Guth, Herford 1990, 195–222.

3 Das Deutsche Reich und der Zweite Weltkrieg, a. a. O., Bd. 1, 374.

4 Heinz Guderian, Erinnerungen eines Soldaten, Neckargemünd 1976, 346.

5 Befehl Hitlers vom 21. 1. 1945, Archiv Institut für Zeitgeschichte München, ED 36.

6 Günter Grass, Im Krebsgang. Eine Novelle, Göttingen 2002.

7 Abgedr. in: KTB OKW, a. a. O., Bd. IV, 1589 f.

8 Götz Bergander, Dresden im Luftkrieg. Vorgeschichte, Zerstörung, Folgen, Weimar ²1994; Frederick Taylor, Dresden, München 2004.

9 KTB OKL FüSt/Ia, BA-MA, RL 2 II/22, Tagesbesprechung vom 7. 4. 1945.

10 Abgedr. in: Müller/Ueberschär, Kriegsende 1945, a. a. O., 164.

11 Protokoll der 1. Lagebesprechung im Bunker der Reichskanzlei, nach: Der Spiegel 3, 1966, 32.

12 Eisenhower and the German POWs. Facts against falsehood, hrsg. von Günter Bischof, Baton Rouge et al. 1992.

13 Jörg Hillmann, Die »Reichsregierung« in Flensburg, in: Kriegsende 1945 in Deutschland, im Auftrag des Militärgeschichtlichen Forschungsamtes hrsg. von Jörg Hillmann und John Zimmermann, München 2002, 35–65.

14 Tagesbefehl von Dönitz als Oberster Befehlshaber der Wehrmacht am 2. 5. 1945, abgedr. in: International Military Tribunal, a. a. O., Bd. 35, 118.

15 Thomas B. Allen und Norman Polmar, Code-name Downfall. The secret plan to invade Japan and why Truman dropped the bomb, New York et al. 1995; Ronald T. Takaki, Hiroshima: why America dropped the atomic bomb, Boston 1995; Dennis D. Wainstock, The decision to drop the atomic bomb, Westport, Conn. 1996.

16 Winston S. Churchill, Der Zweite Weltkrieg, 6 Bde., Bern 1948–1954, hier Bd. 6/2, 261 f.

17 Auszüge abgedr. in: Müller/Ueberschär, Kriegsende 1945, a. a. O., 202–211.

ANHANG

Zeittafel

18. Juni 1935	Das Deutsch-Britische Flottenabkommen ermöglicht eine Vergrößerung der deutschen Marine.
18. Oktober 1936	Göring erhält den Auftrag, durch einen »Vierjahresplan« Deutschland wirtschaftlich kriegsbereit zu machen.
25. Oktober 1936	Durch die »Achse Berlin-Rom« wird das Bündnis mit Italien begründet.
25. November 1936	Der Antikominternpakt begründet das Bündnis mit Japan.
4. Februar 1938	Durch die Entlassung des Reichskriegsministers von Blomberg und des Oberbefehlshabers des Heeres von Fritsch wird Hitler Oberbefehlshaber des Heeres, Bildung des OKW unter seinem Chef Keitel.
12. März 1938	Einmarsch der Wehrmacht in Österreich.
5. Mai 1938	Ludwig Beck als Chef des Generalstabs des Heeres wendet sich in einer ersten Denkschrift gegen Hitlers Aggressionspolitik.
29. September 1938	Durch das Münchener Abkommen erhält Hitler das Sudetengebiet. Premierminister Chamberlain glaubt, durch seine Appeasement-Politik »peace for our time« erreicht zu haben.
21. Oktober 1938	Führerweisung zur Zerschlagung der »Rest-Tschechei«.
10. November 1938	Hitler ordnet an, daß die Presse für die psychologische Umstellung des deutschen Volkes auf den Krieg sorgen soll.

1939

10. Februar	In einer Rede vor Truppenkommandeuren legt Hitler die ideologischen Grundlagen seiner Politik dar und spricht von einem seit langem vorbereiteten »Weltanschauungs- und Rassekrieg«.
15. März	Errichtung des Reichsprotektorats Böhmen und Mähren.
23. März	Besetzung des Memelgebiets.
31. März	Veröffentlichung der Garantieerklärung für Polen durch Briten und Franzosen. Sie beginnen Geheimverhandlungen in Moskau.
17. April	Stalin eröffnet gleichzeitig Gespräche mit der deutschen Seite.

28. April	Hitler kündigt das Flottenabkommen mit Großbritannien und den Nichtangriffspakt mit Polen.
22. Mai	Durch den »Stahlpakt« wird das deutsch-italienische Militärbündnis geschmiedet.
23. Mai	Hitler erklärt den Spitzen der Wehrmacht, daß Danzig »nicht das Objekt« sei. Es gehe vielmehr um Lebensraum im Osten.
24. Juni	Britisch-französisch-sowjetischer Beistandspakt, dessen militärische Verhandlungen aber ergebnislos bleiben, weil Polen der Roten Armee kein Durchmarschrecht gewähren will.
19. August	In einem Handels- und Kreditabkommen verpflichtet sich die UdSSR zu erheblichen Rohstofflieferungen an Deutschland.
20. August	Niederlage der japanischen Armee gegenüber der Roten Armee in der Mongolei.
22. August	Hitler erklärt den Oberbefehlshabern der Wehrmacht seine Entschlossenheit zum Krieg.
23. August	Hitler und Stalin verständigen sich auf einen Nichtangriffsvertrag mit geheimem Zusatzprotokoll zur Aufteilung der Interessensphären in Ostmitteleuropa.
26. August	Garantieerklärung Hitlers für die Neutralität Belgiens, der Niederlande, Luxemburgs, Dänemarks und der Schweiz.
31. August	Angriffsbefehl gegen Polen.
1. September	Beginn der Kampfhandlungen nach einem fingierten »Überfall« auf den Sender Gleiwitz.
3. September	Nach einem Ultimatum erfolgt die britische und französische Kriegserklärung.
15. September	Beendigung des sowjetisch-japanischen Konfliktes.
17. September	Einmarsch der Roten Armee in Ostpolen.
24. September	Beginn massiver deutscher Luftangriffe auf Warschau.
28. September	Kapitulation Warschaus.
28. September	Durch den deutsch-sowjetischen Grenz- und Freundschaftsvertrag wird die neue Interessengrenze am Bug festgelegt.

28. September	Sowjetisch-estnischer Beistandspakt. Damit beginnt Stalin schrittweise die baltischen Staaten in seinen Interessenbereich einzugliedern.
30. September	General Sikorski bildet in Frankreich eine polnische Exilregierung.
6. Oktober	Beendigung der Kampfhandlungen in Polen. »Friedensangebot« Hitlers im Reichstag.
7. Oktober	Hitler ernennt Himmler zum Reichskommissar für die Festigung deutschen Volkstums.
12. Oktober	Hans Frank wird Generalgouverneur im besetzten Polen. In Deutschland wird die angelaufene wirtschaftliche Mobilmachung abgebremst.
25. Oktober	Mit Beendigung der Militärverwaltung und der Annexion der westpolnischen Gebiete beginnen erste »völkische« Ausrottungs- und Vertreibungsmaßnahmen.
12. November	Erster geplanter Termin für eine Westoffensive. Der Angriff wird bis zum Frühjahr 29mal verschoben. Die Generalsopposition kann sich nicht zum Staatsstreich entschließen.
30. November	Finnland widersetzt sich den sowjetischen Pressionen. 30 Divisionen der Roten Armee überfallen das Land und werden in einen verlustreichen Winterkrieg verwickelt.
14. Dezember	Der Völkerbund erklärt die UdSSR zum Angreifer und schließt sie aus seinen Reihen aus.

1940

10. Januar	Durch die Notlandung von zwei deutschen Luftwaffenoffizieren im holländischen Grenzbereich erhalten die Alliierten Kenntnis von den Angriffsplänen Hitlers.
11. Februar	Mit einem Wirtschaftsabkommen unterstützt die UdSSR die deutsche Kriegführung durch die Lieferung kriegswichtiger Rohstoffe und Nahrungsmittel. Die »Munitionskrise« führt in der deutschen Kriegswirtschaft zu erheblichen Friktionen.
5. März	Nach einem Beschluß des Politbüros setzt die Ermordung von 15000 kriegsgefangenen polnischen Offizieren in der UdSSR ein.

13. März	Im Frieden von Moskau tritt Finnland große Teile Kareliens an die UdSSR ab. Die Alliierten hatten zuletzt ein Durchmarschrecht durch Schweden gefordert, um Finnland auch direkt unterstützen zu können.
20. März	Regierungswechsel in Paris.
7. April	Ein alliiertes Expeditionskorps für Norwegen beginnt mit der Einschiffung. Die Alliierten planen außerdem Luftangriffe gegen die sowjetischen Ölquellen im Kaukasus.
9. April	Die Wehrmacht beginnt mit der Besetzung von Dänemark und Norwegen (»Weserübung«). In Narvik entgehen deutsche Truppen nur knapp einer Niederlage gegen die Alliierten.
10. Mai	Beginn der Westoffensive. Churchill wird neuer Premierminister.
11. Mai	Das britische Kriegskabinett beschließt die Freigabe des strategischen Bombenkriegs gegen Deutschland.
15. Mai	Kapitulation der niederländischen Streitkräfte. Das Land wird von einer deutschen Zivilverwaltung übernommen.
20. Mai	Nach dem Durchbruch bei Sedan erreicht die Panzergruppe Kleist die Kanalküste. Die Idee einer Strategie des »Blitzkriegs« nimmt Gestalt an.
24. Mai	Haltebefehl für die deutschen Panzertruppen bei Dünkirchen. Das britische Expeditionskorps wird evakuiert.
28. Mai	Der König von Belgien unterzeichnet die Kapitulation seiner Armee. Das Land bleibt unter deutscher Militärverwaltung.
29. Mai	Mit dem »Öl-Waffen-Pakt« schwenkt das neutrale Rumänien auf die deutsche Seite.
5. Juni	Beginn der Schlacht um Frankreich.
10. Juni	Italien erklärt Frankreich und Großbritannien den Krieg. Kapitulation der norwegischen Truppen.
11. Juni	Bei seinem letzten Besuch in Frankreich versucht Churchill die französische Regierung mit dem Angebot einer staatlichen Union zum Durchhalten zu ermutigen.

14. Juni	Kampfloser Einzug der Wehrmacht in Paris. Stalin beginnt mit der Besetzung von Litauen, Lettland, Estland, Bessarabien und der Nordbukowina.
22. Juni	In Compiègne wird ein deutsch-französischer Waffenstillstand unterzeichnet. Zwei Tage später schließt sich Italien an.
25. Juni	In Frankreich herrscht Waffenruhe.
28. Juni	General de Gaulle wird von den Briten als Führer »aller freien« Franzosen anerkannt. Er wird damit zum Gegenspieler des Regierungschefs Marschall Pétain, der zur Kollaboration mit Deutschland bereit ist.
3. Juli	Das französische Flottengeschwader in Oran wird durch die Briten vernichtet. Halder geht davon aus, daß ein Schlag gegen die UdSSR dazu dienen könnte, der britischen Führung die Hoffnung auf eine Fortsetzung des Kriegs zu nehmen.
16. Juli	Mit der Weisung Nr. 16 (»Seelöwe«) ordnet Hitler die Vorbereitung einer Landungsoperation gegen Großbritannien an.
19. Juli	Hitlers Reichstagsrede soll Großbritannien zum Aufgeben veranlassen. Roosevelt beschleunigt mit dem »Two Ocean Navy Expansion Act« die amerikanische Aufrüstung.
21. Juli	Überlegungen des OKH für einen möglichen Angriff gegen die Rote Armee und die Besetzung der okkupierten sowjetischen Westgebiete sowie der Ukraine werden von Hitler grundsätzlich gebilligt.
31. Juli	Hitler faßt in einer Besprechung mit den Wehrmachtteilen den »bestimmten« Entschluß zu einem Überfall auf die UdSSR im nächsten Frühjahr.
4. August	Die Italiener beginnen mit der Besetzung von Britisch-Somaliland.
5. August	Eine erste operative Studie für den Ostkrieg wird fertiggestellt. Danach beginnt der »Aufbau Ost«.
20. August	Mit dem Operationsentwurf »Felix« zur Eroberung von Gibraltar beginnt die deutsche Kriegführung im Mittelmeer.

27. August	Hitler legt die Einzelheiten für eine mögliche Landung an der englischen Südostküste fest (»Seelöwe«).
30. August	Im Wiener Schiedsspruch zwingt Hitler Rumänien zur Abtretung von Siebenbürgen an Ungarn. Anschließend beginnt der Aufbau einer deutschen Militärbasis zum Schutz der rumänischen Ölfelder und zum Aufmarsch gegen die UdSSR.
13. September	Die italienische Offensive in Nordafrika kommt rasch zum Erliegen.
15. September	Höhepunkt der Luftschlacht um England (»Adlertag«).
17. September	Hitler verschiebt die Landung in England »bis auf weiteres«.
27. September	Im Dreimächtepakt vereinbaren Deutschland, Japan und Italien eine engere Zusammenarbeit, um ein Eingreifen der USA in den Krieg zu verhindern.
12. Oktober	Hitler verschiebt das Unternehmen »Seelöwe« auf das nächste Frühjahr.
23. Oktober	Es gelingt Hitler bei einem Treffen mit Franco nicht, Spanien zum Kriegseintritt zu bewegen. Auch das Gespräch mit Pétain führt nicht zu einer engeren militärischen Zusammenarbeit gegen England.
28. Oktober	Italien überfällt Griechenland. Hitler war nicht von Mussolini unterrichtet worden. Es gelingt der griechischen Armee, mit englischer Unterstützung die Italiener zu stoppen.
5. November	Mit der Wiederwahl Roosevelts ist die weitere Unterstützung Großbritanniens gesichert. Die USA sollen »Arsenal der Demokratie« sein.
12. November	Molotov trifft in Berlin ein, um über einen Beitritt der UdSSR zum Dreimächtepakt zu verhandeln. Stalin erwartet für ein Bündnis territoriale Gewinne in Finnland, in Südosteuropa und Stützpunkte an den Dardanellen. Hitler will dagegen die sowjetische Expansionspolitik in asiatische Richtung lenken und ordnet die Vorbereitung eines Angriffs deutscher Truppen gegen Griechenland an.
14. November	Der schwere deutsche Luftangriff auf die Rüstungswerke in Coventry wird von den Briten als Terrorangriff gedeutet.

29. November	Erstes Planspiel des OKH für den Ostfeldzug unter Leitung von General Paulus.
9. Dezember	Beginn einer erfolgreichen britischen Gegenoffensive in Nordafrika.
18. Dezember	Mit der Unterzeichnung der Weisung Nr. 21 »Fall Barbarossa« legt Hitler fest, daß die Wehrmacht bereit sein müsse, auch vor einer Beendigung des Kriegs gegen England die UdSSR in einem schnellen Feldzug niederzuwerfen. In der Rüstung haben die Maßnahmen zum Kampf gegen England weiter Vorrang. Stalin hält den Text der Weisung wenige Tage später in seinen Händen.

1941

10. Januar	In einem weiteren Handelsvertrag sagt Stalin den Deutschen noch einmal die Lieferung strategischer Rohstoffe zu, verkürzt aber den Kreditrahmen und verlangt als Gegenleistung deutsche Rüstungsgüter.
20. Januar	Hitler gibt dem Staatsführer Antonescu freie Hand, um den Putsch rumänischer Faschisten niederzuschlagen, nachdem dieser seine Bereitschaft erklärt hat, an einem Ostfeldzug teilzunehmen. Auch Finnland wird in die weiteren Vorbereitungen für den Osten einbezogen.
12. Februar	Nach der erfolgreichen britischen Offensive in Nordafrika hat Hitler die Aufstellung eines »Sperrverbandes« angeordnet. Rommel trifft in Tripolis ein und organisiert sofort einen Gegenangriff.
5. März	Hitler aktiviert mit der Weisung Nr. 24 die Zusammenarbeit mit Japan, das möglichst rasch im Fernen Osten die Initiative ergreifen soll.
11. März	Mit dem Leih- und Pachtgesetz schafft Roosevelt die Voraussetzungen, damit Großbritannien Kriegsmaterial im großen Stil in den USA auch ohne sofortige Bezahlung beschaffen kann.
27. März	Nach dem Beitritt zum Dreimächtepakt am 25. 3. kommt es in Jugoslawien zu einem Staatsstreich. Hitler ordnet am 30. 3. die Vorbereitung eines Überfalls auf das Land an.

30. März	In einer Ansprache vor den Oberbefehlshabern der Ostarmeen erklärt Hitler, der Kampf gegen die Rote Armee werde zum erbarmungslosen Weltanschauungskrieg. Russen seien »keine Kameraden«.
6. April	Nach der Unterzeichnung eines jugoslawisch-sowjetischen Nichtangriffspakts eröffnet die Wehrmacht mit einem Bombardement von Belgrad den Balkan-Feldzug.
13. April	Durch ein Freundschafts- und Nichtangriffsabkommen sichert sich Japan die Rückendeckung durch die UdSSR. Durch den Spion Richard Sorge an der deutschen Botschaft in Tokio wird Stalin über den deutschen Angriffstermin informiert.
18. April	Kapitulation der jugoslawischen Armee. Kroatien hat seine Selbständigkeit erklärt. Italiener und Ungarn besetzen Teile von Rest-Jugoslawien. Die Deutschen errichten in Serbien eine Militärverwaltung.
30. April	Abschluß der Kämpfe in Griechenland. Das britische Expeditionskorps rettet sich nach Kreta. Deutsche und Italiener teilen sich die Besatzungsherrschaft.
5. Mai	In einer Besprechung von Staatssekretären und Generalen kommt man in Berlin zu dem Ergebnis, daß die geplante wirtschaftliche Ausbeutung Rußlands zum Hungertod von »zig Millionen« Menschen führen wird.
10. Mai	Mit seinem Flug nach England will Hitlers Stellvertreter Rudolf Heß in letzter Minute auf eigene Faust eine deutsch-britische Verständigung erreichen. Hitler verstößt ihn und ernennt Bormann zum Nachfolger.
20. Mai	Beginn des deutschen Landungsunternehmens gegen Kreta. Deutsche Fallschirmjäger erleiden schwere Verluste.
23. Mai	Verspäteter Versuch Hitlers, den Irak im Kampf gegen britische Truppen zu unterstützen und die »arabische Freiheitsbewegung« auf seine Seite zu bringen.
27. Mai	Mit dem Untergang des deutschen Super-Schlachtschiffs »Bismarck« endet der Versuch eines atlantischen Seekriegs mit den geringen deutschen Überwasser-Einheiten.

6. Juni	Vor Beginn des Überfalls werden die Befehle für eine verbrecherische Kriegführung im Osten (unter anderem Kommissar-Befehl) unterzeichnet. In Tokio legt das Kaiserliche Oberkommando die Grundzüge einer Südoperation fest, um den pazifischen Raum in die Hand zu bekommen.
11. Juni	Im OKW werden die Planungen für die Zeit nach »Barbarossa« aufgenommen. Die Wehrmachtteile entwickeln gigantische Rüstungspläne für eine globale Auseinandersetzung, für die man die russischen Ressourcen braucht.
16. Juni	Roosevelt ordnet die Schließung der deutschen Generalkonsulate in den USA an. Auch der Druck gegen Japan wird ständig erhöht.
22. Juni	Beginn des deutschen Überfalls auf die UdSSR. Die sowjetischen Grenztruppen werden völlig überrascht. Stalin verkriecht sich schockiert in seine Datscha, bis ihn das Politbüro bittet, die Zügel in die Hand zu nehmen. In den bedrohten Westgebieten ermordet der NKVD bei der Räumung von Gefängnissen Tausende von politischen Gegnern.
29. Juni	In einem geheimen Erlaß ernennt Hitler Göring zu seinem Nachfolger für den Fall seines Todes. In Moskau wird der »Große Vaterländische Krieg« proklamiert.
2. Juli	Eine kaiserliche Konferenz in Tokio billigt die Südstrategie und macht damit den Weg in den Krieg frei.
4. Juli	Die jugoslawische Kommunistische Partei unter Tito beschließt den bewaffneten Aufstand, der von den Deutschen mit brutalen Maßnahmen zunächst niedergeschlagen werden kann.
8. Juli	Hitler erklärt intern seine Entschlossenheit, Moskau und Leningrad dem Erdboden gleichzumachen. Er ringt mit seinen politischen und ökonomischen Motiven für den Ostfeldzug. Die hauptsächlich agrarischen Ausbeutungsziele setzen den Hungertod von Millionen »unnützen Essern« voraus, die Hitler vor allem in der bolschewistisch verseuchten Arbeiterschaft sieht.
9. Juli	In der Doppelschlacht von Bialystok-Minsk bewährt sich die Wehrmacht als Blitzkriegsarmee. Die aufgerissene russi-

sche Front kann von Stalin aber immer wieder durch mobilisierte Reserven geschlossen werden. Massen gefangener Rotarmisten kommen durch Hunger und Krankheiten sowie die brutale Behandlung der Wehrmacht ums Leben, obwohl sie in der deutschen Kriegswirtschaft dringend gebraucht werden.

12. Juli	Großbritannien und die USSR verständigen sich über den gemeinsamen Kampf gegen Deutschland. In Syrien stellen Vichy-Truppen den Kampf gegen die vorrückenden Briten ein.
16. Juli	Hitler billigt in einer großen Besprechung die vorgelegten Entwürfe für die Ausbeutungs- und Besatzungspolitik in Rußland und ordnet ein rücksichtsloses Vorgehen an. Sein Chefideologe Alfred Rosenberg wird »Reichsminister für die besetzten Ostgebiete«, doch kann er sich gegen Göring als Wirtschaftsdiktator und Himmler mit seinen Ausrottungsbefehlen nicht durchsetzen.
18. Juli	Stalin bittet Großbritannien um die Errichtung einer »Zweiten« Front.
24. Juli	Nach der Kesselschlacht von Smolensk rechnet man auch in alliierten Hauptquartieren mit einem unmittelbar bevorstehenden Zusammenbruch der Roten Armee.
31. Juli	Heydrich erhält von Göring die Vollmacht zur »Evakuierung« aller europäischen Juden.
1. August	Mit einem Öl-Embargo versuchen die USA, die japanische Expansion im Fernen Osten zu stoppen. Die UdSSR erhält kriegswichtige Materiallieferungen. Japan hat sich entschlossen, nicht am Krieg gegen die UdSSR teilzunehmen.
5. August	Mit der Kesselschlacht von Smolensk erringt die Heeresgruppe Mitte einen weiteren Triumph, doch die Rote Armee setzt den Kampf unter großen Verlusten fort. Auch die Wehrmacht kann ihre enormen Verluste nicht mehr auffüllen.
12. August	Mit der Atlantik-Charta verkünden Roosevelt und Churchill ihre Entschlossenheit, um den Sieg der Demokra-

tien zu kämpfen und die Freiheit der Völker wieder herzustellen. Hitlers »Weltblitzkrieg« ist damit praktisch gescheitert.

22. August	Gegen das Votum des OKH entscheidet sich Hitler, das Schwergewicht der Offensive nach Süden zu verlagern und zunächst die wirtschaftlich wichtige Ukraine zu erobern. Moskau sei nur ein »geographischer Begriff«.
25. August	Mit dem gewaltsamen Einmarsch britischer und sowjetischer Truppen in den Iran wird ein Versorgungsstrang zur Unterstützung der schwer angeschlagenen Roten Armee geschaffen und zugleich ein möglicher deutscher Vorstoß in den Kaukasus abgeblockt.
3. September	Erster Massenmord mit dem Giftgas Zyklon B an sowjetischen Kriegsgefangenen im Lager Auschwitz.
11. September	Roosevelt verkündet einen Schießbefehl gegenüber Schiffen der Achsenmächte, die sich in lebenswichtigen Gewässern der USA aufhalten.
16. September	OKW-Weisung, Widerstand in den besetzten Gebieten mit größter Härte niederzuschlagen. Angemessen für ein »deutsches Soldatenleben« seien »50–100 Kommunisten«.
19. September	Einnahme von Kiev. Als Vergeltung für Anschläge der Roten Armee werden am 29. September 33 000 jüdische Einwohner im Vorort Babyi Yar von der SS ermordet. Bei den Mordaktionen der Einsatzgruppen im Hinterland der Front arbeiten SS und Wehrmacht weitgehend Hand in Hand.
26. September	Abschluß der Kesselschlacht ostwärts von Kiev. Trotz gewaltiger Verluste gelingt es der Roten Armee, den Vormarsch der Wehrmacht in das kriegswichtige Donec-Gebiet zu verzögern und den Griff nach dem Kaukasus zu verhindern.
2. Oktober	Wiederaufnahme der Offensive in Richtung Moskau (»Taifun«). Der Wehrmacht gelingt immer wieder der Durchbruch sowjetischer Stellungen, doch erschöpfen sich ihre Kräfte auch infolge der Witterung zunehmend.
16. Oktober	Die sowjetische Regierung verläßt Moskau. Stalin entschließt sich nach einigem Zögern, in der Hauptstadt zu

	bleiben. Es werden Vorbereitungen für eine Winteroffensive getroffen, um mit Hilfe der strategische Reserven im Fernen Osten sowie neumobilisierter Kräfte die Wehrmacht aus dem Lande zu werfen. Die Deutschen beginnen mit der systematischen Deportation der Juden nach Osteuropa und ihrer Ermordung.
20. Oktober	Beginn der Vorbereitungen für einen Überraschungsangriff der japanischen Marine gegen die US-Flotte in Pearl Harbor für den Fall, daß die laufenden Verhandlungen beider Länder scheitern sollten. In der Doppelschlacht von Vjaz'ma-Brjansk werden die sowjetischen Hauptkräfte vor Moskau vernichtet.
1. November	Auf einer Verbindungskonferenz in Tokio fällt der japanische Entschluß zum Krieg.
13. November	Durch die Änderung der Neutralitätsgesetze können amerikanische Handelsschiffe bewaffnet in die Kriegszone eindringen. Bei der Besprechung in Orša fordert Halder die Ostarmeen zu einer letzten Willensanstrengung auf.
18. November	In Nordafrika beginnen die Briten eine erfolgreiche Gegenoffensive, um Rommels Panzergruppe zu vernichten und die Festung Tobruk zu entsetzen. Die japanische Führung drängt Hitler auf eine Entscheidung für eine gemeinsame Kriegführung gegen die USA.
29. November	Mit der Rückeroberung von Rostov kündigt sich die Fähigkeit der Roten Armee zu einer strategischen Gegenoffensive an. Die japanische Trägerflotte befindet sich seit dem 26. November im Anmarsch auf Hawaii.
5. Dezember	Beginn der sowjetischen Gegenoffensive vor Moskau, nachdem die deutschen Angreifer erschöpft den Vormarsch beenden mußten. Vorbereitungen für eine Winterstellung waren zugunsten einer letzten Kraftanstrengung zur Erreichung weitgesteckter Ziele im Osten unterblieben.
7. Dezember	Überraschender Angriff der japanischen Trägerflotte auf Pearl Harbor. Der Krieg gegen die USA beginnt mit großen Erfolgen der Japaner bei ihrem Vormarsch im Fernen Osten und im Pazifik.
11. Dezember	Deutschland und Italien erklären den USA den Krieg. An der Ostfront und in Nordafrika befinden sich die Achsenmächte im Rückzug.

19. Dezember	Brauchitsch wird abgelöst, Hitler macht sich selbst zum Oberbefehlshaber des Heeres.
20. Dezember	Churchill lehnt Stalins Forderung nach Anerkennung der sowjetischen Grenze von 1941 ab.
22. Dezember	Beginn der ersten offiziellen Kriegskonferenz in Washington. Churchill und Roosevelt bestätigen die Strategie »Germany first«.

1942

1. Januar	Mit einer Erklärung bestätigen 26 Staaten in Washington ihre Entschlossenheit, als »Vereinte Nationen« die Grundsätze der Atlantik-Charta umzusetzen und keine Sonderfrieden mit den Achsenmächten zu schließen.
18. Januar	Mit dem Abschluß eines Militärbündnisses wollen Deutschland, Japan und Italien eine gemeinsame Kriegführung organisieren. Doch die Zusammenarbeit und Koordination gelangen nicht über Ansätze hinaus.
8. Januar	Weil er eigenmächtig den Befehl zum Beziehen einer Winterstellung gegeben hat, wird der Oberbefehlshaber der 4. Panzerarmee, Generaloberst Hoepner, von Hitler aus der Wehrmacht ausgestoßen. Mit der Bestrafung und Versetzung mehrerer Heerführer will der Diktator die wankende Ostfront stabilisieren. In den schweren Abwehrkämpfen gelingt es der Wehrmacht, die Offensive der Roten Armee aufzufangen.
20. Januar	Auf der Wannsee-Konferenz werden Einzelheiten für die »Endlösung der Judenfrage« festgelegt.
8. Februar	Albert Speer wird nach dem Unfalltod von Fritz Todt neuer Rüstungsminister. Es gelingt ihm, die deutsche Rüstung aus ihrem Tief zu reißen und durch die Zusammenarbeit mit der Industrie neue Produktionsrekorde zu erzielen. Sie ermöglichen Hitler die Fortsetzung des Kriegs.
15. Februar	Mit der Kapitulation der Festung Singapur verlieren die Briten ihren wichtigsten Stützpunkt im Fernen Osten.
21. März	Der Gauleiter Fritz Sauckel wird zum Generalbevollmächtigten für den Arbeitseinsatz ernannt. Er organisiert die

umstrittenen Sklavenjagden und kann der Kriegswirtschaft 7,5 Millionen »Fremdarbeiter« zuführen. Damit entlastet er im Sinne Hitlers den Druck auf die Zwangsmobilisierung deutscher Frauen.

2. April	Beginn heftiger Luftangriffe gegen Malta. Doch die Wehrmacht kann sich am Ende nicht dazu entschließen, den strategisch wichtigen Stützpunkt der Briten zu erobern. Der Nachschubverkehr nach Nordafrika bleibt damit ständig gefährdet.
5. April	Festlegung der Ziele für eine deutsche Sommeroffensive im Osten. Ihr wichtigstes Ziel ist die Eroberung der Ölquellen im Kaukasus.
4. Mai	Beginn der ersten Träger-Luftschlacht im Korallenmeer.
6. Mai	Die letzten amerikanischen Truppen kapitulieren auf den Philippinen.
9. Mai	Mit einer Großoffensive bei Charkov versucht Stalin seinem Gegenspieler zuvorzukommen. Der Angriff wird zum Fiasko.
26. Mai	Rommel eröffnet mit der deutsch-italienischen Panzerarmee eine Offensive in Richtung Suez-Kanal als Teil einer möglichen Zangenbewegung durch den Nahen Osten und den Kaukasus. Heydrich erliegt seinen Verletzungen, die er bei einem Attentat erlitten hat. Als »Vergeltung« wird das tschechische Dorf Lidice am 10. Juni 1942 vernichtet.
30. Mai	Der erste 1000-Bomber-Angriff der Briten trifft Köln und richtet verheerende Schäden an.
3. Juni	Mit dem Beginn der Schlacht bei den Midway-Inseln erleidet die japanische Hauptflotte schwere Verluste. Es gelingt ihr nicht, Landungen auf den Midways durchzuführen und die US-Flotte zur Entscheidungsschlacht zu zwingen.
12. Juni	Himmler billigt die erweiterte Fassung eines »Generalplans Ost«, mit dem seine SS die Kompetenz für die Siedlungspolitik reklamieren will.
28. Juni	Beginn der deutschen Sommeroffensive im Osten. Bei El Alamein bleiben Rommels Verbände erschöpft liegen.

1. Juli	Mit der Einnahme von Sevastopol' ist die Krim fest in deutscher Hand. Mansteins 11. Armee wird für den Angriff auf Leningrad abgezogen.
7. Juli	Mit der Aufspaltung der Heeresgruppe Süd entfernt sich Hitler immer weiter vom ursprünglichen Operationsplan.
13. Juli	Das sowjetische Oberkommando beschließt unter dem Druck des deutschen Vormarsches, die Truppen anders als im Vorjahr zurückzuziehen, um Einkesselungen zu verhindern. Eine »Stalingrad-Front« wird aufgebaut. Im Atlantik erzielen deutsche U-Boote große Versenkungsziffern, weil die Briten zeitweise das deutsche Verschlüsselungssystem (Enigma) nicht mehr durchbrechen können.
24. Juli	Die Einigung der alliierten Stabschefs über eine Landung in Nordwestafrika leitet die Vorbereitungen für eine zweite Front in Europa ein.
28. Juli	Mit einem drakonischen Haltebefehl beendet Stalin den Rückzug. NKVD-Truppen sorgen im Rücken der Front für einen »moralischen« Umschwung der Roten Armee.
19. August	Britisch-kanadische Truppen landen bei Dieppe, um Hitlers Atlantikwall zu testen, für den immer stärkere Kräfte investiert werden. Die Briten erleiden schwere Verluste und müssen sich wieder einschiffen. General Paulus gibt seiner 6. Armee den Befehl zum Angriff auf Stalingrad. Das Rüstungszentrum an der Volga rückt immer stärker in Hitlers Blickfeld. Seine Truppen sollen hier eigentlich nur in Zusammenarbeit mit den schwachen verbündeten Armeen die lange Flanke für den Vorstoß in den Kaukasus abdecken.
23. August	Teile der 6. Armee erreichen die Volga nördlich von Stalingrad.
16. September	Beginn der schweren Kämpfe im Stadtgebiet von Stalingrad (»Rattenkrieg«). Stalin ist von den Vorbereitungen seiner Alliierten über eine Landung in Afrika unterrichtet und betreibt den Aufbau strategischer Reserven für eine eigene Gegenoffensive.
24. September	Der Chef des Generalstabs des Heeres Franz Halder wird nach langwierigen Zerwürfnissen von Hitler abgelöst. Sein Nachfolger wird Kurt Zeitzler.

29. September	Hitler ordnet den beschleunigten Ausbau des Atlantikwalls an, um gegen eine alliierte Landung gerüstet zu sein.
2. November	Montgomery durchbricht bei El Alamein die Stellungen Rommels, der sich entgegen einem ausdrücklichen Haltebefehl Hitlers zum Rückzug seines Afrikakorps entscheidet.
7. November	Der Beginn alliierter Landungen in Marokko und Algier markiert den Umschwung der Kriegführung im Mittelmeerraum.
8. November	In seiner Rede vor »alten Kameraden« in München erklärt Hitler, er habe Stalingrad bereits bis auf wenige Flecken erobert. Dabei hat die völlig erschöpfte 6. Armee den Angriff bereits eingestellt und beobachtet voller Sorge den sowjetischen Aufmarsch für eine Gegenoffensive.
11. November	Deutsch-italienische Truppen besetzen Südfrankreich. Die Zusammenarbeit mit dem Vichy-Regime wird fortgesetzt.
19. November	Beginn der sowjetischen Gegenoffensive im Raum Stalingrad. Paulus kann sich nicht dazu entschließen, einen sofortigen Ausbruch seiner rasch eingekesselten Armee zu organisieren und gegen Hitlers Haltebefehl durchzuführen. Göring verspricht eine ausreichende Luftversorgung, die aber nicht durchgeführt werden kann. Unter den mehr als 200 000 Soldaten greift bald der Hunger um sich.
27. November	Selbstversenkung der französischen Flotte in Toulon.
27. Dezember	Mit der Gründung des »Smolensker Komitees« unter Führung des kriegsgefangenen sowjetischen Generals Vlasov will die Wehrmacht die Bereitschaft unter den Kriegsgefangenen und in Teilen der Bevölkerung nutzen, Rußland vom Stalinismus zu befreien.
28. Dezember	Nach langem Zögern genehmigt Hitler den Rückzug der Heeresgruppe A aus dem Kaukasus. Damit wird eine noch größere Katastrophe verhindert, doch die 6. Armee geopfert. Größeres Augenmerk richtet sich auf den Aufbau einer deutschen Verteidigungsposition in Tunesien.

1943

14. Januar	Beginn der Konferenz von Casablanca. Roosevelt und Churchill legen als Kriegsziel die bedingungslose Kapitulation Deutschlands und Japans fest und beschließen den Übergang zum strategischen Bombenkrieg gegen das Reich.
18. Januar	Der Roten Armee gelingt es, in den Belagerungsring um Leningrad eine Bresche zu schlagen.
27. Januar	Mit dem ersten Tagesangriff der 8. US-Bomberflotte auf Reichsgebiet (Wilhelmshaven) greifen die Amerikaner massiv in den strategischen Bombenkrieg ein.
30. Januar	Nach dem Rücktritt von Großadmiral Raeder als Oberbefehlshaber der Marine wird Dönitz, der Befehlshaber der U-Boote, zum Nachfolger ernannt. Damit gewinnt der U-Boot-Krieg ein größeres Gewicht, ohne die Schlacht im Atlantik am Ende für Deutschland entscheiden zu können.
31. Januar	Kapitulation der 6. Armee in Stalingrad. Dieser sowjetische Sieg wird zum moralischen Umschwung des Ostkriegs.
1. Februar	Die Japaner räumen nach schweren Kämpfen ihren wichtigen Stützpunkt auf Guadalcanal, der eine Bedrohung für Australien darstellte. Sie geraten durch das »Inselspringen« der Amerikaner immer stärker in die Defensive.
18. Februar	Im Berliner Sportpalast stimmt Goebbels die Deutschen auf den Totalen Krieg ein. Es gelingt ihm aber nicht, größere Geschlossenheit bei der NS-Führungsclique zu erreichen und die Widerstände gegen eine stärkere Belastung der deutschen Bevölkerung zu überwinden.
22. Februar	Hinrichtung der Geschwister Scholl, die mit ihren Flugblättern die Deutschen nach der Katastrophe von Stalingrad zum Widerstand aufgefordert hatten.
13. März	Ein Attentatsversuch der Militäropposition auf Hitler schlägt fehl.
14. März	Roosevelt schlägt vor, daß Polen Ostpreußen erhalten und die deutsche Bevölkerung ausgesiedelt werden soll.
21. März	Der Plan zu einem Attentat auf Hitler läßt sich erneut nicht verwirklichen.

25. März	Die Royal Air Force eröffnet ihre Bomberoffensive gegen Deutschland (»round-the-clock«).
13. April	Entdeckung der Massengräber kriegsgefangener polnischer Offiziere bei Katyn, die im Frühjahr 1940 vom sowjetischen NKVD ermordet worden waren.
15. April	Hitler befiehlt die Vorbereitung des Unternehmens »Zitadelle«, um durch eine Angriffsoperation im Raum Kursk der dort verschanzten Roten Armee noch einmal schwere Verluste beizubringen.
19. April	Beginn des Aufstands im Warschauer Ghetto, der von Polizeitruppen niedergeschlagen wird.
26. April	Die UdSSR bricht die Beziehungen zur polnischen Exilregierung in London ab.
13. Mai	Kapitulation der Heeresgruppe Tunis. Mit dieser bislang größten deutschen Niederlage geht Nordafrika für die Achsenmächte verloren. Mussolinis Regime gerät in größte Schwierigkeiten.
24. Mai	Dönitz bricht nach schweren Verlusten die U-Boot-Schlacht im Atlantik ab.
25. Mai	Abschluß der »Trident«-Konferenz in Washington, in der unter anderem als Termin die geplante Invasion in der Normandie der 1.5.44 festgelegt wird.
5. Juli	Beginn der letzten deutschen Offensive (»Zitadelle«) im Osten.
10. Juli	Landung der Alliierten auf Sizilien.
12. Juli	Gründung des »Nationalkomitees Freies Deutschland« als Versuch Stalins, eine eigene Deutschlandpolitik zu installieren. Im Hintergrund laufen geheime Friedenskontakte über Schweden.
15. Juli	Abbruch der deutschen Offensive im Osten. Die weit überlegene Rote Armee eröffnet sofort ihre Sommeroffensive und verdrängt die Wehrmacht aus der Ostukraine. Bei ihrem Rückzug praktiziert die Wehrmacht »Verbrannte Erde«.
24. Juli	Beginn der Operation »Gomorrha« zur Auslöschung von

	Hamburg durch schwere Bombenangriffe. Die technische Systematisierung der Flächenbombardements führt zu verheerenden Verlusten unter der Zivilbevölkerung.
25. Juli	In Italien stürzt das faschistische Regime. Mussolini wird verhaftet.
17. August	Mit einem Bombenangriff auf Peenemünde gelingt es den Briten, die deutsche V-Waffen-Produktion erheblich zu verzögern.
3. September	Die Alliierten landen auf der italienischen Halbinsel.
2. September	Mit dem Erlaß über die Konzentration der Kriegswirtschaft wird Speer zum nahezu unumschränkten Wirtschaftsdiktator. Er bringt sich als möglichen Nachfolger Hitlers ins Gespräch.
8. September	Italien kapituliert, die Deutschen besetzen das Land (Fall »Achse«) und befreien am 12. 9. Mussolini. Bei der Entwaffnung der italienischen Armee wird jeder Widerstand blutig erstickt. Die Soldaten werden als Arbeitssklaven nach Deutschland verschleppt.
13. Oktober	Italien erklärt Deutschland den Krieg. Im besetzten Gebiet bekämpfen die Deutschen den Widerstand mit härtesten Mitteln.
14. Oktober	Mit Angriffen auf die Kugellagerfabriken in Schweinfurt bringen die Briten die deutsche Rüstung in größte Bedrängnis.
19. Oktober	Beginn der alliierten Konferenz in Moskau. Die Außenminister beschließen die Bildung einer Europäischen Beratenden Kommission (EAC) in London. Sie erarbeitet einen Plan über Besatzungszonen, den Entwurf einer Kapitulationsurkunde sowie über die Errichtung eines Kontrollrats.
6. November	Im Zuge ihrer Gegenoffensive befreit die Rote Armee Kiev.
18. November	Mit der »Battle of Berlin« versucht das britische Bomber Command die deutsche Moral und Führungsfähigkeit entscheidend zu schwächen.
28. November	Beginn der Konferenz der »Großen Drei« in Teheran. Prinzipielle Einigung über eine Aufteilung Deutschlands. Stalin

und Churchill verständigen sich auf eine Westverschiebung Polens. Stalin schlägt die Exekution von 50 000 deutschen Offizieren, die Deindustrialisierung Deutschlands und den Einsatz von vier Millionen deutschen Zwangsarbeitern zum Wiederaufbau Rußlands vor.

22. Dezember	Mit der Einführung des NS-Führungsoffiziers in der Wehrmacht wird die politische Indoktrination der Soldaten ausgebaut.

1944

22. Januar	Mit der Landung bei Anzio und Nettuno versuchen die Alliierten vergeblich, den Vormarsch in Italien zu beschleunigen.
15. Februar	Zerstörung des Klosters auf dem Monte Cassino, dessen Kunstschätze zuvor von den Deutschen in Sicherheit gebracht worden waren. Durch die Kämpfe in dem Ruinenfeld kann der alliierte Vormarsch auf Rom verzögert werden.
18. Februar	Die Heeresgruppe Nord ist gezwungen, ihre Stellungen vor Leningrad zurückzunehmen. Während der Belagerung finden fast eine Million Menschen den Tod.
8. März	Die Japaner unterbrechen mit einer Offensive die wichtige Burma-Straße zur Unterstützung des chinesischen Widerstands.
19. März	Kampflose Besetzung wichtiger Punkte in Ungarn durch die Wehrmacht. Das Land wird gezwungen, in der Kriegsallianz zu verbleiben. Die Deportation und Ermordung der ungarischen Juden beginnt.
30. März	Die sowjetische Frühjahrsoffensive zur Befreiung der Ukraine erreicht die Karpaten.
5. April	Beginn der systematischen Bombardierung der wichtigen rumänischen Ölfelder.
12. Mai	Beginn der systematischen Zerstörung der deutschen Treibstoffwerke durch alliierte Bomber. Die auf der Krim abgeschnittenen deutschen Verbände können unter erheblichen Verlusten evakuiert werden.

25. Mai	Bei einem der zahlreichen Großunternehmen gegen jugoslawische Partisanen entgeht Tito nur knapp der Gefangennahme.
4. Juni	Die Deutschen räumen kampflos Rom.
6. Juni	Beginn der alliierten Invasion in der Normandie (»D-Day«).
10. Juni	Die Zerstörung des französischen Dorfes Oradour und die Ermordung sämtlicher Einwohner im Zuge einer Vergeltungsaktion der Waffen-SS werden zum Symbol für die Übertragung der Methoden des »Vernichtungskriegs« im Osten auf den »Normalkrieg« im Westen.
12. Juni	Beginn des Einsatzes deutscher V-Waffen gegen London und Antwerpen.
15. Juni	Amerikanische B-29-Bomber greifen zum ersten Mal von chinesischen Basen aus Japan an.
22. Juni	Mit dem Angriff auf die Heeresgruppe Mitte und deren Vernichtung eröffnet die Rote Armee ihre Sommeroffensiven.
20. Juli	Attentat auf Hitler und Staatsstreich durch den militärischen Widerstand scheitern.
25. Juli	Goebbels wird Bevollmächtigter für den totalen Kriegseinsatz.
31. Juli	Mit dem Durchbruch bei Avranches können die Alliierten ihren Brückenkopf in der Normandie öffnen. Es beginnt die Schlacht um Frankreich.
1. August	Hitler ordnet die »Sippenhaftung« bei allen Soldaten an, die als »Verräter« erkannt worden sind. In Warschau beginnt der Aufstand der polnischen Heimatarmee.
15. August	Alliierte Landung in Südfrankreich.
23. August	Umsturz in Rumänien, Antonescu verhaftet. Die deutschen Truppen erleiden eine schwere Niederlage.
25. August	Übergabe von Paris gegen Hitlers ausdrücklichen Befehl.
26. August	Hitler genehmigt den schrittweisen Rückzug aus Griechenland.
4. September	Finnland beendet den Krieg gegen die UdSSR. Die Wehrmacht praktiziert in Lappland »Verbrannte Erde« und

weicht im Kampf gegen die bisherigen Verbündeten nach Norwegen aus. Mit der Einnahme von Antwerpen können die Alliierten ihren Nachschub über den Atlantik organisieren.

8. September	Unter sowjetischem Druck erklärt Bulgarien Deutschland den Krieg.
11. September	Die 1. US-Armee erreicht die deutsche Grenze bei Trier. Beginn der Quebec-Konferenz, auf der sich Roosevelt und Churchill zunächst auf den Morgenthau-Plan zur radikalen Entindustrialisierung Deutschlands verständigen. Nach öffentlichen Protesten nimmt Roosevelt davon Abstand.
17. September	Mit dem Desaster der britischen Luftlandung bei Arnheim wird ein schneller Vorstoß ins Ruhrgebiet verhindert.
25. September	Hitler ordnet die Aufstellung eines Deutschen Volkssturms an. Der Krieg von Kindern und Greisen beginnt.
10. Oktober	Die Rote Armee erreicht die ostpreußische Grenze. Die in Kurland abgeschnittene Heeresgruppe Nord liefert bis zum Mai 1945 erbitterte Abwehrkämpfe.
14. Oktober	Erzwungener Freitod Rommels, der Hitler zu einem Friedensschluß aufgefordert hatte.
19. Oktober	Nach der Niederschlagung des Aufstands in Warschau befiehlt Hitler die Zerstörung der Stadt. Stalin hatte mit seiner Hilfe für den Nationalwiderstand lange gezögert. Die Amerikaner beginnen mit der Wiedereroberung der Philippinen.
20. Oktober	Die Rote Armee besetzt zusammen mit Tito-Partisanen Belgrad.
21. Oktober	Mit Aachen wird die erste deutsche Großstadt besetzt.
23. Oktober	Beginn der Schlacht im Leyte-Golf, bei der die Japaner erstmalig Kamikaze-(Selbstmord-)Flieger einsetzen.
7. November	Wiederwahl Roosevelts zum Präsidenten der USA. Die Kontinuität der amerikanischen Kriegspolitik bleibt damit gewahrt.
14. November	Abkommen über die künftigen Alliierten Kontrolleinrichtungen in Deutschland.
16. Dezember	Mit dem Beginn der letzten deutschen Offensive in den Ardennen sucht Hitler eine Entscheidung im Westen zu er-

	zwingen. Die Angriffe der Panzertruppen scheitern schließlich am Treibstoffmangel.
24. Dezember	Budapest wird eingeschlossen. Die Stadt wird zum »Stalingrad an der Donau«.

1945

3. Januar	Die Alliierten starten im Westen ihre Gegenoffensive in den Ardennen und werfen die Wehrmacht auf die Ausgangspositionen zurück.
12. Januar	Beginn der sowjetischen Winteroffensive. Die Ostfront bricht endgültig zusammen.
17. Januar	Warschau wird geräumt. In Ostdeutschland beginnt die große Welle von Flucht und Vertreibung. Aus Ost- und Westpreußen werden fast zwei Millionen Menschen über die Ostsee evakuiert.
4. Februar	Beginn der Konferenz der »Großen Drei« in Jalta. Verständigung über die Behandlung von Kriegsverbrechern und der Reparationsfrage. Festlegung der vorläufigen deutschen Teilung und der deutsch-polnischen Grenze. Frankreich erhält eine eigene Zone.
13. Februar	Schwere Luftangriffe auf Dresden bilden den Höhepunkt des alliierten Bombenkriegs gegen Deutschland.
15. Februar	Verordnung des Reichsministers der Justiz über die Errichtung von Standgerichten.
19. Februar	Himmler nimmt über Schweden geheime Verbindungen mit den Westmächten auf. Mit der Landung auf Iwo Jima beginnt der direkte Angriff auf Japan. Nach schweren und langwierigen Kämpfen begehen die letzten japanischen Verteidiger Selbstmord.
26. Februar	Himmler setzt »Fliegende Standgerichte« zur Bekämpfung von Auflösungserscheinungen ein.
7. März	Eine unzerstörte Rheinbrücke bei Remagen ermöglicht die Bildung eines amerikanischen Brückenkopfes.
8. März	Beginn von geheimen Verhandlungen über einen Sonderwaffenstillstand in Norditalien.

19. März	Hitler ordnet die Zerstörung aller lebenswichtigen Industrie- und Versorgungsanlagen in Deutschland an. Dieser »Nero«-Befehl wird von Speer erfolgreich unterlaufen.
26. März	Landung auf Okinawa, wo es erneut zu schweren und verlustreichen Kämpfen gegen die japanische Heimatarmee kommt.
30. März	Einnahme von Danzig. In einzelnen Brückenköpfen und in Kurland geht der Kampf weiter.
5. April	Die UdSSR kündigt den Nichtangriffspakt mit Japan.
12. April	Der Tod des US-Präsidenten Roosevelt weckt im Führerbunker noch einmal letzte Hoffnungen über einen Zerfall der Anti-Hitler-Koalition. Truman wird Nachfolger Roosevelts. Wien steht vor dem Fall.
16. April	Beginn der sowjetischen Schlußoffensive zur Einnahme von Berlin.
18. April	Im Ruhrkessel wird der Widerstand eingestellt.
19. April	Nach der Besetzung durch die Briten verkündet Kurt Schumacher in Hannover die Wiedergründung der SPD.
25. April	Zusammentreffen amerikanischer und sowjetischer Truppen bei Torgau an der Elbe. Die Einschließung von Berlin ist vollendet. Beginn der Konferenz von San Francisco mit der Gründung der Organisation der »Vereinten Nationen« am 26. Juni.
28. April	Mussolini wird auf der Flucht von italienischen Partisanen ermordet. Die Armee Wenck scheitert mit ihrem Entsatzangriff auf Berlin. Bei den Kämpfen in der Hauptstadt sterben mehr Menschen als während der jahrelangen Luftangriffe. Massenvergewaltigungen und Plünderungen durch die Rote Armee prägen die Erfahrung der ostdeutschen Bevölkerung.
29. April	Teilkapitulation in Italien.
30. April	Selbstmord Hitlers in Berlin. Tito-Partisanen erreichen Triest.
2. Mai	Dönitz als Hitlers Nachfolger bildet eine neue Reichsregierung. Kapitulation von Berlin. Die »Gruppe Ulbricht« wird eingeflogen und beginnt mit der Sowjetisierung Deutschlands.

4. Mai	Teilkapitulation des Nordwestraums gegenüber den Briten.
5. Mai	Tschechischer Nationalaufstand in Prag.
7. Mai	Unterzeichnung der bedingungslosen Kapitulation der deutschen Wehrmacht in Reims, zwei Tage später in Berlin-Karlshorst gegenüber den Russen wiederholt.
23. Mai	Absetzung und Verhaftung der Dönitz-Regierung durch die Briten. Schwere Brandbomben-Angriffe gegen Tokio.
5. Juni	Mit der Übernahme der obersten Regierungsgewalt in Deutschland durch die Vier Mächte erlischt die deutsche Souveränität.
16. Juli	Erster Atombomben-Versuch in Los Alamos.
17. Juli	Beginn der Konferenz der »Großen Drei« in Potsdam. Beschlossen wird die Entmilitarisierung, Entnazifizierung, Demokratisierung und Dezentralisierung Deutschlands. Die Wirtschaftseinheit soll aber bestehen bleiben. Die Wiederherstellung der deutschen Einheit soll einem späteren Friedensvertrag vorbehalten bleiben.
26. Juli	Wahlsieg der britischen Labour-Party. Churchill wird durch Attlee als Premierminister abgelöst.
6. August	Abwurf der ersten Atombombe auf Hiroshima.
8. August	Auf amerikanischen Druck erklärt die UdSSR Japan den Krieg und erobert gegen schwachen Widerstand die Mandschurei.
9. August	Der Abwurf einer weiteren Atombombe auf Nagasaki bestärkt die Friedensfraktion in Tokio. Die japanische Regierung ist schließlich bereit, die bedingungslose Kapitulation ihrer Streitkräfte zu akzeptieren.
2. September	Mit der Unterzeichnung der japanischen Kapitulation ist der Zweite Weltkrieg offiziell beendet.

Quellen und Literatur

Quellen und Dokumentationen

Akten zur deutschen auswärtigen Politik 1918–1945. Aus dem Archiv des Deutschen Auswärtigen Amtes. Serie D: 1937–1945, 13 Bde., Göttingen 1950–1970, und Serie E: 1941–1945, 8 Bde., Göttingen 1969–1979.

Deutsche Quellen zur Geschichte des Zweiten Weltkrieges, hrsg. von Michael Salewski, Darmstadt 1998.

Die deutsche Wirtschaftspolitik in den besetzten sowjetischen Gebieten 1941–1943. Der Abschlußbericht des Wirtschaftsstabes Ost und Aufzeichnungen eines Angehörigen des Wirtschaftskommandos Kiew, hrsg. und eingeleitet von Rolf-Dieter Müller, Boppard 1991.

Deutschlands Rüstung im Zweiten Weltkrieg. Hitlers Konferenzen mit Albert Speer 1942–1945, hrsg. und eingeleitet von Willi A. Boelcke, Frankfurt am Main 1969.

Dokumente deutscher Kriegsschäden. Evakuierte, Kriegsgeschädigte, Währungsgeschädigte. Die geschichtliche und rechtliche Entwicklung, Bde. 1–5, hrsg. vom Bundesminister für Vertriebene, Flüchtlinge und Kriegsgeschädigte, Bonn 1958–1964.

Domarus, Max, Hitler. Reden und Proklamationen 1932–1945. Kommentiert von einem deutschen Zeitgenossen, 4 Bde., Leonberg 1988.

Das Dritte Reich. Dokumente zur Innen- und Außenpolitik, 2 Bde., hrsg. von Wolfgang Michalka, München 1985; Bd 2: Weltmachtanspruch und nationaler Zusammenbruch 1939–1945.

Die Einsatzgruppen in der besetzten Sowjetunion 1941/42. Die Tätigkeits- und Lageberichte des Chefs der Sicherheitspolizei und des SD, hrsg. und eingeleitet von Peter Klein, Berlin 1997.

Eisenhower, Dwight D., The Papers of Dwight David Eisenhower, 11 Bde., hrsg. von Alfred D. Chandler et al., Baltimore et al. 1970–1978.

Europa unterm Hakenkreuz. Die Okkupationspolitik des deutschen Faschismus (1938–1945), 8 Bde. und 2 Ergänzungsbde., hrsg. von Wolfgang Schumann et al., Berlin 1988–1994.

Foreign relations of the United States, 1935–1940, Bd. 160–189, Washington, DC 1952–1972.

Hitlers Lagebesprechungen. Die Protokollfragmente seiner militärischen Konferenzen 1942–1945, hrsg. von Helmut Heiber, Stuttgart 1962.

Hitlers Weisungen für die Kriegführung 1939–1945. Dokumente des Oberkommandos der Wehrmacht, hrsg. von Walther Hubatsch, Koblenz ²1983.

Kempowski, Walter, Das Echolot – ein kollektives Tagebuch. Januar und Februar 1943, München 1993.

Kempowski, Walter, Echolot. Barbarossa '41. Ein kollektives Tagebuch, München 2002.

Kriegspropaganda 1939–1941. Geheime Ministerkonferenzen im Reichspropaganda-ministerium, hrsg. und eingeleitet von Willi A. Boelcke, Stuttgart 1966.

Kriegstagebuch der Seekriegsleitung 1939–1945, Bd. 1–68, hrsg. von Werner Rahn und Gerhard Schreiber unter Mitwirkung von Hansjoseph Maierhöfer, Herford/Bonn 1988–1997.

Kriegstagebuch des Oberkommandos der Wehrmacht (Wehrmachtführungsstab) 1940 bis 1945 (KTB OKW). Geführt von Helmuth Greiner und Percy Ernst Schramm, Bd. I–IV [nebst Nachtr.], im Auftrag des Arbeitskreises für Wehrforschung hrsg. von P. E. Schramm, Bonn 1961–1979.

Lagevorträge des Oberbefehlshabers der Kriegsmarine vor Hitler 1939–1945, im Auftr. des Arbeitskreises für Wehrforschung hrsg. von Gerhard Wagner, München 1972.

Das letzte halbe Jahr. Stimmungsberichte der Wehrmachtspropaganda 1944/45, hrsg. von Ricarda Bremer, Detlef Vogel und Wolfram Wette, Essen 2001.

Meldungen aus dem Reich 1938–1945. Die geheimen Lageberichte des Sicherheitsdienstes der SS, 17 Bde., Registerbd., hrsg. und eingeleitet von Heinz Boberach, Herrsching 1984f.

»Das Oberkommando der Wehrmacht gibt bekannt…« Der deutsche Wehrmachtbericht, 3 Bde., Vollständige Ausgabe der 1939–1945 durch Presse und Rundfunk veröffent-lichten Texte mit einem Orts-, Personen- und Formationsregister hrsg. von Günter Wegmann, Osnabrück 1982.

Picker, Henry, Hitlers Tischgespräche im Führerhauptquartier. Mit bisher unbekannten Selbstzeugnissen Adolf Hitlers, Abbildungen, Augenzeugenberichten und Erläuterun-gen des Autors: Hitler wie er wirklich war, im Auftrag des Deutschen Instituts für Ge-schichte der nationalsozialistischen Zeit geordnet, eingeleitet und veröffentlicht von Gerhard Ritter, Wiesbaden 1983.

Der Prozeß gegen die Hauptkriegsverbrecher vor dem Internationalen Militärgerichtshof (International Military Tribunal), Nürnberg 14. Nov. 1945–1. Okt. 1946, 42 Bde., Nürnberg 1947ff.

Staatsmänner und Diplomaten bei Hitler. Vertrauliche Aufzeichnungen über Unter-redungen mit Vertretern des Auslandes 1939–1941, 2 Bde., hrsg. und erläutert von Andreas Hillgruber, Frankfurt am Main 1967–1970.

Thomas, Georg, Geschichte der deutschen Wehr- und Rüstungswirtschaft, 1918 bis 1943/45, hrsg. von Wolfgang Birkenfeld, Boppard 1966.

The United States Strategic Bombing Survey: a collection of the 31 most important reports printed in 10 vols., Einleitung David MacIsaac, New York 1976.

Wollt Ihr den totalen Krieg? Die geheimen Goebbels-Konferenzen 1939–1943, hrsg. und ausgeweitet von Willi A. Boelcke, Stuttgart 1967.

Biographien

Ambrose, Stephen E., Eisenhower. Soldier and president, New York 1990.

Beschloss, Michael, The Conquerors: Roosevelt, Truman and the destruction of Hitler's Germany, 1941–1945, New York 2002.

Brissaud, André, Canaris 1877–1945, Frankfurt am Main ²1977.

Deakin, Frederick W., und George R. Storry, Richard Sorge. Die Geschichte eines großen Doppelspiels, München 1965.

d'Este, Carlo, A genius for war: a life of General George S. Patton, New York 1995.

Fest, Joachim C., Speer. Eine Biographie, Berlin 1999.

Fröhlich, Sergej, General Wlassow. Russen und Deutsche zwischen Hitler und Stalin, bearb. und hrsg. von Edel von Freier, Köln 1987.

Gosztony, Peter, Miklós von Horthy. Admiral und Reichsverweser, Göttingen/Zürich/ Frankfurt am Main 1973.

Hartmann, Christian, Generalstabschef Halder und Hitler 1938–1942, Paderborn 1991.

Hitlers militärische Elite, 2 Bde., hrsg. von Gerd R. Ueberschär, Darmstadt 1998.

Hoffmann, Peter, Claus Schenck Graf von Stauffenberg und seine Brüder, Stuttgart 1992.

Jägerskiöld, Stig A., Mannerheim 1867–1951, Herford 1985.

Junker, Detlef, Franklin D. Roosevelt. Macht und Vision, Präsident in Krisenzeiten, Göttingen 1979.

Meyer, Georg, Adolf Heusinger. Dienst eines deutschen Soldaten 1915 bis 1964, Hamburg 2001.

Die Militärelite des Dritten Reiches. 27 biographische Skizzen, hrsg. von Ronald Smelser und Enrico Syring, Berlin 1995.

Overy, Richard J., Hermann Göring. Machtgier und Eitelkeit, München 1986.

Padfield, Peter, Dönitz. Des Teufels Admiral, Berlin 1984.

Scheurig, Bodo, Henning von Tresckow. Ein Preuße gegen Hitler. Eine Biographie, Frankfurt am Main 1997.

Sereny, Gitta, Das Ringen mit der Wahrheit. Albert Speer und das deutsche Trauma, München 1995.

Stein, Marcel, Generalfeldmarschall Walter Model. Legende und Wirklichkeit, Bissendorf 2001.

Tagebücher, Autobiographien und Erinnerungen

Below, Nicolaus von, Als Hitlers Adjutant 1937–45, Mainz 1980.

Besiegt und befreit. Stimmen vom Kriegsende 1945, hrsg. von Gerhard Hirschfeld und Irina Renz, Gerlingen 1995.

Beyer, Wilhelm R., Stalingrad. Unten, wo das Leben konkret war, Frankfurt am Main 1987.

Blücher, Wipert von, Gesandter zwischen Diktatur und Demokratie. Erinnerungen aus den Jahren 1935–1944, Wiesbaden 1951.

Bode, Sabine, Die vergessene Generation. Die Kriegskinder brechen ihr Schweigen, Stuttgart 2004.

Buch, Wolfgang von, Wir Kindersoldaten. Mit einem Vorwort von Richard von Weizsäcker, Berlin 1998.

Churchill, Sir Winston, Der Zweite Weltkrieg, 6 Bde., Frankfurt am Main et al. 1948–1954.

Der Dienstkalender Heinrich Himmlers 1941/42, hrsg. von Peter Witte, Michael Wildt, Martina Voigt, Dieter Pohl, Peter Klein, Christian Gerlach, Christoph Dieckmann und Andrej Angerick, Hamburg 1999.

Das Diensttagebuch des deutschen Generalgouverneurs in Polen 1939–1945, hrsg. von Werner Präg und Wolfgang Jacobmeyer, Stuttgart 1975.

Dönitz, Karl, Zehn Jahre und zwanzig Tage, Koblenz 1985.

Dornberger, Walter, Peenemünde. Die Geschichte der V-Waffen, Esslingen 1981.

Eisenhower, Dwight D., Kreuzzug in Europa, Amsterdam 1948.

Engel, Gerhard, Heeresadjutant bei Hitler 1938–1943. Aufzeichnungen des Majors Engel, hrsg. und kommentiert von Hildegard von Kotze, Stuttgart 1975.

Frank, Hans, Das Diensttagebuch des deutschen Generalgouverneurs (Hans Frank) in Polen 1939–1945, hrsg. von Werner Präg und Wolfgang Jacobmeyer, Stuttgart 1975.

Gehlen, Reinhard, Der Dienst. Erinnerungen 1942–1971, Mainz 1971.

Goebbels, Joseph, Die Tagebücher von Joseph Goebbels. hrsg. von Elke Fröhlich im Auftrag des Instituts für Zeitgeschichte und mit Unterstützung des Staatlichen Archivdienstes Rußlands, Teil 1: Sämtliche Fragmente, Bd. 1–4, München 1987, Teil 2: Diktate 1941–1945, Bd. 1–14, bearb. von Manfred Kittel, München 1993–1996.

Greiner, Helmuth, Die oberste Wehrmachtführung 1939–1943, Wiesbaden 1951.

Groscurth, Helmuth, Tagebücher eines Abwehroffiziers 1938–1940. Mit weiteren Dokumenten zur Militäropposition gegen Hitler, hrsg. von Helmut Krausnick und Harold C. Deutsch unter Mitarbeit von Hildegard von Kotze, Stuttgart 1970.

Guderian, Heinz, Erinnerungen eines Soldaten, Neckargemünd 1976.

Halder, Franz, Generaloberst Halder. Kriegstagebuch (KTB). Tägliche Aufzeichnungen des Chefs des Generalstabes des Heeres 1939–1942, hrsg. vom Arbeitskreis für Wehrforschung Stuttgart, bearb. von Hans-Adolf Jacobsen in Verbindung mit Alfred Philippi, 3 Bde., alle Stuttgart. Bd. I: Vom Polenfeldzug bis zum Ende der Westoffensive (14.8.1939–30.6.1940), 1962; Bd. II: Von der geplanten Landung in England bis zum Beginn des Ostfeldzuges (1.7.1940–21.6.1941), 1963; Bd. III: Der Rußlandfeldzug bis zum Marsch auf Stalingrad (22.6.1941–24.9.1942), 1964.

Harris, Sir Arthur T., Bomber Offensive, London 1990.

Hitler, Adolf, Monologe im Führerhauptquartier 1941–1944. Die Aufzeichnungen Heinrich Heims, hrsg. von Werner Jochmann, Hamburg 1980.

Hoßbach, Friedrich, Zwischen Wehrmacht und Hitler 1934–1938, Göttingen 1965.

Hürter, Johannes, Ein deutscher General an der Ostfront. Die Briefe und Tagebücher des Gotthard Heinrici 1941/42, Erfurt 2001.

Keitel, Wilhelm, Mein Leben. Pflichterfüllung bis zum Untergang. Hitlers Generalfeldmarschall und Chef des Oberkommandos der Wehrmacht in Selbstzeugnissen, hrsg. von Werner Maser, Berlin 1998.

Kesselring, Albert, Soldat bis zum letzten Tag, Bonn 1953.

Konev, Ivan S., Aufzeichnungen eines Front-Oberbefehlshabers 1943/44, Berlin (DDR) 1978.

Kuby, Erich, Mein Krieg. Aufzeichnungen aus 2129 Tagen, München 1977.

Manstein, Erich von, Verlorene Siege, Frankfurt am Main 1966.

Meier-Welcker, Hans, Aufzeichnungen eines Generalstabsoffiziers 1939–1942, Freiburg i. Br. 1982.

Schmidt, Ilse, Die Mitläuferin. Erinnerungen einer Wehrmachtsangehörigen, Berlin 1999.

Schmundt, Rudolf, Tätigkeitsbericht des Chefs des Heerespersonalamtes General der Infanterie Rudolf Schmundt. 1.10.1942 – 29.10.1944, fortgeführt von General der Infanterie Wilhelm Burgdorf, hrsg. von Dermot Bradley und Richard Schulze-Kossens, Osnabrück 1984.

Schneider-Janessen, Karlheinz, Arzt im Krieg. Wie deutsche und russische Ärzte den Zweiten Weltkrieg erlebten, Frankfurt am Main ²1994.

Schukow, Georgij K., Erinnerungen und Gedanken, Stuttgart 1969.

Seydlitz, Walter von, Stalingrad. Konflikt und Konsequenz. Erinnerungen, Oldenburg/ Hamburg 1977.

Speer, Albert, Erinnerungen, Berlin 1969.

Wagner, Eduard, Der Generalquartiermeister. Briefe und Tagebuchaufzeichnungen des Generalquartiermeisters des Heeres, General der Artillerie, von 1919–1941, hrsg. von Elisabeth Wagner, München 1963.

Warlimont, Walter, Im Hauptquartier der deutschen Wehrmacht 1939–1945. Grundlagen – Formen – Gestalten, Frankfurt am Main 1962.

Literatur

Adair, Paul, Hitler's greatest defeat. The collapse of Army Group Centre, June 1944, London 1994.

Ahlfen, Hans von, Der Kampf um Schlesien 1944–1945, München ²1963.

Alperovitz, Gar, Hiroshima. Die Entscheidung für den Abwurf der Bombe, Hamburg 1995.

Ambrose, Stephen E., Citizen soldiers. The US Army from the Normandy beaches to the Bulge to the surrender of Germany, June 7, 1944 – May 7, 1945, New York 1997.

Andere Helme – andere Menschen? Heimaterfahrungen und Frontalltag im Zweiten Weltkrieg. Ein internationaler Vergleich, hrsg. von Detlef Vogel und Wolfram Wette, Essen 1995.

Angrick, Andrej, Besatzungspolitik und Massenmord. Die Einsatzgruppe D in der südlichen Sowjetunion 1941–1943, Hamburg 2003.

Aufstand des Gewissens. Militärischer Widerstand gegen Hitler und das NS-Regime 1933 bis 1945, hrsg. von Thomas Vogel, Hamburg ⁶2001.

Beevor, Antony, Berlin 1945. Das Ende, München 2002.

Beevor, Antony, Stalingrad, München 1999.

Bergander, Götz, Dresden im Luftkrieg. Vorgeschichte, Zerstörung, Folgen, Weimar ²1994.

Beyrau, Dietrich, Schlachtfeld der Diktatoren. Osteuropa im Schatten von Hitler und Stalin, Göttingen 2000.

Blair, Clay, Der U-Boot-Krieg, 2 Bde., München 1998 f.

Boelcke, Willi A., Die Kosten von Hitlers Krieg. Kriegsfinanzierung und finanzielles Kriegserbe in Deutschland 1933–1948, Paderborn 1985.

Bohn, Robert, Reichskommissariat Norwegen. »Nationalsozialistische Neuordnung« und Kriegswirtschaft, hrsg. vom Militärgeschichtlichen Forschungsamt, München 2000.

Bohse, Jörg, Inszenierte Kriegsbegeisterung und ohnmächtiger Friedenswille. Meinungslenkung und Propaganda im Nationalsozialismus, Stuttgart 1988.

Borodziej, Wlodzimierz, Terror und Politik. Die deutsche Polizei und die polnische Widerstandsbewegung im Generalgouvernement 1939–1944, Mainz 1999.

Browning, Christopher R., Ganz normale Männer. Das Reserve-Polizeibataillon 101 und die »Endlösung« in Polen, Reinbek bei Hamburg 1993.

Brückner, Joachim, Kriegsende in Bayern. Der Wehrkreis VII und die Kämpfe zwischen Donau und Alpen, Freiburg i. Br. 1987.

Budiansky, Stephen, Battle of wits: The complete story of codebreaking in World War II, New York 2000.

Budraß, Lutz, Flugzeugindustrie und Luftrüstung in Deutschland 1918–1945, Boppard 1998.

Büttner, Ursula, »Gomorrha«. Hamburg im Bombenkrieg. Die Wirkung der Luftangriffe auf Bevölkerung und Wirtschaft, Hamburg 1993.

Chiari, Bernhard, Alltag hinter der Front. Besatzung, Kollaboration und Widerstand in Weißrußland 1941–1944, Düsseldorf 1998.

Craig, William, Als Japans Sonne unterging. Das Ende des Krieges im Pazifik 1945, Wien 1970.

Creveld, Martin Levi van, Kampfkraft. Militärische Organisation und militärische Leistung 1939–1945, Freiburg i. Br. ²1992.

Das Deutsche Reich und der Zweite Weltkrieg, hrsg. vom Militärgeschichtlichen Forschungsamt, bisher 7 Bde., alle Stuttgart. Bd. 1: Wilhelm Deist u. a., Ursachen und Voraussetzungen der deutschen Kriegspolitik, 1979; Bd. 2: Klaus A. Maier u. a., Die Errichtung der Hegemonie auf dem europäischen Kontinent, 1979; Bd. 3: Gerhard Schreiber u. a., Der Mittelmeerraum und Südosteuropa, Von der non belligeranza Italiens bis zum Kriegseintritt der USA, ²1987; Bd. 4/1, 2: Horst Boog u. a., Der Angriff auf die Sowjetunion, 1983, ²1987; Bd. 5: Bernhard R. Kroener u. a., Organisation und Mobilisierung des deutschen Machtbereichs, Teilband 1: Kriegsverwaltung, Wirtschaft und personelle Ressourcen 1939 bis 1941, 1988; Teilband 2: Kriegsverwaltung, Wirtschaft und personelle Ressourcen 1942 bis 1944/45, 1999; Bd. 6: Horst Boog u. a., Der globale Krieg, Die Ausweitung zum Weltkrieg und der Wechsel der Initiative 1941 bis 1943, 1990; Bd. 7:

Horst Boog, Das Deutsche Reich in der Defensive. Strategischer Luftkrieg in Europa, Krieg im Westen und in Ostasien 1943–1944/45, 2001; Bd. 9: Die deutsche Kriegsgesellschaft 1939 bis 1945, hrsg. von Jörg Echternkamp, Teilband 1: Politisierung, Vernichtung, Überleben, 2004; Bd. 8 u. 10 werden erscheinen.

Dean, Martin, Collaboration in the Holocaust: Crimes of the local police in Belorussia and Ukraine, 1941–44, Houndmils/Basingstoke/Hampshire 2000.

Deutschland im Zweiten [sic] Weltkrieg, 6 Bde., hrsg. von einem Autorenkollektiv unter Leitung von Wolfgang Schumann, Berlin (DDR) 1974–1985.

Dörr, Margarete, »Wer die Zeit nicht miterlebt hat…« Frauenerfahrungen im Zweiten Weltkrieg und den Jahren danach, 3 Bde., mit einem Vorwort von Ute Daniel, Frankfurt am Main 1998.

Drea, Edward J., MacArthur's ULTRA: codebreaking and the war against Japan, 1942–1945, Lawrence, Kan. 1992.

Drolshagen, Ebba D., Nicht ungeschoren davonkommen. Das Schicksal der Frauen in den besetzten Ländern, die Wehrmachtssoldaten liebten, Hamburg 1998.

Dunn, Walter S. jr., Kursk. Hitler's gamble 1943, Westport, Conn. 1997.

Erster Weltkrieg – Zweiter Weltkrieg. Ein Vergleich. Krieg, Kriegserlebnis, Kriegserfahrung in Deutschland, hrsg. von Bruno Thoß und Hans-Erich Volkmann, Paderborn 2002.

Falin, Valentin, Zweite Front. Die Interessenkonflikte der Anti-Hitler-Koalition, München 1995.

Fest, Joachim, Der Untergang. Hitler und das Ende des Dritten Reiches, Berlin 2002.

Fest, Joachim, Staatsstreich. Der lange Weg zum 20. Juli, Berlin 1994.

Fiedermann, Angela, Thorsten Heß und Markus Jaeger, Das Konzentrationslager Mittelbau-Dora. Ein historischer Abriß, Bad Münstereifel 1993.

Fleischhauer, Ingeborg, Der Widerstand gegen den Rußlandfeldzug, Berlin 1987.

Fleischhauer, Ingeborg, Die Chance des Sonderfriedens. Deutsch-sowjetische Geheimgespräche 1941–1945, Berlin 1986.

Folly, Martin, The United States and World War Two. The awakening giant, Edinburgh 2002.

Freeman, Roger A., Raiding the Reich: the Allied strategic offensive in Europe, London 1997.

Frieser, Karl-Heinz, Blitzkrieg-Legende. Der Westfeldzug 1940, München ²1996.

Fritz, Stephen G., Hitlers Frontsoldaten. Der erzählte Krieg, Berlin 1998.

Geißler, Erhard, Biologische Waffen nicht in Hitlers Arsenalen. Biologische und Toxin-Kampfmittel in Deutschland von 1915 bis 1945, Münster 1998.

Die Gestapo im Zweiten Weltkrieg. »Heimatfront« und besetztes Europa, hrsg. von Gerhard Paul und Klaus M. Mallmann, Darmstadt 2000.

Gezeitenwechsel im Zweiten Weltkrieg? Die Schlachten von Char'kov und Kursk im Frühjahr und Sommer 1943 in operativer Anlage, Verlauf und politischer Bedeutung, im Auftrag des Militärgeschichtlichen Forschungsamtes hrsg. von Roland G. Foerster, Hamburg 1996.

Glantz, David M., und Jonathan M. House, When titans clashed. How the Red Army stopped Hitler, Lawrence, Kan. 1995.

Grenkevich, Leonid, The Soviet Partisan Movement 1941–1944, hrsg. und eingeleitet von David M. Glantz, London 1999.

Grier, Howard D., Hitler's Baltic Strategy 1944–1945, Anne Arbor, Mich. 1991.

Gross, Jan Tomasz, Revolution from abroad: The Soviet conquest of Poland's Western Ukraine and Western Belorussia, Princeton, N.J. 2002.

Hammermann, Gabriele, Zwangsarbeit für den »Verbündeten«. Die Arbeits- und Lebensbedingungen der italienischen Militärinternierten in Deutschland 1943–1945, Tübingen 2002.

Harris, Sheldon H., Factories of death. Japanese biological warfare 1932–1945 and the American cover-up, London et al. 1994.

Henke, Klaus-Dietmar, Die amerikanische Besetzung Deutschlands, München 1995.

Herbert, Ulrich, Fremdarbeiter. Politik und Praxis des »Ausländer-Einsatzes« in der Kriegswirtschaft des Dritten Reiches, Bonn 1999.

Herde, Peter, Großasiatische Wohlstandssphäre. Die japanische Besatzungspolitik auf den Philippinen und in Indonesien im Zweiten Weltkrieg und ihre Folgen, Stuttgart 2002.

Hesse, Erich, Der sowjetrussische Partisanenkrieg 1941 bis 1944 im Spiegel deutscher Kampfanweisungen und Befehle, Göttingen ²1993.

Hilger, Andreas, Deutsche Kriegsgefangene in der Sowjetunion 1941–1956. Kriegsgefangenenpolitik, Lageralltag und Erinnerung, Essen 2000.

Hinsley, Francis H., British Intelligence in the Second World War. its influence on strategy and operations, 4 Bde., London 1979–1988.

History of the Second World War (United Kingdom Military Series, Civil Series, Medical Series), 96 Bde., hrsg. von Her Majesty's Stationery Office, London 1952ff.

Hnilicka, Karl, Das Ende auf dem Balkan 1944/45. Die militärische Räumung Jugoslawiens durch die deutsche Wehrmacht, Göttingen et al. 1970.

Hölsken, Heinz Dieter, Die V-Waffen. Entstehung, Propaganda, Kriegseinsatz, Stuttgart 1984.

Hölter, Hermann, Armee in der Arktis. Die Operationen der deutschen Lappland-Armee, München 1977.

Humburg, Martin, Das Gesicht des Krieges. Feldpostbriefe von Wehrmachtsoldaten aus der Sowjetunion 1941–1944, Opladen et al. 1998.

Invasion 1944, im Auftrag des Militärgeschichtlichen Forschungsamtes hrsg. von Hans Umbreit, Hamburg 1998.

Kaienburg, Hermann, Die Wirtschaft der SS, Berlin 2003.

Kaiser, Gerd, Katyn. Das Staatsverbrechen – das Staatsgeheimnis, Berlin 2002.

Kieser, Egbert, »Unternehmen Seelöwe«. Die geplante Invasion in England 1940, Esslingen et al. 1987.

Killius, Rosemarie, Frauen für die Front. Gespräche mit Wehrmachthelferinnen, Leipzig 2003.

Kletzin, Birgit, Trikolore unterm Hakenkreuz. Deutsch-französische Kollaboration 1940–1944 in den diplomatischen Akten des Dritten Reiches, Opladen 1996.

Kley, Stefan, Hitler, Ribbentrop und die Entfesselung des Zweiten Weltkriegs, Paderborn 1996.

Knittel, Hartmut H., Panzerfertigung im Zweiten Weltkrieg. Industrieproduktion für die deutsche Wehrmacht, Herford 1988.

Kock, Gerhard, »Der Führer sorgt für unsere Kinder ...« Die Kinderlandverschickung im Zweiten Weltkrieg, Paderborn et al. 1997.

Krause, Michael, Flucht vor dem Bombenkrieg. Umquartierungen im Zweiten Weltkrieg und die Wiedereingliederung der Evakuierten in Deutschland 1943–1963, Düsseldorf 1997.

Krausnick, Helmut, und Hans-Heinrich Wilhelm, Die Truppe des Weltanschauungskrieges. Die Einsatzgruppen der Sicherheitspolizei und des SD 1938–1942, Stuttgart 1981.

Kriegsende 1945 in Deutschland, im Auftrag des Militärgeschichtlichen Forschungsamtes hrsg. von Jörg Hillmann und John Zimmermann, München 2002.

Kriegsende in Europa. Vom Beginn des deutschen Machtzerfalls bis zur Stabilisierung der Nachkriegsordnung 1944–1948, hrsg. von Ulrich Herbert und Axel Schildt, Essen 1998.

Kriegsjahr 1944. Im Großen und im Kleinen, hrsg. von Michael Salewski und Guntram Schulze-Wegner, Stuttgart 1995.

Kuhn, Dieter, Der Zweite Weltkrieg in China, Berlin 1999.

Kundrus, Birthe, Kriegerfrauen. Familienpolitik und Geschlechterverhältnisse im Ersten und Zweiten Weltkrieg, Hamburg 1995.

Latzel, Klaus, Deutsche Soldaten – nationalsozialistischer Krieg? Kriegserlebnis – Kriegserfahrung 1939–1945, Paderborn et al. 1998.

Martin, Bernd, Deutschland und Japan im Zweiten Weltkrieg. Vom Angriff auf Pearl Harbor bis zur deutschen Kapitulation, Göttingen et al. 1969.

Mauch, Christof, Schattenkrieg gegen Hitler. Das Dritte Reich im Visier der amerikanischen Geheimdienste 1941–1945, Stuttgart 1999.

Mierzejewski, Alfred C., Bomben auf die Reichsbahn. Der Zusammenbruch der deutschen Kriegswirtschaft 1944–1945, Freiburg i. Br. 1993.

Milward, Alan S., Der Zweite Weltkrieg. Krieg, Wirtschaft und Gesellschaft 1939–1945, München 1977.

Missalla, Heinrich, Für Gott, Führer und Vaterland. Die Verstrickung der katholischen Seelsorge in Hitlers Krieg, München 1999.

Müller, Rolf-Dieter, Der Bombenkrieg 1939–1945, Berlin 2004.

Müller, Rolf-Dieter, Hitlers Ostkrieg und die deutsche Siedlungspolitik. Die Zusammenarbeit von Wehrmacht, Wirtschaft und SS, Frankfurt am Main 1991.

Müller, Rolf-Dieter, und Gerd R. Ueberschär, Kriegsende 1945. Die Zerstörung des deutschen Nationalstaats, Frankfurt am Main 1994.

Nationalsozialistische Besatzungspolitik in Europa 1939–1945, 9 Bde., hrsg. von Wolfgang Benz et al., Berlin 1996–1999.

Der nationalsozialistische Krieg, hrsg. von Norbert Frei, Frankfurt am Main 1990.

Nebelin, Manfred, Die deutsche Ungarnpolitik 1939–1941, Opladen 1989.

Neillands, Robin, The Bomber War: Arthur Harris and the Allied bomber offensive, 1939–1945, London 2001.

Neufeld, Michael J., Die Rakete und das Reich. Wernher von Braun, Peenemünde und der Beginn des Raketenzeitalters, Berlin 1997.

1945 in Europe and Asia. Reconsidering the end of World War II and the change of the world order, hrsg. von Gerhard Krebs und Christian Oberländer, München 1997.

O'Sullivan, Donald, Stalins »cordon sanitaire«. Die sowjetische Osteuropapolitik und die Reaktionen des Westens 1939–1949, Paderborn et al. 2003.

Ottmer, Hans-Martin, »Weserübung«. Der deutsche Angriff auf Dänemark und Norwegen im April 1940, München 1994.

Otto, Reinhard, Wehrmacht, Gestapo und sowjetische Kriegsgefangene im deutschen Reichsgebiet 1941/42, München 1998.

Overmans, Rüdiger, Deutsche militärische Verluste im Zweiten Weltkrieg, hrsg. vom Militärgeschichtlichen Forschungsamt, München 1999.

Overy, Richard J., The air war 1939–1945, London 1980.

Overy, Richard J., The Battle of Britain: The myth and the reality, New York 2001.

Overy, Richard J., Die Wurzeln des Sieges. Warum die Alliierten den Zweiten Weltkrieg gewannen, Stuttgart 2000.

Padfield, Peter, Der U-Boot-Krieg 1939–1945, Berlin 1996.

Polian, Pavel, Deportiert nach Hause. Sowjetische Kriegsgefangene im »Dritten Reich« und ihre Repatriierung, München et al. 2000.

Die Polnische Heimatarmee. Geschichte und Mythos der Armia Krajowa seit dem Zweiten Weltkrieg, hrsg. von Bernhard Chiari unter Mitarbeit von Jerzy Kochanowski, München 2003.

Präventivkrieg? Der deutsche Angriff auf die Sowjetunion, hrsg. von Bianka Pietrow-Ennker, Frankfurt am Main 2000.

Raß, Christoph, »Menschenmaterial«. Deutsche Soldaten an der Ostfront. Innenansichten einer Infanteriedivision 1939–1945, Paderborn et al. 2003.

Rebentisch, Dieter, Führerstaat und Verwaltung im Zweiten Weltkrieg. Verfassungsentwicklung und Verwaltungspolitik 1939–1945, Stuttgart 1989.

Recker, Marie-Luise, Nationalsozialistische Sozialpolitik im Zweiten Weltkrieg, München 1985.

Reiß, Matthias, »Die Schwarzen waren unsere Freunde«. Deutsche Kriegsgefangene in der amerikanischen Gesellschaft 1942–1946, Paderborn et al. 2002.

Retter in Uniform. Handlungsspielräume im Vernichtungskrieg der Wehrmacht, hrsg. von Wolfram Wette, Frankfurt am Main 2002.

Reuth, Ralf Georg, Entscheidung im Mittelmeer. Die südliche Peripherie Europas in der deutschen Strategie des Zweiten Weltkrieges 1940–1942, Koblenz 1985.

Ruhl, Klaus-Jörg, Spanien im Zweiten Weltkrieg. Franco, die Falange und das »Dritte Reich«, Hamburg 1975.

Sander-Nagashima, Berthold J., Die deutsch-japanischen Marinebeziehungen 1919 bis 1942, Diss. Hamburg 1999.

Schabel, Ralf, Die Illusion der Wunderwaffen. Die Rolle der Düsenflugzeuge und Flugabwehrraketen in der Rüstungspolitik des Dritten Reiches, hrsg. vom Militärgeschichtlichen Forschungsamt, München 1994.

Schmider, Klaus, Partisanenkrieg in Jugoslawien 1941–1944, mit einem Geleitwort von Gerhard L. Weinberg, Hamburg 2002.

Schreiber, Gerhard, Der Zweite Weltkrieg, München 2002.

Schröder, Bernd Philipp, Irak 1941, Freiburg i. Br. 1980.

Schröder, Hans Joachim, Die gestohlenen Jahre. Erzählgeschichten und Geschichtserzählung im Interview: Der Zweite Weltkrieg aus der Sicht ehemaliger Mannschaftssoldaten, Tübingen 1992.

Schwarze, Gisela, Kinder, die nicht zählten. Ostarbeiterinnen und ihre Kinder im Zweiten Weltkrieg, Essen 1997.

Die Schweiz, der Nationalsozialismus und der Zweite Weltkrieg. Schlussbericht, hrsg. von der Unabhängigen Expertenkommission Schweiz – Zweiter Weltkrieg, Zürich et al. 2002.

Seelower Höhen 1945, hrsg. im Auftrag des Militärgeschichtlichen Forschungsamtes von Roland G. Foerster, Hamburg 1998.

Segbers, Klaus, Die Sowjetunion im Zweiten Weltkrieg. Die Mobilisierung von Verwaltung, Wirtschaft und Gesellschaft im »Großen Vaterländischen Krieg« 1941–1943, München 1987.

September 1939: Krieg, Besatzung, Widerstand in Polen, hrsg. von Christoph Kleßmann, Göttingen 1989.

Spoerer, Mark, Zwangsarbeit unter dem Hakenkreuz. Ausländische Zivilarbeiter, Kriegsgefangene und Häftlinge im Deutschen Reich und im besetzten Europa 1939–1945, Stuttgart 2001.

Städte im Zweiten Weltkrieg. Ein internationaler Vergleich, hrsg. von Marlene P. Hiller, Eberhard Jäckel und Jürgen Rohwer, Essen 1991.

Stalingrad. Ereignis – Wirkung – Symbol, im Auftrag des Militärgeschichtlichen Forschungsamtes hrsg. von Jürgen Förster, München 1992.

Steinert, Marlis G., Hitlers Krieg und die Deutschen. Stimmung und Haltung der deutschen Bevölkerung im Zweiten Weltkrieg, Düsseldorf 1970.

Stinnett, Robert B., Pearl Harbor. Wie die amerikanische Regierung den Angriff provozierte und 2476 ihrer Bürger sterben ließ, Frankfurt am Main 2003.

Streit, Christian, Keine Kameraden. Die Wehrmacht und die sowjetischen Kriegsgefangenen 1941–1945, Bonn 1997.

Strobl, Ingrid, Die Angst kam erst danach. Jüdische Frauen im Widerstand in Europa 1939–1945, Frankfurt am Main 1998.

The battle for the Ukraine: the Korsun'-Shevchenkovskii Operation, 1944 (the Soviet General Staff study), hrsg. und übersetzt von David M. Glantz und Harold S. Orenstein, London 2003 (Cass series on the Soviet study of war, 15).

The battle for Kursk 1943 (the Soviet General Staff study), hrsg. und übersetzt von David M. Glantz und Jonathan M. House, London 1999 (Cass series on the Soviet study of war, 10).

The Pacific War revisited, hrsg. von Günter Bischof und Robert Dupont, Baton Rouge, La. et al. 1997.

The rise and fall of the Grand Alliance, 1941–1945, hrsg. von Ann Lane und Howard Temperly, Basingstoke et al. 1995.

Tyrell, Albrecht, Großbritannien und die Deutschlandplanung der Alliierten 1941–1945, Frankfurt am Main 1987.

Ungváry, Krisztián, Die Schlacht um Budapest. Stalingrad an der Donau 1944/45, München 1999.

»Unternehmen Barbarossa«. Der deutsche Überfall auf die Sowjetunion 1941. Berichte, Analysen, Dokumente, hrsg. von Gerd R. Ueberschär und Wolfram Wette, Paderborn 1984.

Unternehmen im Nationalsozialismus, hrsg. von Lothar Gall und Manfred Pohl, München 1998.

Velikaja otecestvennaja vojna 1941–1945. Voenno-istoriceskie ocerki [Der Große Vaterländische Krieg 1941–1945. Militärhistorische Abrisse], 4 Bde., Moskau 1998f.

Vertreibung aus dem Osten. Deutsche und Polen erinnern sich, hrsg. von Hans-Jürgen Bömelburg, Renate Stößinger und Robert Traba, Olsztyn 2001.

Von Stalingrad zur Währungsreform. Zur Sozialgeschichte des Umbruchs in Deutschland, hrsg. von Martin Broszat, Klaus-Dietmar Henke und Hans Woller, München 1988.

Walker, Mark, Die Uranmaschine. Mythos und Wirklichkeit der deutschen Atombombe, mit einem Vorwort von Robert Jungk, Berlin 1990.

Der Warschauer Aufstand 1944, hrsg. von Bernd Martin und Stanislawa Lewandowska, Warschau 1999.

Webster, Sir Charles, und Noble Frankland, The strategic air offensive against Germany 1939–1945, 4 Bde., London 1961.

Wegner, Bernd, Hitlers politische Soldaten. Die Waffen-SS 1933–1945. Leitbild, Struktur und Funktion einer nationalsozialistischen Elite, Paderborn ³1988.

Die Wehrmacht. Mythos und Realität, im Auftrag des Militärgeschichtlichen Forschungsamtes hrsg. von Rolf-Dieter Müller und Hans-Erich Volkmann, München 1999.

Weinberg, Gerhard Ludwig, Eine Welt in Waffen. Die globale Geschichte des Zweiten Weltkrieges, Darmstadt 1995.

Worth, Richard, Midway, Philadelphia 2002.

Zoepf, Arne W., Wehrmacht zwischen Tradition und Ideologie. Der NS-Führungsoffizier im Zweiten Weltkrieg, Frankfurt am Main 1988.

Bildquellennachweis

Der Verlag konnte trotz aller Bemühungen nicht alle Bildrechtinhaber ermitteln. Wer berechtigte Ansprüche hat, soll sich an den Verlag wenden.

Umschlagbild, Abb. 1, 13: MGFA; Abb. 2–5, 7–12, 14–26, 28–33, 35–37: Privatsammlung; Abb. 6: Wolfgang Foerster, Ludwig Beck. Sein Kampf gegen den Krieg, München 1953; Abb. 27, 38–39, 42: Beutestücke. Kriegsgefangene in der deutschen und sowjetischen Fotografie 1941–1945 (Ausstellungskatalog), hrsg. von Margot Blank, Berlin 2003; Abb. 34, 44: akg-images; Abb. 40, 43: Cornell Capa Photo by Robert Capa 2001/MAGNUM PHOTOS/AGENTUR FOCUS; Abb. 41: akg-images / AP

Karten: Rudolf Hungreder

Bildtafelteil: Archivalische Sammlungen der Bibliothek für Zeitgeschichte in der Württembergischen Landesbibliothek Stuttgart

Orts- und Sachregister

Personenregister

Plivier, Theodor, dt. Schriftsteller (*1892, †1955) 180

Quisling, Vidkun, norweg. Faschistenführer und Ministerpräsident (1942–1945. *1887, †1945) 42–43

Raeder, Erich, Großadmiral, Oberbefehlshaber der Kriegsmarine (1928–1943. *1876, †1960) 37, 57, 66, 126, 164, 200, 204

Ramsay, Bertram H., brit. Admiral (*1883, †1945) 49, 264

Reinhardt, Georg Hans, dt. General (*1887, †1963) 284, 301

Reynaud, Paul, franz. Ministerpräsident (1940. *1878, †1966) 41, 52

Ribbentrop, Joachim von, dt. Außenminister (1938–1945. *1893, †1946) 31, 39, 64, 78, 157

Rokossovskij, Konstantin K., sowjet. Marschall (*1896, †1968) 188, 194, 282, 302

Rommel, Erwin, dt. Generalfeldmarschall (*1891, †1944) 52, 67, 70, 72–75, 107, 175, 181, 183, 198, 239, 264–266, 268

Roosevelt, Franklin Delano, US-Präsident (1933–1945. *1882, †1945) 29, 51, 57, 61, 64, 108, 154–155, 159–160, 169, 183–185, 196, 264, 273, 305–306, 317, 325

Rosenberg, Alfred, Reichsminister für die besetzten Ostgebiete (1941–1945. *1893, †1946) 99, 150, 245, 287

Rotmistrov, Pavel A., sowjet. General (*1901, †1982) 190–191

Rundstedt, (Karl R.) Gerd von, dt. Generalfeldmarschall (*1875, †1953) 49, 115, 264, 266, 268, 299

Salewski, Michael, dt. Historiker (*1938) 261

Salmuth, Hans von, dt. General (*1888, †1962) 264

Sanatescu, Constantin, rumän. General, Ministerpräsident (1944. *1885, †1947) 291

Sauckel, Fritz, Gauleiter der NSDAP in Thüringen, Generalbevollmächtigter für den Arbeitseinsatz (1942–1945. *1894, †1946) 135, 152, 188, 227

Saur, Karl-Otto, Chef des Technischen Amtes im Rüstungsministerium (1942–1945. *1902, †1966) 136

Schacht, Hjalmar, Reichswirtschaftsminister und Präsident der Reichsbank (1934–1937), Minister ohne Geschäftsbereich (1937–1943. *1877, †1970) 23

Schörner, Ferdinand, dt. General (*1892, †1973) 286–287, 290, 322

Schulenburg, Friedrich Werner Graf von der, dt. Botschafter in Moskau (1935–1941. *1876, †1944) 78, 101

Schulz, Friedrich, dt. General (*1897, †1976) 314

Schulze-Boysen, Harro, dt. Luftwaffenoffizier und Widerstandskämpfer (*1909, †1942) 235

Schwerin von Krosigk, Lutz Johann Graf von, Reichsminister der Finanzen (1932–1945. *1887, †1977) 319

Sikorski, Władysław, poln. General und Politiker, Ministerpräsident der polnischen Exilregierung (1939–†1943. *1881) 38

Sima, Horia, rumän. Politiker, Führer der faschistischen Eisernen Garde (*1906, †1993) 64

Simović, Dušan, jugosl. General, Ministerpräsident (1941–1942. *1882, †1962) 70

Somerville, James, brit. Admiral (*1882, †1949) 162

Sorge, Richard, Korrespondent der Frank-

Gerhard Hirschfeld / Irina Renz (Hg.):
»Vormittags die ersten Amerikaner«
Stimmen und Bilder vom Kriegsende 1945
208 Seiten, mit 62 s/w-Abbildungen, gebunden, ISBN 3-608-94129-0

Zu Wort kommen prominente Künstler ebenso wie Politiker, aber auch
KZ-Häftlinge und Kriegsgefangene, Hitlerjungen und Hausfrauen.
Auszüge aus den geheimen Stimmungsberichten der Wehrmacht zeigen
die Allgegenwärtigkeit des Regimes. Mit vielen, z. T. unbekannten Fotos.
Die Deutschen erlebten das Ende des Krieges auf der Flucht, in
zerstörten Städten, an der Front, in Gefängnissen und im Exil. Aus
den vielen subjektiven Eindrücken ergibt sich ein facettenreiches
Gesamtbild vom Ende einer weltweiten Katastrophe. Ängste und Trauer,
Resignation und Hoffnung, Rachegedanken und Reuegefühle bilden
Elemente des in Worte gefaßten Kriegserlebnisses.
Die unmittelbaren Aufzeichnungen der Empfindungen und die
Schilderungen der jeweiligen Lebenssituation ermöglichen Einblicke in
das individuelle Erleben eines totalen Krieges.

Rainer F. Schmidt:
Die Außenpolitik des Dritten Reiches 1933–1939
448 Seiten, mit ca. 20 s/w-Abbildungen, Vorsatzkarten, gebunden,
ISBN 3-608-94047-2

Diese konzise und lebendig geschriebene Gesamtdarstellung der
Diplomatie des Deutschen Reiches von 1933 bis 1939 sucht Hitlers
außenpolitische Erfolge gegenüber den europäischen Mächten zu
ergründen. Rainer F. Schmidt geht der Frage nach, weshalb die anderen
Großmächte der deutschen Expansion bis an die Schwelle des Krieges
praktisch tatenlos zusahen, obschon die Nationalsozialisten seit den
zwanziger Jahren kein Hehl aus ihren radikalen, auf Vergeltung, Krieg
und Lebensraum zusteuernden Zielen gemacht hatten.

Klett-Cotta